Stock
Insurance
Property
Leverage
House Price
Credit
Inflation
Wage

Unemployment
Monetary Policy
Free-ride
Market Economics
Rent-seeking
Subsidy
GDP
Taxation

认识经济

ECONOMICS

Open
International Trade
Trade Surplus
Free Trade
Interest Rate
CPI
Financial Crisis
Tariff
Exchange-rate Appreciation

Decision Making
Opportunity Cost
Sunk Cost
Risk
Profit
Poverty
Market Mechanism
Social Resources

Economics of Scale
Monopoly
Too Big to Fail
Sharing Economics
Innovation
Poverty
Entrepreneurship

［美］迪恩·卡尔兰
（Dean Karlan）　　◎ 著
［美］乔纳森·默多克
（Jonathan Morduch）

贺京同 ◎ 等译

Technology
Cost
Price
Efficiency
Specialization
Scarcity
Compete
Choice

机械工业出版社
China Machine Press

图书在版编目（CIP）数据

认识经济 /（美）迪恩·卡尔兰（Dean Karlan），（美）乔纳森·默多克（Jonathan Morduch）著；贺京同等译. —北京：机械工业出版社，2018.10（2021.12重印）

书名原文：Economics

ISBN 978-7-111-61073-1

I. 认… II. ①迪… ②乔… ③贺… III. 经济学 IV. F0

中国版本图书馆CIP数据核字（2018）第224638号

本书版权登记号：图字 01-2016-7214

Dean Karlan, Jonathan Morduch. Microeconomics
ISBN 978-0-07-733258-7
Copyright © 2014 by McGraw-Hill Education.

All Rights reserved. No part of this publication may be reproduced or transmitted in any form or by any means, electronic or mechanical, including without limitation photocopying, recording, taping, or any database, information or retrieval system, without the prior written permission of the publisher.

This authorized Chinese translation edition is jointly published by McGraw-Hill Education and China Machine Press. This edition is authorized for sale in the People's Republic of China only, excluding Hong Kong, Macao SAR and Taiwan.

Translation copyright © 2018 by McGraw-Hill Education and China Machine Press.

版权所有。未经出版人事先书面许可，对本出版物的任何部分不得以任何方式或途径复制或传播，包括但不限于复印、录制、录音，或通过任何数据库、信息或可检索的系统。

本授权中文简体字翻译版由麦格劳-希尔（亚洲）教育出版公司和机械工业出版社合作出版。此版本经授权仅限在中华人民共和国境内（不包括香港、澳门特别行政区及台湾地区）销售。

版权 © 2018 由麦格劳-希尔（亚洲）教育出版公司与机械工业出版社所有。

本书封面贴有McGraw-Hill Education公司防伪标签，无标签者不得销售。

认识经济

出版发行：机械工业出版社（北京市西城区百万庄大街22号 邮政编码：100037）			
责任编辑：朱 妍		责任校对：殷 虹	
印　　刷：北京诚信伟业印刷有限公司		版　　次：2021年12月第1版第3次印刷	
开　　本：170mm×242mm 1/16		印　　张：36.5	
书　　号：ISBN 978-7-111-61073-1		定　　价：199.00元	

凡购本书，如有缺页、倒页、脱页，由本社发行部调换
客服热线：（010）68995261 88361066　　　投稿热线：（010）88379007
购书热线：（010）68326294 88379649 68995259　　读者信箱：hzjg@hzbook.com

版权所有·侵权必究
封底无防伪标均为盗版
本书法律顾问：北京大成律师事务所 韩光/邹晓东

致中国读者

无须成为一名经济学专家,我们便能看到中国经济不可思议的变化。借助新技术(如移动电话),中国成了世界上最大、最具活力的经济体之一。十多年来,中国经济创造了新的就业机会、新的企业和新的产品,这些产品被销往世界各地。全世界都在学习中国在经济发展方面取得的成就。

这是一本为那些有兴趣了解当前重要经济现象的读者所撰写的书。我们从美国以及包括中国、亚洲其他地区、拉丁美洲、欧洲和非洲在内的我们从事专业工作的地区的现状中列举案例,因此即使是从前不具备任何专业经济学知识的读者也能读懂这本《认识经济》。虽然经济学仍然要根植于重要的理论思想,但我们在此也分享经验证据和故事,使读者得以真切地理解这些理论如何影响我们的生活。

本书主要分为两大部分:微观经济学和宏观经济学。微观经济学部分考察了个人和企业是如何做出决策,以及市场是如何运作的。虽然人们经常把经济学看作是对金钱的研究,但微观经济学部分更重要的意义在于告诉人们,经济学有助于为我们解释人们是如何做出个人选择的,比如买什么,选择什么职业,甚至是吃什么、吃多少这样的问题。宏观经济学则研究整个经济是如何运作的,包括经济增长、通货膨胀和失业等经常出现在新闻中的话题。

本书的微观经济学部分在许多方面都是独一无二的。其中很重要的一点便是介绍了心理学如何帮助解释经济选择。这个通常被人们称为"行为经济学"的概念正在改变当今的学术研究状况,其主要研究者于2017年获得了诺贝尔经济学奖。虽然试图从经济学导论中理解行为经济学确实不太常见,但我们仍然认为就此止步不前绝非良策。这些概念非常容易理解，而且相当有力。我们发现，当读者看到这些心理学的概念如何与他们自己的生活联系在一起的时候，他们表现出了异常的兴奋。

读者会发现这本《认识经济》比以往的经济学读本更具实证性。第一个原因便是整个经济学领域在过去的20年里变得更加以实践经验为依据，我们希望能够尽可能地使读者对经济学有最新的理解。第二，实证案例为我们培养经济学思维提供了更好的途径。第三，这种方法还使我们能够探讨那些包括不平等、环境变化和金融危机等在内的，对理解当今世界至关重要的经济议题。

我们希望这本《认识经济》不仅能够帮助中国读者更好地理解当前的经济现象，同时能够激励一些读者为解决中国和世界正在面临的真正挑战做出自己的一份贡献。

欢迎大家同我们一起走进《认识经济》，让我们共同开启一段全新的旅程！

迪恩·卡尔兰
于西北大学
乔纳森·默多克
于纽约大学
2018年9月

ECONOMICS 作者简介

迪恩·卡尔兰

迪恩·卡尔兰是耶鲁大学的经济学教授、扶贫创新行动（IPA）的主席和奠基人。迪恩于2002年创立IPA，这一组织致力于两个目标：寻求有效抗击全球性贫困和其他社会问题的措施，而后进行大规模推广。目前IPA在超过45个国家开展行动，在全球拥有超过800名员工。迪恩的个人研究主要是利用现场实验研究小额信贷的运作以及如何让它更有效地发挥作用。他的研究借鉴了行为经济学的概念，还覆盖了筹款、选举、健康以及教育等领域。他在近期的工作中探讨了小额贷款对贫困群体生活的影响，并且致力于在美国创造出更好的金融产品帮助人们管理债务。迪恩也是stickK.com的总裁和联合创始人，这一网站旨在帮助人们通过承诺合约实现个人目标，比如减肥或者及时解决某一难题。迪恩是斯隆基金会研究员，并于2007年获得美国青年科学家及工程师总统奖。他是《发展经济学杂志》的联合主编，也是《美国经济杂志：应用经济学》的编辑委员会成员。他拥有弗吉尼亚大学学士学位，芝加哥大学MPP和MBA学位以及麻省理工学院经济学博士学位。2011年，他作为共同作者撰写了《不流于美好愿望：改进全球贫困群体借款、储蓄、耕耘、学习和健康生活的方式》（More Than Good Intentions：Improving the Ways the World's Poor Borrow，Save，Farm，Learn，and Stay Healthy）一书。

乔纳森·默多克

乔纳森·默多克是纽约大学瓦格纳公共事业研究生院的公共政策和经济学教授,致力于研究扩展金融前沿的创新活动以及金融市场如何影响经济增长和不平等。乔纳森曾在亚洲生活和工作。他在近期的研究中用超过一年的时间跟踪观察美国加利福尼亚州、密西西比州、俄亥俄州、肯塔基州以及纽约的家庭如何应对经济波动。这一研究的思路源自《穷人的投资组合:世界上的穷人如何一天只用2美元生活》(Portfolios of the Poor: How the World's Poor Live on $2 a Day)(普林斯顿大学出版社,2009)一书,该书介绍了孟加拉、印度以及南非的家庭如何设计出不同方法,在一年里每天仅用2美元甚至更少的钱生活,乔纳森是此书的合著者。乔纳森对金融市场的研究被收录在《小额信贷经济学》和《在全世界推行银行服务》两本书中,这两本书均由麻省理工学院出版社出版。在纽约大学,乔纳森是金融服务行动中心的常务董事,这一中心为扩展低收入群体获得金融服务渠道的相关研究提供支持。乔纳森的观点在他与联合国、世界银行和其他国际组织的合作中得以付诸政策。2009年,布鲁塞尔自由大学授予乔纳森名誉博士学位以表彰他在小额信贷领域的成就。他在布朗大学获经济学学士学位,在哈佛大学获经济学博士学位。

卡尔兰和**默多克**相识于2001年,并自那时起就成为朋友和同事。在写这本书之前,他们曾合作开展了关于金融机构的研究。他们共同确立了面向中产阶级和贫困群体的金融渠道的新方向。他们在秘鲁建立了一个实验室,研究金融贷款合约对妇女创办小企业的激励作用。2006年,他们与森德希尔·穆莱纳桑(Sendhil Mullainathan)一起创办了金融服务行动中心,这一中心致力于探索如何为全球近一半缺乏银行服务的成年人提供金融解决方案。这本书反映了他们运用经济学解决日常生活和大千世界中的难题的共同热情。

ECONOMICS 译者简介

贺京同

博士，南开大学英才教授，经济学院教授、博士生导师，中国特色社会主义经济建设协同创新中心研究员，南开行为经济学研究中心主任、研究员，美国明尼苏达大学访问学者，美国布朗大学高级访问学者。主要研究领域为行为经济学、行为金融学、宏观经济分析与预测，是国内较早从事行为经济学方面研究的学者之一，翻译和主持翻译了与行为经济学相关的著作十余部。曾在《经济研究》《新华文摘》《光明日报（理论版）》《数量经济技术经济研究》等学术刊物发表论文60余篇，主持国家社科基金重大项目、国家自然科学基金面上项目、教育部人文社会科学重点研究基地项目等研究课题十余项，主讲课程包括"高级行为经济学""高级宏观经济学"和"数理经济学"等。

前言 ECONOMICS

我们为什么写这本书

我们是谁

本书是基于我们作为经济学家、大学教师以及政策顾问的亲身经历写作而成的。我们主要供职于大型研究型大学，也为非政府组织、政府、国际机构、捐赠机构以及私人企业提供建议。我们的许多研究都涉及弄明白如何提高真实市场的作用。我们与美国的合作伙伴一起在全球六个大洲检验了许多经济学前沿观点。本书基于以上研究的精髓，同其他相似的研究一样，让读者能够切身体会与现实问题交锋的过程，并利用分析工具设计有效方案，最终得出解决之道以及原因何在。

为什么写这本书

这本书写作过程中最愉快的部分之一就是与全美各地的经济学教师和读者共度的时光。我们因他们的创造力和热情而深受启发，并从他们的观念中受益匪浅。我们通常会询问的一个问题是，他们最初为何会对经济学产生兴趣，而让我们深有同感的一种常见回答是：为经济学这一社会科学的力量和逻辑所吸引。我们也经常听到另一种略有不同的回答：经济学的思维能够把复杂的生活梳理得井井有条，无论是生意、政治还是日常生活。我们写这本书就是为了能够与读者分享经济学的力量以及认识和理解经济为何重要。

我们为什么讲授经济学（作为大学教师）

经济学有助于我们解决问题，无论是个人选择还是商业决策

经济学原理能够帮助我们理解日常生活并做出反应。经济学观念也有助于我们应对大的挑战，比如完善医疗制度、保证政府的偿债能力。我们将向读者展示经济学观念如何影响他们的生活，同时我们将提供一系列对实际生活的观察，以培养读者的经济学直觉。

如何真正认识和理解经济运行并解决现实经济问题包含在我们每一章的内容之中，而经济学思维是解决诸多难题的主线这一观念将贯穿本书的始末。这种引人注意的、以问题为导向的做法直入主题，能够使读者简化对经济学基础概念和原理的理解，使之更为流畅。读者也会发现他们所认识的内容并非纸上谈兵，而是能够破除书本知识与国家以及世界问题之间的障碍。

我们在介绍经济学的概念和理论时采用具体且直观的方式，在讨论问题时总是切合实际且生动有趣，这样读来就更加容易。本书的创新和经验导向让我们可以对许多最新研究的有趣发现兼容并蓄，同时也可以对不同领域如博弈论、金融、行为经济学的内容旁征博引。

在帮助你认识经济的过程中，在每一章我们都力图做到如下三点：

- **展示经济学如何解决现实生活中的问题**。本书将经济学当作解释现实中人们决策的方式，并介绍了解决不同类型问题的一系列工具。我们将向读者展示经济学可以让世界更美好，同时引导他们就究竟什么是"更好"得出自己的结论。
- **传授可以作为解决现实问题的分析工具的经济学原理**。本书重点关注了与读者的经历有共鸣的案例和问题。首先列举分析工具的实际应用，这加强了读者将学到的不同工具之间的联系。引人入胜的经验案例将贯穿始终。应用解开了基本经济学原理设法解释的难题、异常现象和有可能性。首要目标是保证读者形成基本的经济学直觉。
- **关注对大众而言十分重要的问题**。我们所生活的世界是数字化和全球化的。本书部分内容虽然以美国作为典型例子，但放眼于国际视野。我们立足于核心的市场经济学原理。

本书主要介绍了读者如何利用经济学基本原理思考、分析并解决身边以及世界的难题。我们在组织内容并贯彻经济学方法时，还遵守了如下的基本原则：

- **将抽象内容具体化。**通过有趣的问题展现出经济学如何与大众密切相关，尽可能地通过案例来理解理论及其经济意义。
- **利用当前的观点和媒介。**本书还向读者提供了观察当前世界和经济学中真实情况的视角，因此，本书的内容、方法、媒介都是最新的时事。
- **采用以解决问题为导向的方法。**本书将经济学看作解释现实中人们如何决策的方法，提供了能够解决不同类型问题的工具。为了对解决问题为导向的方法加以补充，除了提出认知目标，还特别注重在每章末提出批判性思考题，以进一步思考现实问题。

我们相信读者会发现本书的分析和写作风格十分清晰简洁、容易理解，阅读时乐在其中。我们希望本书也能够让读者受益匪浅。

关于经济学家如何思考的四个问题

本书主要介绍了如何利用经济学基本原理思考、分析并解决身边以及世界的问题。经济学家在面临一个新挑战时会提出四个问题，并进行有条不紊的分析，这也是本书开展讨论的基础框架。为了说明这四个问题如何解决实际问题，在贯穿本书的多种多样的案例研究中，我们总是会提出它们并深入分析，这已经成为解决问题的一贯方法。读者作为消费者、雇员、企业家以及选民会面临各种问题，通过本书的阅读和训练，他们能够通过提出正确的问题，找到合适的决策方法。

问题 1：问题中涉及的欲望和限制是什么？这一问题引入了稀缺性的概念。它使我们批判性地思考既定情形中驱动决策的偏好和资源。它与效用函数、预算限制、策略行为、扩展我们对理性认识的新观点以及行为经济学相关联。

问题 2：权衡取舍是什么？这一问题关注了机会成本。它使我们在考虑任何决策时，了解其中的权衡取舍，包括那些超出当前财务成本和收益的因素。思考权衡取舍将引导我们探讨边际决策、沉没成本、非货币成本以及折现。

问题 3：其他人会如何反应？这一问题会使我们更关注激励，既包括对自己的激励也包括对他人的激励。我们需要考虑个人决策如何以预期或者预期之外的方式汇总，以及当激励变化时会发生什么。这一问题与市场供给和需求、弹性、竞争、税收以及货币和财政政策有关。

问题4：为什么其他人没有做这件事？ 这一问题与效率有关。它要求我们从市场能够提供人们想要的物品和服务这一假设出发，认真思考为什么一些看起来很好的主意未得以实施。我们鼓励读者反复琢磨自己对前三个问题的回答，并且考虑自己是否遗漏了权衡取舍、激励中的某些因素或者其他起作用的力量，又或者他们是否正在探讨典型的市场失灵的情况。这一问题与一系列论题有关，包括公共物品、外部性、信息缺口、垄断、套利以及经济在长期和短期内如何运行。

大量丰富的案例

在阅读的过程中，你还会发现贯穿全书的大量丰富的案例。包括每章的开篇案例、现实生活专栏案例、换个视角专栏案例、你怎么认为专栏案例等。

每章的开篇案例。这些开篇故事专栏聚焦了消费者、选民、商人以及家庭成员面临的典型问题，每个故事都娓娓道来，充满时事感。这些案例向我们淋漓尽致地展现了可以用来分析解决身边的经济问题的相关原理。下面是部分故事的例子：

由小额贷款带来的影响	赠送礼物的原因
一件T恤的来历	什么时候20美元不太像是20美元
手机的全球化	请勿乱扔垃圾
咖啡成为时尚之选	乐于纳税
从一支坏掉的激光笔开始的	谢谢你不吸烟
互联网革命	香烟货币

现实生活专栏。主要是来自现实经济中的简短案例或政策问题，以及该领域中的趣闻。

换个视角专栏。提供了看待某一经济概念的不同角度。这一专栏的案例内容可能是思考某一情形的不同视角、一则幽默故事，抑或是一个标准观点的不寻常的应用。

你怎么认为专栏。每章都会提供几个篇幅较长的研究案例，关注公共政策和与大众息息相关的问题。案例提供了相关的数据或历史证据，读者可以通过经济分析和规范论证提出并捍卫自己的观点。我们也向读者提出了一些开放式问题，可以用来做进一步的批判性思考。

总之，本书将为读者分析和理解所面临的经济问题提供坚实的基础。我们希望，他们在本书中所了解到的经济学的工具无论大小，都能够帮助他们更加批判地认识所处的环境并且生活得更幸福。

感谢

本书经历了跨越数年的漫长写作过程，如果没有那些全程陪伴本书的经济学教师和读者所提供的有价值的反馈意见，本书会完全不同。无论你是一个学生、初入社会者，还是企业管理者、创业者，抑或经济政策制定者，作者和麦格劳－希尔都感谢你分享自己的见解和建议。

ECONOMICS 简明目录

致中国读者
作者简介
译者简介
前言
简明导读

第一部分　经济学的力量

第 1 章　　经济学与生活　2
第 2 章　　专业化与交换　25

第二部分　市场供给与需求

第 3 章　　市场　42
第 4 章　　弹性　70
第 5 章　　效率　87
第 6 章　　政府干预　107

第三部分　个人决策

第 7 章　　消费者行为　135
第 8 章　　行为经济学：进一步了解决策　159
第 9 章　　博弈论与策略思维　173

第四部分　企业决策

第 10 章　　完全竞争与垄断　199
第 11 章　　垄断竞争和寡头垄断　230
第 12 章　　国际贸易　254

第五部分　公共经济学

第 13 章　　外部性　279

第 14 章　公共物品与公共资源　298
第 15 章　税收与政府预算　317

第六部分　宏观经济的数据

第 16 章　国民财富的核算　343
第 17 章　生活成本　366

第七部分　失业与劳动力

第 18 章　失业与劳动需求　384

第八部分　处于短期和长期中的经济

第 19 章　总需求和总供给　404
第 20 章　财政政策　430

第九部分　金融体系和金融机构

第 21 章　金融学基础　456
第 22 章　货币和货币体系　487

第十部分　国际经济

第 23 章　开放市场下的宏观经济学　514

术语表　550

ECONOMICS 目 录

致中国读者
作者简介
译者简介
前言
简明导读

第一部分 经济学的力量

第1章 经济学与生活 | 2

认知目标 | 2
引例 由小额贷款带来的影响 | 3
经济学的基本观点 | 4
经济学家解决问题的工具箱 | 15
总结 | 23
批判性思考 | 24

第2章 专业化与交换 | 25

认知目标 | 25
引例 一件T恤的来历 | 26
生产可能性 | 27
绝对优势和比较优势 | 30
为什么要进行贸易 | 32
总结 | 38
批判性思考 | 39

第二部分 市场供给与需求

第3章 市场 | 42

认知目标 | 42

引例 手机的全球化 | 43
市场 | 44
需求 | 46
供给 | 54
市场均衡 | 59
总结 | 68
批判性思考 | 69

第4章 弹性 | 70

认知目标 | 70
引例 咖啡成为时尚之选 | 71
弹性是什么 | 72
需求的价格弹性 | 72
供给的价格弹性 | 80
其他弹性 | 82
总结 | 85
批判性思考 | 86

第5章 效率 | 87

认知目标 | 87
引例 从一支坏掉的激光笔开始的
     互联网革命 | 88
支付意愿以及销售意愿 | 89
计算剩余 | 94
利用剩余比较其他选择 | 100
总结 | 105
批判性思考 | 106

第6章 政府干预 | 107

认知目标 | 107

引例　养育世界：一次价格管制　108
为何干预　109
价格管制　111
税收和补贴　118
评价政府干预　126
总结　130
批判性思考　132

第三部分　个人决策

第 7 章　消费者行为　135

认知目标　135
引例　赠送礼物的原因　136
效用的基本概念　137
边际效用递减　143
收入和价格变化的影响　147
效用与社会　150
总结　157
批判性思考　158

第 8 章　行为经济学：进一步了解决策　159

认知目标　159
引例　什么时候 20 美元不太像是 20 美元　160
如何应对诱惑和拖延　161
对成本的非理性思考　166
忽略可替代性　168
总结　171
批判性思考　172

第 9 章　博弈论与策略思维　173

认知目标　173
引例　请勿乱扔垃圾　174
博弈与策略行为　175
一次性博弈与囚徒困境　176

囚徒困境中的重复博弈　183
序贯博弈　187
总结　194
批判性思考　195

第四部分　企业决策

第 10 章　完全竞争与垄断　199

认知目标　199
引例　这张处方中你的钱都花在哪儿了　200
生产成本　201
完全竞争　210
垄断与公共政策　218
总结　227
批判性思考　229

第 11 章　垄断竞争和寡头垄断　230

认知目标　230
引例　哪个人与其他人一样　231
属于什么市场类型　232
垄断竞争　234
寡头垄断　244
总结　251
批判性思考　253

第 12 章　国际贸易　254

认知目标　254
引例　莱索托制造　255
为什么进行贸易　256
从封闭经济到自由贸易　260
贸易限制　264
贸易协定　267
总结　274
批判性思考　276

第五部分　公共经济学

第 13 章　外部性 ｜ 279

认知目标 ｜ 279
引例　汽车文化的代价 ｜ 280
什么是外部性 ｜ 281
应对外部性 ｜ 286
总结 ｜ 296
批判性思考 ｜ 297

第 14 章　公共物品与公共资源 ｜ 298

认知目标 ｜ 298
引例　新的公地悲剧 ｜ 299
物品的特征 ｜ 300
公共物品与公共资源问题 ｜ 302
解决公共物品与公共资源问题 ｜ 306
总结 ｜ 315
批判性思考 ｜ 316

第 15 章　税收与政府预算 ｜ 317

认知目标 ｜ 317
引例　乐于纳税 ｜ 318
为什么征税 ｜ 319
税收原理 ｜ 321
税收分类 ｜ 327
公共预算 ｜ 333
总结 ｜ 338
批判性思考 ｜ 339

第六部分　宏观经济的数据

第 16 章　国民财富的核算 ｜ 343

认知目标 ｜ 343
引例　这不仅仅是计算花生的数量 ｜ 344
衡量一个经济体 ｜ 345
GDP 核算的方法 ｜ 348

利用 GDP 进行不同经济体间的比较 ｜ 353
GDP 度量的局限性 ｜ 356
总结 ｜ 363
批判性思考 ｜ 365

第 17 章　生活成本 ｜ 366

认知目标 ｜ 366
引例　谢谢你不吸烟 ｜ 367
生活成本 ｜ 368
度量价格随时间的变化 ｜ 370
价格指数的应用 ｜ 373
不同地区价格差异的计算 ｜ 378
总结 ｜ 381
批判性思考 ｜ 382

第七部分　失业与劳动力

第 18 章　失业与劳动需求 ｜ 384

认知目标 ｜ 384
引例　失业意味着什么 ｜ 385
定义和衡量失业 ｜ 386
劳动市场的均衡 ｜ 388
失业的类型 ｜ 390
关于失业的公共政策和其他影响因素 ｜ 392
总结 ｜ 400
批判性思考 ｜ 402

第八部分　处于短期和长期中的经济

第 19 章　总需求和总供给 ｜ 404

认知目标 ｜ 404
引例　"热门!"造就泡沫 ｜ 405

把所有要素加在一起 | 406
总需求 | 407
总供给 | 412
经济波动 | 418
公共政策的作用 | 425
总结 | 427
批判性思考 | 428

第20章 财政政策 | 430

认知目标 | 430
引例 从房产泡沫到大衰退 | 431
财政政策 | 432
乘数模型 | 441
政府预算 | 447
公债 | 448
总结 | 452
批判性思考 | 453

第九部分 金融体系和金融机构

第21章 金融学基础 | 456

认知目标 | 456
引例 亨利·雷曼和他的兄弟们 | 457
金融市场的作用 | 458
借贷市场：一个简化的金融市场 | 461
现代金融体系 | 468
资产评估 | 477

金融的国民核算方法 | 481
总结 | 484
批判性思考 | 486

第22章 货币和货币体系 | 487

认知目标 | 487
引例 香烟货币 | 488
何为货币 | 489
银行与货币创造过程 | 491
管理货币供给：美联储 | 499
货币政策的经济效应 | 506
总结 | 511
批判性思考 | 512

第十部分 国际经济

第23章 开放市场下的宏观经济学 | 514

认知目标 | 514
引例 从工厂到数字 | 515
商品与资本的国际流动 | 516
国际资本流动 | 522
汇率 | 526
金融危机 | 537
总结 | 548
批判性思考 | 549

术语表 | 550

ECONOMICS 简明导读

认识微观经济

第一部分　经济学的力量

理性行为和稀缺，权衡取舍和决策，机会成本、沉没成本和边际分析，读者会发现他们可以将这些工具甚至直觉运用到各种经济问题中去，从个人日常生活选择到企业决策和政府政策的制定等。

第二部分　市场供给与需求

对市场的认识，是我们理解经济运行的基础。市场供给和需求力量间的相互作用决定了我们支付的价格和买卖的数量。利用供给和需求最基本的经济原理我们可以回答各种各样买和卖的问题。

第三部分　个人决策

作为消费者我们每天都做出许多决策。最大化个人效用的欲望会引导人们做出选择，关键在于我们如何更好地做出选择。行为经济学通过引入影响人们决策的社会和心理因素，丰富了我们对决策过程的理解，它不仅与我们每天做出的决策直接相关，而且与公共政策和商业贸易都紧密联系。

第四部分　企业决策

企业需要做出许多选择和决策，需要决定投资于哪种产品，在哪里建厂，雇用哪些员工，在竞争市场或者垄断市场中如何力挽狂澜，以及当走向世界时贸易和政府政策如何影响企业，这一部分将向读者介绍企业（无论规模大小）如何进行此类决策。

第五部分　公共经济学

面临公共物品和公共资源以及"搭便车问题""公地悲剧"等，政府会选择利用税收、补贴和配额等建立合理的激励机制。而作为经济主体的个人、企业或者纳税人如何理解政府政策干预背后的经济逻辑，以及如何更好地调整我们的经济行为也是本章讨论的重点。

认识宏观经济

第六部分　宏观经济的数据

理解和分析宏观经济运行的数据，国内生产总值 GDP 和消费者价格 CIP、生产者价格 PPI 等，它会回答你有关经济的好坏与趋势，以及如何影响企业经营等问题。

第七部分　失业与劳动力

实际上失业率不仅反映个人寻找工作时面临的竞争，还被视为反映经济状况的信号。无论作为个人还是企业，对失业率的正确理解都将有助于理解经济中的劳动力需求状态、政府最低工资政策等。

第八部分　处于短期和长期中的经济

用整体经济运行的模型向读者描述国民经济的状态，考察整个经济在繁荣和萧条间的交替变化，并且我们也可以开始理解政府宏观经济政策选择如何影响经济。

第九部分　金融体系和金融机构

关注和理解货币、利率、银行、金融市场和机构的运行以及与之相关的货币政策，讨论包括从购买第一套房子的家庭到华尔街操控百万美元交易的交易员在内的所有人，个人和企业身处其中并深受影响。

第十部分　国际经济

在开放的国际市场上，贸易顺差如何形成，资金如何流动，汇率如何决定，一国币值是否低估，又如何影响企业贸易，金融危机的原因和影响，这一部分将带读者探讨全球时代企业的国际经济环境和商业决策。

01

第一部分

经济学的力量

第一部分将向你介绍……

认识经济的过程中必不可少的工具和直觉。第 1 章提出了四个问题，这四个问题介绍了解决经济学问题时用到的基本概念。在本书中，我们也会描述经济学家如何处理数据并分析政策，特别是区分人们想要世界是什么样的（规范分析），以及世界实际上是什么样的（实证分析）。

第 2 章利用绝对优势和比较优势的概念来解释人们（和国家）如何最有效率地利用他们的资源和天赋。你应该雇用一个水管工还是应该自己修管道呢？你应该成为一位明星还是一位经济学家呢？我们利用这些概念来说明贸易是如何使每个人（包括个人层面与国家层面）的情况都变得更好的。

这只是一个开始。在这本书中，我们将利用这些工具更深刻地分析人们如何利用与管理他们的资源，这反过来也能让我们更深刻地理解各种更困难的问题。经济学思想贯通了许多学科，从纯经济学问题到政治学问题、环境问题和文化问题，以及在日常生活中遇到的个人决策问题，都可以在经济学中找到答案。经济学不仅仅是研究钱的学科，我们也希望你会懂得在这里得到的知识对你产生的启发作用将远远超出本书。

E C O N O M I C S

ECONOMICS

第 1 章

经济学与生活

认知目标

1. 解释稀缺性的经济学意义,以及它如何影响我们的决策。
2. 理解机会成本和边际决策对个人和企业的意义。
3. 理解激励的经济学概念。
4. 理解效率的经济学概念。

引例　由小额贷款带来的影响

在2006年10月13日的早晨，孟加拉国经济学家穆罕默德·尤努斯（Muhammad Yunus）意外地收到了一个来自挪威奥斯陆的电话。当天晚些时候，诺贝尔委员会宣布尤努斯及其于1976年创立的孟加拉乡村银行将共享2006年诺贝尔和平奖。过去诺贝尔和平奖的获得者包括特蕾莎修女（Mother Teresa，她用了超过50年的时间援助乞丐和麻风病人）、马丁·路德·金（Martin Luther King, Jr.，他通过和平抗议反对种族隔离）。而相比之下，一位经济学家和他的银行做了些什么呢？

孟加拉乡村银行不是一家平常的银行。是的，它会像其他银行一样发放贷款、提供储蓄账户并对客户收取服务费。但是，它为世界上最贫穷国家之一的最贫穷村庄中的最贫穷的人提供服务。它发放的贷款非常小额，以至于富裕国家的人很难想象它们可以带来什么好处：尤努斯发放的第一批贷款合计只有27美元。在孟加拉乡村银行成立以前，其他银行一直不愿在这些贫困的社区工作。它们认为这样小额的贷款不值得它们大费周章，许多人认为不能指望穷人偿还他们的贷款。

尤努斯并不同意。他确信，即使是非常小额的贷款也能使贫苦的村民扩大他们的小型企业，也许是购买一台缝纫机，或是买一头牛为当地市场供应牛奶并挣更多的钱。因此，村民的生活将会更舒适和安全，并且他们的孩子会有一个更好的未来。尤努斯断言村民将有能力偿还贷款，而他的新银行也将获得利润。

尤努斯证明了这些质疑是错误的，孟加拉乡村银行现在拥有超过800万的客户。该银行的报告显示，它所发放的贷款中有98%得以偿还，而这个比率比一些发达国家的银行所报告的比率还要好。从孟加拉乡村银行的报告中，还可以看出该银行稳定的利润，这激发了其他银行开始为几乎每个洲的贫困社区提供服务，包括最近在纽约、奥马哈和内布拉斯加州新建的公司。

尤努斯是一位经济学家。他获得了位于纳什维尔的范德比尔特大学的博士学位，在成为孟加拉的教授之前他在田纳西州教书。当一次毁灭性的饥荒袭击孟加拉国时，尤努斯教书的梦想幻灭了。面对这些发生在他身边的苦难，抽象的方程和程式化的图表又能做些什么呢?

最后,尤努斯意识到经济思想才是解决现实生活中难题的关键。孟加拉乡村银行的高明之处在于,它既不是传统的慈善机构,也不是传统银行。相反,它是一个交易,它利用基本的经济学思想使世界变得更美好。

在这本书中,我们将向你介绍经济学家在解决一些经济学问题时所用到的工具。当然,这些工具不仅仅是经济学家值得获诺贝尔奖的原因。经济学也可以帮你成为一个更加精明的消费者,帮你成功地推出新的手机应用程序,或者只是帮你在思考如何规划你的时间和金钱时做出更明智的决定。在本书中,我们不要求你去背熟这些理论,而是希望你将认识到的这些经济学思想应用到自己日常生活的决策中。

经济学的基本观点

当人们提起经济学时,通常想到的是股票市场、失业率或媒体报道的"美联储上调联邦基金利率目标"。尽管经济学确实涵盖了这些主题,但它的研究范围更加广泛。

经济学(economics)是研究人们如何管理资源的学问。个人以及群体(家庭、公司、政府和其他组织)决定如何分配资源。在经济学中,资源不仅仅包括像现金、金矿这类有形的东西。它们也包括无形的东西,比如时间、想法、技术、工作经验,乃至人际关系。

传统上,经济学被分为两大领域:微观经济学和宏观经济学。**微观经济学**(microeconomics)研究个人和企业如何管理资源。**宏观经济学**(macroeconomics)研究区域、国家或国际范围内的经济。微观经济学和宏观经济学是高度相关且相互依赖的,我们需要从这两个方面充分理解经济学是如何运作的。

经济学的初始想法是,人们会比较他们可用的选择,并特意选择可以最好地实现他们目标的行为方式。作为人类,我们有理想,并且会制订计划去努力实现理想。我们会制定战略并整理我们的资源。当人们做出选择,以最有效的可行方法去实现他们的目标时,经济学家就会说,他们展现出了**理性行为**(rational behavior)。

这个假设并不完美。正如我们稍后将在本书中讲到的，人们有时是短视的或者并不完全了解他们的选择。尽管如此，理性行为的假设依然有助于解释现实世界中的许多行为。

人们每天都会用到经济学，从华尔街到沃尔玛，从国会大厦大楼到孟加拉的村庄。在每件事上，他们都会使用经济学的思想，从买鞋到棒球，从医院运营到竞选政治职位。将这些主题联系在一起的就是常见的解决问题的方法。

经济学家倾向于使用一系列的四个小问题来分解问题：

(1) 问题中涉及的主体的欲望和约束是什么？
(2) 权衡取舍是什么？
(3) 其他人将会如何反应？
(4) 为什么其他人尚未这样做呢？

这些问题背后蕴含了一些重要的经济学概念，我们将在本章加以探讨。虽然这些问题和背后的概念是以几个关于人们行为的常识性假设为基础的，它们却出乎意料地能为各类难题提供深刻的见解。它们对于解决经济问题非常重要，以至于它们将反复出现在本书中。在这一章中，我们将介绍经济学的概要，着重关注基本概念，而掠过细节。在本书的后面，我们将更深入地探讨每个问题。

稀缺性

问题1 问题中涉及的主体的欲望和约束是什么？

在大多数情况下，多数人做的决策是为了获得他们想要的东西。当然，你无法总是得到你想要的。人们想要获得很多东西，但他们受到有限资源的限制。经济学将**稀缺性**（scarcity）定义为我们想要的超过我们可以得到的可用资源。稀缺性是一个不争的事实。你只有这么多时间，也只有这么多金钱。你可以用很多种不同的方式来分配你的资源，学习或看电视，买一辆汽车或去拉斯维加斯旅行，但是在任何给定的时间内，你仅有一个固定的可能性集合。稀缺性也能从集体层面上描述这个世界：作为一个社会，我们只能生产这么多东西，我们必须决定如何在众多人之间分配这些东西。

在解决一个复杂的经济学问题时，要问的第一个问题是："问题中涉及的主体的欲望和约束是什么？"考虑到理性行为和稀缺性，我们可以预期人们会努力工作以得到他们想要的东西，但由于他们可用的资源是有限的，他们的选择也是有限的。假设你的欲望是在今年夏天花尽可能多的时间去全国各地进行自驾游，但你不仅受限于三个月的暑假，还受限于没有足够的钱去支付天然气、食物和房租。在理性行为下，你可以选择双班轮流工作两个月，挣到足够的钱，再去进行一个月的自驾游。因为你现在受限于只有一个月的时间去旅行，你必须按先后顺序安排好你的时间、活动和费用。

现在设想自己是穆罕默德·尤努斯，回到1976年。他看到了极度贫穷但同时有创业精神的孟加拉国村民，他认为如果村民可以获得贷款，他们就可以改善自己的生活。银行为什么不向这些人提供金融服务呢？我们可以应用经济学家的第一个问题来着手解开这个谜题：问题中涉及的主体的欲望和约束是什么？在这种情况下，涉及的主体是传统的孟加拉银行和贫穷的孟加拉国村民。让我们看一下这两者：

- 银行的欲望是赚取利润（通过借钱给别人，借款者在还款时支付给银行利息）。银行受限于可用于贷款的以及运营分行所需的有限资金。因此，我们可以预期银行会优先向其相信会还款的客户发放贷款。在1976年之前，银行相信会还款的客户主要指富有的客户、孟加拉国城市居民，而非偏远农村中的非常贫穷的人。
- 村民的欲望是拥有增加收入的机会。他们虽然有精力和商业头脑，但受限于他们的借款能力，他们无法借到启动资金，因为大多数银行认为他们太过贫穷而无法偿还贷款。

在分析这些主体涉及的欲望和约束时，我们获得了一些有价值的信息，从而理解了为什么贫穷的孟加拉人无法获得贷款。银行的欲望是赚取利润，并将它们的受约束资金优先借给那些它们认为是有利可图的客户。孟加拉国村民的欲望是增加他们的收入，但由于受约束的启动资金，他们无法及时抓住商业机会。这是非常有价值的信息，但我们还没有得到尤努斯博士正在寻找的解决方案。现在进入解决难题的下一个步骤，转向经济学家常问的另一个问题。

机会成本和边际决策

问题2　权衡取舍是什么？

生活中的每个决策都涉及成本与收益之间的权衡取舍。我们经常面对多个选项，需要决定是否值得为了得到这一个而放弃另一个。只有当我们认为收益大于成本时，我们才会选择做这件事。采取一个行动所获得的潜在收益通常是很容易看到的：你可以愉快地驾车旅行一个月；借到贷款的银行客户有机会扩大自己的企业。另外，一个决策的成本并不总是明确的。

你可能认为成本是明确的，你自驾游的成本仅仅是你花在汽油、酒店和食物上的钱。但这个计算中少算了一样东西。这件事情的真实成本不仅仅是你必须为它支付的金额，还包括你失去了去做其他事情的机会。如果你没有去自驾游，你的第二个选择是花同样的时间和钱去买一台大屏电视，然后花一个月时间在家里和朋友们看电影。你自驾游的真实成本是拥有电视以及与朋友一起玩一个月的幸福感。在理性行为下，只有当自驾游对你的价值超过了其他要花费同等时间和金钱的选择方案时，你才会选择自驾游。这是一个个人偏好的问题。因为人们有不同的选择，对每个选择（比如自驾游或电视）也有不同的心理定价，所以他们会做出不同的决策。

经济学家将你所面对的选择的这个真实成本称为**机会成本**（opportunity cost），机会成本等于你为了得到某物而必须放弃的其他物品的价值。换句话说，机会成本是你的次优选择（即为了获得你的第一选择，你必须放弃的那个"机会"）的价值。

让我们回到自驾游的例子。比如你要和一个朋友一起去，她的 B 计划是买一台新电脑、报一个暑期班和访问她的表亲。她的假期的机会成本与你的不同。对她来说，机会成本是一台新电脑带来的快乐加上从暑期课程中得到的收获，再加上她与表亲在一起的乐趣。如果她是理性行为者，只有当她相信自驾游对她的价值超过了她所放弃的活动所能带给她的乐趣时，她才会和你一起去自驾游。

机会成本可以帮助我们更清晰地思考权衡取舍问题。如果有人问你，你的旅行花费多少钱，你的回答如果是把天然气、酒店和食物的成本相加，你就没有捕捉到做权衡取舍时所考虑到的一些最重要的和有趣的方面。机会成本帮助我们明白，例如，为什么当一家律师事务所的合伙人和律师助理在考虑相同的假期和同样的价格时，他们真正面临的却是不同的权衡取舍。合伙人薪水更高，因此当他无薪休假时，他放弃了更多的钱。所以，律师助理去度假的机会成本就比合伙人的机会成本更低，律师助理和合伙人面临的决策其实是不同的。

经济学家通常会用美元来表示机会成本。假设你有一家餐馆价值 15 美元的一张礼品券。餐馆有一个简短的菜单：比萨和意大利面，比萨和意大利面的售价都是

15美元。只有在这个特定的餐馆才能使用礼券，所以你为了获得比萨，仅需要放弃意大利面，反之亦然。如果你没有礼品券，你最高愿意为比萨支付15美元，为意大利面支付10美元。

选择比萨的机会成本是什么呢？即使菜单上的价格是15美元，但机会成本只有10美元，因为这是你最优的（也是唯一的）其他选择（即意大利面）的心理价值。选择意大利面的机会成本是多少呢？是15美元，这是你对比萨的心理价值。你会选什么呢？一个选择的机会成本是10美元，另一个选择的机会成本是15美元。在理性行为下，你应该选择比萨，因为比萨的机会成本更低。

描述这个权衡取舍的一个更简单的方式是，直接说"相比于意大利面你更偏好比萨"。意大利面的机会成本更高，因为为了得到意大利面，你不得不放弃你更喜欢的东西。但是，当有更多的选择或选择之间有更多的细微差别时，用机会成本的形式来进行表述将会更有帮助。

例如，假设礼品券只可以被用于购买意大利面。现在选择意大利面的机会成本是多少呢？是0美元，因为你不能用礼品券做任何其他事情——你的其他选择就是意大利面或者什么都没有。比萨的机会成本现在是15美元，因为你不得不用现金支付，而你可以将这15美元花在餐厅外的其他地方。所以即使你更喜欢比萨，你现在也可能选择意大利面，因为在这个特定情景下意大利面的机会成本更低。

一旦你开始思考机会成本，你会发现它们无处不在。请阅读你怎么认为专栏，我们将机会成本应用到重大的道德问题上。

你怎么认为　生命的机会成本

在本书中，"你怎么认为"专栏会询问你关于重要的政策或攸关生命的决策的意见。这些专栏将提出一些问题，需要你将事实、经济分析与价值观和道德推理相结合。这些都是人们在现实生活中会遇到的棘手问题。这些问题存在多种正确的答案，这取决于你的价值观和目标。

哲学家彼得·辛格（Peter Singer）曾写道，机会成本是攸关生死的事。想象你是一个销售人员，在炎热的夏天，在你驱车去开会的路上，途经一个湖。突然间，你发现一个在湖里游泳的孩子溺水了。此时周围没有其他人。

你有一个选择。如果你停下车，跳到湖里去救那个孩子，你就会迟到，不能及时赶上开会，并损失一笔价值250美元的生意。救一个孩子性命的机会成本就是250美元。

或者，如果你继续驱车前往公司开会，你赚到了250美元，但你失去了跳到湖里救小孩性命的机会。开会的机会成本就是一个孩子的性命。

你将会怎么做呢？大部分人都不会犹豫。他们立刻说他们会停车，跳到湖里去救那个溺水的孩子。毕竟，一个孩子的性命的价值超过了250美元。

现在假设你在考虑花250美元买一个新的iPod。250美元也可以用于一些慈善活动，比如为另一个国家的儿童进行抵抗黄热病的疫苗接种。假设每捐赠250美元，平均有一个孩子的生命会被救活（事实上，在许多案例中，250美元确实能够挽救一个孩子生命）。那么，购买iPod的机会成本是什么？根据彼得·辛格的理论，这与他直接去开会的机会成本是一样的，机会成本都是一个孩子的生命。当然，这两种情况并不是完全一样的，但为什么对大部分人而言第一个选择（跳到湖里）都是显而易见，然而第二个选择似乎是不太明确的呢？

你怎么认为？

1. 辛格陈述的这两种情况（销售会议和溺水的小孩，相对于iPod和未接种疫苗的儿童）到底是以何种方式而有所区别的呢？
2. 辛格认为，即使是像购买iPod这样的事，也是一个出人意料的重大的道德决策。你同意吗？当你做这种决策的时候，你通常思考的是哪种机会成本呢？
3. 当人们在决定如何花钱时会面临权衡取舍，辛格在分析人们的权衡取舍时可能遗漏了什么呢？

理解权衡取舍的另一个重要原理是，理性人在边际上进行决策的想法。**边际决策**（marginal decision making）描述了理性人会比较一个选择带来的额外收益和额外成本，而不考虑过去选择的相关收益和成本。

例如，假设一个游乐园的门票价格是20美元，每坐一次过山车都要额外收费2美元。因为你必须要先购买游乐园门票再买过山车的票，所以如果你站在游乐园外，第一次坐过山车的成本将是22美元。一旦你进入游乐园内，额外坐一次过山车的边际成本是2美元。然后，当决定是否玩第二次或第三次过山车时，你应该只比较额外坐一次过山车的机会成本和收益（或幸福感）。

这可能听起来是显而易见的，但在实际中，许多人在做决策时并没有考虑边际量。假设你进入了游乐园，随后就开始感觉不舒服。如果在你感到不舒服的时候，用2美元和20分钟做其他事情会比额外多坐一次过山车带给你的乐趣更多，理性的做法将是选择离开。相关的权衡取舍即是衡量坐一次过山车所带来的额外好处与额外成本。你不能取回20美元门票费或者是你已经花在过山车上的其他任何钱。经济学家把这种已经发生的且无法收回的成本称为**沉没成本**（sunk cost）。当你考虑下一步该做什么时，沉没成本不应该对你的边际决策产生任何影响。但是很多人觉得有必要多坐几次过山车，以在心理上感觉到没有浪费20美元的门票钱。

在企业决定生产什么商品和服务时，权衡取舍也发挥着至关重要的作用。让我们回到本章开始的例子，将这个想法应用到孟加拉国的银行：在发放小额贷款时涉及的权衡取舍是什么？

- 对于传统的银行，向穷人发放小额贷款的机会成本是将这笔钱放贷给富人时能够赚取的利润。
- 对于贫穷的借款人，借贷的机会成本不仅包括他们可以利用去银行的这段时间去做的其他事情，也包括他们支付贷款利息及其他费用的钱。当然，借贷的收益是他们之前无法做的，但现在可以用这笔贷款达成的任何事情，比如创立一个小生意或购买食物或牲畜。

基于权衡取舍的这种分析，我们可以看到为什么传统银行较少放贷给贫穷的孟加拉人。因为银行认为穷人是有风险的客户，给穷人发放小额贷款的机会成本似乎大于收益，除非银行收取非常高额的费用。从贫困的农村村民的角度来看，高额费用意味着借贷的机会成本会高于收益，所以面对银行设置的这些条款，他们选择不进行借贷。

要注意到，这个问题的答案建立在第一个问题的答案之上：在我们能够评估他们面临的权衡取舍之前，我们必须知道每个人面对的渴望和约束。现在我们明白了尤努斯博士面对的情境中的动机和权衡取舍，我们可以转向当他创立孟加拉乡村银行时他可能问过自己的第三个问题。

激励

问题3 其他人将会如何反应？

你想吃比萨，所以你决定回到那个有简短菜单的餐馆。当你到达餐馆时，你发现比萨的价格变了。现在比萨的价格是 50 美元，而不是 15 美元。你将会怎么做呢？记住，你的礼品券只有 15 美元。除非你可以轻松地接受花 50 美元去买比萨这件事，或者真的是非常讨厌意大利面，否则你可能不会买比萨。虽然相比于意大利面，你更偏好比萨，但我确信你能想到更好的方式去花这 35 美元。但是如果价格变化幅度没有那么大，比如说，比萨价格变为 18 美元？这可能是一个更困难的选择。

随着权衡取舍的变化，人们做出的选择也会变化。当餐馆老板思考每道菜的定价为多少时，他必须考虑别人会对变化了的价格做何反应。如果他知道比萨很受欢迎，他可能想试试收取更高的价格来提高自己的利润。但是当他提高了价格，购买比萨的食客会更少。

如果很多人面临的权衡取舍都发生了变化，即使只是小幅的变动，涉及的每个人的行为都会有所变化，这些变化合并加总后就会导致一个很大的转变。对变化的权衡取舍的集体反应是经济学的中心思想，这在本书的每一章中几乎都会提到。当面对那些会影响很多人的权衡取舍时，其他人将如何反应这个问题让我们明白一个特定的决策将如何影响世界。当价格改变时会发生什么呢？当政府实施一项新政策时会发生什么呢？当公司引入一个新产品时会发生什么呢？要回答这些问题，需要我们考虑大规模的反应，而不只是一个人、一个公司或一位决策者的行为。

在回答这个关于权衡取舍的问题时，经济学家会做两个假设。第一个假设是人们会对激励做出反应。**激励**（incentive）是通过改变人们面临的权衡取舍从而使人们按特定的方式行动。正面的激励（有时直接称为激励）使人们更有可能去做某事。负面的激励（有时称为**抑制**（disincentive））使他们更不可能去做某事。例如，降低意大利面的价格就是一个鼓励人们购买的正面激励，因为它降低了机会成本，当你为意大利面支付的钱更少时，你所放弃的那些你本可以用这些钱去购买的其他东西也会更少。提高比萨价格对于购买比萨而言是一种负激励，因为他们现在不得不放弃更多的其他购买选择。

经济学家关于权衡取舍的第二个假设是，只有在真空环境中才不会产生影响。

也就是说，在这个世界中，你不能只改变一件事而同时又不引起别人的反应。如果你改变了你的行为，即使只是非常小的改变，这个行为也将改变你周围人的激励，使得他们相应地改变他们的行为。如果你发明了一个新产品，竞争对手将复制它。如果你提高价格，消费者的购买量会减少。如果你对一件物品或服务征税，该商品的产量会减少。

询问"其他人将会如何反应"，能够预测价格变化或政策变化的不良副作用，从而有助于阻止我们做出错误的决策。如此思考也有助于我们设计出能引起积极反应的变动。当穆罕默德·尤努斯建立孟加拉乡村银行时，他不得不仔细思考村民和传统银行所面临的激励，并考虑如何改变这些激励才不会产生不良的副作用。

银行将村民视为高风险客户，一个原因是他们太穷了，以至于他们没有什么东西可以提供给银行作为抵押品。抵押品是借款人抵押给贷款人的财产，比如一所房子或一辆车。如果借款人无法偿还贷款，贷款人将拥有抵押品。失去抵押品的风险增加了不偿还贷款的成本，给予借款人正面的激励去进行偿还。当传统银行评估贷款给贫穷的孟加拉人时，它们得出的结论是，没有失去抵押品的威胁，村民不太可能会偿还贷款。

尤努斯需要想出一个不同的方法以产生正面的激励，激励贫穷的客户偿还贷款。他最著名的解决方案是要求借款人以五人一组来申请贷款。组中的每个人都与其他成员的成功是利害攸关的。如果一个人没有偿还贷款，那么组中的其他人都不可以再次从银行借钱。

尤努斯的想法被称为**分组责任制**（group responsibility），这个想法虽然很简单，但是非常重要。尤努斯认为借款人会有强烈的激励去偿还贷款：他们不想破坏与组中其他成员（他们的同乡）的关系，他们每天生活在一起，并依赖于困难时期的相互支持。这也反过来改变了银行面对的权衡取舍，作为回应，银行更愿意以较低的利率贷款给穷人。通过思考村民对新型贷款将如何反应，以及银行将如何应对村民的反应，尤努斯能够预测，他的想法将成为开拓针对穷人的银行服务的关键。

尤努斯博士的预测被证明是正确的。看到贫穷的村民几乎总是会偿还他们在孟加拉乡村银行系统的贷款，这给了其他银行信心，让其他银行也相信小额借款人可能是可信赖的客户。为非常贫穷的人提供小额贷款、储蓄账户和其他服务的银行已经扩散到了世界各地。由于尤努斯的创造力和对于激励的思考，穷人更容易获得金融服务，银行也可以通过向穷人提供服务来赚钱。现在，已经有一些其他想法也被证实可以更有效地为小额借款人提供正确的激励，继承了尤努斯和孟加拉乡村银行开创的实验性和创新性传统。

在本书中，你会看到许多例子，这些例子说明了如何利用激励的力量来达成目标，从增加公司利润到保护环境。但是，在我们为绝妙的经济学创新而得意忘形之前，我们必须再问自己一个问题：如何最终检验我们在解决问题的过程中想出来的解决方案？

效率

问题4 为什么其他人尚未这样做呢？

人们倾向于做出理性行为。我们会剪下优惠券，会在买车之前比较车型，并且会认真思考在大学里选择哪个专业。尽管人们不是计算机器，我们通常也会权衡取舍，会对激励做出反应，并寻求机会以最有效的可行方式得到我们想要的东西。

对企业而言，也是一样。世界上有成千上万的企业，每个企业都试图赚取利润。当消费者想要获得一件物品或服务时，一些企业将通过提供该产品来抓住赚钱的机会。这一事实引出了我们最后的假设：通常情况下，个人和公司都将采取行动以提供人们想要的东西。如果存在一个真正的盈利机会，肯定有人会利用它，而且通常宜早不宜迟。

最后的这个假设来源于**效率**（efficiency）的概念。效率描述了这样一个情况：以最有效的可行方式使用资源去生产对社会经济价值最大的商品和服务。提高效率意味着找到一种方法以更好地利用资源去生产人们想要的东西。

关于效率的这个定义，可能会存在一些疑问。例如，我们如何确定价值呢？资源对我们到底意味着什么？在本书中，我们将深入研究这些问题。现在，我们从一个广泛的视角来分析：如果一件东西有人想要，那么这件东西就是有价值的；如果一件东西可以被用来制造一些有价值的东西，那么这件东西就是一项资源，无论是自然资源（比如水和树木），还是人力资源（比如人才和知识）。从这种广泛的视角进行分析，我们可以引出一个重要的观点：当经济有效率地运行时，资源就已经被分配到了有价值的用途上。

所以当你看到一个未被利用的大好机会（一个新产品、政策、技术或是可以改变世界或赚取数百万美元的商业模式）时，问问自己：如果它真是一个这样伟大的想法，为什么其他人尚未这样做呢？一个可能的答案是之前没有人想到过这个想法。这是可能的。但是，如果你已经看到了机会，难道其他数十亿聪明且理性的人中没有一个人能看到它吗？

不要误会我们：我们不是说在这个世界上绝对没有机会去做一些新的事情。伟大的新想法一直都在发生，正是这些新想法驱动社会进步。然而非常有可能别人已经想到了这个想法，但如果他们不实施这个想法，这就暗示着你可能忽略了某事。应该做的第一件事就是回溯经济学家的前三个问题：

你是否错误判断了人们的欲望和约束？误判了他们面对的权衡取舍或误解了人们会如何应对激励？如果你回想了这些问题后，仍然认为你的新想法很重要，这里还有一些其他的可能性供你考虑。

我们说，在通常情况下，经济都会有效率地运行，个人或企业会供应人们想要的商品。哪些方面可能会使情况变得不正常呢？

- **创新**（innovation）：创新是你所希望的正确解释。也许你的想法尚未被使用，只是因为这个想法太新颖了。如果你已经想出了一个真正新颖的想法，无论是新技术还是新颖的商业模式，因为它之前不存在，所以人们尚未使用它。

- **市场失灵**（market failure）：市场失灵是无效率的一个重要原因。有时个人和企业未能抓住机会，也许是因为有东西阻止他们去抓住这个机会带来的收益，或是因为要对他们征收额外的费用。例如，也许因为我们不能阻止其他人迅速复制自己的想法，或者因为少数大公司已经占据了市场，所以你伟大的新想法是行不通的。经济学家把这种情况称为市场失灵，我们将在本书中对此进行更深入的探讨。

- **干预**（intervention）：如果有一股强大的力量（通常是政府）干预经济，交易就无法按正常的方式进行。我们将在本书后面的章节中看到，许多政府执行的经济政策都有意或无意地干预了人们抓住盈利机会的能力。

- **除利润以外的目标**（goals other than profit）：也许你的想法无法创造利润。个人和政府都有除利润以外的目标，例如，创造伟大的艺术或是促进社会的正义。但是，如果你的想法不会产生利润，那么也就不奇怪为何没有人实施这个想法了。

当穆罕默德·尤努斯问自己"为什么其他人尚未借钱给穷人呢"这个问题时，

他第一次发现了缺乏抵押品的市场失灵，并且想到了用分组责任制来修复这种市场失灵。但后来他不得不问自己："为什么所有的银行都没有采用分组责任制呢？"

也许还存在另一种尤努斯没有发现的市场失灵。也许是一些政府政策阻止了它。也许传统银行曾考虑过该想法，但觉得它不会创造利润。尤努斯的主要兴趣点并不在于赚取利润，无疑，让他真正感兴趣的是帮助穷人。但如果使用了分组责任制，小额贷款也无法为银行赚取利润，这就能解释为什么之前没有人这样做了。

幸运的是，这些答案都是错的。在这个案例中，"为什么其他人尚未这样做呢"，这一问题的答案是，这个想法是完全新颖的。孟加拉乡村银行能够通过给穷人发放贷款来帮助孟加拉国穷人，同时又能赚到足够的利润来进行扩张并服务更多的客户。今天，超过2 000万的孟加拉人可以从孟加拉乡村银行和其他组织借到小额贷款。而在世界各地有超过2亿的低收入客户拥有了同样的机会。有时候，一个表面上看似伟大的新想法确实会是一个非常好的想法。

经济学家解决问题的工具箱

我们刚刚讨论的四个问题是一些基本的经济学思想。利用它们来理解世界可能是如何运行的，这只成功了一半而已。在本节，我们将描述经济学家将经济学思想应用于现实时所借助的工具。

在现实世界中要准确定位这些基本的经济学概念，并不如你想象的那样简单，它们有时并不是显而易见的。纵观历史，人们观察他们周围的世界，并得出过一些被证明是滑稽的（或者有时是错误的）结论。我们现在知道，太阳不是围绕地球旋转的，干旱并不是向人们投去邪恶目光的女巫造成的。然而，聪明的人也曾经相信过这些事情。出于人类的本性，我们会观察并思考我们周围事物的意义，但我们的结论并不总是正确的。

经济学分析要求我们把理论知识与观察到的现实相结合，并在得出结论之前对这两个方面进行详细检查。接下来，我们将看到如何将理论和事实结合到一起来确定因果关系（是什么引起了什么）。我们还将区分事物存在的方式是什么以及我们认为它们存在的方式应该是什么。你可以将这些工具应用到各种各样的情境中，从个人生活选择到企业决策和政策分析。

相关性和因果关系

许多体育爱好者都有一件幸运球衣，他们会穿这件衣服来帮助自己支持的球队赢得比赛。铁杆粉丝可能会坚持认为他的球衣显然是幸运的，因为当他的团队赢得NBA总决赛或超级碗时他正穿着它。这种迷信是对一般人类倾向的夸大：当我们看到两个事件同时发生时，我们倾向于假定是一个事件引起了另一个事件。但是经济学家努力地谨慎对待因果关系（是什么引起了什么）。

为了区分仅仅是发生在同一时间的两件事与有明确因果关系的两件事，我们使用两个不同的术语。当我们看到两个事件或两个变量之间的一致关系时，我们会说它们之间存在一种**相关性**（correlation）。如果两件事常常发生在同一时间或沿着同一方向移动，我们就说它们是**正相关的**（positively correlated）。穿雨衣和下雨呈正相关。如果当一个事件或变量减少时，相关的事件或变量会同时增加，我们就说它们是**负相关的**（negatively correlated）。它们沿着相反的方向运动。较高的温度与人们穿羽绒服是负相关的。如果两个变量之间没有一致关系，我们就说它们是**不相关的**（uncorrelated）。

相关性与因果关系不同。**因果关系**（causation）意味着一个事件引起了另一个事件。正如上述例子所示，因果关系和相关性经常一起出现。天气和服装通常是相关的，因为天气会引起人们做出关于如何穿衣的选择。

不幸的是，相关性和因果关系并不总是以直接的方式一起出现。相关性和因果关系常常因为三种方式被混淆：没有因果关系的相关性、遗漏变量和反向因果关系。

没有因果关系的相关性。 超级碗的比赛结果能预测股市的表现吗？几年前，一些人开始认为它是可能的。在超级碗中，美国橄榄球联合会（AFC）的顶级球队与国家橄榄球联合会（NFC）的顶尖团队进行比赛。在很长的一段时间内，当来自AFC的球队赢了比赛时，这一年股市表现会很糟糕；而当来自NFC的球队赢了比赛时，这一年股市表现会很棒。事实上，在1967～1997年的85%的时间里，这种相关模式都是成立的。

基于超级碗的结果来决定你的投资策略，这会是一个好主意吗？我们认为不是。这里并没有貌似可信的因果关系。一些年来，股票市场的结果恰好与超级碗的结果相关，但无法用逻辑证明股票市场的结果是由超级碗的结果引起的。如果你花足够长的时间去寻找奇怪的巧合,你总会找到一些的。

  遗漏变量。考虑以下情况:消防队员的存在和患有严重烧伤的人之间存在正的相关性。这句话是否意味着消防员引起了烧伤?当然不是。我们知道消防队员不会烧伤他人,消防队员会努力救他们。相反,观察到的这两个结果背后必定有一些常见的潜在因素或变量,在这个例子中即是火灾。

  有时,两个相关的事件一起发生是因为两者都是由相同的潜在因素引起的。两者都分别与第三个因素之间存在因果关系,两者之间却不存在因果关系。这个潜在的因素被称为遗漏变量,因为尽管它是一个因果关系链上的重要组成部分,在之前的分析中却忽略了这个因素。换个视角专栏讲述了关于遗漏变量的例子,遗漏变量使医生误会并错误地打击了大家在夏天的主要乐趣:冰激凌。

换个视角　冰激凌会导致小儿麻痹症吗

  换个视角专栏为你展示了另一种不同的看待经济学概念的方式。有时是一个幽默的故事,有时是一种不同的思考方式,有时只是对标准想法的一种与众不同的应用。我们发现,一点点的不可思议就非常有助于我们记住事情,我们也希望它也能帮助你。

  一种疾病叫小儿麻痹症,在美国曾经每年都有成千上万的孩子因为此病变为残疾或死亡。在知道是什么导致了小儿麻痹症之前,医生发现小儿麻痹症在吃很多冰激凌的孩子中似乎更为常见。这一相关性的发现让一些人认为两者之间存在因果关系。一些医生在建议抵抗小儿麻痹症的规定饮食时,提出应该避免吃冰激凌。许多担心的父母都非常理解地接受了他们的建议。

  现在我们知道,小儿麻痹症是由病毒引起的,这种病毒从一个人传播给另一个人,通过受污染的食物和水进行传播,比如肮脏的游泳池或饮水机。小儿麻痹症与孩子吃多少冰激凌之间完全没有关系。1952年正式研发出了小儿麻痹症疫苗。

  之所以会混淆罪魁祸首为冰激凌,是由于遗漏变量:炎热的天气。在炎热的天气中,孩子更有可能使用游泳池和饮水机。在炎热的天气中,孩子也更有可能吃冰激凌。因此小儿麻痹症与吃冰激凌相关,但小儿麻痹症肯定不是由吃冰激凌引起的。

资料来源:http://www.nytimes.com/2009/08/06/technology/06stats.html?_r=1.

反向因果关系。在分析相关性和因果关系的混淆时，第三种常见的引起混淆的原因被称为反向因果关系：是 A 引起了 B，还是 B 引起了 A？当两个事件总是一起发生时，很难说是哪一个引起了另一个。

让我们回到下雨和雨衣之间的相关性。如果我们完全不了解下雨，我们可能会观察到下雨的出现经常伴随着雨衣，我们可能就会得出这样的结论：穿雨衣（A 事件）引起了下雨（B 事件）。在这种情况下，我们都知道因果关系其实是相反的，但是观察结果本身并不能告诉我们真正的因果关系。

有时，观察两个相关事件的发生时间会提供一些线索。通常情况下，如果 A 发生在 B 之前，就暗示着 A 引起了 B，而不是 B 引起了 A。但通常情况是，你会在早晨离开家时拿走一件雨衣，这发生在下午下雨之前。尽管你是在早上带走了雨衣，但这显然不会引起当天晚些时候下的雨。在这种情况下，你会预期 B 引起 A。

经济学家和非经济学家都得到的一个重要教训是，绝不能从表面上解读观察结果。要总是确保你可以解释为什么两个事件是相关的。为此，你需要经济学家工具箱中的另一个工具：模型。

模型

模型（model）是对复杂情况的一种简化表示。在经济学中，模型显示了个人、公司和政府如何做出管理资源的决策，以及他们的决策是如何相互影响的。经济模型可以描绘出诸如"人们如何决定买什么车"这样基本的情境，也可以描绘出诸如"什么引起了全球经济衰退"这样复杂的情境。

因为模型简化了复杂问题，模型允许我们将注意力集中在最重要的部分。模型很少会涵盖给定情境中的每个细节，但这是一件好事。如果我们必须在解决问题之前，准确无误地描述整个世界，我们将会被细节所淹没，而永远无法得到答案。通过仔细地将情境简化到必要的核心部分，我们可以得到有用的近乎正确的答案。

经济学的一个最基本的模型是**循环流量模型**（circular flow model）。经济系统每天都涉及数十亿美元的交易，循环流量模型有助于展示出这所有的交易是如何一起发生的。模型通过削减复杂的细节以显示出重要的模式。图 1-1 用图表的形式显示了经济交易的循环流动，被称为循环流量图。

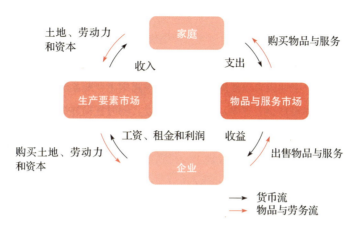

图 1-1 经济循环流量模型

经济循环流量模型的第一个简化之处是，把我们的焦点缩小到经济学中两类最重要的经济主体：家庭和企业。

- 家庭在两个方面是至关重要的。第一，家庭为企业提供土地和劳动力，并投资公司资本（土地、劳动和资本被称为生产要素）。第二，家庭购买企业生产的物品和服务。
- 企业也是至关重要的，但与家庭恰恰相反的是：它们购买或租用土地、劳动力和家庭提供的资本，它们生产并销售物品或服务。模型表明，企业和家庭通过生产和消费而紧密相连。

另外一个很有用的简化是，循环流量模型将焦点缩小到联结家庭和企业的两个市场：

- 物品与服务市场，正如它的名称：它反映了所有涉及物品或服务买卖的活动。在这个市场中，家庭花费它们通过提供劳动力而获得的工资以及通过提供土地和资本而获得的收入，企业通过销售它们的产品和服务而获得收益。
- 第二个市场是生产要素市场。在这里，家庭供给土地、劳动力和资本，公司雇用并购买或租用这些投入。

该模型把所有这些联系在一起。我们所描述的交易是两种循环的一部分。一个是贯穿经济的投入和产出的循环。投入的是土地、劳动力和企业用于生产商品的资本。产出的是企业使用生产要素生产的物品和服务。

另一个循环表示货币的流动。企业使用家庭的生产要素进行生产并支付给家庭货币，家庭使用这些货币购买物品和服务。企业通过销售这些物品和服务再获得收益，并且反过来，企业也可以使用这笔钱购买或租用生产要素。

在这一点上你可能会有点晕，尤其是多个要素同时在循环中流通。为了帮助你理清思路，让我们追踪你钱包中的5美元，看它如何在经济体系中流通。你可以用很多种方式花这5美元。当你走在街上，看到当地面包店的窗口有一盒甜甜圈。你走进店里，支付给面包师5美元，这就是商品市场的一次交易。这5美元代表面包师的收入和你的支出。甜甜圈是面包店的产出。

可是你这5美元的故事还没有结束。为了生产更多的甜甜圈，面包师用5美元购买生产要素，即市场上的投入。这可能包括支付面包店的租金或支付助理的工资。面包师的支出也就是为面包店提供劳动力或出租场地的家庭的收入。一旦面包师用这5美元支付了工资或租金，这5美元就完成了一个周期的循环流动。

正如循环流量模型所示，经济模型近似模拟了发生在实体经济中的经济活动。在本书后面的章节中，我们将讨论其他旨在说明特定问题（比如当政府增加税收时，汽油价格将会上涨多少；或是未来十年经济的增长速度可能是多少）的模型。最好的模型能让我们更清楚地回答复杂的问题。是什么构成了一个好的经济模型？我们已经说过，好的模型会省去不重要的细节，并着重关注经济环境的重要方面。为了使模型能够发挥作用，还应该做到以下三点：

（1）**一个好的模型能预测原因与结果**。循环流量模型对经济基础进行了有效的描述。但是通常情况下，我们想要的不止于此。很多时候，我们想要一个模型不仅能够描述经济联系，而且能够预测将来会发生什么事情。要做到这一点，我们必须弄清楚正确的原因与结果。如果你的模型显示是A引起了B，你应该能够解释为什么。在第3章中，我们将学习经济学中的一个核心模型，该模型表明，对于大多数物品和服务而言，当它们的价格上涨时，人们想要购买的数量会随之下降。为什么呢？当一个商品的成本上升，但拥有该商品的收益不变时，更多的人在权衡取舍下会觉得持有该商品是不值得的。

（2）**一个好的模型会做出清楚明白的假设**。虽然模型通常过于简单而不能完美拟合现实世界，但清晰地说明简化的假设是非常重要的。这样做有助于我们知道模型何时能准确地预测出现实事件以及何时不能预测。例如，我们早些时候说过，经济学家通常假设人们的行为是理性的。我们知道这并不总是正确的，但我们接受它作为一个假设，是因为在多数情况下它都近似正确。只要我们清楚我们做了这样的假设，我们就知道当人们的行为不理性时，该模型就是不准确的。

（3）一个好的模型能准确描述现实世界。如果一个模型不能描述现实世界中实际发生的事，这个模型就是有问题的。我们承认，模型并不是完全准确的，因为我们故意将模型设置得比现实世界更简单。但是如果一个模型预测的事情通常都是不准确的或者也不是近似准确的，该模型就是没有用的。我们如何判断一个模型是否符合现实？经济学家通过观察现实世界中发生的事件并收集可以证实或反驳该模型的数据来检验他们的模型。阅读以下现实生活专栏，我们可以看到一个在过去的几百年间已经被反复检验过的模型。

现实生活　根据历史检验模型

现实生活专栏中展示了你之前看到的那些概念如何与现实世界相关联。这是一个能用数据检验模型的机会。这些专栏通常会描述这样一些情境，在这些情境中人们会使用经济学思想来解决商业问题或政策问题，或者他们会提出有趣的研究想法或经验。请关注其他在线内容的链接，如视频或新闻故事。

19世纪早期的经济学家托马斯·马尔萨斯创建了一个模型，该模型描述了人口增长与粮食生产的关系。模型预测随着人口超过食品供给，将会发生大规模的饥荒。马尔萨斯在他的著作《人口论》（*An Essay on the Principle of Population*）中写道：

> 由于人口增长的力量远远超过土地生产人类生存物资的力量，过早死亡必定以某种形式或方式降临到人类身上……巨大的不可避免的饥荒会慢慢接近……

自马尔萨斯写下这些话以来，事实上饥荒已经造成了数百万人死亡。然而，饥荒并没有像马尔萨斯预测的那样和人口增长相关。相反，世界人口从1800年不到10亿增加到今天的大约70亿。在同一时间，几乎每个国家的营养标准都提高了。

马尔萨斯的模型忽略了故事的关键部分：人类的聪明才智和技术进步。随着世界人口的增加，人们已经发现了新的方法，能在更多的土地上更有效率地生产更好的食物。他们也已经发现了更好的方法来限制人口增长。

可是马尔萨斯的想法并没有消失。今天，新马尔萨斯理论预测人口仍将超过世界的生产能力。这一理论更新了马尔萨斯的模型，提出了更现代的问题，比如更加严重的环境恶化使土地不再适合耕种。其他人则认为不可再生资源（如石油）将会耗尽。还有一些人警告说，即使全世界的农民可以生产出足够的食物，但人们不能平等地获取比如淡水这样的资源，这些不平等终将引起局部饥荒和战争。

这些观点的批评者指出，近年来每当马尔萨斯预测的灾难似乎要来临时，人类的聪明才智总能在某种程度上避免灾难的发生。第二次世界大战之后的人口激增被认为是一个会导致饥饿的原因，但是它被提高粮食产量的绿色革命的效应抵消了。

新马尔萨斯学说的模型准确吗？还是它也遗漏了一些关键因素？时间将提供数据来回答这个问题。

资料来源：T. R. 马尔萨斯，《人口论》，1798。

实证分析和规范分析

在经济学研究中，人们经常将事实与基于信仰的判断相混淆。考虑下面的例子：

表述1：所得税会减少人们想要工作的时间。

表述2：应该减少或取消所得税。

许多人很难区分这两个表述。有些人认为第二个表述是顺着第一个表述的逻辑。也有些人不同意第二个表述，所以他们认为第一个表述不可能是真的。

然而，如果仔细阅读，你会看到，第一句话是关于原因与结果的表述。因此，通过数据和证据，可以证明第一句话是真的还是假的。关于世界实际上是如何运作的这种事实表述被称为**实证表述**（positive statement）。

另外，第二句话无法被证明是真的还是假的。相反地，它指出什么是应该做的，但只有在我们共享某一相同的目标、认识和道德信仰的时候。如果一个表述是在断言世界应该是什么样的，我们就称之为**规范表述**（normative statement）。

为了说明区分实证表述和规范表述多么重要，考虑物理学家可能会提出的两个主张：

实证表述：爆炸力高达1万吨TNT的核武器在爆炸后，其放射性尘埃的半径将会高达6英里⊖。

⊖ 1 英里 =1.609 千米。

规范表述：美国在第二次世界大战中使用核武器是正确的。

尽管人们可能不同意这两个表述，第一个表述是关于科学事实的问题，然而第二个表述在很大程度上取决于一个人的道德和政治信仰。虽然第一个表述也许会影响你对第二个表述的意见，但你仍然可以同意这一表述而不同意另一个表述。

请记住，在本书中使用经济学工具时，并不需要你有某一特定的道德或政治观点。我们的目标是为你提供一个满载经济学概念的工具箱，你可以使用这个工具箱中的经济学概念进行实证分析。我们还将强调一些你可能面对的重要决定，这些决定也许需你使用经济分析中的规范思考。无论你的目标和信念是什么，经济学都可以帮助你做出更好的决策，并设计出更有效率的政策。

总 结

经济学家解决问题的方式不同于其他人。经济学的基础是理性行为的基本原理，即人们会以最有效的可行方式做出选择以实现他们的目标。

在这一章中，我们已经介绍了经济学家使用的基本概念，以及他们用于分解问题的四个小问题。在本书中，你将反复地看到这些概念和问题：

- 稀缺性：问题中涉及的主体的欲望和约束是什么？
- 机会成本：权衡取舍是什么？
- 激励：其他人将会如何反应？
- 效率：为什么其他人尚未这样做呢？

在后面的章节中，随着我们讲到更复杂的问题，我们会尝试使用这四个小问题来将问题分解成更易理解的模块，这样你就可以使用在本章中学到的基本概念来进行分析。

1. 解释稀缺性的经济学意义，以及它如何影响我们的决策

经济学家通常假设人们的行为是理性的，并且生活中存在稀缺性。询问"问题中涉及的主体的欲望和约束是什么"这一问题，能让我们合理预期到我们所分析的情境中的每个主体的行为。基于理性行为和稀缺性，你可以预期到人们会利用手边有限的资源（他们的约束）去努力得到他们想要的东西（他们的动机）。

2. 理解机会成本和边际决策对个人和企业的意义

　　当你必须以放弃一些东西为代价来获得另一些东西时，就出现了权衡取舍。询问"权衡取舍是什么"这个问题，能让我们知道与一个决策相关的成本和收益。做某事的全部成本就是机会成本。经济学家认为，理性人在做决策时"会考虑边际量"，比较一个决策将带来的任何额外收益与它将带来的额外成本。如果当人们面临权衡取舍时，他们的行为是理性的，他们总是会选择那些边际收益大于机会成本的事。如果一件事的机会成本大于边际收益，他们就永远不会选择做这件事。

3. 理解激励的经济学概念

　　经济学研究的中心是当面对的权衡取舍发生变化时集体反应会如何。回答"其他人将会如何反应"这一问题，能让我们全面了解一个特定的决策会如何影响世界。你可以假定，任何行为都会引起反应，因为当人们的激励变化时，人们会做出反应。

4. 理解效率的经济学概念

　　效率是以最有效的可行方式使用资源去生产对社会经济价值最大的物品和服务。换句话说，效率意味着使用资源去生产人们想要的东西。在通常情况下，市场是有效率的。

　　所以当你看到一个似乎是未被开发的好机会时，你应该问自己：如果这是一个如此伟大的想法，为什么其他人尚未这样做呢？市场通常会有效配置资源。当市场不能有效配置资源时，就可能出现市场失灵，政府可能会干预经济，就可能出现除利润以外的目标，或是可能出现真正的创新机会。

批判性思考

1. 假设你想买件新衣服穿去面试，但你的预算很紧。在这种情况下，你的欲望和约束是什么？面对稀缺性，理性行为意味着什么？
2. 你最好的朋友有一个关于汽车餐厅酒吧的想法。但为什么其他人尚未实践过这个想法呢？你认为以下哪个说法是对此最好的解释：真正的创新、市场失灵、政府干预、无利可图。
3. 思考你在这一章学会的稀缺性的定义。说出你在生活中遇到稀缺性的三种情况。
4. 你的老板决定让团队中的工人结对进行工作，并为效率最高的团队提供奖金。为什么你的老板提供团队奖金，而不是个人奖金呢？

ECONOMICS

第 2 章

专业化与交换

认知目标

1. 比较绝对优势和比较优势。
2. 理解什么是专业化并解释为什么会进行专业化分工。
3. 解释比较优势是如何创造贸易收益的。

引例　一件T恤的来历

我们如何最有效地使用我们的可用资源呢？这是最基本的经济学问题之一。工厂经理在寻找增加产量的方法时会问自己这个问题。国家领导人在设计经济政策时会问自己这个问题。社会积极分子在寻求减少贫困的新方法或保护环境的新方法时也会问自己这个问题。当我们思考在生活中该做些什么，以及如何确保我们充分利用自己的才智时，我们都会以不同的方式问自己这个问题。

为了解决这个问题，我们先考虑最高层面上的资源：国际贸易和国家间生产专业化的逻辑。读完本章，我们希望你将看到相同的观点是如何应用于任何层面上的决策的，包括是自己修电脑还是雇用专业人员为你修电脑这样的问题。

我们将从一个看似简单的问题开始：你的T恤是从哪里来的？看看标签。我们打赌，这个生产地是一个你从未去过的地方，也许从没想过要去。是中国、马来西亚、洪都拉斯还是斯里兰卡？

这个"何地制造"的标签只能展示出故事的一部分。很可能你的T恤曾经跨越了全球的其他地方。考虑一个标准的生产T恤的过程：棉花可能是生长在马里的，然后被运往巴基斯坦，再被纺成纱。这些纱可能被运往中国，在中国被编织成布，裁剪成块，并缝制成一件T恤。然后，这件T恤被运到美国，被送到你附近的商店。几年后，当你整理你的衣橱时，你可能会把这件T恤捐给慈善机构，慈善机构可能会把它运到马里的二手服装商手上，也就是回到这件T恤旅行开始的地方。

当然，这不仅是T恤的故事。这与鞋子、电脑和汽车（以及许多其他制成品）的故事都是非常相似的。今天，我们中的大多数人都理所当然地认为我们使用的产品和服务来自一个联结了农场、矿山、工厂、贸易商和商店的非常复杂的全球网络。为什么即使是一件简单的T恤的生产也会遍及全世界呢？为什么棉花生长在马里，缝制工作却是在中国完成的，而不是反过来的呢？为什么T恤的整个生产过程不都在美国呢？如果这样，在T恤到达你手上之前，它就不需要被运输如此之远的距离。

本章将解决基本的经济学问题：由谁生产哪种商品以及为什么。这就像是魔法一样，世界各地数以百万计的个人和公司通过协调他们的生产活动，能够为消费者提供正确的物品和服务组合。这一协调的壮举并不是偶然发生的，也没有伟大的规划师告诉每个人应该去哪里以及该做些什么。相反，世界各地的人都以改善自己的生活为目标，事事从自身利益出发，全球生产线就是由此产生的一个自然结果。经济学家将此协调机制称为"看不见的手"（invisible hand），18 世纪的经济思想家亚当·斯密（Adam Smith）首次提出了这种想法。

为了深入了解由谁生产以及为什么生产，思考在过去几个世纪中 T 恤的故事如何发生了改变。在 1800 年的大部分时间里，美国人穿的 T 恤都是在美国制造的。然而今天，大多数 T 恤是由中国、孟加拉国和其他工厂工资较低的国家制造的。在过去两个世纪中，美国工人制造 T 恤的水平变差了吗？绝对不是。事实上，正如我们将在这一章看到的，它甚至不意味着中国工人制造的 T 恤比美国工人制造的更好。相反，任何商品都会由在该商品生产上机会成本最低的国家、公司或个人来生产。

国家和公司专业化生产它们机会成本最低的商品，然后再进行相互贸易以获得它们想要消费的商品组合。作为结果，每个人都可以获得贸易收益㊀（gains from trade），所以最终每个人的状况都会更好。意料之中的，之后，随着国家之间运输和通信的改善，贸易开始兴旺。

本章的思想不仅适用于国家财富和国际贸易。在大多数人面对的日常选择上，这些思想也会给你一些启示。在感恩节的晚上，应该由谁来煮哪一道菜呢？你应该雇一个管道工还是应该自己修管道呢？你应该成为一个摇滚明星还是成为一位经济学家呢？这些问题中的思想是很微妙的，有时也会被误解。我们希望本章会让你有更深入的思考，并帮助你在生活的方方面面更好地管理你的资源。

生产可能性

正如你所想的那样，为什么 200 年前美国人自己生产 T 恤而现在中国为美国人生产 T 恤，这确实是一个复杂的问题。但是通过把它简化成一个模型，我们可以得

㊀ 即从交易中获利。——译者注

到一些有用的见解。

让我们假设美国和中国只生产两种商品：T恤和小麦（小麦的单位为蒲式耳[⊖]）。（当然，在现实中它们生产很多东西，但我们现在不想陷入繁复的细节之中。）模型使用小麦代表T恤以外的商品，让我们专注于我们真正感兴趣的T恤问题。

在这个模型下，我们将使用一个称为**生产可能性边界**（production possibilities frontier）的工具来进行一个关于生产的思维实验。这个工具可以应用于其他许多情况，包括与国际贸易无关的情况。在这里，我们使用它来说明在过去的几个世纪中到底发生了什么变化，进而解释为什么现在美国人要从中国购买T恤。

生产可能性边界

让我们回到1800年的美国。在我们的简单模型中，有200万美国工人，在选择去哪里工作时，他们有两个选择：T恤工厂或小麦农场。在T恤工厂，每个工人每天生产1件T恤。在小麦农场，每个工人每天生产2蒲式耳的小麦。

生产可能性边界（PPF）是一条直线或曲线，它显示在使用了所有可用的资源时产出的所有可能组合。在这个例子中，边界表示使用了所有可用的美国工人时T恤和小麦的所有生产组合。边界以内的点（如点T）是可以达到的，但是此时没有充分利用所有的可用资源，如图2-1所示。

生产可能性边界能帮助我们回答我们在第1章中讨论的经济学家的第一个问题：问题中涉及的主体的欲望和约束是什么？美国人的欲望是消费T恤和小麦（当然，他们的欲望也包括消费其他商品；请记住，我们现在进行了简化）。生产可能性边界让我们得以表示生产面临的约束。美国不能生产出边界线

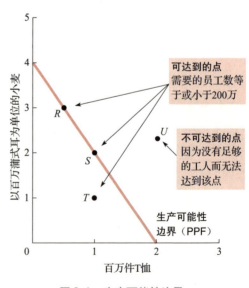

图2-1　生产可能性边界

⊖　（英）1蒲式耳=36.27升，（美）1蒲式耳=35.24升。

之外的T恤和小麦的组合（如图2-1中的U点）。无论工人和时间在T恤和小麦之间如何分配，都没有足够的工人或时间去生产U点的产出组合。

生产可能性边界也能解决经济学家的第二个问题：权衡取舍是什么？每个工人每天只能生产1件T恤或2蒲式耳小麦。换句话说，生产的小麦数量和生产的T恤数量之间存在权衡取舍。如果我们想多要1件T恤，一个工人就必须停止种植小麦1天。因此，1件T恤的机会成本是2蒲式耳小麦。种植额外的1蒲式耳小麦需要1名工人花费半天时间，所以1蒲式耳小麦的机会成本是半件T恤。

在多个生产可能性中进行选择

关于经济体系会选择什么样的商品组合进行生产这个问题，生产可能性边界能给我们什么启示呢？我们在前面提到过，经济能够在边界线上的点和边界线以内的点上进行生产。然而，选择边界线内的一个点进行生产，意味着一个国家可以仅通过利用所有可用的工人而获得更多的小麦，或更多的T恤，或更多的小麦和T恤。例如，在图2-2，通过从 B_1 点移到 B_2 点，美国可以不放弃任何1件T恤就获得更多的小麦。同样，从 B_2 点移到 B_3 点，可以不放弃任何1件T恤就获得更多的小麦。但是一旦到达边界线上，它就必须放弃一些商品才能获得更多的另一种商品。边界线上的点（比如 B_3）被称为**有效率的点**（efficient points），因为它们已经利用了全部可用资源，生产出最大的可能产出。边界线内的点（内部）是无效率的，因为它们没有使用所有的可用资源。

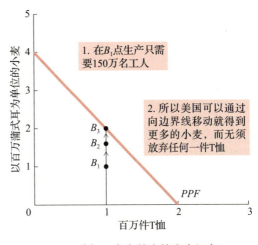

图2-2 选择一个有效率的生产组合

在现实世界中，经济并不总是有效率的。很多问题都可能导致工人失业或其他资源被闲置。我们将在以后的章节中深入探讨一些具体问题。现在，我们假设生产总是有效率的。个人和企业通常会利用所有的可用资源以获得尽可能多的价值，所以有效率的点是一个合理的假设起点。

基于有效率的这个假设，我们可以预测，经济会选择在边界线上的点而不是边界线内的点进行生产。但生产可能性边界不能告诉我们是边界线上的哪个点。如果美国经济是完全自给自足的,这个决定就取决于美国人想要消费的T恤和小麦的哪种组合。如果可以与其他国家进行贸易,这也取决于那些国家的消费者和生产可能性,正如我们将在本章的后面看到的。

绝对优势和比较优势

在1810年,由于机动织布机的出现和不断增长的人口,美国成了一个高效率的棉T恤生产商。一个多世纪以来,它是世界上最大的服装制造商。自那以来,美国人口大幅增长,制造技术也得到了进一步提高。那么,为什么现在世界上30%的服装都是由中国制造并出口的呢?

到目前为止,我们已经用一个非常简单的生产模型强调了个体生产商面对的关键权衡取舍。如果国与国之间没有贸易,那么美国只能消费它自己生产的这些商品。然而,在现实世界中,世界各地都在生产商品。如果美国人想买的T恤数量超过了美国人自己生产的T恤数量,他们可以从别的地方购买到这些额外的T恤。在这种情况下,我们如何预测哪个国家会生产哪种商品呢?

理解了资源如何在多个生产商之间进行分配后,我们就可以理解为什么大公司会与专业供应商合作,或者为什么一个富有的且高生产力的国家(如美国)会与相对贫穷且低生产力的国家进行交易。在本节中我们将看到,实际上贸易能增加总产量,可以让贸易的每个参与者都从中受益。为了分析其中的原因,让我们转向以下问题,为什么如今在美国出售的大多数T恤都是由中国制造的。

绝对优势

如果在给定的资源条件下,一位生产商可以生产出比其他人更多的产出,该生产商就有**绝对优势**(absolute advantage)。因为美国的每个工人都能比中国工人生产出更多的小麦与T恤,在我们的简化模型中,在生产T恤和小麦这两件事上,相比于中国,美国都有绝对优势。

比较优势

然而,绝对优势并不是故事的结尾。如果它是的话,那美国仍然在为世界生产

T恤。问题是，对于美国生产的每件T恤，它都使用了本可以用于种植小麦的资源。当然，中国也是如此。但在我们生产T恤和小麦的模型中，在美国制造1件T恤的机会成本是4蒲式耳的小麦（200蒲式耳÷50件＝4蒲式耳/件）；在中国制造1件T恤的机会成本只有2蒲式耳的小麦（50蒲式耳÷25件＝2蒲式耳/件）。为了制造1件T恤，美国必须放弃的小麦数量比中国更多。

相比其他生产商，当一个生产商能以较低的机会成本去生产1件商品时，我们就说他在这件商品的生产上有**比较优势**（comparative advantage）。在我们的模型中，在生产T恤这件事上，中国相对于美国有比较优势，因为中国生产1件T恤的机会成本只有2蒲式耳的小麦，而美国的则是4蒲式耳的小麦。另一方面，在种植小麦这件事上，美国相对于中国有比较优势。

一个国家可以在拥有比较优势的同时没有任何绝对优势。在我们的例子中，在生产T恤和小麦这两件事上，美国都相对于中国有绝对优势。但是美国在生产小麦上的优势要大于在T恤上的。中国虽然没有绝对优势，但在生产T恤上"更差的程度更小"（less worse），因而其有比较优势。

我们可以用一个更贴近家庭的例子来认识这种国际贸易的情境。当你的家人在决定感恩节晚餐时，要让最好的厨师来做每一道菜吗？如果你的家庭规模很小，也许一个人可以完成整个晚餐。但是如果你的家庭是像我的家庭一样，你就需要几个厨师来完成晚餐。奶奶是迄今为止最有经验的厨师，然而，土豆去皮这项任务总是外包给孩子们。这是因为孙子在马铃薯削皮这件事上比奶奶做得更好吗？我们认为可能不是这样的。奶奶在感恩节晚餐的每一项准备工作上都有绝对优势。尽管如此，孩子们可能在马铃薯去皮这项任务上有比较优势，这样就能让奶奶有时间去做那些棘手的馅饼。

我们会发现比较优势的应用在生活中是无处不在的。运动也不例外，阅读以下换个视角的案例。

换个视角　巴比·鲁斯，明星投手

棒球经理该如何决定比赛时谁应该在哪个位置上呢？一种方法是在每个位置上都分配最好的球员。但许多位置所需的技能是相似的。当一个球员在多个位置上都有绝对优势时，该怎么做呢？一个答案是，比较优势。

考虑纽约扬基队经理米勒·哈金斯（Miller Huggins）在 1920 年招进一个名叫巴比·鲁斯（Babe Ruth）的球员时面临的选择。鲁斯是一个优秀的投手。1918 年，他在世界职业棒球大赛上创下了连续最多的无得分局的投球记录，直到 1961 年这个记录才被打破。他可以很容易地成为他这一代人中的最佳投手之一，但他最终没有成为一个投手。他既是团队中最好的投手，也是团队中最好的击球员。从实用的观点来看，他无法既做投手又做击球员（投球需要耗费太多能量），所以米勒·哈金斯不得不做出选择。

尽管鲁斯在两个位置上都有绝对优势，但他在击球上有比较优势。鲁斯做投手的机会成本是如果让他击球的话扬基队将赢得的比赛数量。哈金斯认为鲁斯投球的机会成本高于他击球的机会成本。鲁斯成了最伟大的击球员之一。1920 年，他打出了 54 个本垒打。那一年，只有另一个团队集体打出的本垒打数和鲁斯一人打出的本垒打数一样。

一个好的管理者应该像米勒·哈金斯一样，根据球员的比较优势去分配球员的位置。问题不是在一个特定的位置上哪个球员最好，而是该队更能承受起在任何其他位置上失去该球员。当为一个球员在球场上寻找一个特定的位置时，正确的建议也许不是他在这个位置上是最好的，而是他在其他任何位置上的价值都更小！

资料来源："档案"，BabeRuth.com，http://www.baberuth.com/biography/。

为什么要进行贸易

美国完全有能力生产自己所需的 T 恤和小麦。事实上，在我们的简单模型中，它在这两种产品的生产上都有绝对优势。那么，为什么要从中国购买 T 恤呢？我们要看到，当两个国家专业化生产它们有比较优势的商品，然后进行相互贸易时，这两个国家实际上都能消费更多的商品。

专业化

如果你生活在 200 年前，你每天的生活中将充满了今天可能从来没有想到过的事情。你可能会给一头牛挤奶、从井里打水、劈柴、腌肉、缝补袜子上的洞，以及修房顶。与今天的生活进行对比,我们使用的几乎所有东西都来自提供一种特定物品或服务的专业化的人。我们打赌你不会搅拌要抹到吐司上的黄油,你甚至根本不打算了解你计算机内的部件是如何组装的。我们打赌你通常不会自己缝制衣服,或者种植食用小麦。在当今世界,我们所有人都彼此依赖以获取我们每天需要的东西。

如果每个国家都集中生产它有比较优势的产品,总产量将增加。这种集中生产方式被称为**专业化**(specialization),即将所有的资源都用于生产某一种商品。相比每个国家仅生产该国消费者想要的产品组合的情况,当每个国家都根据其比较优势来专业化生产某种商品时,总的生产可能性会变大。

我们已经看到,如果美国和中国自给自足(每个国家都生产本国人想消费的东西),那么这两个国家一共可以生产150亿件T恤和300亿蒲式耳小麦,如表2-1所示(无专业化分工)。如果中国把所有资源都用于制作T恤,美国把所有资源都用于种植小麦,会发生什么呢?表2-1的下半部分(专业化分工)向我们展示了以下结果:

美国

人均200蒲式耳×1.5亿名工人=300亿蒲式耳

中国

人均25件T恤×8亿名工人=200亿件T恤

表2-1 专业化生产与无专业化分工的生产

	国家	小麦 (10亿蒲式耳)	T恤 (10亿件)
无专业化分工	美国	10	5
	中国	20	10
	合计	**30**	**15**
专业化分工	美国	30	0
	中国	0	20
	合计	**30**	**20**

当中国和美国进行专业化分工,每个国家仅生产一种商品时,两国可以使用同等数量的工人和同样的技术多生产50亿件T恤。

通过专业化生产,这两个国家不仅可以一起生产出像之前一样多的小麦,而且生产的T恤数量还比之前多50亿件。在相同数量的工人和同样的技术条件下,专业化分工增加了总产量。

这个规则也适用于各种各样的物品和服务。它解释了为什么牙医会雇用屋顶修理工去修理屋顶的漏洞，为什么屋顶修理工会雇用牙医来治牙痛。阅读以下现实生活的案例，它在一个你可能很熟悉的情境（麦当劳）中向你展示专业化的力量。

📍 现实生活　专业化分工调配

亨利·福特开创了汽车制造的流水线方法，其中每个工人只负责每辆车的一小部分，然后移到流水线上的下一个工人，他会负责另一个不同的小任务。福特证明了当每个员工都以这种方式进行专业化生产时，可以用更少的时间制造更多的汽车。餐厅也可以使用相同的原则：如果把经理、服务员和厨师的工作分开，他们可以更快地服务更多的客户。快餐店可以实施更进一步的专业化。

如我们所知，快餐产生于 1948 年，麦当劳的创始人麦当劳兄弟决定实施一种全新的准备食物的方法。该灵感来自工厂的生产线，他们将福特的专业化概念应用于餐饮业。他们并没有分配几个员工负责全部的食物准备环节，而是将每个订单分割成几部分，把准备一顿饭所需的几个步骤分割开：一名员工是烧烤专家，另一名员工负责添加芥末和番茄酱，还有一名员工负责马铃薯炸锅，另一名员工搅拌奶昔。

几乎任何一名员工肯定都能学会如何烤汉堡包、添加调味品、炸薯条和搅拌奶昔。在每个餐厅都一定有一个特别熟练的员工，他在准备饭菜的每个步骤上都比别人更快。尽管如此，专业化分工仍更有效率。通过只给每个员工分配一个特定的任务，麦当劳创始人革新了准备食物的速度和数量。专业化的力量允许他们烤更多的汉堡，炸更多的土豆，并为更多饥饿的顾客服务。

资料来源：Eric Schlosser,《快餐王国》（*Fast Food Nation*）(Boston：Houghton Mifflin, 2002), pp. 19-20.

贸易收益

当国家专业化生产它们有比较优势的商品时，总产量会增加。在专业化分工下，每个生产商最终都只生产一种商品，在我们的模型中，美国生产小麦，中国生产 T 恤。如果美国人不想没衣服穿，中国人不想饿死，它们之间必须进行贸易。

假设中国和美国同意用 200 亿蒲式耳小麦交易 75 亿件 T 恤。因此，最终每个国家不仅拥有像之前一样多的小麦，而且 T 恤的数量还比之前多 25 亿件。当专业生产商交换物品和服务时发生了这种结果的改善，就被称为**贸易收益**（gains from trade）。

在进行贸易之前，美国和中国都不可能消费生产可能性边界之外的任何商品组合。在两个专业化生产商进行交易之后，每个国家的消费水平都增加到一个以前无法达到的水平。在开放贸易后，如果美国和中国消费的小麦数量都和之前一样，那么它们消费的 T 恤数量就能增加 250 万件。

来自中美贸易的收益是平均分布的，美国多获得了 25 亿件 T 恤，中国多获得了 25 亿件 T 恤。在现实中，收益的分布不一定是平均的；收益没有必要在每个人之间平均分布。如果中国额外获得了 40 亿件 T 恤，美国额外获得了 10 亿件（反之亦然），这两个国家的福利仍将比单独生产时的福利更好。

总体来说，只要两国在生产一种产品时的机会成本不同，就存在贸易的空间，它们的交易价格介于两国的机会成本之间。在我们的例子中，中国和美国愿意交易 T 恤的价格必须介于中国生产 T 恤的机会成本和美国生产 T 恤的机会成本之间。如果中国是专业化生产 T 恤的国家，它收取的价格不能大于美国的机会成本。如果中国收取的价格大于美国的机会成本，美国只会自己生产 T 恤。相反，中国收取的价格必须涵盖其生产 T 恤的机会成本，否则它将不愿意进行贸易。

思考驱使人们进行交易的欲望是什么。相比于自给自足，当人们专业化分工并进行贸易时，每个人都能获得更多他们想要得到的东西。因此，贸易可以完全由自利驱动。正如美国受益于与中国的贸易（尽管美国可能在生产小麦和 T 恤上都有绝对优势），一位有经验的工人或大公司也能受益于与一个缺乏经验的员工或一个小的专业公司进行的贸易。

例如，当比尔·盖茨（Bill Gates）是微软的首席执行官时，他可能会雇用一位 IT 助手为他的电脑修复漏洞，即使他自己可以修得更快。比方说，比尔可以在一个小时内修复漏洞，但是他每从微软公司的运营上分心一个小时，公司的利润就会下降 1 000 美元。IT 助手一个小时只赚 50 美元，所以即使助手需要两到三倍的时间来修复漏洞，比尔雇用他仍然是值得的，这样比尔就能将自己的时间用于提高微软的生产力。比尔在修复电脑漏洞上有绝对优势，但他的机会成本是损失的利润，这就意味着 IT 助手拥有比较优势（比尔的比较优势是运营微软公司）。通过专业化分工，最终每个人的情况都会变得更好。

尽管能从专业化分工和贸易中受益，并非每个人都认为在任何情形下这都是一个显而易见的选择，这让我们回到了第 1 章中的第四个问题：为什么其他人尚未这样做呢？一些人认为值得因为各种原因而放弃贸易收益。阅读以下你怎么认为专栏，了解几个例子。

📍 你怎么认为　自给自足是一种美德吗

为什么美国应该与其他国家进行贸易呢？如果世界上的其他国家明天都将要消失，美国可能会设法满足自己的所有需求。美国有足够肥沃的土地、自然资源、人和生产力。事实上，许多观察者觉得美国人认为自给自足是一种文化特质。

根据你现在对专业化和贸易收益的了解，你如何看待交换的价值与自给自足的价值？经济学家倾向于支持自由国际贸易，他们认为，贸易使两国的经济福利更好。然而，也有一些严肃的且有价值的反对观点。下面是一些认为发展中国家应该自给自足的原因。

- **民族遗产**（national heritage）　很多人认为，当一个国家失去了它的民族企业或者把一个历史上很重要的产业（例如，美国的汽车制造业）外包出去时，就已经触犯了底线。当一个国家失去了这些产业时，也就失去了它的文化吗？
- **安全**　有些人担心，当本国依赖另一个国家供给重要商品时，如果与这个国家发生了战争，那么该贸易就会削弱本国实力。依赖其他国家供给食品安全吗？或是这种依赖会造成安全风险吗？比如依赖另一个国家供给钢铁、铀或油，又会怎样呢？
- **质量控制和道德规范**　当货物是从其他国家进口时，该进口产品的生产标准比国产商品的生产标准更难控制。一些人认为国际贸易会损害消费者安全和环境法规，或者会有助于形成那种在美国被视为不道德的或非法的劳动条件。

你怎么认为？

1. 你同意这些反对自由贸易的观点吗？为什么？在什么时候自给自足会比贸易收益更有价值呢？
2. 贸易和自给自足之间的选择是一个非此即彼的问题呢？是否存在一个折中的方法能同时解决这两者各自的问题呢？

随时间变化的比较优势

生产可能性和贸易的简化模型有助于我们理解为什么美国人现在从中国购买 T 恤。但我们在本章开始指出，情况并非总是如此，200 年前，美国向世界其他国家销售 T 恤。为了理解为什么会发生改变，我们可以将我们的模型应用于比较优势随时间变化的情况。这些变化引起了不同国家经济和贸易模式的重大变化。

工业革命开始时，英国引领着世界服装制造业。在 19 世纪，美国通过新技术（导致更高的生产率）和廉价劳动力（导致生产成本降低）抢占了比较优势。渐渐地，服装制造业的比较优势从美国转移到了其他国家。到 20 世纪 30 年代，世界上 40% 的棉制品是在日本生产的，来自农村的日本工人愿意在很低的工资水平上进行长时间工作。在 20 世纪 70 年代中期，服装制造业转移到了中国香港地区、中国台湾地区和韩国，那里的工资水平比日本的工资水平更低。然后在 20 世纪 90 年代早期纺织行业转移到了中国内地，当时数以百万计的年轻女性离开农田，出来工作，她们的工资水平比中国香港地区的工资水平低 90%。这个行业及其提供的工作岗位的渐进式重新布局有利的一面是：最终高薪工作取代低薪工作，同时这些国家也经历了大幅度的经济增长。

在服装生产上失去比较优势，起初这听起来像是一件坏事。但是从我们的模型可以知道，你不可能在失去一件事的比较优势的同时，而没有获得另一件事的比较优势。随着每个国家的工人都越来越擅长从事那些比服装业工资更高的行业（比如汽车制造、电脑编程或提供金融服务），服装制造业发生了变化。这意味着制造服装的机会成本增加了，服装生产的比较优势转移到了另一些国家，这些国家的工人不善于从事更高工资的行业，因此他们愿意在纺织厂工作且仅赚取较低的工资。

大多数历史学家都同意，当国家在服装生产上失去了比较优势，这并不是一个失败的表现，而是成功的标志。过去的纺织品生产商，像英国、美国、日本和韩国，与过去是服装制造业中心的时候相比，它们现在都更加富裕。

然而，这些变化在当时可能没有看起来或感觉上那么成功，特别是对那些看着本属于他们的工作机会流失海外的纺织厂工人而言。因为公司可以"外包"那些在其他国家能更廉价完成的工作，今天在其他行业也出现了同样的争议。

总 结

专业化和贸易可以使每个人都受益。这并不令人惊讶，如果在一个经济体中，每个人都追求利益或是想在他们的群体中获得最大的成就，那么人们会专业化分工以利用其比较优势。这个原则也适用于国家，像美国和中国，正如个人选择自己的职业一样，不需要政府干预来协调生产。伟大的经济思想家亚当·斯密提出"看不见的手"这个术语来形容这种协调机制：

> 它不是来自为我们提供晚餐的屠夫、酿造师或面包师的善良，而是来自他们的（利己主义）……他只想要他的私人利益，他在此时（正如他在许多其他情况下一样）是被一只看不见的手推动着，与他的意图无关。
>
> 亚当·斯密，《国富论》，1776 年

"看不见的手"发挥作用要依赖于许多其他假设，如自由竞争、完全信息以及其他许多在现实世界中并不总是适用的假设。在本书后面的章节，我们将讨论这些假设，包括当这些假设成立时的情况和当这些假设不成立时的情况。

大多数人认为在他们的日常生活中专业化和贸易的普遍存在是理所当然的。很少人会停下来思考专业化和贸易的好处，以及为什么会有这些好处。在这一章里，我们试图挖掘人们所做假设的基础，并揭示出贸易收益背后的逻辑。在继续我们的讨论时，特别是当我们谈到类似市场中的国际贸易和政府干预的主题时，我们要记住驱使人们在经济交易中相互作用的潜在动机。

1. 比较绝对优势和比较优势

当生产商在给定的资源条件下，能够比其他人生产出更多的商品时，就说他在生产此种商品上有绝对优势。如果让两个人或国家生产同样的商品，生产力更高的人或国家拥有绝对优势。

当个人或国家相对于其他生产商而言更善于生产这一种商品（相比于在另一种商品的生产上）时，就说他在这一种商品的生产上有比较优势。无论人们是否有绝对优势，每个人都一定在某事上有比较优势。

2. 理解什么是专业化并解释为什么会进行专业化分工

专业化意味着用全部或大部分的时间去生产某一种商品。当个人或国家专业化分工生产他有比较优势的商品时，产量最高。在使用相同数量的工人和同样的技术时，专业化能增加总产量。

3. 解释比较优势是如何创造贸易收益的

　　由专业化和交换带来的总产量增加被称为贸易收益。在专业化和交换的情况下，贸易双方都能增加产量与消费，每个人最终的结果都会得到改善。比较优势伴随时间的变化已经引起不同国家的经济和贸易模式发生了巨大的变化。这些变化一般标志着经济上的成功，虽然涉及的个体劳动者和行业可能是痛苦的。

📍 批判性思考

1. 你一直负责为当地慈善义卖，你计划烘焙并售卖饼干和蛋糕。假设另一个志愿者将帮助你烘焙。你们中的一个人在烘焙饼干或蛋糕上有绝对优势，这意味着什么呢？是否有可能你们中的一个人在烘烤饼干和蛋糕上都有绝对优势呢？
2. 巴西是世界上最大的咖啡生产国，咖啡是巴西的主要出口商品之一。假设在未来的20年里，巴西不再生产这么多咖啡，而是进口大部分咖啡来进行替代。解释为什么巴西可能会随着时间推移而改变其贸易模式。

02
第二部分

市场供给与需求

第二部分将向你介绍市场的基本知识，它是大多数经济学分析的基础。第3章介绍了供给和需求。我们进入商店并决定买东西时，我们的购买行为是基于我们对该商品的需求。另外，商店也发现它们为我们供给商品是有意义的。供给和需求力量间的相互作用决定了我们支付的价格和买卖的数量。

第二部分的其余章节将利用供给和需求来回答各种各样的问题：为什么当苹果公司大幅降低苹果手机的价格时，人们会冲到商店去购买呢？为什么政府曾经想要限制市场中的价格呢？

第一部分和第二部分共同介绍了解决经济学问题时用到的基本概念。这些概念将贯穿本书，我们将基于它们来分析不同的问题。

ECONOMICS

第 3 章

市　　场

认知目标

1. 识别我们所处的竞争市场的特征。
2. 描述决定市场需求的因素。
3. 描述决定市场供给的因素。
4. 解释市场供给与需求如何相互作用以推动市场达到均衡。
5. 评估市场供给与需求的变化如何影响市场价格和数量。

引例　手机的全球化

对许多人来说，手机是出门时必须要带的东西之一，与钱包和钥匙一样。不管怎样，手机已经成了日常生活中必不可少的物品。

很难相信，早在20世纪90年代末手机还是奢侈品，只有1/3的美国人能用上手机。在此之前，在20世纪80年代，手机是很大很重的器械，几乎没有人会买手机以供私人使用。在不到1/4世纪的时间内，这昂贵的科幻技术就变得相对便宜且非常普遍。现在，在美国大约每100人就拥有90部手机。事实上，全世界70亿人中有超过一半的人现在都购买了手机。例如，在非洲，手机使用量每年以20%的速度增长，2011年其用户已经超过了4亿。这个显著增长使人们更容易和朋友、家人保持联系。它还将小镇里的商人与遥远城市中的企业联结在了一起，提供了新的经济可能性。

一种产品如何能够如此迅速地从昂贵变得廉价，从稀少变得司空见惯呢？答案部分在于供给和需求间的关系。这一章展示了供给和需求力量间的相互作用如何决定了竞争市场上买卖商品的数量和价格。

人们经常听到新产品如何占领市场、站稳脚跟的故事。在开始的时候，手机非常昂贵和稀有。随着时间的推移，技术有所改进，价格也下降了，该产品变得流行起来，销量大幅增长。在这个变化的过程中，通过将价格作为信号市场中的买者和生产商之间进行持续的沟通。价格的上下波动能确保生产商供给的产品数量与消费者想要购买的数量保持均衡。

然而，为了解释近年来手机使用量的飞跃，除了价格信号，我们还需要更进一步的分析。影响供给和需求的外部力量（如技术变化、时尚潮流和经济的波动起伏）推动了这种转变。市场有非凡的能力去适应这些变化，从而不失去均衡。

在这一章，我们将从消费者和生产商的角度来分析他面临的权衡取舍。我们会发现，推动手机行业供给和需求的因素并不是独一无二的。事实上，市场的功能

（正如供给和需求理论总结的那样）是本书中几乎所有分析的基石。掌握这一理论将帮助你解决各种各样的问题，从作为一个商人该以什么价格出售你的产品，到如何寻找最便宜的汽油，再到混合动力汽车短缺的原因。

市场

在第 2 章中，我们讨论了"看不见的手"的力量如何协调复杂的经济互动。由看不见的手组织起来的经济体的关键特征是由个人做出决策，而不是由集权的规划当局做出决策。这样的经济体通常被称为**市场经济**（market economy）。

什么是市场

市场（market）是什么意思？这个词可能会让你想到一个能让买者和卖者面对面在一起的实际位置，就像农贸市场或商场。但是人们不是必须彼此靠近来进行商品交换。例如，考虑类似亚马逊网站的网上零售商，或考虑生长在南美洲的但在世界各地进行销售的水果。市场这个术语实际上是指交易特定物品或服务的买者和卖者，而不是一个实际位置。

市场中包含哪些买者和卖者取决于研究范围。当地商场的服装店经理可能会考虑本地居民的 T 恤市场和本地居民能买到 T 恤的其他地方（如竞争的商店、车库甩卖或网上零售商）。另外，大型服装品牌的首席执行官心中的市场就可能包括中国的服装工厂和世界各地消费者的时尚偏好。市场的确切边界取决于交易发生的范围。

什么是竞争市场

简化假设可以帮助我们将注意力集中在核心思想上。在这一章中，我们将做出一个很大的简化假设：市场是竞争的。在**竞争市场**（competitive market）中，拥有完全信息的作为价格接受者的买者和卖者可以很容易地交易标准化的物品或服务。让我们分解这个复杂的定义：想象你开车到一个十字路口，在十字路口的每个角上都有一个加油站。这个场景展示了完全竞争市场的四个重要特征。

首先，每个加油站销售的汽油是相同的，无论你选择哪个加油站去加满你的油箱，你都要开车走相同的距离。这意味着销售中的汽油是**标准化的商品**（standardized good），标准化的商品是指任何两单位的该物品或服务都具有相同的特征并且是可以互换的。在竞争市场中，买卖的商品是标准化的。

其次，每个加油站的价格都清楚地展示在了大指示牌上。当你开车经过时，你立刻可以看到每个车站各种类型的每加仑[⊖]汽油的价格。在竞争市场中，对于买卖的商品的价格和特征，你都有完全信息。

再次，让你从十字路口的四个加油站中任意选择一个是很容易的。加油站彼此之间都离得非常近，同时，你不需要特殊的设备来填满你的油箱，也不用在进入加油站时支付入场费。在竞争市场中不存在**交易成本**（transaction cost），交易成本是指买者和卖者在商讨和进行物品或服务的买卖时引起的费用。因此在竞争市场中，你不需要支付任何费用来获取在市场上进行买卖的权利。你很容易在这有四个加油站的市场上进行汽油买卖。

最后，我们打赌你会发现，在十字路口的每个加油站中的 1 加仑汽油价格都相同。为什么呢？回想第 1 章中经济学家的第三个问题：如果一个加油站试图抬高其价格，别人将如何反应呢？假设加油站提供的都是合乎标准的以加仑为单位的汽油，在给定的价格水平下，无论顾客从哪个加油站购买汽油都应该是无差异的。如果一个加油站提高了价格，所有司机都肯定会去更便宜的加油站，那么提高价格的加油站最终将失去顾客。由于这个原因，任何个人卖者都没有权力改变市场价格。用经济学的术语表达就是，不能影响市场价格的买方或卖方被称为**价格接受者**（price taker）。

经过的司机也是价格接受者。如果在给油箱加油之前，你试图在一个加油站跟老板协商优惠折扣，你不可能成功，这些老板宁愿继续等待并卖给其他愿意支付更多钱的客户。指示牌上的价格就是最终交易成交的价格，你只可以选择接受这个价格或者离开这个加油站。在竞争市场中，买卖双方都是价格的接受者。

通过了解十字路口的加油站，你已经学会了完全竞争市场的四个特征。表 3-1 总结了完全竞争市场的四个特征：标准化的商品、完全信息、没有交易成本、作为价格接受者的参与者。

⊖ 1 加仑 = 3.785 升。

表 3-1　完全竞争市场的四个特征

标准化的商品	任何两单位的该商品都具有相同的特征并且是可互换的
完全信息	市场参与者完全清楚商品的价格和特征
没有交易成本	无须支付费用以参与市场中的交易
作为价格接受者的参与者	买方和卖方都不能影响市场价格

在现实中，很少有市场是真正完全竞争的，甚至在同一个十字路口的几个加油站都可能不是：也许某个加油站使用的汽油中含有较少的乙醇，所以每加仑汽油的价格都比其他加油站高几美分，或者它为常客提供有吸引力的忠实顾客奖励计划，或者它提供邓肯甜甜圈（Dunkin' Donuts）以吸引饥饿的司机。在以后的章节中，我们会花大量的时间思考现实世界中不同的市场组织结构，以及为什么当市场达不到完全竞争时会产生重要的影响。

手机市场也不是完全竞争的。手机并不是标准化的商品，某些型号看起来更酷，或者有更好的摄像头，或者可以获得不同的应用程序或电话套餐。在同一价格水平下，两个不同的手机对你而言也不可能是完全无差异的，就像你在面对两加仑汽油的选择时一样。

此外，服务供应商的数量是有限的，这个事实意味着卖者不总是价格接受者。如果只有一种网络能很好地覆盖你所在的区域，或者与某一款畅销手机有独家协议，该网络就可以侥幸收取溢价。

如果在现实世界中很少有市场是完全竞争的，那么为什么要假设完全竞争市场呢？答案是，我们在本章假设的竞争市场的简单模型将给予我们非常有用的启发，即使在应用于不完全竞争的市场时也是很有用的。现在，先用一点时间来确保你已经彻底理解了完全竞争，这将帮助你更好地理解为什么当市场不是完全竞争时会产生重要的影响。在学完这一章后，我们会发现现实生活中的手机市场以哪几种方式偏离了完全竞争。到本章结尾处时，我们希望你也会认同，完全竞争的简单模型能帮助我们了解（即使不是完全清楚）真正的手机市场是如何运作的。

需求

需求描述了在某些情况下人们愿意并且能够购买的商品数量。假如有人走近你，问你是否想要一个新手机。你会怎么回答？你可能会想："当然。"但作为一个精明的人,你可能会先问:"要花多少钱呢?"你是否想要某件商品(或你想要多少件)取决于你必须为它花费的价格。

如今在美国,大多数人都有手机,但这种情况出现的时间并不长。为了利于我们的模型分析,我们假设手机是标准化的商品,并具有给定的特征和电话套餐。现在,我们站在20世纪90年代中期的消费者角度进行分析。也许你已经看到了手机广告上的手机价格为499美元,你认为这是不值得的。价格随时间下降至399美元和299美元时,你还是不想买手机。当价格降到199美元时,你开始考虑买手机。然后,当你第一次看到手机广告上的价格低于125美元时,你决定购买手机。

不同的人以不同的价格购买了他们的第一部手机:在任何给定时间和任何给定的价格下,人群中的有些人愿意购买手机,而也有些人不愿意购买手机。如果我们把所有这些个人选择都加总起来,我们就得到了总体的市场需求。在指定的时期以及给定的价格水平上,市场中买者愿意购买的特定商品数量被称为**需求数量**(quantity demanded)。对于几乎所有的商品而言,价格越低,需求数量就越高。

价格和需求数量间的这种反向关系非常重要,经济学家称它为**需求定理**(law of demand)。需求定理的第一个必要条件就是有时被称为其他条件不变(ceteris paribus)的概念,这句拉丁语的意思即是其他条件不变。换句话说,需求定理指出,当其他所有条件都保持不变时,需求数量会随着价格的下降而上升。经济学家经常依赖其他条件不变这个想法来单独分析经济体中单一变动的影响。如果其他所有条件不是保持不变的,就难以看出某事情(如价格变动)的真实影响,因为它可能会伴随着其他变动,而这些其他变动也会影响需求数量。例如,研究表明,随着人们的收入增加,对手机的需求也会增加。所以当我们看到收入和价格同时上升时,我们不能马上预测出手机销量会发生什么变化。因此,当我们谈论需求定理时,重要的是要记住我们隐含的假设是除了价格以外其他条件都不变。

需求定理不是经济学家强加于市场的一个虚构定理。相反,它是真实准确的,因为它描述了个人做决策时的基本现实。关键在于思考人们在做购买决策时所面临的权衡取舍。

当商品的价格下降时,会发生什么呢?首先,你通过购买该商品而得到的收益保持不变,因为该商品本身是不变的。但是机会成本下降了,因为当价格下降时你不必为了获得该商品而放弃那么多的其他商品。当收益保持不变且机会成本下降时,这种权衡取舍突然看起来对你更加有利了。当成本和收益之间的权衡取舍向收益一方倾斜时,更多的人会想要购买该商品。

当然,在人们决定购买他们的第一部手机时,价格下跌绝不是唯一的考虑因素。有些人可能在工作中获得加薪的时候就已经决定买一部手机。其他人可能是在身边大部分朋友都买了手机的时候才决定购买一部手机。收入、预期和偏好都会产生影响;经济学家将这些因素称为需求的**非价格决定因素**(nonprice determinants,以下简称**非价格因素**)。我们将在本章的后面讨论它们的潜在影响。现在,让我们关注价格和需求数量之间的关系。

需求曲线

需求定理认为,在每个价格水平上,手机的需求数量都是不同的。由于这个原因,使用表格来表示需求,这通常是很有用的,我们称之为**需求表**(demand schedule),它展示了在不同的价格水平上消费者愿意购买(需求)的特定物品或服务的数量。图 3-1a 展示了一个假设的美国年度手机需求表(记住,我们假设手机是标准化的商品。这并不是完全正确的,但符合基本原则:当手机价格降低时,你更有可能去购买一部新手机)。需求表假定价格之外的其他因素都保持不变。

图 3-1b 展示了另一种表示需求的方式,把需求表中的价格 – 数量组合都绘制为图中的一个点,并将这些点连接成线。这幅图就称为**需求曲线**(demand curve),它直观地展示了需求表。也就是说,需求曲线显示了在不同的价格水平下消费者需

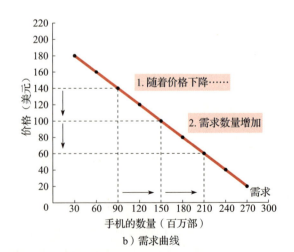

手机 (百万)	价格 (美元)
30	180
60	160
90	140
120	120
150	100
180	80
210	60
240	40
270	20

a)需求表　　　　　　b)需求曲线

图 3-1　需求表和需求曲线

求的特定物品或服务的数量。需求曲线也代表了消费者的购买意愿（willingness to buy）：它显示了在任何给定数量下，消费者愿意支付的最高金额。

在需求曲线中，数量在 X 轴（水平轴），价格在 Y 轴（垂直轴）。可以得到一条向下倾斜的曲线，该曲线反映了价格和数量之间的反向关系。图3-1 中的需求曲线和需求表所展示出的信息是完全相同的。

需求的决定因素

需求曲线表示当其他条件保持不变时价格和需求数量之间的关系。如果其他条件不是保持不变的（也就是说，如果决定需求的非价格因素之一发生变动），那么需求曲线会移动。

向下倾斜的需求曲线反映了人们在以下两件事情之间的权衡取舍：①他们希望从该商品中获得的收益；②他们为了购买该商品而要付出的机会成本。因此，在给定的价格水平下，任何改变该均衡的因素都会改变人们的购买意愿，从而改变他们的购买决策。

需求的非价格因素可以分为五大类：消费者偏好、相关商品的价格、收入、对未来价格的预期和市场上的买者数量。表3-2 总结了每个因素对需求的影响。即使在商品价格不变的情况下，每个非价格因素都能影响购买该商品的收益或机会成本。

表3-2 需求的决定因素

决定因素	需求增加的例子	需求减少的例子
消费者偏好	"购买美国货"的广告活动调动了人们的民族自豪感，增加了对美国制造的运动鞋的需求	大肠杆菌疾病的爆发减少了对菠菜的需求
相关商品的价格	热狗的价格下降，导致开胃小菜（一种互补品）的需求增加	出租车费降低，导致对地铁（一种替代品）的需求减少
收入	经济衰退导致收入降低，牛肉酱（一种低档商品）的需求增加	经济衰退导致收入降低，对牛排（一种正常商品）的需求减少
预期	一场飓风摧毁了世界上一部分木瓜作物，使得人们预期木瓜价格将上升，增加了木瓜的当前需求	企业宣布近期将发布一款新的智能手机，这减少了人们对当前机型的需求
买者数量	预期寿命的上升将增加对疗养院和医疗保健的需求	出生率下降，对尿布的需求也随之降低

消费者偏好。消费者偏好是个人的好恶，它驱使买者更倾向于或更不倾向于购

买某商品。我们不需要知道人们为什么喜欢该商品，也不需要认同他们的偏好，我们只需要知道这些好恶会影响他们的购买决策。在任何给定的价格水平上，一些消费者能从手机中获得比其他人更多的幸福感（即收益），这仅仅取决于他们有多么喜欢和朋友说话，或他们是否将手机用于工作，或任何其他个人偏好。

一些消费者偏好不会随时间推移而变化，比如那些源自个性特征、文化态度或信念的偏好。例如，隐居者可能不会渴望拥有手机，而忙碌的总经理可能会发现一部手机（或两部手机）是必需的。一些偏好可能会随着时间的推移而改变，以应对外部事件或一时的潮流。例如，当你所有的朋友都已经有手机时，对你而言拥有一种手机就更有用了。2001年9月11日世贸中心被袭击后，对手机的需求也猛增，因为人们想要确保在紧急情况下能联系到他们的家人。

相关商品的价格。影响特定商品需求的另一个因素是相关商品的价格。有两种相关商品：替代品和互补品。

当两种商品的用途十分相似，消费者可以购买其中一个去代替另一个时，我们就说这两种商品是**替代品**（substitutes），例如，大米和意大利面。如果大米的价格翻倍，而意大利面的价格保持不变，对意大利面的需求将会增加。这是因为意大利面的机会成本下降了：用同样数量的钱，买到的大米更少了，所以当你买意大利面时，你放弃的潜在大米更少了。如果这两个产品非常相似，我们称之为**相近的替代品**（close substitutes）。相似的鱼类（如鲑鱼和鳟鱼）就可能被认为是相近的替代品。

对许多美国人来说，在决定是否购买第一种手机时，与手机最接近的替代品应该是固定电话。手机和固定电话其实不是非常相近的替代品：在家里或办公室时它们的用途是相同的，但只有手机可以和你一起去散步。但是，如果美国固定电话服务的价格突然暴涨，我们可以肯定这会增加对手机的需求。

事实上，许多发展中国家的昂贵的固话服务成本是手机迅速蔓延的原因之一。在美国，在人们拥有手机之前，几乎每个家庭都有一种固定电话。在许多贫穷国家，固定电话非常昂贵，所以很少有人买得起。这就是为什么手机通常被称为一项**跃进式技术**（leapfrog technology）：人们直接从没有电话变为拥有手机，跳跃了老技术的整个阶段。

一起被消费的相关商品被称为**互补品**（complements），也就是说，在购买了某商品后，消费者会更倾向于购买另一种商品。花生酱和果冻、麦片和牛奶、汽车和汽油都是互补品。如果其中一种商品的价格增加，对其他商品的需求可能会减少。为什么呢？随着第一种商品购买的减少，消费者也会相应地减少另一种商品的购买。

相反，如果其中一种商品的价格下降，另一种商品的需求就可能会增加。例如，当新手机价格下降时，消费者将更有可能在购买新手机的同时购买新的手机配件。

收入。毫不奇怪，人们的收入水平会影响他们对物品和服务的需求：你的薪水越高，就有越多的钱可以花在你想要的东西上。你的薪水越少，你就必须更多地削减开支。

大多数商品是**正常商品**（normal goods），这意味着收入的增加将导致需求增加。同样，对于正常商品，收入的减少会导致需求减少。对大多数人来说，手机是一个正常的商品。如果一个人买不起手机，那么当他的收入上升时，他更有可能买一种手机。如果他已经有了一部手机，当他的收入上升时，他更有可能将手机升级为一部更新的、更漂亮的手机。

对于某些商品，我们称之为**低档商品**（inferior goods），它们的需求与收入之间呈反向关系：随着收入增加，需求会减少。通常，当人们的收入上升时，他们会用更昂贵的且更有吸引力的替代品来取代低档商品。对许多人来说，类似方便面和罐头食品之类的便宜的杂货店商品以及一般牌子的商品都可能是低档商品。当人们的收入增加时，他们会用更新鲜且更昂贵的商品来取代这些商品。在经济衰退期间，许多人的收入都减少了，因此，对低档商品的需求就反映出了整体经济的健康状况。例如，请阅读现实生活专栏，了解相关例子。

现实生活　方便面的销量可以用于预测经济衰退吗

如果你打开一个典型的大学生的厨房橱柜，你会发现什么呢？很多学生依赖于非常单调的食物：方便面。这种美味的快餐以廉价而广受欢迎，充满了廉价的卡路里。

方便面是低档商品的一个例子。当人们的预算很紧张时（正如大多数学生那样），这些方便面会很畅销。当人们的收入上升时，方便面的销售额会下降，人们会用更昂贵的食物替代方便面。

在泰国，方便面甚至被用作衡量整体经济健康状况的指标。妈妈面指数（Mama Noodles Index）追踪了一个名牌方便面的销量。因为当收入下降时，人们对低档商品的需求会增加，方便面销量的增加可能预示着收入的下降和即将到来的衰退。事实上，泰国经济观察家认为，妈妈面指数能很好地反映经济状况的变化。

然而，在严重的经济衰退期，甚至对低档商品的需求也可能会减少。在泰国，虽然经济不稳定时，妈妈面指数像预期的一样有所上涨，但是在2009年年初经济深度衰退时，该指数意外地下跌了15%。

那么，方便面是低档商品还是正常商品呢？在泰国，答案可能取决于你是谁，或者你的收入下降得有多严重。对于中产阶级，他们面对的选择是方便面或更贵的食物，方便面可能的确是低档商品。对于穷人，所面对的选择更有可能是他们是否有足够的食物，方便面就可能是一个正常商品。当收入增加时，他们可能会购买更多的方便面；当他们的收入下降时，方便面甚至都可能是奢侈品。

资料来源："利用他们的面条销量，"美联社，9月5日，2005，http://www.theage.com.au/news/world/usingtheir-noodles/2005/09/04/1125772407287.html；"随着消费者勒紧腰带，经济衰退陷入方便面市场，"《国家报》，3月20日，2009，http://www.nationmultimedia.com/business/Downturn- bites- into- instant- noodle- market- as- custo- 30098402.html。

预期（expectations）。消费者对未来（特别是未来价格）的预期的变化也会影响需求。如果消费者预期在未来价格会下降，他们可能将购买行为推迟到以后，导致目前的需求减少。类似于人们会等到特价优惠时才买新手机，或因希望下一代机型能比之前的机型更快且更便宜，从而推迟购买智能手机。当预期在未来价格会下降时，需求将减少。

相反，如果消费者预期在未来价格会上涨，他们可能希望立即购买该商品，以避免未来支付更高的价格。这种动机通常发生在投机市场（如股市），或者有时发生在房地产市场。买者在购买股票或房子时预期它的价格会上涨，他们可以通过出售该商品而获利。那么，当市场上这些商品价格很低，并预期价格将上升时，需求就会增加。

买者数量（number of buyers）。需求曲线代表了特定数量的潜在买者的需求。一般来说，当市场上潜在买者的数量增加时，需求将会增加，买者数量减少时需求也将减少。主要人口的变化，如移民的增加或出生率的下降，都可以导致全国范围的需求变动。随着青少年和大学生数量的增加，对手机的需求也会增加。

需求曲线的移动

当需求的五个非价格因素中有一个因素发生变化时，需求曲线将会如何变化？整条需求曲线会向右或向左移动。这种移动是水平的而不是垂直的，因为非价格因素影响的是每个价格水平上的需求数量。如果给定价格水平上的需求数量变得更高（或更低）了，那么对应于该价格水平上的曲线上的点也会进一步向右移动（或向左移动）。

设想一下，比如，当经济快速发展，人们的收入逐步上升时，会发生什么。手机的价格未必会改变，但是在任何给定的价格水平上都会有更多的人选择购买新手机，导致在每个可能的价格水平上的需求数量都更高。图3-2a展示了需求曲线向右移动的结果，从 D_A 移动到 D_B。相反，如果经济陷入衰退，人们开始省吃俭用，在每个价格水平上的需求数量都将减少，曲线将向左移动，从 D_A 移动到 D_C。

区分需求的移动（整条曲线的移动）和沿着给定需求曲线的变动非常重要。记住以下关键点：**需求曲线的移动是由需求的非价格因素变动所引起的**。例如，经济衰退会降低收入，使得整条需求曲线向左移动。当我们说"需求减少"时，我们通常谈论的是需求曲线的移动。

相反，假设手机价格增加，但所有其他条件保持不变，也就是说需求的非价格因素没有变化。由于需求曲线描述了在任何可能的价格水平上（不仅仅是当前的市场价格水平）消费者需求的数量，我们不需要移动需求曲线去找出当价格上升时会发生什么。相反，我们只需要观察曲线上不同的点，就能描绘出现在市场上到底发生了什么。

为了找出消费者在新的价格水平上想要购买的数量，我们沿着现有的需求曲线从原来的价格移动到新的价格上。例如，如果手机的价格上升，我们沿着需求曲线向上移动到新的价格水平，就可以找到新的需求数量，如图3-2b所示。价格变动不会使需求曲线本身发生移动，因为曲线已经描述了消费者在每个价格水平上的行为。

简而言之，图3-2a展示了由非价格因素变动引起的需求曲线的移动，图3-2b展示了由价格变动引起的沿需求曲线的变动。

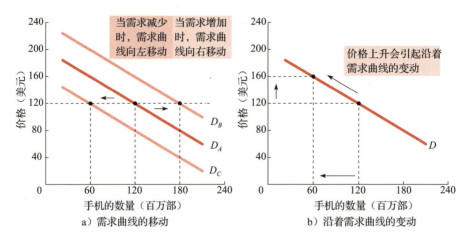

图3-2 沿着需求曲线的变动和需求曲线的移动

经济学家使用非常明确的术语来区分需求曲线的移动和沿着需求曲线的变动。当我们说需求的非价格因素变化导致**需求增加**（increase in demand）或**需求减少**（decrease in demand）时，我们指的是整条需求曲线的移动。为了区分沿着需求曲线的变动，我们说价格变化会导致**需求数量上升**（increase in quantity demanded）或**需求数量下降**（decrease in the quantity demanded）。你只需要记住，需求变化不同于需求数量的变化。通过观察术语上这一看似微小的差异，就可以在很多情况下避免出现混淆。

对于商人和决策者而言，理解价格变化的影响和需求的非价格因素变化的影响是非常重要的。假设你是手机制造商协会（Cell Phone Manufacturers' Association，这是一个行业游说组织）的主管，协会成员想要刺激消费者对手机的需求。他们可能会想到举办一场广告宣传活动。如果你理解了需求的决定因素，你就会知道广告活动的目的是改变消费者的偏好，增加消费者拥有手机的实际收益或感知收益。换句话说，一个成功的广告活动将使手机的需求曲线向右移动。同样，如果你是国会代表，你正在考虑用减税的方法来刺激经济，你知道减税会增加消费者的可支配收入，增加消费者对所有正常商品的需求。换句话说，你希望由此带来的收入增加可以驱使手机的需求曲线向右移动。

供给

我们已经讨论了关于消费者在给定价格水平上想买多少部手机的决定因素。但是手机生产商就一定愿意卖出这么多数量的手机吗？供给的概念描述了在给定情况下生产商愿意提供多少物品或服务以供出售。**供给数量**（quantity supplied）是在指定期间内生产商在给定价格水平上愿意出售的特定物品或服务的数量。

与分析需求时一样，我们发现通过将每个生产商的个人决策相加就可以得到整体市场供给。假设你拥有自己的工厂，可以生产手机或其他家用电子产品。如果手机的价格是 110 美元，你可能会认为这是有利可图的，并且会利用整个工厂的资源去生产手机。如果手机的价格只有 80 美元，你可能仍会生产一些手机，同时认为利用一部分工厂资源去生产笔记本电脑才是更加有利可图的。如果手机价格下降到 55 美元，你可能认为只生产笔记本电脑才会赚更多的钱。每个生产商都有一个不同的价格点，在该点他认为生产手机是值得的。在所有其他条件相同的情况下，随着价格上涨，供给数量会增加，反之亦然，这个规则被称为**供给定理**（law of supply）。

（在现实中，一个工厂从生产手机转换到生产笔记本电脑或其他商品，这是有成本的。然而，这个简化版本是为了说明一个基本真理：商品价格越高，生产商就想要出售更多的该商品。）

与分析需求时一样，供给会随着价格的变化而变化，因为生产一种商品的决策是生产商从销售该商品中获得的收益和生产该商品所需投入的时间和资源等机会成本之间的权衡取舍。当市场价格上升，且所有其他因素保持不变时，生产该商品的收益相对于其机会成本有所增加，生产决策中涉及的权衡取舍会倾向于生产更多的商品。例如，如果手机价格上升，生产中的原材料价格保持不变，现有的手机生产商可能会开办新工厂，新的公司可能会开始进入手机市场。其他行业的情况同样如此。如果航空旅客愿意支付更高的价格，航空公司就会增加航班的频率，增加新的航线，并购买新飞机，这样他们就可以运送更多的乘客。当价格下降时，它们会缩减航班安排并取消他们的新飞机订单。

供给曲线

与需求一样，供给可以被表示为一个表或图。**供给表**（supply schedule）是用一张表来展示在不同的价格水平上生产商愿意供给的特定物品或服务的数量。**供给曲线**（supply curve）是用图形展示出供给表中的信息。正如需求曲线展示了消费者的购买意愿，供给曲线展示了生产商的销售意愿：它显示了生产商在供给任意给定数量的商品时必须得到的最低价格。图 3-3 显示了美国手机供应商的手机供给表和供给曲线。

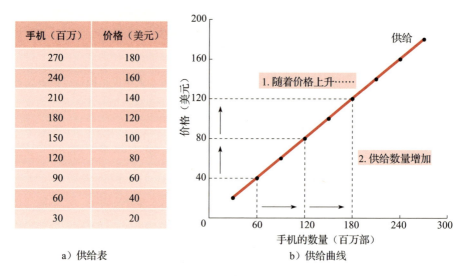

图 3-3 供给表和供给曲线

供给的决定因素

供给定理描述了随着价格变化,生产商愿意供给的数量会如何变化。但是,是什么决定了在任何给定价格水平上的供给数量呢?与需求一样,许多非价格因素决定了生产的机会成本,由此决定了生产商供给物品或服务的意愿。**当供给的非价格因素发生变化时,整条供给曲线会移动**。这种移动反映了在每个价格水平上的商品供给数量都发生了变化。

供给的非价格因素可以分为五大类:相关商品的价格、技术、投入品的价格、预期和卖者数量。这五个因素都可以决定给定收益(比如价格)时的生产的机会成本,进而可以决定生产商面临的权衡取舍。表 3-3 显示了当每个决定因素变化时,各种商品的供给会如何反应。

表 3-3 供给的决定因素

决定因素	供给增加的例子	供给减少的例子
相关商品的价格	汽油价格上涨,所以汽车制造商更多地生产更小型、更节油的汽车	清洁能源的价格下降,因此电力公司减少使用煤炭发电厂进行电力供应
技术	机器人的应用提高了生产力,并且降低了成本;商品供给增加	新技术使得玉米可以制成乙醇,所以农民种植更多的玉米和更少的大豆;大豆的供给减少

（续）

决定因素	供给增加的例子	供给减少的例子
投入品的价格	西红柿的价格下降，因此萨尔萨辣酱的生产成本降低；萨尔萨辣酱的供给增加	最低工资的增加使得食品工厂的劳动力成本增加；加工食品的供给减少
预期	新研究指出吃木瓜对健康有好处，导致人们预期木瓜的需求会上升。更多的农民种植木瓜，供给增加	人们预期房价将要上涨，所以建筑商降低产量；房屋的供给减少
卖者数量	补贴使玉米的生产更加有利可图，所以更多的农民种植玉米，玉米的供给增加	新的执照费使得运营餐厅更贵了；一些小餐馆关门，餐厅的供给减少

相关商品的价格。回到刚才工厂的例子，你的工厂可以生产手机或笔记本电脑。正如当手机的价格下降时，你会选择生产更多的笔记本电脑和更少的手机，当笔记本电脑的价格增加而手机的价格保持不变时，你也会做同样的选择。

相关商品的价格决定了供给，因为它会影响生产的机会成本。当你选择生产手机时，你放弃了你本可以从生产其他商品中获得的利润。如果你放弃的那个商品价格上升，你放弃的利润也增加了。例如，想象一个农民可以在他的土地上种植小麦或玉米（或其他作物）。如果玉米价格上升，他愿意种植的小麦（替代作物）数量就会下降，因为他每种植 1 英亩 ⊖ 小麦就意味着他要少种植 1 英亩玉米。

技术。技术进步使得企业生产更加高效，能使用更少的资源来生产给定的商品。这样做可以降低生产成本，增加生产商在每个价格水平上愿意供给的数量。

在手机的普及过程中，技术进步发挥了巨大的作用。随着屏幕、电池和移动网络建设上的技术创新，以及电子数据处理技术的巨大飞跃，生产一部消费者喜欢的手机的成本大幅下降。因此，生产商现在愿意以更低的价格供给更多的手机。

投入品的价格。用于生产商品的投入品的价格是生产成本的重要组成部分。当投入品的价格上升时，生产成本上升，生产商在任何给定价格水平上愿意供给的产品数量降低。

例如，手机内部要使用少量的金银。当这些贵金属的价格上升时，每部手机的生产成本都会增加，在任何给定的价格水平上，生产商愿意供给的总数都会下降。相反，当投入品的价格下降，供给会增加。

⊖ 1 英亩 = 4 046.856 平方米。

预期。供应商关于未来价格的预期也会影响供给数量。例如，当人们预期房地产的价格在未来会上升时，更多的房地产开发商将推迟建设项目的开展，减少最近的房屋供给。当人们的预期变化，预期房地产价格在未来会下降时，许多建设项目会赶工建成，造成房屋供给增加。

卖者数量。市场供给曲线代表在给定市场中的不同价格水平上，特定数量的生产商愿意供给的商品数量。这意味着市场上的卖者数量被认为是供给曲线的固定部分之一。我们已经看到，如果商品的价格更高，市场上的卖方将决定供给更多的商品。这并不意味着在短期内卖者数量会根据价格改变。

然而，还有一些非价格因素会引起市场上的卖者数量改变并移动供给曲线。例如，假设手机生产商必须符合严格的执照要求。如果这些执照要求下降，更多的公司能够进入手机市场，愿意在每个价格水平上供给一定数量的手机。这些额外的手机数量会加到现有手机生产商在每个价格水平上已经愿意供给的数量上。

供给曲线的移动

正如需求一样，价格的变化会引起供应商沿着同一条供给曲线移动到一个不同的点，而供给的非价格因素变化会移动供给曲线本身。非价格因素的变化会增加或减少供给，而价格的变化会增加或减少供给数量。

非价格因素的变化会增加或减少在任何给定价格水平上的供给。这种移动如图 3-4a 所示。供给增加使得曲线向右移动，供给减少使得曲线向左移动。例如，

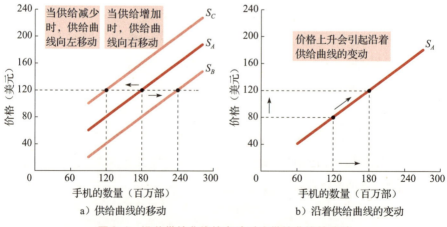

图 3-4 沿着供给曲线的变动对比供给曲线的移动

电池技术的改善使生产手机的成本降低，这将使整条供给曲线向右移动，从 S_A 移动到 S_B，所以在每个价格水平上手机的供给数量都比以前更高。相反，当黄金（生产手机所必需的投入品）的价格上升时，生产成本增加，这将使供给曲线向左移动，从 S_A 移动到 S_C。

与对需求的分析一样，我们要区分供给曲线的移动和沿着供给曲线的变动，如图3-4b所示。如果手机的价格变化，而供给的非价格因素保持不变，我们就可以沿着供给曲线找到新的价格水平，从而找到新的供给数量。

市场均衡

我们已经讨论了影响生产商供给数量和消费者需求数量的因素。然而，要研究市场上究竟发生了什么，我们需要将这些概念结合起来。在现实世界中进行交换的商品的价格和数量取决于供给与需求的相互作用。

稍后我们会明确指出：没有消费者来购买，就不可能达成交易。除非有人要购买你的东西，否则你无法卖出任何商品。尽管这一点可能是显而易见的，但它对于市场的意义却是深远的。当市场运行顺利时，供给数量完全等于需求数量。

从图形上来看，供给与需求交汇于需求曲线和供给曲线的交点处，这个点被称为市场**均衡**（equilibrium）。在这一点上的价格被称为**均衡价格**（equilibrium price），这一点上的数量被称为**均衡数量**（equilibrium quantity）。在这一交点处，供给数量等于需求数量，我们将这个交点看作在给定的价格水平上买者和卖者对愿意交换的商品数量"达成一致意见"。在更高的价格水平上，卖者想卖的数量会超过买者想买的数量。在更低的价格水平上，买者想买的数量会超过卖者想卖的数量。因为每一个卖者都可以在均衡价格和均衡数量上找到一个买者，没有留下任何一个持有额外商品的卖者或是拥有空购物车的买者，有时均衡价格被称为市场出清价格。

在现实中，事情不会总是如此顺利：即使在运行良好的市场中，短期"摩擦"有时也会放缓达到均衡的过程。因此，聪明的商人可能会持有部分存货以备未来的销售，消费者可能会为特定的商品货比三家。不过，总的来说，均衡的概念非常准确地（并且重要地）描述了市场如何运作。

图3-5展示了美国的手机市场均衡。结合图3-1和图3-3的市场供给与需求曲

线，我们可以构造出图 3-5。在这个市场中，均衡价格是 100 美元，供给和需求的均衡数量是 1.5 亿部手机。

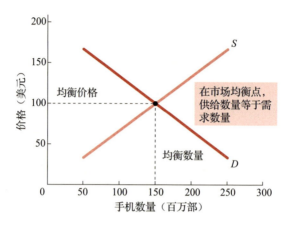

图 3-5　美国手机市场上的市场均衡

达到均衡

市场如何达到均衡呢？卖方能凭直觉知道该收取什么价格吗？不。相反，他们倾向于通过反复试错来定价，或根据过去与客户接触的经验来定价。随着卖者根据消费者的行为提高或降低价格，买者和卖者面对的激励会自然地推动市场趋于均衡。

图 3-6 展示了两幅图，一幅图的起始价格高于均衡价格，另一幅图的起始价格低于均衡价格。在图 3-6a 中，我们假设手机供应商认为他们可以将手机的价格定为 160 美元，所以他们生产了 2.4 亿部手机，但他们发现，消费者只愿意购买 6 000 万部手机（在需求曲线和供给曲线上，我们可以找到 160 美元价格处的需求数量和供给数量）。当供给数量高于需求数量时，我们将此称为手机**过剩**（surplus），或是手机**超额供给**（excess supply）。制造商的仓库中仍然存有多余的手机，他们想要卖掉存货，就必须降低价格来吸引更多的顾客。他们有动机继续降低价格，直到需求数量增加到与供给数量相等。

在图 3-6b 中，我们假设手机生产商做出相反的错误决定，他们认为只能对每部手机收取 40 美元的价格。他们只生产 6 000 万部手机，但发现在这个价格水平上消费者实际愿意购买 2.4 亿部手机。当需求数量高于供给数量时，我们将此称为**短**

缺（shortage），或**超额需求**（excess demand）。生产商将看到人们排着长队来购买这些仅有的手机，并很快会意识到他们可以通过收取更高的价格来赚更多的钱。他们就有动机去提高价格，直到需求数量减少到与供给数量相等，此时将没有人排队等待购买。

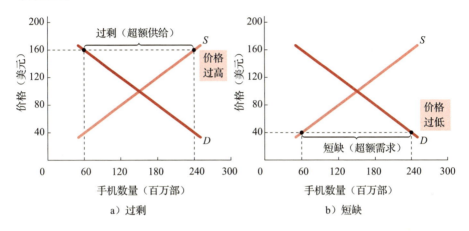

图 3-6 手机市场达到均衡

因此，在高于或低于均衡价格的任何价格水平上，卖者都有动机去提高或降低价格。不需要某个人来策划市场均衡或是分享关于如何定价的秘密信息。相反，赚钱的激励会驱动市场趋向均衡价格，在该点处既不存在过剩也不存在短缺。以下现实生活专栏描述了这样一个例子，生产商起初定了一个错误的价格，但市场解决了这个问题。

现实生活 2003 年普锐斯短缺

2003 年，丰田在美国汽车市场推出了第一款主流的"混合动力"车（普锐斯）。混合动力汽车运用汽油和电力的混合动力，在行进途中使用发动机给电池充电。普锐斯的每英里汽油消耗量（通常每加仑汽油可以跑四五十英里）要优于它的竞争对手。对于大多数家庭来说，节约下来的汽油费足以补偿更高的汽车价格。这款汽车的主要吸引力是其环保设计。

当普锐斯于 2003 年 10 月进入美国市场时，立即销售一空。丰田明显低估了需求。潜在买者不得不在等候名单上进行登记，等待时间往往超过六个月。几年后，当汽油价格飙升时，随着消费者越来越对低油耗的汽车感兴趣，人们对普锐斯的需求变得更高了。在短期内，丰田无法完全解决短缺问题；它需要花费一段时间才能提高工厂的生产能力。

相反，市场找到了一种方法来解决这个问题。正如我们所知，买者和卖者试图以价格为信号来匹配需求与供给。当需求大于供给时，价格将会上升。正如我们所预期的，普锐斯的买者开始哄抬汽车的价格。经销商的定价很快就超出了制造商的建议价格，高出了几千美元。一段时间以来，二手普锐斯的价格甚至高于一辆新车的建议价格。

最终，丰田应对短缺的方法是提高普锐斯的生产能力。公司逐步将汽车的生产线搬到了更大的工厂；在2008年，总产量超过了100万辆。然而，因为需求的增加超过了供给的增加，短缺仍然存在。因为丰田急于赶上需求，卖者也乐意通过收取溢价来达到市场出清。

资料来源："普锐斯买者的等待时间减少了，"*CNNMoney*，9月6日，2006，http://money.cnn.com/2006/11/06/autos/prius/index.htm.

均衡的变化

我们已经看过了当非价格因素变化时供给曲线与需求曲线会如何变动。因为均衡价格和均衡数量取决于供给和需求的交点，任何一条曲线的移动都会改变市场均衡。一些变化只会引起需求曲线移动，一些变化只会引起供给曲线移动，还有一些变化会同时影响供给曲线与需求曲线。

为了决定非价格因素的变动会如何影响市场均衡，首先问自己几个问题：

（1）该变动影响需求吗？如果影响，需求会增加还是减少呢？

（2）该变动影响供给吗？如果影响，供给会增加还是减少呢？

（3）将供给变动与需求变动相结合，会如何共同影响均衡价格和均衡数量呢？

需求的移动。我们在上面提到过，固定电话服务是手机的替代品，如果固定电话服务的价格突然暴涨，那么手机的需求会增加。换句话说，需求曲线会向右移动。固定电话服务的价格可能不会影响手机的供给，因为它并没有改变手机制造商面对的成本或预期。因此，供给曲线保持不变。图3-7展示了固定电话服务价格上涨对手机市场均衡的影响。因为新需求曲线与供给曲线相交于一个不同的点，均衡价格和均衡数量会变化。新的均衡价格是120美元，新的均衡数量是1.8亿部。

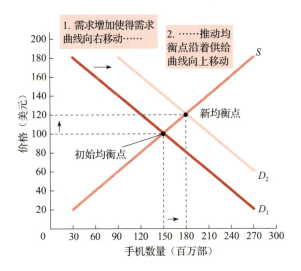

图 3-7 手机需求的移动

在非价格因素发生变化后,我们可以问自己以下三个问题来总结这一变化的影响:

- **需求会增加或减少吗**?是的,需求会变化,固定电话服务价格的变化会提高每个价格水平上的手机需求。
- **供给会增加或减少吗**?供给不会变化,固话服务价格的变化不会影响供给的任何非价格因素。供给曲线保持不变。
- **供给变动与需求变动的结合将如何共同影响均衡价格和均衡数量**?需求的增加会使得需求曲线向右移动,沿着不变的供给曲线将均衡点推动到一个更高的点。在供给和需求"达成一致"的新交点上,价格为 120 美元,手机数量为 1.8 亿部。

供给的移动。如果电池技术的突破使得手机制造商能用更少的钱生产出有相同电池寿命的手机,会产生什么影响呢?再一次,我们用"其他人将会如何反应"这个问题来帮助我们预测市场的反应。我们可以看到,新技术不会对需求产生太大影响:消费者大概并不清楚手机电池的生产成本是多少,只要电池的寿命保持不变,消费者也不会关心手机电池的生产成本。然而,更便宜的电池肯定会降低生产成本,增加手机制造商在任何给定价格水平上愿意供给的数量。所以需求曲线保持不变，供给曲线向右移动。图3-8展示了供给的移动和新的均衡点。新的供给曲线与需求曲线相交于一个新的均衡点，手机价格为80美元，手机数量为1.8亿部。

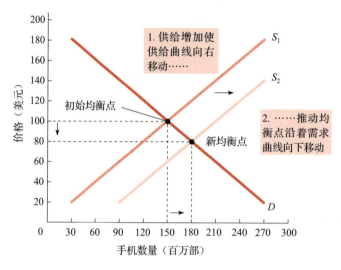

图3-8 手机供给的移动

我们再次用以下三个步骤来分析电池技术变化对手机市场的影响：

- **需求增加还是减少**？需求不变，电池技术是不会影响需求的非价格因素。
- **供给增加还是减少**？供给增加，因为新的电池技术降低了生产成本。
- **供给变动与需求变动的结合将如何共同影响均衡价格和均衡数量**？供给的增加会使供给曲线向右移动，推动均衡点沿着不变的需求曲线向下移动。新的均衡价格是80美元，新的均衡数量是1.8亿部。

表3-4总结了需求或供给的一些其他变动对均衡价格和均衡数量的影响。

表3-4 需求或供给的变动对均衡价格和均衡数量的影响

需求或供给变动的例子	对均衡价格和均衡数量的影响	曲线的移动
一个成功的"购买美国货"的广告活动增加了对福特汽车的需求	需求曲线向右移动。均衡价格上升，均衡数量增加	

（续）

需求或供给变动的例子	对均衡价格和均衡数量的影响	曲线的移动
大肠杆菌疾病的爆发减少了对菠菜的需求	需求曲线向左移动。均衡价格下降，均衡数量减少	
机器人的使用可以减少生产成本	供给曲线向右移动。均衡价格下降，均衡数量增加	
最低工资的上涨导致劳动成本提高	供给曲线向左移动。均衡价格上升，均衡数量减少	

需求和供给都移动。目前为止，我们讨论了只有需求移动或只有供给移动的例子。然而在手机市场上，使需求移动的因素（如固定电话成本上升）和使供给移动的因素（如电池技术的改善）很有可能同时发生。某一个变动也有可能会同时影响供给和需求。

例如，假设新的电池技术除了可以降低生产成本，还可以使手机电池寿命更长。我们知道更便宜的电池会增加供给。正如我们之前看到的，随着供给增加，价格下降，且数量增加。思考"消费者将如何反应"，我们会发现，电池寿命的提高也会增加需求，因为在任何给定的价格水平上，更持久的电池都会使得手机对于消费者而言更有价值。因此，需求曲线和供给曲线都会向右移动。图3-9展示了需求曲线和供给曲线同时变动时的影响，在新的均衡点处，价格和数量都增加了。

即使不看图，我们也可以预测在这种情况下均衡数量会增加。增加的需求和增加的供给分别能提高均衡数量，当两者结合在一起时肯定也能提高均衡数量。然而在没有更多的信息时，我们无法预测均衡价格的变化。当所有其他条件不变时，需求的增加会导致价格上升，但供给的增加会导致价格下降。为了找到对均衡价格影响的净效应，我们必须知道需求的移动是否大于供给的移动，正如图3-9a所示；或者反之，如图3-9b所示。

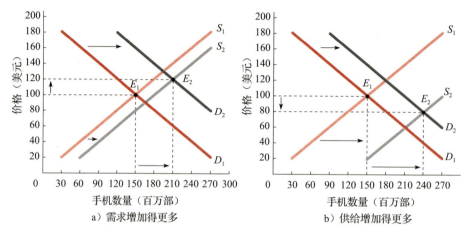

图3-9 需求和供给都移动

我们可以采取更一般的陈述：当供给与需求一起移动时，如果不知道曲线移动的幅度大小，要么可以预测数量变化的方向，要么可以预测价格变化的方向。表3-5展示了一些规则，你可以使用它们来预测供给和需求移动的结果。当供给与需求同方向变动时，我们可以预测数量变化的方向，但不能预测价格变化的方向。当供给与需求反方向变动时，我们可以预测价格变化的方向，但不能预测数量变化的方向。

表3-5　当供给和需求同时变动时，预测价格和数量的变化

供给变动	需求变动	价格变动	数量变动
减少	减少	?	↓
减少	增加	↑	?
增加	增加	?	↑
增加	减少	↓	?

思考这些规则背后的直觉可以帮你记住它们。当你在思考供给与需求同时移动的情况时，问问自己："买者和卖者会对什么达成一致呢？"例如，当供给与需求都增加时，买者和卖者可以在任何给定的价格水平上"达成一致"，他们愿意交换的数量将增加。反之亦然，当供给与需求都减少时，买者和卖者可以在任何给定的价格水平上"达成一致"，他们愿意交换的数量将减少。

如果运用这种思路来分析供给和需求反方向变化（当一个增加，但另一个减

少）的情况，这会是很复杂的。为了找出买者和卖者对什么"达成一致"，要换一种方式来叙述"需求增加意味着什么"。一种表达方式是，消费者愿意在相同的价格水平上购买更多数量的商品。另一种表达方式是，消费者愿意支付更高的价格来购买相同数量的商品。所以，当需求增加和供给减少时，买者愿意为相同数量的商品支付更多；同时对卖者而言，只要商品价格变得更高，他们仍然愿意出售相同数量的商品。换句话说，在任何给定的数量水平上，他们会对更高的价格"达成一致"。因此我们可以预测，均衡价格将会增加。

当需求减少且供给增加时，反之亦然。只要商品价格变得更低，并且卖者愿意在更低的价格水平上供给相同数量的商品，买者愿意购买的商品数量就会和以前一样。因为在任何给定的数量水平上，买者和卖者能对更低的价格"达成一致"。因此我们可以预测，价格将会下降。

在阅读完第3章之前，请看现实生活专栏，了解手机如何影响发展中国家的供给和需求。

现实生活　授人以渔

手机是科技的奢侈品还是实用的必需品呢？也许你不能想象无法进行通信的生活，无法在任何地方和任何时间给你的朋友打电话或发短信。但手机是和住所、食物或水一样重要的吗？最近在印度的一项研究显示，通信能力可以帮助人们满足其基本需要。

在竞争市场中，在供给数量等于需求数量之处可以找到特定商品的价格。该模型假设在市场中的每个地方，买者和卖者都完全了解价格信息，并可以相应地调整自己的行为。如果买者和卖者不了解价格信息，那么在一些地方就可能出现短缺，另一些地方可能出现过剩。

当经济学家罗伯特·詹森（Robert Jensen）研究喀拉拉邦（印度西南部的一个州）的鱼类市场时，他发现该市场没有达到均衡价格。相反，当地的每个鱼类市场都有自己的均衡价格。在这个地方，许多人依靠捕鱼获得日常收入。渔民往往只在当地的一个市场出售他们的鱼，特定的一天中，他们以市场中盛行价格来定价。如果在那一天这个市场上只有少数几个买者，渔民就会剩下许多鱼。同时，如果邻村的渔民在那一天捕到的鱼非常少，那个市场的一些买者就可能会空手而归（即使他们愿意支付较高的价格)。人们没有办法知道在附近的市场上是否有短缺或过剩，渔民无法调整自己的价格来与客户达到均衡。

詹森发现，渔民使用手机后就可以解决这个问题。渔民通过彼此沟通以及在外出捕鱼时与陆地上的人沟通，就能够发现在哪一天去哪里卖鱼才能赚到更多钱。使用这些信息，他们就可以选择去正确的村庄出售他们的鱼。这样一来，在每个村庄，供给都可以更好地满足需求，村庄之间的价格也变得更加一致了。获取正确的信息能使鱼类市场达到有效的均衡。卖者获得的利润平均提高了 8%，买者买鱼的支出也平均减少了 4%。渔民增加了他们的收入，消费者进一步节约了他们的收入。

俗话说，"给他一条鱼，他只吃一天；教会他捕鱼，他将享用终生"。借用这句话，我们可能会说，"给他一部手机"。

资料来源：R. Jensen，"数码装备：南印度渔业中的信息（技术），市场表现和福利"，《经济学季刊》(*The Quarterly Journal of Economics*)，vol. CXXII (2007), issue 3.

总　结

当你读完本书时，你会很熟悉供给和需求这两个术语。我们花一些时间来分析该问题是有充分理由的：对供给与需求的理解是解决经济学问题的基础。否则，你将很难做出明智的经济选择。

尽管市场并不总是完全竞争的，但你可能会惊讶于供给和需求的简单规则如何能够准确地描述现实世界中的许多现象。在接下来的章节中，我们将使用这些规则来解释消费者和生产商如何应对价格变化和政府政策。

1. 识别我们所处的竞争市场的特征

市场是指交易特定物品或服务的一组买者和卖者。在竞争市场中，许多买者和卖者会交易标准化的物品和服务。他们对商品有完全信息，也不用支付费用以参与市场上的交易。竞争市场上的参与者被称为价格接受者，因为他们无法影响商品的当前价格。

2. 描述决定市场需求的因素

一些非价格因素影响了消费者在给定价格水平上对某商品的需求：消费者偏好、相关商品的价格、收入和对未来的预期都会影响需求。在市场层面，买者数量也可以增加或减少总需求。当其中一个潜在因素变化时，需求曲线将向左或向右移动。

3. 描述决定市场供给的因素

　　几个非价格因素能影响商品在任何给定价格水平上的供给，包括相关商品的价格、技术、投入品价格、对未来的预期和市场上的卖者数量。如果这些潜在因素之一发生变化，供给曲线将向左或向右移动。

4. 解释市场供给与需求如何相互作用以推动市场达到均衡

　　当市场处于均衡状态时，供给数量等于需求数量。个体买者和卖者所面临的激励会推动竞争市场趋向均衡。如果当前价格太高，将会出现过剩，卖者会降低价格以消除超额供给。如果当前价格过低，将会出现短缺，买者会竞出高价，直至超额需求消失。

5. 评估市场供给与需求的变化如何影响市场价格和数量

　　当决定供给或需求的一个或多个潜在因素发生变化时，需求曲线或供给曲线将发生变化，产生新的市场均衡价格和均衡数量。

　　为了计算均衡价格和均衡数量的变动，首先必须确定该变动是否会影响需求，如果影响，曲线将向哪个方向移动。然后，确定该变动是否也影响供给；如果影响，曲线将向哪个方向移动。最后，确定两条曲线相交处的新均衡点。

📍 批判性思考

1. 假设你在农贸市场买黄瓜。对于下面的每种情况，请指出该情况描述的是竞争市场的哪个特征。请从竞争市场的以下特征中选择：标准化的商品、完全信息、没有交易成本、参与者是价格接受者。

　　①所有农民都在摊位前面的显著位置张贴他们的价格。

　　②每个摊位上的黄瓜价格都相同。

　　③当你在购物，并在农户之间进行选择时，在摊位间来回走动是没有困难的。

　　④你和其他客户并不关心购买的是哪个卖者的黄瓜。

2. 假设经济繁荣导致收入增加，解释手机的需求和供给会发生什么变化，并预测市场价格和均衡数量变化的方向。

ECONOMICS

第 4 章

弹　性

认知目标

1. 解释价格弹性的意义和决定因素。
2. 理解企业如何根据弹性做出定价策略，以达到收益最大化的目的。

引例　咖啡成为时尚之选

在20世纪90年代，一股咖啡馆热潮席卷了美国的中产阶级社区，他们作为一股强劲的经济力量支持着高价咖啡饮料的销售。很快，美国人天天光顾一个叫星巴克的地方，在星巴克，喝咖啡变成了"星巴克式的体验"，包括配乐、薄荷糖，以慈善为主题的水杯。15年来，星巴克的商业模式是非常成功的。1992~2007年，该公司扩张到超过15 000家门店。

然而在2008年美国经济衰退时，星巴克的增长率跌至有史以来的最低点。竞争对手和消费者开始问："一杯咖啡定价多少时，人们会觉得它太贵了呢？"也许在发生经济衰退的10年前星巴克高管就已经问过自己这个问题了。考虑到近年来星巴克公司惊人的扩张速度，他们肯定已经有了正确回答（至少在经济开始出现问题之前）。

像星巴克这样的公司该如何做出定价决策呢？他们如何预测并应对不断变化的环境呢？我们在之前的章节中学习了，如果星巴克上调拿铁咖啡的价格（也许是由于埃塞俄比亚的恶劣天气造成的咖啡供给短缺），消费者的需求数量将减少。本章将介绍弹性的思想，弹性描述了价格变动会在多大程度上影响消费者。

就像手机市场，精制咖啡市场是不完全竞争的。像星巴克这样的大公司的经理们有定价的能力，他们会尽力选择能赚取最大利润的价格。他们也会尽力应对变化的市场环境：如果咖啡豆的价格推高了拿铁咖啡的成本，销量将下降多少呢？在经济衰退期间，人们会减少多少咖啡消费呢？如果像邓肯甜甜圈和麦当劳这样的竞争对手提供更便宜的咖啡，星巴克这样的大公司会流失多少消费者呢？即使在完全竞争市场上，生产商也需要预测在应对经济状况和市场价格的变化时他们的收入将如何改变。

非营利服务提供者通常也需要考虑价格弹性。例如，一个非营利医院想设置一个合适的护理价格，能够在弥补成本的同时而又不赶走太多的患者。同样，非营利性院校想在弥补成本的同时，又使学生能负担得起教育费用。对于任何公共或私人组织，解决这类问题的能力都是很重要的。理解如何对星巴克拿铁咖啡定价，正如弄清楚是否应该提高国家公园的门票价格以支付维护野生环境的成本一样，它们需要同样的思维方式。解决这些问题需要依赖于一个称为弹性的工具，弹性衡量了当价格和收入变化时，供给和需求的反应大小。

在本章，你将了解如何计算价格变化对供给数量或需求数量的影响。你也会了解当企业和政策决策者不能精确度量弹性时，它们遵循的一般规则。根据已经学习到的供给和需求的知识，你能够根据商品的弹性是正的或负的来对不同类型的商品进行分类。你还将学习如何使用价格弹性的近似值来告诉我们提高价格会提高还是降低企业的总收益。

弹性是什么

如果星巴克提高拿铁咖啡的价格，我们可以预期拿铁咖啡的需求数量会下降。但下降多少呢？尽管我们在第3章中看到，在竞争市场中价格上涨会导致需求数量下降，但我们并不能说出需求数量会变动多少。这个问题就是本章的研究主题。

弹性（elasticity）是衡量消费者和生产商对市场条件变化的反应程度。这个概念可以应用于供给或需求，它可以用来度量对商品价格变化的反应、对相关商品价格变化的反应或对收入变化的反应。

弹性的概念使经济决策者能够预期其他人会如何应对市场条件的变化。无论你是试图出售汽车的企业经理还是试图设置销售税的政府官员，都需要知道价格变化对消费者购买意愿的影响程度。

最常用的弹性度量指标是需求的价格弹性和供给的价格弹性。这两个概念描述了当商品价格变化时，需求数量和供给数量会变化多少。需求的交叉价格弹性描述了当另一种商品价格变化时，一种商品的需求数量会如何变化。需求的收入弹性也是很有用的，它度量了当消费者的收入变化时，需求数量变化多少。我们首先介绍需求的价格弹性。

需求的价格弹性

需求的价格弹性（price elasticity of demand）描述了当价格变化时，物品或服务需求数量的变化大小。我们在第 3 章中学习过当价格上涨时，需求数量一般会下降，但到目前为止，我们还无法说出下降的幅度。需求的价格弹性填补了这一空白，它有助于我们更好地理解供给和需求。

需求的价格弹性也可以看作是衡量消费者对价格变动的敏感性。当消费者的购买决策受价格影响较大时，我们就说他们的需求曲线是更**富有弹性的**（more elastic），这意味着一个小的价格变化就能导致很大的需求数量变化。当消费者对价格变化并不是很敏感时，也就是说，不管价格是多少，他们都会购买大约相同数量的商品，此时我们会说他们的需求曲线**缺乏弹性**（less elastic）。

在数学上，价格弹性是指商品需求数量的变动百分比除以相应的价格变动百分比。方程如下所示：

$$需求的价格弹性 = \frac{需求数量 Q 变动\%}{价格 P 变动\%} \tag{4-1}$$

需求的价格弹性的决定因素

如果拿铁咖啡（或你选择的饮料）的价格从每杯 3 美元降至 1.50 美元，它的需求数量会如何改变呢？现在如果袜子价格从每包 10 美元降至 5 美元，棉袜的需求数量会如何改变呢？尽管两者都降价了 50%，但我们怀疑咖啡价格的变化可能会更大地改变你的购买习惯（相比于袜子价格的变化）。袜子只是袜子而已，5 美元的价格下降可能不会让你冲出去买两倍数量的袜子。

这里潜在的想法是，（相比于其他商品）消费者对一些物品和服务的价格变化更敏感。为什么不是所有物品和服务的需求价格弹性都相同呢？许多因素决定了消费者对价格变化的反应。替代品的可获得性、相对需求程度和相对花费、适应价格变化所需的时间，这些都会影响需求的价格弹性。

替代品的可获得性（availability of substitutes）。回忆第 3 章的内容，替代品是不相同的但有类似作用的商品。当有近似替代品的商品的价格增加时，消费者会转而购买替代品。如果某特定商品的近似替代品是可获得的，那么相比那些只有较差替代品的商品，有近似替代品的商品的需求会更富有弹性。例如，蔓越莓汁的需求的价格弹性可能是相对富有弹性的；如果它的价格太高了，很多消费者会转而购买葡萄汁。

需要的程度（degree of necessity）。当商品是基本的必需品时，即使它的价格上涨，人们仍然会买该商品。袜子的需求可能不是非常富有弹性的，在冬季对室内取暖的需求也不是非常富有弹性的。当这些商品的价格上升时，尽管人们可能不高兴，但他们仍然会购买该商品以维持基本的舒适水平。当价格下跌时，他们可能不会买太多的袜子或使室内更热。

相反，对于奢侈品（如假期、昂贵的汽车和珠宝）的需求可能会更有弹性。当奢侈品的价格上升，大多数人可以轻易地不去购买这些商品。但是请注意，必需品的定义取决于你的生活标准和环境。在佛罗里达州，空调可能是必需品，取暖设施可能是奢侈品，在阿拉斯加则正好相反。

相对于收入水平的花费（cost relative to income）。在其他条件不变的情况下，如果消费者只将其收入中的很小一部分用于购买某商品，他们对该商品的需求弹性就较小。例如，大多数人可以仅用几美元就得到足够一年食用的食盐供给。即使食盐价格翻了一倍，一年的供给成本仍低于10美元，因此消费者可能不会费心去调整他们的食盐摄入量。

反过来也是如此：如果某商品的成本占个人收入的比例非常大的话，比如去海滩奢侈地度假三周，该商品的需求会更有弹性。如果在海滩上的高端酒店房间的价格翻一番，那么很多人将决定用他们的假期做其他事情。

调整时间（adjustment time）。长期内商品的需求往往比短期内更富有弹性。通常情况下，对价格变化做出调整是需要花费一段时间的。当汽油的价格增加时，你会如何做出反应呢？从短期来看，你可能会取消周末的汽车旅行，但你仍然要像往常一样行驶相同的距离去上学、工作或杂货店。但是，在一年多的时间中，你会考虑用其他的选择来进一步减少汽油消费，比如购买公交卡或自行车、更省油的汽车，或搬到靠近工作或学校的地方居住。

市场的范围（scope of the market）。对于刚刚描述的每个决定因素而言，还有很重要的一点就是你如何定义物品或服务市场。对香蕉的需求的价格弹性可能很高，但对水果的需求的价格弹性可能较低，因为相比于广义的水果范畴，香蕉有更多的替代品。同样，虽然水作为基本的必需品，它可能有非常低的需求的价格弹性，但对瓶装水的需求可能是非常有弹性的。

需求的价格弹性的应用

当我们在现实世界中做决策时，我们常常不知道确切的需求的价格弹性。但我们并不总是需要对弹性进行准确估值才能知道消费者对袜子和拿铁咖啡的价格变化的反应是不同的。相反，企业和其他决策者通常大致了解他们面临的需求曲线的形状。按弹性把商品划分成几大类，将有助于不完全信息情况下的真实定价决策。

在极端情况下，需求可以是完全有弹性的或是完全无弹性的。当需求是**完全有弹性的需求**（perfectly elastic demand）时，需求曲线就是水平的。它表明，消费者对价格非常敏感，因为即使价格只是小幅上涨，需求也会跌至0。当需求是**完全无弹性的需求**（perfectly inelastic demand）时，需求曲线是垂直的。在这种情况下，不管在什么价格水平上，需求数量都是一样的。在现实生活中这两个极端情况很少发生。

在这两个极端情况之间，弹性通常被分为三种可量化的类别：富有弹性、缺乏弹性和单位弹性。当需求的价格弹性绝对值大于1，我们称该需求是**富有弹性的**（elastic）。对于富有弹性的需求，给定的商品价格百分比变动会使需求数量产生更大的百分比变动。例如，40%的价格变化可能会导致需求数量变化60%。图4-1a展示了富有弹性的需求。

当需求价格弹性的绝对值小于1，我们说需求是**缺乏弹性的**（inelastic）。对于缺乏弹性的需求，给定的价格百分比变动会使需求数量产生更小的百分比变动。例如，40%的价格变化可能会导致需求数量变化20%。图4-1b展示了缺乏弹性的需求。

如果弹性的绝对值恰好是1。也就是，如果价格的百分比变动会引起相等的需求数量的百分比变动，那么我们说需求是**单位弹性的**（unit-elastic）。在这种情况下，价格变化40%会导致需求数量变化40%。图4-1c展示了单位弹性的需求。

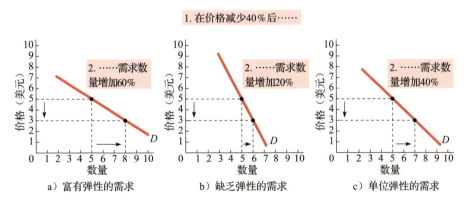

图4-1 富有弹性、缺乏弹性和单位弹性的需求

正如我们将在本章后面看到的，这些术语（富有弹性、缺乏弹性和单位弹性）可以用来描述任何类型的弹性，而不仅是需求的价格弹性。尽管这些分类听起来很学术，但他们对现实世界的商业和政策决定有着重要影响。阅读以下现实生活专栏，在这个案例中，"知道需求的价格弹性是富有弹性还是缺乏弹性的"是一个生死攸关的问题。

现实生活　收费蚊帐能减少疟疾吗

在世界各地，每年有数以百万计的年轻人死于疟疾。目前还没有保护儿童免受疟疾的疫苗。然而，有一种方法可以防疫这种疾病：睡在经杀虫剂处理过的蚊帐中。蚊帐能屏蔽携带疾病的蚊子，让它们无法接触人类，从而防止疟疾。

想要推广蚊帐的使用以抗击疟疾的组织面临一个实际问题：对蚊帐收费能比免费分发蚊帐更有效地减少疾病吗？

那些主张收费的人认为，相比那些免费获得蚊帐的人，为蚊帐付费的人会更看重蚊帐，可能会更多地使用蚊帐。这些拥护者预期，那些并不是真正想要蚊帐的人可能会浪费少数蚊帐，购买蚊帐的人将更有可能使用蚊帐。此外，如果人们为他们的蚊帐付费，提供蚊帐的组织就能负担得起更多的蚊帐。另一方面，需求定理指出，价格越高，需求数量可能越低。即使收取费用将使一些人更有可能使用蚊帐，但也可能妨碍别人获得蚊帐，从而破坏对抗疟疾的目的。

为了解决这个问题，卫生组织需要知道蚊帐需求的价格弹性。在肯尼亚工作的哈佛大学公共卫生学院的经济学家杰西卡·科恩（Jessica Cohen）和斯坦福大学的帕斯卡利娜·杜巴斯（Pascaline Dupas）设置了一个实验来实践这两种方法，并度量蚊帐需求的价格弹性。事实证明，对蚊帐收取费用大大减少了蚊帐的需求数量。在这个实验中，当蚊帐价格从 0 增加到 0.75 美元，使用蚊帐的人数下降了 75%。用这个价格购买蚊帐的人也没有比那些免费获得蚊帐的人更有效地使用蚊帐。

如果这项活动的目标是利润，以 0.75 美元的价格售卖一些蚊帐将带来更多的收益（相比免费发放大量的蚊帐）。但是这项活动的目标是保护人们不受疟疾的伤害，而不是盈利。对于肩负社会使命的组织，免费分发蚊帐似乎比收取费用更有效。

资料来源：J. Cohen 和 P. Dupas，"免费分发还是费用分摊？来自一个随机的疟疾预防实验的证据，"《经济学季刊》（Quarterly Journal of Economics）125，no. 1（2010 年 2 月）：1-45.

在商业中，知道商品需求是富有弹性的还是缺乏弹性的是非常有用的，因为它使经理可以确定价格上涨会导致总收益上升还是下降。**总收益**（total revenue）是企业通过出售物品和服务而赚得的金额数，用销售数量乘以每单位的价格来计算。这个数字是非常重要的，原因很明显：它告诉我们当卖者卖东西时，他们能获得多少钱。

价格上涨将从两个方面影响总收益：

- 它会产生数量效应，由于商品销售数量减少而使收益下降。
- 它会产生价格效应，由于每单位商品的价格更高而使收益增加。

当数量效应大于价格效应，价格上涨会导致收益下降。当价格效应大于数量效应时，价格上涨会导致总收益提高。

当需求富有弹性时，价格上涨会导致总收益下降。我们已经知道，当需求富有弹性时，价格变动将导致更大的需求数量变动百分比。另一种表达方式是，数量效应超过了价格效应。所以当需求富有弹性时，价格上涨会引起更大比例的需求数量下降且总收益下降。

相反，当需求缺乏弹性时，价格变动百分比大于需求数量的变动百分比。价格效应超过了数量效应，总收益增加。那么，对于缺乏弹性的需求，当价格上涨时，消费者将更少购买该商品，但需求数量的变化比例会小于价格变动的。图 4-2 显示了价格效应与数量效应之间的权衡取舍。正如你所看到的，图 4-2a 显示了富有弹性的需求，1 美元的价格变动会导致需求数量增加 4 000。图 4-2b 显示了缺乏弹性的需求曲线，价格上涨 2 美元使得需求数量只降低了 1 000。

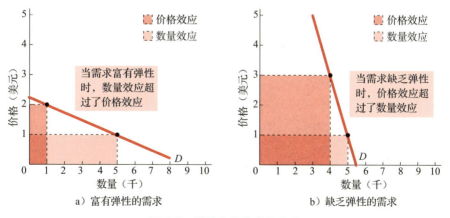

图 4-2　弹性和总收益的变动

还有最后一点需要指出。到目前为止，我们所讲的都是在描述需求曲线特定位置上的弹性。然而，对于大多数商品，它们的弹性是沿着曲线变化的。所以当我们说咖啡需求的价格弹性是 1.38，我们指的是当价格从每杯 1.50 美元变到每杯 2 美元时弹性是 1.38。如果价格从每杯 2 美元变化至每杯 2.50 美元，弹性会有所不同。

这背后的原因是很容易理解的。想象一下，拿铁咖啡的价格大幅下跌至 10 美分每杯，而你渐渐习惯了每天早上买一杯拿铁咖啡。如果你在一天早上发现价格在一夜之间翻了一倍，变为 20 美分每杯，你会怎么做？我们打赌你会耸耸肩，仍然买一杯。

现在，想象拿铁咖啡的价格是 10 美元每杯，你只是偶尔购买拿铁咖啡。如果你到达咖啡厅，发现价格翻了一番，变为 20 美元每杯，你会怎么办？你可能会非常仔细地考虑你是否真的需要拿铁咖啡。在这两种情况下，面对同一产品的价格增长了 100%，但你的反应是完全不同的。这是很有道理的：在一个例子中，拿铁咖啡只是多花费 10 美分，但在另一个例子中，拿铁咖啡要额外花费 10 美元。

你对拿铁咖啡的反应说明了一个一般规则：当价格较高时，需求往往更富有弹性，当价格很低时，需求更缺乏弹性。这告诉我们了一个重要提示，让我们再次审视图 4-1 所示的三个图。虽然图 4-1a 中富有弹性的需求曲线的斜率比图 4-1b 中缺乏弹性的需求曲线的斜率更平缓，但我们现在知道，斜率与弹性不一样。

事实上一条线性需求曲线上的不同点的需求弹性都是不同的。这种推理不是很直观，但当你用图形构想它时就很直观了。图 4-3b 的直线有不变的斜率，但在直线两端的价格和数量变动百分比有很大的不同。例如，从 45 美元变到 40 美元时的差异（用百分比形式）要小于从 10 美元变到 5 美元，但两组点之间的曲线斜率是相同的。

结果就是，当我们沿着线性需求曲线移动时，随着价格越来越高，收益先增加然后下降。图 4-3c 使用图 4-3a 中收益表计算出的数值，描绘出了与图 4-3b 中需求曲线相对应的总收益曲线。请注意，当价格很高时，降低价格会增加收益。例如，当价格从 45 美元降低到 40 美元（见收益表）时，总收益几乎翻倍，从 45 美元上升到 80 美元。然而，当价格很低时，降低价格只会进一步减少总收益。例如，当价格从 10 美元降低到 5 美元，总收益从 80 美元减少到 45 美元。

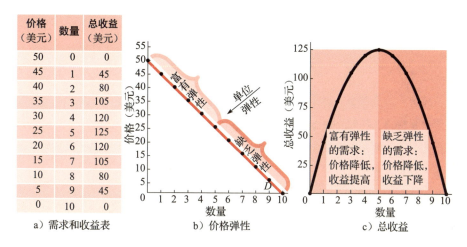

图4-3 沿着需求曲线的弹性变动

需求的价格弹性在现实中有着各种各样的应用。例如,阅读你怎么认为专栏,了解相关案例。

你怎么认为 国家公园的门票价格应该上升吗

国家公园管理局管理着8 400万英亩的美国最著名的自然景观,包括黄石国家公园、科罗拉多大峡谷和沼泽地国家公园。2008年,公园管理局提高了一些公园的收费。作家约翰·克里斯特(John Krist)支持这种价格上涨:

一个四口之家在迪士尼乐园玩一天的成本至少是232美元,这其中还不包括购买米老鼠的耳朵。六旗魔术山的门票价格至少是180美元。可用七天的黄石国家公园门票是每辆车25美元,这意味着一个家庭在能看到野牛、麋鹿、间歇喷泉和灰熊的这些地方游玩一周的价格相当于每人每天89美分。

这就是为什么我们难以理解当新闻公布公园管理局希望在未来两年提高135个地方的门票费时,人们会强烈地抗议……他们的主要观点是经济:以旅游业为主的社区担心更高的门票费将会减少游客量,并降低利润,然而另一些人认为,门票费上涨将会把那些囊中羞涩的人拒之门外。这确实是真的,至少在理论上是真的,某商品的价格上涨会减少人们对该商品的需求。

另一方面，期望有限数量的公用场地去容纳不断增加的人数，这是非常荒谬的。任何曾在周末假期开车去过约塞米蒂山谷的人都不会认为公园游客量下降完全是一件坏事。

略高的门票费不可能对公园的使用产生太大影响，但它们对公园体验的质量有显著的影响。这笔钱中的绝大部分将归各个公园所有，它们可以被用于保养和修复，这种单调的支出通常会被政治驱动的联邦预算计划所削减。更少的拥挤和通畅的排水设施，有什么理由不欢迎这一举措呢？

你怎么认为？

1. 你同意克里斯特的观点（在当前价格水平上国家公园的游客游览需求是缺乏弹性的，因此，更高的费用"不太可能对公园的使用产生太大影响"）吗？考虑影响价格弹性的因素，比如替代品的可获得性和价格。
2. 你如何考虑以下权衡取舍？
    a. 公园管理局应该故意降低游客游览需求，以达到减少拥挤为目的呢？还是以达到保护公园免遭环境破坏为目的呢？
    b. 公园管理局有责任保障那些不能支付更高费用的家庭也能够游览国家公园吗？
    c. 公园管理局应该担心游览需求减少给周边社区带来的经济影响吗？

    资料来源："如果公园收费提高，将会怎么样呢？"John Krist, High Country News, 2008 年 7 月 16 日。此文的使用已经过作者的同意。

供给的价格弹性

当咖啡消费量的增加抬高了咖啡豆的价格，将会发生什么呢？咖啡市场将如何应对价格变化呢？我们可以基于供给定理预测，由于价格上涨，咖啡种植者将相应地提高生产，但提高多少呢？

供给的价格弹性（price elasticity of supply）是指，当物品或服务的**价格变化**时，它的**供给数量**的变化。供给的价格弹性度量的是生产商对价格变动的反应程度，如同需求的价格弹性衡量的是消费者对价格变动的反应程度。

我们在第 3 章中学习到，当价格上涨时，生产商会供给更多的商品，当价格下跌时，他们会供给更少的数量。正如商品的需求价格弹性告诉我们，当沿着需求曲线变动时需求数量会变化多少；供给的价格弹性告诉我们，当沿着供给曲线变动时供给数量会变化多少。

供给的价格弹性的度量方法与需求的价格弹性一样：用数量变动百分比除以价格变动百分比，如方程（4-2）所示。

$$供给的价格弹性 = \frac{供给数量\ S\ 的变动\ \%}{价格\ P\ 变动\ \%} \tag{4-2}$$

供给弹性和需求弹性之间有一个重要的区别：需求的价格弹性总是负的，供给的价格弹性总是正的。原因很简单：需求数量与价格总是沿着相反的方向移动，但供给数量与价格沿着相同的方向移动。

与需求的价格弹性一样，我们可以将供给的价格弹性分为 3 种类型：

- 如果供给的价格弹性绝对值大于 1，则富有弹性。
- 如果供给的价格弹性绝对值小于 1，则缺乏弹性。
- 如果供给的价格弹性绝对值恰好等于 1，则单位弹性。

在极端的情况下，我们也可以说供给是**完全弹性**（perfectly elastic，在给定的价格水平上供给数量可以是任意值，并且在任何其他价格水平上供给数量为 0），或**完全无弹性**（perfectly inelastic，无论在任何价格水平上供给数量都是相同的）。

供给的价格弹性的决定因素

供给是富有弹性还是缺乏弹性的，这取决于生产商在应对价格变化时改变生产数量的能力。有三个因素影响生产商扩大生产的能力：投入品的可获得性；生产过程的灵活性；应对价格变化所需的调整时间。最后这个因素（时间）也是需求弹性的决定因素。正如消费者需要时间来改变他们的消费习惯，生产商也需要时间来提高产量。

投入品的可获得性（availability of inputs）。某些商品的生产是可以很容易地扩张的，只需添加额外的投入品。例如，一家面包店可以很容易地买到额外的面粉和酵母以生产更多的面包，每个面包的成本也可能是相同的。然而，增加其他商品的供给可能是比较困难的，有时是不可能的。即使毕加索画作的价格上升，人们也无法生产更多的画，因为我们不能让艺术家复活。

换言之，供给弹性取决于投入品的供给弹性。如果由于额外的投入品是很难找到的，生产更多商品的成本远远超过初始商品量所需的成本，那么生产商将不愿增加供给的数量。这就需要越来越高的价格来说服生产商去接受由增加供给带来的额外麻烦。

生产过程的灵活性（flexibility of the production process）。生产商调整某一商品的供给数量的最简单方法是，当该商品价格上涨时把生产其他商品的生产力转移至该商品的生产中，或是当该商品价格下跌时重新把生产力分配回到其他商品的生产中。农民们会发现这种替代是相对简单的：当玉米价格高时，他们会用更多的田地去种植玉米；当玉米价格低时，他们将田地重新分配到更有利可图的农作物上。其他生产商就没有这么灵活了。如果你拥有一个专门生产丰田配件的公司，你可能需要购买新的机器后才能开始生产福特的零件，更不必说完全切换到另一种类型的产品生产上了。

调整时间（adjustment time）。与需求一样，长期供给比短期供给更富有弹性。也就是说，相比短期，生产商在长期中可以做出更多的调整。在短期内，迪士尼乐园的酒店客房数量是固定的；从中长期来看，可以翻新老旧房屋，也可以建立新的酒店。随着时间的推移，生产能力可以增加或减少，有新公司成立，也有旧的工厂倒闭。

其他弹性

商品的需求数量不仅仅对商品价格敏感。因为人们聪明、灵活，总是在寻找方法去充分利用机会，需求数量也会对不断变化的环境做出反应，如其他商品的价格，消费者的收入。现在，让我们考虑两个其他类型的需求弹性：需求的交叉价格弹性和需求的收入弹性。

需求的交叉价格弹性

我们注意到，商品的可替代性会影响价格弹性。也就是，消费者是否愿意购买某商品取决于服务于同一目的其他商品的可获得性。例如，当星巴克咖啡价格上涨时，有些人会买邓肯甜甜圈的普通咖啡，那么我们就可以预期星巴克咖啡有相对的价格弹性需求。再次，回顾我们在第1章中提出的四个经济学问题，"别人将如何反应"这个问题是理解这种情况的关键。

如果邓肯甜甜圈咖啡价格下降，而星巴克咖啡价格不变，会发生什么呢？**需求的交叉价格弹性**（cross-price elasticity of demand）描述了当一种商品价格变化时，另一种不同商品的需求数量如何变化。因为拿铁咖啡和普通咖啡是替代品，我们预计当普通咖啡价格下降时，拿铁咖啡需求量会下降，因为一些人从购买拿铁咖啡转变为购买普通咖啡。反之也成立：如果邓肯甜甜圈的咖啡价格上升，而星巴克拿铁咖啡的价格不上涨，我们预计拿铁咖啡的需求量上升，因为一些人从购买普通咖啡转变为购买相对便宜的拿铁咖啡。方程（4-3）给出了需求的交叉价格弹性的公式。

$$\text{商品 A 和 B 间的需求的交叉价格弹性} = \frac{\text{商品 A 的需求数量变动}\%}{\text{商品 B 的价格变动}\%} \quad (4\text{-}3)$$

当两种商品是替代品时，我们预期它们的需求交叉价格弹性是正的。也就是说，一种商品的价格上涨将导致另一种商品的需求数量增加。另一方面，一种商品的价格下降将导致另一种商品的需求数量减少。弹性大小取决于两个替代品的相近程度。如果它们是非常相近的替代品，一种商品的价格变化会导致另一种商品需求数量的大幅变化，所以交叉价格弹性较高。如果不是非常相近的替代品，交叉价格弹性则较低。

交叉价格弹性也可以是负的。与需求的价格弹性不一样，需求的价格弹性可以表示为一个绝对值，因为它总是负的，但是交叉价格弹性的符号能告诉我们两种商品之间的关系。我们已经看到，当两种商品是替代品时，它们交叉价格弹性是正的。然而，当两种商品是互补品（也就是说，它们总是被同时消费）时，交叉价格弹性将是负的。

例如，当人们喝更多的咖啡时，他们想要更多的奶。咖啡和奶是互补品，而不是替代品。所以当其他条件不变时，如果对咖啡的需求增加，对奶的需求也会增加。当两个商品以这种方式相关联时，它们的交叉价格弹性将是负的，因为一种商品的价格上升将减少这两种商品的需求数量。弹性的相对大小再次告诉我们两个商品的相关程度大小。如果两个商品是强互补品，它们的交叉价格弹性将是一个很大的负数。如果两个商品相关度较低，它们的交叉价格弹性将是负的，但并不是远低于零的。

需求的收入弹性

有这样一些商品，无论人们多么富有或贫穷，他们购买的数量都大致相同。

盐、牙膏和厕纸就是三个例子。这些商品不是那种"当人们在工作中得到加薪后会立刻冲出去买"的商品。不过，其他商品会对收入的变化非常敏感。如果你得到加薪，你可能会买新衣服或者在餐馆里享用一顿美食。

商品**需求的收入弹性**（income elasticity of demand）描述了当消费者的收入变化时，需求数量会相应地变化多少。如方程（4-4）所示，它表示为需求数量的变动百分比与收入变动百分比的比率：

$$需求的收入弹性 = \frac{需求数量的变动\%}{收入变动\%} \qquad (4\text{-}4)$$

回顾第3章，收入提高会增加对正常物品的需求，降低对低档物品的需求。收入弹性告诉我们对这些商品的需求变化了多少。

例如，星巴克星冰乐是一个正常物品，它可能会对收入的变化相当敏感。当人们变得更加富裕时，他们将购买更多像这样的小奢侈品。因此，我们猜花式冰咖啡饮料的需求的收入弹性是正的（因为饮料是正常物品）且相对较大（因为饮料是非必需品，它有很多更便宜的替代品）。

普通咖啡通常也是正常物品，所以其收入弹性应该是正的。然而，我们可以猜测它的弹性要小于星冰乐。许多人觉得他们每天上班前都必须喝一杯咖啡，咖啡就更像是必需品而不是奢侈品，无论自己的收入多少，都会去买咖啡。还有一种说法是，对星冰乐的需求相对于收入是富有弹性的，而普通咖啡的需求相对于收入是缺乏弹性的。对于这样的正常物品，收入弹性是正的，因为随着收入增加，需求数量会增加。必需品和奢侈品都是正常物品。如果商品是必需品，需求的收入弹性将是正的，但小于1。如果商品是奢侈品，收入弹性将是正的，但大于1。

与需求的交叉价格弹性一样，需求的收入弹性可以是负的，也可以是正的。对于低档物品，需求的收入弹性是负的，因为需求数量会随着收入的增加而下降。

在2009年，星巴克推出了一种新的零售产品，VIA速溶咖啡。尽管有一些咖啡爱好者嘲讽它，但其他人认为在经济困难时期这是一个精明的举措。速溶咖啡组合也许在一些地方是低档物品：随着收入增加，人们会喝更多昂贵的饮料并减少对速溶咖啡的消费。然而，在经济衰退期间，预算紧缩，人们会减少对昂贵饮料的消费，可能会增加对速溶咖啡的消费。至少，这是星巴克所希望的。在这个案例中，速溶咖啡的收入弹性是负的，而且较小。当人们越来越富裕时，他们会很快放弃一些不太吸引人的低档物品，这类低档物品有较大的、负的收入弹性。

商品弹性的符号和大小再次告诉我们很多关于商品的信息。表4-1总结了我们学到的四类弹性及其相关特点。

表4-1 弹性的四种度量

度量	等式	负的	正的	更富有弹性	更缺乏弹性
需求的价格弹性	需求数量变动%/价格变动%	总是	从不	随着时间推移，对于可替代的商品和奢侈品	在短期，对于唯一的且必需的商品
供给的价格弹性	供给数量变动%/价格变动%	从不	总是	随着时间推移，对于灵活的生产	在短期，存在生产约束
交叉价格弹性	商品A的需求数量变动%/商品B的价格变动%	对于互补品	对于替代品	对于近似完全替代品和强互补品	对于相关度较低的商品
收入弹性	需求数量变动%/收入变动%	对于低档物品	对于正常物品	对于有相近替代品的奢侈品	对于唯一的且必需的商品

如果你觉得这个讨论很有意思，你可能会考虑成为一个定价分析师。

总　结

供给和需求可能是经济学中最常见的术语，但是将这些概念应用到现实世界中时是需要精心设计的。我们将学习其他一些概念来帮助你将供给和需求的概念应用到商业和政策问题中，弹性是我们要学习的第一个概念。在这一章里，我们看到弹性如何被用于设定价格，以达到收益最大化的目的。在接下来的章节中，我们将使用弹性预测政府干预市场的影响，我们将更深入地挖掘推动弹性形成的消费者和生产商决策。

1. 解释价格弹性的意义和决定因素

   当在生产过程中难以额外获得新的投入品并且生产过程缺乏弹性时，供给通常就是缺乏弹性的。供给在短期也是缺乏弹性的。当供给价格弹性的绝对值大于1，供给是富有弹性的；当供给价格弹性的绝对值小于1，供给是缺乏弹性的；当供给价格弹性的绝对值恰好等于1，供给是单位弹性的。

2. 理解企业如何根据弹性做出定价策略，以达到收益最大化的目的

   需求的交叉价格弹性是指，应对给定的不同商品价格变动百分比引起的需求数

量变动百分比。如果两个商品是替代品,则两个商品间的需求的交叉价格弹性是正的;如果两个商品是互补品,则两个商品间的需求的交叉价格弹性是负的。

批判性思考

1. 咖啡厅经理想估算如果拿铁咖啡的价格上升销售将会变化多少,请你给予一些建议。解释为什么他应该用百分比度量弹性,而不是用美元和杯子进行度量。
2. 肯尼亚生产大量的咖啡,肯尼亚政府雇用你来调查精制咖啡豆的供给。假设你发现供给的价格弹性是 0.85,请向肯尼亚政府解释这个数字。
3. 你认为企业应如何应用弹性来设定价格策略。

ECONOMICS

第 5 章

效　率

认知目标

1. 理解经济效率的意义，区分市场有效率和无效率的情况。
2. 描述政策决定导致的利益分配的变化。
3. 解释无谓损失。
4. 解释为什么修正市场缺失可以使每个人都受益。

引例　从一支坏掉的激光笔开始的互联网革命

1995年,一个叫皮埃尔·欧米迪亚(Pierre Omidyar)的年轻软件开发工程师利用他的劳动节休息日建立了一个叫Auctionweb的网站,目的是为大家提供一个以拍卖形式出售旧物的场所。不久之后,在这个网站上他以14.83美元的价格卖出了第一件物品:一只坏掉的激光笔。他的本意是把这只激光笔作为一个试验品放在网站上,并不期望能有人为它出价。当皮埃尔指出这个激光笔是坏掉的,中标者解释道他是个"专门收藏坏掉的激光笔爱好者"。

正如你们可能已经猜到的,Auctionweb就是后来我们所熟知的著名公司eBay。2011年,在eBay上出售的物品总价值已将近686亿美元,全球拥有1亿活跃用户。

像许多创业故事一样,eBay第一笔交易的故事使我们洞察是什么使得eBay脱颖而出。人们都喜欢一些旧的精美的物品(如坏掉的激光笔),一旦聚集足够多的用户,想卖东西的人总能找到想买东西的人。当买者与卖者配对成功达成交易,双方都受益。买者得到了他想要的物品,卖者得到了钱。因为双方都可以从这样的交易中受益,他们也就都愿意向提供交易场所并使他们找到交易对象的eBay支付费用。

eBay的成功建立在一个最基本的经济学思想的基础上,它的重要性远远大于这个公司本身:自主交换创造价值并可以使参与其中的每个人都受益。这一信条驱动着一系列的商业活动,如从百货商店到投资银行再到线上零售商,它们自己并不生产制造任何物品,而是在促进生产者和消费者之间的交易。

但这一原则也提出了一个问题:我们怎么知道人们会通过买卖物品受益?我们能否得出一个他们受益多少的指标?

为了回答这些问题,我们需要一个工具来衡量交易过程中产生的收益的大小,并区分这些收益由谁获得。在本章我们将介绍剩余的概念,它可以衡量消费者的购买价格低于自己愿意支付的最高价格时,或者生产者的销售价格高于自己愿意出售的最低价格时所获得的收益。剩余是观察人们从成功交易中获得收益的最佳方法。

剩余同样为我们展现出为什么在一个竞争市场中均衡价格和产量如此特殊：它们能够使得总福利最大化，即使我们关注的更多是产出而非福利（比如收益分配时的不公平）。剩余为我们在比较不同想法与政策时提供了一个尺度。比如，对剩余的测算能够清楚地告诉我们在诸如税收和最低工资制度这类政策中谁获得收益，谁又蒙受损失。从剩余最大化的意义上来讲，我们将会看到，效率是市场制度最为强大的功能之一。值得一提的是，这并不需要通过集中协调便可实现。

剩余同样告诉我们人们之间的互相交易可以提高生活品质。通常情况下，创造一个物品或服务的新市场（如第 1 章的例子中孟加拉乡村银行在孟加拉国所做的）或者改善现有的市场（如 eBay 在互联网上所做的）可能会是帮助人们的好办法。知道何时以及如何利用经济交换的力量来增进人们的福利对于商业人士以及公共问题解决者来说同样重要。

支付意愿以及销售意愿

eBay 是一个允许人们刊登销售广告的在线拍卖平台。想要购买商品的人们通过投标从而给出一个特定的支付价格。这个开放的市场支持几乎所有种类商品的交易：从房地产、二手车、珍贵图书到（在一个特别案例中）一个看起来很像是被圣母玛利亚的吃了一半的芝士三明治（售价 28 000 美元）。

谁在使用 eBay？他们想要什么？从最基本的层面上来看，他们是那些想要买卖特定商品的人。我们不清楚那些想要坏掉的激光笔或者发霉的芝士三明治的人在想什么，让我们来看一些更典型的案例。数码相机如何？（如同我们在第 3 章所做的那样，我们假设市场上只有一种数码相机而非多种不同种类的相机。）

想象你在 eBay 上看到了一个等待出售的数码相机，谁将会参与竞价？这些人的欲望跟约束又是什么？显而易见，参与竞价的人就是那些想要得到数码相机的人，但是他们同样会关注所要支付的价格：如果人们能够花费 100 美元得到相机，同时将另外 100 美元购买其他商品，人们又何必为相机支付 200 美元呢？潜在的买者想要支付尽可能少的钱，但在这个一般偏好之外，每一个买者都有他愿意支付的最高价格。

经济学家称这一最高价格为买者的**支付意愿**（willingness to pay）或者**保留价格**

（reservation price），这两个概念经常被交替使用，本书中我们将统一使用"支付意愿"这一说法。这一价格刚好位于消费者扬手放弃"没关系，我更愿意用这笔钱够买别的东西"的那一点之上。每一个潜在的买者都希望以一个尽可能低并且不高于支付意愿的价格去购买一台相机。在 eBay 上，我们可以从拍卖过程中了解人们的支付意愿。当一个商品的价格依然低于竞拍者的支付意愿，他就会继续竞拍这件商品，直到价格高于他的支付意愿，他才会退出。

当然，买者只是故事的一半。最开始是谁把这个相机放到网上去销售？为了给数码相机创造一个功能市场，首先必须得有人愿意出售它们。然而买者希望以一个尽可能低的价格购买相机，卖者希望以一个尽可能高的价格出售相机。为什么你可以花更少的钱买到更多的商品？如同每个潜在买者都有支付意愿一样，每个潜在卖者也有销售意愿。销售意愿（willingness to sell）是卖者出售一件物品或服务可以接受的最低价格。每个卖者都希望能以尽可能高的价格出售商品，而且这一价格绝不能低于他心里的最低价格。我们可以通过卖者在 eBay 上贴出商品时设置的"保留价"洞察他们的销售意愿。保留价为卖者设置了一道屏障，卖者不会接受低于这一价格的出价，如果没有高于这一价格的出价，卖者会一直保留他的商品。

由此我们可以看出，对于商品而言，买者想以尽可能的低价买入，卖者想以尽可能的高价卖出。那么这一现象与市场有什么关系呢？我们即将看到支付意愿和销售意愿实际上是促进需求和供给曲线形成的推动力。

支付意愿和需求曲线

我们将目光拉回到潜在的相机买者并且进一步仔细探究他们在 eBay 上购买相机是如何出价的。为了简化这一过程，我们假设共有 5 个买者在考虑购买这个相机。

- 第一位潜在买者是个鸟类观察家，她热切希望能有一个好相机来记录她发现的稀有品种的鸟。她最高愿意支付 500 美元来购买这一相机。
- 第二位买者是个业余摄影师，他有一个过时的相机并且愿意为这个新相机最高支付 250 美元。
- 第三位买者是个房地产经纪人，她愿意以不高于 200 美元的价格来购买这一相机从而为她的房产拍出更好的照片。

- 第四位买者是个记者,他不介意除了拥有报社配给他相机之外,再添置这个新相机,但他不会接受高于 150 美元的价格。
- 最后一位买者是个教师,他最多支付 100 美元,且用学生家长在他生日时送给他的 eBay 礼品券。

我们可以在图中标出每一位潜在买者的支付意愿。在图 5-1a 中,我们画出了可能报价以及每一价格下的有意愿出价的潜在买者数量。请记住每一个买者的支付意愿都是最大值,他也愿意以任何更低的价格购买这台相机。因此,在 100 美元的价格下,5 位买者都会出价;而在 350 美元的价格下,只有一位买者会出价。

如果你换个角度看一下,也许会注意到图 5-1a 中的图像看起来像一条需求曲线,y 轴为价格,x 轴为数量,而且需求数量随着价格的上升而下降。实际上这就是一条需求曲线,虽然只有 5 个潜在买者,但是如果我们在更大的市场中进行同样的实验,同时绘制出成千上万的人的支付意愿而不仅仅是 5 个人的,我们将会得到如图 5-1b 中所示的平稳的需求曲线。

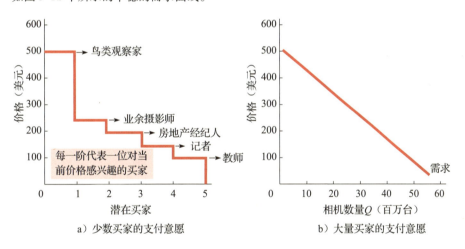

a)少数买家的支付意愿　　　　b)大量买家的支付意愿

图 5-1　支付意愿和需求曲线

注意到尽管每个买者的支付意愿都受不同因素的影响,我们可以通过"其中的权衡取舍是什么"来解释所有决定背后的动机。在 eBay 上购买相机的钱不能花费在其他物品上。支付意愿是一个节点,在这一节点上,买者购买相机所获得的收益等于他将这笔钱用于购买其他商品所获得的收益,即机会成本。

当价格高于最大的支付意愿时,机会成本大于收益;当价格较低时,收益将会超过机会成本。比如，业余摄影师花费 250 美元购买相机所获得的乐趣等同于他为自己购买等值邮票所获得的乐趣。每个人除了相机之外，都有其他想要的东西，这样的逻辑适用于需求曲线上的每一个潜在买者。

为了搞清楚这 5 个买者中到底谁最后会购买相机，我们必须要知道市场价格。而想要知道市场价格，我们必须要知道数码相机的供给情况。因此，我们接下来需要研究供给曲线。

销售意愿和供给曲线

如你所料，正如需求曲线的形状是由潜在买者的支付意愿所决定，供给曲线的形状是由数码相机潜在卖者的销售意愿所决定的。为了便于分析，我们假设共有 5 位卖者在 eBay 上出售相机。

- 第一位潜在的卖者是位漫画收藏家，他获得了一台数码相机作为生日礼物，但是他真正在意的只有漫画，因此他愿意出售这台相机，哪怕是以 50 美元的低价。
- 第二位是来自大型数码相机公司的销售代表，她被授权可以以不低于 100 美元的价格出售相机。
- 第三位卖者是位拥有多台相机的专业自然摄影师，他想要以不低于 200 美元的价格出售相机，低于这个价格的话，他宁愿把相机当成礼物送给侄子。
- 第四位是一家小型公司的销售代表，这家公司的相机业务刚刚起步，生产费用要高于大型公司，只有相机定价高于 300 美元时，他们才有利可图。
- 第五位卖者是位美术老师，她对朋友赠送的这台相机有着很深的感情，所以低于 400 美元的价格，她决不考虑出售。

我们可以在图中标出这 5 位卖者的销售意愿。在图 5-2a 中，我们画出了可能的报价以及每一价格下的有可能出售的相机数量。这幅图代表了仅仅是五个潜在卖者的供给曲线。如果我们像描绘需求曲线一样，加入现实世界中以百万计数码相机销售数量，可以得出我们已熟悉的平滑的供给曲线，如图 5-2b 所示。

卖者的销售意愿取决于他们面临的利益权衡，尤其是这笔销售的机会成本。出售一台相机的机会成本就是卖者保留这台相机所带来的乐趣，或者是用生产这台相机的成本来生产其他产品带来的收益。每个卖者的机会成本都取决于不同的因素，并不是所有人都是金钱至上的,比如那个美术老师在情感上依恋着她的相机。

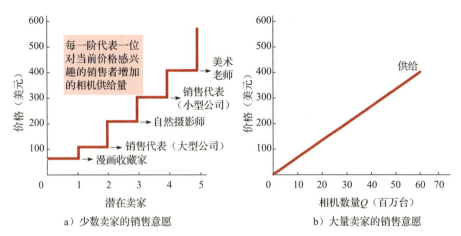

图 5-2 销售意愿和供给曲线

至于那些卖者想摆脱掉的商品,它们的初始价格可能只有 1 美分。如果机会成本为零的话,1 美分就要比没钱好得多!另一方面,在一个生产者不断制造和销售新产品的市场中,产品的最低价格必须足够高,才能使生产者有利可图从而愿意继续生产。如果某产品的销售价格不能覆盖其生产成本,生产者会停止继续生产该产品,如果不这样的话,生产者实际上会因每笔销售亏损(有时我们确实会看到有些生产者以低于生产成本的价格销售产品,但是这只会发生在生产者犯了错误并急于倾销已生产的产品时)。

在对 5 位潜在买者和潜在卖者有了一定了解过后,我们马上就会懂得当这两组人在市场上进行交易时会发生什么。但在这之前,我们先来看看现实生活专栏,从而理解买者的支付意愿与卖者的销售意愿之间是如何相互作用的。

现实生活 讨价还价和虚张声势

如果你曾经去过跳蚤市场或者买过二手车,那你应该有过讨价还价的经历。在世界上的大部分地区,为商品讨价还价是人们日常生活中必不可少的一部分。甚至是在富裕国家,为工资或者升职讨价还价的现象也很常见,雇主支付工资来购买员工提供的时间和技能。在任何的讨价还价的场合中,卖者都希望能以尽可能高的价格出售商品,而买者都希望能以尽可能低的价格购买商品。他们如何能达成交易?

支付意愿的思想可以解释很多的讨价还价策略。通常，卖者会以一个远高于他心理预期的价格开始报价。同样的，买者也以一个远低于他心理预期的价格开始报价。双方都不会暴露自己内心的合理价格。这是不是一种时间浪费？他们都知道最终会以一个中间价格达成交易，那为什么不直接以那个价格开始报价？

假设你是一个跳蚤市场中的摊主。如果你确切知道一个潜在顾客愿意支付多少钱，那你会不会接受任何低于那个数值的价格呢？你的答案估计是否定的。而作为那个可能的买者，你想在摊主面前隐藏自己的真实支付意愿。摊主也一样，他也想在潜在买者面前隐藏自己可接受的最低价格。每一方都以一个远远偏离于心理预期的价格开始报价，希望能以一个对自己最优的价格达成交易。

也可以用同样的原理来解释砍价高手们常常使用的一个小计谋：伪装自己的支付意愿。当一个商品的要价大于你意愿支付的价格最高值，你会怎么办？在 eBay 上，你会停止报价；在跳蚤市场上，你可以直接走开。离开谈判桌就相当于告诉对方当前价格高于你的支付意愿，不管实际情况是不是这样。如果卖者发现他得不到更高的价格，他有时就会妥协而不是彻底失去这笔交易。而另一种可能是，如果你实在是个差劲的虚张声势者或者你给出的价格低于卖者的销售意愿，你也失去了这笔交易。

下次当你听到在一个国家工资谈判中"劳动者离席"或者一个政党在一起民事案件中"停止调停"，你就知道他们在发出已达到最低或者最高价格的信号。但关键是，他们是不是在虚张声势？

计算剩余

剩余（surplus）是一种度量谁在交易中收益，收益多少的方法。经济学家用这个词来描述一个相当简单的概念：如果你以低于自身支付意愿的价格得到了一件商品，或者以高于自身销售意愿的价格卖出一件商品，这就是件好事。想象一下，你原本准备付全价的商品，最后以打折价购入时，感觉多么美好。这种你原本必须要支付但最后没有支付的"红利"价值，就是剩余。不论是买者还是卖者，不论是个人还是群体，都可以有剩余。

剩余就是买者（卖者）愿意交易的价格与实际价格之间的差异。对于某买者来说，存在这样一个价格点，使得购买一件商品或是保留这笔钱对于他来说是无差异的。当价格较高时，他更倾向于保留这笔钱；当价格较低时，他更倾向于购买这件商品。通过观察他的"无差异点"与实际价格之间的距离，我们可以了解他（买者或者卖者）在这笔交易中获得了多少额外收益。

剩余是一个简单的概念，但同时也是一个有强大解释力的概念。它是一个比价格更好的衡量方式，来计算买者和卖者通过市场交易获得的价值。为了明白这为什么是真的，请阅读换个视角专栏。

换个视角　你愿意支付多少钱来使互联网不消失

在计算我们通过够买一件商品收益多少时，为什么剩余是一个更好的衡量方式？思考我们购买网络和一个特定型号的电脑之间的差别。大多数人可以以非常低的成本甚至免费上网。你可能在家里支付月租费来获得高速的网络连接，而几乎所有人都可以在学校、图书馆、咖啡屋免费上网。同时网络上还有着数以百万计的提供新闻资讯、娱乐和服务的免费网页。而另一方面，拥有电脑的人，他们为了一台特定型号的电脑要支付很多钱。例如，消费者可能为一台苹果笔记本电脑支付999美元。那这是否就意味着我们通过网络获取的收益要少于一台苹果笔记本电脑呢？答案应该是否定的。

为了了解为什么简单地用价格无法获取真实收益，你可以想象一下你愿意支付多少钱来防止你拥有的这个特定型号的电脑从市场上消失，你可能会愿意支付一些钱。毕竟，你当初选定这个电脑是有原因的，并且你可能会愿意再额外支付一些钱来获得你喜欢的技术规格、显示器等的配件组合。但如果价格暴涨，你可能会更倾向于换一台类似型号的电脑而不是在这台旧电脑上花更多的钱。为了保持电脑性能而购买一些东西时，你愿意支付的最高价格与当前价格之间的差异就是你的消费者剩余。也就是支付意愿和实际价格之间的差异。

现在考虑同样的问题，但商品是网络。想象网络明天就要消失了，或者至少你无法连接上网络了。你愿意支付多少钱来防止这种情况发生？请记住，这意味着没有邮箱，没有互联网搜索引擎和地图，没有微博，没有视频通话也没有在线购物。我们猜你会愿意为此支付一大笔钱。尽管你现在为网络的花费可能很少，但你愿意为防止网络消失而支付的实际金额代表着网络对你而言的重要性。这就是剩余的奇妙之处。

消费者剩余

我们回到上述 eBay 上的 5 个买家，计算他们在一个给定价格下购买相机时的剩余。假设 eBay 上相机的现行价格是 160 美元。鸟类观察家最高愿意出价 500 美元。因此她购买这个相机的**消费者剩余**（consumer surplus）是 340 美元，即她的支付意愿与实际支付的 160 美元之间的差值。如果价格是 160 美元，另外两个潜在买者也会购买相机：房地产经纪人（愿意支付 200 美元）和业余摄影师（愿意支付 250 美元）。他们的消费者剩余分别是 40 美元和 90 美元。最后两位潜在买者分别会在价格高于 100 和 150 美元的时候放弃出价，所以他们没有买也没有支付任何东西。他们的消费者剩余为零。

我们可以把每个人的消费者剩余加总来描述买者在市场中的总收益（经济学家用同一词汇来表示个人剩余与集体剩余，这很容易产生混淆。但是通过上下文你应该能够区分我们讲的是个人的消费者剩余，还是集体的消费者剩余）。如果数码相机市场只有这五个买者，那么总的消费者剩余是：

$$340 + 90 + 40 + 0 + 0 = 470（美元）$$

图 5-3a 画出了当价格为 160 美元时这 5 位买者的消费者剩余。以图形的方式将消费者剩余表现在图中需求曲线下方和价格均衡水平线上方构成的区域。

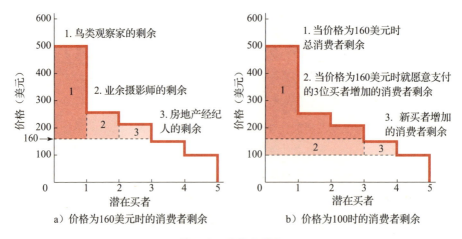

a）价格为160美元时的消费者剩余　　b）价格为100时的消费者剩余

图 5-3　消费者剩余

那么价格变化会如何影响买者呢？因为买者永远都希望价格可以更低，价格的降低使他们获益，而价格的上涨对他们不利。当价格上涨时一些人会选择不去购买商品，这意味着他们的剩余变为零。而那些继续购买的消费者，他们此时的消费者剩余要小于价格较低时。价格降低时，情况则相反。计算消费者剩余可以告诉我们当价格变化时买者的利益增加或者损失了多少。

图 5-3b 显示了当 eBay 上相机的价格降至 100 美元时，总的消费者剩余会如何变化。通过对比图 5-3a 和图 5-3b 可以看出，当价格下降时，代表消费者剩余的区域面积增大了。前三个在价格为 160 美元时就愿意购买相机的买者，他们的消费者剩余每人增加了 60 美元，并且另外两个买者也参与到了交易中。记者收获的消费者剩余是 50 美元，因为她的支付意愿是 150 美元。教师购买了相机但他的消费者剩余为零，因为相机的现价恰好等于他的支付意愿。当相机价格为 160 美元时，总消费者剩余等于 470 美元。当相机价格降至 100 美元时，5 个买者的总消费者剩余为 700 美元，增加了 230 美元：

$$470 + 60 + 60 + 60 + 50 + 0 = 700（美元）$$

生产者剩余

与买者一样，卖者也希望增加他们愿意交易的价格与实际价格之间的差距。当市场价格高于他们愿意销售的最低价格时，卖者获益。**生产者剩余**（producer surplus）是生产者愿意销售的价格和实际价格之间的差值从而导致生产者获得的收益。不管卖者是真的实际生产这些产品还是像在 eBay 上常见的卖二手货，他们的剩余都统称为生产者剩余。

如果上述 5 位潜在卖者注意到 eBay 上相机的现行价格是 160 美元时，他们中有两个卖者会选择出售相机，并且会因此感到喜悦，因为这一价格高于他们愿意接受的最低价格。漫画收藏家（愿意以 50 美元销售）的生产者剩余为 110 美元，大公司的销售代表（愿意以 100 美元销售）的生产者剩余为 60 美元。另外 3 位潜在卖者不会在当前价格下交易，所以他们的生产者剩余为零。如果市场上只有这 5 位卖者，当前价格下的总生产者剩余为：

$$110 + 60 + 0 + 0 + 0 = 170（美元）$$

市场价格变动对卖者的影响方式与买者相反。卖者总是希望价格可以上涨，所以价格下降对他们不利。当价格降低时，一些卖者会选择不销售，这时他们的剩余为零。而那些仍旧销售的卖者，他们此时的生产者剩余要小于价格较高时。而价格升高时，情况相反。计算生产者剩余可以告诉我们，当价格变化时卖者的利益增加或者损失了多少。

图 5-4b 显示了当 eBay 上相机的价格从 160 美元降至 100 美元时，生产者剩余会如何变化。两个卖者会继续出售，但他们的生产者剩余减少了。总的生产者剩余降低至 50 美元。生产者剩余表现在图中供给曲线以上和价格均衡水平线以下构成的区域。价格越高，这片区域面积就越大，生产者剩余就越多。

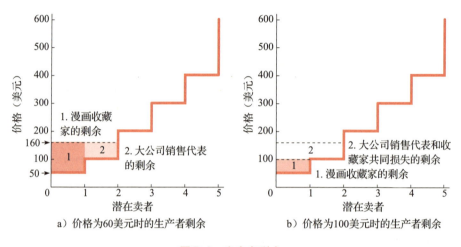

a）价格为60美元时的生产者剩余　　　b）价格为100美元时的生产者剩余

图 5-4　生产者剩余

总剩余

我们现在已经学会了在任何价格下计算消费者剩余和生产者剩余。但是真实的市场价格如何确定？为了找到答案，我们需要把供给曲线和需求曲线放在一张图中去找它们的交点。

我们将视野扩展到 eBay 整个数码相机市场，不再局限于五个买者和卖者。我们用图 5-1 和图 5-2 中的平滑需求曲线和平滑供给曲线来呈现这个大市场。把这两条曲线同时放在图 5-5 中，我们可以发现均衡价格为 200 美元，并且相机的均衡产量为 3 000 万台（我们设定一个数码相机市场的标准模型，这个模型满足我们在第 3 章中所提到的完全竞争市场所具备的其他特征）。

我们以图形的方式将总消费者剩余表现在图中需求曲线下方和价格均衡水平线上方构成的区域。在图 5-5 中以深色阴影表示。总生产者剩余表现在图中供给曲线上方和价格均衡水平线下方构成的区域，以浅色阴影部分表示。

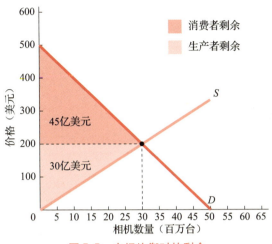

图 5-5 市场均衡时的剩余

将两区域加总（消费者剩余加生产者剩余）就组成了由 3 000 万台相机交易带来的总剩余。**总剩余**（total surplus）是参与交易的所有人在物品或服务交易时获得的收益。

我们也可以把总剩余看作是市场所创造的价值。总剩余是所有市场交易的参与者利益所得的加总（鸟类观察家获得的 300 美元销售者剩余，加上漫画收藏家获得的 150 美元生产者剩余，等等）。但是这些利益只有当他们参与市场交换中才能获得。

这一点非常重要，因为人们常常会错误地认为经济就是固定量的货币、商品和福利，唯一的问题就在于如何分配它们。这一观点被称为**零和博弈**（zero-sum game）。零和博弈指的是一种情景，无论一个人获得多少收益，另外一个人就会遭受相等的损失，所以任何交易的净收益都为零。打扑克就是一个零和博弈的例子：无论哪一个玩家赢了，其他玩家从逻辑上讲，都输了。

剩余的概念告诉我们经济的运作普遍不同于扑克游戏。就像 eBay 上的自主交易，并不存在赢家和输家。相反的，无论是买者还是卖者，他们在交易中都收获了剩余，所以都是赢家。每一方都比交易之前过得更好了。总剩余不会小于零，因为剩余为零时人们就直接停止交易了。

市场创造价值已成定论，但价值如何分配就是一个更为复杂的问题了。在接下来的小节中，我们将会从剩余这一概念中看到市场交易如何产生福利，以及偏离市场均衡带来的福利损失。然后在下一章我们会学到如何用这些工具来计算将一些常见的政府政策运用到市场中所带来的影响。在本书后面的章节中，我们会回顾一些关于复杂市场是如何运作的假设，从而讨论当现实世界中这些假设不再成立时，剩余是如何变化的。

利用剩余比较其他选择

在一个竞争性的市场中，买者和卖者会自然地找到均衡价格。在我们的 eBay 案例中，我们预期数码相机的买者和卖者可以不受约束地讨价还价，提出不同价格直到想要购买相机的人数等于想要出售相机的人数。这就是市场看不见的手的驱动作用，而且它不需要任何的 eBay 经理去协调或者设定价格。但是正如我们即将看到的，市场看不见的手的魔力不仅限于此。

市场均衡和效率

剩余的概念让我们知道了市场均衡的重要性：它不仅仅是买者和卖者恰好完美匹配的一点；它也是总剩余达到最大值的一点。换言之，市场均衡使市场所有参与者的总福利水平都达到了最大化。

为了懂得这其中的原理，我们首先要看看当市场因为一些原因偏离均衡点时，剩余会如何变化。假设 eBay 经理为了避免参与者出价麻烦，决定为相机设定价格。他认为 300 美元是一个合理价格。那么潜在买者和卖者对此情况会做何反应呢？如图 5-6 所示。

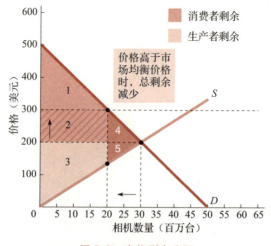

图 5-6　变化剩余分配

当价格为 200 美元时想要购买 1 000 万台相机的买者，当价格上涨至 300 美元时，他们不再愿意购买相机，他们的消费者剩余减为零。这意味着原本售出 1 000 万台相机的卖者也错失了交易机会，他们的生产者剩余也减为零。至于另外 2 000 万台仍然被销售出去的相机，消费者支付了更高的价格，损失了剩余。售出 2 000 万台相机的卖者因为高价而获益并赚取了消费者损失的剩余。总之，相比均衡价格时，市场中的总剩余减少了，因为少了 1 000 万台相机的交易量。

如果介入的 eBay 经理把价格定位 100 美元，情况会有什么变化？如图 5-7 所示，买者想购买 4 000 万台相机，但是卖者只愿意在 100～200 美元之间的价格销售 1 500 万台相机。由于少了 1 500 万台相机的销售量（相比均衡时），买者和卖者都失去了他们本可以通过交易获得的剩余。至于仍然交易的 1 500 台相机，消费者通过低价买入相机获得 15 亿美元（$100 × 1 500 万）的剩余（图 5-7 中的区域 2），恰好等于留下的卖者因为低价销售而损失的剩余。在均衡价格时能进行交易，但此时不再交易的买者和卖者共损失了 18.75 亿美元的剩余。具体分析这 18.75 亿美元的剩余，我们可以计算出它包含买者 11.25 亿美元的剩余损失（区域 4）和卖者 7.5 亿美元的剩余损失（区域 5）。18.75 亿美元的剩余损失（区域 4＋区域 5）将从实行价格上限之前的总剩余中扣除。总之，总剩余由之前的 75 亿美元降至 56.25 亿美元。

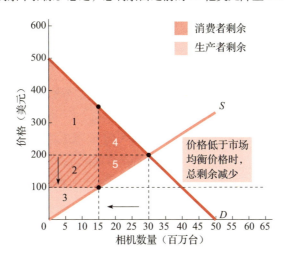

图 5-7　价格低于均衡价格时的剩余

无论是哪种情况，价格是 300 美元（高于均衡价格）还是 100 美元（低于均衡价格），它们与均衡时相比，剩余都减少了。事实上，我们发现任何非均衡价格时的结果都一样。关键是一个稍高或者稍低的价格都会减少交易的发生量，因为总有一些人不愿意继续购买或者销售。在自主交易时获得的价值不复存在了。所以我们得出结论，完全竞争市场中，在均衡点可以最大限度地发挥市场功能，使剩余最大化。

另一个说法是，当在均衡点时，市场就是**有效市场**（efficient market）：任何一个人如果想要获得利益改善，都必须损害其他人利益的市场状态。效率是市场最强大的特征之一，更为重要的是效率不需要通过中央管控便可实现。

改变总剩余的分配

当瞎掺和的 eBay 经理将数码相机价格调离均衡点时，不仅仅会导致总剩余的减少，还有其他有趣的后果。

另一个后果是由那些未发生的交易导致的剩余的重新分配，可能由消费者转移给生产者，或者方向相反。当价格被提高时，卖者赚取了一些买者损失的利益。当价格被降低时，买者赚取了一些卖者损失的利益。在两种情况下，实现利益从一个群体到另一个群体的转移都是以总剩余的减少为代价的。

当在市场中设定一个人为的高价时，这对消费者而言是个坏消息。高价减少了交易量，而那些高价买者为保留的交易买单，因此消费者剩余减少。尽管价格提高了，但此时的情况对于生产者而言是复杂的。他们失去了在均衡点时本应该达成的交易量。在另一方面，他们又在保留的交易中赚取了更大剩余。这两方面的影响会相互竞争。哪方面的影响"赢了"就决定了生产者剩余从总体上讲是增加还是减少了。

为了搞清楚这其中的道理，我们回到图 5-6，区域 1 是从消费者转移到生产者的剩余。区域 2 和 3 分别代表了由于一部分交易没有达成，导致的消费者剩余的减少量和生产者剩余的减少量。区域 1 和区域 3 的大小关系决定了生产者剩余是增加还是减少。它取决于需求曲线和供给曲线的形状。在这个案例中，我们可以看到区域 1 大于区域 3。人为导致的高价最终使卖者的利益增加了（以损失买者的利益为代价）。

当价格低于市场均衡价格时，情况正好相反，如图 5-7 所示。市场中的交易量减少（因为愿意销售的卖者少了），所以生产者和消费者的剩余都减少了。对于那些保留的交易，消费者支付了更少的货币，获得了更大的剩余，代价是生产者的收入减少，剩余降低。因此，低于市场均衡的价格通常会减少生产者剩余，而消费者剩余可能增加或者降低。结果取决于那些在低价买入的买者得到的剩余与那些不再购买的买者损失的剩余之间的大小关系。

我们并不希望 eBay 经理某天会开始设定统一价格，这与 eBay 自由化的宗旨相违背。但是政府或者其他机构有时候会设定市场最高价或者最低价。总之，效率不是我们唯一考虑的东西；许多基础的公共政策引发了介于经济有效性和公平公正之间的权衡问题。我们在下一章会具体讨论这个问题。

无谓损失

一个使市场偏离均衡的干预行为可能会有益于生产者或者消费者，但它通常都会导致总剩余的降低。那么损失的那部分剩余去哪儿了？它消失了并被称作**无谓损失**（deadweight loss）。无谓损失就是实际销售量小于市场均衡量而产生的损失。图 5-8 描绘了 eBay 上相机销售的无谓损失。任何使市场偏离均衡的干预行为都会导致无谓损失。交易量少了，所以产生剩余的机会也少了。

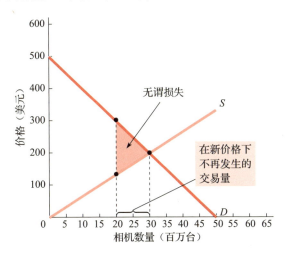

图 5-8　无谓损失

我们可以通过计算非均衡时与均衡时的剩余减少量来计算无谓损失。或者我们也可以在图中直接计算代表无谓损失的三角形区域面积。

我们在下一章会认识到，对于理解政府通过税收和控制商品价格等手段对市场干预造成的损失，无谓损失是异常重要的。

市场缺失

在我们看到的例子中，价格变化并非是造成无谓损失的直接原因。而直接原因实际上是相机交易量的减少。非均衡价格导致市场中达成的交易减少，而在均衡时那些交易本可以产生的剩余也丢失了。另一方面，更多的自主交易意味着更多的剩余。这个例子更深一层的含义是：eBay 的出现，前所未有地使更多的交易得以达成从而创造了剩余。

当市场上有人想要交换但由于种种原因而不能达成交易时，我们就错失了可以使双方受益的机会。这种情况下，我们称市场是缺失的。市场中没有可以使潜在买者和卖者交换物品或服务的场所。我们可以把市场缺失看作交易量低于均衡时的一种特殊情况，在这种情况下，交易量等于或接近于零。这意味着此时的总剩余低于市场功能健全时的总剩余。

有很多原因会导致市场缺失。一些公共政策抑制了市场存在，比如说有些商品的生产或者销售是被法律禁止的。还有其他一些制约因素导致了市场缺失或萎缩：潜在的买卖双方无法实现有效沟通，或者缺乏使交易成为可能的关键技术。eBay 就是一个新技术创造新市场或者扩张原有市场，从而产生新价值的例子。在互联网和类似 ebay 这样的公司出现之前，人们交易的范围非常有限。你可以开一个车库拍卖会来处理掉你多余的物品；你可以去当地商店或者在报纸上刊登广告来寻找一个不常见的物品。但是你很难发现在另一个国家有人出售罕见的物品并且价格更合理。eBay 使得更多买者找到卖者，更多卖者找到买者，鼓励了更多的互利交易。

我们可以通过创造新市场或者提升原有市场从而增加总剩余，这一观点对于公共政策有着重要含义。促进信息传递、使商业更高效的政策和科技可以增加人们的福利。举例来说，格莱珉银行（Grameen Bank）为小额贷款创造了市场，以及印度渔村中移动电话的普及，这样的想法不是把苹果派的一角切下来重新分配来帮助穷人，而是把苹果派做得更大。

世界上很多种情况都是通过新技术、新政策以及新客户的扩展从而创造市场并为参与者带来价值。

总　结

　　这一章我们介绍了支付意愿和销售意愿的概念，这有助于解释买者和卖者的交易行为。我们也讨论了测量消费者剩余和生产者剩余意味着什么，证明了市场均衡是最有效率的，因为此时消费者与生产者的总剩余最大。

　　正如我们在下一章中将要看到的一样，剩余和无谓损失是理解商业理念与公共政策内涵的重要工具。谁将会从政策中受益？谁的利益会被政策损害？这种政策对整个经济又会产生何种影响？剩余、效率、收益分配这些概念对解决一些有争议的决定尤其有效。在本书后面的章节中，我们将会描述一些重要案例，表明市场均衡是最有效率的这一准则并不总是成立，剩余的概念能够帮助我们进一步理解这些案例。

1. 理解经济效率的意义，区分市场有效率和无效率的情况

　　当不存在一种使得交易双方一方获益而另一方不受损的交易时，该市场便是有效的。有效的市场使得总剩余最大，但是并没有告诉我们应该如何在生产者与消费者之间分配剩余。在竞争性市场中，效率只可能在均衡价格与均衡产量处实现。低于或者高于均衡价格的情况都会带来总剩余的损失。

2. 描述政策决定导致的利益分配的变化

　　高于或者低于市场均衡水平的价格会减少总剩余，同时这两种情况会带来剩余在消费者与生产者之间不同的再分配。高于均衡水平的价格往往会带来消费者剩余的损失，一些生产者获利另一些却产生亏损，生产者剩余的盈亏情况取决于供给曲线与需求曲线的形状。低于均衡水平的价格会带来生产者剩余的损失，而对于消费者而言却各有盈亏。

3. 解释无谓损失

　　无谓损失是指一种商品以低于市场均衡水平的数量购买或销售时带来的总剩余的损失。任何使市场脱离均衡价格与均衡产量的干预都会产生无谓损失。交换发生得越少，产生剩余的机会便越少。

4. 解释为什么修正市场缺失可以使每个人都受益

　　市场缺失是指当人们想要进行物品或服务买卖双方互惠的交易时，由于不存在提供这种交易的市场的情况。我们可以设想一种低于均衡水平的特殊数量零，市场缺失出现的原因多种多样，包括政府干预或者信息技术的缺失。当缺失的市场被填补时，人们便能够进行交易，从而产生剩余。

批判性思考

1. 你需要为你的篱笆涂漆，但是你自己不喜欢这个差事。你决定雇用隔壁家的孩子来帮你完成这个差事。你设想最多支付 100 美元，但最开始报价 50 美元，留有讨价还价的余地。但是你没想到的是那个小孩欣然接受了 50 美元的报价。当你告诉朋友你所完成的交易时，她很惊讶你竟然会利用别人。你该如何告诉你的朋友使他相信你没有欺骗那个孩子呢？

2. 纽约城有一项控制特定区域房屋租金的长期政策，本质上是租金天花板政策。这样的公寓市场是有效率还是无效率呢？

3. 考虑通过一个最低小麦价格政策来帮助那些生活困难的农民。这会是一个提高他们剩余有效率的方法吗？请解释。

4. 如果租金控制对于房屋的消费者与供给者双方都产生了无谓损失，为什么消费者通常都喜欢这一政策呢？

5. 你祖母喜欢旧式的现场销售，她不懂为什么现在的人都对 eBay 感兴趣。向她解释一下为什么一个能够让居住在不同城镇的人交易二手商品的市场比现场买卖更能提高总剩余。

6. 在佐依的小学里，孩子们不允许交易午餐或者部分午餐。午餐室的监视器监视着大家的一举一动并严格地执行这一政策。帮助佐依向她的校长提议并证明这一政策是无效率的。

ECONOMICS

第 6 章

政府干预

认知目标

1. 评价政府价格上限对市场价格和数量的影响。
2. 评价政府价格下限对市场价格和数量的影响。
3. 解释税收的影响。
4. 解释补贴的影响。
5. 解释弹性与时间对市场干预的影响。

引例　养育世界：一次价格管制

在 2008 年的春天，一次世界范围内的食物短缺引起了物价飙升。仅仅几个月的时间里，小麦、大米和玉米的价格上涨高达 140%。在美国，靠食物券为生的人数升至自 20 世纪 60 年代以来的最高水平。到了 6 月，随着鸡蛋和奶制品等基本品的价格上升，低收入的美国人面临着艰难的抉择。很多人宣称放弃了肉和新鲜水果；另一些人则说他们开始购买过期的廉价食品。

食物价格的上涨在全世界范围内造成了麻烦。《经济学人》杂志报道了其政治影响：

> （来自科特迪瓦的报道）两天的暴乱迫使政府推迟了计划中的选举。在海地，抗议者高喊"我们饿了"迫使总理辞职；24 人死于在喀麦隆的暴乱；埃及总统命令军队开始烤面包；（以及）菲律宾对囤积大米的行为处以无期徒刑的刑罚。

面对饥饿、苦难和愤怒的爆发，许多政府感到有必要去应对危机。但是该怎么办呢？各国的反应大相径庭。许多国家将抬高物价定为违法行为。另一些国家对基本必需品的价格进行补贴。在美国和欧洲，决策者试图通过补贴农民以种植更多的食物来缓解短缺。这些应对是适当的吗？如果可能的话，政府在这种情况下应该做什么呢？

食物对决策者来说是一个棘手的问题，因为它是一个基本必需品。如果价格上涨太高，人们将会挨饿；如果价格降得太低，农民就不再从事农业生产，这将在未来引发粮食短缺的风险。因此，尽管决策者不太担心例如数码相机和拿铁咖啡等许多商品的价格上下波动，他们却非常关心食品价格。但试图降低、提高，或只是稳定物价的行为可能适得其反或造成意想不到的副作用。有时，解决效果最终比问题本身更糟糕。

在本章，我们将关注政府市场干预政策背后的逻辑，以及这些政策有意和无意的后果。我们将从价格控制开始，即以比一定的价格更高或更低来出售物品是非法的。然后我们将关注税收和补贴，它们将减少或鼓励特定商品的生产。这些工具经常应用于广泛的问题，从失业状况到房屋所有权，从空气污染到教育状况。无论是好是坏，这些都会对我们作为工人、消费者、商人、选民的生活会产生巨大的影响。

为何干预

在第3章，我们看到市场倾向于收敛至均衡。当市场运行良好，价格会一直调整，直到消费者需求的数量等于供应商想要生产的数量。在均衡时，每个人都获得其愿意为之付钱的商品。在第5章，我们看到，均衡价格和均衡数量也使得总剩余最大化。因此，在均衡时，没有办法在不损害其他人利益的情况下，让一些人的状况变得更好。

所以，为什么要干涉？为何不让市场的"看不见的手"来决定价格和分配资源？有些人认为这正是应该做的。另一些人认为政府有时需要干预，事实上，世界上每一个政府都以某种方式在干涉市场。

干预的三个理由

干预的理由分为三类：纠正市场失灵；改变剩余的分配；鼓励或抑制某些商品的消费。在这一章我们将讨论不同的政策工具，问问自己，推动干预的是这些动机中的哪一个。

纠正市场失灵。迄今为止，我们关于需求和供给的模型都假定市场是有效率的，但在现实世界中，这并不总是真的。例如，有时经济中只有一个生产者生产某一商品，他无须面对竞争并能索取一个无效率的高价。在其他一些情况下，一个人可能使用产品或服务但把成本强加在其他人身上，如你的汽车燃烧的气体造成的污染。有效的、竞争性的市场假设不成立的情况被称为**市场失灵**（market failures）。当市场失灵时，干预可以增加总剩余。我们在以后的章节中会有更多关于市场失灵的内容。在这一章，我们将坚持分析政府干预在有效的完全竞争市场中的影响。

改变剩余的分配。有效率的市场使总剩余最大化，但一个有效率的结果可能仍然被视为不公平的（当然，公平的定义是有待商榷的）。因此，干预市场的另一个原因是改变剩余的分配。

例如，即使劳动市场是有效的，工资依然可以降得非常低，以至于一些工人收入处于贫困线以下，而他们的雇主则获得丰厚的利润。政府可能会干预劳动力市场，实行最低工资政策。这一政策将改变剩余的分配，减少雇主的利润并提高工人的收入。理性的人能够（并且经常如此）争论有益于某些阶级（例如最低工资的工人）的政策是否是合理的。我们的关注点在于准确地描述这些政策的收益和成本。经济学可以帮助我们预测谁的福利将会增加，谁的福利会降低，以及谁将会以不可预知的方式受到影响。

鼓励或抑制消费。在世界各地，很多人基于文化、健康、宗教或其他价值来判断某些产品"好"或"坏"。在最极端的情况下，某些"坏"产品是被完全禁止的，如烈性毒品。更经常地，政府利用税收来抑制人们消费坏的产品，但并非完全禁止。常见的例子是香烟和酒精；许多政府对其征收高额税收，其目的在于减少吸烟和喝酒。在某些情况下，最小化那些强加给他人的成本（比如污染或二手烟）也是抑制消费的动机之一。

另一方面，政府通过补贴来鼓励人们消费"好"的产品或服务。例如，许多国家的政府向学校提供公共基金来鼓励教育，提供疫苗接种来鼓励父母保护他们的孩子免受疾病。

四个真实的干预措施

在这一章里，我们将着眼于四个现实世界的例子，它们说明政府已经如何干预或能够如何干预食品市场。对每一个例子，我们都将考虑干预的动机及其直接和间接的后果是什么。以下是这四个干预措施：

- 对于许多墨西哥家庭，玉米饼是重要的食物。当墨西哥政府为了让民众负担得起而设置玉米饼的最高价格时，会发生什么？
- 为确保新鲜牛奶的供应，美国政府想保护奶农。当政府为牛奶设定价格下限时，发生了什么？
- 许多美国人倍受饮食过量和营养不良造成的健康问题的困扰。对此，一些州禁止在食物产品中使用某些种类的脂肪；另一些州则要求餐厅对他们提供的食物列出营养信息。如果政府对高脂肪或高热量的食品征税，会发生什么？
- 如果墨西哥政府补贴玉米饼，而不是为玉米饼设定一个最高价格，会发生什么？

当我们看过这些真实政策的例子后,我们希望你采用实证分析和规范分析。注意二者之间存在以下区别:

- 实证分析是关于现实:政策真正实现了最初的目标吗?
- 规范分析是一种价值观和意见:你认为这项政策是一个好主意吗?
- 几乎没有政策是完全好或完全坏的。关键的问题在于,干预所涉及的平衡是什么?收益大于成本吗?

价格管制

假设你是一个经济政策顾问,并且食品价格正在上涨。你应该做什么?如果你所生活的地区有许多低收入消费者,你可能想要采取行动来确保每个人都得到足够的食物。一个你可能会考虑使用的政策工具是**价格管制**(price control),对于一种特定的商品设定的最高或者最低的法定价格。价格管制的直接影响是当市场变动时,一个物品的价格向上或向下,因而阻碍市场达到一个新均衡。

价格管制可分为两种相对立的策略:价格上限和价格下限。在关于剩余的章节中,我们设想一个干预 eBay 的经理设定数码相机的价格时,已经提出过这个想法。在现实中,eBay 绝不会做这样的事,但政府经常做,特别是对食品市场。使用价格管制来干预完全竞争市场的影响是什么?

价格上限

价格上限(price ceiling)是商品可以出售的最高合法价格。许多国家对主要食物、汽油和电力设有价格上限,因为政策制定者试图确保每个人都能负担得起基本必需品。

历史上,墨西哥政府对玉米饼设定了一个价格上限,力图保证人们仍能负担得起这种食物。图 6-1a 说明了一个假想的没有价格上限的玉米饼市场。均衡价格是每磅⊖0.50 美元,均衡数量是 5 000 万磅。

比如说,墨西哥政府设置价格上限约为每磅 0.25 美元来应对玉米饼价格的上

⊖ 1 磅 = 0.454 千克。

涨,如图6-1b所示。我们期望生产者和消费者对这种干预如何反应?当价格下跌时,消费者想要购买更多的玉米饼。在这个例子中,价格从0.50美元降至0.25美元,因此,需求数量从5 000万磅增加到7 500万磅。

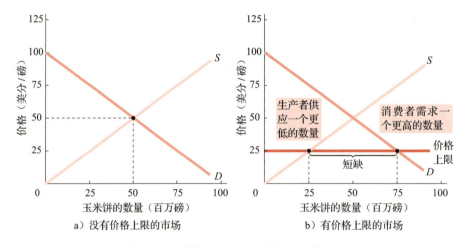

图6-1 有价格上限和没有价格上限的市场

然而,可以预见的是,一个更低的价格意味着更少的生产者愿意出售玉米饼。价格跌至0.25美元时,供给数量从5 000万磅下降到2 500万磅。更低的价格意味着更高的需求数量和更低的供给数量。供给和需求不再均衡。价格上限造成了玉米饼的短缺,短缺值等于5 000万磅,即需求和供给数量之间的差异。

价格上限达成了为消费者提供低价玉米饼的目标吗?是的,没有。虽然消费者能够以0.25美元每磅的低价购买一定数量的玉米饼,但是他们希望购买到的玉米饼数量是生产者愿意供应的三倍。我们可以通过观察消费者和生产者剩余来评估价格上限的全面影响。不用看图,我们就已经知道,价格上限会导致生产者剩余下降:生产者以一个更低的价格出售了更少的玉米饼。我们也知道总剩余(生产者和消费者剩余的总和)将下降,因为市场已经远离均衡。一些本应该在均衡价格下发生的交易没有发生,而由这些互利交易本应产生的剩余也完全损失了。这个区域被称为无谓损失,它由图6-2中的区域1所示。正如我们在第5章中讨论的,无谓损失代表总剩余的损失,因为实际销售量小于市场均衡量。

我们不看图就无法得知消费者剩余是增加还是减少,它取决于供给曲线和需求曲线的形状。消费者从那些不再发生的交易中损失剩余。但对于那些仍然发生的交易，消费者支付 0.25 美元而不是 0.5 美元，从中获得剩余（同时生产者因接受更低价格而失去同样多的剩余）。

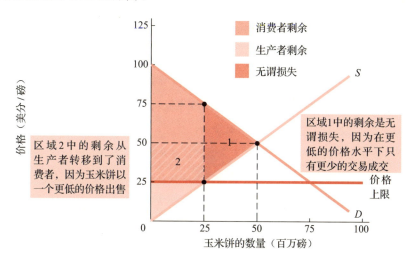

图 6-2　价格上限的福利影响

这种从生产者剩余到消费者剩余的直接转移由图 6-2 中的区域 2 所表示。事实上，区域 2 大于区域 1 的上半部分（在均衡时消费者本应得到的无谓损失部分），这代表了价格上限政策想要实现的目标：消费者福利的净增加。这种政策值得吗？一方面，消费者获得剩余。另一方面，生产者失去的剩余多于消费者得到的剩余，这意味着总剩余的减少。这是一个值得付出的代价吗？这是一个规范性的问题，理性的人可能不同意。

在总体分析价格上限时，我们可能需要考虑的另一个因素是如何分配稀缺的玉米饼。因为价格上限会造成短缺，商品必须定量配给。这可以用多种方式完成。一种可能是对货物平等配给，每个家庭每周有权购买相同数量的玉米饼。这是在第二次世界大战期间美国所发生的事情。

另一种可能性是按先到先得的方式分配商品。这迫使人们浪费时间排队。还有一些案例，定量配给的货物可能会给那些政府优先考虑的人，或者卖者的朋友和家人。最后，短缺开始让人们去贿赂负责分配稀缺商品的人，这意味着会有比图 6-2 所示的例子更大的无谓损失。经济学家将这称为寻租行为，它通常被视为实施价格上限的争议点。

价格上限有时被用于高尚的意图。阅读以下你怎么认为专栏，征求你去权衡一个有争议的问题：对发薪日贷款利率设定价格上限的成本和收益。

你怎么认为 对发薪日贷款设定最高限额

在 2008 年全球金融危机之后，政策制定者们考虑了许多改革金融实践的提议。因为一些人认为不负责任的借贷（信用卡、抵押贷款和消费者贷款）是危机的根源，所以为消费者提供的小额贷款引起了许多争议。

最具争议的借贷类型之一是发薪日贷款，这是一种短期的现金借贷（通常不到 1 000 美元）旨在以借款人的下一份薪水来偿还。许多借款人喜欢这样的贷款，因为他们可以在 30 分钟或更短时间之内，怀揣着现金从贷款中心走出来。因为发薪日贷款经常被低信用的客户所使用，贷款人往往收取更高的费用或利率（反映了更高的贷款违约风险）。发薪日贷款中心更倾向位于低收入地区，这里人们很少有其他的借款选择。

2008 年，美国国会考虑针对贷款人对发薪日贷款索取的利率设定每年 36% 利率的价格上限。由于利率是贷款的有效"价格"，这一措施构成了对一定类型的贷款服务的价格上限。提出价格上限的支持者认为限制利率将从"掠夺成性的"贷款人手中保护脆弱的消费者，他们提供一些人们无法承受的贷款，因此借款人被困在一个"贷款只是为了偿还之前的贷款"的循环之中。

价格上限的批评者反驳说，限制利率将迫使许多发薪日贷款人放弃业务。那些做出明智决定借入发薪日贷款的人会因信贷的消失而受到伤害。那些没有其他选择的借款人可能被强迫停止支付他们的账单或透支他们的支票账户。而这些方面产生的债务和处罚，批评者认为，可能比发薪日贷款更加昂贵。

我们写这本书时，15 个州已经禁止发薪日贷款或为其收取的利率设置上限。例如，2008 年，俄亥俄州发薪日贷款利率上限规定为每年 28%。其他州仍然允许更少限制的发薪日贷款。在密苏里州，贷款人可以在一个短期借贷周期中收取最高 75% 的利率。通过浏览 http://www.paydayloaninfo.org/state-infor-mation.，你可以了解你的国家关于短期贷款的规定。

你怎么认为？

1. 关于发薪日贷款的一个国际研究提供了大量的网页资源，它们认为人们喜欢"立得""容易"或"没有麻烦"的贷款。在你的国家，贷款的最低利率是多少？你愿意以这个利率来获得贷款吗？

2. 价格上限在抑制价格升高的同时也造成了两个后果：一是短缺；二是剩余从发薪日贷款的贷款者向借款者的转移。基于这两点，你支持对发薪日贷款的利率设定上限吗？
3. 你认为这一政策可能对购买者（借款人）与卖出者（贷款人）分别有什么影响吗？
4. 你能否提出一种方法，在不损害明智借款人利益的前提下，保护高利率的潜在受害者。

资料来源："Payday loan consumer information," Consumer Federation of America's PayDay Loan website, http://www.paydayloaninfo.org.

一个价格上限并不总是影响市场的结果。如果设置的上限高于市场均衡价格，它就不具约束力。也就是说，上限并不"约束"或限制买者和卖者的行为，因为当前的均衡是在上限所允许的范围内。在这种情况下，均衡价格和数量会获胜。

虽然价格上限在第一次施行时通常是有约束力的（否则，为什么费心去创建一个呢），市场随着时间推移的变化可以让价格上限不具约束力。假设玉米的价格下降，这降低了玉米饼的成本。由于这一市场的变化，玉米饼的供给曲线会向右移动，这导致均衡价格低于价格上限，同时价格上限变得没有约束力。

价格下限

价格下限（price floor）是规定商品销售的最低合法价格。美国为农产品设定价格下限有着悠久的历史。其基本原理是农业是一个高风险的产业（容易受制于恶劣的天气、作物歉收和靠不住的价格）但也是最基本的产业，如果人们想要吃到足够的食物。一个价格下限被视为面对这些困难时对农民的最低收入的一种保证，来让他们保持生产并确保可靠的食物供给。

美国60多年来一直保持乳制品的价格下限，牛奶价格支持计划始于《1949年农业法案》。这个计划对于牛奶市场有什么影响？在图6-3a中，我们展示了一个假想的不受监管的美国牛奶市场，有着每年150亿加仑的均衡数量和每加仑2.50美元的均衡价格。

现在假设美国政府实施一个价格下限，牛奶的价格不能低于3美元每加仑，如

图 6-3b 所示。生产者和消费者将如何应对？在每加仑 3 美元，奶农将使牛奶产量从 150 亿增加至 200 亿加仑，沿着供给曲线向上移动。然而在这个价格，消费者希望减少他们的牛奶消费，从 150 亿降至 100 亿加仑，沿着需求曲线向上移动。因此，牛奶的价格下限造成了超额供给，等于供给数量和需求数量之间的差值，在这个例子中，即 100 亿加仑。

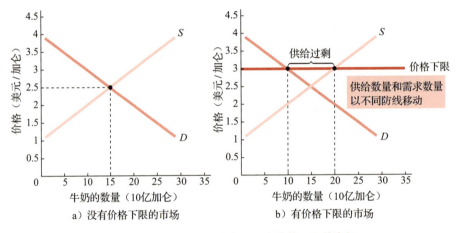

图 6-3 没有价格下限的市场和有价格下限的市场

政府实现了支持奶农并为他们提供一个可靠收入的目标了吗？和价格上限一样，答案是肯定的，没有。可以出售他们所有牛奶的生产者会很高兴，因为他们能够以更高的价格出售更多牛奶。然而，那些不能出售他们所有牛奶的生产者会不开心，因为需求不再能满足供应。消费者也会不高兴，因为他们以更高的价格获得更少的牛奶。

再一次，我们可以将剩余的概念应用到分析中，了解这如何改变了消费者和生产者之间的总剩余分配。价格下限施行之前，150 亿加仑的牛奶被销售和购买；后来，只有 100 亿加仑。50 亿加仑本可以被交易的牛奶没有交易，这减少了总剩余。这无谓损失由图 6-4 中的区域 1 所表示。

如同价格上限一样，价格下限改变了剩余的分配，但在这种情况下，生产者的获益是以消费者的损失为代价。当价格下限起作用时，只有那些支付意愿超过 3 美元的消费者才会购买。他们的消费者剩余减少了，因为他们用更高的价格购买同样的牛奶，同时他们损失的剩余直接转移到把牛奶卖给他们的生产者。转移的剩余由图 6-4 的区域 2 所表示。总的来看生产者是获益还是损失取决于这个区域比他们对无谓损失的分担更大还是更小。事实上，区域2大于区域1中生产者的福利损失，这表明在这种情况下，价格下限政策增加了生产者福利。

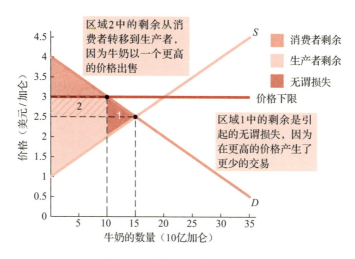

图6-4 价格下限的福利影响

以降低总剩余和消费者剩余的代价来增加生产者剩余是值得的吗？还需要考虑的一个因素是额外的剩余在生产者之间的分配。能够以更高的价格出售他们所有的牛奶的生产者会开心。但那些没能成功卖出他们所有牛奶的生产者将持有超额供给。他们的状况可能比实施价格下限之前更糟糕。在超额供给时，客户会基于熟悉度、政治倾向，或任何其他决策过程来选择从他们喜欢的公司购买商品。

为防止一些生产者陷入困境，政府可能决定买下所有的超额供给的牛奶来确保所有生产者获益。事实上，这就是牛奶价格支持计划如何在美国开展的。农业部向生产者保证，将会以一定的价格购买牛奶，无论市场价格如何。当然，为牛奶所支付的钱将来自纳税人，并且常常被作为一个价格下限的争论点。政府将不得不买多少牛奶？答案是所有价格下限造成的超额供给数量。就假设的牛奶价格下限来说，政府将不得不以每加仑3美元的价格购买100亿加仑的牛奶。在这个例子中，纳税人维护价格下限的成本是每年300亿美元。

价格下限并不总是具有约束力。事实上，近年来，美国乳制品的市场价格通常高于价格下限。然而，在应对市场的变化时，价格下限可能会变得没有约束力。考虑2007年乙醇需求增加对牛奶市场上的影响。乙醇是一种由玉米制成的燃料添加剂。乙醇需求的突然增加推高了玉米的价格，进而推高了奶农的牲畜饲料成本。因此，牛奶的供给曲线向左移动，使得牛奶的均衡价格高于 3 美元的价格下限，到达了 3.50 美元。

税收和补贴

税收是政府筹集收入来支付公共项目的主要方式。税收和补贴也可以用来纠正市场失灵和鼓励或阻止特定商品的生产和消费。正如我们将看到的，正如价格下限和价格上限，它们可以产生意想不到的结果。

税收

我们将由讨论饥饿来开始这一章，饥饿在富裕国家通常是一个小问题。事实上，美国存在相反的问题：与饮食过量和营养不良相关的疾病，如肥胖、心脏病和糖尿病。

政策制定者应当如何应对这种新型的粮食危机？2008 年，为了减少心脏病和相关问题，加州禁止餐厅使用反式脂肪。反式脂肪是人为制造的不饱和脂肪（"部分氢化"）。它们被用在许多油炸和包装食品中，因为它们延长了产品的保质期。人们认为如果过量食用是不健康的。几十年来，反式脂肪是商业化生产香脆薯条和薄片糕点的关键。

如果加州只是对反式脂肪征税而不是禁止它们，将会发生什么呢？当一种商品被征税，买方或卖方必须在售价之上向政府支付一些额外的金额。我们应当预期人们会对反式脂肪税做何反应？税收有两个主要影响。首先，它们抑制了被征税的商品的生产和消费。其次，它们通过那些继续购买和销售商品的人支付的费用募集政府收入。因此，我们预期税收减少了反式脂肪的消费而且提供了一种新的公共收入来源。

图 6-5 通过展示反式脂肪税在巧克力弹（chocolate whizbangs）市场上的影响，说明了这种场景。作为一种美味的糖果，巧克力弹不幸地含有大量反式脂肪酸。假设目前每年有 3 000 万颗巧克力弹被销售，每个 0.50 美元。

向卖者征税。 假设加州政府制定的反式脂肪税为 0.20 美元，卖方必须为每一个售出的弹支付这一税收。买者和卖者将如何应对？税收的影响比价格管制的影响更加复杂，所以我们要一步一步来看。

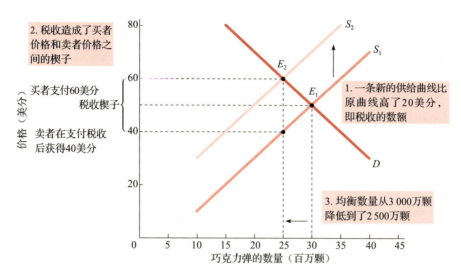

图6-5 卖者支付的税收影响

1. 向卖者征税会影响供给吗？是的，供给会减少

当税收强加给卖者，他们必须为每个出售的巧克力弹向政府支付 0.20 美元。在任何市场价格上，卖者会表现得好像他们得到的价格比实际上低了 0.20 美元。换句话说，对于卖者愿意提供的任何给定数量，市场价格必须比征税前高 0.20 美元。

图6-5 用图形显示了这种供给的变化，通过添加一条新的供给曲线（S_2）。（从技术上说，这种"移动"并不是曲线的移动，而是一种显示新的均衡价格的方式）注意，新的供给曲线高了 0.20 美元，正好是税收的数额。在任何给定的市场价格，卖者将生产的数量与征税前低 0.20 美元价格时会生产的数量相同。在曲线 S_2 的 0.60 美元处，供给数量将和曲线 S_1 的 0.40 美元处一样。在曲线 S_2 的 0.50 美元处，供给数量将和曲线 S_1 的 0.30 美元处一样……

2. 向卖者征税会影响需求吗？不，需求保持不变

需求保持不变，因为税收不会改变任何需求的非价格因素。在任何给定的价格，买者想要购买巧克力弹的意愿是不变的。但是请记住，需求数量仍可能变化，事实上确实改变了，虽然曲线本身并没有改变。

3. 向卖者征税如何影响市场均衡？均衡价格上升，需求数量下降

新的供给曲线会引起均衡点沿着需求曲线向上移动。在新的均衡点，买者支付

的价格为 0.60 美元。因为买者现在面临着一个更高的价格，他们对巧克力弹的需求更少了，所以需求数量从 3 000 万颗下降到了 2 500 万颗。注意，在新的均衡点，需求数量更低，价格更高。税收通常减少了售出的物品或服务的数量，使得市场萎缩。

看一看新的均衡价格，如图 6-5 所示。买者向卖者支付的价格是新的市场价格，0.60 美元。然而，卖者并不能得到所有的钱。相反，他们必须向政府缴纳税收。由于税收是 0.20 美元，卖者一旦付了税，其收到的价格仅仅是 0.40 美元。最终，卖者不能获得消费者支付的所有价格，因为税收创造了所谓的买者和卖者之间的税收楔子。**税收楔子**（tax wedge）是由于税收导致的购买者支付的价格和销售者获得的价格之间的差异。在图 6-5 中，税收楔子按方程（6-1）所示来计算。

$$\text{税收楔子} = P_{\text{买者}} - P_{\text{卖者}} = T \tag{6-1}$$

对于在新均衡点每一个售出的巧克力弹，政府收取的税收收入以方程（6-2）计算。具体来说，政府对 2 500 万颗售出的巧克力弹每个收取 0.20 美元，或总共 500 万美元。以图形来看，政府收入等于图 6-6 中浅色阴影的区域。

$$\text{政府税收收入} = T \times Q_{\text{税后}} \tag{6-2}$$

就像价格管制，税收会引起无谓损失和剩余的重新分配。我们可以看到交易数量减少造成的无谓损失，如图 6-6 所示。它是本来愿意以税前的均衡价格进行交易的买者和卖者的剩余损失。

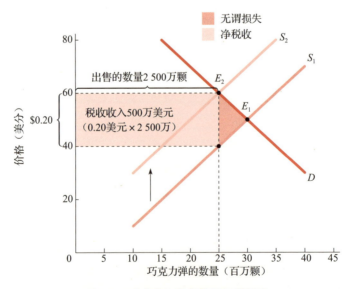

图 6-6　政府收入和税收的无谓损失

然而剩余的再分配比较复杂。在征税时，生产者和消费者都损失剩余。对于相同数量的糖果，依然会购买的消费者比在均衡时购买花费更多的钱，而仍然在出售的生产者的收入会更少。这是损失的剩余和无谓损失之间的区别，然而，它没有"消失"。相反，它变成了政府收入。事实上，在图6-6中代表政府收入的区域与在征税后依然在市场上交易的买卖双方所损失的剩余，是完全相同的。这些收入能够购买一些服务，可能将剩余转移回到生产者或消费者，或两者，或市场以外的人身上。

向买者征税。如果税收向买者征收而不是卖者，会发生什么呢？令人惊奇的是，结果是完全相同的。假设加州制定0.20美元的销售税，买者必须为每个购买的巧克力弹支付税收。在这种情况下，需求曲线而不是供给曲线移动了税收的数额，但是得到的均衡价格和数量都是相同的（见图6-7）。

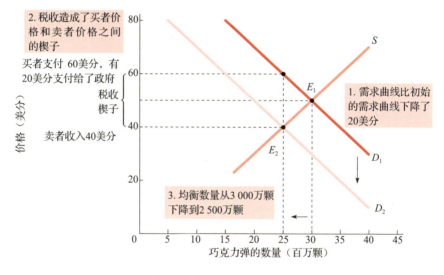

图6-7　向买者征税的影响

为了再次确认这个结果，让我们一步一步地分析对买者征税的影响。

1. **向买者征税影响供给曲线吗？不，供给曲线保持不变**

供给曲线保持不变，因为税收不改变生产者所面临的激励。所有供给的非价格决定因素都没有受到影响。

2. **向买者征税影响需求曲线吗？是的，需求减少**

需求减少是因为买者必须支付的每单位价格，包括税收，现在比初始价格高了

0.20美元。如图6-7所示，我们将原来的需求曲线D_1加入税收的因素，得到第二条需求曲线D_2，它代表买者在征税时所支付的价格。在任何给定的价格下，买者现在将会像价格实际高了0.20美元一样来行事。例如，在曲线D_2的0.40美元处，需求数量就像是曲线D_1的0.60美元处。在曲线D_2的0.30美元处，需求数量就像是曲线D_1的0.50美元处。

3. 向买者征税如何影响市场均衡？均衡价格和均衡数量都下降了

从结果来看，新需求曲线的均衡点是沿着供给曲线进一步地下降了。均衡价格从0.50美元下降到了0.40美元，同时供求数量从3 000万颗下降到了2 500万颗。虽然市场均衡价格是下降而不是上升了，就如同向卖者征税一样，买者和卖者支付的实际金额是一样的，不管谁来支付税收。买者付税时，他们向卖者支付0.40美元，向政府支付0.20美元，共0.60美元。卖者付税时，买者向卖者支付0.60美元，然后卖者向政府支付0.20美元。无论哪种方式，买者支付0.60美元，卖者收到0.40美元。

如图6-7所示，向买者征税就如同向卖者征税一样，创造了一个税收楔子。在新的均衡点，卖者获得的价格是0.40美元。买者支付0.40美元给卖者，然后支付0.20美元的税收给政府，这样总的有效价格是0.60美元。再一次，税收楔子是0.20美元，与税收数额完全相等。

$$税收楔子 = 0.60 - 0.40 = 0.20(美元) \tag{6-3}$$

此外，政府仍然对出售的每颗巧克力弹收取0.20美元，就像对卖者征税时一样。再一次，税后均衡数量是2 500万颗，政府获得了500万美元的税收收入。

$$税收收入 = 0.20 美元 \times 2 500 万颗 = 500 万美元 \tag{6-4}$$

对巧克力弹征税的总体影响是什么？无论是向买者还是卖者征税，这些税收都有四点影响：

- 均衡数量下降。税收的目标因此实现了，对巧克力弹的消费被抑制了。
- 买者为每一个巧克力弹支付了更多而卖者收入更少。这创造了一个税收楔子，等于买者支付价格和卖者收入价格之间的差额。
- 政府获得收入等于税收量乘以新的均衡数量。在这种情况下，加州政府从对巧克力弹的税收收入中获得了额外的500万美元，这可以用来抵消与肥胖相关的疾病造成的公共卫生费用。

- 税收会引起无谓损失。这意味着政府获得的收入的价值总是小于由税收造成的总剩余的减少。

在评估税收时，我们必须权衡其目标，在这个例子中即减少反式脂肪酸的消费，与市场上剩余的损失。

谁在承担税收负担？我们已经知道，税收的结果并不取决于谁支付它。无论向买者或卖者征税，成本是被分摊的。但哪一组承担更多的负担呢？

在我们的示例中，负担被平均分担。买者为一颗巧克力弹在税前支付 0.50 美元；税后支付 0.60 美元。因此，买者承担了 0.20 美元税收负担中的 0.10 美元。卖者在税前为每一颗巧克力弹收入 0.50 美元；税后收入 0.40 美元。因此，卖者也承担了 0.20 美元税收负担中的 0.10 美元。

然而税收负担的划分通常并不平等。有时一组比另一组承担了更多的负担。这种买者和卖者之间的相对税收负担被称为**税收归宿**（tax incidence）。

是什么决定了税收的归宿？从本质上说，弹性更强的市场组成部分对价格变动的适应力就越好，因而他们就会负担较少的税收。

需求弹性更强时的市场情况：许多消费者改变购买巧克力弹的习惯，转而购买更为健康的零食作为替代。在这种情况下，巧克力弹销售者就会负担更多税收。需求弹性较低的情况：消费者执着地购买巧克力弹，所以他们就会支付更高的价格。这种情况下，买者负担更多税收。

回顾税收造成的市场结果，即新均衡时的价格与数量，我们发现：无论税收更多地施加于买者还是卖者，其市场结果都是相同的。因而，无论市场中的哪一方被征税，税收负担也都是相同的。值得注意的是，尽管是对卖者征税，买者还是负担了大部分税收。税收的真实经济归宿与其"法定归宿"无关，法定归宿是指谁在法律上需支付税收。

在针对税收的公共讨论中，这正是一个非常重要的要点。政治家宣称造成环境污染的企业应该通过上缴污染税的方式为他们造成的损害买单。无论你对污染税持有何种观点，你都要牢记让这些企业缴税并不意味着它们负担了全部税收。通过更高的购买价格，购买这些企业的产品的消费者也会负担一部分税收。对于税收如何在买者和卖者之间分配，政策制定者几乎是束手无策的。

补贴

补贴(subsidy)是税收的反转:政府向一种商品的生产者和消费者支付额外的金额。政府通过补贴来鼓励生产和消费某一特定的物品或服务。他们还可以使用补贴作为价格管制的替代手段,不产生短缺或超额供给的前提下,使某些群体受益。

让我们回到墨西哥困境,当饥饿的人们买不起足够的玉米饼时,应该怎么办。如果政府补贴玉米饼而不是实施价格上限,会发生什么呢?

图6-8显示了我们在本章前面所讨论的玉米饼市场。图中显示,补贴之前,在市场均衡点上价格为每磅0.70美元,均衡数量为5 000万英镑。现在假设政府为玉米的生产者提供每磅0.35美元的补贴。买者和卖者将如何对补贴做出反应?他们会用与应对税收相反的方式来做出反应:在征税时,供给数量与需求数量同时减少,政府获得收入;在补贴时,供给数量与需求数量同时增加,政府进行支出。

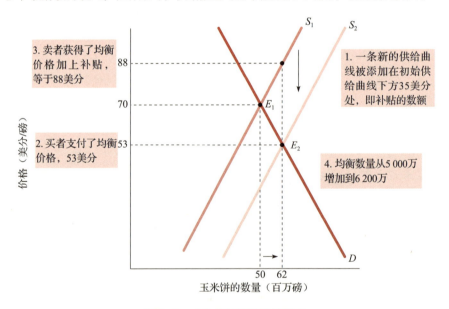

图6-8 对卖者进行补贴的影响

我们可以通过用来分析税收影响相同的三个步骤来评估对玉米饼补贴0.35美元的影响。

(1) 向卖者补贴影响供给曲线吗?是的,供给增加。

当生产者获得补贴,他们对售出的每单位产品收到的实际价格高于市场价格。

因此，对于任何市场价格，都会表现得好像比实际价格高出了 0.35 美元。换句话说，对于卖者而言提供一个给定的数量，市场价格将会比没有补贴时低 0.35 美元。因此，新的供给曲线被绘制在初始曲线之下 0.35 美元处。在图 6-8 中，S_2 显示了新的由补贴造成的供给曲线。

(2) 向卖者补贴影响需求曲线吗？不，需求保持不变。

需求曲线保持原位，因为消费者没有直接受到补贴的影响。

(3) 向卖者补贴如何影响市场均衡？均衡价格下降并且均衡数量增加。

当消费者沿需求曲线向下移动到新的均衡点时，我们发现新的供给曲线对应的均衡数量增加了。在补贴后的新均衡点，玉米饼的供给数量从 5 000 万磅增加到 6 200 万磅。就如同税收一样，买者为玉米饼支付的价格在补贴后不同于卖者收到的价格，因为补贴在两个价格之间创造了一个楔子。但这一次，卖者收到了比补贴前的均衡价格 0.70 美元更高的价格，同时买者支付了更低的价格。买者支付了每磅 0.53 美元，卖者收到每磅 0.88 美元。政府支付了 0.35 美元的差额。

补贴使买者和卖者都受益，也增加了市场中的总剩余。然而，补贴的成本施加给了政府，并最终由纳税人来承担。在这个例子中，政府必须为 6 200 万磅的玉米饼中的每一个支付 0.35 美元，共支出 2 170 万美元。补贴值得这样的成本吗？这取决于我们对玉米饼增加的产量和消费者降低的成本与补贴的机会成本（即政府或纳税人从 2 170 万美元中所能获得的其他受益）相比较，进行价值评估。就像现实生活专栏中所显示的，补贴的明显好处有时会淹没在意想不到的成本之中。

◉ 现实生活　生物燃料补贴的意料之外的结果

美国补贴生物燃料的生产，如乙醇，一种比汽油更清洁的燃料。补贴所宣称的目标是减少污染，并且希望补贴能增加乙醇的生产。不幸的是，它也有一些意想不到的效果。在《时代》杂志上，迈克尔·格伦沃尔德认为，生物燃料可以间接地增加污染：

> 大多数生物燃料的基本问题都非常简单，而研究人员直到现在一直忽略它：使用土地种植燃料导致森林、储存大量碳的湿地和草原的破坏……更多的森林砍伐作为连锁反应的结果规模如此巨大这一影响不易觉察：美国农民出售 1/5 的玉米用于乙醇生产，所以美国种植大豆的农民转而种植玉米，所以巴西种植大豆的农民开拓牧场，以至于巴西牧民向亚马孙转移。

通过一连串政策制定者可能没有预料到的复杂的市场反应，格伦沃尔德认为，乙醇补贴与希望减少空气污染的目标背道而驰。不幸的是，意想不到的后果并不总仅仅是市场干预的补充说明。有时，它们可以改变整个故事。

资料来源：M. Grunwald, "The clean energy scam," *Time*, March 27, 2008, http://www.time.com/time/magazine/article/0, 9171, 1725975, 00. html. The *New York Times* had a follow-up in its environmental blog: http://green.blogs.nytimes.com/2008/11/03/the-biofuel-debate-good-bad-or-too-soon-to-tell/.

与税收一样，不管是支付给生产者或消费者，补贴的效果是一样的。如果消费者为他们所购买的玉米饼得到了每磅 0.35 美元的补贴，虽然他们的需求曲线将会比原来高出 0.35 美元，但是供给曲线将保持不变，均衡结果将和生产者得到补贴是相同的：数量从 5 000 万磅增加到 6 200 万磅，买者支付每磅 0.53 美元的价格，卖者收到每磅 0.88 美元的价格。

与税收一样，补贴的收益在买者和卖者之间的分担方式取决于供给曲线和需求曲线的相对弹性。市场中价格弹性更高的一方得到更多的好处。在我们的示例中，两者的好处几乎相同：买者对每个玉米饼有每磅 0.17 美元的获益，卖者则是每磅 0.18 美元。与税收一样，重要的是要注意到，受益于补贴的人并不取决于谁获得补贴。在争论补贴时，你有时会听到有人认为，补贴应该给买者或卖者，因为他们应当得到更多。在竞争的市场中，这个观点是没有多大意义的（尽管它可能在一个非竞争性的市场）。

总之，无论支付给买者或卖者，补贴具有以下效果：

- 均衡数量增加，实现了鼓励生产和消费被补贴商品的目标。
- 对每一单位售出的商品，买者支付更少而卖者获得更多。补贴的数量在买者和卖者的价格之间形成了一个楔子。
- 政府必须支付补贴，其成本等于补贴的金额乘以新的均衡数量。

评价政府干预

在这一章中，我们讨论政策制定者干预市场的三个原因。为了分析政策制定者为了达到其目的会选择价格控制、税收或补贴中的哪一种,我们需要明确每一种干预措施的效应,包括预料之外的结果。

对于期望的市场干预结果,我们首先建立一些原则。表6-1总结了价格控制、税收与补贴的主要经济效应。总体而言,我们可以发现:

- 价格控制对供给数量与需求数量具有负面效果,它会导致短缺或过剩。相反地,税收与补贴使需求曲线与供给曲线同向移动,并最终使市场在供求相等处达到新的均衡。
- 税收抑制人们购买或销售某种特定的商品,它能够提高政府收入,并同时增加买者与卖者的支出。
- 补贴鼓励人们购买或销售某种特定的商品,它增加了政府的支出,并同时惠及买者与卖者。

表 6-1 政府干预:总结

干预	使用原因	价格影响	数量影响	谁获益,谁损失
价格下限	为保证生产者收入	价格不能低于设定的最小值	需求数量减少,供给数量增加,造成超额供给	能卖出所有产品的生产者获得更多收入;其他生产者受困于超额供给
价格上限	为保证消费者花费较低	价格不能高于设定的最大值	需求数量增加,供给数量减少,造成短缺	能买到所有他们想要商品的消费者获益;其他消费者因短缺而蒙受损害
税收	为抑制一项商品或为应对其后果筹集资金;为增加政府收入	价格上升	均衡数量下降	政府获得更多收入;如果税收减少了对社会有害的行为,社会可能获益。被征税商品的买者和卖者分担成本。哪一方承担更多的税收负担取决于供给和需求的价格弹性
补贴	为鼓励一项活动;为一特定集体提供好处	价格下降	均衡数量上升	买者以更低的价格购买更多的商品。如果补贴鼓励更多对社会有益的行为,社会可能会受益。最终政府和纳税人承担成本

在接下来的内容中,我们将会考虑市场干预的更多细节。这些细节十分重要,它们也是决定干预政策是否成功的关键之处。

税收或补贴的影响有多大

不管市场干预的原因如何，重要的是要知道它将使均衡数量和均衡价格改变多少。税收或补贴对于均衡数量的影响可以被提前预测吗？答案是肯定的，如果我们知道供给和需求的价格弹性。供给或需求的弹性越大，数量的变化越大。这条规则直接来源于价格弹性的定义，即价格弹性是衡量买者和卖者对于价格变动的反应能力，税收或补贴实际上是价格的改变。

为预测税收或补贴的影响大小，政策制定者需要知道供给和需求双方的价格弹性。正如我们所看到的，他们也可以使用这些信息来判断谁将承担更多的负担或获得更多的好处。

长期影响与短期影响

我们已经看到，除了改变物品或服务的价格，价格管制也会导致短缺或超额供给。因为买者和卖者需要时间来应对价格的变化，有时价格管制的所有影响只有在长期中才变得明显。

假设美国政府对汽油设定价格下限，旨在通过抑制人们开车来减少空气污染。图 6-9a 显示了价格下限在汽油市场中的短期影响。注意，在短期中，汽油的需求数量很可能不会改变多少。虽然人们会减少不必要的驾驶，但大部分的需求仍将来自难以改变的驾驶习惯，比如上下班或去杂货店。除非汽油生产者有很多闲置的油井，卖者可能难以迅速扩大生产。在短期中，供给和需求不是很有弹性，价格下限只会导致小规模的超额供给。

回想一下，对供给和需求而言，价格弹性的决定因素之一是时间。对于市场的两方，长期中的弹性通常是大于短期的。在需求方面，消费者在中期内可能会小小地改变一下生活方式，比如购买公交卡或去离家更近的地方购物。从长期来看，他们可能会做出更大的改变。比如当他们需要买一辆新车，他们会倾向于购买一个更节油的型号。如果他们搬到一个新家或新的工作环境，他们可能比过去更重视上下班的距离。

供应在长期中也更有弹性。因为一个更高的价格给生产者生产更多商品的动机，它们可能投资于石油勘探，挖掘新井，或者采取措施来提高现有油井的开采能力。图 6-9b 显示价格下限在汽油市场中的长期影响。因为供给和需求在长期中都更有弹性，超额供给在长期中也就比短期中更加严重。

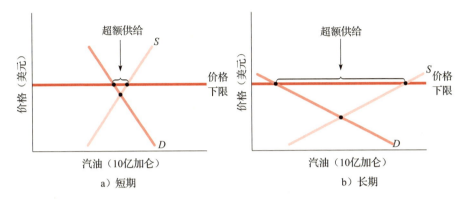

图6-9　在长期和短期中的政府干预

如果价格下限的目标是通过给予消费者减少驾驶的动机来减少空气污染，其影响在短期内看起来是令人失望的：燃烧的汽油数量将减少很少一点。然而，从长远来看，燃烧的汽油数量将进一步减少，这一政策将更成功。另一方面，如果价格下限的原因是为支持汽油的供应商，短期的影响将会看起来很好，因为供应商将以更高的价格出售几乎相同数量的汽油。然而随着交易数量在长期中慢慢下降，更多的生产者将会受困于超额供给，那政策将看起来并不那么成功。

在欧盟和美国，对农民的补贴是非常慷慨的。如果没有这些补贴，许多农民将被迫放弃耕种。但批评者认为，补贴通过使某些食物的价格远远高于没有补贴时的价格而扭曲了市场。阅读以下你怎么认为专栏，了解关于农业补贴政策的完整争论。

你怎么认为　农业补贴

许多富裕国家在鼓励国内农业生产的价格下限和补贴政策中花了很多钱。例如，与欧洲共同农业政策（CAP）相关的成本占了欧盟预算的将近一半，即大约每年500亿美元。

CAP是在1957年为以下目标建立的：

- 通过技术进步，以农业生产的合理发展和生产要素（特别是劳动）的最优利用来提高农业生产力。

- 为确保一个合理的农业人口的生活水平，尤其是提高从事农业人员的个人收入。
- 为稳定市场。
- 为保证正常供应。
- 为保证向消费者提供合理的供给价格。

支持者认为这些都是重要的和有价值的政策目标。然而，CAP 也因很多原因饱受批评。批评人士说，CAP 给纳税人强加了很大的负担；通过扭曲对农民的激励而造成超额供给；伤害了那些必须与欧洲补贴作物竞争的穷国的农民；引导公众基金投入大型农业综合企业中。

并不只有欧盟采用这种政策。美国农业法案每年分配数十亿美元进行农作物价格补贴。日本也大举干预其农业市场。

你怎么认为？

1. 你赞成欧洲共同农业政策的既定目标吗？如果赞成，你认为这种目标值得它造成的市场扭曲吗？
2. 发达国家有责任考虑它们的农业政策对贫穷国家的影响吗？还是国内的农业利益更重要？

资料来源："Cap explained," European Commission website, 2009, http://ec.europa.eu/agriculture/publi/capexplained/cap_en.pdf.

总 结

如果你收听新闻，那么经济学看上去就好像都是关于商业和股市的。商业很重要，但许多最重要、最有挑战、最有价值的经济学法则的应用都包含在公共政策中。

这一章我们运用基本工具来理解政府干预以及它们影响你日常生活的方式。当然，现实世界是复杂的，所以我们随后还会继续讨论这个话题。之后，我们会讨论如何评估市场和政府政策的好处。我们还将讨论市场失灵以及政府能否修正它们。

1. 评价政府价格上限对市场价格和数量的影响

　　通常政府会因一个或多个原因而干预市场：纠正市场失灵，改变市场收益的分配，鼓励或抑制消费特定物品和服务。政府也可能为增加财政收入而对物品和服务征税。

　　价格上限是商品能够卖出的最高法定价格。设定价格上限会导致短缺，因为在法定价格上，消费者的需求将超过生产者的供给。这个政策有利于一些消费者，因为他们能够以一个更低的价格买到他们想要的东西，但其他消费者却买不到他们想要的商品。因为相较于无价格上限时生产者以更低的价格出售商品减少，所以生产者会遭受损失。

2. 评价政府价格下限对市场价格和数量的影响

　　价格下限是商品能够出售的最低法定价格。价格下限能够引起超额供给，因为在最低价格，生产者的供给将超过消费者的需求。这一政策对一些生产者有利，因为他们能够以更高的价格出售他们的商品，但其他剩下的生产者不能卖出他们的商品。消费者损失了，因为他们得以更高的价格购买商品。维持价格下限往往需要政府花费纳税人的钱来购买超额供给。

3. 解释税收的影响

　　在买卖商品时，税收要求买者或卖者向政府支付一些额外的价格。税收减少了市场的规模，抑制了被征税商品的消费和生产。无论税收施加于卖者或买者，其效果是一样的。税收负担在消费者和生产者之间分担，并且政府获得的收入等于税收额乘以出售数量。

4. 解释补贴的影响

　　补贴是政府为每一单位售出的商品向买者或卖者进行的付款。补贴扩大了市场的规模，鼓励了被补贴商品的消费和生产。无论补贴支付给买者或卖者，其效果是一样的。消费者和生产者受益于补贴，但纳税人必须支付费用。

5. 解释弹性与时间对市场干预的影响

　　在评估政府干预在市场中的影响时，需要注意的是，要同时考虑意料之中和意料之外的政策后果。税收或补贴的影响大小和负担或收益的分配取决于供给和需求的价格弹性。此外，政府干预的影响很可能会随时间改变，因为消费者和生产者会调整他们的行为以应对新的激励。

批判性思考

1. 许多州对香烟交易征税。假设吸烟者对支付香烟的额外费用很不满。如果国家向出售香烟的商店征税,而不是吸烟者征税,有利于吸烟者吗?为什么?你期望税收归宿更多地落到香烟的买者还是卖者身上?为什么?

2. 假设政府为电动汽车购买者提供补贴。解释各群体是从该政策中获益还是受损。

    a. 电动汽车买者。

    b. 电动汽车卖者。

    c. 汽油车卖者(假设他们不同于电动汽车的制造商)。

    d. 汽油车买者。

03
第三部分

个人决策

第三部分将向你介绍消费者如何做出决策。每天我们都做出许多决策。一些相对较小，比如决定是把钱挥霍在一次晚宴上还是捐献给慈善组织。一些相对重要，比如在某些时候，你同自己的顾问讨论可能开创的事业；或者某一天，你考虑要买一座房子；又或者你选择了一个人，想要与他共度余生，这些也许看起来并不那么经济学。

第7章介绍了经济学家用来分析人们如何做出决策的一个基本概念。不考虑大小或成本，决策是基于效用做出的。大多数情况下，正是想要最大化自己效用的愿望引导人们做出决策。

我们如何确定什么是正确的决策？别人又是如何决策的？这一部分将帮助我们理解这些问题。

然而，将良好的意愿转变为有效结果并不容易。几乎所有人都曾做出过一些并未兑现的决策，有时也做出一些看起来并非完全理性的决定。第8章将解释为什么我们会坚持看完并不精彩的电影，或者放弃我们打算吃的健康沙拉而是点了一盘墨西哥法士达。这些都是行为经济学的研究领域。行为经济学通过引入影响人们决策的社会和心理因素，丰富了我们对决策过程的理解。它可以帮助我们将良好的意愿转变为有效结果,它不仅与你每天做出的决策直接相关,而且与公共政策和商业贸易也都紧密相连。当进行日常生活决策或者政治上和商业上的决策时,考虑其他人怎么做十分重要。这被称为策略性思维。无论是运作一场激烈的政治竞选,为一个新商店选址,还是与老板进行棘手的谈判,一个成功的策略都是制胜的关键。做出正确的决策能够赢得选举、赚取利润或者获得想要的薪资上涨。

总而言之,对做出决策而言最重要的因素之一就是掌握相关的信息。如果你新来到一个城市,如何决定去哪里吃饭?如果你是经理,如何确保当你不在时,每个员工都能努力工作?当你打算买一辆二手车或挑选一个保险计划时,又应该怎样思考?我们将探讨信息如何影响决策和合同,以及市场为什么需要完备信息。如果缺失相关信息,市场将无法达到有效结果,此时,公共政策可能会有助于开启可能的路径。

我们在第三部分将要探讨的问题是经济学的核心。它们展示了经济学所具备的强大力量:帮助我们在日常生活中做出更好的决策,同时帮助整个社会更好地实现共同目标。

ECONOMICS

第 7 章

消费者行为

📍 认知目标

1. 解释显示性偏好如何表明哪些产品或活动能够给人带来最大的效用。
2. 解释预算约束如何影响效用最大化。
3. 解释收入变化如何影响消费决策。
4. 解释价格变动如何影响消费决策,区分收入效应和替代效应。
5. 略述外界感知如何影响效用,并且描述人们如何从利他和互惠中获得效用。

引例　赠送礼物的原因

在每个假期，数百万的美国人都会投身到疯狂的赠送礼物中。商场挤满了为朋友或家人挑选礼物的兴奋的消费者。

然而，关于这个欢乐假期的故事还有另外一种描述：每个假期都有数百万的美国人投身到一场疯狂的无效支出当中。根据这种描述，赠送礼物是一件十分浪费的事情。因为接受者可能喜欢也可能不喜欢赠送者花钱买到的礼物。最好的情况是，礼物正好是接受者想要花钱给自己买的东西。相反，如果赠送者特别不擅长挑选礼物的话，礼物可能会被塞到柜子的角落里，再也不会出现，又或者被转送给他人。

尽管人们不愿意承认，第二种描述仍然比第一种描述更接近现实。经济学家乔尔·沃德弗格通过对他班级上的学生进行调查发现，学生对所收到礼物的平均个人估值是礼物原价的65%~90%。换言之，如果一个人买了一个价值20美元的礼物，还不如将18美元的现金直接送给别人，并且自己留下2美元。沃德弗格在《吝啬鬼经济学》一书中讨论了赠送礼物的无效性，无疑，节日期间本书肯定也极具讽刺意味地裹上精美的包装被赠送给了数千人。

哪一个节日故事更确切呢？答案需要我们十分谨慎地探讨一个概念——效用，这一概念是所有微观经济学思维的核心。效用描述了一个人对某个事物的评价，比如收到一份礼物，吃一顿饭，或者经历了一件有趣的事情。赠送礼物时最难办的事情是无法准确得知别人对某个事物的评价。一些人想要iPod，另一些人想要一双跑鞋（也许还有人十分想要米尔德里德阿姨送的毛衣）。如果你打算花20美元（10美元、50美元或者其他金额）买一份礼物，然而，接受者可能比你更了解如何用那些钱为自己带来最大的满足感。实际上，同样的观念在重大决策上也适用。国外援助和政府的社会福利项目中数以十亿计的美元是应该用来补贴那些我们认为"好"的食物和医疗保健，还是应该直接简单地分发现金，并且相信家庭可以自己做出决策？

既然如此，为何不直接给人们现金，并且让接受者决定如何使用？如果我们从一个更广阔的视角来看，现金也许并不比礼物更好。在政府的社会福利项目中，如果直接分发现金，有人担心可能会流向错误的人群或者用来购买纳税人认为不必要的物品。

你在赠送礼物时会怎么做呢？接受者可能会从你的礼物中得到情感上的价值，也许因为感受到你挑选礼物的耐心，也许礼物作为一个你与接受者关系的象征而十分重要，反映了你十分了解他的喜好和厌恶。最好的情况是，你也许买到了一件比现金更好的礼物，送给接受者，他自己并不知道或者从未想过要买给自己。当你作为惊喜送给朋友一部他从未听过但立马爱上的影片时，很明显赠送礼物能够提高效用。

在这一章中，我们将探究效用的全部含义，并且讨论它如何驱动了决策过程——从吃饭和睡觉等简单的愉悦，到举止文明或迎合他人期待等复杂的社会价值。我们将看到经济学家是如何定义效用的，以及个人在进行实际经济分析时，如何使用这一衡量物品主观价值的抽象概念。效用是经济学相比于其他研究领域具有独到之处的特点之一。尽管并未明确指出，但它是第 1~6 章我们所探究的大部分问题的基础。当你读完本章进行回顾时，你会发现为了满足欲望并进行权衡取舍的决策基础是：如何实现效用最大化，这也是经济学中最重要的观念。

效用的基本概念

赠送礼物的挑战提出了经济学分析的一个关键问题：20 美元本身并没有价值。它代表了你用 20 美元能够买到的东西——食物、音乐、理发、房租的一部分，或者用作储蓄等到未来再购买这些东西。如果某人给你 20 美元，你可能会毫不费力地就想清楚该如何花掉这些钱来获得满足感，当这个问题变成日常事务时，相信我们大多数人都很擅长了解自己的喜恶。

然而，弄明白其他人会用这 20 美元做什么更为困难。如果你直接买给他们你自己想要的东西，事情会简单很多。但是，那些让你感到最幸福的东西与别人的很可能不同。每个人都有不同的喜恶、生活环境以及收入等，这些差别让我们欣赏并且优选不同的物品和活动。

效用与决策

现在，让我们继续更容易地选择：忘记别人可能喜欢的东西，只考虑自己的喜好。假设在周末，你有完全空闲的一天，没有任何任务，你会做什么？记住经济学家首先会提到的问题：你的欲望和约束是什么？这里，你的约束很明确，你一天中的小时数是有限的，你银行账户中可以使用的钱数也是有限的。然而关于你的欲望我们知道什么？在本章，我们将更接近"欲望"的内涵。

你在空闲的一天中可能会做的事情几乎是无限的。你可以用一整天看电视，可以阅读一本厚厚的俄罗斯小说，可以去商场买新款跑鞋，可以学习，可以为你支持的候选人就即将到来的选举进行电话拉票，也可以买300罐番茄浓汤在里面泡澡。在上面这些以及几百万个其他的可能性中，你利用可用的时间和金钱，会如何决定自己最需要什么？

这是一个复杂得出人意料的问题。度过一天的每种方式都可能带来诸多迥异的良好或不适感受。如果你用一整天看电视，你可能会感到十分放松。另外，如果你用这一天阅读一本俄罗斯小说，你也许会为自己思想的进步而感到骄傲，并且偶然与充满魅力的文学专业学生讨论《卡拉马佐夫兄弟》时感到兴奋和激动。

无论如何，你需要决定更喜欢哪些活动，或者说它们带来的情绪和感受。总体而言，俄罗斯小说、电视或者番茄浓汤洗浴非常不同，然而既然我们每天都会对如何利用我们的时间和金钱进行各种比较，那我们一定具有某种内心的尺度来对不同选择进行估值对比。有时，这种估值是潜意识的：你也许不会每天都苦苦思索是否要在番茄浓汤里泡澡，即使你能够做到。有时，这种估值是有意识的，需要深入思考和广泛研究，比如决定是否要买一辆车，如果买的话应该选择哪个型号。

我们需要的是一个一般性的测度，让我们对诸多选择进行比较，比如阅读还是看电视，看电视还是兼职赚钱。显然，类似的测度一定有意或无意地存在于你的思维里，否则你将无法进行此类决策。经济学家将这种测度叫作**效用**（utility）。效用是对一个人从某些事物中获得了多少满足感的测度。

人们从消费的物品和服务以及自己的经历中获得效用。你能够从一块美味的点心中获得效用，也可以形象地说——从"消费"一次愉悦的感受或经历中获得效用，比如在足球比赛中进了一个球或者与一个朋友闲聊。你可以从能够买到的东西比如食物、衣服、手机和按摩中获得效用，也可以从不需要任何花费的事情中获得效用，比如听音乐、学习新知识或者做一件善举。简而言之，你喜欢的东西就会增加你的效用。对于你厌恶的东西即使免费你也不会消费，我们称这类东西降低了你的效用。

效用的观念是经济学的基础。回顾前面讨论的一些例子，比如购买手机或者星巴克的拿铁咖啡，人们在进行决策时，都会认为在所有可能的选择中，这些选择能够为自己带来最多的效用。具体地，如果你买了一杯拿铁，一定是因为你认为，相比同样价格能买到的加倍特浓咖啡、苏打水或其他饮品，拿铁会给你带来更多的效用。

经济学家将这种决策方法称为实现效用最大化。人们能够理性地实现效用最大化是经济学家分析世界的基本假设。在本书后面的章节中，我们将看到经济学家有时也会放松这个假设，认为人们进行决策时会存在收集信息或者自我控制上的不足。无论如何，效用最大化始终是经济学分析个人行为的出发点。

通过本章的阅读，我们希望大家看到效用是一个很深奥的概念。它甚至还包含了我们生命中最难以做出的决策以及其他人如何影响这些决策。举例来说，人们时常做一些不喜欢的事情，这是因为没有最大化自己的效用吗？当然不是，如果从一个足够广阔的视角来看，我们通常会发现人们正在做那些他们相信会带给自己最大幸福感的事情。这常常需要在短期内看起来甜蜜美好的事情，与长期内富于成效、有道义或愉悦的事情二者之间进行权衡取舍。人们在冰激凌与健康，个人安全与参军卫国，当前消费还是为未来储蓄等选择之间进行权衡取舍。效用这一概念让我们能够了解，人们决策时是如何进行丰富且复杂的心理核算的。

显示性偏好

不幸的是，效用难以度量。如果你想知道自己有多少钱，可以查看一下银行账户，然后做一个明确的分配计划，然而效用是主观和难以理解的。我们无法总是向自己解释为何相比其他我们从一件事物中能获得更高的效用，我们也绝对不能在别人脑袋里装一个尺子来测量他们从一件事物中获得了多少效用——尽管科学家正在努力研发类似的东西。想要更多了解科学家如何运用神经层面的方法绘制世界的幸福图景，请阅读下面的现实生活专栏。

现实生活　关于幸福的科学

如何测量效用不仅吸引了经济学家的兴趣。心理学家和神经科学家同样在探索可行的方法，对人们从事不同活动或者身处不同文化时的精神状态进行比较。越来越多的经济学家与这些领域的研究者合作研究"关于幸福的科学"到底是什么。

比如，研究者将调查数据编制成"幸福的全球数据库"。你可以从以下网站 http://www1.eur.nl/fsw/happiness/hap_nat/maps/Map_AverageHappiness.php. 看到他们的平均幸福地图。哥斯达黎加的平均幸福程度位列第一，坦桑尼亚、多哥和津巴布韦并列获得最低的平均幸福程度。此类研究可能会帮助我们了解不同国家的哪些生活特征会让人们更幸福或更不幸。这些知识会帮助我们设计出让人们更幸福的公共政策。

关于调查问题，正如曾编制世界平均幸福地图的工作人员经常会让人们汇报他们有多幸福，或者他们对自己的生活有多满意，调查人员也会问人们在进行不同活动时的愉悦感：研究参与者随身携带一个记事本并且每天在随机的时间点收到提醒信息。他们会写下自己正在做什么，并且用数值记录下他们感受到的幸福程度。这让研究者能够比较人们是在换班、照顾小孩、运动时还是烹饪晚餐时的幸福感最强。

神经学家利用大脑成像技术收集关于幸福的信息，这些技术让研究者可以直观地观察到人们在包括进行经济决策的不同情况下，大脑的哪部分区域会变得活跃。这些数据通过可以观察到的神经活动，让我们进一步了解了人们对幸福的主观感受。

研究幸福的经济学家希望通过借助神经科学的技术改变对效用的研究。未来将会更多地利用决策时大脑实际处理过程的主观数据。部分研究者甚至希望能够创造出一个比较人们效用差异的测度工具，尽管这将是一个难以企及的目标。如果你认为这十分有趣，可以自己了解一些跨学科的研究，比如行为经济学、神经经济学或者经济心理学。

资料来源：The World Database of Happiness, http://worlddatabaseofhappiness.eur.nl; D. Kahneman et al., "The Day Reconstruction Method: Instrument documentation," 2004, http://www.krueger.princeton.edu/drm_documentation_july_2004.pdf.

有关别人感受到的效用，我们能得出什么有意义的看法？答案出人意料的简单：我们观察人们的实际行动，然后假设作为一个理性人，人们在做的事情一定能够为自己带来最大的效用。如果你观察到某人在冰激凌橱窗前停下来点了一个巧克力味冰激凌，你能够得出结论：他从巧克力口味中得到的效用一定大于草莓口味或者巧克力曲奇口味。如果你观察到某人买了一张动作片的电影票，你能够得出结论：他从动作电影中得到的效用大于其他可选的浪漫喜剧电影。

经济学家把这些观点称为**显示性偏好**（revealed preference），我们可以通过观察别人的行为判断效用最大化的选择有哪些。一个人选定了某件事情这一事实"显示"了相比其他选择他更喜欢选定的事情。当然，这一推论只适用于特定的人和情境。不同的人偏好不同的冰激凌口味。同一个人可能处在今天想看动作电影、明天想看浪漫喜剧的心情中。

显示性偏好可能听起来平淡无奇，但是对于经济学而言它十分独特并且有些争议。如果你对经济学如何与其他学科（比如心理学、人类学或者政治学）相交叉感兴趣，那么理解这个概念以及它的局限性十分重要。

继续我们之前的例子，假设你用一天假期看电视而不是阅读俄罗斯小说。后来你告诉一位朋友："我真的很想看完《卡拉马佐夫兄弟》，但是不知怎么回事我就把一整天都用来看电视了。"作为一个经济学家，我们怀疑你对自己是否足够坦诚。我们观察到你整天坐在电视前面，但是《卡拉马佐夫兄弟》却一直在旁边的桌子上没有翻开，显示性偏好表明你实际想做的是看电视。如果不是的话，你为什么看了一整天呢？

这是一个平常的例子，但是它可以用来探讨更重要的情况。假设某人告诉你："我真的想要戒烟，但是不知怎么回事我还是会不自觉地去买烟。"显示性偏好表明他从继续吸烟中得到的效用大于戒烟的效用。如果你是一个政策制定者，你是会针对香烟征以重税呢，还是将禁止吸烟的禁令广而告之呢？你必须认真考虑是否应该重视，人们声称自己想做的事情与实际做出的事情存在差别。在吸烟的例子中，有一个合理的观点认为，使身体上瘾的行为让人们很难在当前做出自己在长期想要做的事情。这时朋友或政策制定者也许可以通过采取某些吸烟者自己做不到的措施来提供帮助，这也许正是朋友或政策制定者的作用所在。

尽管在对诸如吸烟等一些疑难情况进行的有趣讨论中，显示性偏好的观念能够引导我们理解人们需要的是什么，然而我们仅仅看到了某个人的偏好，却无法对不同的人加以比较。换句话说，我们能够判断某两个人相比草莓口味都更喜欢巧克力冰激凌，但是无法得知其中一个人是否比另一个更喜欢巧克力口味。

效用函数

显示性偏好为我们提供了一个很好的对人们的效用进行估值的框架。但是我们无法整天跟在人们身后观察他们所有的行为（这样做不仅不实际而且让人毛骨悚然）。因此，我们需要一个更规范的方法让显示性偏好在经济分析中更有用。为了系统地考察人们如何进行决策，经济学家构建了**效用函数**（utility function）。效用函数可以计算某人在消费一组物品和服务时所得到总效用。人们可以消费的独特的商品组合称为**消费束**（Consumption bundle）。效用函数联结了每个可能的消费束与人们消费它时的效用水平。

以上我们提到效用是一个主观的衡量指标，无法轻易地量化。然而，效用函数是对偏好的量化描述。理解这一矛盾的关键在于效用函数对效用的度量是进行相对排序，而非对绝对数的度量。如果我们说一项特定的活动为某人带来 3 单位的效用，只意味着对某人而言，这项活动相比一个 2 单位效用的活动更有价值，而相比 4 单位效用的活动则略逊一筹。数值的大小除了用来对人们喜好程度的高低进行排序外，并不代表任何意义。

接下来我们利用这一思路对效用的产生过程进行简化：享用晚餐。萨拉正在享用的晚餐包括奶酪通心粉、花椰菜以及冰激凌。我们请她对晚餐中每个部分带来的效用进行评价。她从每份奶酪通心粉中获得 3 单位效用，从每份花椰菜中获得 2 单位效用，从每勺冰激凌中获得 8 单位效用（注意我们使用的特定数字都是随意的，真正重要的是效用函数中与每种物品相联系的相对数值，让我们能够理解萨拉在选择一种东西时，相比另外一种会额外获得多少效用）。作为晚餐，她吃了一份奶酪通心粉、两份花椰菜以及两勺冰激凌，因此她的晚餐效用函数是：

$$总效用 = (3 \times 1 \text{ 份奶酪通心粉}) + (2 \times 2 \text{ 份花椰菜}) + (8 \times 2 \text{ 勺冰激凌})$$
$$= 3 + 4 + 16 = 23$$

上述分析提出以下问题：食物越多效用越高，基于这种想法，是否意味着萨拉应该持续进食？既然每份花椰菜、奶酪通心粉以及冰激凌都能带来正效用，为什么要停下来？另外，既然冰激凌能够带来很高的效用，为什么不放弃奶酪通心粉和花椰菜，只吃冰激凌晚餐来获得更多的效用？在现实当中，你肯定也同意只吃冰激凌并不是一个好主意，这样也不可能让一个人效用最大化。那么上述分析中遗漏了什么呢？

边际效用递减

为了理解什么时候以及为什么萨拉应该停止吃冰激凌，我们需要引入边际效用这一概念。在第 1 章中，我们介绍了人们根据边际量进行决策的观点。消费额外一单位物品或服务所引起的总效用变化称为**边际效用**（marginal utility）。

让我们回到冰激凌的例子，想象你会从一勺你最喜欢的口味中获得多少愉悦。现在想象又吃了第二勺，是否也很好吃？也许有一点点不如第一勺那么美味。换句话说，你从第二勺中获得的边际效用略低于第一勺。现在吃第三口，我们打赌你一定不如前两勺那么享受。第四勺？你几乎感受不到额外的愉悦感了。第五勺，然后第六勺？愉悦感会越来越少。实际上，从第六勺冰激凌之后，会感觉很像自己吃了太多糖果。

从消费后来的一单位物品或服务中获得的边际效用小于之前一单位的边际效用，这一原理被称为**边际效用递减**（diminishing marginal utility）。食物的边际效用递减尤其显而易见，因为我们的身体对额外的消费量会有生理反应。胃会告诉我们已经吃饱了，同时新口味带来的新奇感逐渐消逝时品尝起来也会感到乏味。经济学家认为边际效用递减规律适用于大多数物品和服务。想象你最近搬到一个气候寒冷的地方，但是一件毛衣也没有，对于你的舒适感而言，买第一件毛衣会有极大的不同，然而第十件毛衣却并不怎么重要。

有时，边际效用递减幅度非常大，以至于它可能表现为负值。当我们建议你享用第七勺冰激凌时，你感到吃或不吃已经没有任何差别，对于总效用而言没有影响，因此它的边际效用为零。然而你并不愿意吃第八勺，因为它会让你感到稍微有点恶心。第八勺会减少你的总效用，换句话说，它的边际效用是负值。

尽管你做的很多事情或者买的很多东西都具有递减的边际效用，但是并不是所有的边际效用都有负值。比如大多数人从来不会从更多的储蓄中得到负效用。如果你没有储蓄，你从储蓄的第一个 1 000 美元中获得的效用会很高。如果你已经有了 1 000 000 美元，再存 1 000 美元的边际效用可能会很小。拥有 1 000 000 美元和 1 001 000 美元的两种生活可能几乎没有任何差别。然而我们无法想象，当你的储蓄账户奇迹般地多出一些钱时，你的总效用会下降。如果你实在想不出来该用这些钱买什么东西时，你还可以把它送给别人，然后享受做慈善家的感觉。

在大多数购买决策中，你不会达到边际效用接近负值的点。毕竟，并不是每天都有人向你提供无限多的免费冰激凌、毛衣或者现金；通常你需要付钱或辛苦工作才能得到这些。往往在决定买第七勺冰激凌之前，你就会考虑是否把钱花在其他东西上，以带来更高的效用。这将引出本章最重要的知识点：当我们将边际效用递减与欲望和约束这两组概念结合起来时会发生什么？

受到约束的效用最大化

让我们回到前面所述空闲一天的例子中。实际上，你并不会用一整天只做一件事。相反，你可能会做许多不同的事情：开车去商场买跑鞋，吃午餐，穿上新鞋子去跑步，看会儿电视放松一下，通过阅读《卡拉马佐夫兄弟》取得一点进步，晚上跟朋友出去玩。如果你不喜欢上面这个安排，还有上百万个可能的活动组合供你选择。你会将可用时间和金钱花在哪种活动组合上呢？

边际效用通过提醒我们注意其中涉及的权衡取舍，来帮助我们理解这些决策。为什么你不在商场中多待一个小时？因为一旦你在商场中待够了四个小时，再待一个小时的边际效用小于一次能够激发活力的跑步。为什么你不多跑一个小时呢？因为你会变得很疲惫。多跑一个小时的边际效用小于看电视的边际效用。你在这天剩余的时间里会做的事情可以以此类推。

当然，你不必等到厌烦了前一项活动时再进行下一个决策，即连续地进行上述决策。人们能够就哪些商品或活动给自己带来最大的组合效用进行长远考虑，能够预见过多消费一种商品不如其他选择好。如何度过空闲一天的决策实际上就是利用有限的时间和金钱，以最大化效用为目的，选择商品和活动的组合。

如果你明智地度过了这一天，意味着没有其他活动组合能够带来更多的总效用。

有许多可以给你带来正效用的事情你不选择去做。它们也许能够给人带来好处和愉悦感，然而，机会成本（错过更愉悦的事情）比得到的收益更大。人们有很多欲望，然而，又受到可利用的时间和金钱的限制。如果人们能够理性地实现效用最大化，他们会在这些限制下努力实现最优，也就是将拥有的资源用在能够带给自己最大效用的商品和活动组合上。

我们能够利用一个量化模型来说明受到约束的效用最大化理论。正如所有的模型一样，我们必须进行一些简化。科迪每个月在支付完所有账单后还剩120美元。

假设他只想把钱花在两件事情上：花费 15 美元在电影院度过一晚上，或者花 30 美元买一张音乐会门票。科迪在他的预算内可以买到的电影票和音乐会门票有几种可能的组合。他可以不听音乐会而是将 120 美元全部用来看电影，或者看四场电影（60 美元）和两场音乐会（60 美元）等。我们能够用一条称作预算约束或预算线的曲线表现这些可能的组合，如图 7-1 所示。**预算约束**（budget constraint）是由消费者用他的收入能够购买的物品和服务的所有可能组合所组成的直线（这一曲线看起来与第 2 章中的生产可能性边界十分类似，这并非巧合，因为它们表达了相似的观点——在资源有限的约束下，在不同的组合中进行选择）。

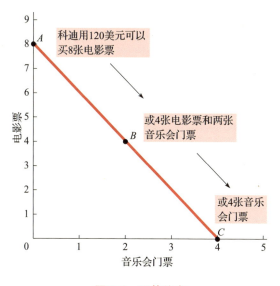

图 7-1　预算约束

如果科迪是一个理性的消费者，能够通过最有效的可能路径进行决策，他会把预算花在效用最大化的电影票和音乐会门票组合上。科迪认为一个月看三次电影十分重要，他会对前三场电影每一场的效用评 95 分。之后，再看第四场电影会带来 80 分的效用，第五场的效用只有 65 分（记住效用只是一个想象的测量，这些数字并不代表我们可以对科迪的想法进行实际测量，它们只是让我们能够对他的相对偏好进行深入了解）。最终，当他看到第八场电影时，会感到厌烦并且不愿意去看了：第八场电影的边际效用为负值，即 -10。上述数字包括在表 7-1a 中。

音乐会又如何呢？科迪认为一整月里都不去听音乐会的话会不幸福，因此第一场音乐会的效用是 100 分。如果能听第二场的话也很好，他会给第二场的效用评 85

分。不久音乐会就没有那么有趣了，因此科迪从每场中获得的边际效用不断递减。当他买第三张票的时候，感到已经足够了，额外的门票已经不能增加他的总效用了。表7-1b说明了科迪在每张音乐会门票中得到的边际效用。

表7-1 总效用最大化

a) 电影票的效用			b) 音乐会门票的效用		
票数	边际效用	总效用	票数	边际效用	总效用
1	95	95	1	100	100
2	95	190	2	85	185
3	95	285	3	25	210
4	80	365	4	0	210
5	65	430			
6	35	465			
7	10	475			
8	-10	465			

通过累加每张票的边际效用，如图7-2a所示，你能够发现对科迪而言，最优的组合是听两场音乐会并且看四场电影。这是所有可能的选择中能给他带来最大总效用的组合。如果科迪是追求效用最大化的理性消费者，我们可以预期会观察到他一定会这样做。

通常，经济学家不会让人们对他们买东西的效用进行评分。相反，他们会利用不同的效用函数对人们的行为进行预测。他们会研究现实世界中不同人群的实际行为的相关数据，并且进行两两比较，从而在一定程度上了解激励人们决策的欲望和约束。

一如既往地，真实生活比任何模型都复杂得多。实际中人们并非只在两个而是在数千个不同的支出选择中进行决策，交错产生了数百万种可能的组合。然而原理都是相同的，理性消费者会选择将预算花费在能够带来最高总效用的物品和服务的组合上。

本章中我们还未考虑现实存在的另一种复杂情况。预算并非从天而降，通常受制于人们从事何种工作以及工作的努力程度等早先进行的决策。在现实之中，我们关于效用最大化的决策也会涉及在工作和可供支出的预算二者之间的权衡取舍：你是选择辛勤工作并且赚得更多可支配的金钱，还是选择更多的休闲时间但是钱少一些，来获得更多的效用呢？我们将在本书后面的章节中再次讨论这个问题。

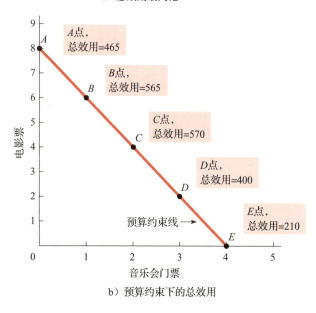

a）总效用最大化

b）预算约束下的总效用

图7-2 效用最大化

收入和价格变化的影响

收入时刻都在变化。你可能因为辛勤工作而涨工资，也可能老板迫于生意减少的压力不得已降低你的工作时长，使你赚到的钱变少。工资的上述两种变化都会影响你决定到底花多少钱来买东西。价格变化的影响亦是如此。如果某天拿铁咖啡的价格下降了0.5美元，你可能会决定多买一些。如这些例子所示，追求效用最大化的理性人会根据收入和价格等环境变化改变他们的行为。

收入变化

当一个人收入增加时,能够负担更多的物品和服务消费束。当收入减少时,消费者能负担的消费束变少,并且很可能不得不放弃某些东西的消费。我们将利用整条预算线的移动,说明此类变化如何改变消费者可能的选择范围。

这是怎么发生的?让我们来看一下当科迪从祖父母那里得到 60 美元作为生日礼物时,会发生什么。假设他决定在这个月把所有的钱花光(包括作为生日礼物的现金在内,共计 180 美元),用来买音乐会门票。利用额外的钱他能够买 6 张票而不是原来的 4 张。如果他决定只买电影票,他能够比之前多买 4 张。有了更多的钱,他在每个点上能够购买的两种门票都变多了,即整条预算线相当于向外移动了 60 美元,并且维持了之前的斜率不变。因此,相比收到礼物之前,科迪能够买到更多的电影票或更多的音乐会门票(或更多的两者)。

斜率为什么不变呢?即使科迪有了更多的钱,两种物品的价格比率并没有变化,电影票仍是 15 美元,音乐会门票仍是 30 美元。唯一改变的是科迪现在无论选择哪种组合都能够购买更多的门票。图 7-3 说明了收入增加的影响。

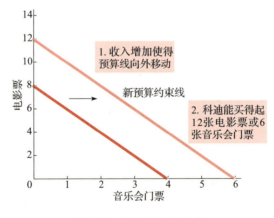

图 7-3 收入增加的影响

价格变化

当收入不变但是商品价格变化时又会如何?一般而言,商品价格变化具有两种重要的效应,称为收入效应和替代效应。

在考虑这两种效应的不同点之前，我们可以快速复习一下正常商品和低档商品的相关内容。正常商品是指当收入增加时需求量也上升的商品，如果科迪收入增加时会同时增加电影票和音乐会门票的消费量，这意味着二者都是正常商品。相反地，低档商品是指收入增加时需求量反而下降的商品（大学食堂里随处可见的方便面是一种典型的低档商品）。

收入效应。收入效应（income effect）描述的是由于价格下降使人们的实际财富增加，由此带来的消费量变化。换句话说，如果科迪平时买一张电影票需要花 15 美元，但是现在只需要 10 美元，那么他每买一张票，就会比平时"富余" 5 美元。如果他像平时一样买 4 张电影票，那么相比上个月他会有 20 美元的剩余。

如图 7-4 所示，任何价格下降都会引起预算线向外旋转。为什么预算线是向外旋转而非平行移动？让我们回到科迪在收到生日礼物之前的 120 美元预算约束。如果他将所有的钱用来买电影票，在新的较低价格下，能够买到 12 张票，比原来多了 4 张。但是如果他用全部钱买音乐会门票，因为门票价格没变，仍然只能买 6 张。

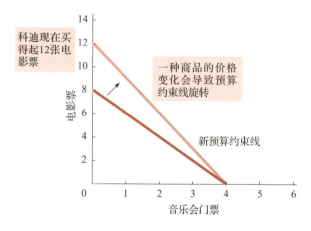

图 7-4　价格变化的影响

一般而言，当消费者经常购买的某种商品降价时，消费者能够买到更多的商品。当商品变得便宜，消费者的钱更值钱，这就是收入效应。

替代效应。替代效应（substitution effect）描述的是商品间相对价格的变化所引起的消费量变化。在我们的例子中，如预算线的斜率变化所表现的，电影相对音乐会而言变得更便宜。这种相对变化使得科迪选择更多的电影和更少的音乐会。他会用变得相对便宜的商品替代变得相对昂贵的商品，这也是我们称之为"替代"效应的原因。

另一个分析的视角是音乐会和电影的机会成本发生了改变。当电影票是15美元而音乐会门票是30美元时，听一场音乐会的机会成本是两场电影。当电影票下降至10美元时，一场音乐会的机会成本上升为三场电影。换个角度来看，用音乐会衡量的看电影的机会成本下降了（从1/2下降为1/3）。

为什么会这样？思考科迪在每种商品上花费的每1美元带来的边际效用变化。当电影票降价时，花在电影票上的1美元的边际效用会上升，然而音乐会门票上1美元的边际效用不变。现在科迪从花在电影上的1美元能够得到更多的效用，因此他会将更多的预算花在电影上。

偶尔地，人们在某种商品涨价时仍会选择更多地消费这种商品。这种情况发生在韦伯伦商品上，韦伯伦商品是一种需求量随着价格上升而不断增加的商品。人们往往因为它们十分昂贵奢华而选择购买。买者选择通过这种商品向别人炫耀自己浮华奢侈的生活。

韦伯伦商品的情况与本章前文中提出的观点相互冲突，之前我们假设不管你是否一个人都能够做出相同的决策。当只有你能看见自己的手表时，如果买一只能够准确报时的普通手表就够用了，你是否还是会买一只奢华的名表？当没有人能够看到你提什么包时，如果买一个50美元的包就能够装下你所有的东西，你是否还会买一个200美元的手袋？尽管你可能十分欣赏奢侈品的优质、耐用以及不凡的设计，但是人们对此类商品的购买或多或少是因为，自己能够从别人对奢侈品的反应中得到一定效用。韦伯伦商品说明效用比我们到目前为止所讨论的内容要复杂得多。

这个例子是表明你的效用会受到其他人影响的诸多例子之一。其他人的观念有助于解释为什么人们会购买奢侈品。其他人也会影响我们如何进行慈善捐赠，我们赠予别人的礼物，甚至我们每天如何与他人相处。这些例子表明效用这一概念具有十分丰富的内涵，我们将在接下来的部分中继续讨论。

效用与社会

人们对于经济学存在一个普遍的认识误区，即效用最大化假设人们是只关注自身的消费机器。实际上，效用的内涵更为宽广和灵活。效用能够帮助我们理解嫉妒、威望、善行以及一系列其他的人类情感。

举一个例子，节日期间为了避免吝啬鬼经济学式的挥霍，为什么不送给你的姑妈、叔叔或者其他人一只山羊呢？我们并不是说真的要送给你的亲戚一只山羊，让他们能够以环保的方式打理自家的草坪。相反，比如牛顿饥荒救济委员会等慈善机构将以你姑妈或者叔叔的名义，将山羊送给非洲或者南美的一个贫困家庭。对他们而言，一只山羊也会产生很大的帮助。山羊能够为家庭提供奶，为庄稼提供肥料，山羊甚至是一种储蓄方式，当生活特别艰难时可以卖掉来补贴家用。牛顿饥荒救济委员会也会给"收到礼物的人"寄一张友好的卡片，让他们知道你以他们的名义进行的慈善行为。

许多组织提供此类赠送"慈善礼物"的机会，将一只山羊或其他有用的东西送给困境中的陌生人，同时把这一捐赠作为礼物归功于其他人。在这个三方参与的交易中，我们能得到有关效用的哪些看法呢？你的姑妈或叔叔知道自己在捐赠中贡献了一分力量会感到很暖心；你会因为做好事而感觉良好，也会在别人发现自己既有社会责任感又慷慨时感到愉悦；当然对于接受捐赠的家庭而言，山羊无疑是他们十分需要的东西。

正如牛顿饥荒救济委员会的例子所表明的，人们的效用往往源于多种心理学和经济学上相互交织的感受。某些人只有在受到关注时才会做好事，因为他们只在乎自己的好名声。当然，许多人是因为善心而做好事——每年，人们都会向居住在同一个小镇或者数千公里以外的陌生人进行捐赠。在接下来的部分中，我们将探究这些行为的动机。

效用与地位

我们消费某些东西时获得的效用往往不仅限于直接获益。如果是的话，那些著名设计师设计的手袋将会很难出售。巧克力冰激凌是一个十分少见的，无论别人是否知道我们正在享用我们的愉悦程度都一样的例子。大多数情况下，效用源于两个方面：一个是产品给我们带来的直接影响，另一个是他人的反应对我们的影响。最终，总效用是外界感知和内心喜好二者的结合，这两种感受会最终促成我们的决策。你决定用哪款手机，穿哪个牌子的衣服，或者开哪种车都或多或少地受到你想要彰显的个性、审美以及社会地位的影响。

以买一辆新车的决策为例，一辆越野车和一辆普锐斯之间具有许多明显的差别，一辆越野车能够轻松驾驭崎岖的地形，然而普锐斯对险象环生的野外环境则难以招架。虽然对于你的野外探险而言，普锐斯并非理想的车型，但是它非常省油——每加仑汽油能够行驶 50 公里，相比之下，生猛的越野车每加仑汽油的行驶里程低于 20 公里。如果你内心的喜好是唯一重要的因素，那么你会依据汽车的此类特性来进行决策。

然而，对效用的估算远不止这些。当然，每加仑汽油的行驶里程是重要的考虑因素，然而人们买车还有很多其他原因。当你驾驶普锐斯无声地疾驰过小镇，远远地，看到你的人们将会把你与某些（你可能有也可能没有）个性联系起来：驾驶普锐斯的人更为注重生活的健康和环保，尽管个别人不是这样，但这样认为并不离谱。我们推断每个拥有普锐斯的人至少会有一次，当得知自己被认为拥有这些特质时，而感到十分愉悦。

然而，相比于陌生人的看法，那些与你十分亲近的人的观念更为重要。如果你是一个环保组织的长期会员，在聚会上开着一辆全新的普锐斯出现，相比于在大型越野车的轰鸣声中出现，会给你带来更多的效用。然而，在户外俱乐部中越野车则会得到更多加分。

认为他人的看法能影响效用的观点并不新鲜。因为效用能与地位相联系，某些人通过炫富会得到非常多的效用，他们会购买那些最能显示财富的商品。

参照系：有时候效用受到的影响不仅是其他人持有的看法，还有其他人拥有多少。假设从事的工作完全相同，你更愿意接受平均工资为 40 000 美元的工厂给你提供的 36 000 美元的工资水平，还是平均工资为 30 000 美元的工厂给你提供的 34 000 美元的工资水平？这看起来是一个简单的问题。你也许认为只有自己的工资水平会影响你的效用，其他人的不会，所以当你能赚更多钱时会有更高的效用。然而，当研究者向人们提出这两种方案时，80% 的人认为第二种工作环境下人们会更愉悦。

这是由什么引起的？如果我们的效用仅仅源于类似冰激凌所带来的愉悦，那么较高的工资水平能够带来更高的效用：因为我们用 36 000 美元比 34 000 美元能够购买更多的冰激凌。但是，或许我们从别人对自己的看法中也能获得效用，这就可以解释我们为什么比朝夕相处的同事多赚 4 000 美元时会感到更愉悦。也许每天上班时开着比同事稍新一点的车，接电话时用着稍高级一点的手机，聊天时能够谈论稍精彩一点的假期计划，这些都会给我们带来效用。

效用也可能取决于你拿自己与谁比较。当你赚 34 000 美元，相比于参照系是在其他工厂赚 40 000 美元的同事，如果你的参照系是赚 30 000 美元的同事时，你会得到更高的效用。如果你将自己与《财富》500 强公司的 CEO 相比，那么，赚 34 000 美元肯定会让你觉得十分悲惨。这一思路具有一个令人不安的言外之意：简单地改变我们的参照系，我们就可以得到或者损失效用。请阅读以下你怎么认为专栏来了解有关这一争论的更多信息。

你怎么认为　选择一个社交圈

你愿意成为职业联盟中的最差球员，还是小联盟中的最好球员？你愿意在当地的合唱团中当一位明星独唱者，还是在一个有名望的大城市合唱团中做一个低于平均水平的歌者？

在现代传播技术产生之前，这些问题并不那么重要。每个人的参照系都相当狭隘和局限。技术改变了这一切：由于可下载 MP3 和潘多拉、网络音乐电台等音乐广播的出现，我们判断好音乐的参照系更加开阔。当地教堂合唱团中的女主唱在你无法将她与麦当娜比较时，也许更令人激动，而对于当地的女主唱而言，她未将自己与麦当娜比较时，也许更为幸福。

对于一名优秀的本地运动员、演员、厨师、喜剧演员、政治家以及许多其他专业人士而言，都是如此。从某种意义上来说，这些职业的效用来自于与之相关的地位，当我们的参照系变得越来越广阔时，赢家就越来越少。通常物质财富也是如此：有些人认为向偏远地区引入电视信号，会让他们将自己与更为富有的人们进行比较，从而感到不幸福。

不过，我们所有人都具有选择自己的参照系的权力。对于当地的女主唱而言，是选择享受在教堂里为规模较小但是十分欣赏她的听众表演，还是躲在家里为参加美国偶像大赛落选而郁郁寡欢，这一切都取决于她自己的选择。

你怎么认为？
1. 你愿意成为一个糟糕队伍中的最好球员，还是出色队伍中的最差球员？为什么？
2. 将自己与巨星相比较有好处吗？这些好处如何对抗坏处？

当然，效用最大化还取决于我们自己是自私还是慷慨。过节期间当你往食品杂货店前面的铁皮罐子里扔几个硬币时，看到教堂摇铃人向你甜蜜地微笑，你仿佛也会从中得到效用。这是一个双赢的交易。你从施舍中获得令人眩晕的愉悦，而慈善机构获得了想要的捐赠。效用源自我们对自己最慷慨或者最自私的爱好的坚持，效用也能够解释一些十分高尚的行为。

效用与利他主义

2010 年，一场 7.0 级地震袭击了海地，造成超过 300 000 人丧生，数百万人无家可归，面临食物和干净水源的匮乏。在接下来的两周内，北美居民为救援工作捐赠了超过 5 亿美元。当然，慈善并不仅限于对悲惨灾难的同情举动。即使在 2008 年的经济衰退期间，美国人以各种形式进行的慈善捐赠仍超过了 3 000 亿美元。这些捐赠流向了宗教团体、学校、艺术组织以及灾难救援。这些并未包括人们作为志愿者提供的时间和专业技能形式的捐赠，也没有包括人们给予家庭、朋友以及陌生人的数不清的友善无私的关怀。

经济学是如何看待这些关怀他人的现象呢？如何看待医生远涉重洋救治难民营中的病人？如何看待人们关怀年长的亲人？又如何看待课外项目中的志愿者无偿帮助其他孩子做家庭作业？当人们并非为自己谋利，而是为他人做事，表现出"无私"的品质时，我们称他们的行为十分利他。经济学家使用**利他主义**（altruism）这一术语来描述一个人的效用仅因为他人的效用增加而增加的行为动机。

当我们做好事时，我们经常会从多个方面得到效用。一个远涉重洋救助难民营病人的医生会从帮助他人中获得效用。如果她跟大多数人一样，她也会在聚会上谈起自己的慈善工作时得到效用。这样的渴望同样是做出慈善行为难以抗拒的原因。利他和利己的动机能够完美共存，一个单独的行为可能基于许多不同的原因带来效用。例如，想象一下，给一个朋友买一张音乐会门票这一行为：对你来说，既会从你朋友的快乐中获得利他效用，也会在与同伴分享自己的感受时获得额外的效用。

红色产品运动开始于 2006 年，当你购买一件具有红色标示的产品时，RED 基金会将捐赠其中几美元用以抗击全球艾滋病的活动。如果人们仅仅是利他的，这一项活动就不会存在。如果买一件 20 美元的 T 恤，其中的 5 美元会捐赠给慈善事业，那么一个完全利他的人不会购买这件较贵的 T 恤，而是会用 10 美元买一件便宜的 T 恤，然后将 10 美元捐赠给慈善机构，甚至某些人根本不会购买 T 恤，而是直接给 RED 基金会开一张 20 美元的支票。除非你认为可以通过穿着这件 T 恤来鼓励其他人进行捐赠，那么，购买这件 T 恤也表明了你会从抗击艾滋病的利他主义之外获得某些效用，或许是你穿着这件 T 恤时会感到自己散发的温暖光辉，又或许你只是喜欢它的设计。

经济学家为了探求赠予的潜在原因进行了实验。这些努力的结果将在以下现实生活专栏中进行介绍。

现实生活　我们为何赠予

最近，经济学家通过实验来探求慈善的心理学原因。在一个实验中，研究者对要去挨家挨户为慈善募捐的人们进行了区分，年轻有魅力的人拜访一些家庭，相对邋遢的募捐者拜访另一些家庭。结果呢？有魅力的募捐者明显募集到了更多的捐赠。相比研究者检验的其他因素，魅力的影响最为显著。募捐者的外表对我们的慈善决策貌似并不重要，然而，人们可能会在潜意识里对美貌产生反应，心理学家称之为"光环效应"。

在另一个实验中，研究者随机地为每位潜在的捐赠者分派了特定水平的比照捐款。一些人被告知他们每捐1美元，将会由第三方匹配捐款3美元。一些人的比照捐款为2美元，一些人比照捐款只为1美元，而另一个群体中并没有任何比照捐款。那些提供了比照捐款的人们比未提供的人们捐赠的更多，但是匹配额度与捐赠多少并不相关，那些按照2:1或3:1进行比照捐款的人并没有明显比1:1的人捐赠的更多。这一结果表明，人们认为比照捐款是捐赠的原因，但是匹配的多少并不重要。

慷慨的赠予会产生多大影响？这也是经济学家探索的问题，并且具有令人惊讶的答案。对利用国际援助资金的不同方法进行的实验表明，某些项目对所捐赠的每1美元的利用比其他项目要有效得多。（你可以在"发展经济学"这一章中阅读有关这些实验的更多内容。）

然而这引出了一个棘手的可能性：募集到最多资金的慈善组织，往往是具有最浮夸的筹款技巧的组织，而并不一定能最大限度地帮助处于危难之中的人们。当经济学研究既增加了我们对人们为何赠予的理解，也增进了我们对哪些慈善活动最为有效的认识，我们也许可以找到鼓励人们更多地向最有效的慈善活动募捐的方法。

资料来源：Dean Karlan and John List, "Does price matter in charitable giving? Evidence from a large-scale natural field experiment," *American Economic Review* 97, no. 5 (December 2007), pp. 1774-1793; Craig Landry et al., "Toward an understanding of the economics of charity: Evidence from a field experiment," *The Quarterly Journal of Economics* 121, no. 2 (May 2006), pp. 747-782.

最后，当经济学家说"我们假设人们是理性并且自利的"时，并不意味着他们假设人们是自私的，而仅仅是认为人们会最大化自己的效用。显示性偏好表明，人们会从那些一点儿都不自私的事情中获得效用。

效用与互惠

显示性偏好也表明人们会从惩恶扬善中获得效用。想象一下，一名研究者邀请你参与一场实验，你将与一名搭档一起参与，你对他没有任何了解，并且永远不会再见面。接下来，研究者给你10美元，并且告诉你可以给你的搭档任何金额的钱数，或者也可以选择自己全部保留。研究者告诉他会将你愿意赠送给搭档的钱数变为3倍——因此，比如你决定赠予3美元时，你的搭档将得到9美元，并且你的搭档也会有机会将你赠予的钱赠回给你。当你能够与另一个人商量时，你也许会同意将你所有的10美元都赠予对方，他将收到30美元，并且将其中的15美元赠回给你。然而你不能与对方商量，那你会怎么做呢？

在实际实验中，当研究者邀请人们进行这场游戏时，他们发现，平均来看，第一个人愿意与搭档分享得越多，作为回报搭档也会赠回得越多。这表明人们在以善报善中能够获得效用，即使对他们来说什么也得不到。

我们将这种倾向称为**互惠**（reciprocity）。互惠意味对他人的行为采取相似的行为。互惠是当他人对我们施以善行时，我们也会以善待之（这表明了互惠与利他的区别，利他仅是简单地希望他人能够有所好转）。

互惠也会在我们遭遇不良对待时的反应中有所体现。当人们因为受到他人伤害而尽力降低他人的效用时，他们就被卷入了消极互惠。当你偷了走廊另一边的那个家伙的牙膏，是因为他的音乐声让你整周晚上都无法入眠时，你的行为就是消极互惠。

即使会损失一些利益，人们往往也会参与到互惠行为中。为了弄明白这是如何发生的，让我们回到之前研究实验的博弈中。正如之前的规则，你可以选择赠予你的搭档多少钱，但是现在研究者允许你的搭档接受或者拒绝你的赠予。如果她拒绝了，那么你们两个都得不到任何金钱。

理论上，你也许预期你的搭档会接受任何金额的赠予：即使你只赠予对方1美分，对他而言，接受也好过拒绝。然而，实际上，这个实验的结果却并非如此。如果搭档认为对方赠予的金额"太少"，他往往会拒绝接受。搭档十分乐意损失被赠予的金钱,来惩罚做出"不公平"行为的对方。尽管这一惩罚没有更进一步的意义——两名参与者并不知道另一个人是谁,并且这个实验也不会再来一轮,但是惩罚还是会发生。正如实验所表明的,人们往往愿意为了追求公平的理想状态而牺牲部分利益,尽管这样做并不理性。

互惠影响人们的日常合作。当你为了报答别人帮助你准备考试而送给对方一张比萨,或者你在商店里因为食物的免费试吃而进行购买,你都做出了互惠行为。与利他和地位的观点一起,互惠增加了我们对效用概念在新奇事物和人性诸多方面的深入理解。

总 结

本章中的观点是经济学分析的核心内容。接下来几章(以及前几章)中的所有内容,从某种意义上说,都是建立在人们在可利用的资源约束下追求效用最大化这一假设的基础上。

我们将在接下来的几章中继续丰富这一图景,因为人们即便是在进行最平常的决策时都必须回答诸多困难的问题,比如,成本何时会带来相对应的收益?风险是什么?我完全了解了整个局势吗?与我竞争的其他人也在追求相同的目标吗?

效用最大化的概念十分灵活。我们会看到人们的偏好往往远超出让自己获益的狭隘定义。有时,他们会通过一种意想不到或者不完全理性的方式追求自己的目标。然而,个人会在面临稀缺性时,坚持追求自己想要的东西,这一基本观念,是经济学分析从始至终的驱动力量。

1. 解释显示性偏好如何表明哪些产品或活动能够给人带来最大的效用

效用是对人们从某个事物得到的满足程度的虚拟度量。人们的效用既来自于能买到的东西也来自那些一文不值的东西。决策即是在所有可能的选择中,选择做那些人们认为能够使效用最大化的事情。经济学家用效用最大化这一术语来描述这种决策方法。经济学家通常假设人们做出的决策能够证实他们的偏好,即显示性偏好的概念。我们观察人们的实际行为,并且假设作为一个理性人,人们在做的事情一定给他们带来了最大的效用。

2. 解释预算约束如何影响效用最大化

预算约束是一条直线,表明了在给定预算下,个人能够选择的所有可能的消费束。预算线的斜率等于两种商品的价格之比。一个理性人会在他能够负担的产品数量限制下最大化自己的效用。

3. 解释收入变化如何影响消费决策

　　个人的收入增加会使预算线向外移动，即一般而言，消费者能够购买更多的商品。另一方面，收入减少会使消费者能够购买的商品变少。

4. 解释价格变动如何影响消费决策，区分收入效应和替代效应

　　商品的价格变动会给最优的消费组合带来两种效应。由于较低价格导致有效财富增加，带来的消费量变化称为收入效应。当价格下降时，消费者能够买到更多的商品，就好像他的收入增加了一样。替代效应则描述了两种商品的相对价格变动时带来的消费量变化。消费者会倾向于更多地购买相比于另外一种变得更便宜的商品。

5. 简述外界感知如何影响效用，并且描述人们如何从利他和互惠中获得效用

　　消费者从一件商品中能够获得多少效用往往受到其他人如何看待自己决策的影响。某些人选择消费昂贵的商品，以向别人炫耀自己能够买得起奢侈品。效用同样会受到你的参照系的影响——当你跟周围的人赚到的钱基本一致时，你更可能幸福。

　　利他主义指一个人的效用会随着他人效用增加而增加的行为动机。互惠反映了人们即使会在惩恶扬善时付出某些代价，也仍能从中获得效用。

批判性思考

1. 一个为了向老年人提供膳食而募集资金的慈善组织，向捐赠者赠送手提袋。萨米认为将募集到的钱用在手提袋上是一种浪费，因为可以用这部分钱提供更多的食物。向萨米解释为什么对慈善组织而言赠送手提袋具有经济意义。
2. 你的朋友说："我宁愿在小池塘里做一条大鱼，也不愿意在大池塘里做一条小鱼。"这句话表达了什么观念？

ECONOMICS

第 8 章

行为经济学：进一步了解决策

认知目标

1. 定义时间不一致性，并说明它如何导致了拖延及其他自我控制问题。
2. 说明在决定接下来要做什么时，为什么不应该考虑沉没成本。
3. 辨别人们经常低估的机会成本类型，并说明为什么对它们的低估会扭曲决策。
4. 解释为什么替代性对于财务决策来说很重要。

引例　什么时候20美元不太像是20美元

想象自己处于以下情形中：今天早些时候，你买了一张晚上的音乐会门票，门票价格是20美元。当你到了会场，从口袋里找门票的时候，发现……它竟然不见了。你一定是把它弄丢在路上了。多么恼人的一件事！现在仍然可以在门口用20美元买到门票。你会做出什么反应呢？

1："好吧，没关系，这种事经常发生。我再买一张门票就行了。"

2："我绝不会为这场音乐会花40美元！我宁愿用20美元做点别的事情。"

如果你的反应是第2种，许多人跟你一样：研究人员就相似问题进行调查时，46%的人的反应是晚上做其他事情。而另外54%的人会忍受这个烦恼，再买一张门票。

现在想象一个替代情形。这一次，你到了会场后打算在门口买一张门票。你从口袋里拿钱来买票，发现……等一下，这是怎么了？你十分确定今天早上你有5张20美元在口袋里，但是现在只剩下4张了。你一定是在什么地方把它弄丢了。多么恼人的一件事！你会做出以下哪种反应呢？

#1："好吧，没关系，这种事经常发生。我再买一张门票就行了。"

#2："你知道吗？我看这音乐会就算了吧。"

这一次，只有12%的人选择了第2种反应，放弃原来的计划。88%的人会选择再买一张门票。

你可能注意到了这两种情形实质上完全一样。两种情形都是你到了会场后打算看一场原来计划好的，对你而言价值20美元的音乐会，只是令人失望地发现自己比原来预想的少了20美元。

如果你十分缺钱，那么在任何一种情形下，放弃音乐会都能说得通。而如果你并不缺钱，那么并不是任何情形都有道理。你弄丢了20美元，这发生在你把它换成音乐会门票之前还是之后又有什么不同呢？理性地来看，这并没有任何不同。然而感性地来看，这看起来是有不同的（即使你在两种情形下都选择了再买一张票，难道你不会感到弄丢门票会有那么一点点的更为恼人?)明显地,对于少数人而言,两种情形在感性上的差别实在太大,因此,他们会在弄丢门票的时候放弃原来的计划,而在弄丢20美元时则不会。

这种行为并不理性。下面这些都是明显的非理性行为的常见例子:

- 你说想减肥,但是却点了甜点。
- 买一样东西时,相比用现金支付,用信用卡支付时愿意花更多的钱。
- 顽强地看完一场你自己并不喜欢的电影。

理性人(经济学中所定义的)并不会这般行事,但是许多人会。然而,我们之前不是说过,整本书中经济学家都假设人们会做出理性的行为来最大化自己的效用吗?是的,我们说过。那这是怎么回事?假设人会理性地追求效用最大化让我们能够分析许多情形。这一假设已经足够正确、足够普适,因此十分有用。但是它并不是所有时候都是对的,那些例外情况的重要性在当前经济学研究中是一个有着激烈争论的问题。在过去的几十年里,经济学家从心理学家和生物学家那里了解到许多人进行日常决策的实际过程,即人如何将经济学观念转变为实际行动。由此产生的理论已经发展成为经济学的一个分支,极大地扩展了我们的决策模型。这一领域被称为行为经济学,即本章的主题。

行为经济学不仅能够推进我们对人如何决策所进行的学术研究,也开发出一些实用便捷的工具来帮助人落实他们声称想要做出的决策,比如储蓄更多的钱、变得更健康、多参与慈善活动等。你也许曾经用过这些工具,但自己并未意识到。

从形式上看,行为经济学(behavioral economics)是利用心理学的深刻见解拓展个体决策模型的经济学领域。行为经济学涵盖的范围十分广泛,在本章中,我们仅介绍行为经济学中关于个人的三个常见的有趣应用:时间不一致性、对成本的非理性认知以及决策时忽略货币的可替代性。

如何应对诱惑和拖延

我们已经(在第7章讨论效用时)接触过类似的例子,这也是行为经济学家感兴趣的话题：周六早晨你醒来的时候，信誓旦旦地决定要度过一个积极并且有效率的一天——锻炼、打扫公寓、学习，然而，晚些时候你却发现，不知怎么回事时间已经是周六的晚上，自己还是穿着睡衣在看《顶级厨师》节目的回放。啊？这一切是怎么发生的？

正如我们所观察到的，解释这个常见经历的视角之一是利用显示性偏好的观点，即不管你曾经打算想做什么，你的行为显示了你真正想做的只是把这一天用来看电视，而另一个视角则是你根本没有理性行事。

然而上面任何一种解释看起来都不尽如人意。我们中的许多人都有经历过冲突的感觉，我们明确知道自己想要做一件事情，但是却发现自己一直在做另外一件。我们想要学习，却沉溺于游戏；我们想要节食，却难以抗拒甜点；我们想要储蓄，却总是花太多钱。在解释这些冲突时，如果认为我们的行为一定显示了我们真实的想法，这与我们对自己的理解并不相符。另外，如果认为我们是非理性的解释感觉像是放弃解释，并且也暗示我们无法预测人们会做出什么决策。

还有第三种方法。为了明确想要抗拒诱惑和拖延应该采取哪些行动，我们可以对模型进行些许改进。这可以通过利用时间不一致性、自我斗争和承诺来实现。

时间不一致性、自我斗争和承诺

关于我们为什么有时会难以抗拒诱惑，一种理论的观点是人们可能持有两套不一致的偏好。

- 一套包括我们在考虑将来时，认为自己可能想要的东西——为考试努力学习、减肥、建立一个储蓄账户。
- 一套包括当将来真的到来时，我们会想要的东西——玩游戏、吃甜点、购物。

经济学家用时间不一致性（time inconsistency）这一术语，来描述这一情形，即仅仅由于决策的时机不同，我们就会做出不同的选择。

思考接下来的有关时间不一致性的经典例子：为了感谢大家参加我们正在进行的研究项目，我们想要赠送你一份零食。在下周结束之后，你想要一个苹果还是一块巧克力蛋糕？当研究人员提出这个问题时，大部分人选择了苹果。然而，等下周真的结束时，研究人员问参与者是否还坚持想要苹果，大多数参与者却转而选择了巧克力蛋糕。无论决策是在之前还是当下做出的，一个偏好具有时间一致性的人应该选择同样的零食。当我们说自己在下周更想要苹果，而在下周真的到来，马上可以消费时，却转向巧克力蛋糕，这就是时间不一致性的表现。

时间不一致性能够帮助我们解释诸如拖延和缺乏自我控制等行为。就好像我们的思维里存在两个自我：一个"面向未来的自我"，能够专注于要完成的事情进行精明的计划，如健康饮食等；一个"面向现在的自我"，面临当前的诱惑时就会节节败退。当然，正如卡通老虎霍布斯告诉卡尔文的那样："未来给我们造成的麻烦是它会不断地变成现在。"关于未来，无论你面向未来的自我会做出多么明智的决定，一旦未来变成现在的时候，你面向现在的自我就会再次占据主导地位。如果在下周的活动之后，研究人员说："我们给你带来了一个苹果，但是如果愿意你也可以吃一块巧克力蛋糕。"面向现在的自我就会指挥我们转向蛋糕。

认为时间不一致性是两种自我之间的一场战争是合情合理的。换句话说，一个时间不一致的个人既不是非理性也不是理性。相反地，一个人内心面向未来的自我和面向现在的自我都是在理性地追求自己的目标。

知道自己具有时间不一致性偏好的人往往会寻求一些方法来抵制诱惑。如果你总是会在晚上忍不住吃太多薯片，你可以决定去商店时不买薯片。如果你浪费了太多时间上网，你可以安装一个类似 Leechblock 的浏览器插件，设定你登录某个特定网站的限制时间。当然，这些策略没有一个是万无一失的。你总是可以在晚上冲到商店，或者卸载 Leechblock，但是这些举动至少在你意志薄弱地面向现在的自我面前设置了障碍。实际上，也存在其他简单的方法，就是让一个人的坏习惯变得更昂贵。如此一来，我们就是在利用经济学中的需求定理（价格上涨时，需求量会下降）来劝导自己不要太过纵容自己的坏习惯。

为了举例说明一个组织如何利用面向未来和面向现在的自我之间的冲突来获利，请阅读以下现实生活专栏。

📍 现实生活　等明天再多捐赠一点

你是否曾经打算做好事，比如做志愿者或者捐钱，但是却总是拖延？你并不是唯一这样做的人。慈善机构知道即使是最善意的支持者也可能忘记寄出支票。这就是为什么许多慈善机构鼓励人们签订每月捐款协议，可以从信用卡或者银行账户自动扣除捐款。

我们可以将这看作时间不一致性的另外一个例子。你面向未来的自我想要进行有规律的捐赠，但是你面向现在的自我却没办法坚持这样做。签订一个每月捐款对于你面向未来的自我而言是一个制胜战略，这能够将惰性的力量变成优势。你面向现在的自我任何时候都可以取消捐赠，但通常却懒得这么做。这并不奇怪，平均而言，有规律的每月捐赠者比不规律的捐赠者向慈善机构捐赠的更多。

最近，瑞典经济学家安娜·布雷曼与服事（Diakonia）慈善机构进行的一项合作就进一步利用了这一理念。慈善机构想要从已有的每月捐赠者那里得到更多的捐赠。如果请求他们将来增加自己的捐赠额会有什么不同吗？为了弄明白这一问题，布雷曼与服事慈善机构进行了一次实验。他们将大约1 000名捐赠者分成两组。请求第一组人考虑增加他们的每月捐款额，这个月马上开始。请求第二组人做相同的事情，除了增加额会在两个月之后才生效。

结果呢？第二组中愿意增加捐赠额的人比第一组多1/3。对于依靠个人捐赠的慈善机构而言，这具有巨大的差别。就好像想要现在的蛋糕但想要下周的苹果的人一样，服事慈善机构的捐赠者相比于现在多捐赠一些，更愿意两个月以后再多捐赠一些。

当然，捐赠者面向现在的自我可以在任何时候，取消每月增加的捐赠额。但是惰性的力量实在太过强大：每月捐赠者会保持他们承诺的捐赠水平平均达7年之久。现在看起来，慈善机构想增加筹款额时，相比于简单地请求人们多捐赠，应该考虑请求人们等明天再多捐赠一点。

资料来源：Anna Breman, "Give more tomorrow," 2006, http://econpapers.repec.org/article/eee-pubeco/v_3a95_3ay_3a2011_3ai_3a11_3ap_3a1349-1357.htm.

自我斗争的问题可以利用所谓的承诺机制（commitment device）进行缓和。承诺机制是指个人为了有效执行未来的计划而设置的一种安排，否则计划的执行就会十分困难。承诺机制的一个经典例子发生在古希腊史诗奥德赛中。奥德修斯和船员知道他们的船将会经过海妖居住的水域，海妖会用她们优美魔幻的歌声迷惑人们，让他们跳入水中并且葬身海底。奥德修斯想要聆听海妖的歌声，但他面向未来的自我十分机智，他明白到时候无法信任面向现在的自我能够拒绝海妖的召唤。于是奥德修斯要求船员在进入海妖的水域之前把他绑在桅杆上。他创造了一种承诺机制，能够有效地约束面向现在的自我服从只是倾听并不跳海的决策。

一个更为常见的承诺机制的例子是任意的最后期限。在一项实验中,教授告诉商学院某一班级的学生在本学期需要完成3份作业,并且他们可以自己设置作业期限。不能遵照作业期限完成的学生将会得到较低的分数。尽管选择学期的最后一天作为3份作业的最后期限并不会受到任何惩罚,但是大多数人都没有这样选择。他们认识到面向现在的自我很可能会拖延,把所有工作都留到最后一刻,并且很可能根本完成不了。大多数人都选择将3次最后期限平均地分布在整个学期。通过承诺自己一定会遵照设置的最后期限,他们给自己不拖拖拉拉地度过整个学期提供了一个强大的激励。

想要了解关于承诺机制的其他例子,请阅读以下现实生活专栏。

现实生活 跟自己签订一份契约

在面向现在和面向未来的两个自我之间的斗争中,承诺机制要顺利完成并不容易。当你在甜点的诱惑面前屈服时,你可能会"承诺",比如做100个俯卧撑来惩罚自己。然而这并不奏效,是吧?当你从餐厅回到家里,你面向现在的自我又会做主,并且认为那些俯卧撑其实一点都没必要。此时的你就像奥德修斯一样,需要某些能够捆住自己的方法。

stickK.com网站(由本书的作者之一创建并且部分持有)就提供了这样的方法。它是这样运作的:你定义自己想要实现的能够量化的目标,例如,到12月1日那天你的体重不能超过一个特定的重量。同时,指定一位值得信任的朋友(你可以信赖的某个人)当你的裁判,当你没达到目标时能够对你施以严厉的惩罚,而不是放过你。然后,你定义一个如果没达到目标时,愿意被罚没的钱数,同时输入你的信用卡号码,这样就没有退路了。

还有一个额外的惩罚:你还需要提名一个你不愿意捐钱的组织。如果你未达到目标,stickK.com将会从你的信用卡中将罚没的钱捐献给你"反感的慈善组织"。

戒烟和减肥是两种最常见的个人目标,但stickK.com网站也激发了一些有创意的承诺:

- 在纽约跟外国人说话慢些。
- 不要再跟失败者约会(你最好的朋友被指派来判定"失败者")。

- 离开家时关掉灯和空调以节能。
- 多学习。
- 少学习。
- 两个月不理发。

截至目前，超过 140 000 人签订了此类契约，总金额超过 3 700 万美元。

资料来源：www.stickK.com.

对成本的非理性思考

在第 1 章中，我们讨论了人们如何通过在成本和收益之间进行权衡取舍以做出决策。如果做一件事情的收益大于机会成本，我们认为理性人会做这件事，而如果收益小于机会成本，就不会做。现实中，人们往往不能理性地权衡成本和收益。在这一部分中，我们将探讨人们在考虑成本时常见的两种失误：无法忽视沉没成本，以及低估机会成本。

我们通过心理学家称之为认知偏见的诸多例子总结出这些失误。它们是导致我们持续错误决策的一种行为模式。认知偏见在行为经济学中经常出现。因此，如果你发现自己陷入以下所描述的困境中，不要对自己太过苛责——就好像在某些情形下，人类的大脑构造无法轻松地进行理性思考。

沉没成本谬误

你是否曾经坐在电影院里将一部糟糕的电影看完，仅仅因为你不想"浪费"电影票钱？这个逻辑是诱人的，但是有缺陷。这是经济学家称之为沉没成本谬误的一个例子。沉没成本是已经发生的无法收回或退还的成本，例如你开始看电影时的电影票钱。在权衡机会成本与收益时，考虑沉没成本是没有意义的，但是，人们却总会这样做，因为，我们很难接受自己的损失。

为了理解为何这是你决策时考虑沉没成本的谬误，设想下面的选择：你愿意在接下来的 90 分钟里观看一场免费的糟糕电影，还是做点别的什么？你很可能愿意做点别的事情，对吗？品尝一杯咖啡，跟朋友闲逛，甚至可能花钱看另一场精彩的电影。看一场糟糕的电影，即使是免费的，也不是一个吸引人的选择。然而，当你花钱看一场你立马意识到十分糟糕的电影时，上面就是你所面临的处境。电影票钱已经花掉了（你不可能再拿回来），你也不必为了看剩下的部分再花一分钱。

但是为什么在这种处境下，还是有许多人顽强地坚持看完整部电影？这是因为他们在计算成本时，并没有理性地将沉没成本排除出去。他们感觉只要走出电影院，花在电影票上的钱就浪费了，而不是理性地接受当他们无法从观影中感到愉悦时，这钱就已经浪费了。

类似的心理缺陷解释了我们在本章开始时的例子。明显地，很多人认为只要他们买了一张替代的门票，丢失的门票费用就被浪费了。理性的思维是接受丢失的门票费用已经被浪费了，并且在进行接下来的决策时不要再考虑它，那么此时唯一的问题就是，未来的成本（买一张门票的 20 美元）是否超过未来的收益（音乐会带来的愉悦）。无论你丢失的是门票还是 20 美元，你所面临的权衡取舍都是如此。

沉没成本谬误的另一个常见例子是坚持在旧车上花费高额的修理费。你花了 1 000 美元来修理你的汽车，而紧接着下个月它就又坏掉了，需要 2 000 美元来修理。它看起来需要不断地进行更多的维修，费用加起来远超过它卖出时的价值。如果你只考虑未来成本和未来收益，你可能会决定报废这辆旧车再买一辆。然而许多人觉得报废这辆车会"浪费"他们上个月花掉的 1 000 美元修理费。

其实，沉没成本谬误不仅仅适用于金钱。你是否曾经努力地维持一段糟糕的感情，仅仅因为觉得"浪费"已经投入的时间和努力很不甘心？

低估机会成本

选择了一个机会就意味着无法利用另外的机会。任何事情都有机会成本。有时，其中的权衡取舍十分清晰。你在餐馆菜单上两种价格相近的食物间进行选择时，选择其中一种食物的机会成本十分明显：就是你享用另外一种食物所获得的愉悦感。

在许多其他情况中，权衡取舍却并不清晰。通常权衡取舍中的收益部分十分明显，因为它就在你面前，比如你正在商店里试穿的一件 100 美元的夹克。然而机会成本却难以设想：你会在其他什么东西上花 100 美元？如果你努力地设想自己会把这 100 美元花在其他什么东西上，你也许会想到自己想要的。但是那些东西似乎太过抽象和遥远，而这件夹克却十分具体地摆在眼前。结果是，你也许会高估自己从夹克中获得的收益，同时低估它的机会成本。

当机会成本并非货币时，人们往往倾向于低估它，比如时间。坚持看完一场糟糕的电影时，人们不仅陷入了沉没成本谬误，也没有认识到时间的机会成本。他们不仅错误地重视不可挽回的货币成本（电影票价格），而且忽视了非货币机会成本（时间）的价值。坚持看完糟糕的电影意味着你将失去从其他事情中获得的效用。

拥有的隐性成本是另外一种经常被忽视的非货币机会成本。它是由行为经济学家观察到的一种认知偏差，指人们会额外重视他们已经拥有的东西。由于总是可以选择出售，你所拥有的一切都有机会成本。你继续拥有一样东西的机会成本就是其他人为了买走它愿意付的价钱。比如你有一辆再也不会骑的自行车放在车库里，如果在易贝上卖掉可以得到 200 美元。当你没有自行车时，你肯定不愿意花 200 美元买它。那么，为什么还要继续留着它呢？你实际上是"花了" 200 美元才留下了自行车；如果你认清了这一机会成本，那你一定会卖掉它。

另外一个例子，假设你抽奖赢得了一场篮球赛中靠近赛场的门票，如果卖掉的话可以得到 400 美元。你很可能会选择自己用掉门票，即使如果没有中奖，你永远不会考虑花 400 美元来买。当钱从你的钱包花出去的时候很容易印象深刻，但是却很难意识到，这跟没有把钱放到钱包里本质上是一回事。

即使是经验老到的投资者往往也会低估拥有的隐性成本，这表现在他们会顽强地持有那些表现糟糕的股票，而如果没有持有的话，他们绝不会考虑购买这些股票。

忽略可替代性

如果某个东西是**可替代的**（fungible），它就可以被轻易交换或取代。许多日常交易的商品都是可替代的。给定的任意吨铜能够拆分成不同的吨数，一桶汽油可以换成另一桶汽油。可替代物品的最完美的例子就是货币。1 美元永远是 1 美元，无论是作为礼物收到的，还是在地板上发现的，又或者是通过工作赚得的。1 美元仍然是 1 美元，无论是你钱包里的一张纸币，还是零钱包里的 20 个 5 美分硬币，又或者是你在网上查看银行账户时，屏幕上显示的数字。它们都具有相同的价值。

货币是可替代的，这听起来十分明显，但实际却并非如此。行为经济学家发现人们常常忘记货币是可替代的，因此导致了许多奇特的非理性决策。

构建金钱的心理分类

有时构建金钱的心理分类能够帮助自律。比如，你正在为度假存钱。你可以为这笔钱开设一个单独的银行账户，通过告诉自己这个账户是"度假费用"，就可以减少自己为了日常开销而动用这个账户的念头。某些人甚至通过将钱放入标有"房租"或者"食物"的信封或罐子对钱进行标记。当然，你放进房租信封的钱也可以在交房租之前，就很轻易地被花在彻夜狂欢的聚会上。但是，如果你能够忘记那个信封，它就可以帮你避免无家可归。通过这个方法，将钱分别放入不同的心理账户，能够帮助你管理支出并且不超出预算。

然而，在一些例子中，将金钱在心理上标记为某一账户或者其他账户并不那么有效。假设一个大学生通过周末打工一个月能赚 5 000 美元，每个月通常会有 2 000 美元信用卡欠款。这名学生可能在心理上将信用卡欠款的利息标记为定期"支出"，他宁愿用每个月的工资支付欠款利息，也不愿意用自己的储蓄账户余额还清欠款。然而，如果信用卡欠款所收取的利率高于储蓄账户（这简直是一定的），那么这名学生最好还是还清他的信用卡。此时，他的储蓄账户里会有 3 000 美元，但没有信用卡欠款，他就可以自己留着本来要支付的信用卡欠款利息。这一部分钱可以用来储蓄，也可以买更多想要的食物、书或者音乐。然而很多人却十分抗拒用储蓄来支付信用卡账单——尽管这个决策从长期来看会让他们变得相对穷困。

不止一家信用卡公司强化消费者对账单的心理分类，这也许是件好事也可能是件坏事。参见以下你怎么认为专栏。

你怎么认为 信用卡分类：是更现实还是更迷惑

2009 年，美国大通银行在行为金融领域一位经济学家的帮助下，设计推出了一款名为蓝图的新型信用卡产品，蓝图卡能够帮助消费者对信用卡账单进行分类，这样消费者就可以选择哪些类别的账单立即还清，哪些推迟还款。消费者还可以针对没有立即还清的账单制订偿还计划。

一系列推行蓝图卡的电视广告向我们展示了，人们可以选择立即还清食物、燃气或租金等日常支出，同时对如订婚戒指此类只有一次的大额支出制订特别的偿还计划。这些广告迎合了人们的直觉：许多人不介意对大额开销支付利息，但并不愿意因为日常开支负债。大通蓝图卡实际上利用了人们对于金钱的实际想法。这一信用卡旨在帮助消费者理清自己的财务状况，所利用的方法类似于帮助人们将付房租的现金放进单独的信封。

然而，换一个角度来看，蓝图卡对货币是可替代的这一现实不屑一顾。货币的可替代性意味着人们对自己的财务项目进行分类是毫无意义的。经济学逻辑告诉我们，如果你有500美元的信用卡账单，并且只还了其中的300美元，那么无论你告诉自己所偿还的是每个月的食物账单，还是订婚戒指的一部分，对剩下的200美元所偿还的利息并没有任何差别。这一种信用卡产品的风险在于，通过鼓励人们对不同类别的账单进行区分，会造成人们对自己财务状况的思维混乱。消费者可能受到错误的诱导，认为能够延期支付的大额开销是可以接受的，并由此增加这些开销，造成高利息的信用卡账单，但他们本来可以将这些大额支出存起来，从而生活得更好。

你怎么认为？

1. 银行应该利用人们如何看待财务状况的实际心理设计产品吗？即使对人们来说结果似乎并不理性。
2. 银行在设计产品时，应该力图让消费者做出经济上的理性决策吗？
3. 总的来说，你认为使用类似蓝图卡产品的消费者最终会有更多还是更少的负债？

资料来源：http://www.chaseblueprint.com/.

将钱放入心理上的分类账户会让人们更勇于冒险。行为经济学家通过观察发现，当人们刚得到一笔钱时，更倾向于鲁莽地花掉。比如，在一个赌场里，你也许会听到一个刚刚赢了赌局的人说自己是在"用赌场的钱玩"，相比于用自己带来的钱，用刚赢的钱赌博时会更愿意冒险。这是一种非理性的区分，因为一旦他赢了赌局，钱就不再是"赌场"的，而是自己的。这种非理性行为同样存在于利用他人储蓄进行委托投资的基金经理身上。他们看起来倾向于将初始投资基金和在市场中刚赚到的钱二者进行错误的心理区分。结果，当他们刚做成一笔赚钱的交易时，就会做出风险更大的投资决策。

总 结

虽然假定人们会采取理性行为追求效用最大化对我们有很大帮助,但行为经济学家向我们证实了,实际中我们需要对"效用最大化"进行更深入的了解,才能通过构建模型,预测人们实际中会做出的特别决策。真实的人会以复杂的、意外的或非最优的方式进行经济决策。了解人们的这些倾向既能够帮助我们避开常见的决策陷阱,也能够帮助我们设计出更好的产品和政策,帮助人们做出更明智的决策。

尽管本章探讨的这些行为可以被看作偏见或者失误,但它们也是能够纠正的失误。我们会探讨设计哪些策略能够帮助人们实现预想目标并做出更明智的决策。

1. 定义时间不一致性,并说明它如何导致了拖延及其他自我控制问题

当我们只是因为时间不同就改变决策时,时间不一致性就产生了。这通常意味着你现在与未来想要的事物并不一致。时间不一致性解释了类似拖延和无法抗拒诱惑等行为。具有时间不一致的人们经历着内心的"面向未来的自我"与"面向现在的自我"两者之间的斗争,前者持有积极的目标,比如更有效率和健康饮食,而后者则倾向于懈怠和退步。承诺机制等类似做法能够帮助我们更好地深入了解此类斗争。

2. 说明在决定接下来要做什么时,为什么不应该考虑沉没成本

经济学家通常假设人们会并且只会在收益大于机会成本时做某件事。但是人们具有重视沉没成本的非理性倾向。所谓沉没成本,是指已经发生的,无法收回或退还的成本。如果人们不考虑沉没成本,只对即将产生的成本进行权衡,将会做出更明智的决定。

3. 辨别人们经常低估的机会成本类型,并说明为什么对它们的低估会扭曲决策

人们常常会低估抽象的或非货币形式的机会成本,比如在一项活动中付出的时间价值或拥有一件东西的隐性成本。例如,拥有的一件东西的卖出价格高于人们购买它愿意支付的价格时,人们常常会错失这样的机会。从经济效益上看,拒绝卖出一件东西的机会,相当于你自己以售价买了它。

4. 解释为什么替代性对于财务决策来说很重要

当一个东西很容易被交易或者被替代时,我们称它具有替代性。可替代物品的最好例子就是金钱。即使金钱具有可替代性,人们的行为却经常反映出他们并不这

样认为。相反地，他们会把钱放入不同的心理分类账户。尽管这种方法能够帮助人们储蓄并且不超预算，但也可能会导致糟糕的财务决策，比如人们不用低利率的储蓄来支付高利率的账单。

批判性思考

1. 时间不一致性是如何解释拖延的？
2. 什么是承诺策略，它如何帮助人们克服时间不一致性？
3. 为什么忽略货币的可替代性会导致带来损失的财务决策？

ECONOMICS

第9章

博弈论与策略思维

认知目标

1. 解释为什么囚徒困境中非合作是占优策略。
2. 解释为什么重复博弈能够强化合作。
3. 解释如何利用逆向归纳法进行决策。
4. 定义先发优势并在实践中加以识别。
5. 解释为什么重复博弈中有耐心的参与者具有更强的议价能力。
6. 解释为什么承诺策略能够让参与者通过限定自己的选择达到目标。

引例　请勿乱扔垃圾

无论是散落在人行道上的糖纸，还是公路围栏上飘扬的塑料袋，乱扔垃圾十分有碍观瞻。相比于脏乱的环境，大多数人更喜欢干净的街道、公园和海洋，那为什么还会存在乱扔垃圾的现象？

想象在阳光明媚的一天，你在家门外的桌边享用午餐。你刚刚吃完，一阵轻风就把你的三明治包装纸吹落到了地上。你明明可以把它捡起来，但是风却把它吹得更远。你有点赶时间，而且好像并不会因为你没有把包装纸扔到垃圾桶里而被抓或受到惩罚。此外，地上也有其他垃圾，你的包装纸不会让整个环境有太明显的不同。因此，心里怀着一点点内疚，你选择对它置之不理。

问题在于，当其他人看到你的包装纸被风吹走了，他们更有可能决定像你一样乱扔垃圾，而这会带来更多的乱扔垃圾的行为。最终导致整个社区越来越脏乱，垃圾遍地。

这是一个悖论。所有人都想要一个干净的环境，但有时某些因素会导致我们让环境变得有一点儿糟糕。随着时间的流逝，如果每个人都让环境变得有一点儿糟糕，累积的结果就是环境会变得十分糟糕。一旦所有人都乱扔垃圾时，你难免也会乱扔。这并非最好的结局，但不知怎的事情就这样发生了。由于无法让所有人都自觉地不乱扔垃圾，环境问题就逐步升级，最后一发不可收拾。

这个问题该如何加以修正？一种观点是针对乱扔垃圾建立严格的规范。其中一种方法是鼓励家庭、学校、教堂以及其他社会组织强化公众应保持社区整洁的共同理念。为了针对在路边乱扔垃圾的现象建立社会规范，得克萨斯州的交通运输部率先提出了标志性的"不要毁掉得克萨斯"标语。

位于东南亚的新加坡政府则采取了截然不同的措施，即采取一套严厉的惩罚手段。这是一种防患于未然的措施。在新加坡如果被发现随手乱扔垃圾，将会面临1 400美元的罚款。除此之外，新加坡当局通常还实行所谓的"劳改法令"。这一法令强制你穿上显眼的绿色马甲在户外捡拾垃圾，从而受到公众的谴责和监督。如果你试图扔掉稍大一点的垃圾，比如从车里扔出来一整袋垃圾，除了没收汽车之外，你还将面临 35 000 美元的罚款或者一年监禁。

由于这些严厉的惩罚机制，新加坡比美国的大多数大城市都要干净，这并不奇怪。比如，在纽约，你有时需要走过好几个街区才能找到一个垃圾桶，并且乱扔垃圾的罚款力度（50 美元～250 美元）也不如新加坡大。由于政府让乱扔垃圾的行为变得十分昂贵，新加坡的市民除了将垃圾扔进垃圾桶之外别无选择，这有效地解决了乱扔垃圾的问题。新加坡的政策有些强硬，但当局认为高额罚款确实能够帮助人们得到想要的整洁环境，而这并不可能通过自愿实现，因为人们在克制乱扔垃圾行为时会出现集体失败。此外，在预先设置的高额罚款的有效激励下，几乎没有人会乱扔垃圾，当局实际上也很少实施罚款。

虽然新加坡已经找到了减少乱扔垃圾的方法，然而许多地方的垃圾问题仅通过简单的高额罚款和法令无法解决。当垃圾跨越国境转移或者漂浮在开阔海域时，建立一套有效的国际解决方案十分困难。在州或国家公园的深处以及野外，很难逮到乱扔垃圾的人。即便如此，新加坡的例子已经表明，充分重视人们的动机和激励是探求解决方案的有效途径。

在本章中，我们将看到乱扔垃圾问题是囚徒困境的例子之一——囚徒困境是指双方都进行理性的决策，但对双方而言结果却并不理想的一种博弈策略。将决策当作是一场"博弈"也许看起来有些轻率，然而经济学家使用博弈这一术语时采用了相比于日常更广泛的含义：对经济学家而言，博弈不仅是象棋、大富翁或者扑克等娱乐项目，也指参与者通过策略达到目标的所有情形。正如我们在本章中将会看到的，不同类型的博弈将会出现在环境保护、商业运作以及战争等真实世界的诸多情形之中。

博弈与策略行为

经济学家用博弈（game）这一术语表示至少两人参加的，需要每位参与者都进行策略性思考的情形。研究在不同的情况下，参与者如何采取策略行为的理论称为**博弈论**（game theory）。

我们已经了解到当人们审视自己面临的权衡取舍时，能够理性地通过最有效的方式追求自己的目标。当你所面临的权衡取舍受到他人决策的影响时，理性的做法就是采取**策略行为**（behaving strategically）。策略行为意味着通过预测自己与他人决策之间的相互作用采取行动以达到目标。当你的结果受制于他人的决策时，询问自己他人会如何回应？正如第 1 章中介绍的，经济学家考虑的四个关键问题之一，这是进行明智决策的关键。

规则、策略和收益

所有的博弈都具有 3 个特征：规则、策略和收益。规则定义了一场博弈中允许的行动。比如在象棋中，每一种棋子只能朝一个特定方向移动。在实际生活中，人们的行为受到法律和自然法则的双重限制。比如，当两个企业竞争时，可以认为每个企业的成本构成是一种规则。在总统选举中，规则包括总统选举团的运作方式和多数投票系统。在环境博弈中，可以认为自然法则是限制和引导人类进行决策的规则。

策略是参与者为实现目标而采取行动时所遵循的计划。在大富翁游戏中，你会尽可能多地购买廉价的不动产，在海滨木板路或者公园广场建设酒店，或者努力成为铁路和公共设施巨头。所有的这些策略都是为了实现相同的目标：让其他玩家破产的同时赚得更多的游戏币。两个企业竞争的策略可能包括生产特定数量的商品。竞选的策略之一就是通过充满希望的语言和想象力吸引人们为候选人投票。

收益是特定行为带来的回报。可能是货币形式的：从事特定工作获得的工资，或有远见的商业决策带来的利润。也可能是非货币形式的：象棋比赛的收益是赢得棋局，竞选中最重要的收益则是当选。

一次性博弈与囚徒困境

经典的**囚徒困境**（prisoners' dilemma）是指双方都进行理性的决策，但对双方而言结果并不理想的一种博弈。这也适用于超过两个人的情形，并且不限于个人，对于组织也适用。

囚徒困境这一名称源于电视剧《法律与秩序》，或者其他警匪片中能看到的情形：你和一名同伙由于被怀疑犯下两桩罪行而遭到逮捕，其中一桩非常严重，而另一桩则轻微得多。警察将你们分别关押在不同的房间，一名警察坦白地告诉你，他们掌握了你们犯下轻微罪行的足够证据，但是另一桩严重罪行则证据不足。他想要至少有一个人为严重的罪行负责，因此他提出了一个交易：如果你认罪，但你的同伙拒绝认罪的话，你将会入狱 1 年，但你的同伙将由于犯下严重罪行，而面临最高 20 年的牢狱之灾。

如果你认罪的同时，你的同伙也认罪了会怎么样？警察不再需要你的证词就能够定罪，因此入狱 1 年的交易就取消了。但警察告诉你，作为合作的回报，你将获得减刑，只需入狱 10 年。如果你们两个都不认罪又会如何呢？警察叹气道："那么你们两个都只会因为轻微的罪行定罪，每人入狱两年。"这时，你的脑海里冒出了一个想法：警察是否也向你的同伙提出了相同的交易？"当然"，他得意地笑道。

你暗自思忖，"如果我的同伙认罪了，我选择认罪将会获刑 10 年，而不认罪将会入狱 20 年。而如果我的同伙没有认罪，我选择认罪将会获刑 1 年，而不认罪将会入狱 2 年。因此，无论我的同伙做什么，对我来说认罪都是更好的选择。"尽管你们在犯罪时是搭档，但你马上意识到同伙也会有相同的逻辑。这意味着你们都将选择认罪，并且都面临 10 年监禁。只要你们两个能够设法合作，都拒绝认罪，那么你们就能够避免这个结局，每人只需服刑 2 年。

图 9-1 利用决策矩阵对这一困境进行描述。横向观察第一行可以发现，如果你的同伙认罪了，你将在自己的第三选择（10 年监禁）和第四选择（20 年监禁）之间进行选择。观察第二行可以发现如果你的同伙拒绝认罪，你将在自己的第一选择（1 年监禁）和第二选择（2 年监禁）之间进行选择。纵向观察每一列可以发现，对你的同伙而言，他也面临了同样的选择。你们两个所面临的激励意味着你们都将认罪，最终处于左上角的框内，即实现你们的第三选择。然而如果你们能够相互合作，最终可以处于右下角的框内，即两人都实现第二选择。

我们来看一下这种想法如何体现在总统竞选辩论中。2004 年，乔治·布什与约翰·克里之间的总统选举竞争，被认为是近期最为负面的竞选之一。如果你负责运作布什的竞选，你的思路也许是这样的："如果参议员克里采取负面竞选策略㊀，

㊀ 负面竞选是指候选人通过散发对对手不利的负面新闻和广告，来降低对手的可信度。——译者注

我们就应该有力回击，不然就会让自己看起来很软弱。但是参议员克里并未采取负面策略的话，又会怎样呢？如果我们攻击他，但是他并没有回击，我们将会摧毁他赢得选举的机会。因此，无论对方做什么，我们都最好采取负面策略。"恰巧参议员克里的竞选团队也有同样的想法。结果就是：两方的竞选活动都采取了负面策略，两位候选人的声望都受到了损害，选民对政治程序越来越感到大失所望。

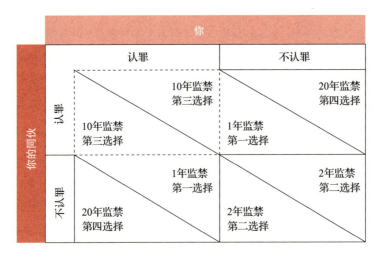

图9-1　囚徒困境

我们可以通过一个决策矩阵（见图9-2）对这一情形进行分析。首先，我们必须确定收益。对每一个候选人而言，首要的是轻松赢得竞选，而非激烈竞争（轻松获胜是他们的首选）。接下来相比于落选，他们宁愿面临激烈竞争（落选是他们的最后选择）。在每一种情形下，肮脏选举⊖是值得付出的代价。但是如果让候选人在负面有损声望（左上角的选择）和正面提高声望的激烈竞争（右下角的选择）两者之间进行选择的话，两位候选人必然更倾向于后者。

正如先前的囚徒困境，两位候选人都十分清楚自己的选择，并且意识到无论对手做什么，他们最好的选择都是采取负面策略。结果，他们都落入到自己的第三选择，而如果能够寻求合作的话，他们本来能够实现自己的第二选择结果。

⊖　肮脏选举是指用贿赂或暴力等舞弊手段影响选举。——译者注

	克里	
布什	负面策略	正面策略
负面策略	激烈竞争 / 坏名声 / 第三选择 ‖ 激烈竞争 / 坏名声 / 第三选择	赢得竞选 / 第一选择 ‖ 竞选失败 / 第四选择
正面策略	竞选失败 / 第四选择 ‖ 赢得竞选 / 第一选择	激烈竞争 / 好名声 / 第二选择 ‖ 激烈竞争 / 好名声 / 第二选择

图 9-2　总统竞选中的囚徒困境

本章开头描述的乱扔垃圾"博弈"也可以通过一个决策矩阵进行分析。我们已经用数字标明了不同结果的正反两面。确切的数字大小并不重要。相反，真正重要的是它们的相对大小以及这些数字是正数、负数还是零。决策者想要得到最高的数值（或者尽可能失去较少的数值）。图 9-3 表明了在决定是否让你的垃圾随风远去时，你和你的邻居们所面临的决策收益情况（可以认为"你的邻居"是指社区中所有可能乱扔垃圾的其他人）。正如你所看到的，无论你的邻居是否乱扔垃圾，对你而言，乱扔垃圾都带来了较大的收益，同样，最终的结果是第三选择，尽管如果你和邻居们能合作的话，你们本来能够实现自己的第二选择。

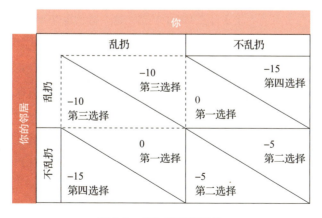

图 9-3　乱扔垃圾的收益

发现占优策略

在之前的囚徒困境中,无论你的同伙做什么,你都最好选择认罪。无论其他参与者选择什么策略,对于自己都是最佳的策略被称为占优策略(dominant strategy)。总统竞选中,负面竞选是两位候选人的占优策略,当然结果是两位候选人都名誉扫地。

当然,并非所有的博弈中,每位参与者都有占优策略。以大家熟知的游戏石头-剪刀-布为例(见图9-4)。如你所知,石头能打败剪刀,剪刀能打败布,而布能打败石头。由于每个参与者同时行动,预测对手的选择十分困难。无论从决策矩阵的纵向还是横向来看,都不存在一个策略,无论对手选择什么,你都一定能赢。

		参与者B		
		石头	布	剪刀
参与者A	石头	平局	B赢	A赢
	布	A赢	平局	B赢
	剪刀	B赢	A赢	平局

图9-4 没有占优策略的博弈

实现均衡

回顾第3章提出的均衡概念:当一个市场实现均衡价格和数量时,意味着当其他买者和卖者的行为一定时,没有任何一个买者有动力付更多钱,也没有任何一个卖者有动力接受更低的价格。均衡的概念在博弈论中也很常见:特别地,一种特殊类型的均衡被称为纳什均衡(Nash equilibrium),是指当其他参与者的选择既定,每位参与者都选择了最佳策略时所达到的均衡。换句话说,就是给定其他参与者的选择,没有参与者有动力改变自己策略的状态。这一概念是以著名的博弈论学者约翰·纳什命名的。

在类似石头-剪刀-布的博弈中,纳什均衡并不存在。比如你正在与朋友玩石头-剪刀-布,如果朋友选择剪刀,你选择了石头,那么你并没有改变选择的动力(石头能打败剪刀),但对方却有转向选择布的动力(布能打败石头)。而如果你的朋友转向选择布,这会让你转向选择剪刀(剪刀能打败布),如此往复。此时,博弈并不存在一个确定的结果,也就是说,一旦得知对方的选择,你们两个都会改变自己的策略。

而在囚徒困境中,则存在一个稳定的结果:你们两个都选择认罪。正如我们在囚徒困境中看到的,对于参与者而言,一个博弈的均衡结果并不一定是好的结果。

这种负-负的结果被称为非合作均衡，因为参与者的行为都是孤立的，只考虑自己的个人利益。

尽管每个人都只考虑自己的个人利益，某些博弈中也存在稳定的正-正的结果。思考汽车驾驶的"博弈"：假定某个岛上只有两个汽车驾驶员，你是其中之一，你们两个朝向对方行驶。如果你决定在路右侧行驶，而另一个人决定在路左侧行驶，你们将会迎面相撞（这是你们两个的最差收益），这并非均衡。你的决定让对方有动力也选择在右侧行驶。当你们都靠右侧行驶时，你们将会避免事故的出现（这是你们的最好收益），并且你们没有人有动力改变。此时，靠右侧行驶就是一个正-正的结果。

正如你或许已经注意到的那样，博弈可能存在不止一个均衡结果。你们两个都靠左侧行驶也是一个均衡。的确，在美国之外的一些国家，例如英国、日本和澳大利亚，人们在汽车驾驶的博弈中已经达成了靠左行驶的均衡结果。这个例子也告诉：我们一场博弈在达到均衡结果时，并不一定存在占优策略。无论是靠右行驶还是靠左行驶都不是占优策略，最好的决策取决于另一个参与者怎么做。

通过承诺避免竞争

在我们对囚徒困境的讨论中，已经多次强调，如果博弈的参与者能够合作的话，他们的情况将会有所好转。那么他们为什么不合作呢？这并不仅仅因为他们被关在不同的房间而无法交谈（实际上，布什和克里本来可以互通电话，就正面竞选达成一致）。也不是简单的信任问题，而是即使你事先和同伙就不认罪达成一致，你也难免担心同伙会先行认罪违背你们的承诺。

实际上，问题比这还要复杂得多。即使你完全确定你的同伙值得信任，不会认罪，你仍然应该认罪（记住无论你的同伙做什么，你都最好认罪，这是一个占优策略）。在囚徒困境式的博弈中，预先商量好的合作协议很难得到执行，因为两个参与者都有很强的动机背叛对方。

这个问题得以解决的方法之一是建立背叛的惩罚机制，降低参与者的收益。为了保证合作策略得以实施，惩罚必须足够严厉，从而超过不合作的激励。这可行么？可行性取决于特定博弈的具体情形。在经典的囚徒困境中，想象如果你和同伙是同一个犯罪团伙的成员，一致同意如果有人针对其他人有罪进行作证，将会被惩罚处死。这戏剧性地将认罪的收益变为：较短的刑期，但刑满释放后被处死。在这种选择下,"不认罪"变成了一个更具吸引力的选择。

此类协议是**承诺策略**(commitment strategy)的典型例子,协议规定如果有人背叛了给定的策略,在未来可以对其施加惩罚。通过改变收益,就未来的惩罚达成一致,能够让参与者实现一个共同获益的均衡状态,否则这一均衡难以维系。

负面竞选的例子又能如何呢?很可惜,竞选中承诺策略难以奏效。参与竞选的政客们经常旗帜鲜明地当众承诺要进行正面竞选,当候选人采取负面手段时,选民会对违背承诺的候选人心生愤怒而转投他人。然而这一承诺策略要切实奏效,选民们必须足够愤怒,才能超过负面手段带来的选举优势。鉴于诸多类似承诺做出后就立马遭到背弃,这种承诺的限制实际上微乎其微。

基于公共利益促进竞争

通过承诺策略达成正-正结果对每个人都有好处。比如,在选举博弈中,如果候选人能够就正面选举达成一致,公众能够获益。选民可以避免负面选举带来的不愉快,选民投票率和政治活动的公共利益都会得到提升。

然而,在某些囚徒困境式的博弈中,阻止参与者进行合作有利于公共利益。我们之前针对典型的囚徒困境设想的承诺机制,与真实世界的现实情况相差无几。著名的沉默法则能够阻止黑帮成员与官方当局进行交谈,这让检察官几乎无法说服黑帮成员认罪,并且出面指认黑帮组织的领袖。这就是建立证人保护计划的原因所在,即试图增加认罪的收益,同时推动参与者回到追求自身利益的博弈状态。

考虑一个在商业领域更为常见的例子:假设一个小镇上有两个加油站,分别由大陆石油公司和美孚公司开设,每个加油站都可以在高油价和低油价之间进行选择。这让我们可以得到四种可能的结果和收益,如图9-5的决策矩阵所示:

- 如果两个加油站都定低价,它们都将获得低利润。
- 如果两个加油站都定高价,它们都将获得高利润。
- 如果美孚定价高而大陆石油定价低,小镇的每个人都会去大陆石油的加油站加油。大陆石油的加油站将获得高利润,而美孚的加油站将亏损。
- 如果美孚定价低而大陆石油定价高,相反的现象就发生了:每个人都去美孚的加油站加油,这会让美孚的加油站获得高利润,而大陆石油公司由于没有顾客光顾,将产生亏损。

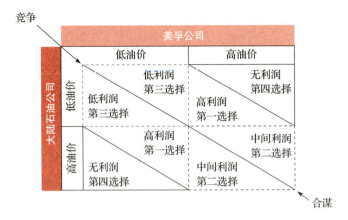

图 9-5　两个厂商竞争中的囚徒困境

到此为止,这一分析过程看起来似曾相识:这一博弈是囚徒困境的另一个应用,占优策略是低油价。尽管如果两个加油站能够就高油价达成一致,它们将获得更高的利润,但是它们仍然会选择定价较低的占优策略。这一非合作均衡对博弈的参与者,即两个加油站而言是坏消息,但是对可以低价加油的小镇消费者而言,则十分有利。

我们可以预料,两个加油站的经营者一定会试图找到合作的方法,以实现它们都能获得高利润的均衡(我们将在接下来的内容中探讨实现合作的一种途径)。但是小镇的消费者则想要阻止这一结果发生,因为这将会让他们没有选择,只能为汽油支付高价。我们甚至采用了一个略带负面的词语合谋,或共谋来指代此类商业领域的合作,而采用一个更为正面的词语竞争来指代非合作均衡。

在接下来的章节中我们将看到合谋实质上存在一个共同的问题:企业往往试图找到合谋的途径来索取高价,然而代表了消费者利益的政府则试图找到阻止它们的方法。用博弈论的语言来说,就是将改变价格竞争博弈规则的合谋裁定为非法行为。

囚徒困境中的重复博弈

到目前为止,我们对囚徒困境博弈建立了一次性决策模型。在博弈论的经典理论中,对两个面临 20 年监禁的共犯而言,这种建模是十分准确的,这确实是一个一次性决策。但是在总统竞选的例子中，这并不准确：采用正面还是负面策略的决策并非只在竞选开始时进行一次，而是每天都在进行。加油站的经营者每天甚至每个小时都可以改变自己的价格。经济学家将进行不止一次的博弈称为**重复博弈**（repeated game）。

当博弈重复进行时，策略和激励往往完全不同。特别是，参与者不再需要承诺策略来实现共同受益的均衡。为了弄明白为什么，我们回到只有两个加油站的小镇。想象你经营着美孚加油站。一个早晨，你也许会想："今天我将要提高价格。当然一开始我会损失一些钱，但是这值得冒险，因为大陆石油加油站的经理也许会看到我们长期获益的机会。"因此，在博弈的第一回合，美孚的加油站采取了"高油价"的策略。

现在想象你经营着大陆石油加油站。当你看到美孚加油站提高了价格，你也许会想："太好了，人们都会来我的店里加油，我将会赚到更多的钱。但是等一下，这并不持久。当美孚加油站开始亏损时，它除了降价之外别无选择。如果我也提高价格，也许美孚的经理将会保持高价，那么我们都能够获得更高的利润。"由此，在博弈的第二回合，美孚的加油站和大陆石油的加油站都采取了"高油价"的策略。

在第三回合将会发生什么呢？两个加油站的经理都会想："如果另一个加油站维持高价的话，我降价将会带来更多利润。但是这不可能发生，是吧？如果我降价，另一个加油站也一定会被迫降价。因此我将会保持高价，同时看看对方是否也这么做。"于是，在博弈的第三回合，两个加油站再一次地采取了"高油价"策略。在接下来的第四、第五、第六回合中，同样的理由仍然成立。因此，在两个参与者的持续合作下，汽油维持了高价。

一报还一报策略

美孚的加油站和大陆石油的加油站的经理之间的思维过程是**一报还一报**（tit-for-tat）策略的典型例子。一报还一报是一种十分坦率的想法：无论对方做什么，你都会采取相同的行为作为回应。实际上，在囚徒困境式的重复博弈中，一报还一报策略十分有效。如果对方做出了合作举动（比如在加油站的例子中，采取高价），那么作为回应你也会进行合作（也提高价格）。如果对方采取了非合作的背叛举动（降低价格），你也会回敬以非合作举动（也降低价格）。两个都采取一报还一报策略的参与者能够很快就持续合作达成一致。

需要指出的是，重复博弈的参与者没有必要为了实现合作，而采取公开承诺策略或者签订明确的协议。例如，镇上两个加油站仅仅通过两个参与者的理性博弈，就能够长期维持高油价。实际上，签订明确协议维持高价的行为是违法的（合谋），而维持高价的公开承诺也不受消费者欢迎。因此，公司往往会通过微妙的手段让竞争对手了解自己将坚持采取一报还一报策略，由此降低了竞争对手降价对已经达成的高价均衡产生威胁的风险。阅读以下现实生活专栏了解这一类共同约定。

> **现实生活　价格一致承诺保证了什么**
>
> 有些公司的广告宣称，如果你能够在其他地方发现更低的价格，他们将与之一致。潜台词是他们确信自己的价格是最低的。然而，这其中的博弈更为微妙，并且对消费者而言没有半点儿好处。实际上，博弈论表明价格一致承诺所保证的是更高的价格，而非低价。
>
> 在本书写作期间，相互竞争的两大家装巨头家得宝和劳氏公司采取了几乎相同的价格一致政策。两个商场都承诺不仅与对方的广告价格相一致，而且在其基础上再打九折。与之矛盾的是，这些保证意味着没有公司有动力实行低价。实际上，价格一致政策传达的是，公司将坚持一报还一报策略的清晰的公开信号。
>
> 想象一下，假设两个公司对同一款剪草机定价 300 美元。如果劳氏决定将价格降为 250 美元会怎样？家得宝的价格一致承诺意味着消费者从家得宝购买的话，可以再便宜 25 美元（更低的价格，比对方低 10%），即 225 美元。结果导致劳氏的低价策略收效甚微。对家得宝而言亦是如此。
>
> 虽然我们并未就家得宝和劳氏的价格与成本进行经济分析，但是这个例子让我们能够一睹价格一致承诺令人惊奇的真实面目。博弈论告诉我们承诺更低价格并未像宣称的那样保证了低价。由于明确地就特定价格进行合作是违法的，一家公司的最好选择是采取一报还一报策略。公司只要做出合法的价格一致承诺并且广而告之，就能够为自己会采取一报还一报策略确立一个可置信的威胁。结果就是，高价得以维持，损害顾客利益的同时，公司暗中受益。

可见，一报还一报是一个特别有效的策略。然而为什么每次竞选中，参选者不会重复地采用正面广告回报只用正面广告的竞争对手，从而保证政治选举是正面的？有几点原因：一是竞选不像汽油销售，并非无限期地重复。随着选举日益临近，博弈越来越接近一次性博弈，背叛合作的激励越来越强。另一个原因在于，竞选的参与者首要关心的是相比于对手做得更好（比对手获得更多的选票），而加油站则更关心绝对收益（赚取尽可能多的利润）。

尽管一报还一报并非适用于所有情况，它仍然为我们分析诸多情形提供了极为有效的工具。实际上，政治学教授罗伯特·阿克塞尔罗德举办了一场数十个电脑程序基于不同策略相互竞争的比赛，试图找到在重复的囚徒困境博弈中能够获得最大收益的策略。最终，在14个参与竞争的策略中，由数学家阿那托·拉帕波特提交的一报还一报策略脱颖而出，成为最成功的策略。

以下换个视角专栏阐述了人类的很多情绪是从祖先的一报还一报博弈中演变而来的这一理论。

换个视角　一报还一报与人的情绪

为什么我们会感受到诸如同情、感激、报复、内疚和宽恕等不同的情绪？提出互惠利他主义理论的进化生物学家罗伯特·特里弗斯推测，我们进化出的此类情绪能够帮助我们在"博弈"中采取一报还一报策略实现合作，而这也让我们的祖先得以生存延续。

设想你是生活在原始社会的狩猎—采集部落成员。一天你收获颇丰，带回自己吃不完的食物，但是你的邻居一无所获。你可以选择合作（与邻居分享食物）或者选择不合作（自己拼命吃掉所有食物）。第二天，也许你的邻居有所收获，但你没有，并且他也做出了相同的选择。在这种情形下，相比于不合作（你们每个人轮流挨饿或狼吞虎咽），如果能够维持合作，你和邻居会生活得更好（分享食物并且每天都能吃得好）。

要实现持续的合作需要什么情绪呢？首先你必须有足够的同情心，分给你倒霉的饥饿邻居一些食物。接下来你的邻居应该心怀感激，使得他能够在第二天与你分享食物作为回报。如果某天你的邻居做出了非合作举动，拒绝与你分享食物，你需要诸如报复的情绪激励你采取惩罚措施，不与他分享食物。而如果你的邻居随后感到内疚，在接下来的一天与你分享，你需要诸如宽恕的情绪，让自己回到彼此分享的惯例中。

当然，没有人完全了解为什么人类具有感受这些情绪的能力。但有趣的是，我们很多情绪的存在仅仅是为了帮助我们在重复的囚徒困境博弈中，凭直觉选择一报还一报式的策略。

序贯博弈

到目前为止，我们分析了参与者同时做出决策的博弈。在囚徒困境博弈或者石头-剪刀-布博弈中，每个参与者在得知其他参与者的决定之前，决定自己要采取的策略。然而在许多真实世界的情形中，一个人或企业往往必须在对手之前做出决策。当参与者并非同时而是依次行动时，我们称之为序贯博弈。

前向思考，逆向行动

在序贯博弈中，策略行为的一个特别重要的特征就是"前向思考，逆向行动"。首先你必须前向思考：你正在考虑的情形中所有可能的结果都是什么？你更倾向于哪种结果？接下来你必须逆向行动：为了实现你更倾向的结果，你需要做出什么选择？

这种反向分析问题的过程，即从最终的选择开始逐项向前，直至确定最优策略，被称作**逆向归纳法**（backward induction）。这可能是你一直采用但并不自知的方法。

举一个简单的例子，假设你正在进行下一学期的选课。面对诸多选择，你会怎么做呢？首先，前向思考，假设你希望成为一名荣获普利策新闻奖的记者。接下来逆向行动。要获得普利策奖你需要做什么呢？你需要得到一份顶尖报社的工作。而你如何得到顶尖报社的工作呢？你需要主修英语专业。而这又要求你修完非小说类写作的必修课程。因此你这学期应该选写作入门课程。

如图9-6所示，这一推理过程是逆向归纳法的典型例子：从你想要的结果开始，按时间逆向行动，依次决定为了达到目标，你必须做出的每个决策。

> **问题**：下学期你应该修什么课程？
> **愿望**：获得普利策奖
>
> 问：为了获得普利策奖你必须做什么？
> 答：你必须就职于一家顶尖报社。
>
> 问：要得到一家顶尖报社的工作必须做什么？
> 答：你必须获得新闻学硕士学位。
>
> 问：为了获得新闻学硕士学位你必须做什么？
> 答：你必须先获得英语学士学位。
>
> 问：为了获得英语学士学位你必须做什么？
> 答：你必须修完非小说类写作的必修课程。
>
> 由此，你下学期应该选择非小说类写作的入门课程。

图9-6　利用逆向归纳法进行决策

阻止对手进入市场：一个序贯博弈

如果其他参与者为了回应你的决策而做出的行为会对你产生影响，那么在序贯博弈中，逆向归纳法是一个特别有用的分析方法。在商业中尤其如此；许多企业不得不在序贯博弈中做出策略决策。此类例子之一就是进入某一市场。假设麦当劳公司正在考虑在一个没有快餐店的小城镇上开一家餐厅。同时假设麦当劳只考虑选址在能够获得至少10%投资回报率的地方，因为公司把钱转投其他项目时能够获得10%的回报。

公司高层在两处可行的选址中举棋不定：在市中心，地价昂贵，但顾客到店用餐更方便；在郊区，地价便宜，但顾客必须开车才能到达。公司的计算结果（在这个例子中是假定的）表明，位于郊区的一个麦当劳餐厅能够产生20%的回报，而选址于市中心可以赚得15%的回报。如果麦当劳的分析过程到此为止的话，它将会选择将新店建在郊区。

然而，如果公司高层进行策略思考，就会意识到存在汉堡王也考虑进军同一个城镇的可能性。麦当劳的计算表明，如果存在两个相互竞争的快餐店，一个在市中心而另一个在郊区的话，由于大多数顾客不愿意驱车驶往郊区，市中心的快餐店会获利颇丰。由此市中心的快餐店将赚得12%的回报率，而郊区的快餐店仅获得2%的回报率。如果在两家店都在郊区，每一家都将获得8%的回报率；如果两家店都在市中心，每一家将获得4%的回报率。

得知汉堡王不确定是否进入市场之后，麦当劳应该怎么做呢？如果麦当劳将新店建在郊区，可以预见由于受到12%回报率的吸引，汉堡王将会在市中心开设新店。这将会把麦当劳的回报率降至仅2%。但是如果麦当劳选址于市中心，可以确信汉堡王根本不会进入该市场。这是因为如果汉堡王也选址于市中心只会获得4%的回报，而选址于郊区则仅仅获得2%。麦当劳可以确信汉堡王将不会开设新店，而是选择将钱投向具有10%回报率的其他项目。

我们可以利用名为决策树的图表对麦当劳面临的决策进行分析，如图9-7所示。既然麦当劳是博弈中的先行者，第一个决策点代表了它选址于郊区或者市中心。无论麦当劳做出何种选择，接下来汉堡王决定是将新店建在郊区、市中心还是不开设新店，这体现在决策树的第二个阶段。

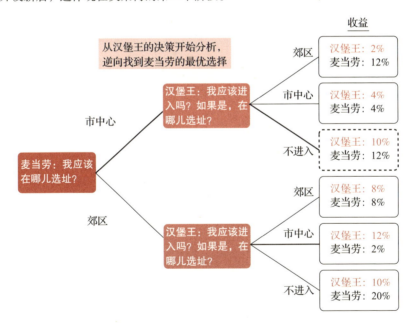

图9-7 进入市场的决策树

我们可以采用逆向归纳法分析对麦当劳而言最好的做法。从决策树的最右侧开始，我们可以发现如果麦当劳选址于郊区，汉堡王将会在市中心开设新店。但是如果麦当劳抢先在市中心开店，汉堡王将选择不进入市场。决策树显示了麦当劳实际面临的回报率并非最初设想的那样，在选址于市中心的15%和选址于郊区的20%

两者之间选择，而是在选址于市中心的 15% 和选址于郊区的 2% 之间进行选择。尽管对于麦当劳而言，没有竞争者时选址于市中心并非最好的决策，但这样做能够阻止竞争者进入市场，因此，这是最好的策略决策。

序贯博弈中的先发优势

在市场进入博弈中，先行者麦当劳最终获得 15% 的回报率，然而后发者汉堡王却不得不投资于别的项目获得 10% 的回报率。如果汉堡王率先进入城镇，它就可以将自己置于麦当劳的境地，在市中心建新店并且将麦当劳排除在市场之外。在这一博弈中，无论谁率先进入城镇都将获得较高的回报，后进入的公司只能获得较低的回报。这类博弈中存在**先发优势**（first-mover advantage），即率先行动的参与者相比跟随者能得到更高的收益。

在只进行一个回合的序贯博弈中，先发优势十分重要。设想一个公司与工会就工资进行讨价还价博弈。实际上，两方的讨价还价是如何将创造的剩余在公司和劳动工资两者之间进行分割（记住在这一情形下，剩余是指人们从交易中获得的好处）。如果这是只有一个回合的序贯博弈并且公司先采取行动，它可以提出只支付剩余的 1%，工会将面临的选择是：可以接受公司的提议，或者通过罢工拒绝提议，这将让公司和工会两者获得的剩余均为零。既然 1% 总比什么都没有好，工会只好接受这一吝啬的提议。图 9-8 的决策树展现了这一过程。

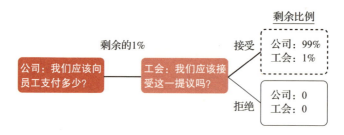

图 9-8　最后通牒博弈的决策树

然而，如果工会能够率先选择，它将得到剩余的 99%。可以设想公司宁愿付出高额工资，也不愿意工人罢工，一分钱也赚不到。经济学家将这一情形称为最后通牒博弈。一个参与者做出提议，另一个参与者只能简单地选择是接受还是放弃。正如我们在下一部分中将看到的那样，如果另一个参与者具备还价的能力，也就是将一个回合的博弈变为多个回合的博弈，情况将会发生戏剧性的改变。

重复序贯博弈

我们已经看到重复博弈能够让合作得以维持,从而改变诸如囚徒困境等同时博弈的性质。重复博弈也会减少先发优势,从而改变序贯博弈的结果。

进行还价的能力让讨价还价从一个由先发优势主导一切的博弈转变为一个耐心成为制胜策略的博弈。为什么呢?在几乎所有的情形下,既定数额的一笔钱处于未来时的价值不如这笔钱处于当下时的价值大。讨价还价需要时间,在参与者达成一致之前,伴随着每一回合讨价还价的过程,他们所分配剩余的价值都在不断地减少。在公司与工会之间的工资谈判中,我们可以想象这种减少源于谈判期间错失的生产时间。在这一情形下,越有耐心的参与者,即相比于当前的金钱,更看重金钱未来价值的人,更具有优势。能够拒绝妥协时间越长的参与者具有越强的讨价还价的能力,因此可以获得更好的收益。

实际生活中大部分工资谈判不会耗时多年(尽管有些会这样)。如果每个参与者知道对方的耐心有多大,那么两方不必进行多回合博弈。相反,公司可以简单地按照已经完成所有回合博弈时,最终将会发生的结果进行提议。此时,剩余的分割将与每个参与者的耐心成比例。

序贯博弈中的承诺

回顾前面的内容,在类似囚徒困境的同时博弈中,做出可信的承诺能够改变收益并且影响其他参与者的策略。我们将会看到在序贯博弈中也存在同样的情况。思考一个来自军事策略的例子,一位将军利用承诺策略,看似矛盾地限定自己的选择,实则提高了胜利的机会。

在16世纪早期,西班牙征服者荷南·科尔特斯到达了墨西哥海岸,想要宣称这片土地属于西班牙国王。而这片土地当时隶属于强大的阿兹特克帝国,帝国拥有雄厚的战斗力量。图9-9表明了这一博弈的决策树。两方都可以选择前进战斗或者撤退保命,并且阿兹特克人可以先行选择——决定如何应对荷南的入侵。如果阿兹特克人撤退,他们确信荷南将会继续前进并且占领他们的土地。如果阿兹特克人奋起反抗,那么荷南将会面临两个选择:撤退得以活命,或者继续前进并殊死奋战。

无论荷南宣称自己的士兵如何勇敢忠诚,阿兹特克人都会预期,如果西班牙士兵面临的是一场殊死搏斗，他们将宁愿安全地撤离到船上。因此，阿兹特克人会决定奋起反抗。如果博弈的双方都理性行事，结果将是荷南选择撤离。

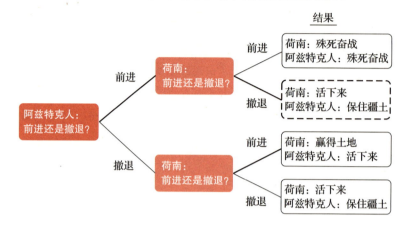

图9-9 荷南与阿兹特克人的决策树

预感到阿兹特克人的计谋之后，荷南采取了一个极端的举动：他烧掉了自己的战船，切断了胆小士兵撤退的后路。图9-10表明了这一大胆的举动如何改变了决策树。在新的情形之下，阿兹特克人知道如果他们反抗，荷南除了殊死奋战之外别无他选。因此，阿兹特克人决定相比于冒死抗争，他们更愿意撤退偷生。

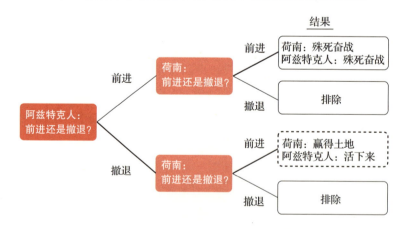

图9-10 烧掉战船后的决策树

通过减少选择做出承诺，荷南强势地改变了对手的策略，这一承诺带来了荷南原本无法获得的收益。"破釜沉舟"是历史上著名的承诺策略的例子。想要了解承诺策略的更多应用，请阅读以下现实生活专栏。

现实生活　奇爱博士，又称：我们如何学会停止恐惧并爱上承诺机制

思考"懦夫"博弈，两个人驾驶汽车开足马力朝对方行驶。如果没有人转向，他们将会迎头撞上。但退一步讲，这需要钢铁般的意志。通常情况下，会有一个人先丧失勇气，改变方向为另一个人让路，这样就输掉了比赛，成为"懦夫"。显然，这一博弈中存在一个细微的策略失误，如果两个人陷入僵局都不转向，将会让结果变得十分糟糕。

懦夫博弈可以帮助我们理解为什么冷战期间美国和苏联储备了大量的核武器。他们的策略就是积累足以摧毁对方的杀伤性导弹，也被称为"同归于尽"。军事和政治专家认为，如果一个国家做出袭击行为，另一个将会以更强的武力加以还击。而这将最终导致共同毁灭，就像一个全球范围内的惨烈车祸。鉴于同归于尽的威胁，专家指出，无论关系恶化到什么程度，任何国家都不会冒险攻击对方。这就像当撞车迫在眉睫时，两个驾驶员都确定对方一定会转向。实际上，生活在冷战时期的人们并不觉得这一逻辑能够让人安心。

为了在懦夫博弈中取胜，你会怎么做呢？你将会效法西班牙将军荷南登陆墨西哥后烧掉战船的做法。通过当着对手的面将方向盘扔出窗户，你传达了自己将采取坚持向前行驶的策略承诺。对手了解到你不会退缩，因此面临了要么转变方向输掉比赛，要么迎头相撞两个选择。

1964年的经典电影《奇爱博士》用戏剧形式滑稽地将核问题中的承诺策略加以呈现。电影中虚构出苏联建立了一个"世界末日装置"。如果任何核武器在苏联境内爆炸，这个装置将会自动向美国发动全力进攻。由此，美国确信如果自己发起攻击，苏联就会毁灭世界，这在理论上保证了苏联永远不会遭受袭击。如果你看过了这部电影，你就会知道电影以世界被蘑菇云吞没而剧终。最终，世界末日装置并非阻止，而是导致了同归于尽。

真实生活中，还没有人创造出世界末日装置，关于核战争的恐惧自冷战以来也逐渐消退。但是冷战的后遗症是现在世界上存在足够将地球轰炸多遍的核导弹。主要的核武器大国勉强就减少核储备达成一致。这也意味着仍然存在新的武器竞赛——以及另一回合核武器懦夫博弈的可能性。

资料来源：http://www.thenation.com/article/dr-strangelove

总 结

这一章介绍了策略博弈的基本概念。许多现实生活中的情形只要是策略博弈，都可以利用相关的规则、策略和潜在收益进行分析。

博弈论能够解释看似并不明显的结果背后的逻辑。比如，有些时候，同时博弈中的两个参与者可能选择让他们情况更恶化的行动。当博弈并非同时而是依次进行时，先行者的选择能够完全主导整个博弈的结果。然而，在重复博弈中，先行者的优势会被削弱。如果参与者能够相互交流并且就某一策略达成一致，相比于单独行动往往能够带来一个更好的结果。如果一方参与者为了获得优势而选择背叛，那么此类协议将会瓦解。

逆向归纳法是一个十分有用的分析工具，它能够让你分解自己的决策，同时预测你的决策将如何影响他人的决策，以及如何影响博弈的最终结果。

当我们试图解决现实中的社会、个人或者商业问题，采用这些策略思维往往很有帮助。依此行事能够帮助你在既定的规则和限制下，看清应该如何"参与"博弈。这也能帮助你弄明白如何改变规则和限制，尽可能地获得更好的结果。

本章中的多数分析都是一方参与者基于对方将会做什么的猜测，而采取相应地行动。在下一章中，我们将会发现要得知对方打算如何行事并不容易，这种信息的缺失将会导致实际经济结果。

1. 解释为什么囚徒困境中非合作是占优策略

在囚徒困境中，两个参与者会发现虽然合作能够让他们共同获益，但却难以实现。每个参与者可以选择合作或者不合作。相比于不合作每个人都更愿意合作，但是不论对方选择什么策略，对自己而言，不合作的收益更高，因此不合作是占优策略。在这一博弈中，追求一己私利会让所有人遭殃。参与者通过承诺策略，即同意如果背叛就甘愿受罚，他们有时可以实现互惠均衡。

2. 解释为什么重复博弈能够强化合作

在重复博弈中，参与者可以在下一回合中就对方在本次回合的背叛行为进行惩罚。由此，参与者有时可以达到一次性博弈中无法实现的互惠均衡。重复博弈中的常见策略是一报还一报，即参与者会采用与对手前一回合相同的行动。任何一个采用一报还一报策略的人都具有强烈的合作动机，这是因为背叛将会让他在未来每一回合的博弈均衡中得到更少的收益。

3. 解释如何利用逆向归纳法进行决策

　　逆向归纳法是反向分析问题的过程，即从最后的决策开始，然后是倒数第二个决策，依此类推，最终确定最优策略。在最终结果各不相同的多个选择中进行决策时，可以采用逆向归纳法作为解决问题的工具。具体而言，在一开始就确定你要努力实现的目标，然后决定为了实现这一目标你必须要采取的步骤。

4. 定义先发优势并在实践中加以识别

　　在具有先发优势的博弈中，最先行动的参与者相比于跟随者能够得到更高的收益。先发优势的极端例子是一个单回合的讨价还价博弈，率先进行提议的参与者能够得到几乎全部的好处。多回合讨价还价中的议价能力削弱了先发优势。

5. 解释为什么重复博弈中有耐心的参与者具有更强的议价能力

　　议价能力将讨价还价博弈从一个具有先发优势占据全部好处的博弈变为一个耐心博弈。因为讨价还价需要时间，在参与者达成一致之前，随着每一回合讨价还价的进行，他们所分割的收益在不断贬值。因此，越有耐心的参与者（也就是相比于当前，更看重未来金钱的人）更具优势。最后，剩余的分配会与每个参与者的耐心成比例。

6. 解释为什么承诺策略能够让参与者通过限定自己的选择达到目标

　　在序贯博弈中，限定自己的选择可以改变对手的行为。比如，采取切断自己后路的承诺策略，可以将不可信的威胁变为可置信的威胁，从而改变对手的选择以及最终收益。

📍 批判性思考

1. 两个邻居共用一个池塘来钓鱼，他们在池塘里养殖了鲶鱼。为了保证鲶鱼能够通过繁殖自我补充，他们对每个人能够钓鱼的数量达成一致。如果其中一个人稍增加一点自己所钓鲶鱼的数量，鲶鱼仍然能够自我补充。但如果两个人都增加钓鱼的数量，池塘中的鲶鱼将不可自我补充。两个人都希望自己违反协议增加钓鱼的数量，而对方能够遵守协议。

　　a. 什么是非合作结果，为什么会发生？

　　b. 什么是合作结果，两个邻居应如何实现这一结果？

2. 假定你的目标是在工作上取得进步。采用逆向归纳法分析为了实现这一目标，你眼下应该做什么，并且描述你接下来每一步的行动内容。

3. 在许多勇士文化的行为准则中,临阵脱逃和其他懦夫行为都被认为十分可耻。勇士应该宁愿英勇就义也不苟且偷生;如果临阵脱逃,他们将背负巨大的社会耻辱。这一准则却看似矛盾地让勇士们能够赢得战争。解释这种情况产生的原因。

4. 小镇上的两个加油站都想要降价以增加销量。这将如何影响每个加油站的利润,影响取决于另一个加油站是否也降价。下图中的决策矩阵表明了它们的收益取决于每个参与者的决策。

		B加油站	
		低价	高价
A加油站	高价	35 000美元 / 35 000美元	65 000美元 / 125 000美元
	低价	125 000美元 / 65 000美元	95 000美元 / 95 000美元

假设两个加油站都选择降价,那么它们会发现自己处于更差的情形,即两者的利润都降低了。现在假设 A 加油站在广告中宣称自己将会保证一个更低的新价格。A 加油站为什么要这么做?你觉得结果会是什么?

04

第四部分

企业决策

第四部分将向你介绍企业（厂商）做出的选择和决策。每天，约12 000万美国人起床之后奔赴超过6 000 000个办公室、商店、工厂以及其他企业上班。这6 000 000个企业所做的事以及做事的方法千差万别，但是它们之间仍存在一些重要的共同点。大多数企业都是基于满足顾客的需求这一目标来管理自己的员工和实物资源的。在进行这些活动时，它们都拼尽全力让自己在竞争中不被淘汰。如此一来，企业需要做出许多艰难的选择。想象你是一家大企业的CEO，你需要决定投资于哪种产品、在哪里建新厂、雇用哪些员工以及在竞争中落后时是否采用降价策略来力挽狂澜。接下来的章节将介绍企业（无论规模大小），如何进行此类决策。

我们从第10章开始，首先对企业的收益和成本进行简要介绍。理解成本的构成让我们可以深入了解企业面临的选择。企业必须付出的成本类型决定了它的许多决策，如生产多少产量可以实现利润最大化，以及继续经营或者停止营业的时机。

企业还必须洞悉自身在市场中所面临的竞争。一些市场中的竞争十分激烈,存在许多企业出售完全相同的产品。一些市场只存在少量的企业,而另一些市场完全由一家企业主导,根本不存在任何竞争。第 10～11 章将介绍不同市场类型的特征,以及其中的企业如何采取行动。

第 12 章介绍了当企业走向世界时会发生什么。国际贸易将美国的消费者和企业与全世界联系起来。在这一章中,我们将会探讨为何某些商品在一国进行生产,而后又销往别国,以及全球化、贸易和政府政策如何影响不同国家的工人和消费者的福利。

ECONOMICS

第 10 章

完全竞争与垄断

认知目标

1. 理解显性成本和隐性成本之间的差别。
2. 描述厂商停业与何时退出市场的决策,并解释这两种决策之间的差别。
3. 分析应对垄断的常见公共政策的利与弊。
4. 解释为什么企业有动力进行价格歧视。

▎引例　这张处方中你的钱都花在哪儿了

2006年美国制药巨头辉瑞公司生产的降低胆固醇药物立普妥®为该公司赚得了130亿美元。这种药物能够降低心肌梗死和中风的概率，2006年超过4 500万美国人把它作为日常药物服用。当年，立普妥的售价约为每片2.70美元。而每片的生产成本，包括原材料、包装、工人工资等，仅占该售价的很小比例，约为10美分。这一可观的利润使生产此药对制药公司来说回报颇丰。十年间，立普妥独自撑起了辉瑞公司近1/4的收益。这对于辉瑞公司而言是一个好消息，但是消费者却需要为成本几乎为零的药品支付2.70美元。这很容易让消费者有种被敲诈的感觉。事实真的是这样么？

对于政策制定者来说，正确回答这一问题十分重要。他们所做出的决策必须兼顾以下两者的平衡，一是消费者能够负担得起药品费用，二是企业要获得足够的激励来研发拯救生命的新药。如果只考虑单粒药片中包含的原材料费用和工人工资，我们将无法准确得知制药公司投入的真实成本。立普妥的化学成分并非从天而降。辉瑞公司的研发部门花费了多年时间研究、制造并且测试立普妥。这一过程需要耗费巨资。一些估算显示，企业要成功研发出一种新药需投入十年时间以及约10亿美元的资金。研发出的新药中只有少数能被批准销售。而获准销售的药品中也只有极少数能够成为像立普妥一样的畅销药品。实际上，辉瑞制药的研发部门主管曾表示，他的团队每年能够研发出约5 000种化学复合物，而只有约6种能够进入到批准销售之前的临床试验阶段。辉瑞公司用立普妥的销售收益弥补的不仅是它自身的研发成本，还包括所有没能投入市场的药物的研发成本。

当我们思考为什么制药公司的产品定价如此之高时，不得不考虑研发部门的运营成本。无论辉瑞公司在当年生产多少药品，这一成本是相同的。生产立普妥的数量是1万片还是100亿片都不会对研发部门的运营成本产生任何影响。经济学家将这一类成本，即无论产量多少，始终保持不变的成本，称为固定成本。相比之下，与产量水平直接相关的成本，如药品的原材料或生产时用到的劳动，称为可变成本。

生产成本

在这一部分,我们将了解到固定成本和可变成本的差别能够解释制药及其他行业企业的运作方式,我们将讨论衡量成本、收益和利润的不同方法,以及它们如何影响生产决策。我们将深入挖掘哪些细节决定了之前章节中学到的供给曲线。了解成本和利润的具体细节,对于如何经营一家企业以及决定是否投资于一家企业至关重要。

当你购买诸如立普妥之类的药品时,你的钱花在哪儿了?本章将要了解到的工具让我们得以接近这一问题的答案。我们也会发现,对企业面临的成本进行严密的分析可以帮助我们设计出一些激励机制,促使人们着手解决某些世界性的重大疾病。

企业的基石:收益、成本和利润

经济学家也假设企业的目标是利润最大化。利润动机是理解企业行为的核心,正如对效用的追求是个人决策的驱动力一样。当我们问道,企业到底想要什么?答案就是它想要最大化自己的利润。

为了定义利润,必须从另外两个我们较为熟悉的经济学概念开始:收益和成本。一家企业出售物品和服务所获得的金额就是总收益(总收益可以由销售的产品数量乘以每单位的价格得到)。一家企业为了生产物品和服务而花在投入品上的支出就是它的**总成本**(total cost)。总成本包括一次性的支出,比如购买设备,也包括持续性的支出,比如租金、工人工资、原材料和广告费用。换句话说,总成本就是企业在生产产品时所花费的所有东西。

将收益和成本结合起来就可以得到企业赚得了多少利润。简单来说,**利润**(profit)就是总收益与总成本之间的差额。

$$利润 = 总收益 - 总成本$$

收益等于企业售出的每种产品的数量,乘以出售的价格。

$$收益 = 数量 \times 价格$$

收益的计算过程通常很简单,成本才是在计算利润时的复杂因素。我们在接下来的部分中将看到,对不同类型的成本,尤其是机会成本,进行衡量十分复杂,但是对于生产过程中的重大决策而言却十分重要。

固定成本和可变成本。计算成本的首要因素就是区分固定成本和可变成本。**固定成本**（fixed costs）就是与产量无关的成本。对于辉瑞公司而言，研发部门的运作成本就是固定成本；无论药品销量是多大，即使是零，这一成本也会发生。有时，固定成本是一次性的、需要在产品生产之前就提前支出的成本。

另一方面，**可变成本**（variable costs）根据产量的变化而变化。这种成本包括最终转化为产品的原材料，以及多种劳动成本。一家制药公司的可变成本包括：最终变为药品的化学品、包装材料、以及制造并且包装药品的工人的工资。一家比萨店的可变成本包括比萨面团和上面的原料、外带的纸盒以及员工的工资。为了生产更多的药品或者比萨，这些企业不得不购买更多的原材料并且雇用更多的员工，这也增加了它们的可变成本。

显性成本和隐性成本。经营一家企业的机会成本由两部分组成。一部分是我们习惯中所认为的典型成本，有固定成本和可变成本之分，被称为**显性成本**（explicit costs），即需要一家企业实际支出货币的成本。比如房屋租金、员工工资、原材料和设备——企业想要获得这些时必须付钱给某人。

相反地，**隐性成本**（implicit costs）代表了企业所放弃的机会的价值。所谓机会的价值是指如果企业将自有资源用作他用，本来可以产生的收益。

正如我们将看到的，显性成本和隐性成本二者之间的差别对于我们如何计算企业的利润存在巨大影响。

经济利润和会计利润。通常情况下，当一家企业披露自己的利润时，你所看到的是它的**会计利润**（accounting profit）。也就是总收益减去显性成本。

会计利润＝总收益－显性成本

只考虑显性成本会让我们难以看清一家企业的实际经营情况。为了看得更清楚，我们需要计算一家企业的**经济利润**（economic profit）——总收益减去所有的机会成本，包括显性和隐性成本。

经济利润＝总收益－显性成本－隐性成本

根据下图中的争论，我们可以了解为什么经济利润和会计利润的差别十分重要。如果CEO听取了经理A的建议，那么她会将会计利润报告给公司的股东。但是如果她想要维护股东们的利益，她就需要做出果断的决策。股东们更为关心经济利润，跟经理B一样，他们会意识到公司投资于其他商业机会将会赚得更多的钱。

对于现实世界中的大多数企业而言，了解经济利润和会计利润之间的差别是关乎成败的关键所在。

定义企业决策中的利润

生产函数

企业通过集合不同要素生产出消费者想要的产品或服务来创造价值。投入到生产过程中的要素——原材料、劳动、机器、时间、创意，都是投入品。生产出来的物品和服务则是产出。投入与产出二者之间的数量关系被称为**生产函数**（production function）。

边际产量。生产过程本身可以被看作是一道食谱，将特定数量的投入品以某种方式结合起来，最终得到想要的产出。然而，将其比作食谱并不准确。如果你曾经参照着食谱做菜，你会发现对做菜而言，十分重要的是各种原料的比例。如果食谱是4人份的，但是你想做饭给8个人吃，那么你可以简单地将所有原料的数量加倍即可。这种简单地按比例放大或者缩小对企业而言通常不起作用。有时，一家企业加倍投入时得到的产出比加倍还要多。有时，为了让产量翻倍，其投入往往比翻倍还多。

为了弄清楚这是怎么回事，我们仍以你新开的比萨自助店为例。为了简化，我们只关注一种投入品——劳动。

当新雇用额外的一名员工时，所生产的比萨数量的增加量被称为该员工的**边际产量**（marginal product）。一般而言，投入生产过程的任何一种投入品的边际产量是指由额外的一单位投入品引起的产出的增加。

然而，可能从第三名员工开始，新雇用的员工对总产量的贡献逐渐变少。这表明了生产中的一个常见规律，称为**边际产量递减**（diminishing marginal product）。这一规律可表述为，随着投入品的数量增加，单个投入品的边际产量减少。

考虑边际产量将我们与第 1 章中讨论的理性决策的重要方面联系起来。我们曾提出人们在边际上进行决策，他们对边际量进行权衡取舍，而不是把决策看作要么全有要么全无。我们在接下来的章节中将看到企业也是在边际上进行生产决策。也就是说，他们在决定是否再雇用一位员工或者再建造一座工厂时，会比较一项投入的边际产量和边际成本。

成本曲线

我们刚刚深入探讨了企业的生产方面。我们知道企业根据边际量决定使用多少投入品。相应地，此类决策决定了企业能够生产多少产量。

当然，生产的另一面就是成本。当企业为了增加产量而调整投入品的数量时，必然伴随着成本的变化。一般而言，即使企业已经到达了边际产量递减的临界点，投入品的成本也不会简单地随之下降。也就是说，尽管你雇用的第十名员工对产量的贡献很小，但是他的工资与第一名员工的工资完全相同。

在这一部分中，我们将进一步讨论企业如何利用下列概念：总成本、平均成本和边际成本。

$$总成本 = 固定成本 + 可变成本$$

$$平均固定成本（AFC）= \frac{固定成本}{产量}$$

$$平均可变成本（AVC）= \frac{可变成本}{产量}$$

$$平均总成本（ATC）= \frac{总成本}{产量}$$

由于边际产量递减规律开始发挥作用，我们可以看到图 10-1 中的可变成本线逐渐变得陡峭。你会发现 x 轴上的每一单位产出，相比之前的一单位产出，需要更多的位于 y 轴的成本投入。这种边际成本递增是由边际产量递减导致的必然现象：

随着投入品的生产率递减，为得到一单位产出需要耗费的成本更高。

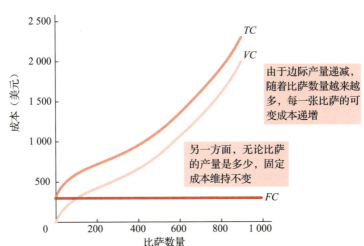

图 10-1 总成本线

我们来看一下画出平均成本线时会发生什么，如图 10-2 所示，首先需要注意的是平均固定成本线（AFC）向下倾斜。原因在于，即使产量增加但固定成本仍维持不变，因此每单位产量的平均固定成本不断下降。平均可变成本线（AVC）是 U 形的。开始时由于最初的少量员工的边际产量递增而向下倾斜。随着边际产量递减规律发挥作用，它开始向上倾斜。

你真正想了解的是你在每张比萨上所花费的成本。为了弄清这一点，必须同时考虑固定成本和可变成本，即平均总成本线（ATC）。虽然没有 AVC 线的形状显著，但它也是 U 形的。原因在于 AVC 线的上升趋势一度被 AFC 的下降趋势所抵消。

边际成本。另一种决定雇用多少员工的方法就是考虑边际成本。由于企业根据边际量进行决策，因此可以思考多生产一单位产品需要付出多少额外成本。

也就是一单位产品的**边际成本**（marginal cost，MC）。我们用总成本的变化量除以产量的变化量就可以计算出产出的边际成本。

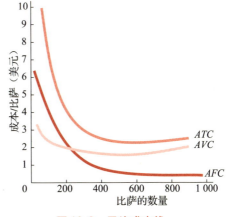

图 10-2 平均成本线

$$边际成本 = \frac{总成本的变化量}{产量的变化量}$$

正如我们在图 10-3 中所看到的，边际成本线也是 U 形的。边际成本最初递减（由于边际产量递增），而后递增（由于边际产量递减）。我们把边际成本线和 ATC 曲线画在一张图上，如图 10-4 所示，可以发现边际成本线（MC）穿过 ATC 曲线的最低点。如果增加一单位产量的边际成本低于你当前的平均总成本，那么生产这一单位产品将会降低你的平均成本。反之，如果增加一单位产量的边际成本高于你当前的平均总成本，那么生产这一单位产品将会增加你的平均成本。

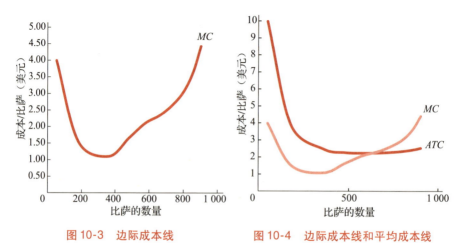

图 10-3　边际成本线　　　　图 10-4　边际成本线和平均成本线

在接下来的几个章节中，我们会发现边际成本和平均总成本的概念对于生产决策而言十分重要。为了有助于复习，表 10-1 对不同类型的成本进行了总结。

表 10-1　成本汇总

成本	描述	计算
总成本（TC）	企业为了生产物品和服务，在所有投入品（包括固定和可变）上的支出金额	$TC = FC + VC$
固定成本（FC）	与生产的产品数量无关的成本	—
可变成本（VC）	与生产的产品数量相关的成本	—
显性成本	需要企业支出货币的成本	—
隐性成本	代表了所放弃的机会价值的成本	—
平均固定成本（AFC）	固定成本除以产量	$AFC = FC/Q$
平均可变成本（AVC）	可变成本除以产量	$AVC = VC/Q$
平均总成本（ATC）	总成本除以产量	$ATC = TC/Q$
边际成本（MC）	企业增加额外一单位产品时增加的成本	$MC = \Delta TC/\Delta Q$

长期生产与规模经济

在第3章和第4章中,我们曾指出时间越长供给越富有弹性。常识上对此的解释是有些事情需要一定的时间才能完成。一家企业想要调整产量,也许必须先建立新的工厂、购买新房产并且雇用更多的员工。这些活动都不可能一蹴而就。企业所面临的短期成本和长期成本之间的差别反映了这些生产调整所需要的时间。

多长时间算是长期呢?经济学家并不将长期认定为特定的天数、月数或者年数,它是指一家工厂要改变所有的成本所需要的时间。这意味着它完全依赖于工厂的类型和生产类型。

规模收益。当企业进行长期计划时,会考虑想要生产的规模:应该搬到一个更大还是更小的店面内?应该建立更多的工厂,还是关闭一些?规模收益描述了产量与长期平均总成本之间的关系。

起初,一家小企业也许会发现较大的规模可以降低它的平均成本。当事实如此时,我们称这家企业面临着**规模经济**(economies of scale)。然而,企业并非越大越好。也可能会发生规模扩大导致更高的平均成本。想象你在几十个国家经营着成千上万家比萨连锁店。此时想要完全掌控你的支出可能是一个梦魇,因此你的平均成本会比你在少数国家开设较少分店时更高。当一家企业规模扩大导致平均成本升高时,经济学家称之面临着**规模不经济**(diseconomies of scale)。

在上述两种极端情况之间,也许存在个别规模,企业的运行不会面临更高或更低的平均成本。在这种情况下,我们称这家企业面临着**规模收益不变**(constant returns to scale)。

图 10-5 通过长期 ATC 线表现了规模经济和规模不经济的概念。当一家企业可以通过扩张实现规模经济时,它的长期 ATC 线向下倾斜;这表明 ATC 随着产出增加而减少。当一家企业扩张时面临着规模不经济,曲线向上倾斜;这表明 ATC 随着产出增加而增加。长期 ATC 线的中间部分通常是平坦的。平坦的部分表现了在不同的产出水平下企业实现了规模收益不变。

人们经常说某一特定行业具有巨大的规模经济。这样的说法意味着该行业的某些特征使规模较大的企业具有优势。制药行业就是一个很好的例子:类似辉瑞的企业需要较大的规模才能负担得起研发预算,用于研制新药并有机会研发出畅销药品。

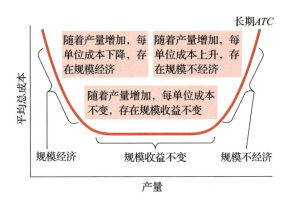

图 10-5 规模经济和规模不经济

这让我们回到了本章开始时提出的问题，辉瑞公司将生产成本近似为零的降低胆固醇的药物以 2.7 美元的价格出售，是否是对消费者的欺诈呢？为了进一步讨论，阅读以下你怎么认为专栏。

你怎么认为　利润动机和"孤儿"药品

类似辉瑞公司的制药企业每年支出几十亿美元用于新药研发（R&D）这一固定成本上。2012 年，辉瑞公司的研发预算大约为 70 亿美元。这笔钱的大部分都被"浪费了"，这意味着研发的大部分药物都无法投入生产。但是只有对多种药物进行试验才有机会找到那些有用的药物。他们只有通过对类似立普妥的成功药物收取比制造成本高得多的价格，才能够负担如此高昂的研发固定成本。

立普妥和其他药物只是简单的化学分子式。曾有研究表明特定的化学分子式对于降低胆固醇十分有效，其他公司也可以生产完全相同的药品，也就是"仿制药"。竞争对手可以以低价销售仿制药来获利。更低的价格能够让更多人负担起该药品并且从中受益。但是这却会打击辉瑞公司将资金投入探索新药物的研发活动的热情。

大多数政府都认为激励制药公司开发新药物是一件好事。结果就是，他们会通过专利保护化学分子式。然而，大多数政府也因为人们接受有效治疗需要承担不菲的费用而感到不安。所以，对药物的专利保护期限长度是有限的。比如立普妥的专利权是 15 年。在专利保护期间，任何企业生产立普妥的仿制药都是违法的。该项专利于 2011 年到期，允许仿制药厂商进入该市场并降低立普妥的价格。这种制度意味着制药公司可以在有效的专利期限内，通过它们的畅销药来赚取足够的利润以负担正在支出的研发成本。

在这一利润驱动的模式下，一种令人惊奇的药物被研制出来。最近，美国政府甚至批准了一项能够使睫毛变长和浓密的药方。这也使得这一制度受到人们的质疑。许多严重疾病仍亟待治疗，并且其中许多的研发投入远不足以研发出疫苗或者治疗处方。

比如，每年低收入国家的10亿人口笼罩在疟疾和肺炎的阴影之下。然而他们受到的药物开发者的关注却微乎其微。治疗此类疾病的药物通常被认为是"孤儿药物"，没有人愿意开展相关研究。制药企业并不探索相关治疗方案的原因在于，它们预期从中无法获得足够的利润。如果这种疾病十分罕见，那么购买处方的人数会特别少。如果生病的人十分贫穷，那么他们无法负担足以补偿研发支出的高价。这就是为何人们愿意为之付钱，制药企业就会生产某些药物用于治疗并不严重的疾病，比如人们不满足于自己的睫毛长度而愿意付钱买药。

有人认为这种结果表明正是市场机制在发挥应该起到的作用。它正在将稀缺的资源分配给具有最大需求的商品。也有人认为这一机制将"不重要"的疾病排序在治疗主要致死疾病前面是不道德的。

解决孤儿疾病问题的方法之一被称为先进市场委托（AMC）。在这一方法下，政府或私人慈善组织承诺，一旦研发成功，将购买一种药品的最低数量来治疗孤儿疾病。这一想法就是通过承诺向研发企业传递出一种激励信号，即数量众多的有钱人正在遭受此类疾病的折磨。为了解AMC的使用背景，登录http://www.gatesfoundation. org/vaccines/Pages/advanced- market- commitmentsvaccines. aspx.，了解盖茨基金会所做的努力。

你怎么认为？

1. 制药公司和它们的股东应该感到有道德义务致力于治疗孤儿疾病吗？
2. 在先进市场委托中，政府应该介入并且付钱给企业来从事研究吗？私人慈善机构应该负起这一责任吗？

资料来源：http://media. pfizer. com/files/annualreport/2008/annual/review2008. pdf；http://www.nytimes. com/2012/05/02/business/pfizer-profit-declines-19-after-loss-of-lipitor-patent. html.

完全竞争

📍 现实生活　火车旁边的多样性

一提到现实中的市场，首先进入你脑海的也许是纽约股票交易所里繁忙的交易大厅。但此时，让我们放飞思绪，想象另一个遥远而有趣的市场景象。想象自己搭乘一列疾驰在非洲西部土地上的长途火车，从位于喀麦隆南部的首都雅温得开往北部的马鲁阿。时不时地，火车会慢慢停靠在一个个小镇上。并没有太多的乘客上车或者下车，因为许多人都是从一个城市赶往另一个城市。旅程很长，火车上也没有餐车，而旅客需要食物和饮品。在每一个小站，当地的小贩都会涌到火车旁边，兜售着各式食物。

小贩们供应的食物种类有限。有人出售成串的小小的熟透的香蕉。有人叫卖袋装的橙子，橙子上有一小块皮儿被剥掉了，这样你就可以把橙子放在手里，通过挤压来吸取果汁。还有人出售成袋的坚果，它们经过盐水的浸泡后在日光下风干。你也可以买到明火烤熟的玉米或芭蕉（不太甜的一种香蕉）。火车进站后，小贩们就争先恐后地抢夺车厢附近的位置，乘客们也轮流探出窗外，仔细看可选择的食物，并时不时地将钱递给小贩们。

在这个过程中，你几乎看不到任何讨价还价。每个人都似乎了解并且接受既定的价格。毕竟，如果一个小贩想要对一个烤芭蕉收取高于现行价格的高价，旅客们还可以选择其他的小贩。而如果一名乘客想要为一个烤芭蕉付更低的价格，小贩们很容易就转而出售给其他人。最终，所有的旅客都买到了自己想要的食物。火车缓缓地启动了，小贩们四散而去，等待着下一列满载乘客的火车的到来。

在这一部分，我们将解释其中的原因。这一场景可能是我们在现实世界中所能看到的最接近经济学家所谓的完全竞争的场景。正如我们在本书中提到的诸多概念一样，完全竞争市场是一个简化的模型，复杂的现实当中几乎没有完全符合的情形。虽然如此，它仍然让我们了解到现实世界是如何运作的。它也向我们展示了经济的神奇之处：在没有政府干预的情况下，市场通过价格信号决定合适的供给和需求，可以完美地以低价提供大量的物品和服务。

在这一部分，我们将介绍完全竞争市场中的厂商行为。我们将探讨这一市场类型中的厂商如何决策生产的产品数量，以及何时停止生产。我们会发现尽管厂商努力追求利润，但是在长期，完全竞争市场中的厂商无法赚得经济利润。了解厂商如何进行决策，让我们可以深入分析短期和长期市场供给曲线的形状受哪些因素的影响。

通过介绍竞争是如何运作的，我们也可以看到为什么它能为消费者带来好处。正如竞争让长途旅行的乘客得以享用到低价并且新鲜的食物一样，它的力量让数百万的产品和服务得以生产，并且让数十亿的人们能够负担得起。

竞争市场的特征

我们在第 3 章中接触到竞争市场这一概念时，探讨了它的两个基本特征。首先，买者和卖者是信息完备的价格接受者。他们无法影响价格，成交价格就是现行价格。其次，商品是标准化的。许多市场具有一定程度的竞争性，但是无法完全满足所有的标准。经济学家用完全竞争市场这一概念指代能够满足这两个基本特征的市场的理想化模型。

通过简要回顾完全竞争市场的这两个必要特征，我们就可以得到第三个非必要但是十分重要的特征。

个体不能影响现行价格。如果你是烤芭蕉的唯一卖者，面对一整车饥肠辘辘的乘客，你处于绝对优势。你可以收取很高的价格，因为你准确地知道乘客中一定有人十分饥饿，从而愿意支付这一高价。

完全竞争市场的第一个必要特征就是，买者和卖者面临了太多的竞争，因此他们完全没有能力制定价格。这通常意味着市场当中存在数量众多的买者和卖者。此类市场中，个人参与者的决策相比于整个市场规模而言太过渺小，因此他们无法影响市场价格。相反，买者和卖者必须接受现行价格。他们都是价格接受者，必须"接受"所发现的现行价格。价格接受者的反面是具有**市场力量**（market power），或称为具有显著地影响市场价格的能力。

物品和服务是标准化的。完全竞争市场的第二个必要特征是所交易的物品和服务是标准化的。商品是标准化的，意味着它们之间是可以相互替代的。如果所有的生产商的价格相同，买者没有理由偏爱其中某一个生产商提供的商品。这意味着所有生产商必须以市场价格出售商品。如果定价过高，将会损失所有的客户，当然他们也没有动力收取较低的价格。

真实生活中通常不会出现这一情形，因为现实中的商品在数量、商标或者口味上各不相同。想象美国类似喀麦隆火车站的情形：你在驾车穿越不同州时，想要买一个汉堡。你想去麦当劳还是汉堡王买汉堡？你的决策也许并不仅仅取决于汉堡的价格，也受到你的偏好的影响。麦当劳的汉堡跟汉堡王十分相似，但是并不相同。如果商品并非标准化的，生产商就可以收取不同的价格。然而向喀麦隆火车乘客兜售烤芭蕉的小贩的境遇却完全不同。他们并没有任何商标，而且一个烤芭蕉与其他的并没有什么不同。

厂商可以自由地进入和退出。存在大量作为价格接受者的买者和卖者交易标准化的商品，足以定义完全竞争市场。然而完全竞争市场的另一个特征对于理解市场的长期运作方式十分重要：厂商可以自由地进入和退出市场。这意味着可以创立新企业生产物品和服务，既有的厂商也可以决定停止营业。

厂商自由进出市场的程度能够解释不同市场之间的某些差别。这有助于我们了解为何火车站台上的烤芭蕉市场更接近于完全竞争市场，但是原油市场却不是。想要生产烤芭蕉十分简单，你所需要的只是木炭、烤盘以及一些芭蕉。然而建立一个原油生产企业要困难得多。你需要各种各样的昂贵设备和专业人员。这种准入门槛让现有的原油生产商可以轻易地相互合谋，使价格人为地维持高价，从而使得原油市场无法满足完全竞争对于价格接受者的要求。烤芭蕉的卖者则很难采取类似的合谋行为。否则，新厂商将会进入芭蕉市场从而压低芭蕉的价格。

一般而言，新厂商可以自由进入会让市场中既有的厂商时刻保持警觉。这有助于激励创新、降低成本以及提高质量，这些都是现有厂商对于新竞争者进入的反应。理论上，自由进入和退出对于竞争市场而言并非必要条件，但是在实践中，合谋的威胁意味着当这一条件不存在时，市场就变得难以维持竞争状态。

需要记住的是，在现实生活中，极少的市场能够满足完全竞争的全部假设。虽然如此，完全竞争是一个有用的初始假设，它为分析买者与卖者之间的相互影响提供了基础，在大多数市场中扮演了重要的角色。我们将遵循这一简化进行后续的分析，但需要注意的是，随着分析的深入，情况会变得越来越复杂。

完全竞争市场的收益。完全竞争的特征可以得出一个不那么显而易见的结论：在完全竞争市场中，生产商能够在不影响市场价格的情况下卖出自己想要出售的数量。这一结论源自价格接受者的定义，以及消费者对于不同生产商出售的标准化商品感到无差异这一事实。这两个十分重要的假设意味着厂商只需决定自己将生产多少产量，而无须担心它们的决策是否会引起市场价格的波动，又或者是否能找到买者。当我们分析厂商会获得的预期收益时，我们可以假设竞争市场中的厂商能够以市场价格出售任何数量的产品。

我们还有必要考虑另外两类收益：平均收益和边际收益。**平均收益**（average revenue）是总收益除以销售量。总收益等于 $P \times Q$。因此，平均收益就是总收益（$P \times Q$）除以 Q，也就是 P。换句话说，对于只出售一种商品的厂商而言，平均收益等于商品的价格。

边际收益（marginal revenue）就是出售额外一单位商品所产生的收益。在我们的例子中，也就是市场价格。这是因为一单位商品所产生的收益为 $1 \times P = P$。对于完全竞争市场中的厂商而言，边际收益等于商品的价格（然而，如果该市场并非完全竞争的，那么生产额外一单位商品就可能会影响市场价格）。

我们可以确定，作为完全竞争市场中的价格接受者，厂商在任何数量下的平均收益和边际收益都等于价格。

利润和生产决策

对利润的追求是厂商行为的最重要的驱动力。在我们对竞争市场的分析中，这一前提让我们得以预测不同情形下的厂商会选择生产多少产量。

决定生产多少。正如所有厂商一样，一家烤芭蕉企业在尽力追求利润最大化。它是竞争市场中的价格接受者，因此无法左右所出售的烤芭蕉的价格。假设该厂商面临的生产要素市场，即未加工的芭蕉、木炭和劳动力市场也是完全竞争的。因此，在既定的数量下，厂商的收益和每串芭蕉的成本都受到厂商无法控制的因素影响。

此类厂商所能做出的影响利润的唯一决策就是生产的烤芭蕉的数量。既然厂商出售任意数量的产品都不会影响价格，我们就可以假设厂商会基于最大化收益的原则选择生产的产量。然而，利润不仅与收益有关，还受到成本的影响。

我们已经了解到完全竞争市场中的边际收益维持不变。既然边际收益不变但是边际成本增加，另一个十分重要的事实浮出水面：只要边际成本小于边际收益，厂商就应该继续生产；只要二者相等，它就应该停止生产。

这一过程让我们得以发现厂商关于生产多少的决策原则：利润最大化的产量就

是最后一单位产出的边际收益恰好等于边际成本的产量。图 10-6 也通过图形反映了这一原则。边际收益曲线与边际成本曲线的交点所对应的产量就是利润最大化的产量。

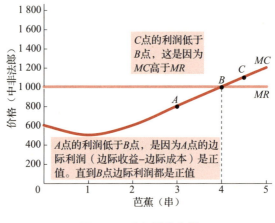

图 10-6 选择最优产量

决定何时生产。关于生产多少厂商所能做出的最极端的决策就是什么都不生产。那么当市场价格下降到什么程度时,厂商就会决定什么都不生产呢?

我们知道在完全竞争市场中,市场价格就是厂商的平均收益。只要平均收益(也就是市场价格)一直高于平均总成本,总收益就高于总成本,厂商就会获得利润。但是如果市场价格降到了厂商的 ATC 曲线以下,那么在任何产出水平下,厂商都无法获得利润。此时,它难免会遭受损失,这是否意味着它应该停止生产呢?

这一问题的答案取决于我们所考虑的是短期还是长期。如果厂商停止生产,由于产量是零,它可以避免产生可变成本。然而,短期内它不得不付出固定成本,这一成本不会因为产量是零而减少。一项已经发生的并且无法偿还和恢复的成本就是沉没成本。短期内的比如花在土地和大型设备上的固定成本通常是沉没成本。厂商无论生产多少,或者是否生产,都必须付出这一成本。因此,短期内固定成本与厂商是否停止生产无关。

这一决策完全取决于生产的可变成本。如果市场价格低于 ATC,但是高于 AVC,厂商在短期内就应该继续生产。因为如此一来可以获得比可变成本更多的收益。厂商应该生产市场价格与 MC 曲线相交的产量水平。这一产量是利润最大化(在这一情形下,即亏损最小化)的产量水平。厂商生产这一产量会有亏损,但是损失小于什么都不生产。

然而，如果市场价格降到 AVC 曲线以下，厂商在短期内就应该选择停止生产。除了必须支付的固定成本外，厂商每生产一单位产品还会有额外的损失。此时，亏损最小化的产量水平是零。在这一水平下，固定成本带来的损失不可避免。但是如果烤芭蕉的可变成本高于带来的收益，厂商可以通过停止营业，避免烤更多的芭蕉而造成更大的亏损。

我们可以将短期的停止营业规则表述如下：

停止营业规则

$$如果\ P < AVC，停止营业$$

当厂商进行长期决策时，情况就有所不同。在长期，所有的成本都是可变的。租约期满可以不续租，设备可以出售。因此，长期内决定是否退出市场时，厂商应该考虑平均收益是否高于平均总成本。如果市场价格低于 ATC 曲线的最低点，厂商最好的长期决策是退出市场，退出规则可以表述如下：

退出规则

$$如果\ P < ATC，退出市场$$

在进行长期决策时，厂商会考虑市场价格在长期内是否仍然过低。如果它认为市场价格的下跌仅仅是短期的，长期内会再次上涨，那么它暂时并不退出市场是有道理的。这一论断解释了为何在价格跌至 AVC 以下时，厂商可能选择暂停营业，但是并不做出永久退出市场的长期决策。厂商可以停止支出可变成本（通过解雇工人，不再购买原材料），但是期望价格会再次上升，因此仍然保留设备和房屋，从而保证重新生产的可能性。

供给曲线的背后

长期供给。短期内，我们假设市场的厂商数量是固定的。因此，在给定价格下，商品的供应总量就是每个厂商愿意供给的数量的加总。为了简化起见，假设市场中现存的每个烤芭蕉企业都是相同的，它们都掌握相同的资源、相同的技术等。因此，在给定价格下，每一家厂商愿意供给的数量与其他厂商也是相同的。

短期和长期供给之间的关键差别在于，我们假设长期内厂商可以进入或者退出市场。厂商的数量并不固定，而是随着环境的变化而变动。我们已经了解到可能导致厂商退出市场的因素是价格降至 ATC 曲线的最低点以下。此时，厂商会遭受损失。相反地，如果厂商发现自己生产的 ATC 水平低于市场价格，它会想要进入市场。换句话说，如果市场内已有的厂商能够获得利润，就会吸引更多的厂商进入该市场。

此时，我们需要记住会计利润和经济利润之间的差别。如果厂商能够获得经济利润，意味着它们的收益高于总成本。这里的总成本包含机会成本，比如它们如果将资源投入到其他商业机会时所能赚到的钱。了解 ATC 曲线中包含了机会成本，有助于我们理解哪些因素导致厂商想要进入或退出市场。

某一市场中存在经济利润所发出的信号是在这个市场中能够赚到钱。对于这一信号其他人会作何反应呢？他们会进入市场以抢占能够获利的机会。如果相比供应咸味坚果和去皮橙子的厂商，向喀麦隆火车乘客供应烤芭蕉的厂商能够赚得更多的利润，我们可以预料生产咸味坚果和去皮橙子的厂商会义无反顾地将自己的资源转向烤芭蕉，如果这一转换成本并不高的话。

但是随着越来越多的厂商进入烤芭蕉市场，会发生什么呢？任意一个价格对应的总供给量都会增加。回顾第 3 章的内容，市场中厂商的数量是决定供给的非价格因素：更多的厂商意味着供给的增加，那么整条供给曲线会向右移动。需求保持不变，随着供给增加，市场均衡会移动到更低的价格和更高的数量上。

新的均衡会如何影响市场内现有厂商的利润？由于利润等于收益减去成本，随着均衡市场价格下跌，收益下降，利润会随之减少。然而，只要经济利润是正值，更多的厂商仍然有动力继续进入该市场。由此，新厂商进入市场使得数量上升、价格下降，这个过程会一直持续。直至最终，价格降至使经济利润减少为零的水平。换句话说，就是 $P = ATC$。此时，烤芭蕉市场和其他商业机会对于厂商而言没有任何差别，厂商不再有动力进入该市场。

了解到 ATC 中也包含机会成本，我们可以更好地理解为什么厂商会做出相反的决策，即退出市场。如果价格降至 ATC 以下，厂商也许仍然能够赚得会计利润。但此时厂商赚到的经济利润是负值。如果投资其他机会，它本可以赚得更多的钱，因此它有动力退出市场将资源投向别处。

如果某些厂商退出市场，又会发生什么？任意一个价格对应的供给量会减少，供给曲线向左移动，新的市场均衡对应着更低的数量和更高的价格。由于价格上涨，利润会随之上升。这一过程会一直持续到经济利润为零为止，此时不会再有厂商退出市场，烤芭蕉市场和其他商业机会对于厂商而言没有差别。

通过了解厂商进入和退出市场的过程我们可以得到几个结论。长期内，对于完全竞争市场：①厂商赚得的经济利润为零；②厂商在有效规模上进行生产；③供给具有完全弹性。

第4章中曾提到水平的供给曲线具有完全弹性——在市场价格下生产商愿意供给任何产量。因此，理论上，在竞争市场中，一种商品的价格长期内永远不会改变。

但是根据这一理论所做出的一些预测，与实际当中观察到的现象却并不相符。一种物品或服务的价格从来不会变化这一假设似乎并不现实。

现实中，富于创新精神的厂商总是会探求更好的生产过程和新技术，让自己能够以更低的价格进行生产。设想存在一种效率更高的新式烧烤设备，烤芭蕉时能够节省一半的碳。这将降低烤芭蕉厂商的可变成本，相应地，也会提高利润，激励新厂商进入市场，从而增加供给量并降低价格。现实生活中存在诸多技术创新驱动长期成本下降的真实例子。

对需求变化的反应。我们已经了解到为何实际中长期供给曲线并非具有完全弹性。然而，我们在本章的最后一部分中，仍然坚持这一简化的模型。它能够向我们展示，长期内完全竞争市场中的需求变动如何影响均衡。尽管在现实世界中很少见到完全竞争，简化的模型仍然有助于我们理解理论上会发生什么。了解到这些，在后续章节中，我们就能够理解即使现实会偏离模型，模型仍然十分重要。

比如，假设喀麦隆火车乘客对烤芭蕉的需求产生了波动。什么因素可能引起需求的波动呢？一种可能性是替代品价格的变化，比如烤玉米。假设今年玉米歉收，抬高了玉米的价格。面对更贵的玉米，乘客通常会对购买芭蕉更感兴趣。这将会推动芭蕉的需求曲线向右移动。市场会对这一变动作何反应呢？

随着玉米价格的上升，芭蕉的短期需求曲线向右移动，更多数量的烤芭蕉以更高的价格被交易。

更高的价格意味着烤芭蕉厂商可以赚得经济利润，激励了更多厂商进入该市场。随着更多的厂商进入市场，短期供给曲线向右移动。市场均衡价格沿着新的需求曲线向下滑动，直到长期供给曲线为止。在这一点上，烤芭蕉厂商不再赚取经济利润，也不会有新厂商进入该市场。

可见，长期内，需求曲线右移的最终结果就是交易量增加，价格并不会有任何变化，仍然维持在平均总成本的最低水平上。

垄断与公共政策

现实生活　钻石并非恒久远

钻石也许是奢华的终极象征。在本章中，我们会发现钻石几乎已经成为浪漫承诺的代名词。在美国，超过80%的准新娘都会收到一枚钻石订婚戒指，戒指的平均价格超过3 000美元。对整个社会而言，钻石也是炫耀性消费的同义词。从时髦的纽约上流社会到洛杉矶的嘻哈明星，人们都选择用钻石来炫耀自己的财富和地位。

为什么钻石会有如此之高的社会地位？答案就是它们十分昂贵。人们通过佩戴钻石来显示自己能够负担得起最好的饰品。那么，为什么钻石如此昂贵呢？你也许会认为这是因为它们十分稀有，因此，变得珍贵。然而事实上，钻石并非如此稀有，每年出产的钻石数以万磅。

那么，为什么我们需要在钻石上花费不菲？答案就隐藏在德比尔斯公司当中，它是有史以来最成功的公司之一。一个多世纪以来，德比尔斯通过采取积极的商业策略，控制了国际钻石市场几乎所有的份额。同时，它还采用了高明的营销手段，推动人们对钻石的需求。通过控制全世界大多数钻石的生产和销售，德比尔斯完全背离了完全竞争市场中价格接受者的企业形象。它具有十分强大的市场力量，因此能够有效地制定钻石的市场价格。要达到这一目的，它只需选择向市场投放有限的钻石数量。

德比尔斯的故事开始于19世纪70年代，当时钻石确实十分稀缺。每年只有很少的钻石开采于印度和巴西的河床和丛林。因此，钻石十分昂贵，只有真正的贵族能够负担得起钻石首饰。

后来，英国矿工在南非发现了储量巨大的高品质钻石矿。这看起来一定像一个大发洋财的绝好机会。但其中潜在一定的风险：如果企业一窝蜂似地进入钻石市场，市场上供应的钻石品质会迅速上升，而价格会不断下跌。很快，拥有一颗钻石不会让人感到如此独特和尊贵，人们愿意付出的价格也会随之下降。偏好的这一变化会引起需求移动，最终导致钻石的价格更低。人们将会购买更多的钻石，但卖者却无法赚到更多的钱。

一位名为塞西尔罗兹的商人与其他矿主一起成立了一家公司——德比尔斯。通过控制所有新发现的钻石矿以及全世界几乎所有的钻石产量,德比尔斯确保每年投入到市场的钻石数量十分有限,从而维持钻石不菲的价格。如此一来,相比于大量生产并廉价出售,德比尔斯赚到了更多钱。

在这一部分,我们将看到诸如德比尔斯的垄断厂商为了实现利润最大化,如何计算最优的产量和价格。我们也会看到垄断厂商可以通过对市场的控制谋利,但消费者则会遭遇损失,而且总的来说,总剩余会减少。基于上述理由,政府通常会通过一系列政策尽力限制垄断力量,我们将对此进行讨论。即使是强大的德比尔斯也无法与政府施加的压力抗衡。现在,它仅仅控制了全世界钻石市场近40%的份额,这仍然十分可观,但相比全盛时期,现在的它仍难以望其项背。

由此可见,垄断与完全竞争模型相去甚远。了解了存在大量相互竞争的厂商的市场类型之后,我们将看到作为经济组成部分的多元化的市场类型。

为什么会存在垄断

垄断一词的词根意为单一卖者,它所描述的厂商是提供没有替代品的物品或服务的单一生产商⊖。如果一个厂商控制了某一产品100%的市场份额,那么它就是完全垄断厂商。如果所控制的市场份额略低于100%,它仍然具有很强的垄断力量。例如,尽管在20世纪,德比尔斯控制了钻石市场80%～90%的份额,并非完全垄断,但是它支配着如此强大的垄断力量,足以让它几乎可以完全操控钻石的价格。

德比尔斯成功的秘诀之一就是它说服了许多人钻石没有相似的替代品。这是一个了不起的壮举。毕竟,说到底,钻石只是首饰里一颗闪亮的漂亮石头而已。它本应该有许多相似的替代品,比如红宝石、蓝宝石、祖母绿(以及合成钻石,它实际上与从地下开采出来的钻石别无二致)。如果德比尔斯将钻石定价过高,人们为什么不购买其他宝石来代替钻石呢?秘诀在于德比尔斯推销钻石的巧妙手法。人尽皆知的广告语"钻石恒久远",就是德比尔斯在1938年至20世纪50年代末所大力推行的。在整整一代人心中,德比尔斯树立了钻石是公认的订婚信物的观念。在日

⊖ 垄断厂商是指提供没有相近替代品的物品或服务的单一生产商,一般称为垄断企业。

本，它也推行了相同的策略，将钻石宣传为时尚、西式的象征。在 1967～1981 年，日本佩戴钻石婚戒的新娘比例从 5%一路飙升至 60%。

进入壁垒。我们很容易理解为什么任何一个厂商都想要成为垄断者。然而我们也能看到，通常情况下，竞争的力量会阻止任何一个厂商拥有太大的市场力量。毕竟，如果完全竞争市场中的一个厂商定价过高，其他有胆识的厂商就会采取低价策略。在类似钻石市场的垄断情形下，其他厂商可以通过进入市场并且压低垄断厂商的高价来谋利。那么问题就是，为什么所有人都不这么做呢？

垄断市场的关键特征就是，存在阻止除了垄断厂商之外的其他厂商进入该市场的壁垒。这些壁垒的存在使得垄断厂商可以制定价格和产量，而不必担心遭遇竞争者的低价策略。进入壁垒与完全竞争市场所具有的自由进入和退出特征背道而驰。

进入壁垒主要存在四种形式：稀缺的资源、规模经济、政府干预以及领先厂商积极的经营策略。

垄断厂商如何决策

垄断厂商可以选择以想要的任何价格出售商品，而不必担心竞争者的干预，因为市场中根本就不存在其他的厂商。然而它仍然受到需求曲线的约束。自然地，它肯定愿意以高价出售大量的产品。但是消费者会对高价做出怎样反应？需求定理告诉我们，在其他因素不变时，需求量会随着价格上升而下降。垄断厂商可以选择需求曲线上任意的价格－数量组合，但是不能选择该曲线之外的点（在既定价格下，它无法强迫消费者购买需求量之外的数量）。垄断厂商可以选择以每颗钻石 5 000 美元的高价出售，但是它只能卖出较少的数量——3 颗钻石。又或者，它可以再卖出 5 颗钻石，总共出售 8 颗钻石，但是要做到这些就必须将价格降至每颗钻石 2 500 美元。

德比尔斯意识到自己的销量受制于需求这一现实。这就是为什么它并不满足于控制市场的供给一方，还投入巨资采取之前讨论的营销手段推动需求曲线向外移动。只有需求增加，它才能够以更高的价格出售更多的钻石。

垄断收益。垄断厂商追求利润的第一步就是对自己能够赚得的收益进行谋划。假设德比尔斯能够选择在美国出售的钻石的价格。为了简化我们的模型，假设现在德比尔斯出售的钻石的大小和品质一致（都是 1 克拉的紫罗兰钻石）。

在完全竞争市场中，一个厂商可以出售任意数量的产品而不改变市场价格。额外一单位产品带来的收益总是简单地等于产品的价格。因此，在完全竞争市场中，边际收益等于价格。然而，在由垄断厂商主导的市场中，垄断厂商生产额外一单位产品的决策会导致市场价格下跌。基于这一效应，生产额外一单位产品对总收益具有两种独立的效应。

（1）数量效应：由于出售额外一单位产品能够赚钱，总收益会增加。

（2）价格效应：由于所有售出的产品价格相比之前更低，总收益会下降。

当德比尔斯增加销售的钻石数量时，总收益是增加还是减少取决于这两种效应哪个更大。如果不存在价格效应（如完全竞争市场），那么边际收益将只由数量效应决定，它就会等于价格。但是价格效应所起到的作用总是与数量效应的方向相反，它会降低收益。因此，除了售出的第一件产品，垄断市场中的边际收益总是低于价格。对第一件产品而言，平均收益和边际收益二者都等于价格。

图 10-7 显示了在美国的紫罗兰钻石市场中，德比尔斯选择不同价格时能获得的总收益（TR）、平均收益（AR）和边际收益（MR）。平均收益等于任一销量对应的价格。换句话说，平均收益曲线就是市场需求曲线。由于售出的第一单位商品之后边际收益总是少于价格，边际收益曲线总是位于平均收益曲线的下方。

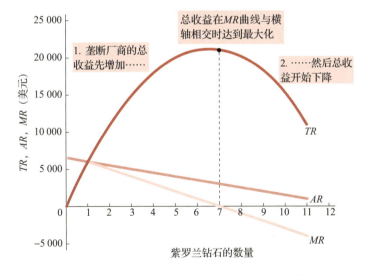

图 10-7　垄断厂商的总收益、平均收益和边际收益

通过图 10-7 可以发现，边际收益有时是负值。在我们的例子中，这一情况出现于产量超过 7 颗钻石时（对应图 10-7 中边际收益曲线与 x 轴的交点）。图 10-7

中，边际收益降到零以下意味着什么？回顾价格效应，在这一效应的作用下，额外一单位的产出会使总收益降低。因此，MR 曲线与 x 轴的交点代表了收益最大化的产量。在我们的例子中，总收益在产量为 7 时达到最大化。

然而正如我们所知，收益固然十分重要，厂商实际关心的是利润最大化。那么垄断者为了最大化自己的利润会怎么做呢？

通过选择价格和销量实现利润最大化。德比尔斯通过控制一段时间内出售的钻石数量来控制钻石市场。它为了维持这种数量限制一度留存了价值数十亿美元的钻石储备。

这种储备的目的在于保证市场上销售的钻石数量总是等于能够让德比尔斯实现利润最大化的产量。有时，利润最大化的产量低于正在出售的钻石总量，那么德比尔斯就需要从市场上回收一些钻石。垄断厂商如何选择价格-产量组合实现利润最大化？答案也许出人意料，它解决这一问题的方法与完全竞争市场中的厂商的做法如出一辙。

需要注意的是，额外一单位产品对厂商利润的贡献等于边际收益与边际成本的差额。如果一单位产品的边际收益高于它的边际成本，那么出售这一单位产品带来的收益高于厂商生产时投入的成本。因此，它对厂商的利润有所贡献。而另一方面，如果边际收益低于边际成本又会如何？此时，生产这一单位产品的成本大于它的收益，那么厂商生产它就会有所损失。

边际决策分析在此也适用：

- 在低于边际收益曲线与边际成本曲线交点的任意产量上，MR 高于 MC。此时，德比尔斯多出售一颗钻石可以赚得更多的利润。
- 在高于该交点的任意产量上，该公司多出售一颗钻石就会损失利润。此时，德比尔斯可以通过减少出售的钻石数量赚得更多的利润。

因此，德比尔斯应该一直增加产量直到增产也无法赚取更多利润为止。一旦达到这一产量它就应该停止生产更多产品，否则就会造成损失。

虽然完全竞争市场中厂商和垄断厂商都在 $MR=MC$ 的点进行生产，但二者之间的一个重要差别在于，在完全竞争市场中，边际收益等于价格。对于垄断厂商而言，价格高于边际收益；因此，在最优产量点上，价格也高于边际成本。利润最大化的价格就是需求曲线上利润最大化的产量对应的价格。

这一事实，即垄断厂商的利润最大化价格高于它的边际成本，是理解为什么长期内垄断厂商能够赚得正的经济利润的关键。回顾完全竞争市场中的厂商长期内在 $P = MC = ATC$ 的点上进行生产。如果价格高于 MC，其他厂商会进入市场，增加供给并且压低价格，直到利润为零，吸引更多厂商进入该市场的激励消失。然而，在垄断市场中，由于进入壁垒的存在，该厂商成为垄断厂商，其他厂商无法进入该市场。结果就是垄断厂商能够维持高于平均总成本的价格。

利润的计算公式是：

$$利润 = (P - ATC) \times Q$$

因此，如果价格高于 ATC，利润就是正值，长期内也是如此。

这一分析过程向我们展示了为什么德比尔斯具有十分强烈的动机维持自己的垄断力量。没有其他进入市场的钻石生产商，就无法压低钻石价格，这一现实使得德比尔斯有能力维持高于成本的价格。这种市场力量让德比尔斯在长期内可以赚得经济利润。

垄断问题和公共政策解决方案

自 2000 年以来，德比尔斯对钻石行业的控制被逐渐削弱，它占有的世界钻石贸易的市场份额从超过 80% 降至约 40%。部分原因在于加拿大和俄罗斯的大规模钻石开采，它们都在德比尔斯的控制范围之外。还有部分原因在于政府和钻石消费者为了阻止德比尔斯运用垄断力量而不断施加压力。随着在美国和欧洲遭遇了一系列法律诉讼，德比尔斯被禁止进入某些国家的市场，并且被强制收取高额许可费用，还被要求对在其他国家的业务进行整改。至 2004 年，德比尔斯的总经理甚至被禁止到美国因公出差。

垄断对于垄断厂商而言十分有利，但是并非对所有人都是如此。消费者买到的钻石数量更少，但价格更高。在这一部分中，我们将看到垄断的存在如何造成福利损失。我们也会看到政府为了削弱垄断并缓和它对消费者的影响所采取的一系列公共政策。正如我们将看到的那样，这些回应政策并不完美，并且经常饱受争议。在权衡不同政策的成本和收益之前，让我们先来考虑垄断力量造成的福利损失。

垄断造成的福利损失。 为什么政策制定者会对垄断厂商感到不满？垄断厂商能够让交易数量降低，价格升高，这通常会损害整个社会和特定的消费者的利益。

需要记住的是，这一关于垄断损失的描述是实证表述，即关于事情是什么的表述。这不同于规范判断，即关于事情应该是什么的表述。在某些情况下，人们认为相比于垄断带来的总福利损失，维持一定程度的垄断带来的好处要更大。这类似于许多人认为，为了达到救助穷人或维持军事和警察力量的目的，接受税收带来的无谓损失也是值得的。也就是说，并不存在效率最大化高于其他目标的准则。

然而，许多国家的选民和政策制定者往往会做出规范判断，认为垄断通常是一件坏事。这并不奇怪：总剩余最大化意味着社会资源能够有效利用，并且几乎没有人愿意被垄断厂商从自己身上赚得额外的利润。毕竟，选民更有可能是消费者而非垄断者。

公共政策的回应。 政策制定者为了应对垄断采取了一系列政策。这些政策旨在打破现有的垄断，预防潜在垄断的形成，并缓解垄断力量对消费者的影响。每一项政策在带来好处的同时也存在着成本。一些经济学家认为通常情况下最好的对策是什么都不做。在我们讨论每一种政策时，务必以批判的眼光看待它的利与弊。

反托拉斯法。在美国，很长一段时间内，对垄断厂商的监管是一个备受瞩目的政治焦点。在19世纪末期，被称为"托拉斯"的大企业开始在所有行业中占据主导地位。为了制止托拉斯日益增长的势力，国会于1890年通过了谢尔曼反托拉斯法。该法案要求联邦政府调查涉嫌不正当竞争行为的公司并对其提起公诉，不正当行为包括操纵价格和串通投标等行为。美国在20世纪初期也是反托拉斯行动的主要时期。总统西奥多·罗斯福是著名的"反托拉斯者"。通过谢尔曼法案，他有效地将那些利用垄断手段抵制竞争的公司送上法庭。经过多年的努力，政府利用谢尔曼法案成功地瓦解了包括铁路、石油、天然气、烟草、电信在内的多个行业的垄断。

时至今日，谢尔曼法案仍然威力不减。在20世纪90年代，除了微软的IE浏览器之外，其他浏览器并不常见。在1999年，美国政府针对微软的反竞争行为提起公诉。该起诉称通过将IE浏览器与微软的Windows操作系统相捆绑，微软公司是在采取不公平行为，将其他浏览器排挤出该市场（微软最终与政府达成和解，同意停止那些被认为是反竞争的商业行为）。今天，涌现出了大量浏览器，包括Chrome、Firefox、Safari以及IE的改良版本。

然而，近些年政府极少利用权力阻止合并。更经常的情况是，政府会对潜在的合并进行调查并且允许合并的进行。比如，2008年，德尔塔航空公司与西北航空公司合并，成为世界上最大的航空公司。后来在2012年，联合航空公司与大陆航空公司的合并取代前者成为世界第一。这些合并得到了司法部的鼎力支持，它们认为市场中仍然存在来自其他航空公司的足够的压力来维持市场的竞争性。进一步地，由于机场运营成本的节约和航线组织的合理化，这些合并实际上对消费者有利。

人们有时会批评反垄断行动充满了政治意味，或者造成了更多的无效率。反垄断行动会怎样造成市场的无效率呢？它偶尔可能会打破自然垄断。或者，它可能会将一个大公司拆解为多个小于有效规模的小公司，不同监管者进行此类决策的风格迥异。比如，微软在美国的反垄断诉讼结案多年之后仍然深陷欧洲的反垄断诉讼泥沼。

公有制。自然垄断将政策制定者置于进退两难的境地之中。政府能够采取的一种可行方案就是将自然垄断企业作为公共机构进行运营。自然垄断企业公有化的例子包括邮寄信件的美国邮政和提供火车服务的美国铁路客运公司。将自然垄断企业公有化的依据在于，相比于追求利润最大化，政府更应该服务于公共利益。相比于私有的垄断厂商，政府能够在更大范围内提供服务。比如，一家政府运营的垄断企业会将信件送达全国的所有邮政地址，而一家私人的垄断厂商可能会不愿意服务那些难以到达的偏远地区。

然而，将自然垄断厂商公有化具有自身难以治愈的顽疾。政治家们可能会在压力之下尽可能降低价格，甚至低于完全竞争市场中的价格水平。正如我们在第5章中看到的那样，这样做会导致短缺，在特定价格下，人们需求的数量会超过生产商愿意提供的数量。公有制企业还可能主要基于政治上的考虑进行商业决策，比如在哪儿选址或者提供什么类型的产品。也许最为重要的是，缺乏谋利动机可能导致公有的垄断厂商在提高效率、提供更优质服务或降低成本上的动力不足。毕竟，没有规则限制所有的垄断厂商都必须盈利（美国铁路客运公司和美国邮政在2011年都产生了亏损）。即使一个无效率的公有垄断企业无法以大众能够接受的价格提供服务，它仍然能够通过税收补贴弥补自己的损失，从而维持运营。

上述担忧解释了为什么公有的垄断厂商逐渐销声匿迹。自20世纪80年代以来，许多政府运营的机构比如国家航空公司、电信公司以及许多公共事业进行了私有化（也就是出售给私人公司），政府转为对其进行监管。

监管。如果政策制定者不想走到公有化这一步，一种常见的折中做法就是对自然垄断厂商的行为进行监管。监管的形式往往是对自然垄断厂商能够收取的价格进行控制。这在公共事业的市场中较为常见。比如，许多政府都允许私人垄断厂商参与电力、自来水或者天然气的供应，但是会对这些公司可以收取的价格进行限定。

理论上，这些限制会产生与公有制相同的效果。不幸的是，现实要比理论复杂得多。比如厂商会尽力避免向监管者提供真实生产成本的有效信息。信息的缺乏会让监管者难以决定合适的价格水平。

垂直分割。另一种常见的应对自然垄断的方法就是找到"垂直"分割该行业的方法，从而在其中某一环节引入竞争。相比于将一个垄断厂商"水平"地分割为多个公司，就同一种产品进行竞争，"垂直"分割将原有的企业分列为多个公司，分别负责生产过程中的不同环节。举例来说，电力供应是一个自然垄断行业，但发电并不是。诸如新西兰等国家的政策制定者将电力行业进行垂直分割，将发电环节从电力供应中分离出来。多个厂商在发电环节进行竞争，但它们共用同一套线路将电力传输到千千万万的家庭和工厂。

市场力量和价格歧视

就相同的商品对不同的消费者收取不同的价格，这一做法被称为**价格歧视**（price discrimination）。对不同消费者进行的"歧视"是基于他们不同的支付意愿。在我们身边价格歧视的例子比比皆是。你是否曾经利用学生证获得公共交通或者电影票的折扣？这就是典型的价格歧视。你与支付全价的人得到了完全相同的产品，但是你却享受到了折扣优惠，这是因为企业认为平均而言学生对很多商品的支付意愿更低。

厂商如何做到就同一商品对不同消费者进行差别化定价呢？当我们脱离完全竞争模型时，价格歧视就成为可能。一旦厂商获得了一定程度的市场力量，他们会想方设法利用消费者差异化的支付意愿。举例来说，思考一下为什么服装店进行定期销售。这让它们可以收取两种不同的价格：有的顾客为了买到刚上市的服装愿意支付高价，服装店可以对他们收取一个价格，而对那些不介意在季末购买的顾客收取低价。相似地，剧院会对日间演出收取低价，如此一来，可以在白天吸引那些有闲没钱的人。一般而言，工作日程繁忙的人既愿意也能够为夜间演出支付高价。

厂商拥有的垄断力量越大，就越有可能实行价格歧视。那么为什么垄断厂商不对每一个消费者进行差别化定价呢？正如我们将看到的，这种做法存在明显的困难。

现实中的价格歧视。现实世界中，价格歧视面临的第一个难题就是明确消费者的类别。如果所有人都声称"我是学生"并且支付较低价格，微软的价格歧视策略难以有效实施。它需要通过有效方法确定谁是学生。为了解决这一问题，微软与大学签订了协议，由学校来判断谁是学生。一般而言，学生需要登录学校网站，输入学生证号码或者其他证明信息，才能以折扣价购买软件。相似地，如果你在剧院的售票窗口购买学生票，售票员也会要求你出示学生证。

厂商在进行价格歧视时面临的第二个难题就是许多产品能够很轻易地被转卖。如果你认识的人愿意以 150 美元购买微软的办公软件，那么某些人可能会以低价购买学生版本，然后违法地以高价进行转卖。为了防止这一做法，需要采取措施对做出欺骗行为的人进行惩罚。因此，微软可以利用法律禁止人们在商业中使用办公软件的学生版本。相似地，剧院也必须采取措施防止学生大量购买门票并且将其转卖给并非学生的观众。比如说，他们可以在检票时要求持有学生票的观众出示学生证。

然而许多商品并不像软件或者剧院门票这样容易监控。想象一下，如果苹果公司在销售 iPhone 时，对 18 岁以下的顾客实行 5 折的优惠价格。如果许多 18 岁以下的人愿意购买 iPhone 但是却付不起全价，这种做法看似能够有效增加利润。然而，这样一来，高中生将会乐此不疲地在当地苹果商店购买大量的 iPhone，并转卖给其他人获利。而超过 18 岁的人中也没有人会从苹果那里直接购买 iPhone，因此，苹果公司没有动力提供这样的差别化定价。

对于想要进行完全价格歧视的厂商而言，挑战则更为严峻。它需要能够读懂每一位顾客的想法，并且准确地得知顾客愿意支付的价格。即使对于微软而言，想要了解潜在客户的想法，并且按照他们的支付意愿来定价，也是一项不可能完成的任务。

总 结

在本章中，我们首先探讨了所有企业在生产物品或服务时所面临的成本。理解投入、产出和成本之间的关系十分重要，这是因为成本和企业的收益共同决定了利润。当然，对利润的追求是企业所有决策过程的驱动力，包括生产多少产量以及是否继续营业。

随后，我们深入探讨了竞争市场中影响厂商行为的欲望和限制。厂商会选择能够使自身利润最大化的产量。短期内，如果收益无法弥补生产的可变成本，厂商会停止营业。长期内，如果收益无法弥补生产的总成本，它们会退出市场。

通过分析，可以得出关于竞争市场的长期供给的某些出人意料的结论：厂商赚得的经济利润为零；在有效规模处进行生产；理论上长期供给具有完全弹性。厂商可以自由地进出市场，从而调整既定价格下的产量。

垄断厂商能够利用它们的市场力量，将价格维持在高于完全竞争市场的水平，将消费者剩余变成正的经济利润，并且导致社会总福利减少。这为想要监管或者打破垄断增加福利的政策制定者提出了难题。坦率地讲，政策制定者很难在不造成更多无效率的前提下实现这一目标。为了解决垄断造成的问题而实施的政策，不可避免地伴随着一定风险，如将价格限定在错误的水平上，或者打破自然垄断而导致成本上升。

1. 理解经济利润和会计利润，并解释二者差异的重要性

    经济学家认为成本是机会成本，因此在计算利润时既要考虑显性成本也要考虑隐性成本。一家企业的经济利润等于总收益减去所有的机会成本，包括显性的和隐性的。相反地，会计师只计算有货币支出的成本。一家企业的会计利润等于总收益减去显性成本。由于经济利润将显性成本和隐性成本都从收益中扣除了，所以它一般低于会计利润。

2. 描述厂商停业与何时退出市场的决策，并解释这两种决策之间的差别

    厂商选择什么都不生产有两种可能。其一，它可以暂时停止营业，产量为零，但是并不排除未来重新生产的可能性。其二，它可以退出市场，永久停业，不仅当前什么都不生产，未来也是如此。如果平均收益低于生产的平均可变成本，那么厂商应该停止营业。长期内，如果价格低于平均总成本，厂商应该选择退出市场。

3. 分析应对垄断的常见公共政策的利与弊

    政策制定者设计了一系列政策工具，旨在打破现有的垄断，预防形成新的垄断以及缓和垄断力量对消费者的影响。反托拉斯法让政府有权起诉涉嫌采取行动反对竞争的企业，并且可以阻止可能导致市场力量过大的合并。将自然垄断企业公有化，既能够维持规模经济的成本优势，也可以去除利润驱动的弊端，最终带来产量的上升和成本的降低。价格管制也可以在压低价格的同时维持自然垄断的成本优势，

但是实际中难以将价格确定在正确的水平上。在某些情形下，什么都不做也许实际上是应对垄断的最佳策略。

4. 解释为什么企业有动力进行价格歧视

价格歧视是指就同一商品对不同消费者收取不同价格的做法。价格歧视使企业得以对每一位消费者收取接近其支付意愿的价格，将消费者剩余变成生产者剩余，从而增加企业的利润。

批判性思考

1. 解释为何一个行业面临规模收益不变时就是"正确的规模"。解释为何制药企业具有较大的规模经济特征。
2. 你在一个手工艺品集市中注意到顾客在跟小贩们讨价还价。你能从中得出这一市场的竞争性如何吗？假设你打算接下来去农贸市场。你认为在农贸市场中看到的讨价还价会比手工艺品集市多还是少呢？为什么？
3. 直到20世纪80年代，美国电话电报公司都是美国电话服务市场的垄断者。假设它声称由于建立全国范围的电话网络的固定成本能够产生巨大的规模效应，自己是自然垄断厂商，因此它的垄断并不会产生任何福利损失。解释即使是自然垄断产商也会导致无谓损失，从而反驳这一说法。

ECONOMICS

第 11 章

垄断竞争和寡头垄断

认知目标

1. 描述寡头垄断和垄断竞争的特征。
2. 解释为何产品差异化会激励企业做广告和品牌化。
3. 描述寡头垄断市场中企业的策略性生产决策。
4. 解释为什么寡头垄断市场中的企业有动力进行共谋,以及为什么它们难以做到共谋。
5. 比较寡头垄断与垄断和完全竞争市场中的企业、消费者以及整个社会的福利情况。

引例　哪个人与其他人一样

歌手托比·基思、比约克和坎耶·韦斯特之间有什么共同之处？给你一点提示，他们之间的共同点也存在于德雷克和美女的死亡计程车以及特蕾西·查普曼之间。这一共同点还存在于夏奇拉和鲍勃·迪伦之间以及十二月党人与滚石乐队之间。

这些音乐团体都属于四家主要的唱片公司之一，这些公司共同占据了美国音乐市场超过80%的份额。四家唱片公司——环球音乐集团（环球）、索尼音乐集团（索尼）、华纳音乐集团（华纳）和百代集团（百代），每一家都控制了市场的10%~30%。如果你想要成为一位成功的歌手，加入其中一家公司会获得更好的机会。

然而，事情并非绝对的。在20世纪五六十年代，也有许多明星借助小唱片公司一举成名。亚拉巴马州的电台主持人山姆·菲利普斯在孟菲斯的一个廉价店面里创立了太阳唱片公司。他毫不迟疑地签下了当时名不见经传的歌手埃尔维斯·普雷斯利、约翰·卡什和比比金。一名福特汽车的流水线工人贝里·戈迪，利用小额家庭贷款在底特律成立了摩城唱片公司，成功捧红了包括马文·盖伊和史提夫·汪达在内的许多明星歌手。最近十年间，互联网彻底改变了音乐的传播方式，新的机遇之门又一次向歌手们敞开，歌手能够自己进行市场推广，而不依赖四家主要唱片公司。然而时至今日，歌手借助小唱片公司成名的现象远不如之前摇滚时代那么普遍。

在之前的章节中，我们介绍了两种极端的市场结构：垄断和完全竞争。在本章，我们将看到为什么音乐行业（无论过去还是现在）并不符合这两种模型。相反地，音乐行业具有一定程度的竞争性，但并非完全竞争。这一市场结构在现实世界中十分普遍。

特别地，我们将探讨两种非完全竞争的市场结构类型：垄断竞争和寡头垄断。

这两种市场类型并非水火不容。正如我们将看到的，包括音乐行业在内的许多行业兼具这两种市场类型的特征。

　　了解市场结构是成功经营一家企业的关键。企业所有者只有熟悉身处的市场类型，才能明白自己在制定价格时有多少自由，以及在多大程度上需要对其他厂商的行为加以防范。商业策略依据厂商所面临的竞争程度和竞争类型而大相径庭。

　　作为一名消费者或者政策制定者，想要进行明智的决策，了解市场结构至关重要。比如，它有助于我们理解一家企业的广告决策，也有助于我们决定何时应该帮助监管者介入处理"反竞争"的商业活动中。本章中的概念将有助于我们理解企业、消费者和政策制定者面临的选择。

属于什么市场类型

　　音乐行业属于什么市场类型？对于这一行业的所有人，无论是对唱片公司经理、零售商还是对司法部反托拉斯律师而言，这都是一个价值 50 亿美元的问题。要回答这一问题，我们先来关注定义市场结构类别的两个特征：厂商数量和产品多样化。

　　我们首先讨论厂商数量。图 11-1 显示了音乐行业由四家唱片公司主导，它们中没有一家能够像德比尔斯在 20 世纪控制钻石市场一样主导音乐行业。这让我们得知音乐行业并非垄断行业。

　　它也并非完全竞争行业。理由不仅在于这一市场被几家大企业所控制，还在于它包含了十分多样的产品。即使存在上千家小唱片公司相互竞争，这一市场也不是完全竞争类型的，因为音乐并非标准化的产品。虽然有些音乐十分相似，比如坎耶·韦斯特的原声音乐和 The Shins 乐队的音乐：它们都是音乐的数字化版本，利用了常见数字编码形式的数据压缩技术，演奏时都混合了乐器和人声。它们具有足够的相似性，足以让我们认为它们是同一行业

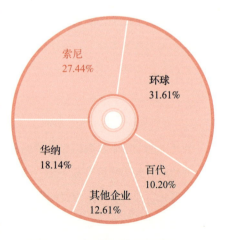

图 11-1　音乐行业的市场份额

的产品，也就是音乐行业。但它们肯定不是一种标准化的产品，至少，对于各自的粉丝而言并非如此。

音乐行业的这两个特征——数量有限的大企业和产品多样化，是寡头垄断和垄断竞争这两种市场结构的本质特征，它们介于垄断和完全竞争这两种极端模型之间。这两种市场结构——寡头垄断和垄断竞争，在现实世界中十分常见。虽然许多行业兼具了这两种市场的特征，但是对每一种模型进行分别讨论，能够让我们对企业如何行动进行有效的预测。

寡头垄断与垄断竞争

寡头垄断（oligopoly）描述了只存在几个厂商的市场（这一名称源于希腊语中"很少的厂商"一词）。这些厂商出售的物品和服务可能是也可能不是完全标准化的，但它们却非常相似，因此厂商之间不可避免地要相互竞争。无线网络供应商（美国无线网络市场由四家企业控制：美国电话电报公司、威瑞森、T-Mobile 公司和斯普林特），以及汉堡快餐店（麦当劳、汉堡王和温迪）都是寡头垄断的典型例子。

寡头垄断厂商的本质特征之一就是，与竞争者之间的策略互动对一个厂商的成功至关重要。特别地，我们将看到单个厂商选择的价格和产量会影响其他厂商的利润。这与完全竞争市场或垄断市场中的厂商截然不同。在完全竞争市场中，其他厂商的行为不会影响整个市场。但是如果你是一个完全垄断厂商，根本不存在其他厂商（除非其他厂商试图生产出一种产品替代你的产品）。

然而，如果你所经营的公司处于寡头垄断市场中，时刻关注竞争者的行动对你而言十分重要。如果温迪的 CEO 不知道麦当劳刚刚推出了一款新汉堡或者汉堡王正在对苏打饮料进行打折促销，那么温迪的股东们将会寝食难安。

存在某种进入障碍也是寡头垄断的特征之一。进入障碍使得垄断厂商得以存在。如果没有勘探到新的钻石矿藏，你就无法在钻石行业中与德比尔斯分庭抗礼。完全竞争市场中的情况则完全相反，我们假设不存在任何进入障碍，新厂商很容易就可以进入市场。寡头垄断则介于二者之间。想要建立一个无线运营商并非不可能，但是购置设备的费用十分昂贵。进入全国汉堡连锁市场也并非不可能，但想要打破顾客对已有品牌的忠诚度绝非易事。

垄断竞争（monopolistic competition）所描述的市场中存在许多厂商出售相似但

略有不同的物品和服务。完全竞争的特征之一就是消费者对竞争性厂商的产品感到无差异。垄断的特征之一是产品没有相近的替代品。介于这两种极端情况之间的市场，每种产品都具有相近的但并非完全的替代品。消费者也许愿意多花一点钱，但是如果价格相差太大，他们就会转而选择替代品。

尽管垄断竞争这个词看起来似乎是自相矛盾的，它所传达的想法是厂商在所处的市场中拥有某种垄断力量，但较为有限。比如，20世纪50年代，太阳唱片公司具有出售埃尔维斯唱片的垄断权。如果你想要购买一张埃尔维斯的唱片，除了从太阳唱片公司购买之外别无他法。埃尔维斯的忠实粉丝也许愿意为他的唱片支付高于其他歌手的价格。因此，太阳唱片具有制定自己价格的力量，但这一力量相对有限。如果太阳唱片将埃尔维斯的唱片定价过高，大多数人都更愿意把钱省下来，或者转而购买其他歌手的唱片。

现实世界中许多市场都符合垄断竞争所描述的情形。比如，哈根达斯的母公司通用磨坊公司，只出售哈根达斯品牌的冰激凌具有垄断力量，而非所有的冰激凌。如果你特别喜爱哈根达斯，你也许愿意为它多付一些钱。但是如果价格差异过大，你就会转向其他品牌，比如本杰瑞。类似地，你也许愿意为最喜爱的餐厅多付一点钱，但是如果价格太过昂贵，你就会转向心中排名第二的餐厅。

如音乐行业的情形一样，寡头垄断和垄断竞争经常成对出现。寡头垄断侧重于厂商的数量；垄断竞争侧重于产品的多样化。因此，你也会发现它们有时会单独出现。当产品是标准化时可能存在寡头垄断；许多小厂商之间也可能存在垄断竞争。基于上述理由，我们将分别对这两种市场结构进行讨论。

垄断竞争

回顾之前的完全竞争模型，厂商无法赚取经济利润。那么厂商更愿意在垄断竞争市场中经营就毫不奇怪了，此时，他们能够赚得经济利润。

垄断竞争厂商如何赚取经济利润？答案就是所生产的产品能让消费者觉察到与竞争者有所不同。换句话说，厂商必须在提供与竞争者相似的产品时，在某些方面更具吸引力。这一过程被称为**产品差异化**（product differentiation）。现实世界中，这也是许多企业所采取战略的基本部分。

有时，产品差异化能通过积极的创新得以实现。20世纪50年代，音乐行业涌现的大量唱片标识的运作即是一个例子。唱片公司争相发掘并且塑造了许多令人耳目一新的、不同风格的新人歌手，吸引了大批忠实粉丝的追随。埃尔维斯的粉丝们越狂热，它们就会认为其他歌手对埃尔维斯唱片的替代性越弱。唱片越不可替代，太阳唱片越能够收取高价而不必担心销量下滑。太阳唱片的创始人在孟菲斯城内和郊区发掘了大量先前被忽视的人才，他也十分乐意与黑人音乐家合作，而在那个种族隔离的时代，黑人音乐家往往被排除在由白人主导的音乐行业之外。太阳唱片的创始人由此推动了摇滚乐的产生，不仅发掘出了音乐人才，还将其塑造成为新颖的音乐形式。

无论是否积极地进行创新，厂商都十分热衷劝说消费者相信自己的产品是独特的。这就是广告和品牌的作用所在。即使某一厂商的产品与市场上其他产品没有什么差别，它也可能会努力向消费者说明自己的产品是有差别的，并由此说服他们为特定的品牌支付更高的价格。我们将在本章后面的内容中继续讨论这些问题。

短期内的垄断竞争

垄断竞争市场中，产品差异化使得厂商所生产的产品不存在完全的替代品。短期内，这使厂商能够像垄断厂商一样行动。而在长期，正如我们将看到的，情况会有所不同。短期和长期的差别是理解垄断竞争的关键。

首先，我们对短期进行分析，此时垄断竞争厂商能够像垄断厂商一样行动。垄断竞争厂商短期的生产决策：

（1）厂商面临一条向下倾斜的需求曲线。正如垄断厂商一样，垄断竞争厂商也无法随意调整自己的价格而不影响消费者的需求量。

（2）假设生产过程中涉及固定成本和边际成本，厂商面临的平均总成本（ATC）线为 U 形。

（3）利润最大化的产量由边际收益（MR）线与边际成本（MC）线的交点决定。这一产量在需求曲线上对应的价格即为利润最大化的价格水平。

总之，垄断竞争厂商短期内能够赚得正的经济利润。想要做到这一点，它必须像垄断厂商一样行动，在边际收益等于边际成本的点上进行生产。

长期内的垄断竞争

垄断竞争市场中的厂商在短期内的一个相似之处在于，它们面临垄断厂商无须面对的严峻问题：其他厂商能够自由进入该市场。当既有厂商能够赚取正的经济利润时，其他厂商就有动力进入该市场。

当然，其他厂商并不总是能成功进入该市场，并且生产完全相同的产品。毕竟，只有一个埃尔维斯，而他只属于太阳唱片。其他厂商能够做的就是发掘与埃尔维斯风格相似的歌手，从而使自己发行的唱片在乐迷眼中是与埃尔维斯唱片十分接近的替代品。

这也解释了为什么在音乐和许多其他行业中，某一类型的产品总是海浪般地接踵而至。一旦一位原创风格的歌手一炮而红，其他的唱片公司就会迅速签下具有相似风格的歌手；一个引领时尚的品牌生产了一个全新系列的时装，其他时尚品牌就会蜂拥而至生产相似款式的服装；苹果公司发布了 iPad，其他公司就争先恐后地开始生产触摸屏平板电脑；等等。

更多的厂商进入市场会如何影响每一个既有厂商所面临的需求呢？回顾第 3 章的内容，替代品的可获得性是需求的决定因素之一。更多的厂商生产更多原有产品的相似品，意味着消费者可选择的替代品范围更广。随着消费者的选择增多，对原有产品而言，每一价格对应的需求量会减少。厂商面临的需求曲线向左移动。

只要市场中既有厂商能够获得利润，就会有更多的厂商进入市场，生产相似的替代品。结果就是，需求曲线会持续左移。这一过程会一直持续到潜在的厂商没有动力进入该市场为止。这会发生在什么时候？就是既有厂商不再获得经济利润的时候。

如果短期内市场中的厂商亏损的话，就会出现相反的过程：当厂商获得的利润为负，厂商有动力退出该市场。这会导致剩余厂商面临的需求增多，从而使需求曲线右移。这一过程会一直持续到长期内厂商能够无亏损地经营，厂商没有动力退出市场。你也许曾注意到音乐行业中经常出现这一情形：有时太多的歌手发行相似的音乐，市场中的商机变得饱和。

长期内，垄断竞争市场中的厂商面临着与完全竞争市场中厂商相同的情况：利润被降至零。回顾之前章节中的内容，零利润意味着总收益正好等于总成本。换算成每一单位的形式，零利润意味着价格等于平均总成本（ATC）。

长期内，垄断竞争的某些特征与垄断相同，其他特征则与完全竞争相同。与垄断厂商一样，垄断竞争厂商面临着向下倾斜的需求曲线。这一曲线意味着边际收益小于价格；相应地也意味着边际成本低于价格。但是，如同完全竞争市场中的厂商，垄断竞争厂商在长期内获得的经济利润为零。

这些差别主要表现在两个方面：

（1）**垄断竞争厂商在低于有效规模时进行生产**。当厂商生产的产量使平均总成本实现最小化时（如完全竞争市场），我们称之为在有效规模上进行生产。相反地，一个垄断竞争厂商利润最大化时的生产规模小于有效规模。这一情形的另一种表述是厂商具有过剩的生产能力。

（2）**垄断竞争厂商想要出售更多的产品**。对于完全竞争市场中的厂商而言，价格等于边际成本。如果厂商以这一价格出售额外一单位产品，边际成本会上升到高于价格水平，进而导致利润减少。

与之不同，垄断竞争厂商出售产品的价格等于平均总成本，但是高于边际成本。如果厂商出售额外一单位产品不会导致价格下降，那么这一单位产品将会带来高于成本的收益，并由此增加厂商的利润。换句话说，只要我们摆脱了完全竞争的模型，厂商就有动力采取战略，比如通过广告和品牌推广吸引更多的消费者。

进行持续创新的必要性。我们对垄断竞争的长期分析具有另一种有趣的含义。现在问自己：进入市场的竞争者带来了与既有产品越来越相似的替代品，厂商会如何应对？显然，既有厂商会加速自己产品差异化的进度。垄断竞争厂商只有持续寻找差异化的新方法，才能使自己在长期内有可能赚得利润。

进行持续创新的需要解释了为什么唱片公司总是不断地发掘新歌手。也解释了为什么许多行业的厂商总是不遗余力地研发新产品，并探求推广产品的新方法。如果它们不这么做，竞争者就会迎头赶上，它们的经济利润也会烟消云散。一个真正的创新厂商总是会想方设法地领先竞争者一步，通过持续推出有差别的产品以获得经济利润。

因此，经济学家通常确信竞争能够鼓励创新。与之大相径庭的是，因为不存在消费者转向具有更新和更优质产品的公司的危机，垄断厂商进行创新的动力寥寥无几。

垄断竞争的福利损失

如同所有对完全竞争均衡价格和产量的背离一样，垄断竞争也是无效率的。厂商实现利润最大化的价格高于边际成本，且交易的产品数量少于完全竞争的情况。这意味着必然存在无谓损失，即市场并未实现总剩余最大化。

我们对此有何良策呢？在第 10 章中，我们讨论了政策制定者试图应对垄断造成的福利损失的各种方法，也注意到了想要成功达到目的困难重重。不幸的是，对垄断竞争市场进行管制以提升效率更为困难。根据定义，在市场中存在数量众多的厂商，以及许多具有轻微差别的产品。试图估算厂商的成本，并对每一种产品的价格进行管制将是一项艰巨的任务。

相反，政府可以对市场中的所有厂商设置统一的单一价格，然后由竞争的自然力量发挥作用。既然垄断竞争厂商赚得的经济利润为零，限定一个较低的价格将意味着那些无法以更低成本进行生产的厂商会被迫退出市场。

这样的管制也会带来无法避免的损失。尽管消费者能够以更低的价格获得更多数量的相似产品，他们也会错失产品的多样性。相比于十几甚至上百种尽力迎合消费者不同偏好的相似产品，所有人面临的选择会少得多。如果在镇上你可选的快餐店从 5 家变为 3 家，但是汉堡变得稍微便宜了一些，你会作何感受呢？

大多数政府并不担心垄断竞争造成的福利损失。尽管它们本可以对此做些什么，因为并没有显著的证据表明，消费者为了更低的价格，愿意付出能在多种产品中进行选择的代价。

产品差异化、做广告和品牌化

我们发现产品差异化能让厂商在短期内获得经济利润。因此，厂商有动力劝说消费者它们的产品无法轻易被竞争产品所替代。它们可以通过使自己的产品真正差异化，也可以通过说服消费者自己与众不同来做到这一点。登广告是厂商通常所采用的一种策略，用来告知消费者，或者说服消费者相信产品之间的差别。

广告是好还是坏是一个值得讨论的主题。一方面，广告能够向消费者传达有用的信息。你也许会从广告中获知一种新产品或新技术，或者发现你想要的商品在哪里有售，什么时候上市，或者在售的有哪些款式和口味。一般而言，广告能够以有趣、易懂的形式传递此类信息，无须费用，也省去了许多麻烦。我们无须挨个店铺寻找哪里出售自己想要的商品，也无须每天上网搜索新影片是否已经上映。企业会花钱来向我们传递所有的此类信息。

如果我们认为广告的主要作用是提供产品和价格的有用信息，那么广告就具有重要的意义。更多的信息将会加剧市场中的竞争。消费者会得知一家企业正在出售比高价竞争者更为廉价的近似替代品。这将驱使价格下降，使市场更接近于完全竞争模型。

另一方面,有些广告几乎没有包含任何产品的直接特征。相反地,广告商会不遗余力地让观看者感到广告中的商品十分美好。广告展现的可能是俊男美女们享受着美妙的时光,可能是感人至深的家庭团聚时刻,也可能是让人心惊肉跳的惊险动作和特技镜头。通常,这些画面与广告商品毫不相干。相反地,它只是想要我们将特定的画面或情感与产品联系起来。两情相悦的情侣在浪漫氛围里深情拥抱,并不能告诉我们珠宝的任何独特品质。然而,它也许能够在坠入爱河与收到一副新耳环之间建立一种强烈的心理联想。

阅读现实生活专栏,了解此类广告切实有效的证据。

现实生活 到底是什么在销售贷款

广告往往不遗余力地让观看者感觉良好,并且将美好的感觉与产品联系起来。比如,一款新车的广告可能会尽力将车与一组挚友们进行的探险镜头联系起来。但是这种做法又会带来什么影响呢?潜在的消费者难道看不透这些广告的意图吗?

情绪真的跟某些经济因素(比如商品的价格)一样重要吗?为了回答这一问题,一些经济学家(包括本书的作者在内)针对消费者贷款的广告内容开展了一项研究。在实验中,南非的放贷人通过邮件向成千上万的老客户发送广告。不仅广告中提供的贷款利率有差别,邮件的外观和内容也有所不同。不同的邮件具有不同的特征:迷人的美女照片、贷款可能用途的清单、利率的信息或者一部手机的抽奖信息。

意料之中的是,当消费者收到的邮件广告是宣传更低利率时,他们更倾向申请贷款。而如果收到的广告上有迷人的美女图片时,消费者也更乐意借款。实际上,想要增加人们的需求,在邮件上放上迷人的美女图片,效果等同于将利率降低25%!

当然,如果你只是直接询问贷款的消费者,他们是愿意贷款利率降低25%,还是简单地看一眼迷人的美女照片,大多数人肯定会选择便宜的贷款。消费者对于邮件的反应这一事实却说出了一个不同的故事,当人们面临设计巧妙的广告时,经济信息只是影响决策的因素之一。

资料来源:Marianne Bertrand, Dean Karlan, Sendhil Mullainathan, Eldar Shafir, and Jonathan Zinman, "What's Advertising Content Worth? Evidence from a Consumer Credit Marketing Field Experiment," *Quarterly Journal of Economics* 125, no. 1 (2010), pp. 263-306.

如果我们认为广告的主要作用并非传递有用的信息，而是劝说消费者相信产品比实际中更为不同，又会如何呢？根据这一观点，广告会降低消费者在相似产品之间的替代意愿。结果就是厂商能够收取高出边际成本更多的加价。这反过来又进一步推动了整个市场的价格上涨。

那么广告的主要效果到底是什么呢？想要回答这个问题并不容易。广告的主要目的是提供有用的信息，还是激发人们的本能反应，在不同的市场中可能并不相同。然而，当立法者禁止产品进行广告宣传时，我们能够从生产者的反应中，得到一些哪种效果更为强烈的线索（立法者曾提出禁止烟草、处方药品、酒精、法律服务甚至美容手术的广告）。如果生产者强烈反对禁止广告的法令，很可能是因为他们认为广告能够说服人们相信自己的产品比实际中更为不同。生产者面临广告禁令时保持缄默，甚至持赞成态度，则可能暗示这一行业中的广告很大程度上是为了向消费者传递信息并促进竞争，这是现有厂商都不想看到的情况。

作为信号的广告。通常我们很难说明白从一则广告中能获得产品的哪些真实信息。我们为什么要相信一个收取了高额报酬的演员口中的蜂窝网络会比其他的网络更快？保险公司的绿色动画壁虎又知道汽车保险的什么信息呢？然而，有时广告可能包含了对消费者而言有用的信息，尽管并没有明示。

考虑不对称信息问题。对于产品的质量，厂商了解的信息多于消费者。消费者想要找到最好的产品，而生产出最好产品的厂商也十分乐意向消费者推销自己。当一个厂商简单地声明自己生产的是高品质的产品时，消费者可能无法完全相信它：因为无论是高品质还是低品质产品的生产者都有动力声称自己的产品是最好的。高品质产品的生产者，需要一种方法发送关于自己产品质量的可信信号。广告能够做到这一点，因为广告需要高额费用。

我们继续从一个厂商的角度思考广告决策。假设一家唱片公司刚刚签下了一个有才华的歌手，并确定他的首张专辑一旦问世一定会赢得听众的喜爱。企业会盘算着如果它花费一大笔钱进行高调的电视广告宣传，许多人将会购买专辑。他们将会特别喜欢这张专辑并且告诉自己的朋友，还会继续购买演唱会门票、与歌迷相关的商品以及这位歌手未来的专辑。唱片公司最终将赚得 1 000 万美元的利润。如果唱片公司判断失误，人们不喜欢这张专辑，厂商将无力承担广告费用，最终会损失 500 万美元。对于唱片公司而言，如果产品的品质很好，广告支出将是很好的投资，如果产品的品质欠佳，这笔支出就是糟糕的投资。

另一方面,如果唱片公司对于新专辑的品质并不确定,这一决策又会如何呢?如果厂商选择不大力推广这张专辑,仍然存在购买者喜欢上它并且告诉朋友的可能性。但是销量相比进行大手笔的电视广告会低得多。假设人们喜欢未进行广告宣传的专辑,唱片公司会赚得 200 万美元。如果购买专辑的人不喜欢它又会如何呢?唱片公司会损失花在音乐制作上的成本,仅仅是 5 万美元。可见,如果唱片公司并不确定专辑的品质如何,不进行广告宣传是明智的。这是因为如果人们不喜欢这张专辑,相比于进行广告宣传的情况,唱片公司的损失要少得多。是否进行广告宣传的决策,如图 11-2 的决策树所示。

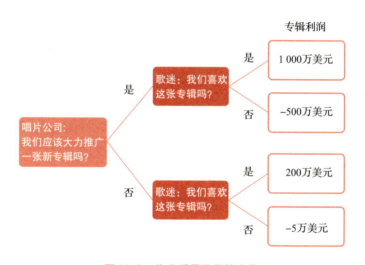

图 11-2 作为质量信号的广告

现在,我们从消费者的角度思考厂商进行广告宣传的决策。消费者仅仅能够观察到最终的结果,厂商是否选择进行广告宣传,而不是产品的真实品质。然而,消费者能够将广告视为一个可信的信号。如果消费者看到一家唱片公司花费巨资对一位新歌手的专辑进行大规模电视广告宣传,他们有理由相信唱片公司十分确定人们将会喜欢这张专辑。因此,对于消费者而言,根据广告试用一款产品十分合情合理。消费者之所以将广告视为有效信号,主要原因并不在于广告的内容,而是广告的成本有多大。广告越贵,消费者越能够得出这样一个结论:厂商十分确信自己的产品足够优质,从而可以赢得消费者的再次光顾。

品牌化。2009 年,达美乐比萨的两位负责炸鸡的员工向优酷网站上传了许多视频，展示他们以各种各样的方式玷污食品（在此我们就不陈述细节了）。据他们称，这些行为都发生在顾客食用之前（当这一事件受到公众关注时，视频拍摄者坚称这只是一起恶作剧，这些食物从来没有用来招待顾客）。相关员工立即被解雇，但是这一事件对达美乐的品牌损害已经无法挽回。事件发生之后的消费者调查显示，达美乐的顾客品牌认知急速下滑，一夜之间从正面变为负面。想要帮助达美乐恢复品牌声誉需要迅速并机智的公关工作。

消费者往往认为强势品牌是产品质量的隐性担保，这一事件表明了为什么这一想法也许是理性的。如果一个厂商没有任何名誉需要保护，它也许并不会如此关心出售劣质产品的后果。但是对于像达美乐一样的厂商来说，许多年兢兢业业的努力才树立起来的强势品牌，仅仅因为一个倒霉的事件就可能被摧毁。因为消费者知道，这些厂商在品牌名誉受损时一定会遭受损失，他们就可以得出以下结论：具有强势品牌的厂商会在方方面面都进行严格的质量控制。

基于这一理由，当人们存在困惑时，品牌也许还能够传达有用的信息。旅行者刚到达陌生城市时，也许对于当地餐馆的食物和饮品的质量知之甚少。然而，如果看到一家星巴克店，他就能够确信自己可以买到一杯品质可预见的饮品。当地的一家茶店也许确实比星巴克更好，旅行者却无从得知。他很可能会理性地选择自己熟悉的星巴克品牌，而不是冒险选择当地的竞争者。

然而，依赖品牌进行决策并不总是理性的。品牌可能也会使错误的质量认知和产品差异得以持续。比如，品牌药品通常比一般的相似药品的收费高得多，尽管二者的有效成分相同并且具有相同的疗效。此时，强势品牌甚至可能成为市场的进入障碍，将该市场变成寡头垄断的结构，少数的领先者掌握了巨大的市场力量。在探讨寡头垄断之前，阅读换个视角专栏，了解对于厂商而言，利用品牌实现产品差异化是何等重要。

> **换个视角** 可口可乐、百事和不再神秘的配方
>
> 可口可乐在广告中一再强调自己的"独家配方"。2007 年，当两位员工试图将可口可乐的秘密配方卖给百事时，你也许认为百事会毫不犹豫地借机了解对手是如何生产可乐的。然而实际上，百事不仅拒绝购买这一信息，还配合 FBI 拘捕了潜在的告密者。百事究竟为什么会这样做呢？

想要回答这个问题，我们必须了解可乐行业的市场结构。在过去的一个多世纪中，可口可乐公司和百事公司之间始终弥漫着硝烟。可口可乐占有可乐市场80%左右的份额，百事占有20%左右的份额。因此可乐行业是寡头垄断市场：由两个厂商主导，并且新的可乐制造商很难进入全球市场。这部分源于可口可乐和百事成功地树立了自己的强势品牌，其他厂商想要说服消费者转向新的可乐品牌几乎不可能。

然而可乐市场也具有垄断竞争的特点：为了增加消费者的规模和忠诚度，每家公司都尽力突出产品的差异化。许多口味盲测发现，当不知道正在饮用的可乐品牌时，大多数人，即使是那些声称是某一品牌的狂热粉丝的人，也无法区分二者。因此，在一些行业中，广告主要是用来劝说人们产品相比实际上更加与众不同，可乐行业似乎是个清晰的范例。

思考一下，如果百事买下了可口可乐的秘密配方并且公之于众又会如何。这些信息将会让新公司进入可乐市场更加容易，它们可以通过广告大肆宣称自己的产品与可口可乐完全相同。新企业进入市场生产无差别的产品，会使该市场更接近完全竞争模型。结果将导致可口可乐价格下降。这对于可口可乐而言无疑是灭顶之灾，但对百事而言也不是一个好消息。新的可乐产品将会是百事的近似替代品，某些百事的消费者可能会转向大批涌现的更便宜的无差异可乐。此时，百事将会损失客户和利润。

那么，为什么百事不购买这一配方，秘而不宣并利用它生产与可口可乐的口味完全相同的可乐呢？毕竟，可口可乐拥有80%的市场份额，而百事只有20%，可口可乐一定具有某种优势。百事的主要困难在于，自从可口可乐品牌创立以来，它的顾客没有任何理由转向价格和口味都相同的百事。百事唯有降低价格才能吸引可口可乐的顾客转向自己，但同时它也会失去向20%的客户收取加价的能力，这些忠诚的顾客用实际行动声明自己更偏爱百事的口味。如果百事这么做，它将无法赚得与先前一样可观的经济利润。

从道德的角度来看，百事的做法值得称赞。但我们也应该明白为什么从经济的角度来看，百事的决策也十分机智。百事的利润最大化决策就是忽视效仿可口可乐秘密配方的机会，并且继续差异化自己的产品。

资料来源：http://www.nytimes.com/ref/business/20070527_COKE_GRAPHIC.html；http://freakonomics.blogs.nytimes.com/2006/07/07/how-much-would-pepsi-pay-to-get-cokes-secret-formula/.

寡头垄断

假设你是环球音乐的总经理。你每天的决策就是如何让你的公司尽可能地赚得更多的利润。你需要考虑的事情很多：我们应该签下哪位新人歌手？我们应该如何对即将发行的专辑进行广告宣传？我们应该如何对 CD 和合法下载收费并防止顾客进行非法下载？我们应该做些什么为新歌争取更多的电台广播机会？

这些决策存在一条主线贯穿其中：你了解自己的竞争对手。你知道自己正在与索尼、百代和华纳进行竞争。你熟知它们的总经理和歌手名单，并对它们的销售情况和广告有些许了解。你也许对他们酝酿推出的专辑了如指掌。你或许还留意了那些规模较小的独立公司，但主要精力仍集中在其他主要参与者身上。换句话说，你在与 3 个十分明确的竞争对手进行博弈。

这与完全竞争市场中的情形截然不同。作为完全竞争市场中的价格接受者，你将与十多家、上百家甚至上千家厂商进行竞争。你可能并不了解这些厂商的管理者，这也无关紧要。以打败其中一个厂商为目标进行商业决策毫无意义，因为其他厂商会前仆后继地填补空缺。

我们的分析将关注寡头垄断市场中的厂商与少数具有市场力量的确定竞争者之间的竞争。完全竞争市场中的厂商别无他选，只能在既定的市场价格下选择自己的产量。另一方面，寡头垄断厂商则是在对竞争者的预期决策进行深思熟虑之后，进行价格和产量的策略决策。我们将利用第 9 章中的博弈论对寡头垄断进行分析。

竞争中的寡头垄断厂商

我们以一个简化的音乐行业的例子开始寡头垄断的分析。为了简化，假设只有两家唱片公司（环球和华纳），而不是四家（从技术上说，存在两个厂商的寡头垄断称为双头垄断）。此外，假设音乐是一种标准化商品，因此，顾客对于购买环球还是华纳出品的音乐感到无差异。尽管我们在本章之前的内容中讨论过为什么这并不实际，但这是一种合理的简化，能让我们对寡头垄断的分析更加清晰。每家唱片公司拥有众多稳定的歌手，特定音乐类型的任何歌迷都能够在这两家相互竞争的唱片公司中找到符合自己品味的相似替代品。

图 11-3 显示了市场中唱片公司的市场需求表以及对应的需求曲线。正如我们所料，唱片的需求数量随着价格下降而上升。图 11-3a 的第三列显示了每个价格–数量组合对应的总收益。回顾之前的内容，第一列的数量代表了整个市场的总需求量，那么第三列代表了两个厂商的收益总和。假设每个厂商在签下歌手并发行唱片时付出了 1 亿美元的固定成本。为了简化，我们也假设生产每张唱片的边际成本为零。

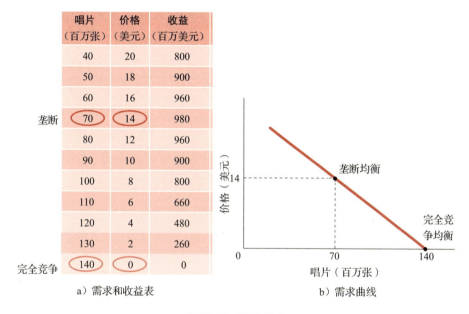

图 11-3 唱片需求

回顾第 10 章中的完全竞争模型，价格会被拉低直至等于边际成本。既然我们假设生产的边际成本为零，如果处于完全竞争条件下，市场均衡产量会是价格为零所对应的 1.4 亿张唱片（当然，长期内唱片不可能一直免费，因为唱片公司将会无法承担它的固定成本；厂商会退出市场，直至价格上升到厂商能够负担固定成本为止）。这仅是用另一种方式表达了我们已经熟知的事实：在完全竞争模型中，没有厂商能够获得经济利润。

相反，如果该市场是垄断的又会如何？我们从第 10 章中了解到垄断厂商会选择出售能够使利润最大化的价格和数量组合。观察需求和收益表，我们会发现这一点的价格为 14 美元，对应的唱片数量是 7 000 万张。垄断厂商的利润将会是 8.8 亿美元，也即是 9.8 亿美元的总收益减去 1 亿美元的固定成本。

如果该市场中存在两个厂商（环球和华纳）会如何呢？既然垄断生产决策能

够使得利润最大化，那么这两个厂商所能做到的最好的情形就是联合起来像一个垄断厂商那样行动。如果每个厂商生产3 500万张唱片，总销量将等于7 000万张，每家唱片公司都会获得3.9亿美元的利润：

$$TR - TC$$

$$(3500万 \times 14) - 1亿 = 3.9亿(美元)$$

听起来不错，对吧？但是接下来，我们假设华纳的CEO足智多谋，决定瞒着环球的CEO多生产500万张唱片。市场上出售的唱片总量上升至7 500万张，这会将价格降低至13美元。然而，此时整个市场的销量并非二者平分，华纳出售的唱片为4 000万张，而环球为3 500万张。结果就是，华纳的利润增加为4.2亿美元。而由于售出的每张唱片相比之前降价了1美元，环球损失了3 500万美元的利润：

$$华纳的利润 = (4\,000万 \times 13) - 1亿 = 4.2亿(美元)$$

$$环球的利润 = (3\,500万 \times 13) - 1亿 = 3.55亿(美元)$$

环球的CEO会感到很不高兴。如果他选择予以反击，也暗地里向市场投放额外的500万张唱片，情况会如何？市场中出售的总量将变成8 000万张，这将使价格进一步降低至12美元。现在，每个厂商并非出售3 500万张唱片，而是4 000万张，并且每张唱片的价格便宜了2美元。

$$每个厂商的利润 = (4\,000万 \times 12) - 1亿 = 3.8亿(美元)$$

尽管相比二者进行合作每人生产3 500万张唱片，每个唱片公司的获利都稍逊一筹，环球唱片确实通过反击获得了可观的成效。这一过程将继续进行，持续推动销量上升及价格下降。现在，华纳的CEO决定生产4 500万张唱片，导致价格下降至11美元，公司利润将升至3.95亿美元。然而，环球的CEO以相同的做法回击，使每个厂商以10美元的价格出售4 500万张唱片，利润降低至3.5亿美元。如同完全竞争，寡头垄断厂商之间的竞争会使得价格和利润下降到垄断水平之下。

然而，与完全竞争不同的是，寡头垄断厂商之间的竞争不会使利润一直下降到有效水平。回顾第10章的内容，垄断厂商在考虑是否生产额外一单位产品时，会权衡以下两种效应：

- **数量效应**：以高于边际成本的价格出售额外一单位产品会增加厂商的利润。
- **价格效应**：额外一单位产品会增加整个市场的总产量，从而推动市场价格下降。厂商获得更低的价格，并由此导致出售的每单位商品赚得的利润更低。

寡头垄断的情形如出一辙：数量效应超过价格效应时，厂商增加产出会提高利润水平。此时，为了利润最大化厂商会增加产出。

但是数量效应小于价格效应时，厂商没有动力增加产出。考虑华纳的 CEO 接下来面临的数量决策。如果他再生产 500 万张唱片，他将只能获得 3.5 亿美元的利润（5 000 万 ×9 = 4 500 万 ×10）。数量效应（出售额外的 500 万张唱片）恰好被价格效应（每张价格降低了 1 美元）所抵消。他没有动力增加产出。

环球唱片面临相同的决策。因此，我们能够预见到两家企业都会选择停留在 4 500 万张唱片的产出水平上。双头垄断厂商相互竞争后的市场均衡就是以 10 美元的价格出售 9 000 万张唱片。

当然，实际中音乐行业的大型厂商不止两家，而是四家。但是原理完全相同。假设我们再一次从利润最大化的垄断总产量开始，以每张 14 美元的价格生产 7 000 万张唱片，四个厂商平分总产出。每个厂商生产 1 750 万张唱片，获得 2.45 亿美元的收益，减去 1 亿美元的固定成本，所得利润为 1.45 亿美元。

$$TR - TC$$
$$(1750 \text{ 万} \times 14) - 1 \text{ 亿} = 1.45 \text{ 亿}(\text{美元})$$

然而，每个厂商都有动力尽力提高自己的利润，即使这样会降低其他厂商和整个市场的利润。只要数量效应大于价格效应，每个厂商都会尽可能地增加产出。

市场中存在四个而非两个厂商时，价格效应会变小。当市场在两个厂商之间平分时，其中一个厂商的产量增加 20% 将会使整个市场的产量增加 10%。更具体地，如果每个厂商生产 3 500 万张唱片，某一个厂商增加 20% 的产量，即多生产 700 万张，唱片的总产量将会从 7 000 万张增加至 7 700 万张，即增加 10%。

当市场被四个厂商平分时，其中一个厂商的产出增加 20% 将使整个市场的产量增加 5%。总产量的增幅越小，市场价格的下降效应越弱。厂商数量越多时价格效应越弱。因此，在数量效应等于价格效应之前，每个厂商选择增加的产量越多。

无论市场中存在多少厂商，寡头垄断厂商都会持续增加产量，直至额外一单位产出对利润产生的正向的数量效应恰好等于负向的价格效应。

利用价格效应和数量效应对寡头垄断厂商的生产决策进行分析，突出了一个重要的一般概念：寡头垄断厂商的生产决策不仅会影响自己的利润，也会影响其他厂商的利润。只有决定多生产的单个厂商能够感受到数量效应对利润的提升。使降低利润的价格效应则影响了市场中所有的厂商。单个厂商利润最大化的决策会降低整个市场的利润。

这是一般经济学准则的一个例子：当个体（个人或厂商）在决策时，能够获得所有收益并承担所有成本，他（或它）会理性地做出最优决策。但是如果能够将决策的成本或收益强加给他人，个人的理性决策无须考虑整体的最优化。在寡头垄断情形中，一个厂商做出增加产出的理性决策时，其他厂商不得不承担相关的成本。在后续讨论外部性和公共物品的章节中，我们将继续深入探讨这一问题的细节。

竞争还是共谋

如果你不了解寡头垄断厂商是如何行动的，你就无法胜任华纳或者环球公司的CEO职务。你可以认为他们都是聪明人，深知自己正在参与一场策略博弈，并且这一博弈如同第9章中讨论过的囚徒困境一样。在我们的简化案例中，厂商面临两种选择：相互竞争，或者齐心合力像一个垄断厂商一样行动。对价格和产量共同做出决策的行为称为共谋（collusion）。正如我们讨论过的，当华纳和环球选择相互竞争时，它们最终会各生产4 500万张唱片，并获取3.5亿美元利润。如果进行共谋，它们将各生产3 500万张唱片，并获取3.9亿美元的利润。如果共谋能够使厂商获取更高的利润，为什么并非所有人都这么做？

当环球的CEO决定生产多少唱片时，他会进行策略思考并问自己华纳的CEO会怎么思考。如果华纳决定生产3 500万张唱片情况会如何呢？观察图11-4中的收益矩阵。根据矩阵的上半部分，可以看出如果环球唱片也生产3 500万张唱片，会获得3.9亿美元的利润；如果生产4 500万张唱片，赚得的利润为4.4亿美元。对环球唱片而言什么是明智的决策不言而喻——生产更多的唱片并且获得更多的利润。

但是如果华纳唱片决定生产4 500万张唱片，环球唱片的情况又会如何呢？观察矩阵的下半部分，我们发现如果环球生产3 500万张唱片，它将赚得3.2亿美元；如果环球生产4 500万张唱片，将赚得3.5亿美元。再一次，明智的决策显而易见。了解到自己面临的选择，环球的CEO会得出结论，无论华纳唱片决定怎么做，环球都应该生产4 500万张唱片。

图11-4所表明的策略决策突出了两个事实。其一，正如我们已经计算过的，相比于共谋，两个厂商相互竞争会导致它们的情况变差。这是因为，通过竞争它们会推动销量高于利润最大化的垄断水平，而共谋则不会。

其二，无论其他厂商怎么做，每个厂商都有动力背叛共谋协议并相互竞争。现在我们从华纳的角度思考如何决策。如果华纳认为环球会生产较低水平的"共谋"产量，它选择背弃共谋转向竞争，将会多赚得 5 000 万美元的利润（我们如何得知的？比较图 11-4 中左上角和左下角两个框内华纳的利润即可得到）。

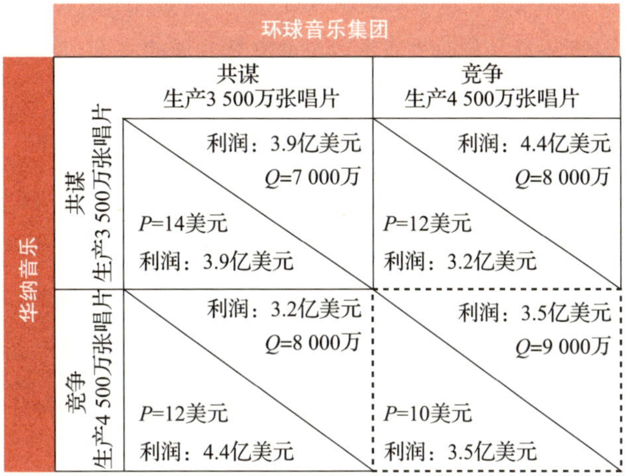

	环球音乐集团	
	共谋 生产3 500万张唱片	竞争 生产4 500万张唱片
华纳音乐 共谋 生产3 500万张唱片	利润：3.9亿美元 Q=7 000万 P=14美元 利润：3.9亿美元	利润：4.4亿美元 Q=8 000万 P=12美元 利润：3.2亿美元
华纳音乐 竞争 生产4 500万张唱片	利润：3.2亿美元 Q=8 000万 P=12美元 利润：4.4亿美元	利润：3.5亿美元 Q=9 000万 P=10美元 利润：3.5亿美元

图 11-4　寡头垄断生产的囚徒困境

如果华纳认为环球会生产较高水平的"竞争"产量，那么它会选择竞争而非一味地坚守共谋协议，这样能赚得更高的利润（对比右下角方框内的 3.5 亿美元和右上角方框内的 3.2 亿美元可知）。

对于参与者而言，无论其他参与者怎么做，某一策略总是最优的决策，我们称之为占优策略。在寡头垄断市场中，竞争是环球唱片的占优策略。很遗憾，它也是华纳唱片的占优策略，华纳 CEO 的盘算与环球如出一辙。结果就是，两个厂商都会选择竞争而非共谋，最终各生产 4 500 万张唱片，获得 3.5 亿美元的利润。

当博弈中的所有参与者都具有占优策略时，我们称博弈的结果为纳什均衡，即当给定其他参与者的决策时，所有的参与者能选择了最佳策略时达到的结果（即使厂商没有占优策略时也能够实现纳什均衡，只是本例中厂商均有占优策略）。当纳什均衡实现时，没有人有动力改变自己的策略，从而打破均衡，因此纳什均衡具有重要的意义。

然而，正如第 9 章中所描述的，两位 CEO 存在一种摆脱这一困境的方法。关键在于，要牢牢记住这一决策过程并非一次性的，而是一次又一次地在两个厂商之间重复进行。一旦环球唱片的 CEO 意识到这一互动过程是一种"重复博弈",他的激励就发生了改变。如果华纳的 CEO 信守承诺而环球选择了背弃合作,他今年会多获得 5 000 万美元的利润。但他可以确定明年华纳一定会进行反击,回到竞争产出水平。由此他认识到此后每一年环球都会损失 4 000 万美元的利润,即只能获得竞争均衡中的 3.5 亿美元,而不是共谋均衡中的 3.9 亿美元。考虑到未来的利润,两个企业也许会抓住最初的时机认定对方会坚守共谋的协议。如果双方都坚定不移,他们就能够持续合作,每人都年复一年地生产 3 500 万张唱片。

通常,这一策略是**卡特尔**(cartel)中厂商团结一致的黏合剂,卡特尔即一些厂商通过共谋对产量和价格集体做出决策。石油输出国组织(OPEC)就是一个众所周知的卡特尔。为了操纵市场价格并最大化自身的利润,许多国家就限制石油产量达成一致。出于长远利益的考虑合谋比竞争更有利,所有成员国对这一点都心知肚明,这一事实也使得 OPEC 充满凝聚力。未来利润的吸引力阻止了某一国家在任何一年中多产油以获得短期利润。尽管 OPEC 并未控制全球所有的石油供应,它仍具有强大的力量影响全球石油价格。

如果卡特尔对寡头垄断市场中的厂商如此有利,为什么它们并没有大量存在?一个直接的原因就是:它们通常是违法的。没有哪个国际法庭有权力强迫 OPEC 不在全球石油市场上进行共谋。然而,大多数国家都制定法律禁止厂商对价格或产量达成协议。如果被发现有此类行为,将面临罚款和处罚。

寡头垄断与公共政策

我们在第 10 章中了解到美国制定了严格的法律禁止"反竞争"的行为。甚至寡头垄断厂商提议进行共谋的行为也是非法的,无论最终共谋是否实际发生。当然,法律制定者如此关注共谋的原因在于共谋仅利于寡头垄断厂商,不利于其他人。在我们假定的例子中,当华纳和环球唱片进行共谋时,唱片的价格为 14 美元。而当它们相互竞争时,价格仅为 10 美元。当华纳和环球彼此竞争而非共谋时,音乐爱好者们的情况会更好。

回顾之前的内容,在垄断市场中存在无谓损失,由于相比于有效率的情况,市场均衡于更高的价格水平和更低的产量,某些交易无法达成,由此造成了无谓损失。图 11-5 比较了不同竞争程度的市场中的生产者剩余、消费者剩余以及无谓损失。需要指出的是,最后的两幅图——共谋和垄断,完全相同。由于竞争性的寡头垄断的市场结果介于垄断和完全竞争市场之间，无谓损失不可避免，但是小于存在共谋时的情形。

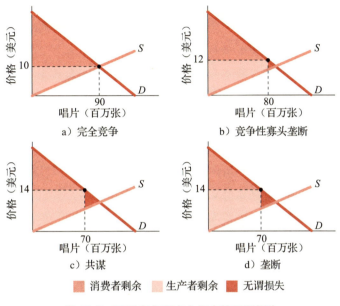

图 11-5　不同竞争程度市场中的无谓损失

难怪政府会如此执着于阻止厂商进行共谋，也难怪厂商会如此热衷于共谋并尽力避免被发现。例如，在20世纪60年代，美国政府邀请多家公司对提供某些特定类型的重型机械进行投标，并对历年的招标记录进行审查。政府机构发现之前3年的招标中，47家制造商提交了完全相同的标书。这表明制造商私下里对投标内容进行了共谋。它们轮流投出最低价的标书，而标书价格远高于实际进行竞争时的价格。据估计，在瓦解之前，这一卡特尔每年耗费1.75亿美元美国纳税人的税款。

总　结

在之前的章节中，我们讨论了两个市场结构完全相反的极端：完全竞争和垄断。在本章我们关注介于二者之间的灰色地带，探讨了垄断竞争和寡头垄断行业的不完全竞争性和特征。了解这些市场结构有助于企业所有者做出关于生产和定价的最优决策。这些知识也有助于消费者理解厂商的行为以及在实际生活中看到的形形色色的广告。

市场结构让我们得以了解厂商是如何进行决策的，但是，仍存在诸多其他因素我们尚未涉猎。到目前为止，我们关注了厂商对任意给定商品的产量决策。接下来的章节中，我们将讨论生产要素市场如何左右厂商生产商品的决策。

1. 描述寡头垄断和垄断竞争的特征

现实世界中，大多数市场并不能正好满足任何一种市场结构类型，但是利用厂商数量和产品多样化对市场进行分类十分有用。寡头垄断描述了只有几个厂商出售相似商品或服务的市场类型。这一情形下，厂商倾向于了解自己的竞争对手并且每个厂商都具有一定的价格制定权，但没有人能够完全控制市场。相反地，垄断竞争描述的市场中存在许多出售相似的几乎没有差别的物品和服务的厂商。这些厂商并非完全的价格接受者，但是它们在长期内面临了剧烈的竞争。

2. 解释为何产品差异化会激励企业做广告和品牌化

生产者投资广告以说服消费者自己的产品有别于其他相似产品。其他商品对一种商品的替代性越小，当价格上涨时，消费者转向其他商品的可能性就越低。因此，生产者有动力差别化自己的产品，无论是通过使它们真正地差别化，还是说服消费者它们与众不同。通过做广告和品牌化，厂商要么能够明确地向消费者传达他们想要的信息，要么可以就自己的产品质量发送信号。

3. 描述寡头垄断市场中企业的策略性生产决策

寡头垄断厂商会在考虑竞争对手的预期决策之后做出价格和产量的策略性决策。与完全竞争市场中的价格接受者的厂商不同，寡头垄断厂商的产量会影响市场价格。额外一单位产品带来的利润增加被称为数量效应。额外一单位产品导致市场价格下降，从而使得利润减少被称为价格效应。通常，只要正向的数量效应大于负向的价格效应，一个寡头垄断厂商就会持续增加产量。

4. 解释为什么寡头垄断市场中的企业有动力进行共谋，以及为什么它们难以做到共谋

相对于所有厂商作为一个整体实现整个市场的利润最大化，寡头垄断厂商有动力生产更多的产量，使得价格下降并将损失强加在竞争者身上。通过共谋，厂商通过生产等价的垄断产量，能够最大化整个行业的利润，并且平分收益。然而，单个厂商能够通过竞争获得更高的利润，因此，每个厂商总是有动力背弃这一协议。

5. 比较寡头垄断与垄断和完全竞争市场中的企业、消费者以及整个社会的福利情况

寡头垄断中的竞争性均衡对应的产量和价格介于完全竞争市场和垄断市场的结果之间。由于这一均衡有别于完全竞争市场,寡头垄断会造成一定程度的无谓损失,并且以牺牲消费者剩余为代价增加了生产者剩余。当寡头垄断厂商进行共谋时,均衡的结果看起来与垄断并无二致,并且导致了更高的无谓损失和更多的生产者剩余。

批判性思考

1. 解释为什么相比于完全竞争市场中的厂商(存在许多竞争者),寡头垄断厂商更关注竞争对手的做法。
2. 如果你的手机上安装了一个程序,你用手机扫描超市的任何一件商品,这一程序都能够对其进行识别,并且列出该商品的所有必要信息。这个程序能告诉你商品的产地,是如何生产的以及预计何时开始销售。在这种环境中出售商品的厂商有必要对商品进行广告宣传吗?为什么?
3. 假设电子书市场是寡头垄断,由亚马逊、巴诺书店、索尼以及苹果控制。巴诺书店正在考虑增加产出。这将如何影响市场价格?会如何影响每一家公司的利润?
4. 石油输出国组织(OPEC)是由12个国家组成的卡特尔,控制了全球约2/3的石油产量。这一卡特尔在国家间实行生产配额,为什么某一国家有动力生产超过配额的石油?如果它真的这样做了,你认为其他OPEC国家会如何应对?
5. 解释为什么相比于垄断竞争市场,政府更注重对寡头垄断市场的管制。

ECONOMICS

第 12 章

国际贸易

认知目标

1. 理解比较优势,以及为什么进行国际贸易。
2. 当一个国家开放贸易时,探讨市场中的剩余变化和利益的分配。
3. 关税对数量、价格和剩余分配的影响。
4. 探讨在国际市场设立环境或劳动标准所面临的挑战。

引例　莱索托制造

2000年左右，南非的一个名为莱索托的小国家一夜之间兴盛起来，为沃玛特、老海军、李维·施特劳斯和凯马特等诸多公司加工T恤和牛仔裤。莱索托大约有200万居民，它比得克萨斯州的休斯敦城还要小。与我们的想象大相径庭，作为一个T恤和牛仔裤行业发达的国家，莱索托并不种植棉花。实际上，作为一个多山的国家，莱索托最低点的海拔也高达4 593英尺，因此无法大量种植任何作物。以往，莱索托人主要依靠放牧山羊和开采钻石矿产维持生计。莱索托的货物运输也十分困难，由于它是内陆国家，这意味着它没有任何港口，也没有任何大型机场。总而言之，服装出口行业在莱索托的异军突起，表面上看起来并非是水到渠成的事情。更奇怪的是，这些新工厂大多是由中国台湾的企业创建的。

为什么中国台湾的企业会转移到莱索托，衣服制成之后又销售到远隔重洋的美国？2000年发生了什么事情，导致这一贸易模式的兴盛？

在这一章，我们将继续第2章中的故事，讲述在过去的200年里，服装生产是如何在全球范围内转移的。当前，中国是世界最大的服装制造国，美国的很多消费者所穿的衬衫都产自中国的工厂。中国之所以能够在服装制造业取得成功，与莱索托一夜之间成长为一个服装制造国一样，都是基于一个至关重要的事实：美国人能够购买中国和莱索托制造的衣服。这似乎显而易见。但我们能够横跨世界购买商品，确实是相对近期的进步。在最近一个多世纪的交通大发展之前，找到远距离的贸易对象都十分困难，更何况是把大量的货物运回当地。

现代交通和通信技术使得国际贸易更加便捷。但是贸易仍然受到复杂的国际协定的限制。比如，在过去的40多年时间里，纺织业和服装业的国际贸易就受到了严格的管制。《多种纤维协定》（MFA）实际上是一组个别国家签订的独立条约，对国家间可以交易的服装类型和数量进行限制，现在回想起来，这些限制往往详细到可笑的程度。中国的厂商能够出售多少双棉质的袜子？能够出售多少羊毛衫给美国消费者？MFA都有详细的规定，但是这些数量"都远未达到美国人想买的棉袜和羊毛衫的数量"。换句话说，美国与中国之间存在某些服装贸易，但并非无限制的自由贸易。世界上大多数的主要服装生产国都受到相似的限制。

与此同时，美国还签订了其他条约，许多国家被排除在《多种纤维协定》的制约之外。美国与墨西哥和中美洲国家之间的自由贸易协定消除了服装贸易的限制。2000年的《非洲增长与机遇法案》（AGOA）也是如此，赋予包括莱索托在内的某些十分贫困的非洲国家优先的贸易伙伴身份。中国台湾的服装公司迅速意识到，MFA意味着如果它们将工厂设立在中国台湾，就无法将T恤和牛仔裤销往美国，但是在AGOA框架下，如果它们将工厂设立在莱索托，就能够将产品销往美国。因此它们毫不犹豫地付诸行动。

这种混乱的贸易政策组合无法长久。至2005年，《多种纤维协定》的限制已经被逐步淘汰，服装和纺织品贸易重获自由。这对消费者有什么影响呢？对亚洲、美国以及莱索托的工人又有什么影响呢？正如我们接下来将在本章中看到的，这对于亚洲的企业来说是一个好消息，但对于莱索托的企业而言却是一个晴天霹雳。

本章中，我们将看到贸易如何影响不同国家的价格、工人和消费者。我们也会看到贸易如何在给某些国家和行业带来巨大利益的同时给某些人造成损失。对于企业家而言，能大展宏图还是一败涂地，关键在于能否在贸易中游刃有余。作为工人和消费者，我们能赚得的工资和支付的商品价格深受贸易的影响，而有时这一影响并非一目了然。

为什么进行贸易

大多数国家之间的贸易并非完全自由的，在对其原因进行分析之前，我们先简要地讨论为什么所有国家最初想要进行贸易。我们可以利用第2章中的一些基本的经济概念，预测当市场能够发挥作用时，不同的产品会在哪里生产，以及贸易的优势是什么。

比较优势

美国从亚洲各个国家，尤其是中国进口服装。这一事实说明了什么？最显然的是，说明中国企业和美国消费者都能从这一贸易中获得好处。如我们所知，自发的贸易能够带来剩余，使贸易双方的情况相比之前更好。对个人来说如此，当厂商或国家之间进行贸易时，也是如此。

这还说明了在生产服装方面，中国相比于美国一定具有某种优势，否则美国会选择自己生产。是什么类型的优势呢？这也许简单地意味着中国的厂商相比美国更有效率。如果事实果真如此，我们会称中国在服装生产上具有绝对优势。当利用给定数量的资源生产一种商品时，比他人生产出的产量更多，这一能力被称为绝对优势——比如，利用同样数量的工人能生产更多的 T 恤。

但是记住谁生产什么并不是由绝对优势，而是由比较优势决定的。比较优势是指相比他人能以更低的机会成本生产一种物品或服务的能力。中国企业将服装销往美国这一事实，并不代表中国在服装制造上更有效率，但能够说明中国生产一件 T 恤的机会成本低于美国。

贸易收益

如果美国工人制作 T 恤的效率并不比中国工人低，为什么美国企业还要进口中国生产的 T 恤呢？简单来说，当每个国家都专业化生产自己具有比较优势的商品时，两个国家都能从中获益。两个国家可以通过贸易获得本国人民想要消费的商品组合。由专业化和贸易带来的两个国家的福利增加，被十分直接地称为贸易收益。

根据表 12-1，我们可以比较存在贸易与不存在贸易时的全球产出和消费数量，进而了解贸易收益是如何产生的。为了简化起见，我们根据现实中的情况编写了表中的数据。如同第 2 章一样，为了简化，我们假设美国和中国只生产两种商品：小麦和 T 恤。不进行贸易时，每一个国家都必须自己生产本国人民想要消费的小麦和 T 恤的组合。假设美国需要 3 亿件 T 恤和 10 亿蒲式耳小麦。中国需要 10 亿件 T 恤和 20 亿蒲式耳小麦。全球总产量就是 13 亿件 T 恤和 30 亿蒲式耳小麦。

表 12-1　存在贸易与不存在贸易时假定的全球产出和消费数量

	国家	小麦产量（10 亿）	T 恤产量（10 亿）	小麦消费量（10 亿）	T 恤消费量（10 亿）
	美国	1	0.3	1	0.3
不存在贸易	中国	2	1	2	1
	共计	**3**	**1.3**	**3**	**1.3**

	国家	小麦产量 （10 亿）	T 恤产量 （10 亿）	小麦消费量 （10 亿）	T 恤消费量 （10 亿）
存在贸易	美国	3.5	0	1.1	0.8
	中国	0	2	2.4	1.2
	共计	**3.5**	**2**	**3.5**	**2**

当两个国家能够进行贸易时，每个国家都能生产自己具有比较优势的商品，而不是恰好生产本国消费者想要的商品组合。在简化的例子中，这意味着美国将会专业化种植小麦，而中国则会专业化生产 T 恤。结果就是全球的总产出将会更高，并且每个国家所能消费的商品相比之前更多。在自由贸易的情形下，美国会生产 35 亿蒲式耳小麦，中国会生产 20 亿件 T 恤。相比之前，多生产了 7 亿件 T 恤和 5 亿蒲式耳小麦，因此，两个国家能够分享这一好处，双方都将获益。从表 12-1 中可以看到，在专业化和贸易之后，两个国家中两种商品的消费量变得更多。

比较优势的根源

媒体通常将国家间的贸易描述成国家事务，如同我们在上述内容中对美国和中国所做的那样。你也许觉得贸易要求各国政府团结一致，需要聘请一位经济专业的超级规划师来分析数据，并且就谁专业化生产什么商品达成一致，但事实并非如此。实际上，贸易的日常事务几乎全部是由厂商和个人完成的，而非政府。

亚特兰大和佐治亚州的企业如何得知自己相比于北京的企业具有什么比较优势呢？此时，"看不见的手"会发挥作用，但这并不意味着人们会自然而然地做出生产什么以及与谁进行贸易的正确决策。如果你拥有一家企业，你就需要研究包括劳动和原材料在内的投入成本，你能够生产的不同商品的销售价格，最终得出利润最高的选择。决策得当，你就会获得利润。决策失误，就会被逐出市场。同时，北京和世界各地的企业所有者也都在进行相同的研究和盘算。作为单个生产者，当所有人对自己所面临的利润激励做出反应时，他们就会被吸引到自己具有比较优势的产品生产中去，自然就会获得贸易收益。

我们将讨论变得更具体一些。在之前的章节中我们探讨过生产要素的价格是如何决定的。比如，你位于佐治亚州的工厂也许想要雇用一些工人制作 T 恤，但是这些工人也可以选择将自己的劳动力出售给生产汽车零件的公司。如果相比于制作 T

恤，工人们生产汽车零件更有效率，汽车零件加工厂会愿意提供更高的工资。这会降低T恤行业的劳动供给，相应地推高了T恤生产者的工资。现在，假设北京的工人没有更好的替代生产T恤的选择。他们愿意接受较低的工资在T恤加工厂工作，这意味着北京的厂商在生产T恤时具有更低的成本，因此他们愿意在国际市场上以更低的价格出售T恤。

这样一来，每一种生产要素的价格就包含了利用该要素所能生产的其他商品的机会成本。在权衡了T恤的所有生产要素的价格以及国际市场上T恤的售价之后，你发现以如此低廉的价格出售T恤，你的工厂将会亏损。这就是市场在告诉你，你在佐治亚州的工厂在生产T恤上并不具备比较优势，你应该生产其他产品。换句话说，只有在生产T恤上具有比较优势，也就是机会成本最低的厂商，才能够在生产T恤时获得利润。每个厂商只需简单地比较投入品和产品的价格，选择生产利润最高的产品，最终它们都能生产自己具有比较优势的产品。

到目前为止，一切十分顺利。但是什么导致某一国家的厂商在生产T恤上，相比于生产汽车零件、设计电脑程序或从事其他事情具有更低的机会成本？经济学家发现以下几个国家层面的特征能够影响特定国家生产商品的成本：自然资源与气候、生产要素禀赋以及技术。

自然资源与气候。为什么相比俄罗斯，夏威夷在种植菠萝上具有比较优势？原因很简单：夏威夷气候温暖而俄罗斯相对寒冷。气候多样性和自然资源是比较优势的重要决定因素。比如，加利福尼亚和法国的某些地区，具有十分适宜的泥土和气候，这让它们种植的葡萄能够酿造出世界级的美酒。当商品被生产出来之后，气候和地形也会影响运输的成本。比如，相比于莱索托等远离主要消费者市场的内陆国家，具有大规模海港的国家更便于对不同商品进行贸易。

生产要素禀赋。多种生产要素的相对丰富程度，使得某些国家更适于生产特定商品。举例来说，土地更为辽阔的国家，比如新西兰或者阿根廷，也许在放牧牛羊等土地密集型的产业上具有比较优势。具有充足资本但土地紧缺的地区和国家，比如中国香港和日本，也许在生产高技术电子产品、提供金融服务或者生物医疗研究等资本密集型的产业上具有比较优势。

我们在第2章中讲述了在过去的几个世纪里，服装制造业如何在全球范围内跟随着廉价劳动活动的足迹，从一个国家转移到另一个国家，要素禀赋能够有力地解释这个故事。服装制造是劳动密集型行业，对资本和技术的要求相对较低。随着纺织工业较早兴起的国家中，工人受教育程度的提高，相比于熟练劳动和资本，廉价劳动的丰富程度降低。因此，比较优势就转移到那些廉价劳动相比其他生产要素更丰富的国家了。

技术。最后，技术会对比较优势产生影响。随着时间推移，技术会在国家间传播，使不同国家的机会成本趋于平等。然而，在任何既定的时间，个别国家的技术或生产工艺的进步会让该国具有暂时的比较优势。我们在第 2 章中看到，动力织布机的发明让英国最早在服装制造上获得优势，但是这一新技术很快就传到了美国，大大削弱了英国的优势。

不完全专业化

我们之前对国际贸易的分析，是在国家层面上对比较优势进行探讨。但是你肯定注意到，一个国家中并非所有人都从事相同的工作。并非所有的美国人都种植小麦，并非所有的中国人都缝制 T 恤，并非所有的新西兰人都放牧牛羊等。如果专业化和贸易能带来巨大的收益，为什么每个国家不会只生产一种产品呢？

原因有两点。首先，没有任何一个国家的经济是完全的自由市场，也没有任何国家间的贸易是完全自由的。正如我们在本章中将讨论的，专业化通常受到贸易协定的限制，这些贸易协定往往出于非经济因素的考虑，比如国家安全、传统或者并不合理的政治活动。这些限制和政治考虑限制了我们所期望的专业化程度。

其次，即使贸易是完全自由的，国家间也不会完全地专业化，因为在每个国家内部，不同地区具有不同的自然资源、气候和相对要素禀赋。比如，在加利福尼亚酿酒是明智的，但在阿拉斯加就不适合；亚拉巴马州制造汽车的机会成本很低，但曼哈顿城区的就很高；艾奥瓦州大多数地区有广阔的土地可以用于种植小麦，但内华达州就相对匮乏；等等。我们可以认为，一般而言，中国在生产 T 恤上具有比较优势，而美国的比较优势是种植小麦；但是在中国十分肥沃的小麦种植区，种植小麦的机会成本比生产 T 恤要低得多。对于中国而言，合理的做法就是在这些土地肥沃的地区种植小麦，并且从美国进口短缺的小麦。

从封闭经济到自由贸易

如同单个买者和卖者之间的自由贸易一样，国家间的自由贸易能够使贸易双方实现剩余最大化，为贸易双方带来好处。但是"美国能从贸易中获益"这一简单的说法掩饰了这样一个事实，即美国包含了许多不同的行业、厂商和个人。现实中，虽然整体收益会高于全部损失，但是他们中仍然会有一些人从贸易中获益，而有一些人会遭受损失。我们必须进行更深入的讨论，才能从更细节的层面上理解贸易的影响，并了解谁会以何种方式获益。

我们首先设想一个不存在任何贸易的世界。当一个经济体自给自足并且不与外界进行任何贸易时，我们称之为**封闭经济**（autarky）。

假设美国的经济是封闭经济，意味着不存在进口或出口任何商品的可能性。**进口品**（imports）是指物品和服务由其他国家生产而在本国消费。**出口品**（exports）是指物品和服务由本国生产而由其他国家消费。在封闭经济条件下，没有任何外国生产的商品在国内出售，也没有任何国内生产的商品销往国外。

如果不存在任何贸易，美国的T恤市场会如何呢？我们可以利用之前章节中的供给和需求曲线分析国内市场。如图12-1所示，供给曲线只包括国内服装生产者，需求曲线只包含了国内的消费者。在没有任何贸易的情形下，与之前一样，我们可以根据供需曲线的交点得到国内市场上T恤的交易价格和数量。可以发现，美国的消费者和生产者每年会以每件25美元的价格，交易3亿件T恤。

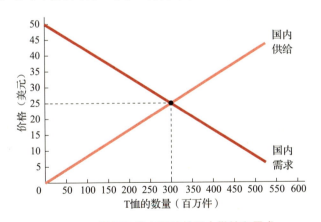

图12-1　封闭经济中T恤的国内供给和需求

成为净进口国

尽管这一情形中，美国并未与其他国家进行贸易，我们仍假设其他国家在服装上进行着自由贸易。这意味着在美国之外，人们能够以世界价格买卖T恤，这一价格很可能与美国的价格不同。我们假设实际上T恤的世界价格为15美元。

在封闭经济的例子中，如果美国政府决定开放服装贸易会发生什么呢？T恤的国内价格是25美元，世界价格是15美元，而且突然之间，T恤可以跨越美国边境进行自由贸易。现在，美国的消费者没有必要为一件国内生产的T恤付出超过15美元的价格。他们将会简单地从国外进口T恤。因此，美国国内T恤的市场价格将降到15美元。在15美元这一较低的价格下，更多的美国消费者愿意购买T恤。然而，此时愿意生产T恤的美国生产者会变少。图12-2表示了国内供需与世界价格之间的相互影响。较低的价格推高了需求量，并且压低了供给量。二者之间的缺口将由国外进口的T恤补足。

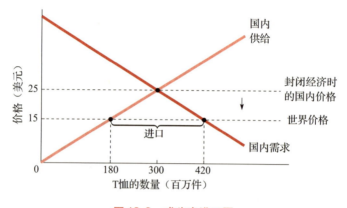

图12-2 成为净进口国

需要指出的是，国内的供给曲线和需求曲线自身并未移动。因为贸易并不会影响消费者在特定价格下愿意购买的数量，也不会影响国内生产者在特定价格下愿意出售的数量。然而，贸易使消费者能够以国内供需并不相等的价格购买到商品。当然，在均衡价格下，总供给量仍然必须等于总需求量，只是部分供给可以由国际生产者提供。

在新的自由贸易均衡下，美国消费者购买4.2亿件T恤，而美国的生产者只售出了1.8亿件T恤，供需数量的缺口2.4亿件T恤是从国外进口的，所有T恤的价格均为15美元。现在美国成为T恤的净进口国。

这一贸易会如何影响美国T恤消费者和生产者的福利呢？谁从贸易中获益，谁又遭受了损失呢？无论如何，贸易使得消费者能够以更低的世界价格购买更多的T恤，作为一个整体美国能从贸易中获益。但是这并不意味着所有人的情况都会比原来更好。消费者从贸易中获益匪浅,但生产者却损失惨重。

成为净出口国

在自由贸易中,生产者总是遭受损失,消费者总是获益吗?其实,这只发生在世界价格低于国内价格的情况下。当世界价格高于国内价格时,发生的就是相反的事情了。

大型经济体,小型经济体

如果你留意了第 3 章中对决定需求和供给的外部因素的讨论,那么在分析封闭经济转变为自由贸易时,你也许会有些许疑问。买者的数量增加作为外部因素之一,能够引起需求曲线右移。因此,你也许会问,实行自由贸易时,难道不会因为美国消费者加入世界市场,引起 T 恤的世界需求增加,从而推动世界价格上涨吗?同样地,实行自由贸易时,难道不会因为美国种植小麦的农民进入了世界市场,引起小麦的世界供给增加,从而推动世界价格下降吗?

这些都是很好的问题,答案就是:这取决于美国相比于世界市场的总规模有多大。此时的"大"是指什么呢?利用完全竞争市场的说法,我们在上述例子中假设,美国在世界市场中是价格接受者——美国人民决定生产或者消费多少数量的商品对世界价格没有任何影响。回顾之前的内容,如果相比于整个市场的规模,买者和卖者微乎其微,并不掌握足够的影响价格的市场力量,那么他们都是价格接受者。

换句话说,对于美国而言,在全球市场上作为某些商品的价格接受者,相比于世界范围内买卖的商品总量,它所生产和消费的数量很少。在某些市场上,美国可能十分渺小,可以被当作是价格接受者。比如,荔枝(一种在亚洲十分受欢迎的美味水果)市场。在美国并没有太多人吃荔枝,而且几乎没有人种植荔枝。假设美国政府一直禁止荔枝的进口和出口,然后决定终止这一禁令,允许荔枝进行国际贸易。这会对荔枝的世界价格产生影响吗?也许不会,这是因为相比于全球的荔枝总销量,美国生产和消费的荔枝数量太少了。

然而,在很多市场上,美国绝对称得上是一个大型经济体(实际上,整体而言,它是世界上最大的经济体。)如果美国决定停止 T 恤或小麦贸易,这一决定几乎肯定会影响世界价格。为什么?因为相比于全世界的总量,美国对这些商品的生产和消费数量不容忽视。

贸易限制

从我们目前的简单分析中，不难得知，对于应该实行还是摒弃贸易限制的提议，不同群体的观点会有天壤之别。将美国从封闭经济转变为自由贸易这一提议，会遭到美国 T 恤生产者和外国小麦种植者的反对，但是会受到美国小麦种植者和外国 T 恤生产者的欢迎。饮食中包含大量小麦制品的美国人不会喜欢这一提议，国外的 T 恤购买者也不会喜欢。但是习惯购买大量 T 恤的美国人会十分高兴，喜欢食用小麦的外国人也会十分开心。

关于国际贸易的激烈辩论越发复杂的原因在于，争论的焦点并非应该完全禁止贸易，还是完全向自由的国际贸易开放。相反地，现实中大量物品和服务在国家间流动，但是其中很多受到了严格的管制。想要理解贸易如何影响价格和数量，以及谁会获益、谁会损失，需要先了解贸易限制。

为什么限制贸易

我们在之前的内容中了解到，贸易能够提高效率，无论一个国家成为特定商品的净进口国还是净出口国，贸易都会增加总剩余。然而所有的国家都在一定程度上限制贸易，其中某些国家对贸易的限制相当严格。既然贸易能够增加总福利，为什么会有人想要加以限制呢？

其中某些贸易限制是出于全球的政治考虑（正如我们在接下来的内容中将讨论的），大多数限制的理由是为了保护那些因为自由贸易已经产生或意识到将会产生剩余损失的人。基于这一理由，限制贸易的法令通常被称为贸易保护，通过政策限制贸易的倾向被称为贸易**保护主义**（protectionism）。相反地，旨在减少贸易限制并促进自由贸易的政策和行动通常被称为**贸易自由化**（trade liberalization）。这一部分，我们将讨论两种常见的限制国际贸易的工具，关税和配额，并探讨它们如何影响一个国家内部的剩余分配。

关税

关税（tariff）是指针对进口商品征收的税种。与其他税收一样，关税会带来无谓损失，因此是无效率的。它也会增加公共资金，但这通常不是它的目的所在。一般地，关税最重要的目标是保护国内生产者的利益。

例如，2002年，美国开始对进口钢材征收为期3年的关税，税额为售价的30%。这一关税背后的理由很明显是为了让国内的钢材行业受益。当总统乔治·布什宣布这一新关税时，他说道：

> ……这是一项旨在帮助人们的暂时性防护措施，给予美国的钢材行业和工人一个机会，来适应国外钢材的大量流入。这一措施将帮助依赖钢材的工人、团体以及钢材行业进行调整，同时并不对我国的经济造成损害。

钢材关税实现这一目标了吗？我们来看一下，2002年上半年每吨钢材的价格大约是250美元。由于存在30%的关税，国外企业在向美国出售钢材时，必须向政府支付75美元才能获得进口的权利。国外钢材生产者会如何应对这一新成本？他们在美国出售钢材时每吨价格不会低于325美元，这一价格意味着在缴纳了75美元的关税之后，生产者获得的价格等同于250美元的世界价格。既然能够在其他国家以每吨250美元的价格出售任意数量，他们又何必在美国以更低的价格出售呢？

国内的钢材生产者会做何反应呢？假设325美元仍然低于封闭经济条件下的国内价格，尽管国内企业无须缴纳关税，他们也没有理由将价格降至325美元之下。

如图12-3所示，关税对美国钢材市场的影响完全等同于将世界价格提升至每吨325美元。新的更高价格使国内生产者沿着供给曲线向上移动。在新的价格下，他们愿意生产的数量比价格为每吨250美元时要多，但是仍然低于消费者想要的数量。供给量与需求量之间的差额仍然由进口商弥补，但是这一差额比征收关税之前要小。

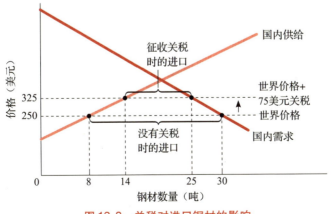

图12-3 关税对进口钢材的影响

征收关税的结果就是，国内钢材生产者得到了剩余的增加。毕竟这也是布什总统宣称所要达到的目标。生产者通过以更高价格出售更多数量获得了更多的剩余。需注意，这是以美国的汽车和建筑行业等钢材购买者的剩余损失为代价的。这些国内的钢材消费者损失的剩余不仅包括转移给生产者，还包括转化为政府的税收，即从进口中征收的关税，以及其他无谓损失。换句话说，国内钢材消费者遭受的剩余损失超过了关税给钢材生产者和美国政府带来的收入之和。

我们会发现，钢材关税并未做到在"不对我国的经济造成损害"的前提下，实现帮助本国钢材行业的目标。最终，征收关税是正确的决策吗？这取决于你是如何看待美国钢材生产行业的获益与汽车和建筑行业等钢材消费者的损失的。

无论如何，钢材关税并未持续太长时间。2003年，世界贸易组织裁定这一关税是违法的，布什总统随后取消了钢材关税。我们将在本章的后续内容中进一步探讨世界贸易组织的作用。

配额

在20世纪70年代至2005年间，《多种纤维协定》（MFA）采用了另一种限制贸易的形式——配额，对服装类的贸易进行管制。**进口配额**（quota）指对能够进口的特定商品的数量限制。在MFA之下，不同国家在不同类型的服装商品上受到不同的配额限制。比如，中国只能向美国出售多少数量的T恤，巴基斯坦以及孟加拉国能够向美国出售多少等。

配额的影响与关税十分相似。美国国内的价格会上升到世界价格之上。结果就是，国内需求减少，国内供给增加并且进口数量下降。国内生产者能够以更高的价格出售更多的数量，从而获得剩余增加。国内消费者以更高的价格购买更少的数量，从而损失更多的剩余，最终造成无谓损失。

然而，关税与配额之间存在一个重要的区别就是：谁会从美国国内价格和世界市场价格二者的差异中获益。在征收关税时，美国政府的税收收入等于进口的数量乘以国内价格与世界价格的差值。在实行配额时，这一收益由那些掌握了进口权利的人所有。举例来说，如果美国政府将进口牛仔裤的权利赋予了孟加拉国的政府，该国政府可以选择将这一权利出售或者分发给有特权的厂商。因此，征收关税时的税收收益就变成了实行配额时国外厂商或政府的利润，被称为**配额租金**（quota rents）。在就贸易谈判的细节进行磋商时，能向哪个国家进口多少何种商品，将这一权利赋予哪个国家,是贸易谈判桌上争议最多的棘手问题。

对配额和关税的选择性豁免。有时,富有的国家出于援助的考虑,也许会将贫穷国家排除在配额限制之外。回顾本章开始时提到的,美国通过一项名为《非洲增长与机遇法案》(AGOA)的政策,将一些国家排除在大多数进口服装的配额和关税限制之外,小国家莱索托就是这些国家之一。我们能够确信这一做法会成功推动莱索托的发展吗?

相比于中国和孟加拉国这些大型的服装制造国家,莱索托生产牛仔裤的机会成本高得多(我们之所以知道这一点,是因为如果事实并非如此,莱索托会在AGOA实行之前就已经生产并且出口服装)。如果不存在配额,我们能预见到莱索托根本不会生产牛仔裤。然而,正如我们所看到的那样,配额的影响就是会抬高价格。多种纤维协定的配额将价格抬高的程度如此之大,使得莱索托生产牛仔裤的收益超过了机会成本。中国台湾的公司不能够从中国台湾出口太多的牛仔裤到美国,因此它们开始在莱索托创建工厂,从那里它们可以出口任意数量的牛仔裤。对于美国的消费者和中国台湾的生产者而言,配额是件坏事,但是像莱索托这样的国家,由于被赋予了特惠贸易地位,它们突然能够在世界市场上参与竞争,对它们而言这无疑是一件好事。

这一故事的另一个侧面就是,当美国开始逐渐取消对服装的贸易限制后,莱索托突然再次面临来自亚洲的大规模低成本生产者的激烈竞争。至2005年多种纤维协定失效时,莱索托近70%的经济是建立在出口服装和纺织品的基础上的,因此,世界价格下降和竞争者大量涌现使该国的整体经济遭受了沉重打击。从多种纤维协定转向自由贸易是有效率的,增加了全世界整体的总剩余。这对于美国的消费者和中国台湾的生产者而言是一个绝好的消息,但是并非全球所有国家都普遍受益。无论自由贸易还是贸易限制,贸易政策总是会产生成功者和失败者,莱索托就是这一案例中的失败者之一。

贸易协定

我们已经了解到当封闭经济转变为开放贸易时情况会如何,以及实行或取消关税和配额时又会如何,接下来我们就可以进一步探讨为什么此类事情还会一再发生。我们已经讨论过为什么美国的政客想要通过征收关税保护本国的钢材生产者,或者通过免除贫困的非洲国家的配额限制施以援助。在这一部分中，我们将更加深入地分析为何做出此类决策总是出于政治和道义上的考虑，并讨论如何利用经济分析了解此类决策的影响。

国际劳动和资本

自由贸易者和保护主义者之间的政治论战硝烟四起，直到今天仍是如此。在美国，保护主义者指责自由贸易者将敬业的美国人的工作拱手让人。自由贸易者指责保护主义者牺牲美国消费者的利益救济大公司。为什么选民和政治家们总是难以就什么是最好的选择达成共识呢？

尽管一个国家整体上会从贸易自由化中获益，但我们也看到某些群体仍将遭受损失。一般来说，自由贸易增加了对本国较为充足的生产要素的需求，同时增加了本国稀缺要素的供给。换句话说，它促使不同国家的生产要素的供给和需求均等化，这进而带来了不同国家要素价格（如工资）的趋同。结果就是，由于竞争加剧，本国稀缺的生产要素的所有者遭受损失，而由于需求增加，本国充足生产要素的所有者从中获益。

正如我们在之前的章节中讨论过的，人们从生产要素的所有权中获得收入。国际贸易所引起的要素价格变化对一个国家内部的收入分配具有重要的影响。通过以下孟加拉国和美国的案例，思考贸易如何颠覆了稀缺和充足的生产要素所有者之间的平衡。

孟加拉国从国土面积上来看是一个非常小的国家，但是从人口来看却是一个大国：想象一下，在伊利诺伊州或者爱荷华州大小的土地上生活着相当于全美国一半的人口。在国际贸易蓬勃发展之前，孟加拉国的土地所有者利用充足的廉价劳动，通过对土地这一稀缺资源的控制大发横财。换句话说，土地相比劳动是稀缺的。当该国通过贸易与国际市场的联系日益加强时，寻求廉价劳动的纺织企业大量涌入。孟加拉国从纺织行业中获得了十分可观的收益，从而能够从那些土地相对并不稀缺的国家进口食物。结果是，劳动价格上涨，而土地价格下降了。劳动所有者和土地所有者之间的相对收入也相应地发生了改变。

在美国，要素收入分配发生了一种更为微妙的变化。由于拥有大量精通科技、受过高等教育的人口，美国具有相对丰富的高技能劳动力，如科学家、财务经理、工程师等。相比其他国家，美国的低技能工人较少。当美国未参与大量的国际贸易时，对于低技能工人来说是件好事。相比于高技能工人他们是一种稀缺的资源，这抬高了低技能工人的工资。比如，在20世纪50年代，美国堪称工人的天堂。然而，近几十年来，随着贸易的迅速增加，这一平衡被打破了。许多经济学家认为美国近几十年来收入不平等现象的日益加剧，一定程度上是由这一变化导致的。由于自由贸易增加了对高技能工人的需求，他们获得的收入更多了，而低技能工人的收入却更少了。

如此，你就能够理解为什么在孟加拉国和美国都会有一些人对贸易感到不满。当然，正如我们所讨论过的，贸易增加了效率和总剩余。因此，我们可以认为贸易能够带来经济增长。并且随着经济增长，假以时日，通常会创造出更多的工作岗位。尽管如此，对那些在一个岗位上工作了十几二十年的人而言，转变角色并且为另一种类型的工作接受培训，无疑让人难以接受也没有任何吸引力。

这是否意味着为了保护诸如美国工厂工人这些稀缺生产要素所有者的利益，我们应该实行贸易限制？记住，任何自由主义或限制贸易的举动都会使有人受益同时有人受损。在这一案例中，如果实行贸易保护的话，受损者是美国的股东和孟加拉国的工人，整体经济也将萎缩。对贸易政策的争论不仅涉及保护本国人民免受国外竞争的威胁，还涉及国家内部利益的分配。

WTO与贸易仲裁

你听说过2009年美法之间的奶酪大战吗？也许没有。没有人开枪，而且据我们所知，也没有任何人受伤。无论如何，这场奶酪战争是贸易限制如何螺旋式失控的典型例证。

看似矛盾的是，这场奶酪战争实际上开始于牛肉。欧盟（EU）禁止含有人工激素的牛肉进口，其中大部分是来自于美国的牛肉。意料之中，美国强烈反对这一贸易限制。当一个国家想要抗议另一个国家的贸易限制时能够采取什么措施呢？它可以求助世界贸易组织（World Trade Organization，WTO），这一国际组织旨在监督并执行贸易协定，同时致力于促进自由贸易。尽管WTO没有任何军队或武力强制落实它的裁决，许多国家仍自愿加入该组织，就自由化贸易政策的原则达成一致，并遵守WTO的裁决。

像法官一样，WTO审查了牛肉进口争议的证据和适用的法律。WTO的规则仅在保护公共健康和安全时，才允许此类限制。美国辩称没有合法证据表明人造牛肉激素对健康构成风险，因此欧盟的禁令是违法的。2008 年，WTO 做出了有利于美国的裁决。尽管欧盟一贯服从 WTO 的决定，但此时欧盟感到这一问题十分重大，因此拒绝取消牛肉进口禁令。

美国对法国罗克福尔干酪的进口施加了 300% 的关税予以反击。为了回应这一关税，法国议会对来自美国的可口可乐产品征收高额的进口关税。最终，贸易谈判代表们达成了一项交易：美国同意欧盟维持对激素饲养牛肉的禁令，但作为回报欧盟同意从美国进口更多的未加激素的牛肉。至此，这一以牙还牙的交易最终落下了帷幕。

尽管这些报复性举措大多是象征性的，因为美国并非罗克福尔干酪的主要进口国，但这表明了如果国家间无法就贸易限制达成一致时将会发生什么。大多数国家领导人对经济的理解都足以明白贸易障碍通常会导致两败俱伤（至少从总剩余减少上来看是这样的）。但是当政治力量处于危急关头时，很容易陷入糟糕的模式，为了报复双方轮番施加贸易限制。WTO 的成立正是为了防止此类贸易战的爆发。

劳动和环境标准

欧洲拒绝进口添加了人工激素的牛肉代表了一个广泛存在的问题。每个国家都存在管理经济的法律和政策体系，其中包括了安全政策、劳动标准、环境管制、税收、公司财务与治理法律等。棘手的是，在不同的国家上述法律和政策也各不相同，这些差异可能导致国际贸易摩擦。

比如，在美国看来，许多销往美国的服装的生产方式并不合法。你现在所穿的有些服装可能产自一个允许雇用童工的国家，也许产自最低工资十分微薄甚至不存在的国家，也许这些国家将剩余的化学品和纺织品染料随意排放到饮用水中。这些情况对美国消费者来说也许无法接受，（"无法接受"这一说辞往往出自旁观者之口。）再比如，欧洲的消费者总是对销售转基因食物感到义愤填膺，而这在美国是完全合法并且相对不存在争议的（我们打赌你今天吃过的面包就是用转基因谷物制成的）。

标准不一致的问题主要可以通过两种方式加以解决：政策制定者对进口做出明确的法律规定，消费者自愿地做出购买决策。

进口标准。 在解决不同劳动或环境标准问题时，有些国家采用的一种方法是简单地对进口商品限定标准。这种政策有两种主要形式：对所有进口商品采取全面标准，或者对特定国家限定进口标准。

进口的全面标准所解决的通常是消费者面临的问题，而不是产品生产国的工人面临的问题。比如，在美国进口食品必须满足旨在保护美国消费者健康的特定标准。违反国内的版权或专利法的进口商品，比如盗版电影或音乐，也受到限制。

针对特定国家限定进口标准则较为少见。此类标准通常关注了产品生产国的生产问题，比如劳动或环境状况。在实际中，它们往往被合并到与生产国的贸易协定中。典型的代表就是《北美劳工合作协定》（NAALC），它是美国、加拿大和墨西哥之间的《北美自由贸易协定》（NAFTA）的一部分。NAALC明确表示三国就在长期内实现统一的劳动标准达成一致。这些标准涵盖了诸多事项：禁止雇用童工、预防工伤、强制实行最低工资、男女收入平等以及其他。然而，NAALC并不要求每个国家在这些事项上维持同一标准。比如，墨西哥的最低工资没有必要与美国的最低工资一致。相反，它只要求每一个国家都加强自己既有的劳动法律。此外，每个国家对其他两个国家的强制力十分有限。

某些时候，为了解决诸如污染等国际问题，也会针对每个国家单独立法，但这种管制方式可能会适得其反，导致问题的进一步恶化。阅读以下换个视角专栏，了解为什么会这样。

换个视角　环境管制会对环境不利吗

国家的环境管制能够改善全球范围的环境质量吗？答案似乎显而易见：限制污染的法律怎么会无法减少污染呢？然而，这也不是没有可能的，一个国家实行管制可能会将污染行业推向没有管制的国家，从而加重全世界的污染。这一观点被称为污染转移。

当一个厂商决定在什么地方建厂时，它会考虑在每个国家将会面临的生产成本。这些成本包括当地工资和租金等许多因素，它们也会考虑遵守管制的成本。在一个有严格环境标准的国家，企业必须在清洁技术、安全处理废品等事情上花费巨资。当其他条件相同时，环境标准更为严格的国家中生产成本更高。这会激励企业转移到管制松散且成本较低的国家。

当然，其他条件不可能完全相同。比如，加拿大对企业砍伐树木制定了相对严格的环境标准，限制全面砍伐并且要保护河流和野生动物的栖息地。相反地，印度尼西亚的管制要松散得多，但是在加拿大建厂具有能够抵消严格管制的优势：技能更高的劳动力和更完善的运输基础设施。综合考虑所有因素，一家伐木公司也许会认为在加拿大工作的好处超过成本。

现在，假设加拿大议会通过了一项新法案，对伐木行业施加了更为严格的环境管制。这将大幅增加在加拿大建厂的成本，因此伐木公司也许会决定转移到印度尼西亚。加拿大的树木砍伐减少，而印度尼西亚的伐木增加，总的来看，伐木对环境的负面影响可能会上升。

即使企业不将生产转移到管制更松散的国家，类似的事情也会发生：已经在管制松散的国家进行生产的企业在世界市场上能够以更低的价格供给商品，由此会获得更高的市场份额。无论哪种方式，最终都会殊途同归，进行更严格的环境管制，将导致管制松散的国家所生产的产品更多。总的来看，也许会增加世界范围内的污染总量。

值得庆幸的是，事情并非总是如此。比如，在美国，1990年的清洁空气法案限制二氧化硫的排放，二氧化硫是火力发电厂的常见的副产品，然而，实际上并没有任何火力发电厂迁移到海外。为什么？将海外所生产的电力传输到国内不仅十分困难而且代价不菲，因此，在用电地区附近发电具有巨大的成本优势。在这种情形下，环境管制就能达到预想的效果。

公平的自由贸易。即使不存在管制对进口商品制定标准，个人消费者也能够对他们想要购买什么商品做出决策。公平贸易运动致力于提供信息并且影响消费者的决策。它对哪些商品符合特定的标准进行认证并且加以标识，这些标准包括支付工人最低工资、保证工作环境安全并且未对环境造成不当损害等。生产过程要符合公平贸易标准需要耗费更多的成本，因此经过公平贸易认证的产品定价也相对较高。个人消费者可以决定是否愿意为以特定方式生产的产品支付更高的价格。

某些消费者愿意为公平贸易认证的商品支付更多这一事实，意味着生产者可以通过这一途径差异化自己的产品。2005年随着多种纤维协定的终结，莱索托的纺织行业不得不面临来自亚洲的低成本竞争，它为了保护纺织行业尝试过多种方法，其中之一就是提高工厂的生产标准，从而将自己作为公平贸易服装的来源地进行营销。

有时候，激进团体试图通过影响个人购买决策来改变整个行业的标准。举例来说，20世纪90年代，激进团体大力宣传耐克遍布于全世界的不同工厂的工作条件，从而鼓动消费者联合抵制耐克的产品。

这些运动的目标是给耐克施压，促使它在生产过程中实行更高的标准。2012年，苹果公司被曝光工作环境存在安全隐患，迫于激进团体的压力，苹果对装配iPad和其他流行电子产品的中国工厂开展了整顿活动。

贸易禁令：作为外交政策的贸易

有时候贸易限制背后的动机与经济毫无关系。

相反地，国家可能会将贸易当作对外政策的工具。由于贸易能够增加剩余并且使得一个国家获得自己无法生产的商品，对贸易加以限制可被看作是一种惩罚方式。为了向一个国家施加政治压力而限制或禁止贸易就是**贸易禁令**（embargo）。

比如，朝鲜于2009年春天对核装置进行测试，联合国安理会通过一项决议，禁止任何国家与朝鲜交易任何种类的武器。此类贸易限制可以代替对一个国家动用军事力量。目前，相似的贸易禁令也被用于禁止与伊朗进行任何军事物资或核材料的贸易。

在其他情形中，贸易禁令涵盖的物品和服务本质上并不危险。1990年的海湾战争时期和2003年美国领导的盟军入侵时期，联合国对伊拉克实行了大范围的贸易禁令。除了特殊条件下的医疗用品和食物之外，禁止"任何商品或产品"的贸易。为什么联合国想要禁止伊拉克人民获得汽车、衬衫和其他消费品？它希望伊拉克人民会因为商品的短缺而感到愤怒，因此伊拉克政府会害怕群众起义而改变政策。阅读以下你怎么认为专栏，了解类似的案例。

> **你怎么认为** 应该取消对古巴的贸易禁令吗
>
> 1960年，菲德尔·卡斯特罗执政后不久，美国就对古巴实行了一项经济上的贸易禁令。不仅禁止几乎所有与古巴的贸易，还禁止美国公民去古巴旅游。据估计，这一贸易禁令导致古巴每年的损失高达6.85亿美元。
>
> 支持者认为这一禁令是美国不通过直接军事行动鼓励古巴政变所能采取的唯一有效的措施。他们相信剥夺古巴公民进行贸易的机会将会煽动他们奋起反抗卡斯特罗

政权。古巴裔美国人全国基金会甚至宣称解除这一贸易禁令"相当于判处古巴人民持续地被剥夺经济、公民和个人自由"。

反对者则认为这一禁令自 1960 年以来就从未有效地刺激古巴政府做出任何改变。他们认为自由贸易和旅行将会培育古巴和美国之间更亲密的关系，相比贸易禁令，这也许是一个更有效率的政治工具。他们也强调了这一贸易禁令的经济成本不仅限于古巴，美国商会估计每年这一贸易禁令会耗费美国经济 12 亿美元。

近些年，这一贸易禁令产生了部分松动。自 2000 年以来，美国出于人道主义考虑允许与古巴的农产品和药品的贸易。2009 年，美国放松了古巴裔美国人回古巴探亲，以及向古巴汇款的限制，古巴也被准许重新加入美洲国家组织。

你怎么认为？
1. 一项贸易禁令为了对外国的政府施压而使该国的民众陷入困境。应该如何在达到政治目标的未来价值与民众当前的困境成本二者之间进行权衡？
2. 对古巴实行贸易禁令对美国而言是实现对外政策目标的有效手段吗？

资料来源：http://www.canf.org/issues/a-new-course-for-u.s.-cuba-policy/。

总 结

本章深入讨论了经济学最有力的见解之一：专业化和贸易会带来巨大的好处，不仅对于国家，对于个人和企业也是如此。

尽管从国家层面上看，贸易的总收益总是正的，在现实世界中，这些收益在不同群体和行业之间的分配至关重要。贸易中总是存在成功者和失败者，尤其是在短期内。开放贸易最终会使每个人的情况都比原来更好，而这一愿景的达成需要积极的政策方案。

世界上的每个国家都不同程度地实行关税和配额等贸易限制，以保护某些群体和行业免受国际竞争的冲击。某些国内政策，比如环境和劳动标准也会影响贸易。

由于贸易跨越国界，相比我们之前讨论的国内问题，国际贸易受公共政策的影响更为明显。在接下来的章节中，我们将在国内和国际两个层面上，讨论公共政策影响经济的其他渠道。

1. 理解比较优势，以及为什么进行国际贸易

　　决定哪一国家能够生产哪种贸易商品的并非绝对优势，而是比较优势。最有效的经济安排就是每一个国家专业化生产自己具有比较优势的商品，然后与其他国家进行贸易。诸如气候、自然资源、要素禀赋和技术等特征决定了一个国家在生产哪种物品和服务上具有比较优势。由于整个国家内部的气候、人口和技术等特征并非完全一致，一个国家生产多种商品，即不完全的专业化也是有效率的。

2. 当一个国家开放贸易时，探讨市场中的剩余变化和利益的分配

　　当市场功能良好时，一个国家开放贸易将会增加总剩余。剩余在国内的分配取决于该国是贸易商品的净进口国还是净出口国。在净进口国家中，消费者能够以更低的价格购买更多的数量，从而获得剩余；生产者以更低的价格出售更少的数量，从而损失剩余。当一个国家成为净出口国时，消费者以更高的价格购买更少的数量，从而损失剩余；而生产者能够获得剩余。在两种情形下，总剩余都会增加，说明贸易相比封闭经济更有效率。

3. 关税对数量、价格和剩余分配的影响

　　政府征收进口关税，往往是为了筹集公共资金并向国内的生产者重新分配剩余。关税是指对进口商品征税，如同其他税收一样，会导致无效率和无谓损失。关税会抬高商品的国内价格，导致国内的消费数量减少，生产数量增加，以及进口数量下降。

　　由于能够以更高的价格出售更多商品，国内生产者将会获得剩余增加，而政府也会获得税收收入。然而，由于以更高的价格购买更少的商品，国内的消费者会遭受剩余损失，同时总剩余也会减少。

4. 探讨在国际市场设立环境或劳动标准所面临的挑战

　　每个国家都有自己的管理经济的法律和政策体系。不同国家的管制政策各不相同，当经济活动跨越国境时，这些差异可能会造成贸易摩擦。政策制定者和消费者通过许多方式解决标准不一致的问题，包括对进口商品进行明确的立法，以及消费者进行自愿购买决策。

批判性思考

1. 生产袜子是劳动密集型行业,制造卫星是资本密集型行业。如果中国拥有丰富的劳动力,而美国拥有丰富的资本,美国将出口哪种商品?贸易会让美国的纺织业工人获益吗?

2. 假设墨西哥想要保护本国的汽车行业免受来自美国和日本的竞争。对进口汽车征收关税如何帮助它实现这一目标?这一关税会如何影响国内生产者和消费者?

3. 如果一个国家是资本稀缺的,你认为该国的资本所有者会是自由贸易者还是保护主义者?

4. 假设美国为了对朝鲜政府施加政治压力而实行了一项贸易禁令。思考这一贸易禁令会如何影响美国的生产者。什么情况下它们会支持这一禁令?什么时候它们会反对?

05

第五部分

公共经济学

　　第五部分将向你介绍微观经济学如何有助于解决重要的政策问题，包括技术创新、环境、不平等和社会安全等诸多方面。

　　到目前为止，我们的分析只关注了特定市场类型中的买者和卖者，但有时市场中的其他人也会受到影响。当一个污染企业排放的烟尘造成气候变化时，所有人都要为之付出代价。或者，举一个正面的例子，你接种流感疫苗后，有利于防止校内的流感传播，你的同学会从中受益。第 13 章将分析此类成本和收益，也即是外部性。相比于社会的最优点，外部性会导致某些物品和服务存在过度需求（太多）或供给不足（太少）。

　　第 14 章描述了自由市场中存在供给不足或过度需求的两种特殊商品类型：公共物品与公共资源。在自由市场中，国防等公共物品往往会供给不足。而公共资源遭遇的问题则恰恰相反：相比于社会最优的情况，个人或厂商往往会过度使用公共资源。湖中鱼类的过度捕捞就是一个典型的例子：如果每个人都能够为了保护鱼群的长期生存而减少捕捞，那么每个人的情况都会比原来更好，但是没有人有动力减少捕捞。我们将探讨如何利用税收、补贴和配额建立合理的激励机制。

几乎没有人乐于交税，但是大多数人都同意税收带来的收益让政府得以建设公园和高速公路、雇用教师和警察，并且向市民提供其他基础服务。第 15 章描述了税收的作用、对纳税人造成的负担，以及为何某些特定类型的税收相比其他税收能够更有效地解决特定的问题。

ECONOMICS

第 13 章

外部性

认知目标

1. 解释外部成本和收益如何影响经济决策者所面临的权衡取舍。
2. 描述个人如何达成外部性的私人解决方案,并解释为何这并不总会发生。
3. 说明税收或者补贴如何用来抵消外部性,并探讨此类解决方案的利与弊。

引例　汽车文化的代价

加利福尼亚是一个汽车文化浓厚的地区。美国的第一家汽车旅馆于1925年在加利福尼亚开业,供人们驾车在洛杉矶与旧金山间往返时进行中途休息,这一理念迅速风靡全国。加利福尼亚的居民有多么喜爱他们的汽车,从洛杉矶的喜剧演员杰·莱诺身上可见一斑:莱诺拥有100辆汽车,包括25辆克尔维特跑车。

但开车也存在负面影响。洛杉矶就以上下班时段车辆拥挤造成的高速路塞车而臭名昭著。它也是全国最乌烟瘴气的城市。如果你曾遭遇过堵车,无须多费口舌你就会理解道路上的所有其他车辆都对你强加了一定的成本(当然,你在路上开车也是造成拥堵的因素,从而向所有人强加了一定的成本)。同样地,如果你是一个洛杉矶的居民,每天呼吸着汽车排放的尾气,你也为这个城市的汽车文化付出了代价。

在之前的章节中,我们看到当人们为了最大化自己的效用而做出个人决策时,竞争市场通常是有效率的,借助神奇的无形之手使总剩余最大化。当我们只需要考虑市场中买者和卖者的剩余时,情况通常如此。这一假设对于大多数情形都是合理的。然而,仍存在某些情形,比如行驶在拥挤的高速路上,某个人的决策会对其他人产生切实的影响。

在本章,我们将探讨那些会对直接参与的买卖双方之外的人产生影响的交易。我们将会看到在这些情形中,市场不再那么有效率。也就是说,当个人决策会给其他人带来成本或收益时,市场无法使总剩余最大化。

我们也会探讨可以通过哪些方式纠正这些市场失灵,使市场重回有效率的状态。加利福尼亚的汽油税,大约为每加仑50美分,税收水平位列所有州第二,就是纠正市场失灵的做法之一。正如我们将看到的那样,此类税收在一定程度上迫使司机考虑开车对其他人施加的成本。尽管什么是合理的控制拥堵和污染的政策存在诸多争议,但大多数经济学家都认为管制不失为一种解决方法。在本章,我们将看到，当存在外部性时，税收和其他管制能够改变市场价格，使其反映个人决策的真实成本，从而在实际中提高效率。

什么是外部性

思考开车的决策。尽管你每次坐上驾驶座时，并不会有意识地进行计算，但是至少在潜意识里，你会进行潜在的权衡取舍。一方面，你从开车中能够获得收益：能够快捷舒适地从一个地方到达另一个地方。另一方面，你需要为开车付出成本：花钱购买汽油并且承担汽车的损耗，也许还需要承担某些税费以及目的地的停车费。

现在，我们来分析另外一种你也许并未考虑的成本。你行驶的每公里都会燃烧汽油，向空气中排放尾气。如果路上只有你在开车，这一成本微不足道，但是当路上有许多个司机的时候，尾气的总量就不容忽视。污染物会产生两种成本，一种是地方性的，一种是全球性的。

地方性上，如果污染水平升高，会导致区域性烟尘和健康问题。

全球性上，燃烧汽油的成本源于二氧化碳的产生。二氧化碳是一种温室气体，在大气层中能够吸收太阳的热量，从而导致全球变暖，也就是大气层的逐渐升温。温度的上升会导致海平面上涨以及冰川和冰盖融化，同时改变全球的降水模式。尽管历史上全球气温也曾出现过剧烈波动，大多数科学家一致认为人为地排放温室气体加剧了全球变暖。

当你每次权衡是否开车出行时，是否考虑了这些成本？我们认为几乎没有人会考虑。燃烧汽油造成的污染是与开车有关的一种外部性，原因在于它将成本施加于司机之外的其他人身上。但是我们可以断言，如果司机在考虑自己承担的成本之余，也顾及此类成本，那么他们对成本收益的权衡取舍会稍微地移动，这样来看，他们会少开一点车。这意味着外部性的存在会使人们开车的数量超过对社会整体而言最优的程度。外部性的影响是经济中一个十分常见的问题。数百万微小的外部性日积月累就会产生巨大的隐患，汽车尾气的排放就是其中的典型代表。

外部成本和收益

当我们在讨论汽油、汽车损耗、过路费以及停车费等成本时，我们所探讨的是由司机自己承担的成本。一般来说，我们将由经济决策者直接承担的成本称为**私人成本**（private cost）。污染的成本并非私人成本，原因在于司机个人并未承担他们造成的全部或者大部分污染成本。污染，或者其他任何由决策人引起的，未给予补偿的情况下，强加给他人承担的成本，被称为**外部成本**（external cost）。

当我们将私人成本与外部成本相加得到的总和称为**社会成本**（social cost，之所以不称为总成本，原因在于总成本这一术语被用来描述生产成本。此外，社会成本这一术语凸显了我们是从社会的角度思考这一问题）。举例来说，假如你想要举办一场热闹的聚会。私人成本也许包括食物、饮品和第二天的清扫成本。外部成本就是邻居们的恼怒，他们因为你所举办的聚会或夜不能寐，或无法安心学习。社会成本就是这两种类型的成本之和。

尽管如此，外部性也并非总是不好的事情。也存在许多情形，一个人的行为不会伤害他人，反而会帮助他人。假设你决定修整一下自己凌乱的院子，并且重新粉刷房子。显然，你会从这一决策中获益：你会从一个整洁的院子和漂亮的房子中获得感官上的愉悦，你的房产价值也会增加。这种由决策者直接获得的收益，可称为（你也许已经猜到了）**私人收益**（private benefit）。但同时你的邻居，也会从你修整房子的决策中获益。他们会因为居住的社区更加美好而感到愉悦，同时他们的房产也许会有小幅的升值，并且他们无须为此付出任何成本。决策者在没有获得补偿的情况下，为其他人带来的好处被称为**外部收益**（external benefit）。

当我们将私人收益和外部收益加总之后，结果可称为**社会收益**（social benefit）。来看另外一个例子，假如你决定接种流感疫苗并且经常洗手。私人收益就是你感染流感的概率大大降低。外部收益则是你不太可能将流感传染给其他人。社会收益就是这两种收益之和。无论对你还是其他人来说，流感传播的可能性总体上看降低了。

外部成本和外部收益二者共同被称为**外部性**（externalities）。我们通常将外部成本称为负外部性，将外部收益称为正外部性。外部性在经济学中具有举足轻重的地位。它们是市场失灵的最为常见的原因之一。从这一点上看，我们将利用这一部分中学到的术语对两种决策加以区分，一种决策是个人决策者角度的最优化，另一种决策是将社会作为一个整体的角度的最优化。特定行为导致的外部成本或收益的大小依据地点、时间、数量及其他因素不同而有所差异。比如，在夏天的中午开车所产生的烟尘通常大于在晚上或者冬天开车（因为太阳光是烟尘形成的关键因素）。相比于满是破旧房屋的社区，如果生活在一个优良的社区中，粉刷一栋疏于整理的房子更有可能推动邻居们的房产升值。然而，为了简化起见，本章中我们假设外部性所涉及的外部成本或收益是固定、可预测的。

最后，还存在一种特殊的外部性，并不完全符合我们刚刚提出的概念。**网络外部性**（network externality）是指一种商品的新增消费者，或一个活动的新参与者，会使这种商品或活动对其他消费者和参与者的价值产生影响。网络外部性意味着人们只要简单地参与到一个群体中，就能够帮助或伤害他人。

网络外部性可能是正的，也可能是负的。我们已经描述了一种负向的网络外部性的例子——在洛杉矶的高峰时间开车。每一个决定利用洛杉矶道路网络的人都对其他的道路使用者施加了负向的网络外部性。你也许在使用无线网络时感受过负向的网络外部性，每一位新使用者的加入都会减少带宽，让别人的上网速度变慢。

正向的网络外部性通常与技术特别是通信技术相联系。一个重要例子就是手机。与大多数通信设备一样，手机只有在别人也使用时才变得有用。当只有少数人拥有手机时，它只能让你联系到有限的人。手机越普及，你所能联系到的人就越多，手机就会更有用。每个加入手机网络的人都让其他人的手机变得更有用，这就是正向的网络外部性。

社交网络是一个较新的例子。对脸谱网、人际关系网或者推特网等社交网络而言，加入的人越多，参与其中的收益就越高。反过来说，这些社交网络上，每个人的加入都让该社交网络对其他人更有用。这种正向的网络外部性的影响如此之强，以至于这甚至意味着脸谱网等社交网络服务可能是有效的自然垄断。一旦他们的用户达到一个临界规模，由于用户们都想要加入一个其他人都参与的网络，对竞争者而言，再想在该市场上站稳脚跟就是难上加难。

负外部性和"太多"的问题

由于空气污染是一种外部成本，从司机个人的角度来看，开车的成本小于社会整体角度的实际成本。由于司机并未考虑外部成本，相比于承担开车的全部成本（主要包括所有污染导致的成本）的情形，他们会更多地选择开车出行。

为什么会出现这种问题？这意味着人们会"过多地"开车，也就是说，开车量多于他们承担自己行为的社会成本时的开车量。当存在外部性时，自由市场分配资源的方式无法使社会整体的收益最大化。

问题就在于，当司机决定购买多少汽油时，他们只考虑私人成本。如果他们不得不为每加仑汽油支付更高的社会成本，成本收益之间的权衡取舍看起来并不那么合适，他们将会选择购买更少的汽油。

如何才能够让司机不得不考虑外部成本呢？最为直截了当的方法就是征收汽油税。当对每加仑汽油征收1美元的税费时，司机实际上支付的是市场价格加上外部成本，司机实际上支付的每加仑成本却更高。最终的结果就是购买的汽油数量更少。这个例子证明了一个十分重要的结论：如果司机不得不支付包括污染的外部成本在内的汽油的全部成本，他们将选择购买更少的汽油。

我们在第6章对税收的讨论中，曾指出税收的影响之一就是它总是会减少剩余。然而，当存在外部成本时，税收却能够增加剩余，使市场更有效率。差别在何处呢？答案就是税收确实减少了汽油的买者和卖者所享受的剩余。

谁获益而谁又受损了呢？由于司机购买的汽油数量更少，并且需为开车支付更高的成本，消费者剩余会减少；由于生产者卖出的汽油数量更少，生产者剩余下降。那么，谁从外部性内部化中获益了呢？其他人，就是并非以买者或者卖者身份参与到这一市场中的人们。由于汽油消费量的减少，对其他人造成的外部成本减少了。通过将并未参与这一市场的人们所承担的外部成本转移到市场参与者身上，效率得以提升。

我们能够通过需求曲线的变化，分析负外部性问题。我们也可以简单地对供给进行相同的分析。比如，考虑开采原油并在出售给司机之前将原油提炼为汽油的公司。即使在汽车上路之前，汽油的开采和提炼过程也会造成某些污染。如果这些公司需要承担生产的社会成本，而不仅仅是私人成本，社会供给曲线将会低于最初的市场供给曲线，也就是说，在任何既定的价格下，石油公司愿意供给的数量更少。这也会减少均衡数量，正如我们之前的分析一样。

正外部性和"太少"的问题

人们容易想当然地认为正外部性一定是一件好事。负外部性会减少剩余，那么正外部性一定会增加剩余，对吗？很遗憾，事情并非如此。正外部性也会推动数量偏离有效的均衡水平，从而减少总剩余。

思考粉刷你家房子外墙的决策。如果私人收益（例如增加财富值，更美观的家）超过私人成本（如粉刷房子所耗费的时间和金钱或者付给油漆工的工钱）时，房主将会粉刷自己的房子。但是这种个人决策中并未考虑邻居的获益，邻居也得到了财富值的增加以及一个更加整洁的社区环境。结果就是，房子被粉刷得"太少"，也就是说，少于使总剩余最大化的数量，即我们也考虑房主和油漆工之外的其他人的剩余时的数量。

尽管粉刷房子的外部收益在不同情形中可能差异很大，我们仍可以对此进行粗略的估计。假设每次粉刷工作的外部收益是500美元。换句话说，你的邻居愿意共同支付500美元，避免你破旧的房子降低整个社区的品位。假设能够以某种方式将外部收益变成私人收益（通过某种魔法），每次房主粉刷自己的房子时，就会有500美元从邻居的账户中转移到自己的账户中。如果事情果真如此，房主所面临的权衡取舍就大不相同了：粉刷房子的收益将会增加，成本仍然不变。房主会对这一变化作何反应呢？我们可以通过添加一条新的需求曲线，反映个人的权衡取舍与社会的权衡取舍（包括外部收益在内）之间的差别。在任何给定的市场价格下，房主在行动时就好像粉刷成本减少了外部收益的金额一样。

正如强制司机考虑外部成本看起来与税收的效果如出一辙，强制房主在粉刷房子时考虑外部收益看起来与补贴也十分相似。这并不奇怪，我们所设想的正外部性内部化的过程实际上就是，邻居们对你的粉刷行为补贴500美元。

我们在第6章中认识到，在一个运转良好的市场中，补贴会减少剩余。但是正外部性的存在告诉我们这个市场并非运转良好。在没有外部性的市场中，私人成本和收益正好等于社会成本和收益，因此，市场均衡能够使总剩余最大化。然而在上述例子中，粉刷房子的私人收益并未充分反映社会收益。邻居们支付的补贴能让这个市场运转良好。不存在补贴时，我们会发现相比于社会最优量，实际粉刷房子的数量较少。

对正外部性如何影响剩余进行分析，实际上就是负外部性分析过程的反转。

对这一市场中的行为进行补贴，也会使正外部性内部化成为可能。思考这一情形：一个专业的油漆工每次对房子进行粉刷时，都会向房主的邻居们收取500美元的小费。如果通过这种方式，他获得的并非是提供住房粉刷服务的私人收益，而是社会收益，那么在任何给定的价格下，他愿意粉刷的房子比原来更多，那么整条供给曲线将会更高。正如我们前面的分析一样，这会增加房子粉刷市场的均衡数量。

应对外部性

我们已经了解到外部性会降低总剩余，但通过将外部成本和收益转化为私人成本和收益就可以解决这一问题。通过向司机收费，并将其转移给污染的受害者，或者强制邻居们对破旧房屋的粉刷进行补贴，效率就能得以恢复。如果我们有可能消除外部性造成的问题，为什么它们仍固执地存在着？

在这一部分中，我们将看到外部性问题的解决总是说比做难。外部成本和收益可能极易扩散、十分复杂并且难以控制。解决方案必须尽量保证经济决策者所感受到的成本和收益等于他们决策的真实社会成本和收益。如果每一个受到影响的人都参与到这个过程中，这可能意味着需要协调上百万，甚至上亿的人。即使对最高明的政策制定者而言，这也是一个十分棘手的难题。

我们也会看到在到探求外部性的解决方案时，效率与公平二者难免陷入剑拔弩张的局面。在断言某一市场的运转有效率时，只意味着它使得剩余最大化，至于剩余是如何分配的则毫不相干。某些技术上的解决方案也许看起来并不公平（比如奖励人们不污染的行为，而不是对污染的人收税），因此它们在政治舞台上难有立足之地。

在我们了解政府试图如何解决这些问题之前，先考虑政府是否应该介入。在特定的情形下，个人也许能够解决外部性问题，自行恢复市场的效率。

私人补偿

假设你的一位朋友正在享用他的午餐，但是他的金枪鱼三明治散发出浓烈的味道。他在你面前吃金枪鱼会对你造成负外部性，你能怎么做呢？你可以请求他晚些时候再吃，但是他可能会拒绝。如果你感到十分不适，你可以考虑为了阻止他吃三明治而付钱给他。实际生活中，这看似十分怪异，但理论上这是解决外部性的一种合理选择。毕竟，没有什么可以阻止人们不假手于政府或其他组织，自行解决外部性问题。

经济学家通常用"市场失灵"这一术语描述个人和厂商不足以保证市场有效率的情形。一种影响深远的经济理论探讨了人们能够如何自行解决外部性问题，这一理论所依据的理由实际上十分直观。"无形的手"的观点告诉我们，个人会与他人达成共同获益的交易。由于人们总是会在交易中获得某些好处，因此那些无法共同获益的交易将无法达成。结果就是,当我们将所有自利的个人行为加总之后,每一个获得剩余的机会都得以利用,总剩余也由此实现了最大化。

但是我们刚了解到外部性会减少剩余。因此,在某个地方,某些能带来共同获益的交易仍有待发掘。比如,相比于不必为空气污染付钱的司机所获得的剩余,承受污染成本的人们所损失的剩余更大。不妨提出一个大胆的设想:为什么那些被污染所困扰的人们不付钱给司机,让他们减少开车出行呢?既然减少汽油的燃烧量会带来剩余增加,那么一定存在一笔共同获益的交易。如果减少驾车出行会导致司机们损失 94 亿美元的剩余,而加利福尼亚的居民们会获得 100 亿美元的剩余,为什么加利福尼亚的居民不向司机支付,比如说 97 亿美元,让他们少开车呢?这样做的话,两个群体的情况都会比原来更好。开车的数量,以及由此带来的污染,会降至有效的均衡水平,并且整个社会的总剩余会最大化。

即使存在外部性时,个人也可以通过私人交易达到最优效率均衡,这一观点被称为**科斯定理**(Coase theorem),这一定理以经济学家罗纳德·科斯的名字命名。然而,存在一些必须成立的关键假设:人们能够就付钱给他人达成可实施的协议(也可称为合同),并且不存在交易成本。

通常,这两条假设难以成立。你能够想象这样一个周密的组织吗?它需要将加利福尼亚全部的 3 800 万居民召集起来,让他们每个人都自愿支付一定的金额,正好等于减少污染对于他们的价值,并将这些钱分配给愿意少开车的司机,然后监控这些司机,以保证他们能够信守诺言。难以想象!实际中必然存在某一个时刻,协调和实施的成本高于外部性造成的剩余损失,此时,通过私人交易解决外部性就得不偿失了。

这个例子也说明了科斯定理的第二个缺陷。个人解决方案会带来有效率的结果,买卖的汽油数量使得剩余最大化,但是这种剩余的分配与我们先前设想的解决方案迥然不同,先前的方案中,司机必须付给其他加利福尼亚的居民每加仑 1 美元,用以补偿他们遭受的污染。与之相反,现在加利福尼亚的居民需要付钱给司机,让他们少开车。

此时,居民们的情况相比于存在外部性时的情形会有所好转,但与司机必须为污染付费的情形有着天壤之别。

需要注意的是,无论是居民付钱给司机,还是司机为污染付费,这两种方案都能实现效率,但它们对于什么是"公平",以及谁有"权利"做什么事情的假设却大相径庭。一种方案中，假设司机有权利进行污染，因此不必付钱。另一种方案中，假设居民有权利生活在没有污染的环境里，如果想要他们接受污染就必须付钱给他们。科斯定理提醒我们效率仅仅关注了总剩余的最大化，而对于如何实现剩余的"公平"分配则只字未提。

这一过程说明了为了解决市场失灵，谁需要向谁付钱与其说是一个经济学问题，倒不如说是一个政治、法律和哲学问题。尽管为了让其他人做出或者不做出某些影响自己的事情，而付钱给他人，会让自己的情况好转，但人们往往会觉得让自己付钱并不"公平"。电影《艾琳·布劳克维奇》取材自一个真实的故事，一位女士发现一家大公司正在污染她所在社区的地下水，据称这会导致较高的癌症和其他健康疾病的发病率。她求助于一家律师事务所，迫使该公司停止污染并且补偿该社区的居民。你能够想象艾琳·布劳克维奇根据科斯定理，转而组织社区居民付钱给该公司，请它停止污染吗？我们有理由相信，电影爱好者们肯定不会认为这会是一个感人至深的经典故事。

人们总是不仅关心有效率的均衡能否实现，也会关心这一均衡如何实现，以及谁会受益。如果你敲开邻居的大门，向他们解释什么是正外部性，并且提议他们出资承担你粉刷房子的部分成本，你必吃闭门羹无疑。阅读以下换个视角专栏，了解科斯定理的某些出人意料的应用。

💬 换个视角　无过失离婚法提高了离婚率吗

1969 年，加利福尼亚成为全国第一个"无过失"离婚合法化的州。在无过失离婚法实施之前，只有当一个人证明他或者她的配偶"存在过失"，犯下例如婚外情、遗弃或者虐待等过错时，法律才准许离婚。如果夫妻双方想要摆脱婚姻，他们可以在法庭上串通说谎，假装其中的一方存在过失。但是如果只有一方想要离婚，另一方也无力挣脱。在无过失离婚法律下，任何一方都可以实现离婚，无须对方同意，也不必就对方的过失举证。

我们应该预期这一法律会提高离婚率吗？乍看起来，答案也许是肯定的因为，之前如果你的配偶不同意，想要离婚十分困难，而现在，离婚变得相对简单了。然而，科斯定理却提供了一个与众不同的视角。它预测离婚的数量会保持不变，但是夫妇之间的剩余分配却会发生变化。

想要了解为什么会这样，设想一种情形，夫妻中的一方想要离婚，而另一个不愿意。在旧的法律下，想要离婚的一方将会做出让步，以说服他或她的配偶在法庭上说谎，比如，支付更多的赡养费或者对孩子更多的探望权。想要挽留婚姻的人则无须做出任何让步。

一旦无过失离婚法得以实施，这种情况就发生了逆转：想要挽留婚姻的一方需要付出更多，才能提高婚姻在想要离婚的配偶心中的价值，也许是显著地改变某些行为，或者尽力修复某一个严重的裂痕。科斯定理预测，在无过失离婚法律下，最终同意离婚或维持婚姻的夫妻数量与之前大致相同，但是现在，想要离婚的一方在讨价还价中会占据优势。想要维系婚姻的一方则需要做出让步。

正巧，在无过失法实施之后，离婚率并未上升。一阵小规模的离婚高潮之后，离婚率就回到了该法律实施之前的水平。至少在这个案例中，科斯定理做出了正确的预测。

资料来源：J. Wolfers, "Did unilateral divorce laws raise divorce rates? A reconciliation and new results," *American Economic Review* 96, no. 5 (2006).

税收和补贴

由于协调私人的解决方案存在成本和困难，人们通常会转向公共政策寻求外部性的解决方案。在本章开头，我们描述了强制决策者考虑社会成本和收益时，效果看起来分别与税收和补贴十分相似。那么，意料之中的，大多数公共政策都是通过税收或者补贴解决外部性问题的。

通过税收解决负外部性。让我们回到开车的空气污染问题上。先前，我们设想每次司机使用 1 加仑汽油，就向他们收费 1 美元，来解决洛杉矶的空气污染这一外部性问题。实际上，全世界许多政府确实是通过税收强制司机考虑社会成本。1909 年，俄勒冈成为美国第一个征收汽油税的州，并且自从 20 世纪 30 年代以来，美国联邦政府也开始针对汽油征税。尽管政府征收汽油税的目的也包括为修路等募集一般税收，这些税收也确实抵消了开车的负外部性。

旨在消除负外部性影响的税收被称为**庇古税**（Pigovian tax），这一税种命名自经济学家亚瑟·庇古。其他庇古税还包括对酒精和香烟征收的"罪恶税"，以及碳排放税。

庇古税的影响取决于是向消费者还是生产者征税，无论如何，最终的影响是相同的：提高价格的同时将数量减少至有效水平。

然而，庇古税并非解决外部性的完美方案。它存在两个难题。第一，是如何将税收设定在正确的水平上。正如我们所看到的那样，对外部成本进行纯经济意义上的衡量并非易事。在我们的例子中，估计燃烧 1 加仑汽油的外部成本是 1 美元，因此最优的庇古税是每加仑 1 美元。如果我们的估计是错误的，实际外部成本较高，那么这一税收就设置得偏低。此时，这一市场将会接近有效均衡，但仍存在一定程度的无效率。如果我们估计过高，那么税收就会设置得太高，此时市场将会矫枉过正，新的均衡数量并非过高，而是过低，而这同样是无效率的。

第二，即使税收能够有效地从消费者和生产者那里将剩余转移给政府，也无法保证政府能够或者愿意帮助那些承受了外部成本的人。庇古税的收益有时会用作补偿，但是通常并非如此。如果加利福尼亚利用征收的汽油税修建救治中心，治疗呼吸紊乱的人们，也许看起来比较"公平"。但是，无论税收收益是否以这种方式向污染的受害者进行再分配，这种税收都能够将汽油市场移回到有效均衡，从而使整个社会的总剩余实现最大化。需要记住的是，剩余的分配与总剩余最大化是两个截然不同的问题。

通过补贴获得正外部性。正如税收能够抵消外部成本，补贴能够帮助消费者或生产者获得正外部性的收益。如果政府计算出粉刷房子会给所有邻居带来的外部收益价值 500 美元，它也许会向粉刷房子的人提供 500 美元的补贴。

需要注意的是，如同庇古税一样，通过补贴提高效率并不意味着兼顾了公平。这种补贴会最大化整个社会的总剩余。但是这一剩余的分配取决于政府进行补贴的资金来源于何处。由于房产所有者更有可能获得社区环境改善带来的大部分收益，因此用房产税的收入进行补贴也许看起来更"公平"。但是即使这部分钱来自一般税收，总剩余仍然会实现最大化。

利用补贴等公共政策解决外部性问题往往并不像税收那样引人注目，但是如果你知道从何处查询时，就会发现它十分普遍并且至关重要。一个并不像粉刷房子那么琐碎的例子就是教育。如果父母不得不花钱将孩子送到学校，许多人也许在权衡取舍之后认为接受教育并不值得。然而儿童接受教育的外部收益不胜枚举：通过教育，孩子更有可能成为经济意义上的有效率的社会成员，更可能积极地参与经济活动。这就是为什么大多数政府会提供公立学校，对教育的成本进行补贴。

你也许还观察到大学常会对一些小型校园服务进行补贴，包括免费接种疫苗，以防流感的大肆蔓延，以及免费的杀毒软件，将病毒和恶意软件排除在校园网之外。上面两个例子是基于这样的想法，如果将疫苗接种或者杀毒软件的安装完全交由市场，学生们将会对这些物品或服务消费得"太少"。也就是说，与使学校整体总剩余最大化的数量相比，愿意付钱接种疫苗或安装杀毒软件的学生数量较少。

与税收一样，通过补贴解决正外部性问题要求精确地量化外部收益。如果设定的补贴太低，比如粉刷房子的补贴为50美元，那么粉刷的房子数量仍然会低得无效率。如果补贴设定得过高，比如为5 000美元，由于多粉刷的房子所带来的社会收益增加会低于补贴的成本，总剩余仍然无法最大化。

配额和管制

如果我们知道某种商品的社会最优数量，比如，我们愿意忍受多少污染，为什么不放弃税收，而是简单地对数量进行管制呢？加利福尼亚州可以计算出汽油的有效数量，并将每位居民的汽油购买量限定在他的数量份额之内。就控制污染数量而言，这一方法能实现与税收一样的效果。

然而，事实也许出乎你的意料，将消费总量限定在有效率的数量上并不能让该市场实现效率。市场中隐形的手的神奇之处，不仅仅在于它会将价格和数量推至有效水平，也在于它会将资源配置给那些支付意愿最高的人。剩余最大化不仅仅取决于买卖的汽油数量，也取决于买卖双方是谁。税收让市场能够遵循上述原则自行解决，配额却无法做到。

想要了解为什么对每名司机的汽油配额进行限定是无效率的，而庇古税是有效率的，我们将汽油市场简化为洛杉矶只存在两名司机的情形。A司机拥有一辆大型的油耗多的揽胜路虎，他每天都开车上班。B司机拥有一辆普锐斯混合动力车，他每天走路上班，但喜欢每个周末去加利福尼亚的国家公园旅行。当汽油价格是每加仑3美元时，恰巧两位司机每个月都会购买60加仑汽油。但是由于他们的偏好和开车原因各不相同，并且不同的汽车具有不同的油耗，他们对于汽油的个人需求也存在差异。

图 13-1 显示了每位司机从额外 1 加仑汽油中获得的净收益，换句话说，购买 1 加仑汽油时边际收益和边际成本的差额。举例来说，如果汽油的价格是每加仑 3 美元，普锐斯的司机愿意为第 20 加仑汽油支付 3.8 美元，那么他购买这一加仑汽油得到的净收益为 0.8 美元。揽胜路虎的司机对第 20 加仑汽油的支付意愿为 4.33 美元，那么他得到的净收益为 1.33 美元。

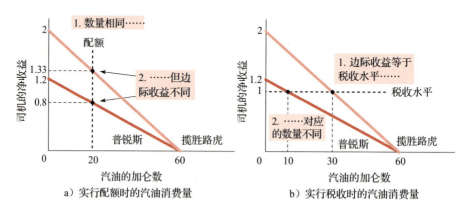

图 13-1 相比税收配额缺乏效率

在正常情况下，两位司机会将自己购买汽油的数量维持在下 1 加仑汽油的净收益为零的水平（也就是说，边际成本等于边际收益的点），即每个月 60 加仑。图 13-1a 显示了如果配额限制每位司机每个月只能购买 20 加仑汽油，将会发生什么。在这一数量时，两位司机都愿意购买更多的汽油，但揽胜路虎的司机愿意为了获得购买额外 1 加仑汽油的权利，支付 1.33 美元，而普锐斯司机愿意支付的价格仅为 0.8 美元。

相反地，图 13-1b 显示了在征收汽油税时会发生什么。如果税收等于每加仑 1 美元，每一位司机在选择购买的汽油数量时，会将税收成本考虑在内，并在购买另一加仑汽油的净收益为零的点上进行消费。在这一情形中，税收为 1 美元，意味着司机选择的汽油量带来的净收益在征税之前为 1 美元。在征税时，两位司机会购买不同的汽油数量，并且没有人愿意购买更多。

需要注意的是，在征税时，两位司机消费的汽油总量为 40 加仑，与实行配额时完全相同。然而，通过图 13-2，我们能够利用图形证明，征税时的剩余高于配额。配额能够让两位司机的汽油消费量与征税时一致，但是却缺乏效率。计算司机的剩余，会发现实行配额时他们得到的剩余为54，而征税时剩余为56。

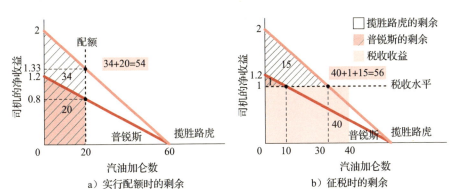

图13-2 庇古税能够最大化剩余，配额则不能

交易限额

你也许已经发现上述案例中存在一个明显的方案，可以改进配额制度。两位司机对于下一加仑汽油具有不同的支付意愿，意味着他们错失了一个共同获益的交易机会：揽胜路虎的司机可以支付多于0.8美元，少于1.33美元的钱给普锐斯司机，交换购买更多汽油的权利，这样做的话，两个人的情况都会比原来更好。那么为什么不设定一个配额，然后允许人们买卖他们的配额？这一解决方案让决策制定者能够直接限定数量，而非制定税收比率，同时仍保证这一配额能够分配给支付意愿最高的人。可以买卖的生产或消费配额被称为**交易限额**（tradable allowance）。

与配额一样，交易限额制度最终会将一种商品的买卖数量限定在有效水平（当然，想要做到这一点，只需要将总配额限定在合适的数量上）。同时与税收一样，交易限额能够使剩余最大化。然而，在庇古税与交易限额之间存在一个重要的差别：庇古税最终会成为政府的收益，而交易限额则创造出一个市场，让私人集团可以自由买卖配额权利。政府能够通过出卖最初的配额获得收益，但往往这一制度在实际中得以实施时，通常会免费地将配额分配给消费者或生产者，并由他们在相互之间进行交易。

阅读以下现实生活专栏，了解更多近期关于美国是否应该征收碳税或实行碳交易限额的政治争论。

现实生活　总量控制与交易立法的争论

通过拼车和用节能灯泡代替白炽灯等简单的措施就能够减少污染和温室气体的排放。但是，科学家认为，想要减缓气候变化，需要对污染的排放规模进行更为大刀阔斧的削减。为了将全球气温维持在高于工业化前3.5摄氏度的水平，大气中的碳必须降至2000年水平的50%~85%。最主要的任务是减少工厂和司机燃烧化石燃料时的排放。

实际上，减排主要可以通过两种方式完成。首先，征收碳税，这一方案为许多经济学家所青睐。2009年向国会提交的大多数提案要求征收"启动者"的单一税——向大气中每排放一吨碳需缴纳约15美元的碳税。自此之后，碳税每年递增10美元，直至最终的碳税为每吨100美元。地球政策研究所所长莱斯特·布朗称这种税收程度与抵抗全球变暖的要求相差甚远。相反，他建议征收更重的税收，从每吨20美元开始，直至递增为每吨240美元。经济学家认为这一税收应该"向上游部门"征收，这意味着与其让工厂和司机根据他们每天排放的碳数量支付账单，倒不如对化石燃料的生产或进口环节直接征税（比如，每吨15美元的碳税相当于对每加仑汽油征税4美分）。这一税收将会导致化石燃料的需求量下降。随着工厂、各个行业以及日常的司机消费的化石燃料减少，二氧化碳的排放量也会随之下降。而政府也会获得这一税收带来的收益。

另一种可选择的方案是为碳排放限额创造一个市场，通常被称为总量控制与交易，因为这一方案往往会对碳排放的总量进行控制，同时允许各个部门交易他们的限额。2009年，瓦克斯曼·马尔凯气候变化议案提出，通过总量控制与交易可以实现一个雄心勃勃的目标，至2050年碳排放量将减少2005年排放量的86%。

该方案如何实现这一目标？首先，它会设定一个总量上限，一年内允许排放碳的最大数量。在最初的几年间，这一限制会十分接近当前的碳排放水平。随着时间变迁，这一总量上限会逐渐减少，直至达到目标数量。

接下来就是交易的部分：企业将会获准排放特定数量的碳，他们可以交易或者出售这一数量。能够以较低成本实现低碳排放目标的"清洁"企业可以出售他们的排放许可，给那些减排存在困难或者代价昂贵的企业。如果许多企业的减排都代价不菲，那么对碳排放许可的需求将会上升，许可的价格会随之水涨船高。随着新的清洁技术得以研发和应用，减排的成本将会下降，碳排放许可的需求和价格都会随之下降。

总量控制与交易方案可以这样设计：在一开始将排放许可拍卖给企业；拍卖的收益归政府所有。然而瓦克斯曼－马尔凯议案中，超过85%的碳排放许可被免费地发放给企业。由于这些许可具有很高的市场价值，承蒙政府的关照，那些得到许可的幸运儿们相当于获得了一笔飞来横财。暂且不论收益归谁所有，经济学家总会告诉你，上述两种解决方案实际上是殊途同归。两种方案都会向消费者施加成本，这是因为它们的实施提高了产品的生产成本，驱使消费者支付的价格不断攀升。举例来说，食品需要利用卡车和轮船从农场运输到商店中，而运输过程会产生碳，这意味着更高的碳价格也会提高超市中食品的价格。批评者担心较高的价格会使经济放缓，并使失业率上升。

当然，经济学家并非对公共政策具有最终发言权的民众。瓦克斯曼－马尔凯议案在众议院的投票经历了九死一生，得到通过之后，于2009年在参议院走到末路，从未得到实施（碳税也尚未问世）。然而，2011年加利福尼亚推出了全国首个州际范围内的碳排放总量控制和交易方案。自2013年开始，加利福尼亚的诸多行业可以排放的碳数量面临着总量限制。

资料来源：http://www.time.com/time/health/article/0,8599,1700189,00.html；http://www.carbontax.org/progress/carbon-tax-bills/；http://www.arb.ca.gov/cc/capandtrade/capandtrade.htm。

用公共政策解决外部性

当经济学家提出通过税收或交易限额解决外部性时，他们往往认为税收应该针对外部性本身，而不是针对产生外部性的行为。在本章中，我们探讨了汽油税的诸多方面，这一税收针对的是产生污染的商品，而不是污染本身。理论上讲，环境政策应该直接针对最终产品——碳排放。这样一来，这一政策就可以应用到由于碳排放造成外部成本的诸多活动上，从饲养牲畜到运营一家发电厂，再到在壁炉里点燃木材。然而，从逻辑上讲，准确衡量这些不同来源的碳排放无疑是天方夜谭。当最佳方案可望而不可及时，对汽油而不是对污染征税，则成为一种退而求其次的选择。

由于直接衡量污染十分困难，许多政策确实会针对单个商品和过程实施。举例来说，通常汽车必须安装催化转换器，这一特种技术能够减少氮氧化物、一氧化碳以及未燃烧的碳氢化合物的排放。当地政府通常会对节能灯泡或回收设备等产品进行补贴，也会在每年的多雾天气或干燥的火灾易发季节里禁止燃烧木材。针对个别行为征税的弊端在于，存在一定风险，会让消费者和生产者面临的激励偏离最小化外部性的目标。

举例来说，1975 年，美国政府为了减少污染，对汽车实行燃油效率标准，称为 CAFE 标准。但是这一标准规定轻型卡车只需遵守一个较为宽松的标准。结果呢？汽车制造商开始制造大型且笨重的足以被归类为轻型卡车的汽车，借此可以不遵循汽车的标准。由此，汽车的平均燃油效率实际上未降反升。

相比之下，直接针对污染的政策鼓励了清洁的技术和生产过程的发展，并且不给那些思路灵活的企业任何投机取巧的机会。实际中，消费者和生产者有动力探求不产生污染的新方法。这样做可以让他们免于承担税收或者付钱购买限额，从而将他们面临的激励与政策的最终目标相一致。既然监测居民个人的碳排放并非易事，但监测大型企业的污染却相对容易，相比于针对个人，在企业层面上征收碳税或实行碳交易限额无疑是明智之举。

总 结

通常，我们依靠市场这只无形的手将正确数量的产品分配给正确的人，从而实现总剩余最大化。但是当一个人的决策会给其他人带来成本或收益时，又会发生什么呢？自由市场的结果往往并不理想，最终，这一产品或活动要么过多要么过少。

正如本章中的案例所示，正外部性或负外部性在经济生活中十分常见。我们在探讨诸如气候变化、污染、社区凋敝以及教育政策等问题时，外部性是关键所在。有时，个人能够找到私人解决方案，付钱给其他人，让他们做出或者不要做出影响自己的行为。然而，这些私人协议存在的协调或实施困难通常会超过它所带来的收益。

尽管我们通常认为政府政策会造成扭曲，但在这种情形下，我们发现税收和补贴等政府政策能够有效提高效率。这是因为税收和补贴能够强制买者或卖者考虑外部成本或外部收益的价值，从而抵消外部性。乍看之下，配额是一种解决负外部性带来的"过多"问题的简单方法，但是除非人们能够自由买卖配额，否则配额无法使总剩余最大化。

1. 解释外部成本和收益如何影响经济决策者所面临的权衡取舍

   强加在行为人之外的其他人身上的无补偿的成本就是外部成本。由行为人之外的其他人获得的无补偿的收益就是外部收益。外部成本和外部收益共同被称为外部性，我们称前者为负外部性，后者为正外部性。直接由决策者承担的成本和收益是私人成本和收益，而社会成本就是具有外部性的决策的总成本。

2. 描述个人如何达成外部性的私人解决方案，并解释为何这并不总会发生

   即使存在外部性，个人也能够通过私人交易实现有效均衡的观点被称为科斯定理。由于外部性使剩余无法最大化，理论上，如果那些承受外部成本或者得到外部收益的人能够付钱给其他人，购买或出售有效数量，所有人的情况都会更好。然而，这一定理假设人们能够达成可实施的协议，并且不存在交易成本。

3. 说明税收或者补贴如何用来抵消外部性，并探讨此类解决方案的利与弊

   旨在抵消负外部性影响的税收被称为庇古税。为了精确抵消负外部性的影响，政策制定者们必须将税收正好设定为外部成本的大小，因此会减少均衡数量。类似地，补贴能够将均衡移动到更高的数量水平，从而抵消正外部性。当税收或补贴被设定在正确的水平上时，外部性正好被抵消，市场也实现了效率。

批判性思考

1. 如果教育不仅对个人具有私人收益，对社会还具有外部收益，解释为何个人接受教育的数量会少于最优数量。
2. 假设你是一名经济政策顾问。环境组织建议你尽可能实行最高力度的碳税，而工业企业劝说你不要征收碳税。两方都认为自己在经济上更有道理。向他们解释最有效率的税收水平是多高，并回答为什么将税收设定得太高或者太低都会产生损失。
3. 假设政府正在考虑通过两种政策限制工厂污染空气：对生产者征税，或者向每个生产者提供配额，并允许他们与其他人进行交易。如果这两种政策能够实现相同的减少污染的目标，为什么生产者更偏向于可交易限额这一政策。

ECONOMICS

第 14 章

公共物品与公共资源

认知目标

1. 描述搭便车问题以及它所造成的后果。
2. 描述公地悲剧以及它所造成的后果。
3. 解释什么时候社会规范能够有效地解决与公共物品或公共资源有关的问题，它是如何解决的？
4. 描述几种政府管制措施如何解决公共物品或公共资源的问题。
5. 解释什么情况下私人产权的扩张能够有效解决公共物品或公共资源相关问题，以及如何解决。

引例　新的公地悲剧

1910年，大约300 000头犀牛自由徜徉在非洲东部的大草原上。一个世纪之后，犀牛仅剩不到2 000头。迅速增长的人口对犀牛栖息地的蚕食是原因之一，但导致犀牛走向衰落的真正原因是它们对于猎人的价值。在20世纪早期，成千上万的大型猎物狩猎者从欧洲和美洲蜂拥而至，以狩猎犀牛为乐，其中包括美国总统西奥多·罗斯福。目前，猎杀犀牛通常是非法的，但是对犀牛角的非法交易仍暗中进行。在亚洲的部分地区，犀牛角是一味重要的传统药物，价值甚至比等重的黄金还要高。结果就是，某些犀牛物种，比如北部白犀牛，正处于灭绝的边缘。

为什么偷猎者对犀牛的猎杀会如此猖狂，将它们推向灭绝的边缘？毕竟，如果它们灭绝了，偷猎者的利润也就随之枯竭。难道偷猎者没想过谨慎地控制犀牛的数量，以便犀牛在接下来的多年间都能够不断产出犀牛角吗？正如我们在本章中将看到的，问题在于犀牛不"属于"任何特定的个人，因此没人有动力维持犀牛的价值。相反地，每个人都想尽可能迅速地在犀牛灭绝之前从中分得一杯羹。

东非地区犀牛濒临灭绝不仅仅是生物学家和自然保护者的问题，也是一种典型的经济无效率的例子。竞争市场中，并非所有商品都能得到有效率地配置。在本章中，我们将探讨两种存在市场失灵的主要商品类型。第一种是公共资源，如犀牛和其他野生生物，最终会过度消耗直至枯竭。第二种是公共物品，如国防、公共健康、道路、教育以及研究，最终会供应不足。在这两种情形下，我们将看到问题的根源在于强制那些消费该物品的人们为之付钱十分困难。无论是其中的问题还是相关的解决方案，都与我们在前一章中探讨的外部成本和外部收益有关。

最终，犀牛死里逃生。某些保护公共资源和提供公共物品的政策被证实十分有效。从结果来看，南非的犀牛数量与东非的情况截然相反。尽管在1900年，南非的白犀牛只有20头左右，然而今天却有20 000头。什么导致这一差别？看似矛盾，解决方案之一是鼓励人们猎杀犀牛，但仅限于在他们自己的私有土地上。同时，南非政府建立了一个保护严密的国家公园。在本章中，我们将看到为什么此类以及其他政府行为和经过缜密思考的公共政策能够更有效率地配置公共物品和公共资源。

物品的特征

哪些类型的物品会重蹈犀牛的覆辙，最终被耗用殆尽？河水会，但橙子汁不会；大海里的鱼会，但农场里的鸡不会；公共图书馆里的电脑会，但个人的笔记本电脑不会。它们的共同之处是什么？

我们首先应该注意到的是，河水、海里的鱼以及公共图书馆里的电脑通常并不为个人拥有。相反地，它们是由一个团体或者国家共同所有。

我们更进一步区分了物品的两种重要特征，它们决定了物品如何使用以及市场十分能够有效率地配置。

- 当一种商品具有**排他性**（excludable）时，意味着卖者能够阻止那些没有付费的人使用该物品。
- 当一种商品是**消费上有竞争性**（rival in consumption，或称**竞争性**（rival））时，一个人的消费会阻止或者减少其他人消费该物品的能力。

本书中我们所讨论的大多数物品是**私人物品**（private goods），既具有排他性也具有消费上的竞争性。然而，许多商品缺乏这两个特征中的一个甚至两个。在描述这些物品的类型之前，我们将更进一步地对排他性和竞争性的概念进行探讨。

排他性物品

排他性之所以重要，是因为它让所有者能够对一种商品制定一个可实施的价格。如果你无法阻止人们消耗某种物品，那么人们就没有理由为使用该物品付费。

举例来说，街灯是一种非排他的物品。一旦在一个社区内安装了街灯，每个路过的人都会受益，无论他们是否为此付费。你如何阻止那些没有付费的人享受路灯的好处呢？安排一个警察站岗，强制他戴上特制的黑色太阳镜吗？强制他闭上眼睛吗？用墙将这一社区分隔开来吗？大多数时候，很难做到只让某些人享受路灯带来的好处，而将另一些人排除在外。

然而，排他性只是一个程度上的问题。以道路为例，可以通过在每个入口处设立收费站，使桥梁、隧道和主要公路具有排他性，但是对大多数道路而言，这种做法并不可行。你不能在每条道路上都设置收费站，确保人们在使用这些道路之前先付费。

消费上有竞争性的物品

竞争性涉及的是当某人消费一种物品时，这一物品是否会被"用尽"。犀牛角是一种竞争性物品。一旦某个人猎杀了一头犀牛并且割掉了它的角，随后而至的其他人就无法将犀牛角用作他用。对于许多物品，实际上对大多数其他物品而言，都是如此。当鱼被一艘捕鱼船打捞上岸，它们就无法被其他人所捕获。一个人在商店里购买了一条牛仔裤之后，可供其他消费者购买的牛仔裤数量就变少了。

什么类型的商品是非竞争性的？我们刚刚探讨的街灯是非排他性的，也是非竞争性的。两个人同时从一盏亮起的路灯下走过，他们可以同等地享受灯光的照射。收音机里播放的一首歌是非竞争性的——一位听众的收听并不会将其"用尽"，不会使其他人无法收听。一般而言，知识和技术都是非竞争性的，原因在于，一旦某种东西被发现或者发明出来，所有人都可以加以利用。

通常，竞争性也是程度上的问题。再一次思考道路的例子。一条人迹罕至的乡村小路可能在使用时不具有竞争性。如果多一个人在这条路上开车，对行驶在这条路上的其他人的影响微乎其微。然而，一条严重堵塞的公路，就具备了竞争性物品的特征。每一辆行驶在公路的汽车都增加了交通负荷，拖慢了其他汽车的速度，并减少了公路对于其他司机的价值。

四种类型的物品

一种物品是否具有排他性和消费上的竞争性，对于如何通过市场机制进行配置具有重要影响。我们能够结合排他性和竞争性的概念，定义四种不同类型的物品，如图 14-1 所示。

- **私人物品**，指兼具排他性和竞争性的物品。正如我们在本书中所探讨的那样，它们通常能够通过竞争市场进行有效配置。
- **公共物品**（public goods），正如名字所示，与私人物品截然相反，它们既不具有排他性，也不具有竞争性。
- **公共资源**（common resources），不具有排他性，但具有竞争性。

- **人为的稀缺物品**，具有排他性，但不具有竞争性。

图 14-1　四种物品类型

在本章中，我们不会探讨与人为的稀缺物品相关的经济问题，因为我们已经在第 15 章中讨论过了。从根本上看，市场对于人为的稀缺物品的功能与私人物品市场完全相同。由于缺乏该物品的相近的替代品，实际上是人为地使它变得稀缺，这一稀缺性使这一物品的卖者掌握了一定的市场力量，能够收取比完全竞争市场更高的价格。

公共物品与公共资源问题

市场在配置私人物品时往往十分有效率，但是在公共物品和公共资源的配置上却鞭长莫及。原因在于竞争厂商收取的价格无法反映消费的真实成本和收益。此时，公共物品和公共资源的问题就十分接近前一章中探讨的外部性问题。

接下来我们将分别探讨与公共物品与公共资源相关的两类问题：搭便车问题和公地悲剧。

搭便车问题

考虑一辆公共汽车。公共汽车沿着既定的路线行驶需要耗费成本，如支付司机的工资、购买汽油、进行维修等。想要承担这些成本，公交司机在乘客上车时会收取一定的费用。但是设想某个人不想付钱，而是趁司机不注意从后门溜上车，会怎么样呢？这个人可以免费乘车。我们可以称他为搭便车者。

如果这位搭便车者是独自一人，并不会造成太大的损害。他占了公交车上的一个座位，但是并不会对其他人造成任何妨碍。无论如何，只要付费的乘客数量足够多,就足以承担公交汽车运营的成本。

然而,假设一辆公交汽车的后门总是畅通无阻。乘客可以选择购买车票从前门上车,但是他们也可以简单地选择从后门逃票上车。在这一情形下,我们无疑会看到许多搭便车者的存在。随着越来越多的人选择免费搭车,整个城市就无力负担之前那么多辆公交汽车了。然而,导致公交车服务减少的原因并非需求减少,或者公交车对于乘客的价值降低。城市中仍存在足够多的人想要乘坐公共汽车并且足以负担公交运营的成本,但是没有人有动力自愿支付车费。

从技术层面上看,我们刚刚描述的**搭便车(者)问题**(free-rider problem)是由非排他性所导致的公共物品供给不足。当一种物品很难做到排他时,人们为这一物品支付的钱数就不能完全反映出他们内心所认为的真实价值。毕竟,即使你认为乘坐公交价值很高,如果必须付钱的话也愿意购买车票,但是如果有机会逃票的话,你也许难免会随波逐流,对吗?问题在于,当发生这种情况时,这一物品的供给会低于有效率的数量。

需注意的是,搭便车问题与逃票乘客是否占用公交车座位无关。假设一辆公交车能够乘坐的乘客数量无限多,座位不会短缺,但是购买车票的乘客数量仍然会不足,无法承担公交企业的运营成本。即便是 J. K. 罗琳笔下摆脱了物理定律的骑士公交车,也需要向哈利·波特收费 11 西可(sickles)才允许乘坐。

根据定义,公共物品是非排他的,那么搭便车问题就十分常见。公共交通是一种典型的例子,也由这一原因而得名。但是存在许多其他情形,人们隐性地进行了免费地"搭便车"。结果导致所有此类服务最终都供给不足。假设一个公共洗手间张贴了一张标语"使用后请清理水槽",多少人会这样做呢?尽管每个人都想要一个洁净的公共洗手间,但并非所有人都会遵守这一要求。或者假设一场大雪过后,所有人都应该拿起铲子清理部分道路。如果所有人都能加入进来,道路会很快变得干净。但是这并不常发生。一有机会,人们就会选择搭便车,他们会头也不回地走出洗手间,根本不会打扫;他们也会选择躲在屋里不出去铲雪。

分析搭便车问题的一种思路是搭便车者享受了其他人决策的正外部性,无论是为搭乘公交车付费、打扫公共洗手间还是铲除道路上的积雪。正如我们在第 18 章中所看到的,当存在正外部性时,这一物品或服务的均衡数量会低于将社会作为一个整体时,使总剩余最大化的水平。结果就是如果完全交由市场决定,公共交通、洁净的公共洗手间以及暴风雪之后的整洁道路将会供给不足。

正如我们在本章后续内容中将深入探讨的一样，这一供给不足的问题可以通过许多方式加以解决，可以让该物品或服务更具排他性（比如某些大城市中的付费使用的公共洗手间），或者政府让某些人负责提供特定数量的物品或服务（对公路提供市政铲雪服务）。

某些重要的公共物品比公共汽车或公共洗手间更加抽象。健康、清洁、一般知识和安全都是公共物品，对人们的日常生活具有重要影响。思考公共健康方面的一个例子。如果全国99%的人都接种疫苗对抗某种疾病，比如脊髓灰质炎或者天花，剩下的1%未接种疫苗的人无须担心生病。但是如果所有人都想要成为搭便车者，而不接种疫苗，人们染病的风险将会迅速增加。我们无法剥夺那些未接种疫苗的人生活在接种疫苗的人身边时获得的好处。当存在的搭便车者数量如此之多，且接种疫苗供给不足时，结果就是所有人都更有可能生病。相似地，军队、警察以及"邻里间的守望相助"都是提供公共安全的手段，但是，也不可能简单地将没有付钱的搭便车的居民排除在外，剥夺他们享受公共安全的好处。

最为抽象的公共物品之一就是一般知识和信息。阅读以下换个视角专栏，了解此类公共物品的搭便车问题如何得以克服，使所有人都受益。

换个视角　为什么维基百科能够成功

2001年，吉米·威尔和拉瑞·桑格创办了维基百科，一个完全由用户自愿贡献知识的免费在线百科全书。贡献者不会得到报酬也无人监督。任何人都可以编辑维基百科，任何人都可以阅读其中的内容而无须做出任何贡献。换句话说，维基百科是一种典型的公共物品：具有非排他性，因为所有人都可以免费使用它；并且具有非竞争性，因为一般来说，某个人对网页的浏览并不会影响其他人的浏览。

考虑到我们对于公共物品的了解，很容易想到维基百科可能失败的多种原因。我们所能料想的最好的情况是，词条会供给不足。毕竟，会有多少人愿意免费浪费自己的时间编辑百科内容呢？我们所能料想的最差情况是，贡献者会用自利的或误导性的信息填满维基百科。讽刺新闻评论节目"科尔伯特报道"的主持人史蒂芬·科尔伯特一度遭受维基百科的封杀，因为他要求自己的观众编辑维基百科上关于大象的词条，声称大象的数量在3个月内变成了原来的3倍。当然，科尔伯特的问题是维基百科所面临的不可避免的"事实"，它有时会受到贡献者的心血来潮和偏见的影响。

在维基百科的初创期，此类预言似乎会将其置于万劫不复的境地。词条内容少得可怜、充满错误，讨论电影《星际迷航》的词条比讨论哲学家弗雷德里希·尼采的热烈得多。然而，10年之后，维基百科拥有350万个词条，这一数量是《大英百科全书》的7倍。通过对一般科学主题抽查的45个词条，发现维基百科与传统的同行评审的百科全书一样精确。维基百科是如何克服供给不足和滥用等公共物品通常面临的问题的呢？

我们可以将问题重新表述为：在编辑维基百科时能够获得哪些收益，超过了时间成本和努力？通过调查直接询问时，绝大部分贡献者列出了听起来十分利他的理由，例如，为了"修正一个错误"，或者"为知识的分享做出贡献"。全部贡献者中只有2%的人将名誉和报酬列为编辑的动机。然而，我们在某种程度上对这一数字持怀疑态度。毕竟，许多贡献者都会注册一个用户名，并且在主页上列出他们的编辑历史供他人浏览。无论贡献者的真实动机是什么，维基百科的设计方式有助于它克服作为一种公共物品面临的挑战：既然贡献的成本相对较低（只需点击"编辑"，输入改动之处，再点击"提交"），那么纠正滥用就易如反掌。从结果来看，根据最近一次统计，英文版面的不足5 000名专门编辑（他们每个月的编辑量超过100次）在纠正蓄意破坏和滥用上做出了卓有成效的工作。此外，维基百科将"分享知识有利于全社会"这一观念发挥到了极致，这激发了使用者奉献一己之力并自发监督彼此。

随着维基百科和其他免费的开放源代码资源日益风行，经济学家也开始修正他们关于公共物品供应，以及驱动人们奉献知识的动机的观点。

资料来源：Denise Anthony et al., "Reputation and reliability in collective goods: The case of the online encyclopedia Wikipedia," *Rationality and Society* 21, no. 3 (2009), pp. 283-306; http://upload.wikimedi.org/wikipedia/foundation /a/a7/Wikipedia_General_Survey-Overview_0.3.9.pdf; http://stats.wikimedia.org/EN/TablesPageViewsMonthly.htm. http://stats.wikimedia.org/EN/TablesWikipediansEditsGt5.htm.

公地悲剧

正如我们所看到的，犀牛并非公共物品，因为它们是竞争性的：如果某人猎杀了一头犀牛，它肯定无法供其他人享用。通常，当你消耗了一种竞争性物品，你必须补偿它的所有者。当你想要品尝一只鸡时，你需要付钱给零售商店或饭店或者养鸡的农民。但是从历史的角度来看，在土地被划分为私人领地之前，当你猎杀了一只野生动物，如犀牛、水牛或者大象，你无须付钱给任何人。没有人拥有野生生物，因此没有人能强迫你付钱。换句话说，野生生物十分典型地具有竞争性，也具有非排他性，也就是一种公共资源。

我们应该如何描述人们对公共资源的需求特征？相比于如果需要为消费付钱时的需求量，非排他性导致人们会需求更多的数量。由于一种公共资源也是竞争性的，每次某人获取它时，资源就会被"用尽"。这种无效率的高需求量和不断缩减的数量二者共同导致的结果常被称为**公地悲剧**（tragedy of the commons），由于个体理性但集体无效率的过度消费导致的公共资源枯竭。需要注意的是，搭便车问题仅仅由非排他性引发，而公地悲剧则起因于竞争性和非排他性的结合。

均衡数量如何同时表现为个体理性和集体无效率呢？先来看个体理性部分，从一名犀牛猎人的角度思考消费决策：从收益方面来看，他可以通过在黑市上出售犀牛角获得很高的价值；从成本方面来看，他需要负担狩猎设备的成本，用来狩猎犀牛的时间，以及被法律制裁的风险。但是他不必为拿走犀牛角付钱给任何人。结果就是，相比于他们不得不为犀牛角付钱的情形，猎人们会猎杀更多的犀牛。

为什么会存在集体无效率呢？由于我们通常不认为犀牛具有市场价值，因此很难得出无限制狩猎无法使总剩余最大化的结论。然而，对一种公共资源的使用会对其他人施加负外部性：当偷猎使犀牛的数量缩减时，东非的人们将失去当地生态系统的关键成员。想要去非洲进行陆路旅行的游客将会损失剩余，遭受剩余损失的还有那些从陆路旅行中分得一杯羹的当地旅行社。最后，如果犀牛灭绝了，对于全球的生物多样性也是一大损失。

利用我们在之前章节中提到的论述，如果犀牛猎人不得不考虑他们行为的外部成本，他们的需求曲线将会向下移动。猎杀犀牛的均衡数量会回到有效水平——使得整个社会剩余最大化的水平。

解决公共物品与公共资源问题

我们已经了解到公共物品会产生供给不足，而公共资源存在过度需求，这都会导致生产和消费的数量无效率。换句话说，两种类型的商品都存在市场失灵。可能的解决方案多种多样，一般来说，不外乎以下三种：社会规范、政府管制和供应以及私有产权。

在许多情形中，整个社会试图通过社会规范让人们的行动符合整个社会的利益。比如，发动大家一起让乱扔垃圾的人感到难堪或者谴责那些想要从公交车后门溜上车的人，这也许会改变人们对于个人选择的观念。在另一些情况下，政府试图通过监管或直接供应来弥补市场失灵，这些方法试图通过限制私人生产（如果该物品过度生产）或者扩大生产（如果该物品生产不足），来纠正该物品的生产或者消费量。

最后，某些解决方案通过设置私人产权将非排他性的物品变成排他性物品。与政府管制和供应一样，这一方法试图通过将社会成本变为私人成本解决市场失灵。因此，当个人采取最优化的行动时，社会最优的结果就自然而然地实现了。

当我们讨论每一种解决方案时，要思考它如何改变了人们在供给或消费公共物品或公共资源时所面临的成本和收益之间的权衡取舍。我们将会看到这两类问题的解决方案与外部性密切相关。

社会规范

由于乱扔垃圾省时省力，脏乱的公共区域早已屡见不鲜了。乱扔垃圾省去了你寻找垃圾桶的麻烦，而且基本不会带来任何实际的惩罚或成本，因此人们几乎不存在任何动力考虑对他人造成的负外部性。尽管存在这一潜在的问题，许多公共区域还是整洁舒适，几乎不存在乱扔垃圾的现象。为什么会这样呢？

有些时候，特别是在大城市中，公共区域的整洁是因为政府付钱给管理员或者市政工程的员工进行打扫。但是也存在许多公共区域，特别是联系紧密的社区，能够通过一种更简单的机制维持洁净：社区成员的期望和潜在的非难。如果你能够做到不乱扔垃圾，我们可以猜到最主要的原因并不是你害怕被警察抓到并处以罚款，而是简单地因为你意识到这么做并不好。

正如我们所看到的那样，搭便车问题和公地悲剧都是权衡取舍的问题，人们能够享受到某些东西的收益，而不必付出相应的成本。强烈的社会规范能够将成本强加到乱扔垃圾的人、从公交车后门溜上车的人以及偷懒不出门铲雪的人身上，从而让权衡取舍重获平衡。需要记住的是，成本不必是金钱形式的。社会的非难、愧疚以及与所在团体中的人发生冲突同样属于成本。

如你所料，当你与身边的人相互熟识时，你会在乎他们的看法，预期未来会与他们再打交道，此时，社会的非难意味着更高的成本。举例来说，我们可以料想到相比于解决纽约地铁的搭便车问题，社会规范对于制止小镇公交车的搭便车行为会更有成效。

某些具体的精心设计的准则使得非正式的、基于社区的方案在解决公共物品和公共资源问题时更有效率。这些准则包括：明确区分谁可以、谁不可以使用某些资源；资源使用者参与制定使用规则；使用者拥有监督彼此的能力。

埃莉诺·奥斯特罗姆的研究表明，由于强大的地方性组织和社会规范的存在，那些不受管制、由公众共有的财物的管理状况通常会优于标准理论带给我们的预期。她因为这一研究获得了 2009 年的诺贝尔经济学奖。

她首先观察到南加利福尼亚的地下水是由非正式组织进行管理的，基于此，她继续研究资源管理既不完全满足市场范畴，也不完全符合政府领域的其他案例，这些案例包罗万象，从尼泊尔的灌溉系统到肯尼亚的马赛牧场。在她的研究中，奥斯特罗姆论证了社会规范有时十分强大，足以将公众共有的财物管理得井然有序。

禁令、配额和政府供应

当非正式组织和规则不足以解决问题时应该怎么办呢？此时，对公共物品和公共资源进行管理，是政府干预切实有效，并提高效率的情况之一。其中的原因十分简单：通常，当个人和非正式组织力量薄弱时，政府有能力对某种资源的消耗强加限制，或者对不充足的供给加以补充。在合理的界限范围内，政府可以通过许多方式进行干预，比如对某一资源的直接管理以及对公共物品进行供应。我们将考虑以下三种：禁令、配额和政府供应。

禁令和配额。重新审视我们讨论过的一些案例时，你也许会意识到我们忽视了解决非排他性问题的最明显的方案。难以做到维持公共区域的整洁吗？规定乱扔垃圾违法。担心犀牛和其他濒危物种灭绝吗？规定猎杀它们违法，或者对每位猎人能够合法捕猎的犀牛数量限定配额。

当然，乱扔垃圾通常是违法的，许多国家也对狩猎施加禁令或限定配额。然而，此类问题仍难以根除，这显然并非完美的解决方案。为了弄明白为什么，我们必须理解裁定某些行为违法只是通过对违反禁令或超出限额施加了成本，这只是改变人们面临的权衡取舍的一种简单方法。违反规则的人预期将面临的成本取决于两个因素，违反规则会遭受的惩罚，和被抓到并遭受惩罚的可能性。如果惩罚力度不大，或者被抓到的可能性很低，这一成本也许并不足以改变权衡取舍。

因此，如果当局者对违反规则的人进行监控和惩罚十分困难或者代价不菲时，禁令和配额就无法发挥作用。举例来说，美国和其他发达国家兴建了大量资金相对充裕、监管相对完善的国家公园和保护区，对濒危物种进行了有效保护。美国所列出的濒危物种中超过90%的物种自从宣布濒危之后，数量就得以增加或者维持原状。

相反地，相对贫穷的国家却发现想要有效实施针对偷猎和栖息地破坏的法律困难重重。举例来说，东非的大多数政府通常缺乏足够的资金，来雇用足够多的公园护林员、修建足够多的围墙以及其他全面保护野生生物的其他措施。针对偷猎犀牛的禁令也因此形同虚设。

南非的情况则有所不同，它修建了几个大型的国家公园并且管理良好，十分有效地保护了犀牛和大象。结果表明，我们能够证实禁止狩猎犀牛的禁令是行之有效的。在那些有足够资源实施禁令的国家，限制公共资源使用的禁令或配额作为公共政策方案，在解决过度使用的问题时能够直击要害。特别是在最优的消费数量是零的时候。举例来说，对于濒临灭绝的物种而言，这也许是最好的方案。

在环境保护中，不容商量的道德和实际问题常常针锋相对。尤其表现在政策制定者之间，是坚守原则对濒危物种和栖息地实行彻底的禁令，还是允许人们通过有限度地开发来赚钱，他们往往对此意见相左。阅读以下你怎么认为专栏，对此类问题进行深入思考。

你怎么认为　自然资源保护者应该坚守原则还是注重务实

你能够对老虎存在的价值进行金钱的衡量吗？对大象呢？对魔鬼洞里的魔鳉鱼呢？这种极小的鱼身长不过1英尺，生长于加利福尼亚死亡谷国家公园的一个石灰岩洞穴的水池里。对大峡谷或亚马孙雨林等独特的栖息地呢？你愿意付多少钱来保护这些自然奇观？

某些自然资源保护者坚决捍卫自己的信念，强烈反对用金钱衡量这些美丽、独特的生物和风景。他们坚称这些资源是无价的，试图对它们贴上价签的行为是对环境保护工作的贬损和破坏。

另一些自然资源保护者认为从长远来看，对濒危的动物和土地标注价格是保护它们的唯一切实有效的途径。他们坚信当某些东西没有金钱价值，就没有人有动力对其加以保护和维系。他们认为，声称某些东西"超越"金钱价值听起来很伟大，但从实际功能来看，这相当于说它们的金钱价值是零。

认同后一种观点的政策制定者推动了一些项目允许人们通过有节制地利用濒危资源赚钱。这些实用主义者赞成利用私人激励改进排他性并对自然进行保护。他们指出当地居民在放弃狩猎、耕种或者伐木，转而保护土地或濒危物种时，通常面临着很高的机会成本。

这一实用主义策略的一个最好的例子就是生态旅游。这向当地居民提供了可选择的另一种方式，通过向游客展示有趣的植物或者动物来赚钱，从而激励他们保护自然环境。

在另一种类似的策略中，美国的某些非营利组织付钱给牧场主和土地所有者，让他们将部分土地闲置。此类协议，被认为是地役权，允许土地所有者自愿签署法律契约，对自己在土地上所能做的事情加以限制。举例来说，保护组织也许可以付钱给郊区沼泽地的所有者，让他同意不在这片土地上盖房子。所有者只需闲置土地就能赚钱。东非也试行了相似的想法，既包括直接付钱给当地居民，维持濒危物种和栖息地的现状，也包括赋予他们一定的权利，可以通过发展旅游或进行受限制的狩猎和耕种赚钱。

然而，即使是那些认为可以对环境保护定价的自然环境保护者，有时也会对此类实用主义的方法心存疑虑。他们担心的是难以监督和有效实施。美国也许具有完备的法律体系，但是许多濒危物种和栖息地所处的国家并非如此。当缺乏有效的监督机制时，想要将合法活动和非法活动加以区分无疑是天方夜谭。此时，实施彻底的禁令就是明智之举。

你怎么认为？

1. 我们应该用金钱衡量濒危物种存在的价值吗？如果应该，我们应该如何衡量呢？
2. 如果某一地区或物种的存在是一种公共物品，我们应该如何让个人贡献自己内心对这一物品的真实估价，而不是成为搭便车者？
3. 坚守强硬路线、坚持完全的保护以及零使用的方法，对于避免公地悲剧总是最好的方案吗？限制使用的方法在哪些情形中更有可能成功？

政府供应。禁令和配额常用于解决公共资源问题，减少过度使用带来的无效率。想要减少公共物品的供给不足，更具管制色彩的解决方案就是政府介入市场，直接供给该物品。在美国和许多其他发达国家，我们随处可见政府供应公共物品的例子：交通系统、教育和研究、公园、安全等。

心怀善意的人们难免有所疑义：什么时候应该由政府直接供给此类服务，什么时候政府应该通过与私人公司签订合同交由它们供给，而什么时候应该强制个人付钱给私人的供给者。无论政府选择通过哪种方法供给某一公共物品，都不可避免地面临两个共同问题：首先，公共物品正确的供给数量是多少？其次，谁为公共物品的供给付钱？

在一个运转良好的市场中，人们在购买某一物品时，会选择他们从最后一单位中获得的边际收益等于成本的点。如果边际收益高于成本，他们能够通过购买更多商品增加效用。如果成本高于边际收益，他们会通过减少购买量增加效用。相同的分析过程也适用于公共物品：如果政府正在供给一种公共物品，比如维修道路，有效数量就是边际社会收益等于成本的数量。

什么是边际社会收益？每个使用道路网络的个人都会从新增的道路维修（填补更多的坑洼路面，频率更高地重铺路面）中获得一定的边际收益。当道路维护良好时，每个使用道路的人都会从中获益。因此，边际社会收益实际上就是每一个使用者获得的边际收益的总和。政府应该计算新增道路的维修成本，同时加总所有使用者的边际收益，从而根据二者相等的数量进行道路维修。

遗憾的是，这一成本－收益分析在理论上很简单，实践中却并非易事。政府如何得到额外一单位道路维修对于每一位市民的真实价值呢？你也许认为一种简便的方法就是简单地询问每一个人，他们认为修缮良好的道路价值多少。不幸的是，每个人都有动力夸大自己的边际收益，因为他希望政府能够花钱维修道路。既然并非单个司机支付该成本，而每个人都想要得到修缮良好的道路。这就成为个体理性行为导致社会无效率的另一案例。

现实中，政府会试图通过成本－收益分析，决定供给多少公共物品，比如道路维修、学校、军队或者癌症研究。这意味着政府需要尽力猜测额外一单位的边际社会收益是多大。有时候经济研究能够有助于解决这一问题。比如说，它能够对分散的收益进行量化，包括人们从更好的学校、更少的疾病或者更安全的社区中获得的收益。但通常情况下，我们也必须接受这些尽力而为的猜测并不完美。

这一成本－收益分析的第二个问题是解决如何支付政府对公共物品的供应。决定由谁付钱，部分地取决于将不付钱的人排除在外的难易程度。在某些情况下，利用政府权力能够赋予某一物品排他性，即对某一物品的使用进行监管并且强制实际使用的人付钱。此类例子包括司机为了使用收费道路而付的过路费，乘客乘坐公共汽车和火车时购买的车票，以及公立大学的学生支付的学费。

在其他情况下，对使用者收费不仅十分困难而且不合时宜。对于几乎所有市民都会"使用"的服务，排水系统、警察和消防，以及国防，试图将非使用者排除在外往往得不偿失。正如我们将在第 20 章中将看到的，相反地，这些服务通常是由一般税收收入提供资金，这一税收通常与所提供的服务并无直接联系。

产权

公共物品和公共资源并不能通过市场得到有效配置，但是私人物品可以。那么将所有物品都变成私人物品不就是最方便的解决方案吗？在某些情况下，答案就是，是的！

将公共资源变成私人物品的经典例子就是以公地悲剧得名的案例。几百年前，欧洲和美洲的大多数小镇拥有小镇的公地——位于城镇中心的开放草地，所有人都可以使用，没有人拥有所有权。农民可以在公地上放牧自己的牲畜。故事的结局不言自明：小镇的公地是一种公共资源，每位农民都有动力放牧越来越多的牲畜，而没有动力限制自己的使用，以维持公地对于其他人的价值。最后草地荒芜，每个人的情况都比原来恶化。

最终，这一最初的公地悲剧的解决方案出人意料地简单。第一步是制定规则，规定谁何时能够在何地进行放牧。最重要的一步就是将镇上的公地划分为私人的小块，人们只能在自己的土地上放牧牲畜。在新西兰，许多小镇仍然保留了小部分"绿地"，这是由小镇公地发展而来，但是你在上面几乎看不到任何牛羊放牧。如果每个农民在决定放牧多少牲畜之后，必须承担这一决策的所有成本和收益，每个人都会为自己的土地做出最有效率的决策。私有化能够解决非排他性的问题。

将公共资源变成私有财产的想法得到了许多现代化的应用。比如说，专利制度就是将公共资源，如知识，转变为私有财产的例子。正如我们在第 10 章中看到的辉瑞公司研发的立普妥药物的例子，知识产权背后的想法是向研发公司保证其他人不能对他们的创新搭便车。此类保护激发了他们进行研发的动力，从而创造出新的知识。

这一想法也存在更为实际的现代应用。有一项政策允许农民在自己的土地上饲养野生动物，这被认为有助于南非犀牛的恢复。如果土地所有者能够饲养并且保护濒危物种（比如犀牛），他们就能够享受税收减免。他们也可以通过出售动物或者供游客参观来赚钱。这一法律实际上将犀牛和其他大型动物比如大象"私有化"了，允许个人获得保护它们的收益。这让人们有动力将偷猎者拒之门外，有利于犀牛数量的增加。

越来越多的政府采取这种公私结合的方式保护野生动物和其他资源。私有化有助于引入排他性并分配对成本和收益的责任；公共措施有助于抵消剩下的外部性。

交易限额。交易限额和许可是政府划定私有产权的一种常见方法。需要注意的是，配额能够控制总量，但是不能以最有效的方式配置供给。因此会导致意料之外的副作用，比如不恰当的分配方法，或者人们会在满足配额之前蜂拥而上，尽可能多地占用资源。

利用交易限额的方法解决公共资源问题与用它来解决外部性问题完全一致。对能够使用的资源总量以及分配给个人或者厂商的份额设定限制。在最初的分配完毕之后，人们可以买卖他们的份额。交易保证了资源能够配置给那些支付意愿最高的人，同时将总量限定在有效水平上。拥有自己份额的人现在拥有私人产权，作为所有者，他有动力保证这一公共资源不会被过度使用。

这听起来也许似曾相识。在第 18 章中，我们讨论了如何利用交易限额和许可解决负外部性。由于公共资源的消耗具有负外部性，因此交易限额对于配置公共资源也十分有效。

在保护全球鱼类免于过度捕捞的激烈斗争中，交易限额的运用是不可或缺的一部分。以下现实生活专栏讲述了交易限额在美国大展身手的故事。

现实生活　北美渔业在失败中成长

17 世纪，造访缅因州的游客曾这样记录鳕鱼的丰盛，你可以直接用篮子从海里盛出鳕鱼来。由于大浅滩和乔治海岸不可思议的慷慨，鱼类成为自加拿大纽芬兰到美国马萨诸塞州沿岸居民数百年来赖以生存的资源。但是到 20 世纪中期，捕鱼技术开始发生翻天覆地的变化。小型的捕鱼船被大型船只取代，这些船只能够装载 800 万磅鱼，所拖拽的大网足以捕获一架大型喷气式客机。这些技术使鱼类捕捞的速度相比往日突飞猛进，它远快于鱼类繁殖的速度。

由于鳕鱼是一种价值很高的公共资源，并且未受监管，可以任意捕捞，人们有动力在鳕鱼灭绝之前尽可能多地捕捞。这种做法对于个人十分合理，但是对于整个捕鱼行业而言却并非如此。这是典型的个体理性但集体无效率。当权者试图通过限定配额来解决这一问题，但是他们犯下了两个错误。首先，由于担心急剧减少捕捞的鳕鱼数量，会损害那些经济上依赖捕鱼的小城镇的利益，监管者将配额设定得过高。

其次，这一配额只针对捕捞的总量，并未对个人的捕鱼量进行限制。这意味着在到达总的配额之前，每个渔民仍然有动力尽可能快地多捕捞鳕鱼。结果造成每年的捕鱼大竞赛，所有船只都全副武装，只需几天时间的撒网捕鱼就达到了全年的配额。渔民蒙受了损失，在大竞赛之后的几天内鳕鱼突然间充斥着整个市场，导致供过于求，这意味着渔民只能卖出很低的价格。

上述计划都收效甚微，加拿大政府在大浅滩地区设置的捕鱼总量限制也无能为力。结果20 000人失业。海岸沿线的小城镇的经济都遭受了沉重打击。

幸运的是，北美新兴起的渔业从大浅滩的这一灾难中吸取了教训。1995年，政府针对太平洋大比目鱼的捕捞推出了个人捕捞配额项目——一种可交易的配额系统。这一项目以及许多类似的项目（通常被称为捕鱼份额）针对捕鱼总额设置限制，并且对这一总量分配给单个渔民、城镇以及捕鱼协会的份额也加以限制。为了实现谨慎管理鱼类总量的目标，每一年管理者会调整允许捕鱼的总额，份额的分配也会相应地调整。

捕鱼份额允许持有许可证的人可以在他们认为的最方便和最有利可图的任何时间以任何方式捕鱼。最重要的是，这一份额具有完全的流通性，能够自由地买卖。这一特征创造了一个许可证的交易市场，保证了渔民能够以最有效率的方式进行捕捞，并且捕捞数量能够维持环境上的可持续。这一制度看起来似曾相识：它与解决碳排放的限额交易方法完全相同。

基于早期捕鱼份额项目的成功，2008年美国太平洋的所有渔业都采取了这一做法。这些努力的成功与全球渔业的整体状况形成了鲜明的对比。据科学家估计，如果当前的捕捞状况一直持续的话，到2048年，商业上可生存的渔业将无一幸免。

资料来源：http://www.edf.org/page.cfm?tagID=3332; http://www.nefsc.noaa.gov/history/stories/groundfish/grndfsh1.html; http://hma-pcoml.org/publications/.

总　结

公共物品和公共资源是市场失灵的重要来源。一般而言，不受管制的公共物品将会遭遇搭便车问题，此时，非排他性会导致供给不足。另外，不受管制的公共资源将会遭遇公地悲剧，这往往发生在非排他性和竞争性二者结合时，会引起过度消费和资源枯竭。

上述问题可以通过多种解决方法加以克服。某些情形下，较强的社会规范或当地组织能够增强排他性并且增加搭便车或过度消费的成本，从而避免市场失灵。在其他情形下，政府能够介入，强行施加禁令或者配额，限制公共资源的使用。有时，为了解决供给不足，由政府直接提供公共物品更为合理。

通常，对使用进行限制想要奏效，必须有足够强大的监管和强制作为后盾。无法做到这一点时，私有化或者公私结合的解决方案能够激发个人管理资源的动力，从而提高排他性。在接下来的章节中，我们将进一步探讨实际中政府如何为公共物品和其他服务提供资金的细节。

1. 描述搭便车问题以及它所造成的后果。

搭便车问题是由非排他性引起的，会导致公共物品的供给不足。当一种物品不能轻易地实现排他性，个人就没有动力为之付费。因此，供给公共物品会为那些享受到好处但没有付钱的搭便车者带来显著的正外部性。正外部性会引起供给曲线向左移动，从而使均衡数量移动到较低的无效率的水平上。

2. 描述公地悲剧以及它所造成的后果。

公地悲剧是由于个人理性但集体无效率的过度消费导致的公共资源枯竭。人们能够获得公共资源的好处，但是不必付出任何成本，这会增加消费。由于资源是消费上有竞争性的，这会对这一资源的其他消费者施加负外部性。这一负外部性使需求曲线上移，导致均衡数量移动到一个更高的无效率的水平上。

3. 解释什么时候社会规范能够有效地解决与公共物品或公共资源有关的问题，它是如何解决的？

较强的社会规范能够对打破良好行为"规则"的人施加社会成本，有助于重新平衡公共物品或公共资源消费中涉及的权衡取舍。对搭便车或过度消费行为施加成本能够将消费量逼近有效水平。

4. 描述几种政府管制措施如何解决公共物品或公共资源的问题。

通常，政府本身具有解决非排他性问题的权力，个人则不具备。对公共资源的使用施加禁令或限制是解决过度使用问题的直接公共政策方案。然而，如果当权者难以监管或者惩罚打破规则的人，或者成本过高，此类禁令和限制往往力不从心，并非总能奏效。交易限额通过创造出一个市场，供人们交易消费公共资源的权利，保证配额能够分配给那些具有最高支付意愿的人，使得配额变得有效率。在某些情形中，政府通过对使用者收费或征收一般税收，供给公共物品并为某些服务提供资金也是合理的做法。

5. 解释什么情况下私人产权的扩张能够有效解决公共物品或公共资源相关问题，以及如何解决。

有时，解决公地悲剧最好的做法就是将公共资源变为私人物品。如果能够将一种资源划分为小块，并通过赋予私人所有者控制权使资源具有排他性，那么私有化会十分有效。所有者承担所有的成本，并且获得所有的收益，因此，有动力保证在有效水平上使用资源。有时，资源难以分割，或者如何公平分割资源的方案并不明朗，私有化就面临着重重困难。私有化也可以与公共政策方案相结合，比如将一种资源私有化，并且对它进行补贴以解决其中的外部性。

批判性思考

1. 印度政府规定猎杀孟加拉虎违法，但是，对这一濒危动物的偷猎并未停止。列出这一禁令并不能成功的几种可能的原因，并且建议一种可行的方法。
2. 为什么私人市场很难提供公共物品的最优数量？为什么政府也很难做到供给公共物品的最优数量？
3. 美国政府十分担心每年涌入黄石公园的游客数量过多。政府官员认为公园可能会被过度使用，并导致自然美景遭到损坏。假设某人建议将这一公园划分为私人地块，并且出售给个人。这一解决方案会如何影响正在发生的公地悲剧？

ECONOMICS

第 15 章

税收与政府预算

认知目标

1. 理解政府税收的主要公共政策目标。
2. 探讨无谓损失和管理成本如何导致税收的无效率。
3. 分析提高税率对税收收入的影响。
4. 识别比例税、累进税和累退税。
5. 描述税收收入的来源,并且讨论不同类型的税收所起到的作用。

引例　乐于纳税

在美国选举季期间，草坪上的标语是一道常见的风景。这些标语具有明亮的色彩和朗朗上口的口号，试图吸引路人注意它们所支持的政党候选人的名字。然而，2003年，一种新颖的并不常见的标语形式出现在某些明尼苏达选民的草地上。在政客名字的地方，明亮的橙色标语简单地写道"为了更好的明尼苏达而乐于纳税"。

现任明尼苏达州长因为不增税而平衡州预算的竞选承诺而当选。然而，发动"乐于纳税"活动的明尼苏达夫妇告诉记者，他们并不支持任何特定的候选人或者政党。他们只是想要简单地分享他们的观点，增税并不一定是件坏事。在他们看来，增税会使得明尼苏达实现预算平衡并且维持公共服务。

由于与选民要求较低税收的主流趋势背道而驰，"乐于纳税"活动引起了广泛的关注。有时候，如同2009~2010年席卷全美政坛的"茶党"运动，选民要求同时削减政府项目并降低税收。其他选民则在要求较低税收的同时，要求政府提供功能完善的道路、良好的教育以及其他服务。政府能够不通过增税，而是通过借钱为公共支出付钱，实际上它也常常这样做。但是借来的钱最终会到期。无论如何，政府迟早都需要利用税收收入为所花的钱买单。

你每次进行投票时，无论是选举市长还是总统候选人，你都有可能需要在持有不同税收观点的候选人之间进行选择。在本章中我们将介绍税收和支出的一般原理，这将有助于你看清这些辩论。在之前的章节中，我们了解到，当存在外部性时，税收能够纠正市场失灵，并由此增加总剩余。

但是我们也看到，当市场自身已经实现了效率时，税收会减少总剩余。这里我们将分析税收的多种影响：它们能募集到多少钱，它们会导致多大的无效率，以及谁会承受这一负担。我们将探讨每一种税收的支持和反对意见，并教会你如何对这些意见进行权衡，并且在进行投票时做出明智的选择。

为什么征税

纳税人通常都十分厌恶4月15日,因为这一天是联邦政府收税日。与明尼苏达州"乐于纳税"的支持者不同,大多数民众都对从他们薪水中抽取税收抱怨连连。某些人甚至占领街道以示抗议,如同2010年4月15日茶党成员在全国举行的成百上千次集会一样。为什么选民要继续支持对他们征税的政府呢?有哪些好处能够抵消这一痛苦呢?我们在之前的章节中看到税收能够做到两件事情:募集税收收入,并且改变买者和卖者的行为。

- **募集税收收入**:税收最为明显的作用就是募集公共收入。这一收入使得政府能够为民众提供物品和服务,从国防到公路设施。许多税收资助的项目,比如公立学校和道路,能够增加剩余并且刺激经济增长。另一些项目能够满足基本的人类需要,比如向需要帮助的人们提供食物、医疗或住处。人们也许对税收应该资助哪些服务意见相左,但是大多数人都同意至少某些服务是必要的。

- **改变买者和卖者的行为**:税收改变了市场参与者面临的激励,也因此改变了他们的行为。税收在买者支付的价格和卖者得到的价格之间钉入了一个楔子,结果导致消费的物品或服务的均衡数量较低。在某些情形下,对激励的这一影响只是旨在募集收入的税收带来的副作用;在其他情形下,这一影响恰恰是该政策的目的所在。对酒精、烟草以及汽油征税就是为了减少需求而设计的政策。

我们在第13章中看到,当一个市场存在负外部性时,比如存在空气污染时,税收的作用就是通过将市场移动到更低的均衡数量上,从而增加整个社会的总剩余。

然而,我们也在第6章中看到,在一个已经实现高效率的市场中征税时,税收会造成无谓损失。无谓损失通常被认为是税收的成本。然而,有时候尽管市场运转十分有效率,政府仍然会利用税收劝阻某些购买行为。阅读以下换个视角专栏,来了解此类税收是增加还是减少了社会总收益。

换个视角 爱罪人,就爱罪恶税吧

任何一位教师、牧师、家长或者政客都会告诉你,人们往往并不清楚什么对自己是最好的。然而,经济学家通常认为人们的所作所为确实能够告诉我们,什么能够最大化他们的效用,也就是我们在第7章中提到的显示性偏好的概念。举例来说,如果吸烟者选择吸烟,而饮酒者选择喝酒,这都向我们透露了他们真实偏好的蛛丝马迹。

尽管如此,许多人都拥护对含酒精的饮料和烟草征税。为了强调自己的观点,这些政策有时被称为罪恶税。

罪恶税背后的潜在动机不胜枚举。其中之一是减少负外部性:呼吸二手烟和在路上遭遇醉驾的人们需要承担一定的成本。某些选民简单地因为他们不赞同吸烟和饮酒而支持罪恶税。罪恶税的拥护者通常认为通过征税减少吸烟或饮酒能够实现道德目标。

经济学家对这一分析提出了另一个视角,他们认为应该将吸烟者和饮酒者的福利也考虑在内,不应该仅仅从其他人的角度思考。尽管消费的烟、酒越少,整个社会的情况会更好,但吸烟者和饮酒者不得不承担较高税收时,他们的情况会变得糟糕。由此,明智的政策就取决于吸烟者和饮酒者的成本与广泛大众的收益二者的相对大小。

然而,行为经济学的兴起为罪恶税的经济学分析带来了一个更为新颖的角度。吸烟和饮酒与其他经济行为并不完全相同。某些人想要停止吸烟和饮酒(或者至少是减少),但是由于自我控制和成瘾的问题,要坚持到底往往并不容易。在这种情况下,显示性偏好并未告诉我们人们真实所想的全部细节。这也是为何对烟草税的最新研究表明,在某些情形中,经济学能够解释罪恶税为何可能使"罪人们"也感觉更好。

经济学家乔纳森·格鲁伯和森德希尔·穆来纳森研究了提高烟草税时,美国和加拿大人对于幸福感的自我评价会如何变化。他们发现烟草税的增加实际上使得吸烟者感觉更幸福。

为什么呢?这一研究认为,对于那些实际上想要改变行为,但是存在自我控制问题的人而言,罪恶税能够起到某种承诺机制的作用。让吸烟变得更昂贵会对吸烟造成阻碍,这有助于激励人们抵制诱惑。随着经济学家越发深入地了解人们对于公共政策的行为和心理反应,我们得以更多地窥见税收的玄妙之处和多功能性。结果表明,某些我们原以为会因罪恶税而遭受损失的人却成为实际上的赢家。

资料来源:Jonathan Gruber and Sendhil Mullainathan, "Do cigarette taxes make smokers happier?" *Advances in Economic Policy and Analysis* 5, issue 1 (2005).

在本章，需要时刻牢记税收的两个目标：募集税收收入和改变买者与卖者的行为。人们也许认为利用税收实现这两个目标并不合适，但是这两个目标提供了探讨税收的成本和收益的切入点。

有时人们能够就某一目标达成一致，要实现这一目标，某些类型的税收相比其他做法更有效率。在本章中，我们将评估不同税收方法的效果和副作用。作为一名选民，你应该能够把对税收的实事求是的理解与道德和政治信仰结合起来，判断政府应该资助哪些公共服务，并劝阻哪些行为。

税收原理

并非所有的税收都是相似的，政府可以通过许多不同的税收设计方式募集特定数额的税收收入。在这一部分，我们将重点关注如何分析不同类型税收的影响。在评估不同类型税收的成本和收益时，以下三个概念十分有用：效率、税收收入和归宿。这三个概念构成我们评估特定税收的成本和收益的基本框架。

效率：税收会导致多少（额外）成本

当考虑一种税收的成本和收益时，很容易假设成本就是纳税人必须支付的金额，收益就是利用这些资金所提供的任何服务。然而，我们从之前章节对税收的分析可以得知，事情绝非如此简单。税收会导致经济行为的变化，潜在地使供给和需求偏离最优水平，而我们必须将其考虑在内。此外，募集税收本身也会耗用资源。

仅仅因为税收会导致无效率就判定税收是一件坏事是有失偏颇的。尽管税收本身可能导致无效率，它所募集的收入也许可以用来矫正其他的无效率。净效应到底如何因每一种税收和政府对税收的利用而有所差异。接下来，我们将探讨税收会产生的两种类型的无效率。

我们所考虑的第一种无效率之前已经讨论过，就是无谓损失。这是纳税人的剩余损失与募集的税收收入二者之间的差异。第二种无效率是行政负担，代表了募集和管理税收收入的成本。我们将进一步探讨这两种成本以及如何计算它们的规模。

无谓损失。 回顾第 6 章，在一个有效率的市场中征税会减少总剩余。这一剩余损失被称为无谓损失。无谓损失的产生是由于买卖的商品数量低于市场均衡水平。

将无谓损失区别于市场中税收导致的损失的剩余总额十分重要。买者和卖者损失的剩余中转化为税收收入的部分并不是一种成本,这是因为税收收入能够资助公共服务。这些服务为那些从中获益的民众提供了剩余。有时获益的民众是那些承担税收的人,而有时并非如此。通过政府政策,这些剩余的价值被转移给其他人,并不是一种损失。

相反,无谓损失是由于税收的存在而简单地消失的价值。无论买卖双方还是政府服务的接受者都没有从中获益。它是完全的损失。

一种税收会导致多少无谓损失取决于买卖双方对于价格变化如何反应。这引出了税收的一般原理:当某一物品的价格变化时,如果人们几乎不会改变自己的行为,那么对这一物品征税所导致的无谓损失就能减少到最低水平。

如果我们对人们会始终坚持的行为征税时,无谓损失会减少到最低程度,为什么我们不将这一想法的合乎逻辑的结论加以应用,并且简单地对现存的人们征税?这一想法——无论人们的经济行为如何,对所有人征收相同的金额——被称为定额税(lump-sum tax),或称人头税(head tax)。想要理解为什么定额税十分有效率,思考纳税人会对税收做出什么反应。如果无论人们从事什么工作、赚多少钱或者购买什么,所有人每年都必须付给政府 1 000 美元,那么人们就没有动力改变自己的行为。如果征收某一税收的唯一目标在于效率最大化和无谓损失最小化,定额税或许是不二之选。但是尽管定额税也许十分有效,许多人会认为让所有人,无论贫富都缴纳完全相同的税收金额并不公平。这也减少了税收所能募集到的收入总额,因为税收规模受限于最贫穷的民众的支付能力。基于上述理由,我们很少看到定额税得以实施。

行政负担。无论市场是否有效率,管理和募集税收也会导致成本。某些人必须设计出合理的程序来收集税收、强制人们支付税收并且管理募集来的收入。这些与募集税收相关的运筹成本被称为行政负担(administrative burden)。它包括政府机构在追踪并跟进税单时,付出的时间和金钱。它也包括纳税人的时间、进行纳税申报和雇用会计师和律师提供税收建议的支出。举例来说,2012 年联邦政府为维持国税局(IRS)的运转花费了 133 亿美元,这一政府机构一共征收到了大约 25 000 亿美元的税收收入。

一般来说,税收越复杂,行政负担就越大。举例来说,思考联邦所得税与当地销售税之间的差别。联邦所得税要求人们填写一页又一页的表格,计算不同来源的各种类型的收入，并且对税收扣除和免税额加以说明。记录交易耗费时间，有时还需要雇用一位会计师或报税代理人。从政府的角度来看，所得税需要设置一个专门的政府机构计算和处理纳税申报单，并追查逃税的人们。相反地，销售税虽然并非不费一文，其过程却简单得多。店主计算并收取每一次交易的税收，然后将税收收入上交给当地政府。销售税不需耗费太多额外的时间和精力进行申报。如果效率最大化是我们唯一的目标，更简化的税收肯定比更复杂的税收更胜一筹。

收入：税收能够募集多少钱

计算税收带来的收入十分简单：用征税的物品数量乘以税率即可。如果是一般的销售税，用销售总额乘以每一美元需缴纳的税收即可。如果是所得税，用收入总额乘以每一美元收入需缴纳的税收即可。如果是对收费公路征收的税收，用通行的汽车数量乘以每辆汽车的费用即可。

$$税收收入 = 每单位税收 \times 单位数量$$

其中的误区在于，不要忘记在募集税收收入之前，税收就已经使市场紧缩了。不要用税率乘以征税之前的数量，所以你必须弄清楚纳税人会对税收作何反应并且预测征税之后的数量。

在此假设你是一个国家的立法者，正在考虑是否将汽油税从每加仑1美元提高到2美元。你知道现在国家每天出售的汽油数量为500万加仑，能够带来500万美元的税收收入。如果你将税收提高1美元，你会预期这能够带来额外的500万美元的税收收入吗？答案是否定的。记住税收会提高汽油的价格，导致需求下降，并且减少买卖的均衡数量。在极端的情况下，提高税收的净效应甚至会减少总的税收收入。举例来说，如果提高税收将均衡数量减少至200万加仑，你所征收的2美元的汽油税将只能带来400万美元的税收收入。

换句话说，我们必须考虑提高税收带来的两种相反的效应。提高税收意味着政府从售出的每一单位商品中能够得到更多的收入，即价格效应。但是更高的税率会导致售出的商品数量减少，即数量效应。

我们可以将这一观点归纳为提高税收对于税收收入而言收益递减，如图15-1所示。随着税率不断升高，我们能够预期随着数量效应逐渐赶上价格效应，税收收入增加的速率会越来越慢。在某一点上，税率已经高到数量效应占据优势的程度，此时提高税收就会减少总的税收收入。税收水平在哪一点上能够使得税收收入最大化,取决于供给和需求的弹性。它们越富于弹性,就会越快到达税收收入最大化的点。

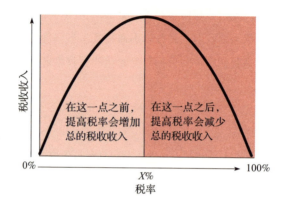

图 15-1　提高税收使税收收入先增加后减少

在税收收入最大化的点之后,降低税负会增加总的税收收入。图 15-1 所示的图形有时也被称为拉弗曲线,以经济学家亚瑟·拉弗命名。作为 20 世纪 80 年代罗纳德·里根总统的顾问,拉弗认为美国的税率太高了(尤其对最富有的美国人而言,他们在 20 世纪 80 年代需要上缴收入的 70% 作为税收),因此,里根可以实现一个政治家的梦想:降低税率,并同时增加政府税收收入。里根采纳了这一建议并且于 1981 年签署了大规模的减税法案。

经济学家们对于人们会改变自己的行为以应对税收这一想法并无异议,但是人们会改变多少,以及如何改变行为,成为许多研究课题炙手可热的焦点问题。大多数研究表明,对于多数人而言,劳动供给对于税收的弹性非常低。与拉弗的预测相反,当税率下降时,人们几乎不会增加他们的工作量。然而,研究也表明人们确实会重新规划从不同渠道获得的收入以减轻他们的税收负担,尤其是面临着最高税率的高收入群体。最终,我们无法信誓旦旦地确定拉弗曲线会在哪一点上达到最大值。估计值的范围在 40% 到接近 80% 之间。这也许看起来很高,但需要记住的是,这一税率是能够最大化政府税收收入的水平,并非是对于整个经济"最好"的水平。

正如接下来将探讨的,在权衡应该向谁征税以及征收多少的不同政治争论时,熟知税收的价格效应和数量效应至关重要。

归宿：谁最终支付了税金

我们已经了解到定额税理论上比其他税种更有效率。这是因为定额税对每个人的征税完全相同，无论他们赚多少钱，或者他们购买什么商品。结果就是，定额税不会扭曲经济行为，它由此使得无谓损失最小化。那么，为什么政府不简单地采用定额税来募集所有的税收收入呢？

美国只征收定额税会是什么样呢？我们利用一些真实数据来勾勒一个草图。假设政府目标是通过税收募集 23 450 亿美元——这接近 2010 年的联邦税收收入。全国约有 1.55 亿名纳税人，定额税必须定为每位纳税人大约 13 000 美元。考虑到大约有 1/5 的美国家庭收入低于 20 000 美元，定额税占许多人收入的比重将十分可观。对某些人而言，这一税收甚至比他们的总收入还要多。

此时，政策制定者，当然还包括纳税人，最关心的问题不仅仅是税收能够做到什么，也包括谁支付了这一税收。在第 6 章中，我们介绍了归宿的概念，即买卖双方承担的消费税的相对比重。我们现在能够将**归宿**（incidence）的概念一般化，用它来描述任何一种税收的负担由谁承担。这意味着归宿不仅限于买者和卖者，也包括老年人或者年轻人、有钱人或者穷人等。

在第 6 章中，我们也描述了一种并不十分直观的重要见解。我们观察到买者和卖者所承担的税收负担与税收是向哪一方征收的并不相关。这一观点表明税收的法定归宿（即谁在法律上负有向政府支付税收的义务）并不会影响税收的经济归宿（即谁因为征税而实际上损失了剩余）。相反地，市场中更缺乏弹性的一方，即对于价格变化反应更小的一方，将会承担更多的税收负担。这意味着政策制定者并没有太多权力可以在买者和卖者之间分配税收负担。

法定归宿和经济归宿之间的区别十分重要。举例来说，销售税的法定归宿也许全部落在消费者身上，因为实际上是他们在收银机前支付了这一税收。但是如果消费者的反应是购买更少的商品，这一税收显然也会影响他们购物的商店。如果商店的反应是降价，商店事实上就承担了部分税收负担。税收的经济归宿因此部分地落在了商店身上，尽管从表面上看它们并未支付这一税收。

类似地，员工依据法律必须支付的所得税也会影响雇用他们的公司：如果这一税收减少了员工在任何给定价格水平上愿意供给的劳动，公司也许会选择相应地提高工资。更高的工资会导致它们减少付给股东的分红，或者增加向消费者收取的价格，从而损失剩余。简言之，支付税收的人可能与最终承担税收的人完全不同。

我们通常假设政策制定者无权重新分配消费者和生产者之间的税收负担。但是他们确实有能力影响税收负担在有钱人和穷人之间的税收归宿。经济学家和政策制定者将税收归为以下三种类别之一：比例税、累退税或累进税。

比例税（proportional tax）指对所有纳税人征收其收入的相同比例（区别于相同的金额）。换句话说，人们按照收入的比例纳税。在特定的政治环境下，一定比例的所得税有时也被称为"统一税"。举例来说，在对收入征收25%的统一税时，收入为20 000美元的人需要支付的税收占他的收入比例与收入为200 000美元的人相同。这意味着他们支付的绝对金额分别为5 000美元和50 000美元，如图15-2所示。

美国当前的所得税并非比例税。相反地，它是**累进的**（progressive）。如果相比于高收入者，低收入者缴纳的税收不仅是绝对金额较少，而且占其收入的比例也较小，这一税收就可称为**累进税**（progressive tax）。美国的个人所得税将人们按照不同的收入水平划分为不同的等级；需缴纳的收入比例随着每个等级的收入而上升。图15-2也显示了累进税的一个例子：收入为20 000美元的人缴纳20%的税收（绝对金额为4 000美元）；收入为200 000美元的人缴纳30%的税收（绝对金额为60 000美元）。

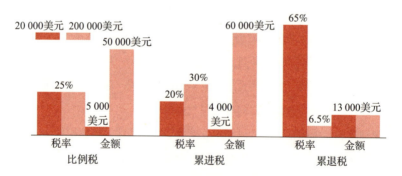

图15-2　比例税、累进税和累退税

税收的最后一种类别为**累退税**（regressive tax）。累退税的征收方法是相比于高收入的纳税人，低收入的纳税人缴纳的税收占其收入较大的比例。大多数国家都避免明显地征收累退的所得税。也就是说它们会构建自己的税收体系，让较低收入等级的人们不必将收入的较高比例用于纳税。然而，其他的税收仍可能是累退的。如

图 15-2 所示，定额税就是一个典型的例子。如果两位纳税人都必须支付相同的绝对金额 13 000 美元，这一金额占较贫穷的纳税人的收入比重明显较高，为 65%，而占收入较高的纳税人的比重仅为 6.5%。

当我们在探讨不同类型的税收时，时刻牢记效率和归宿之间的联系十分重要。举例来说，某些政治家主张用单一的销售税代替所有的所得税。这一想法的美好之处在于这会极大地简化当前的税收体系并且更有效率。但另一方面，这会是累退的。平均地来看，收入较低的人将需要支付收入中较高的比例用于纳税，而不能用于储蓄或投资。因此，销售税会征收他们收入更高的比例。相反，当前正在实行的所得税体系是累进的，但是由于行政负担更高并且对富有家庭的影响更大，可能相对缺乏效率。

我们能够了解到政治家和经济学家在探求公平、有效率并且能够募集足够资金的税收时，所面临的某些挑战。找到一种能够取悦于所有人的税收体系可谓天方夜谭。作为一名选民，你能够预期自己将不得不对以下两者进行权衡：对税收的效率进行的实证判断和对税收归宿的公平性进行的规范判断。

税收分类

到目前为止，我们已经提到了几种类型的税收，但并未深入探讨它们是如何征收的，以及为何征收的更多细节。在这一部分中，我们将分析不同类型的税收的重要特征。我们将关注每一种税收的收入、效率和归宿。

我们首先了解一下美国政府税收收入的概况。联邦政府按照财政年计算税收，从每年的 10 月开始，直至下一年的 9 月为止。在 2010 的财政年度内（也就是从 2009 年 10 月到 2010 年的 9 月），联邦政府募集到了 2.345 万亿美元的税收收入。

所有的税收资金都来自何处？图 15-3 列出了不同类型的税收以及它们占总税收收入的比例。超过 90% 的税收收入来自三个来源：个人所得税和工资税贡献的比重几乎相同，都超过 40%。位于第三位的是企业所得税，低于 10%。这一部分中，我们将分别对这三种主要的联邦税收进行探讨，也会对其他的比重较小的税收进行讨论。由于不同国家的税收差异较大，我们将主要关注联邦税收（在许多国家，销售税提供了大部分税收收入，接下来是个人所得税，如果该国征收这一税种的话）。

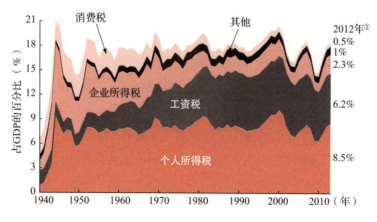

图 15-3　美国的联邦税收收入

①上述数据均为估计值。
资料来源：GPO, Historical Tables, 2.3. http://www.gpo.gov/fdsys/search/pagedetails.action?granuleId=&packageId=BUDGET-2011-TAB&fromBrowse=true.

个人所得税

所得税（income tax）完全就是它的字面意思：对于个人和企业的所得征收的税收。对大多数人而言最主要的收入来源就是工作时赚得的工资。其他来源可能包括从储蓄账户中获得的收入、从拥有的财产中赚得的租金收入、投资收入，甚至是彩票和竞赛节目的奖金。

在美国，联邦政府根据你预期的年收入，从你的薪水中扣除联邦所得税（你接下来将看到特定来源的收入适用于额外的或者较低的税率）。许多州也会扣除州所得税。个人在当年年底报税时，申报自己的实际所得。如果低于预期收入，政府将会返还所扣除的部分税金。此时，你会得到退税。如果实际所得高于预期收入，你必须给政府签发一张支票，支付你所欠的额外金额。这让税收的募集变得简单，因为它不要求人们单独留存一定的金额。设想如果政府不扣除部分金额作为税收，而人们又忘记为自己的最终税收账单存钱。当 4 月 15 日迫在眉睫时，许多人会发现自己无力负担这些税收账单。

你的收入越高，你所处的所得税等级就越高。每一个税级征收不同的税率，且处于较高税级的人需要支付收入中较高的比例。税率和税级之间的关系在某种程度上十分复杂——并非所有的收入都被一视同仁。每一个税收等级所对应的税率是**边际税率**（marginal tax rate），或者说是对纳税人赚得的最后 1 美元征收的税率。

所得税对人们的劳动供给会造成多大程度的不利影响？经济学家对这一问题存在争议。一种观点认为累进的所得税所基于的想法是，随着人们收入的增加，劳动的供给会变得更加缺乏价格弹性。换句话说，高收入者更有可能受过良好的教育，他们在工作中看重的并不仅仅是薪水的高低。他们更可能将工作的乐趣以及社会地位看作是工作的动力，而不仅仅是工资。如果事实果真如此，我们将预期，增加对高收入者的边际税率不会导致他们的工作时间明显地减少。因此，累进税率应该能够在不引起太多无谓损失的前提下，募集税收收入。需要注意的是，这是对于累进所得税率的效率的实证论述（而非规范论述或者哲学论述）。

许多复杂的因素会导致你需要缴纳的所得税并不简单地等同于根据税收等级算出的金额。举例来说，如果一个人所生活的家庭中有配偶、未成年子女或者残疾亲属，在相同的收入水平下需缴纳的税收较少。特定类型的支出，比如慈善捐款、大学学费和营业费用可以从你的应纳税收入中"扣除"。因此，在实际中，你也许赚得了30 000美元，但是你调整后的（或称应纳税）收入可能低于这一金额。

尽管个人所得税通常不会对不同来源的收入加以区分，但这里存在一个重要的例外：资本利得。人们通常会购买房地产、股票市场中的股票或者其他金融资产用作为投资。他们希望最终可以在未来以更高的价格出售这些资本资产以获得"回报"。当他们拥有这些资产时，他们也许会从中获得收入，股票的分红或者房地产的租金，这些应该作为一般收入纳税。可是，购买投资品并以更高价格出售获得的利益被称为资本利得。政府对资本利得与其他类型的收入分别征税，这一税收被恰当地命名为**资本利得税**（capital gains tax）。

在美国，对资本利得征税某种程度上看比较复杂并引来许多争论。然而，相关的事实是，对从资本利得中获得的收入所征的税收比其他类型的收入要低。2003年，美国议会降低了对长期资本利得的税收，但税率在2013年重新上调。较低税率的目的在于为个人和企业投资资本市场提供更大的激励，并且通过这一做法鼓励企业家精神。

批评者声称由于较高收入的人们通过资本利得获到的收入更多，这一减税的好处大部分被有钱人所享有。

税收立法的特别条款旨在激励某些类型的投资。举例来说，持有超过一年的资产相比于短期持有的资产享有更低的税率。同时，作为主要住所的房子在出售时比其他房地产享有更低的税率。

工资税

在美国,你的部分收入在纳税时直接以你的工资为基础,不考虑你以其他方式获得的收入。由于这一税收可以直接从你的工资中扣除,被称为**工资税**(payroll tax)。工资税被用来支付社会保障和医疗保险。

在美国,工资税将总的税收账单一分为二,同时向员工和雇主征收。员工的部分以 FICA 扣缴的形式出现在你的工资条上(FICA 代表《联邦社会保险法案》)。你的雇主会扣留这一金额并代表你上交给联邦政府。同时雇主也会直接将自己的部分上交给政府(当然,你知道法定归宿并不等同于经济归宿。有证据表明工资税的大部分负担会落到员工的身上,表现为更低的工资水平)。如果你是个体经营者,你需要支付这两部分(员工的部分和雇主的部分)。如图 15-3 所示,FICA 贡献了联邦政府收入的绝大部分。

美国的工资税与个人所得税存在几点本质上的差别。首先,它只对"赚得"的收入征税,比如工资或者个体经营者的收入。因此,它将投资或赠送等其他收入来源排除在外。其次,2013 年所有的挣工资的人都缴纳统一的税率,将工资中低于 113 700 美元部分的 6.2% 上缴用于社会保障,将 1.45% 上缴用于医疗保险。

二者最重要的差别就是美国的工资税直接与具体的政府项目紧密相连。所得税进入到一般政府收入,通过公共预算加以分配。FICA 则直接对应社会保障和医疗保险,这些项目为退休民众提供收入和医疗福利。由于在工作期间向 FICA 纳税的人有资格在退休时享受社会保障和医疗保险,工资税在某种程度上更像是为退休进行的强制储蓄。

然而,你的付出与得到二者之间的联系并非直接的。政府并不是一直为你保管缴纳的钱直至退休,然后再将这笔钱返还给你。社会保障体系的运转是基于现收现付的模式,在这一模式下,用当前工作的人所支付的税收为当前退休的人提供福利。老年人获得的福利由一个复杂的公式决定,取决于在他们工作期间的收入(以及由此决定的所缴纳的 FICA 税收)。当你退休时,你所获得的福利将由下一代来负担。随着退休人员相对工作人员的数量不断增多,这一体系就会陷入困境,我们将在本章后面的内容中对此进行探讨。

FICA 通常被认为是一种累退税。正如我们所看到的那样,对于赚钱多于 110 100 美元的人而言,他们赚的钱越多,缴纳的税收占他们总收入的比例越低。这并非工资税无法消除的先天顽疾。我们可以设计出没有上限的工资税,也可以对较高工资的人征收更高的边际税率。

认为工资税是累退的第二个理由是,它只对通过工资赚得的收入征税,并不考虑利息支付或投资等其他来源的收入。由于总收入较高的人通常从其他来源获得收入的较高比例,他们最终支付的工资税占总收入的比例较低。无论如何,人们从社会保障中获得的好处是累进的,在工作期间收入较高者获得福利的绝对金额较高,但是占其收入的比例较低。

企业所得税

与个人一样,企业也需要缴纳税收,其中最主要的就是企业所得税。在美国,企业所得税是累进的:较小企业缴纳的税收占收入比重较低。联邦企业所得税对规模最小的企业征收的税率为15%。最高的边际税率为向收入超过1 800万美元的企业征收的35%。尽管并非所有国家,但大多数国家都征收企业所得税;大多数国家向最高税级征收的最高边际税率介于6%~10%。

尽管缴纳企业所得税的法律义务落在企业身上,这一税收的负担能够不同程度地转嫁给股东(通过较低的分红)、员工(通过较低的工资)或者消费者(通过较高的价格)。

其他税收

尽管你还未缴纳所得税,但我们敢肯定你一定经常支付销售税。**销售税**(sales tax)是基于购买的物品或服务的价值而征收的税金。许多国家都征收一般的销售税,但是将被认为是必需品的特定类别排除在外,比如食物或者衣服。通常,国家还会征收单独的销售税,被称为**消费税**(excise tax),征税对象为特定的商品,比如石油或者香烟。

在美国,不存在联邦销售税,销售税是州政府的主要收入来源。实际上,2009年销售税几乎占到了所有州税收收入的一半,销售税的2/3是一般销售税,剩下的1/3是对酒精、保费、汽油和香烟征收的消费税。这一平均值并未反映出不同州之间的巨大的差异。举例来说,加利福尼亚州的销售税高于8%,然而蒙大拿州、新罕布什尔州和俄勒冈州等州根本不征收销售税。

对许多人而言,房子是他们拥有的价值最高的商品。**财产税**(property tax)是对纳税人的住房或其他财产的估值征收的税收。在全国的许多地方，财产税是当地政府税收收入的重要来源。举例来说，财产税通常用来资助公立学校。当地税务当局每隔几年就对财产价值进行重新评估，并且征收这一价值的一部分作为税收（在美国财产税并不在联邦级别或者州级别征收）。

我们刚刚探讨的多个税种覆盖了税收的主要类型，它们也贡献了联邦和州政府税收收入的绝大部分。实际上也存在许多小税种，它们仅仅占联邦预算的很小部分，但有时却包裹着巨大的政治外衣，包括对特定类型的进口商品征收的税收，对巨额的金钱赠予（除非是向非营利组织的捐赠）征收的税收，以及对某人去世后留给继承人的金钱和资产的税收。最后一种税收——遗产税，有时也被称为继承税或"死亡"税——近年来饱受争议。阅读以下你怎么认为专栏，了解相关内容。

你怎么认为 死亡、税收和"死亡税"

税收一直以来都是政治论战中炙手可热的焦点。在本章中，我们首先关注了税收的一些现状并了解到如何分析它们。尽管人们频繁地反对税收的实证分析得出正确结论，但对于税收的争论往往也是由潜在的规范分歧所引起的。美国税收政策中政治分歧最大的争论之一就聚焦在遗产税上。当一个人去世后，将自己的钱或资产留给了他或她的继承人时，需要缴纳遗产税。遗产税的反对者有时称之为"死亡税"。

遗产税的规则如下：当一个人死后，他的资产将会被进行估价，这一价值决定了税率。如果遗产的价值低于特定金额（在 2013 年为 525 万美元），则不需要纳税。对于超过这一金额的遗产，边际税率从 10% 开始一直到 40%。对寡妇、鳏夫以及其他特定情形下的人，比如继承家族农场可以免税。最终缴纳这一税收的有钱人可谓凤毛麟角。根据美国律师协会的估计，2011 年去世的人中，仅有不到 5% 的人受到这一税收的影响。

那么，为什么仅仅影响美国极少数人的税收掀起如此的轩然大波？一种可能性是反对者们成功宣扬死亡税这一称谓所导致的混乱。毕竟，所有人都会面临死亡，那么你也许会认为所有人都必须缴纳死亡税，对吗？事实上，某些证据表明这一混乱确实存在：一项调查发现几乎一半被调查者错误地认为遗产税会施加到"大多数"美国家庭身上。假设，如果它能够以另一个名称，比如说以继承财富税而众所周知，就可以减少这种普遍存在的混乱。

在上述可能性之外，遗产税也触及了大众的敏感神经，由于它突出了税收在重新分配财富中的角色这一潜在的政治和道德争论。反对者声称人们应该有权利用自己的钱做自己想做的事情。这些事情包括储蓄和将它留给自己的孩子。也有人认为遗产税是一种不公平的双重征税。人们起初在赚得收入时已经缴纳了税收，然后在他们生命终结将财产赠送给他人时又被再次征税（当然，如果遗产税是一种双重征税，那么我们所有人都已经被征税了四次或五次：工资税、所得税、销售税、消费税以及遗产税，所有的税种都在某些时候拿走了我们的部分收入）。

包括亿万富翁沃伦·巴菲特在内的遗产税的支持者则辩称，对于经济和社会而言更为健康的做法是，激励每一代人通过自己的努力获得财富，而不是守着继承来的财富坐吃山空。

你怎么认为？
1. 你支持还是反对遗产税？应该对人们将财富进行代际传承施加限制吗？
2. 如果你是当权者，你会如何改变当前的遗产税？你会废除这一税收吗？你会通过增加边际税率使之更具累进性，还是会减低它的免税额？

资料来源：http://www.nytimes.com/2010/12/18/your-money/taxes/18wealth.html；http://www.irs.gov/businesses/small/article/0,, id = 98968, 00.html；http://home.gwu.edu/~jsides/estatetax.pdf。

公共预算

2012年美国联邦政府募集了2.3万亿美元的税收收入。这是一笔巨大的款项，因此我们难以直观地想象它意味着什么。我们可以通过以下几种方法思考税收收入，以易于我们把握。在本章前面对定额税进行的思想实验中，我们用每个纳税人交纳平均金额（约为13 000美元）对这一税收总收入进行估计。

此外，另一种更常见的分析税收收入的方法是将其与经济的总体规模相比较。国内生产总值（GDP）是衡量一国经济的指标之一。2012年美国的联邦税收总收入约占国家GDP的16%。

将其他国家征收的税收收入与美国相对比，是更好地理解联邦政府征税额的另一种途径。如图15-4所示，低收入国家所征收的税收占GDP的比重较低。高收入国家，尤其是政府提供广泛的社会福利的国家，所征的税收占 GDP 比重较高（美国是这一规律的一个极端例外）。比如，挪威所征收的税收超过其 GDP 的 50%，而乌干达政府所征收的税收仅为其 GDP 的 14%。

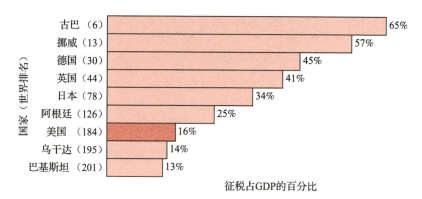

图 15-4　全世界的税收

资料来源：Estimated percentage of 2012 GDP, for 215 countries：www.cia.gov/library/publications/the-world-factbook/fields/2221.

支出

公共收入和公共支出之间的联系错综复杂。一方面，支出最终都必须由收入承担。如果政府支出多于收入就会难以为继。另一方面，除了特定税收外，大多数公共支出与政府收入并不直接相关。在特定时间或地区募集的收入可以储备起来或者进行转移，用于支付不同时间或地区的支出。或者，更为常见的，政府以未来的收入为抵押借款为当期的支出提供资金。

图 15-5 显示了美国政府是如何花费税收收入的。近年来，医疗支出成为花费最多的类别。社会保障是政府支出中占比最大的独立项目。这一项目的资金来源于工资税，它向 65 岁及以上的人提供收入。国防是政府支出中的第三大类别。第四大支出类别是为低收入人群提供的救助项目，比如福利、公共住房和补贴住房以及食物券。

美国联邦政府支出的一个有趣特征是其中**可自由支配的开支**（discretionary Spending）非常少。可自由支配的开支是指每年必须由国会批准的公共支出，比如军事、公共设施和道路建设以及科学和医疗研究。

相反，大多数联邦开支是不可自由支配的，投入项目的支出必须得到永久法案的授权,并受其监管。社会保障、医疗和福利项目都是授权开支(entitlement spending)的例子。在这些项目中,人们由于年龄、收入或其他因素而被"授权"享有福利。授权项目的支出随着符合法定标准的人数变化而自动地增加或减少。因此,除非这些项目所基于的法律对于资格要求和福利的标准发生变化,这些项目的支出无法降低。

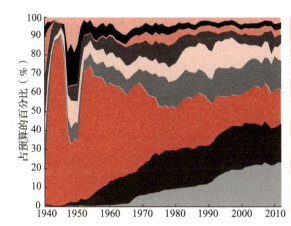

功能	占预算的百分比(2012)
其他	2.7
退伍军人事务	3.3
教育和社会服务	3.1
实物资源	4.7
净利息	9.1
收入保障	15.0
国防	18.2
社会保障	20.5
医疗支出	23.4

图 15-5　美国的联邦政府支出

资料来源:Budget of the United States FY 2012,http://www.gpo.gov/fdsys/pkg/BUDGET-2012-TAB/pdf/BUDGET-2012-TAB.pdf.

你也许很奇怪有些事项并未包含在图 15-5 中。许多与民众的日常生活密切相关的公共服务的资金是由州预算和当地政府预算提供的。举例来说,大部分(并非全部)的公共教育是由本州和当地政府层面的预算所资助的。例如,警察和消防、车辆登记和垃圾回收等服务的资金也都是出自州和当地政府的预算。许多关注度十分高的联邦政府资助的服务,比如学生贷款和国家公园补贴,实际上占据了联邦预算非常小的份额。

预算平衡

许多年来,联邦政府的支出都高于它的收入。当一个政府的支出超过了它所募集的税收收入,我们称它存在预算赤字(budget deficit)。当它的收入超过支出,我们称之存在预算盈余(budget surplus)。赤字和盈余通常表示为占国家 GDP 的百分比。

你也许注意到,近年来发生赤字的年份多于盈余的年份。许多人关注公共预算赤字的增长,所基于的理由与你担心一个家庭在负债的泥潭中越陷越深一样。

负债必须在特定时间内还清,负债的时间越长,所欠的利息就越多。基于这一原因,有些人支持平衡预算法案,这要求政府在既定的年份中的支出不能超过收入。实际上,大多数州政府都面临着某些形式的平衡预算要求,其中某些要求比其他的要求要严格得多。

从表面上看,平衡预算似乎是一个无可争议的绝妙想法。它要求政策制定者采取相应的支出政策,防止长期内陷入负债的境地。那么,为什么并非所有政府都能平衡每一年的预算呢?

实际上,要做到每年都平衡公共预算十分困难。即使进行了最周全的计划,想要在每一个给定的年份都做到收入完全等于计划的支出绝非易事。举例来说,思考在意外之外的经济下滑时期会发生什么。如果有人失业并且企业赚得更少的利润,政府募集到的个人和企业所得税收入会少于自己的预期。由于人们减少购买,政府所能募集的销售税也变少了。同时,由于人们的收入下降,并且更多的人符合失业救助或食物券的标准,政府必须增加自己在授权项目中的开支。这意味着在经济不景气的年份中,要平衡预算必然要求大刀阔斧地削减可自由支配的开支。某些经济学家认为,恰恰相反,在经济下滑时为了刺激经济回到增长状态,应该增加可自由支配的公共开支。

基于上述理由,许多经济学家主张政府不应该每年都平衡预算。他们提倡公共预算应该依据经济周期实现平衡。简而言之,这一观点就是政府应该在经济繁荣时维持盈余,而在经济萧条时维持赤字,在长期内维持平衡。换句话说,他们的举动应该像一个尽责的家庭一样,在日子好过时储蓄,这样他们就可以动用储蓄度过艰难时期。

听起来很合理,对吗?不幸的是,政策制定者总是面临着来自选民和说客的巨大压力,这让他们在繁荣时期也不得不像衰退时期一样花钱。结果就是,政府有时会陷入难以为继的境地。阅读以下现实生活专栏,了解一个重要例证。

📍 现实生活　社会保障不稳定的未来

大多数美国人都必须将其部分所得用于缴纳社会保障和医疗保险,之后才能得到自己的工资。这两个项目向退休者和残疾人以及他们的家庭提供退休金和医疗保险福利。社会保障是一个非常受欢迎的项目。如果没有它,65岁以上的美国人将有一半跌到贫困线以下。

到目前为止，社会保障体系运转良好，但是最近的人口统计变动向它提出了挑战。这一体系的资金是基于现收现付制：将当前工人缴纳的税收收入支付给当前的退休人员。当处于工作年龄的人相比于退休人员数量众多时，这一制度会运转良好。棘手的问题是，在最近的半个多世纪里，美国人的寿命大幅度延长，新生儿却越来越少。结果是，处于工作年龄的人数相比退休人员数量逐渐减少。在20世纪50年代，一个退休人员对应16个工人。至2035年，这一数字将仅为2。

这意味着社会保障体系需要利用越来越少的工人缴纳的税收收入来养活越来越多的退休人员。如图15-6所示，在接下来的几十年内，社会保障的花费预计将会增加，但收入会维持稳定。图15-6也表明了在过去的几十年间，收入都超过了支出。好消息是这些钱被储蓄在社会保障信托基金中。坏消息是这一基金将于2037年消耗殆尽，目前的大学生大多数在2037年前会达到退休年龄。

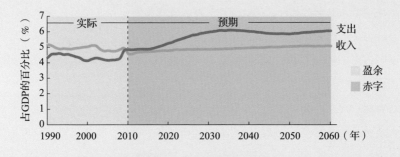

图15-6　社会保障的未来

资料来源：Congressional Budget Office, http://www.cbo.gov/publication/41644.

解决社会保障问题的提议层出不穷。某些解决方案认为可以通过削减退休福利减少支出，比如，通过提高退休年龄。这样一来，人们工作的时间和向这一体系付钱的时间都延长了。国会于2011年通过了将退休年龄推迟两年，预期能够为这一体系节省的资金为平均每位工人30 000美元。

其他解决方案关注了增加税收收入。目前的状况是，社会保障的工资税仅对106 800美元以下的收入部分征税。你所赚得的超过这一金额的收入不需要纳税。因此一种想法是消除这一上限，这将有效地增加高收入工人所缴纳的工资税。另一种选择是，提高向社会保障缴纳税收的所有工人的工资税税率（当前为收入的12.8%，在员工和雇主之间分配）。

由于社会保障是一个授权项目，福利是由法律所授权和确定的，改变规定需要通过议会的决议。无论是提高税率还是缩减福利都不受选民的欢迎，立法者也就迟迟不采取行动。这一问题在数年内仍将是热议的焦点。

资料来源：http://www.ssa.gov/pressoffice/basicfact.htm；http://www.msnbc.msn.com/id/41293592/ns/politicsmore_politics/；http://www.cbo.gov/doc.cfm?index=11943&zzz=41347；http://www.gallup.com/poll/141611/americans-look-wealthy-help-save-social-security.aspx。

总　结

税收法律的细节十分复杂，但税收的基本原理却非常直观。本章中的观点和证据显示了政治争论中存在哪些热门的话题。理解税收的含义也有助于你更好地进行个人财务决策。

经济学家在探讨税收时，关注了税收收入、效率和归宿之间的权衡取舍。换句话说，我们关心能够募集多少钱，募集过程中耗费了多少，以及谁最终承担这些负担。我们已经了解到了为什么长期政府需要平衡收入和支出，也了解到为什么政府在短期内无法做到这一点。

税收的公众支持率取决于民众是否赞同政府花费他们所缴纳的税收的方式。如果选民认为政府对这些资金使用不当或者花费过多，他们会要求减税。当选民认为政府正在致力于为民众创建更强大的社区，并提供了更好的机会，他们并不介意多缴纳税收。我们将在接下来的章节中解决贫困、不平等和公共资金的利用等问题时，深入探讨这些问题。

1. 理解政府税收的主要公共政策目标

    税收的最重要的目标是募集公共收入。这使得政府能够提供教育、公路和国防等物品和服务。税收的第二个作用是通过在买卖双方面临的价格之间钉入一个楔子，从而改变市场参与者的行为。税收的这一功能能够解决负外部性，将消费带回到有效水平。税收也可以用来阻碍某些特定的行为，比如吸烟或饮酒，所基于的原因并非总是关乎负外部性。

2. 探讨无谓损失和管理成本如何导致税收的无效率

    税收导致的无效率源于两个方面：行政负担和无谓损失。行政负担包括政府在收集和管理税收支出时所花费的时间和金钱，也包括个人在填写纳税申报单或雇用会计师上花费的时间和金钱。无谓损失是税收导致交易数量下降而产生的总剩余减少。

3. 分析提高税率对税收收入的影响

　　税率与税收收入二者的关系受到两种力量的影响。提高税率意味着政府从出售的每单位商品中能够获得更多的收益，这会增加总收益。但是较高税率的紧缩效应会导致出售的商品数量较少，这会减少总收益。换句话说，税率的变化既存在价格效应（政府从每单位中能够募集更多税收），也存在数量效应（政府只能从较少的商品数量中募集税收）。由于数量效应会逐渐地超过价格效应，提高税率给收入带来的收益递减。在某一点上，税率可能如此之高，数量效应会占据主导地位，提高税收实际上会减少总的税收收入。

4. 识别比例税、累进税和累退税

　　归宿描述了谁会承担支付某一税收的负担。归宿不仅能够描述税收负担是落在了买者身上还是卖者身上，还能够描述富人和穷人所支付的相对多少。比例税对每个人收入的征税比例相同。累进税对具有更高收入的人征收其收入更高的比例。累退税则完全相反，对具有更低收入的人征收其收入更高的比例。税收的经济归宿描述了谁最终承担了税收负担，税收的法定归宿描述了谁在法律上具有支付税收的义务，二者并不相同。

5. 描述税收收入的来源，并且讨论不同类型的税收所起到的作用

　　美国募集的税收收入的绝大部分来自个人所得税和工资税，较少部分来自企业所得税。个人所得税是对所有来源的收入征收的，对较高税级征收的边际税率也随之递增。工资税对人们赚得的收入收取比例税，并且直接与社会保障和医疗保险支出相关联。个人所得税和企业所得税是累进税；工资税通常被认为是累退的。与联邦政府相反，许多州政府的税收收入主要通过一般的销售税和消费税募集。

批判性思考

1. 工资税和对酒精征收的消费税都能够募集税收收入，它们会分别使得劳动市场和酒精市场收缩。尽管它们具有某些相同的作用，但政府在征收这两种税收时，也许具有不同的目标。你认为哪些目标驱动了工资税？哪些目标驱动了酒精税？

2. 你认为下面两种税收哪个更缺乏效率,对所有收入征收比例税还是财产税(根据不动产的估值收税)?从无谓损失和管理成本两个角度解释理由。

3. 当地政府正在考虑如何通过税收修建人行道。一位杰出市民建议根据人们在人行道上行走的数量对人们征税,以每天行走的码数衡量。解释为什么尽管这看起来很公平,但是这种税收可能十分缺乏效率。

4. 在一场选举辩论中,两位州长的候选人正在就是否将一般销售税从5%提高至7%进行辩论。一位候选人认为这将增加税收收入,使本州能够提供必要的服务。另一位候选人认为这一税收会损害零售商和消费者,将大幅度减缓经济,因此它也会降低税收收入。利用经济学术语重新表述两位候选人的立场,并且利用价格效应和数量效应,解释他们的不同立场想要站稳脚跟,必须基于什么假设。

06

第六部分

宏观经济的数据

第六部分主要介绍了宏观经济的主题以及宏观经济学中的两个重要概念：GDP 和消费者价格。

你认为 10 年后自己将会多富有呢？20 年后又如何呢？对于这个问题，你的回答或许部分取决于你正在权衡的选择，特别是关于居住地点、家庭计划和职业规划的选择。当然，你未来的财务状况也会受外部不可控因素的影响。这些外部因素中，有一些是经济性的，如就业机会的多少、房价如何变化与价格随时间推移而上升的速度。这些因素是宏观经济学关注的焦点。宏观经济学是一门研究数以亿计的个人日常决策如何共同形成整体经济运行的科学，是对经济增长、通货膨胀、繁荣与衰退及失业的研究。

第 16 章介绍了 GDP 的核算。GDP 是宏观经济学中最有用的经济指标，是一国经济活动的加总。它是经济学家在追踪总体经济增长和经济波动时最先关注的指标。

第 17 章涵盖了宏观经济记录的另一个重要部分——消费者价格。数十年前，一杯软饮料只需要 1 美分，购买一辆新车也只需要花费几百美元。在今天，这些东西的花费大增，但这并不意味着我们的生活状况日益糟糕，因为随着价格的攀升，我们的收入水平也一直在提升。由此可见，消费价格的计量能说明宏观经济学的部分重要内容。

在宏观经济学中，GDP 和消费价格水平这两个概念会反复出现，它们是回答经济健康程度、经济发展方向等相关问题的重要工具。这两章的内容将提供一种洞见，以助于我们分析那些影响个人工作与收入、影响国家财富与福祉的各因素。

ECONOMICS

第 16 章

国民财富的核算

认知目标

1. 阐述核算 GDP 的三种方法,并对支出法中所涵盖的各类支出进行分类。
2. 认识人均 GDP,并阐释人均 GDP 和实际 GDP 年增长率的含义。
3. 讨论 GDP 的局限,包括它对家庭经济、地下经济、环境恶化与国民幸福程度的衡量。

▍引例　这不仅仅是计算花生的数量

如果我们将显著重塑世界的经济变化列成一张清单，中国经济的迅速增长很可能占其鳌头。1978 年，当中国转向开放经济时，它是世界第 15 大经济体。随后中国经济的规模扩大了一倍，并持续扩张。到 2011 年，中国的经济总量达 6 万亿美元，超越日本成为世界第二大经济体。快速的经济增长能创造就业、减少贫困、提升生活水平。如在中国，生活在国际贫困线（人均日收入 1.25 美元）以下的人口比重从 1978 年的超过 80% 降至今天的不足 20%。

在过去的数十年，经济增长提升了世界各地的生活水平，尽管不是以中国这般显著、戏剧化的方式。在任何国家，国民经济的健康程度对人民的日常生活有着强有力的影响。当经济运行良好时，就业机会丰富，大部分国民也会生活得舒适与安心。反之，就业机会稀少，企业停产，人民只得为生活苦苦挣扎。由此，政客们耗费大量的精力来讨论经济扩张的最佳方案也就不足为奇了。在接下来的几章中，我们也将讨论这些辩论中的许多观点与术语。

但是，首先我们需要回答一个基本问题：我们如何测算经济的"大小"？一旦我们能回答这个问题，我们就能将中国的经济与其他国家经济进行比较，并能判定经济是否随着时间推移而增长。中国经济规模达 6 万亿美元究竟意味着什么呢？

回答这些问题，需要一些谨慎的计算。作为开始，我们仅考虑美国发生的众多交易中的一项。比方说，你在杂货店买了一罐花生酱。尽管你关心的仅是你的花生酱和果酱三明治，你的购买行为已经为经济规模做出了贡献。

考虑一下这罐花生酱进入你的购物车之前发生的一些事情：一个农民种植了这些花生，可能在佐治亚州的一个小农场里，并将它们卖给亚特兰大的批发商。批发商接着将花生卖给俄亥俄州的一家花生酱制造厂，制造商利用花生和其他原料生产花生酱。接着，工厂将这罐花生酱卖给连锁杂货店。最终，这罐花生酱流转到了你的社区商店。

很多人参与了这罐花生酱的生产：农民、会计人员、卡车司机、保管人和杂货店的收银员。也有许多厂商从这罐花生酱中获利：农场、批发商、运输公司和你当地的商店。显而易见地，参与制造与购买这罐花生酱的行为增加了经济的价值。你能测算出来增加了多少吗？

这些花生经历了多个阶段：从种子变成收获的果实，随后变成花生酱，再出现在杂货店的商品架上。在每一个阶段，这些花生被一些厂商作为产品出售，并被另一些企业购买成为投入品。当我们计算这罐花生酱对经济的增值时，我们需要将所有的这些销售分别计入吗？不，如果我们这样做了，我们将会过高地计量花生的价值。所有的这些销售都是最终产品（你的花生酱）形成前的环节。那我们该如何计算你这罐花生酱给经济带来的总价值呢？

这是20世纪二三十年代的经济学家们面临的问题，那时他们正首次尝试计算美国经济的价值。有些商品在消费者获得之前，往往销售不止一次。在不对这些销售进行重复计算的前提下，你该如何加总全部的经济活动，得出整个经济的价值呢？

国民收入核算系统解决了这个问题，这一系统是由诺贝尔经济学奖得主西蒙·库兹涅茨和理查德·斯通创立的。在本章中，我们将会看到如何利用这一系统来计算国民经济的价值。我们会看到为什么测算国家的总产出是有用的，也会看到为什么这一普遍使用的测算方法有一定的局限。在之后的章节中，我们将会利用这些理念去解释经济增长、失业以及经济繁荣与衰退。

衡量一个经济体

传统上，经济学被分为两个广泛的领域，微观经济学和宏观经济学。微观经济学研究的是个人和企业如何配置资源。在微观经济学中，我们关注个人的预算、单个厂商的生产成本或特定商品的价格。**宏观经济学**（marcoeconomics）则从整体角度来研究经济，以经济增长、失业和通货膨胀等为主题。在宏观经济学中，我们将从加总的国家层面探讨消费、生产和价格，并关注这些加总因素对整个经济的影响。

与微观经济学相比，这些概念或许看起来与我们的决策和我们面临的挑战距离很远，其实不然，宏观经济问题能对我们的日常生活产生深远的影响。当经济稳步增长、价格稳定、失业率低时，每个人都将过得更好。而另一方面，长时期的经济停滞、通货膨胀和高失业会对家庭和社区造成极大损害。

在这一章的开头，我们介绍了当今时代最重要的宏观经济现象之一：中国经济的难以置信的腾飞。然而，我们如何得知中国经济规模有多大呢？我们又是如何确定它既大于日本的经济规模又逊色于美国呢？我们所说的中国的经济规模扩大了一倍又意味着什么？要讨论这些重要的问题，我们需要一个工具，以测算国民经济的"大小"或"价值"。以这些问题为基础，你将会明白为什么这是宏观经济学中最重要和最常使用的指标之一。它给我们提供了一种关于国内人均富裕程度的直观感受。同时，通过观察其随时间的变化，它也为我们估计经济发展方向提供了工具。

在本章后面的部分内容中，我们将会看到我们需要认真权衡经济的"大小"或"价值"所表示的含义，因为我们可以通过不同的方法去测算它。如同你可以通过观察家庭的可用支出或家庭成员的收入来测度一个家庭的经济状态一样，我们也可以从支出与收入两个角度来测度国民经济的状况。最后，我们会发现，两种方法所得的加总结果是一样的，为经济体生产的所有产品总价值提供了唯一的度量。

衡量国民经济价值的最常用指标是 国内生产总值（gross domestic product，GDP）。国内生产总值是一个国家在一定时期内生产的全部最终物品与服务的市场价值总和。这是一个比较绕口的定义，在我们了解经济学家如何计算 GDP 之前，我们先简单地了解一下各组成部分。

GDP 定义的分解

GDP 的定义包含四个重要的部分：

- 市场价值
- 衡量的是最终物品与服务
- 在一国生产的
- 在特定的时期内

产出等于支出又等于收入

既然我们已经定义了国内生产总值,我们该如何测算它呢?首先,我们先来关注我们所讨论的经济规模的实际意义:经济体中人们生产的"东西"的数量。经济学者们所说的"东西"是指产出或产品,它包括物品与服务。事实上,美国有3/4的产出是服务,而不是物品。然而,如我们所见,简单地列出物品与服务的冗长清单并无什么意义。那我们如何用美元衡量呢?有两种方法可用来解决这一问题。

单位物品或服务的市场价值就是买卖它们的价格。如果我们加总人们花费在最终物品与服务上的支出,注意剔除对中间产品的支出以免重复计算,所得总和就是经济体全部产出的市场价值。换句话说,我们可以通过测算总支出来测算总产出。

当然,每一次交易不仅有为获得最终物品与服务而支出的买者,也有获得销售收入的卖者。如此,一个人的支出直接转变成另一人的收入。从而我们也可以通过加总所有人的收入以核算总产出。如果你记得在本书开篇展示的经济循环流量模型(见图16-1),这听起来会似曾相识。

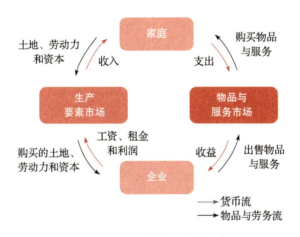

图16-1 经济循环流量模型

家庭在物品与服务市场中向企业购买商品。企业利用它所获得的收入在生产要素市场中向职工支付工资、向土地所有者支付租金。在这些交易中,一方的支出恰好为另一方的收入。

这里展示的经济循环流量模型是对经济的一个重要简化（比方说，用于支付税收或用于储蓄而非支出的货币又该怎么表示呢？）。然而它表明：无论我们测量支出或收入，都将得到相同的 GDP。

$$国民产出 = 国民支出 = 国民收入$$

这个等式在宏观经济的学习中至关重要。

GDP 核算的方法

产出、支出和收入的等式适用于简单的封闭经济，其中所有产品都是在国内生产和销售的，所有产品都能在产出后迅速被消费。实际的经济要复杂得多，但只要我们更加谨慎地定义各部分，上述基本等式也能够成立。

一种复杂因素是考虑国际贸易。一旦我们开始考虑进出口，我们会发现一国的支出会变成其他国家的收入。同样地，当生产出来的商品不进行销售时，情况又会如何呢？在这一节中，我们将考察核算 GDP 的不同方法，并观察经济学家是如何处理这些复杂问题的。

支出法

利用支出法来衡量产出，我们先要对支出进行分类。为了避免重复计算，我们在核算中不计入中间产品，如花生酱工厂购买的用来转化为最终物品与服务的花生原料与劳动力等。但我们必须计入下述内容：

- 大多数最终物品与服务被打算消费它们的人买走，如家庭部门购买的杂货、衣服或理发。
- 企业购买一些商品用作未来产出的投资，如农民购买一台新拖拉机以帮助他种植花生，或者花生酱制造厂购买新的花生研磨机器。我们计入这部分的原因在于拖拉机和研磨机并不像花生等原料一样，它们在一罐花生酱的生产过程中并未完全耗尽。
- 我们也需要计入政府购买，包括从战斗机到道路修复用的沥青，再到在机场安全检查站接受扫描的塑料盒等一切产品。

- 如果我们对美国经济的产出感兴趣，我们便需要计算在美国生产、由外国人购买的那部分物品与服务，即出口。但是我们并不想计算美国人在美国之外的地区生产产品的支出，即进口。因此，我们用出口减去进口，并用二者的差值（净出口）来计算支出。

为得到最终总支出，我们加总下列四类支出：消费、投资、政府购买和净出口。让我们更加细致、深入地看待每一类。

消费（consumption）。第一类，消费衡量的是个人和家庭在物品与服务上的总支出。它几乎囊括你购买的全部产品，包括基本的、非耐用性物品（如食物与衣服）、耐用性物品（如电脑、汽车）和服务（如家庭辅导与水管设施）。例如，你支付的租金和大学学费，都应计入支出。

值得注意的是，所消费的产品必须是新的。这一要求避免了我们可以通过重复销售同一罐花生酱而实现经济增长的逻辑错误。例如，你在 eBay 上购买一部二手相机，相机本身并不计入经济核算，因为它已经被计入它被初次销售时的 GDP。然而，购买者向 eBay 支付的费用应计为消费；同样，销售者为将相机寄送给你而支付给 FedEx 的物流费用也应计入。

投资（investment）。它包括在生产性投入（如厂房、机器和存货）上的支出。这意味着，人们或企业购买这些产品并不是用来消费，而是用来生产其他物品与服务。它包括生产资料，如用来生产其他物品与服务的机器或工具。它也包括提供物品与服务所需的厂房与建筑，如仓库。

值得注意的是，新建房屋也计为投资。如果你租赁住房，相应的支出计入消费。这又有什么不同呢？如同一座新建的工厂能够在当下和未来数年生产产出一样，一座新建的房屋能够为当下和未来的一段时间提供居所（或可供出租的房屋）。当你租赁房屋时，你向房主支付租金以获得居住的权利。由此你享受了"居住"这一服务，但是你并未进行投资，因为住房为他人所有且不会为你带来未来收入。

同样值得注意的是，计入投资的产品也必须是新的。购买已经存在的工厂或二手工具都不能视为投资。个人购买已经存在的住房同样不能视为投资（地产经纪人销售房屋的服务费，应计为消费）。

最后，我们的投资还包括一类不显著的"购买"——**存货**（inventory）。在前述的产出、收入和支出等式中，我们提出了怎样处理已生产而未销售的产品核算问题，存货就是针对这一问题的答案。存货就是厂商当下生产，但没有立即卖掉的库存商品。如福特今年生产了一辆汽车，但要到明年才出售，这辆汽车就成为福特存货的一部分。再比如苹果生产了一批 iPad，但在新品公开发售前一直保存在库房中，它们也构成苹果存货的一部分。

当某一产品成为厂商的存货时，我们视为生产厂商购买了它，并作为未来使用的库存。"销售"的价值已经包含在我们今年的投资计算中。当消费者购买存货中的 iPad 时又将发生什么呢？我们不希望将 iPad 在不同的两年内重复计入 GDP。因此，它的价值将会在计为消费的同时从苹果的存货价值中减除。这两次交易相互抵消，购买行为并不会为 GDP 带来增值。

政府购买（government purchases）。政府购买代表着各级政府购买的物品与服务。它主要包括两大类型：一是物品与服务的"消费性"购买，前者如购买路灯灯泡，后者如购买维修路灯的政府工人的劳动；二是"投资性"购买，如购买政府工人日后维修路灯所用的卡车。事实上，这一支出类别的技术名称为"政府消费支出与总投资"。不过我们会倾向于使用"政府购买"这一名称，因为它没有那么拗口。

然而，政府支出中的一个重要类别并不计入政府购买，即通过社会保障或类似项目安排向个人转移资源的支出。当一个老人利用他的社会保障支票去购买商品时，这部分支出将被计为个人消费，同时政府支付给老人的部分并不计入政府购买。

净出口（net exports）。上面讨论的消费、投资与政府购买这三类支出，同时包含了对国内、国外生产的产品的支出。让我们考虑一下美国的 GDP。我们的消费计算中包含了美国人购买的国外生产的产品，如来自苏格兰的进口运动衫。如果我们仅想衡量美国国内生产的产品价值，我们需要将这部分支出排除在外。另一方面，我们也不希望遗漏外国人对美国生产、出口海外的物品与服务的支出。

这两个因素恰好起到相反的作用：进口的国内支出应该从 GDP 核算中扣除，而对出口的国际支付应该计入 GDP。我们可以通过将进出口组合成净出口（NX）来简化这些复杂的国际交易。净出口是国内生产、国外消费的物品与服务价值减去国外生产、国内消费的物品与服务价值的差额。当出口额高于进口额时，NX 是正的；反之，NX 则为负数。

当我们加总消费、投资、政府购买和净出口这四大分类的支出时，所得总额必定等于对国内生产的物品与服务的支出，而后者与总产出的价值是一致的，如方程（16-1）所示：

$$\text{支出} = C + I + G + NX = \text{产出} \tag{16-1}$$

如图 16-2 所示，在美国，消费是最大的支出类别，但是投资和政府购买也相当重要。我们同样可以看出，美国居民购买的国外产品多于其出口。这也是净出口为负值（在 2011 年的 GDP 中，NX 为 -3.8%）的原因。换句话说，在 2011 年，美国消费者来自国外的消费高于美国生产者向外国人出售本国制造产品所得的收入，这一差额相当于美国 GDP 的 3.8%。如果美国的出口大于进口，这一数值将为正数。

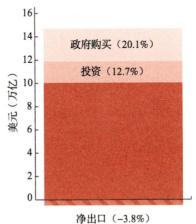

图 16-2 美国的 GDP 分类

资料来源：Table 1.10, Gross Domestic Income by Type of Income（2011），http://www.bea.gov/iTable/iTable.cfm?ReqID=9&step=1.

收入法

核算国民经济的另一种方法是加总国内所有个人的收入。利用这种方法时，我们加总工人的工资收入、资本投资的利息收入、土地和财产的租金以及企业获得的利润（加上其他一些技术调整）。这些囊括了一国居民各种类型的收入，可表示为方程（16-2）：

$$\text{收入} = \text{工资} + \text{利息} + \text{租金} + \text{利润} \tag{16-2}$$

在不考虑进出口的封闭经济中，收入法与支出法将得出相同的核算结果。然而，当你想将发生在国外的交易加入上述等式时，又会出现什么样的情况呢？净出口这一类别，使得我们可以实现自由贸易经济体的支出与收入的相等。图 16-3 用可视化的二阶矩阵直观地说明了上述内容。

增值法

在我们继续学习前，我们需要简单提一下经济学家有时用来衡量经济产出的第三种方法：**增值法**（the value-added approach）。在前面的学习中，我们发现：支出法只计量最终物品与服务的交易而不计量中间产品,以避免重复计算。如居民购买花生酱进入 GDP 核算,而花生酱制造厂商向批发商购买花生这一交易不计入 GDP。如果我们考虑全部交易,但只计算它们对经济增加的价值,又会出现什么情况呢?

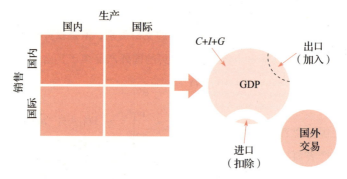

图 16-3 利用支出法加总支出和收入

为说明这一方法背后的原理,我们仍以花生酱为例。在花生酱生产的每一阶段,我们审查其产品销售价值与投入品价值的差额。这一差额就代表这一阶段产品的"增值"。比如:

- 农民利用种子、土地和水来种植花生,为经济带来增值。出于简化计算的考虑,假设农民不需要为他的投入支付任何费用。当他以 0.12 美元的价格向批发商出售花生时,他创造了 0.12 美元的经济增值(因为假定投入为 0)。
- 若批发商以 0.12 美元购买了花生,并以 0.24 美元的价格将花生卖给花生酱制造厂,这一交易将农民与厂商连接起来,并创造了 0.12 美元(= 0.24 − 0.12)的经济增值。
- 花生酱制造厂商通过将花生压制成酱并装入罐中实现增值。当厂商能以 1.85 美元的价格销售每罐花生酱时,它将带来 1.61 美元(= 1.85 − 0.24)的经济增值。
- 杂货店将花生酱运送到你所在的街区,方便你随时购买该商品。若每罐花生酱的最终价格为 3.4 美元,杂货店将创造 1.55 美元(= 3.4 − 1.85)的经济增值。

要得到最终的经济增值,我们只需要加总各阶段的经济增值,即:0.12 +

0.12 + 1.61 + 1.55 = 3.4（美元）。你会注意到，这一数值与商店中花生酱的最终售价是一样的。增值法是另一种可选择的、同样有效的方法，且可以避免对花生的重复计算。增值法便于我们将支付的总价值进行分解，并观察出生产过程中每一阶段创造的价值。

当考虑现有商品零售中所包含的服务时，增值法尤为有效。在前面的内容中，我们已经看到，二手相机、现存房屋和公司股票份额的重复销售并不计入 GDP，但是 eBay、房产经纪人和股票经纪商提供的相关服务需要计入。增值有助于我们理解为什么应这样处理。一个房产经纪人通过公布房屋出售的信息，发掘潜在购买者，促成交易而创造增值。一般而言，任何二手商品销售中介都通过提供货源并使之以便捷方式出售而实现增值。

为什么会有三种核算 GDP 的方法？你又是如何决定采用某一种方法而非其他呢？这三种方法会得出共同的结果，但每一种方法提供的经济图景又略有不同。你想了解消费者活动与政府购买吗？支出法着重强调了这些数据。收入法则强调了产出不同构成因素的相对重要性。计算生产各阶段的价值增值可以很好地避免重复计算，并在计算现存商品的转售时尤为有效。一些国家利用上述三种方法核算 GDP，以全面地了解本国的经济活动。

利用 GDP 进行不同经济体间的比较

美国的 GDP 从 2005 年的 12.5 万亿美元增长至 2009 年的 14 万亿美元。这是否意味着美国在 2009 年生产的物品与服务多于 2005 年？还是仅意味着价格的上升，使得我们需要为同样的东西支付更多？GDP 是所生产的产出数量（包括物品与服务）与其市场价值（价格）的函数。

通常，经济增长是其构成要素共同变化的结果：产出的增加和价格的上升。当我们想利用 GDP 来比较国民经济不同时期的健康程度或对不同经济体进行比较时，我们需要明确经济增长有多少可归因于各个因素。

实际 GDP 与名义 GDP

GDP 使我们能够追踪产出价值随时间的变化。但如果仅将不同年份的 GDP 水平进行比较，你并不能确切地知道这些差异是源自产出还是价格的变化，抑或二者的共同变化。要着重关注产出的变化，我们需要一个新的度量。我们用实际 GDP 这一术语代表控制价格变化，只关注产出的 GDP 度量指标。形式上，**实际 GDP（real GDP）** 的计算基于物品与服务的不变价格。这些不变价格是给定的某一特定年份的数值。例如，我们可以利用 2010 年的价格来计算 2014 年的实际 GDP。

如果我们公布的 GDP 数据没有控制价格的变化，我们所论及的就是名义 GDP。**名义 GDP（nominal GDP）** 是根据现期（与产出同时期）价格计算的。因而，利用名义 GDP 这一度量时，2014 年的产出将用 2014 年的价格来核算。

总而言之，实际 GDP 仅仅考察经济体产出的变化，而名义 GDP 包含了产出与价格两方面的变化。正因为如此，经济学家和政策制定者往往以实际 GDP 作为参考。

名义 GDP 是所有最终物品与服务的市场价值总和，是产出与当期价格的乘积。实际 GDP 是用其基期价格衡量的产出与服务的价值。当价格保持不变时，名义 GDP 与实际 GDP 呈现同样的增速。当价格上升时，名义 GDP 将高于实际 GDP。

GDP 平减指数

计算实际 GDP 使我们把产出增长与价格上涨分离开来。但是，如果我们感兴趣的是价格上升，又会如何呢？**GDP 平减指数（GDP deflator）**，即实际 GDP 与名义 GDP 的比值，是衡量经济中整体价格变化的指标。它的计算如方程（16-3）所示：

$$\text{GDP 平减指数} = \frac{\text{名义 GDP}}{\text{实际 GDP}} \times 100 \qquad (16\text{-}3)$$

而 GDP 平减指数提供了一种总结经济整体价格变化的工具。它计量每一物品与服务的价格变化，并根据物品与服务产出情况将这些价格变化加总。换言之，GDP 平减指数是经济体中所有单一价格变化的加权平均。

利用名义 GDP 与实际 GDP，我们可以计算 GDP 平减指数。这一指标可以度量价格随时间的变化情况。在基期，GDP 平减指数为 100，随着价格的上升，平减指数的也会增大。利用这一平减指数，我们可以计算通货膨胀，即价格随时间变化的百分比。

利用 GDP 评价经济的健康程度

该如何运用 GDP 来比较不同的经济体呢？当然，我们可以简单地同时对照两国的 GDP 以比较它们的相对规模。GDP 高意味着经济体规模大。图 16-4 展现的是全球部分国家的 GDP。如你所见，到目前为止，美国仍是世界上最大的经济体，中国紧随其后。

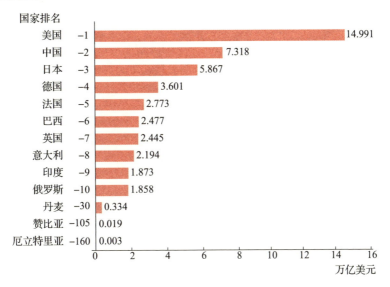

图 16-4　世界各国的 GDP（2011 年）

然而，当我们想要比较不同国家人均收入水平时，GDP 会导致错误的结果。这是因为不同国家的人口规模不尽相同。中国的 GDP 仅超过美国的 1/3，但其人口规模是美国的 4 倍多。印度人口虽不足美国的 4 倍，但其 GDP 仅为美国的 1/10。中国和印度获得的收入需要分配给更多的人口，因而其人均收入低。同时，挪威经济规模远小于美国，但由于其人口规模更小，平均而言，挪威人比美国人更富有。

这一度量指标被称为**人均 GDP**（GDP per capita，"per capita" 指每一个人）。最显著的模式是：富裕且人口少的欧洲国家和中东地区排名在前，而诸如中国、巴西和印度等人口大国排名靠后。

人均 GDP 是一个有用的度量。例如，已知瑞典的人均 GDP 为 67 246 美元，而海地的人均 GDP 仅为 673 美元，这意味着两国人民的生活有着许多不同。然而，人均 GDP 也不能说明全部。首先，它是一种人均收入的度量，并未说明收入分配情况。一个民众困苦而精英阶层富裕的国家，其人均 GDP 可能会高于全部居民拥有中等生活水平的国家。

其次，它也不能告诉我们一定的货币在一国内的购买力。相同的商品，在一些国家的价格可能高于其他国家。例如，美国与荷兰的人均 GDP 均约为 47 000 美元。但是荷兰的许多物品与服务比美国境内的更昂贵，1 美元在荷兰购买的商品要少于美国。当我们将不同的生活成本考虑在内时，荷兰实际的人均 GDP 降为 41 000 美元，这一数值要低于美国。

相反地，许多贫穷国家的生活成本要低于富裕国家。这并不意味着无论哪一种产品的花费都更少，而是指总体的生活成本更低。衡量人均 GDP 时，若不考虑生活成本的差异，会使得贫穷的国家看起来更加穷困。在美国与荷兰，人们以 3 000 美元的人均年收入根本无法存活。而另一方面，这一收入水平能保证坦桑尼亚和孟加拉国部分地区的人们享受体面的生活。我们将在下一章解释这些价格水平差异形成的原因。现在，我们只需要记住：人均 GDP 只是了解人们实际的物品与服务消费能力的开端。

GDP 增长速度。GDP 经常被用来追踪经济随时间的变化。我们通常将 GDP 的变动称为增长速度，常用实际 GDP 从一个时期到下一时期变化的百分比来表示，典型的有年度值和按年度比率计算的季度值。

另一种衡量经济增长的方式是比较不同国家增长的速度。高增长速度并不一定意味着高的 GDP 或人均 GDP。世界富裕国家（如美国和欧洲国家）近年的 GDP 增长相对缓慢（尽管它们的起始水平相对较高）。更多的高增长速度发生在中等收入或贫穷国家，以中国、南非和东非为典型代表。

GDP 度量的局限性

在度量经济规模方面，GDP 是一个有效的通用指标。不同国家的人们究竟生产多少呢？人均收入又是多少？经济仍在增长吗？增长有多快？GDP 能够回答上述所有问题，因而成为宏观经济学者工具箱中的一个重要指标。

然而，我们不能期待仅用一个数字来度量一切重要的事物。在这一节中，我们将会讨论一些被人为排除在 GDP 核算之外的经济活动。我们也会关注应使社会福利的哪些方面进入 GDP 核算，而哪些部分不能在 GDP 中得到体现。在评价经济健康程度与经济发展方向方面，GDP 提供了一个有力的开始，但通过其他度量的补充，我们将会得到更为丰富的经济图景。

数据的挑战

当评论家主张我们应该关注 GDP 以外的事物时，他们是指 GDP 核算过程中遗漏了部分重要的经济活动类型。GDP 度量的是最终物品与服务的市场价值，但它并未包括那些不在市场上交易的，或未在政府部门登记的物品与服务。这意味着有三大类的经济活动没有进入 GDP 核算：家庭生产、地下经济以及与市场无关的外部性，如环境恶化等。

家庭生产。在家庭内部生产和消费的物品与服务被称为家庭生产。通常，它并不计入一国的 GDP。如果你外出就餐，你的餐饮成为 GDP 的一部分；如果你在家里吃饭就不计入 GDP。如果你请保洁打扫，将成为 GDP，如果你自己打扫，就不计入。

类似地，有一些物品与服务是否计入 GDP，取决于是将它们出售还是留作自己消费。如果你在自家花园中种植蔬菜并将它们在农贸市场上出售，这就成了 GDP 的一部分；反之，如果你自己食用，则不能计入 GDP。同样，你祖母为你编织毛衣作为生日礼物，这不计入 GDP；而当你的祖母将织好的毛衣在 eBay 上出售时，它就成了 GDP 的一部分。

在许多地区，家庭生产是主要的经济活动，它能改变一国与其他国家的对比。在相对贫困的国家，许多人自己在小农场上种植粮食，自己制作工具与衣服。在这种情形下，官方公布的 GDP 与实际产出相比，将遗漏很大比重。即使是富裕国家，许多看护工作（如抚养孩童和照料老人）的价值也不计入 GDP。一些经济学家试图量化这些工作的价值。阅读以下换个视角专栏，了解更多细节。

换个视角　为家庭生产者定价

如果你将美国与德国 20 世纪 70 年代至 90 年代的 GDP 进行比较，你会发现美国经济比德国增长得更多。这是否意味着这一阶段美国人的生活水平高于德国人呢？对家庭生产的估算可以为这一问题提供一个有趣的解释。

在过去 30 年间，美国与德国的一个主要区别在于劳动力规模的变化。在 20 世纪 70 年代，德国与美国的有偿雇用比例相当；而到了 20 世纪 90 年代，美国的就业率更高。这种差异很大程度上可由美国女性劳动参与率的提高来解释。更大的劳动规模促成了更高的 GDP。

然而，更高的 GDP 并不必然意味着美国人的生活更优裕。20 世纪 70 年代的家庭主妇并不是闲坐、无所事事。她们经营家庭、照料家庭成员、种植和制作家庭消费的食物、参加社区的志愿活动等，以及诸如此类的其他活动。尽管这些活动是有价值的，但在家照顾孩子、烘烤饼干的母亲或父亲对 GDP 没有任何贡献。然而，在他们外出工作，聘请他人照顾孩童，去商店购买饼干时，他们的这些活动将计入 GDP。因此，我们不能从美国 GDP 相对上升的现象中直接得出 20 世纪 90 年代的美国比德国生产更多的物品与服务这一结论。是否存在一些物品与服务从家庭生产直接转变为可计入 GDP 的类别？

研究表明，实际上就是如此。当你加总有偿工作、家庭生产和志愿者工作时，你会发现每周美国与德国投入了相等的工作小时。不同的是，每周德国有偿工作的投入时间为 5.3 小时，家庭生产上投入的时间为 6 小时。前者低于美国的投入水平，而后者则高于美国。对家庭生产进行估算表明：德国较低的就业率并不一定意味着更低的总产出或更低的生活水平。

对家庭生产的权衡也会改变我们看待衰退的方式。在 2008 年，美国的 GDP 下降，而家庭生产增加。受到财政困难的影响，人们用在家就餐替代外出就餐，种植花园，并自行修理而不是雇用他人。在经济运行良好时，人们的实际选择表明他们倾向于雇用他人去完成上述任务。因而，经济衰退显然会降低居民的幸福程度。但致力于量化家庭生产价值的经济学家南希·弗波莱认为：衰退导致的幸福感下降程度可能与官方 GDP 数据暗示的程度不一致。

地下经济。许多物品与服务是以不引人注目的方式出售的，发生在官方记录之外。这些交易构成了地下经济。

更极端的形式是，一些物品与服务的交易本身就是非法的，如违禁药品、限制性武器、濒危动植物等交易。非法物品与服务的交易是黑市的构成部分。由于黑市交易的非法性，它们当然不会向政府或税务当局报备。因而，它们没有呈现在官方统计数据中，也不计入官方公布的 GDP。尽管，原则上，黑市交易应纳入 GDP 的核算。

另一种不那么极端的情形是：一些经济交易本身是合法的，但出于偶然因素或有意的原因（如避税）没有在政府部门登记。例如，中学时代的你是否曾被邻居用几美元零钱雇用去修剪他的草坪，替他照看婴儿或跑腿？如果你没有将这部分收入向美国国税局（IRS）报告，你也就参与了所谓的灰色市场，之所以这样称谓它，是因为它介于黑市与记账经济（documented economy）之间。

与黑市交易不计入 GDP 的原因一样，灰市交易因没有登记和出现在官方统计中，也被排除在 GDP 之外。

尽管黑市交易与灰市交易没有公布，研究者仍试图将之量化，以明确我们 GDP 核算中的遗漏与缺失。结果表明，许多国家的地下经济在总体经济中占有重大份额。全球平均而言，地下经济约占 GDP 的 1/3。然而，这一平均值掩盖了广泛的多样性。以美国为例，地下经济的价值约占 GDP 的 7% 或 8%；在尼日利亚，地下经济占 GDP 的一半以上；而一些拉丁美洲国家的地下经济甚至高于 GDP 的 2/3。

对这一模式的典型解释是，它反映了不同地区合法交易的成本。在一些国家，你需要支付高额的税收，或向官方机构支付贿金以减少官僚性的繁文缛节。当合法交易的成本高昂时，人们会倾向于通过其他渠道来开展交易。在这样的国家，GDP 可能会大大低估了经济的实际规模。以尼日利亚为例，地下经济能将官方 GDP 提高 50%。

环境外部性。假设一家电厂燃煤发电造成大气污染。电厂生产的电计入 GDP，它可能以居民的用电价格来呈现，或包含在将电作为投入品的企业的物品与服务价格中。

一些经济学家认为，GDP 作为一个指标，并没有包含与污染相关的成本。他们主张我们需要计量这些经济活动的负外部性。它们也是"最终产品"，并会对人们造成伤害，因而它们拥有负价值，从而应该计入产出或支出。

逐渐地，人们尝试在处理经济数据时将负外部性的价值纳入 GDP 核算。一些国家试图计算**绿色 GDP**（green GDP）。这是一个替代性指标，它从通常计入 GDP 的正向产出中扣除了生产的环境成本。

在一些快速增长的国家（如印度），防止环境恶化的规制相对缺失。如果你想了解更多政治与国民经济核算的交集，可以阅读以下换个视角专栏。

📍 换个视角　绿色 GDP 的政治

由于 GDP 被广泛视为经济健康程度的度量指标，政客们便拥有将 GDP 变得更加可观的动机，以利于他们的再次选举。因此，究竟哪种方法才能最好地度量经济呢？这不仅是专注数据的经济学家们面临的问题，也带有很深的政治意味。

绿色 GDP 就是一个很好的例证。意识到 GDP 并不包含产出的环境负外部性，美国经济分析局（BEA）便开始探索更"全面地"度量经济活动的方式。这一设想以典型的 GDP 等式为基础，即 $C + I + G + NX$。通过权衡产出价值与全部环境成本的关系，新的 GDP 核算方法实现了"绿色化"。在这些成本中包含对非可再生资源（如开采石油和煤矿）的消费和污染成本。

你或许已经注意到绿色 GDP 并没有在新闻中公布。为什么不呢？美国经济分析局需要为这一项目的开展筹集资金，而这需要经过国会的批准。尽管国家科学院支持这一提案，但国会成员否决了它。看起来他们是担心绿色 GDP 的度量将会暗示经济的衰退而非增长，而拥有强大游说团的产业将背负骂名。

与之对比，法国一项类似的努力得到了高层的支持。前任总统尼克拉·萨科齐聘请了几位杰出的经济学家，其中包括两位诺贝尔奖得主——阿玛蒂亚森和约瑟夫·斯蒂格利茨，让他们在声名显赫的"经济与社会进步测量委员会"中任职。

这一委员会在 2009 年 9 月出版了一份 300 页的报告，概述了 12 项建议。这中间包括了对医疗健康、教育、环境和收入不平等程度的衡量。通过这些度量，我们可以形成衡量社会整体福利水平的更具包容性的指标。这一指标并非官方计量的。但是通过观察法国诸如幸福指数（由经济合作与发展组织（OECD）设计）等其他精心设计的指标的表现，我们能大致猜测出这一指标的水平。在 OECD 的 34 个成员国中[一]，法国排名第 18 位。这一排名比按人均 GDP 排名时退后了 7 位。

如果萨科齐总统希望新指标能够使法国人对自己的国家在世界舞台上的地位感到骄傲，那这种度量方法可谓差强人意。诚如我们所看到的那样，传统的 GDP 度量不仅是一个经济学家偏好的指标，对于政治家而言也十分有用。

资料来源：www. oecd. org/thebetterlifeindex；http://www. nytimes. com/2010/05/16/magazine/16GDP-t. html? pagewanted 5 all；http://www. stiglitz-sen-fitoussi. fr/en/index. htm.

GDP 与福利

GDP 为我们提供了许多关于一国生活水平的信息，但是它并不能涵盖所有的事项。假设你有机会去你一无所知的国家生活，你能通过该国人均 GDP 衡量的平均

⊖ 本数据为 2010 年数据，目前 OECD 成员国已增至 36 个。

收入迅速了解到更多。为了了解该国的生活品质，你接下来需要掌握哪些数据呢？生活品质是一个微妙的概念，它很难通过数字来确切地表达。然而，婴儿或儿童死亡率（有多少婴儿与儿童死亡）、识字率（多少人能阅读）以及预期寿命（人们能活多长）等诸如此类的指标能为我们了解该国居民的幸福程度提供更充分的信息。

你可以假定，人均 GDP 高的国家很可能其他的指标也表现突出。例如，越富裕的国家越容易为国民提供好的医疗与教育服务。广泛地说，你这种观点可能是正确的。如表 16-1 所示，人均 GDP 与这些生活品质的度量指标高度相关。然而，这种相关并不是完全的：以非洲的赤道几内亚为例，一些人均 GDP 远比赤道几内亚低的国家（如巴西、保加利亚和中国）在儿童与老人的医疗保健方面的工作更为完善。

表 16-1　GDP 与其他福利度量指标的比较

国家	人均 GDP（美元）	识字率（%）（>15 岁）	预期寿命（年）	婴儿死亡率（每 1 000 人 <5 岁）	生活满意指数（0~10）
挪威	79 089 (4)	—	80.5 (13)	4 (8)	8.1 (6)
美国	45 989 (12)	—	78 (36)	8 (37)	7.8 (10)
赤道几内亚	15 397 (44)	93 (49)	50.1 (172)	167 (189)	—
巴西	8 230 (61)	90.0 (63)	72.2 (102)	29 (109)	7.6 (24)
保加利亚	6 423 (69)	98.3 (28)	72.7 (94)	12 (61)	4.4 (111)
中国	3 744 (103)	93.7 (43)	72.7 (95)	26 (102)	5.2 (94)
马里	691 (160)	26.2 (130)	50 (184)	193 (195)	3.7 (120)

价值（国家排名）

资料来源：2009 World Bank WDI, http://data.worldbank.org/data-catalog/world-development-indicators（GDP per capita）; http://www.earth.columbia.edu/sitefiles/file/Sachs%20Writing/2012/World%20Happiness%20Report.pdf（Life Satisfaction Index），2010; U.N. World Population Prospects, 2010 Revision, http://esa.un.org/wpp/Excel-Data/mortality.htm（Life Expectancy, Child Mortality）.

我们有足够的理由认为，人均 GDP 与人们的幸福程度并非完全相关。让我们观察一个明显的例子：当人们用更多的时间度假或休闲时，他们就无法制造产品或提供服务。工作时间的进一步减少可能导致 GDP 降低，但假期能提升人们的幸福感。在这种意义上，将追求 GDP 增长作为首要目标可能起到与提高居民生活品质相反的作用，至少在短期内会这样。

如果我们关注的是经济体内居民的幸福程度而非产出水平，我们能够直接衡量这种幸福感吗？经济学家和其他一些人正在努力尝试用一种综合的方法来实现这一目标。这些努力虽然已经起步，但没有人认为可以用这些指标替代GDP。他们已经形成的指标之一是生活满意指数（如表16-1的最后一栏所示）。这一指标表明人均GDP与幸福程度并非完全相关的。例如，保加利亚人的幸福程度可能要低于我们根据其人均收入预测的水平，而马里人的幸福程度可能更高。想了解更多关于幸福感衡量的内容，你可以阅读下面的现实生活专栏。

现实生活 金钱能为你买来幸福吗

每个人都听过这样一句话：金钱买不来幸福。但这真的成立吗？这个问题的答案取决于你所拥有金钱的多少，以及你如何定义幸福。

首先，我们该如何区分一个人是不是幸福呢？通常研究者通过询问人们的感受而得出结论。一贯的研究结果显示：已婚人群、有虔诚宗教信仰以及健康状况良好的人似乎更幸福。收入在这一问题中看起来也相当重要。

然而，我们需要牢记因果联系与相关关系间的差异。财富与生活满意程度密切相关，并不意味着更多的金钱能引发幸福。事实上，当你观察同一国家随时间的变化时，你会发现：随着国家的日益富有，人们并不一定日益幸福。以美国为例，与50年前相比，美国的人均GDP大为提高。但研究者发现，美国人的幸福程度相较50年前并没有明显的提升。这一问题的一个可能的解释是，人们倾向于将生活方式和物质财富与同龄人比较，而不与其父辈或祖辈进行比较。

一国内，个人的金钱和幸福程度是什么关系呢？对美国的研究表明，二者在某一临界点上相互关联。这一临界点碰巧为年均收入为75 000美元时。当收入低于这一水平，平均而言，金钱似乎与幸福程度正相关。而当收入高于这一水平时，这种相关关系便不明显了，此时金钱是否能买来幸福取决于你以何种方式询问他人。

通常，研究者使用两种不同的方法。一是询问诸如"你对你迸来的生活有多满足"之类的问题。这种方式通常被称为生活满意度法，与收入相关。换句话说，一个收入为750 000美元的被调查者很可能告诉调查者他比收入仅有75 000美元的人更满足。

另一种方法是询问人们前一天的情绪。例如，你昨天幸福吗？是愉悦？是愤怒？是紧张？还是忧虑？此时，我们发现收入为 75 000 美元的人比收入仅为 25 000 美元的人更可能经历积极的情绪。然而，无论你怎么想的，相比收入为 75 000 美元的人，收入为 750 000 美元的人并未表现出更加积极或消极的情绪。尽管金钱不一定总能买来幸福，但在一定的临界点上它确能如此。

资料来源：Angus Deaton, "Income, health, and well-being around the world: Evidence from the Gallup World Poll," *Journal of Economic Perspectives*, 2008; http://economix.blogs.nytimes.com/2009/03/10/the-happiest-states-of-america/; http://www.princeton.edu/~deaton/downloads/deaton _ kahneman _ high _ income _ improves _ evaluation _ August2010.pdf.

总　结

GDP 是一个有效的通用性度量指标。有许多原因使它成为宏观经济学中最常用的指标之一。它为经济规模和经济参与者的人均收入提供了简单的度量；并能进行不同时间与空间上的比较。国民收入核算体系则为我们阐明了产出、支出与收入之间的联系，并提供了加总经济体内数以亿计的日常交易的框架。

名义 GDP 与实际 GDP 的对比使我们得以区分成长经济体中的产出增长与价格上升。GDP 平减指数和通货膨胀率记录了整体价格水平随时间的变化，我们将从下章中看出，这也是宏观经济学研究的一大主题。尽管人均 GDP 并未涉及收入分配和生活品质等问题，它仍为我们提供了一国人均收入的直观印象。最后，实际 GDP 增长率的计算能体现经济的发展方向，也是经济衰退或萧条的一个重要指示器。

在下一章，我们将更深入地认识经济学家用来衡量价格变化和生活成本的各个工具。当我们将这些工具与 GDP 相结合时，我们将会拥有一张宏观经济指标清单，它有助于我们描述和分析国内与国际经济。

1. 阐述核算 GDP 的三种方法，并对支出法中所涵盖的各类支出进行分类

利用支出法核算经济规模，我们需要加总在国内生产的所有物品与服务上的支出，并减去对进口产品的支出。我们可以将支出分成四大类：①消费（C）衡量的是个人和家庭消费物品与服务的支出。②投资（I）包括了任何买入的用于以后生产其他物品与服务的要素。③政府购买（G）即各级政府购买的物品与服务，它有消费型和投资

型两种类型。④净出口（NX）是一个差额，即用外国人在本国物品与服务上的花费减去本国人在外国物品与服务上的支出。这四类支出的总和即为总支出，它等于国民总收入（Y），即 $Y = C + I + G + NX$。

收入法则加总经济体中每一个人所获得的收入，包括工资（工人所得）、利息（资本投资收益）、租金收入（土地及其他财产地带来的收入）和利润（由厂商获得）。

增值法计入生产每一阶段的增值。这一方法使得经济学家能了解经济中每一次交易对 GDP 总值的影响。由于每次交易只有部分价值计入 GDP，不计入中间物品与服务的总价格，这一方法也很好地解决了重复计算的问题。

许多国家利用上述三种方法来核算 GDP，以便于政策制定者和研究者更全面地了解国民经济活动。

2. 比较实际 GDP 与名义 GDP 的不同

GDP 是物品与服务数量（产出）及其市场价值的函数。GDP 的增加可能源于二者之一的上升或者二者的同时增长。为了单独考察产出的增长，我们需要控制价格变化。实际 GDP 是以不变价格计算的物品与服务的价值，而名义 GDP 是以当期价格为基础核算的结果。如果我们想要衡量价格变化，我们可以利用实际 GDP 与名义 GDP 的比例得到 GDP 平减指数，以此衡量经济中的整体价格变化。

3. 认识人均 GDP，并阐释人均 GDP 和实际 GDP 年增长率的含义

人均 GDP，即 GDP 与一国人口规模的比值，它衡量了经济体中个人的平均收入或生产能力。为了追踪经济随时间的变化，我们可以计算实际 GDP 的增长速度。这一指标即实际 GDP 从一时期到下一时期的变化百分比，典型的形式有年度速率与根据年度速率计算的季度值。当经济收缩时，增长速度将为负，并成为经济是否出现衰退与萧条的主要指示器。

4. 讨论 GDP 的局限，包括它对家庭经济、地下经济、环境恶化与国民幸福程度的衡量

GDP 仅能粗略衡量一国内的平均生活水平，并不涉及财富分配问题。此外，有三类重要的经济活动并不纳入 GDP 的核算，它们是：家庭生产（家庭内生产和消费的物品与服务）、地下经济（非法交易，或合法的却没在政府部门登记的交易）以及用常规方法衡量消费或产出时没有充分考虑的外部性（如污染）。更高的 GDP 通常与其他社会福利指标的优秀表现相联系，如健康状况、教育和生活满意度等，但是它并不能保证这些指标一定表现突出。

批判性思考

1. 一个缺乏经验的研究者想检验两个不同国家的平均生活水平。为了实现这一目标,他对比了两国的GDP。他可能无法从这一对比中获得有关两国平均生活水平的准确信息,为什么?

2. 根据国际货币基金组织的数据,在2010年,印度名义GDP排在全球第10位,而其人均GDP仅为全球第135位。这两个数据说明了印度经济的哪些信息呢?印度人民的生活与其他国家相比又如何呢?

3. 假设一个大学生在开车时因发短信而造成了一场交通事故,给她的车带来了2 000美元的损害。当她修理车时,GDP会上升、下降,还是保持不变?你的回答说明用GDP来衡量社会福利会存在什么问题呢?

ECONOMICS

第 17 章

生活成本

认知目标

1. 解释价格指数如何衡量我们生活成本随时间的变化。
2. 认识通货膨胀。
3. 阐述购买力平价理论。
4. 理解和比较不同国家或地区的生活成本。

引例　谢谢你不吸烟

在曼彻斯特城郊往返列车上的众多标语与广告中，夹杂着这样一条小的布告。布告写道：根据《普通法》第272章第43A条，禁止吸烟，违者将处以10天以内的拘留或100美元以内的罚款。这是一种你会瞥见然后迅速忘掉的标语。但当你认真思考这项罪行和它的两种可能性处罚（10天监狱生活或支付100美元）时，你会发现这是一项相当不平衡的权衡取舍。毋庸置疑，大多数人愿意为避免牢狱之灾而每天支付10美元。但是这样的设计有什么意义呢？毕竟两种惩罚中，一种惩罚明显地劣于另一种。

要了解这两项处罚背后的原理，了解这样一个事实是有帮助的，即这部禁止吸烟的法律颁布于1968年。在那时，一条好时巧克力仅需要5美分，一盒玉米片只需花费29美分。而如今，一盒玉米片需要花费3.79美元。在那时，挣够100美元需要在麦当劳工作将近8天。而如今，每小时的最低工资为7.25美元，挣够100美元仅需要2天。

显然，今天的物价与工资远高于1968年的水平。因而在那时设置100美元的罚款是有效的，它需要长时间的工作才能够获得。当物价随着时间上升时，100美元所能购买的商品越来越少；同时，支付100美元的机会成本也不断下降。与之相比，10天仍然是10天。因此，罚款或牢狱之灾在法律颁布时或许是一个艰难的选择；而现在看来，不过是一次简单的权衡取舍。

这笔对吸烟的罚款让我们关注到一个重要观点：现在的1美元与过去的1美元是有很大不同的。进一步说，这提醒我们：美元只是一个单词或一张纸，真正重要的是我们能用这1美元购买到什么。另外，我们用1美元所能购买的东西也会随着时间的推移而变化。当我们讨论1美元实际能购买到什么时，我们便涉及了生活成本的问题。如果我们说生活成本提高了，是指用广阔的视角看待一系列物品与服务时，今天的1美元所能购买的东西要少于以往所能购买的。

在这一章中，我们将介绍几个最重要的价格变化的度量指标。在本章的第一部分，你会看到如何度量价格随时间的变化。在第二部分，你会了解不同国家间价格差异的原因及如何衡量这些差异。在后续内容中，通过观察你薪水的变动幅度、有关社会保障规模大小的争论，再到了解世界上有多少穷人存在，你将对生活成本因素如何影响每一件事都有清楚的认识。

生活成本

在前一章中，我们讨论了如何在国家层面度量产出。现在，我们将注意力转向宏观经济数据的第二个支柱——价格。在这之前，我们计算实际 GDP 以观察产出如何随时间变化，实际 GDP 并不受价格变化的影响。现在，我们将仅仅关注价格本身的变化。

衡量国民经济中的价格水平可以帮助我们回答"1 美元（或欧元或比索）到底值多少"这一问题。这个问题比它听起来更加棘手。价格会随着时间上升或下降，因而你持有的 1 美元所能购买的商品在不同的年份也会有不同。购买力也会因地域的不同而产生差异，比方说，相较于纽约，1 美元在艾奥瓦市能购买到更多的商品。

当然，人们的收入比以往高得多。并且，平均而言，纽约人的收入要高于艾奥瓦市人。如果高收入伴随着高价格，人们的实际消费能力将不会变化。理解生活成本的关键在于更全面地看待经济。

如果世界各地的所有价格和收入以相同的比率上升，追踪生活成本将是一个简单的会计问题。有趣的是，在不同的时间和地方，价格变化的速度也不一样。这意味着，在任一给定的时间，工资上升可能慢于消费商品价格的上升。这种差异将会有效地削弱人们的购买能力。又或者，你有一笔 5 000 美元的学生债务，随着价格水平的上升，这笔债务的实际价值（用你为偿还债务放弃的物品与服务来衡量）将变小。再假设你分别得到纽约和艾奥瓦市的工作机会，你在权衡工资高低的同时也会将两地的生活成本进行比较。如专栏现实生活所示，这些都可能会有很大的不同，即使是同一国家内的两个城市。

现实生活　纽约与艾奥瓦市的生活成本比较

"我想在那个不夜城醒来，"弗兰克·辛纳特拉（Frank Sinatra）说，"我想成为它的一部分，纽约，纽约。"

然而，在不夜城里醒来并不是件便宜的事。如今，纽约是美国最昂贵的城市。一套简单独卧公寓每月的房租就需要数千美元。事实上，曼哈顿的平均住房价格超过 100 万美元，而美国平均住房成本为 150 000 美元。纽约其他的东西也相当昂贵。"便宜的"饮食也将花费你 15 美元。根据网上价格追踪器 Numbeo 显示，享受一顿豪华的三道菜的晚餐，每人至少花费 70 美元。

在 CNNMoney 网站上有一个生活成本计算器，通过它，你可以比较在美国不同城市生活的相对昂贵程度。结果表明，曼哈顿的生活用品价格平均高出艾奥瓦州 50%，住房成本则高出 300%。在艾奥瓦州，你花费 600 美元就可以租住一套独卧公寓，这比你在曼哈顿租住一套只有衣橱大小的公寓花费更少。

然而，正如你预期的一样，在纽约也能获得更高的收入。最新的美国人口普查数据显示：在纽约，中等收入家庭的收入为 50 173 美元，而艾奥瓦地区的中等收入为 38 361 美元。两个城市的收入存在 30% 的差异。

上述的收入差价是相当大的，但它仍不足价格差异的一半。换言之，艾奥瓦的中等收入家庭实质上要比纽约的中等收入家庭更富足，至少从他们能够购买的物品与服务数量来看，这是成立的。

那人们为什么还要选择在纽约生活呢？为什么不是所有的人都偏好搬至与艾奥瓦类似的城市？我们可以推断：选择生活在曼哈顿的人能从这一选择中获得其他的附加效用，这些效用对他们而言价值成千上万美元。但如果在不夜城生活不是你的追求，你可能倾向于在国内其他地区寻找更多的快乐与更便宜的膳食。

资料来源：www. numbeo. com；http://www. bestplaces. net/col；http://shine. yahoo. com/event/green/simple-life-inmanhattan-a-90-square-foot-home-2472666；http://factfinder. census. gov/home/saff/main. html?_lang = en.

正如这些例子所示，价格水平的变化能对人们的激励和选择产生实际影响。它将决定你的工资、储蓄、借款与在不同城市的相对生活成本，以及其他许多方面。当你加总这些微观经济决策时，你将得到更大的宏观经济效应。

度量价格随时间的变化

追踪"价格"变化意味着什么呢?毕竟,人们购买许多不同的物品与服务,每一种物品与服务都有其自身的价格。一些价格可能上升,一些价格可能下降。一些价格变化很大,而一些基本没有变动。很可能你的房租保持稳定,但汽油变得更贵。在新款苹果手机推出时,老款苹果手机的价格可能会降低。服装的价格可能相对去年只有小幅上升,而有线电视的账单却飞涨。为了理解总体生活成本是如何上涨的,我们需要一个可以加总所有商品价格变化的指标,而不是每个商品对应一个指标。

如果我们想要从更一般的角度谈论价格,我们该如何分配每种物品与服务价格的权重呢?我们又是如何得知哪些物品与服务应当首先关注?"市场篮子"的概念为我们提供了一种比较不同时间和地区价格的方式。

市场篮子

当我们比较不同时间与空间的生活成本时,我们需要考虑许多不同物品与服务的价格,如住房、食物、服装、交通和娱乐等。为了完成这一任务,我们构造了一个类似于很长的购物清单的概念,并称之为**市场篮子**(market basket)。这一清单包含特定的物品与服务,并且数量固定不变,大致对应着一个典型消费者的支出结构(谁能被称为"典型"消费者,这是一个好问题,我们稍后将做出说明)。构建市场篮子是为了观察购买这些物品与服务的花费随时间的变化。通过保持物品与服务不变,我们能确切地知道市场篮子总费用的上升必定来自价格的变化,而不是来自消费产品类型或数量的改变。

为了理解这一方法如何起作用,我们假设你在杂货商店最常购买四类商品,并且你注意到了各商品价格在去年与今年间的变化。

(单位:美元)

	去年的价格	今年的价格
面包(每条)	3.00	3.15
牛奶(每加仑)	2.50	2.55
牛肉(每磅)	3.50	3.64
胡萝卜(每磅)	1.00	1.25

相较去年，食物的价格上升了多少呢？这取决于我们关注的食物品类。面包的价格上升了5%，牛奶的价格上升了2%，牛肉的价格上升了4%，胡萝卜的价格则大幅上升了25%。

假设我们想知道食物的成本整体上升了多少，这是一个非常合理且实际的问题。为了回答它，我们需要知道你每一类食物的具体购买量。例如，如果你购买了一条面包、一加仑牛奶、三磅牛肉和一磅胡萝卜，那么：

$$2012\text{年的成本} = (3.00 \times 1) + (2.50 \times 1) + (3.50 \times 3) + (1.00 \times 1)$$
$$= 17.00(\text{美元})$$
$$2013\text{年的成本} = (3.15 \times 1) + (2.55 \times 1) + (3.64 \times 3) + (1.25 \times 1)$$
$$= 17.87(\text{美元})$$

$$\text{从}2012\text{年到}2013\text{年的价格增幅} = \frac{17.87 - 17}{17} \times 100\% = 5.1\%$$

这就是**一篮子衡量方法**（basket approach）。它是在假定你购买相同数量的相同商品的基础上，衡量你购物篮子成本的变化。这一方法为我们提供了单一数字，衡量你的总成本随时间的变化。

相比于简单地对各类食物价格的增长率（面包，5%；牛奶，2%；牛肉，4%；胡萝卜，25%）求算术平均值的方法，一篮子衡量方法更有意义。如果我们仅是求取简单算数平均值，我们会得到一个完全不同的答案：

$$\text{错误计算的价格增幅} = \frac{5\% + 2\% + 4\% + 25\%}{4} = 9\%(\text{记住,这是错误的!})$$

你在胡萝卜上的支出不同于在牛肉、牛奶或面包上的花费。因而，简单算术平均方法夸大了胡萝卜价格的大幅上升对你造成的影响。归根到底，我们是在为"食品价格上涨了多少"这一原始问题寻找有意义的答案。为得到这一答案，我们真正想知道的是：当你去商场购买你原有的一篮子商品，在结账时，你将需要额外支付多少呢？

当然，大多数人并不会一直购买相同的东西，特别是当他们面临价格变动时。事实上，我们知道：随着价格的上升，需求量常常会下降。现实中，你可能会决定减少牛肉的购买，并从消费胡萝卜转向消费土豆。当我们允许你变动你的市场篮子时，我们将会同时捕获价格变动与你的行为变动两方面的信息。因而，为了单独关注价格变化情况，我们需要固定市场篮子，尽管我们知道这只是一种不实际的简化。在本章的后续内容中，我们将介绍应对这些挑战的方法。目前为止，一篮子衡量方法给我们提供了反映许多不同价格变化的单一指标,这一指标能近似代表典型消费者的购买力。

消费者价格指数

一篮子衡量方法让我们能够追踪生活成本的变化。为了总结这些变化,我们构建了一个**价格指数**(price index),用来衡量市场篮子的花费相较于某一基期或地区的上下波动情况。

在美国,最常用来追踪生活成本变化的指数工具是**消费者价格指数**(consumer price index,CPI),或称为 CPI。CPI 对一个典型美国家庭所购买的一篮子物品或服务的成本进行追踪。这一指标由劳工统计局(BLS)这一美国联邦政府统计机构计算。

计算 CPI 的方法是相对简单的。首先,劳工统计局找出典型的美国家庭所购买的一篮子物品与服务。然后每月收集国内不同地区这一篮子物品与服务的价格。利用这些价格数据,它便能够计算购买市场篮子的花费。

当然,CPI 衡量的是市场篮子成本相较于给定基年水平的上升。

根据定义,消费者价格指数(CPI)在基年总是等于 100。而在之后的年份,如果市场篮子的成本上升,变得高于基年水平,CPI 将大于 100。如果市场篮子的成本降到基年水平以下,CPI 将会小于 100。在我们的例子中,以 2012 年为基年,CPI 从 100 增大为 101。这一变化暗示着消费商品篮子的成本增加 1%,也即意味着一个典型家庭的生活成本增加 1%。

美国劳工统计局认为 CPI 的目标是回答这样一个问题,在当前价格水平下,你需要花费多少才能保持与基期一样的生活水平。换句话说,CPI 能帮助我们理解今天的生活成本相比过去某一时间生活成本的情况。如图 17-1 所示,CPI 在过去的数百年里持续上升。

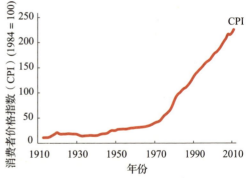

图 17-1 1913~2011 年的 CPI

资料来源:美国劳工统计局历史数据,http://www.bls.gov/cpi/。

价格指数的应用

既然我们已经了解了如何度量价格随时间的变化,我们该如何运用这一知识呢?如我们在第 16 章中介绍的 GDP 一样,很多名义经济变量不能提供全面的经济信息,因为它们没有考虑价格的差异。为了解决这一问题,我们可以利用价格指数将名义变量转变成实际变量。利用价格指数,我们可以将价格变化与收入、产出等基本因素的变化隔离开来,并通过相对于基年的不变美元价值来表述这些变化。通货膨胀率,即整体价格水平变化的幅度,是宏观经济学中的一个核心概念。在这一节中,我们将讨论通货膨胀率的计算与应用。

通货膨胀率

通货膨胀率(inflation rate),即 CPI 逐年变动的百分比,它的计算方式如下:

$$通货膨胀率 = \frac{CPI_2 - CPI_1}{CPI_1} \times 100\% \qquad (17\text{-}1)$$

如果你关注经济的新闻报道,你会听到关于两个不同通货膨胀度量的讨论,即整体通货膨胀与核心通货膨胀:

- **整体通货膨胀**(headline inflation)衡量的是普通城镇消费者的整个市场篮子的价格变化。它是 CPI 度量的通货膨胀的另一种称谓。
- **核心通货膨胀**(core inflation)衡量的是剔除食物和能源后的市场篮子价格变化。

为什么我们有两种不同的度量呢?与很多商品相比,能源和食品的价格波动频繁。由于在 CPI 计算期间,它们可能变得很高,也可能降到很低的水平。将它们纳入 CPI 的计算,可能会高估或低估整体价格水平的变动幅度。另一方面,多数美国人的很大一部分收入是用于食品与能源的消费。任何不包括它们在内的市场篮子都将缺失很大一部分生活成本信息。因而,同时关注整体通货膨胀与核心通货膨胀这两个指标,我们才能够对实际的经济运行有更加准确的认识。

整体通货膨胀与核心通货膨胀间的差异暗含着一种更为一般的观点:我们可以用任何我们想用的商品篮子或价格指数来衡量通货膨胀。作为结果的通货膨胀将反映不同商品集的价格变化。CPI 则着重反映消费者所购买商品的价格变化。

生产者价格指数（producer price index，PPI），作为另一类价格指数，衡量的是企业所购买的物品与服务的价格变化。PPI 包含了那些典型个人消费篮子以外的商品，如工业机械。由于投入品价格的变化在消费者购买最终产品时会被转嫁给消费者，PPI 也被认为能对未来的消费价格提供很好的预测。无论我们使用哪一种指标，通货膨胀始终是用某一年与下一年间指数的变动百分比来表示。第三种计算通货膨胀率的方法是利用 GDP 平减指数，如我们在第 16 章中介绍的那样。GDP 平减指数衡量的是国内生产的所有产品的价格变化。它并不包括那些外国生产却对典型家庭生活成本产生实际影响的商品，如石油。另一个关键的区别是，GDP 平减指数是基于国内每年的实际产出量来计算的，而不是利用固定的商品篮子。

上述三种通货膨胀度量（即 CPI、PPI 和 GDP 平减指数）都是有效的，它们仅是衡量的角度不同。实际上，利用这三种方法计算出来的通货膨胀率的运动轨迹是非常相近的。图 17-2 就呈现了美国过去 50 年内上述三种方法计算的通货膨胀率。

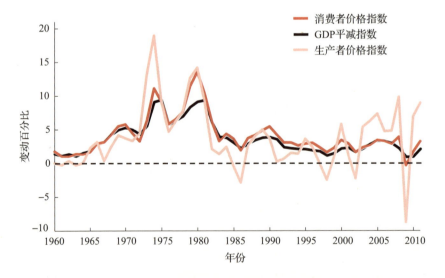

图 17-2　CPI、PPI 和 GDP 平减指数衡量的美国通货膨胀率（1960～2010 年）
资料来源：美国圣路易斯联邦储备银行：http://research.stlouisfed.org/fred2/。

如下面换个视角专栏中所讨论的一样，通货膨胀调整将很大程度上改变我们对今天与过去发生的事情的看法。

换个视角　谁是最富有的美国人

你认为美国历史上最富有的人是谁呢？比尔·盖茨？盖茨最早发明了电脑操作系统，最终发展为软件巨擘——微软。在他最富有的时候，他身家超过1 010亿美元，远高于美国历史上的其他个人。然而，这是否使得他成为美国最富有的人取决于你怎么看待它。

回顾历史，我们发现，每一时代最富有的人的名义财富值不断缩小。约翰 D. 洛克菲勒（John D. Rockefeller），死于1937年，他最终拥有听起来微不足道的14亿美元。康内留斯·范德比尔特（Cornelius Vanderbilt），以铁路和航运致富，在1877年最终财富为1亿美元。约翰·雅各·阿斯特（John Jacob Astor），皮毛贸易的垄断商，在1848年最终财富为2 000万美元。如果我们仅考虑名义美元价值的话，比尔·盖茨看起来比他们都要富有太多。

如果我们对这些财富进行通货膨胀调整，我们将会看到不同的情景。比较现在的亿万富翁与昔日的亿万富翁的生活成本并不是一件简单的事情。技术上而言，我们需要一个固定的、典型的亿万富翁会购买的商品篮子。然而，我们并不能问阿斯特在1848年购买一辆布加迪汽车的成本，也不能问范德比尔特在1877年购买私人飞机的价格。因为这些东西在当年并不存在。

尽管如此，仍然有一些经济学家试图将历史上的财富用2006年的美元来表示。结果如何呢？在进行通货膨胀调整后的榜单中，洛克菲勒位居第一，财富值远高于其他人。如果2006年他还在世的话，他将能够购买价值3 050亿美元的水晶香槟或私人拥有加勒比岛。与他相差不远的是钢铁巨擘爱德华·卡耐基，拥有2 819亿美元。阿斯特如果在2006年花费他所拥有的2 000万美元，他将能购买到价值1 100亿美元的奢侈品。根据这一结果，比尔·盖茨的财富并没有超过以往世纪的超级富豪。

资料来源：http://www.forbes.com/2007/09/14/richest-americans-alltime-biz_cx_pw_as_0914ialltime_slide_2.html; http://money.cnn.com/galleries/2007/fortune/0702/gallery.richestamericans.fortune/index.html.

根据通货膨胀进行调整：指数化

我们如何能确定工资将与通货膨胀同幅度上升？宏观经济学中的一个基本理论认为：经历足够长的时间，工资将自然地上升到冲抵通货膨胀的水平。因而，最终通货膨胀并不会对人们的福利和选择造成影响。

然而，大多数经济学家认为，有些时候价格上升得如此之快，以至于经济其他方面的增速难以企及。如果价格的上涨快于工资，人们的生活水平将下降。当人们担心下周或下月的价格更高时，他们会有强烈的动机在当期购买商品。通货膨胀会扭曲经济选择。对于类似的问题，我们稍后会在书中进行更广泛的讨论，特别是在通货膨胀一章中。而现在我们将关注在解决通货膨胀引起的问题时，通货膨胀的衡量为何是关键的环节。

CPI 的一个实际应用是人们根据通货膨胀来指数化薪资。艾达·梅·富勒（Ida May Fuller）是第一位每月接受社会保障福利的人。她在 1940 年退休时，获得了一张 22.54 美元的支票。之后的 10 年，她的这一福利保持不变，依旧是每月 22.54 美元。到 1950 年，由于通货膨胀，她所获得的社会保障支票的实际价值几乎下降了一半。在 1950 年，当将她的 22.54 美元转化为 1940 年的购买力时，只能购买价值 13.37 美元的物品与服务。

在社会保障政策实施早期，政府并没有对它进行任何通货膨胀调整。退休者在他们余生的每月中只能获得相同的名义金额。1950 年，国会开始关注富勒女士等老年人面临的这类问题。富兰克林·罗斯福（Franklin Roosevelt）总统 1935 年签署《社会保障法案》时表示，这一法案意在"为普通市民提供一定程度的保障……以帮助其渡过贫困的老年时期"。而当价格不断上涨时，福利的实际价值也在不断缩小，社会保障政策在保障老年人渡过贫困与困难时期的有效性受到很大约束。因而，国会修订了法案，将每月的福利金额增加了一倍。

1950~1974 年，国会每隔几年就会对《社会保障法案》进行修订。每一次，它都会根据生活成本的变化来提高社会福利水平。然而，这些提升都是不定期的，而且需要立法者的集体努力。从 1975 年开始，国会实施了另一种方案——**指数化（indexing）**。按生活指数调整这一方法会自动根据生活成本将支出提高到相应水平。这样的支付方式也可以说是按通货膨胀进行指数化。国会直接用 CPI 指数化社会保障福利。当 CPI 上升 5% 时，每月的名义福利值也会同幅度增加。因而，从 1975 年开始的多数年份里，社会保障福利的美元价值呈现出与生活成本同步增长的趋势。

指数化支出常被称为**生活费用调整**（cost-of-living adjustments，COLAs）。在美国，工资或收入很少与通货膨胀挂钩（有工会合同的情形除外）。但是社会保障确实具有 COLAs 这一调整机制，并影响成千上万的退休者。指数化方法在其他国家更为常见。在欧洲的多数国家，政府雇员的工资与退休金一样，也是随通货膨胀而自动调整的。

指数化方法背后的理论是简单的：如果你希望工资的实际价值不随时间而变动，那你需要自动对它进行通货膨胀调整。另一个替代方法是每年重新编写法律或合约，这将导致更多的工作和更少的确定性。然而，指数化方法并不是无可争议的。阅读你怎么认为专栏，并思考为什么生活费用调整是一个有利有弊的方法？

你怎么认为　生活费用调整机制会让境况变得更好还是更坏呢

生活费用调整机制（COLAs）将提高工资水平以冲抵上一年通货膨胀的影响。如果没有根据生活成本进行调整的机制，你用既定工资或社会保障支票所能购买到的东西会持续减少。通货膨胀将会侵蚀掉你薪资收入的一部分价值。

一般来说，社会保障政策覆盖的5 400万人的COLAs是盯住工人消费物价指数（CPI-W）的。CPI-W是CPI的另一版本，反映的是城市职工消费价格水平。有些人主张政府应该用对老年人实际购买模式更敏感的方法来替代这一方法，毕竟老年人购买习惯与城市职工有着明显不同。例如，在2010年和2011年，由于城市职工消费者价格指数不变，退休者获得的福利金额并没有根据生活费用进行调整，而当年的医药成本上升了5%。结果是显而易见的，老人所获得社会保障福利的实际价值下降了。有人提出了一种解决办法，即利用一个适用于老年人的价格篮子。仍考虑上面的例子，利用新的方法后，医药价格将使总体价格上涨11%，即在6%的城市职工消费者价格指数基础上，再加上5%。

也有呼声认为，应该对最低工资也进行生活费用调整。尽管生活成本在逐年上升，但联邦的最低工资并没有变化，除非国会决定进行调整，而这是很少发生的。你可以从图17-3中看到，最低工资的上涨与价格变化并不同步。结论是，从20世纪60年代开始，最低工资的实际价值持续下降。整体而言，尽管当前的最低工

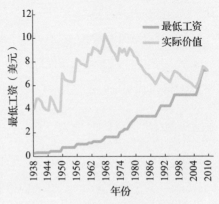

图17-3　最低工资的实际价值
资料来源：美国劳工统计局，BLS (2010)。

资是1938年设定的初始值的2倍，它的实际价值约为3美元/小时，低于1968年的水平。

华盛顿、福蒙特和科罗拉多等州根据通货膨胀情况，已经设定了高于联邦政府水平的最低工资。尽管这一做法保证了这些地区最低工资水平的实际价值，但反对者认为，最低工资失去随经济条件变化而调整的灵活性是不明智的。因为在艰难时期，最低工资上涨会驱使企业减少雇用。

你怎么认为？
1. 生活费用调整机制适用于社会保障吗？它又是否适用于最低工资呢？
2. 回顾本章开篇时的例子，生活费用自动调整机制应该用于触犯类似曼彻斯特火车上禁止吸烟的法律时的罚款吗？这些罚款又该如何计算呢？

资料来源：http：//www.nytimes.com/2011/03/27/opinion/27sun2.html？_r=1。

不同地区价格差异的计算

到目前为止，我们已经学习了如何看待我们的祖父母购买一块面包的花费少于我们今天的花费这一事实。那么，我们又该如何理解今天的一块面包在墨西哥的价格小于在美国的价格呢？又或者是这块面包在艾奥瓦市的价格低于纽约的价格呢？就像我们需要随时间对经济变量进行调整一样，我们有时候也需要允许我们对不同地区价格进行调整的工具。

在这章前面的内容中，我们提到了购买力平价（purchasing power parity，PPP）的概念。利用它，我们能对不同地区的生活成本进行比较。在这一节中，我们将说明它是如何起作用的。

购买力平价

理论上，当一种商品通过汇率折算成某一共同货币时，它在任何地方都应有相同的价格。为了明白这一点，让我们想象一条在墨西哥更便宜（相较于美国）的牛仔裤。难道企业家不会将美元兑换成比索，然后到墨西哥购买这些牛仔裤，再将它们带回美国销售并获利？

原则上这是可能的。这些企业家会继续这种行为，直到美国市场上牛仔裤供应的增加与墨西哥对牛仔裤需求的增加共同作用，促使两国市场价格相等时才停止。在两个市场价格相等这一临界点上，没有人有去国外购买牛仔裤的动机。由此，我们得出的结论是：当用共同货币表示时，每一地区的购买力在理论上是相同的。这种观点就是购买力平价，即 PPP。

在现实生活中，PPP 几乎一直处于变动中。假设墨西哥的整体价格水平要低于美国。那么，对于多数商品而言，你将 100 美元兑换成比索并在墨西哥消费，你能买到更多的商品。为什么会这样呢？有三个主要的原因：交易成本、不可贸易的物品与服务以及贸易限制。让我们简单地来了解一下这三个因素。

- 交易成本（transaction costs）：PPP 经常变动的一个原因是交易成本，即将商品从一个地方转运到另一个地方是需要花费成本的。然而，PPP 的差异常常比运输成本要大得多。这必然还存在其他的交易成本，如在其他国家寻找卖者所耗费的时间与金钱。如果不同市场间的价格差异很小，而在另外的国家交易成本很高，这笔交易就是不划算的，准备套利的企业家也会决定不从墨西哥买进便宜的牛仔裤。

- 非贸易品（non-tradables）：一些物品与服务很难或者不能从一个地区转移到其他地区。例如，你不能在艾奥瓦市购买公寓后将它运送到曼哈顿。你也不能将一个在意大利购买的比萨运送到美国的北达科他州。（是的，你是可以将它运送过去，但当你在北达科他州收到这块比萨时，它已经不能再吃了。）同样，如果你住在新奥尔良，你就不能购买印度的理发服务。（当然你可以飞到印度去享受这次理发服务，但与你节省的几美元钱而言，你的交易成本太昂贵了。）这些类型的物品与服务都可被称为非贸易品。

- 贸易限制（trade restrictions）：最后，国际贸易并不是完全自由的。通常，关税和其他贸易限制会增加不同国家间交易的成本或难度。这些限制会削弱人们充分利用不同国家间价格差异套利的积极性。

正是因为上述原因，我们常会看到不同物品与服务的价格有着明显的不同；不同国家甚至是同一国家的不同地区，其整体价格水平也是显著不同的。例如，假设 1 美元在墨西哥的购买力要高于美国同时低于瑞典。如果我们想要比较不同国家间的收入或成本，我们将需要对名义价格进行调整。这类似于我们对不同时期内生活水平的比较。为了比较不同地区的价格，经济学家提出了购买力指数这一概念。

购买力指数

与我们利用价格指数去衡量价格随时间的变化一样，我们同样可以构建一个价格指数来描述不同地区的价格差异。这种方法论是极其相似的：首先，我们需要确定一个用于比较不同国家间物品与服务的市场篮子。其次，我们度量各国市场篮子的商品价格，计算各国购买一篮子商品的总体购买成本。最后，我们建立一个指数来说明市场篮子在各国的花费与某一基准国的比较。

举一个简单的例子，让我们考虑一下巨无霸汉堡在世界各地的价格。《经济学家》杂志度量了120个国家和地区的巨无霸汉堡价格，并构建了自己的"巨无霸指数"。当然，这里的巨无霸汉堡并不是一个可以代表全部生活成本的市场篮子。但由于麦当劳的国际生产与采购政策，巨无霸的优势是在各国十分相似。同样，它也需要许多不同的投入品，如牛肉、面包、生菜、劳动力、广告和房产等。

巨无霸指数将美国作为基准国，并将巨无霸在美国与其他国家间的价格进行比较。

巨无霸指数是一种观察价格差异的简单方式。实际上，最常用来比较国际价格的指标是世界银行的国际比较项目（international comparison program，ICP）指数。这一指数使用了一个试图代表各国全部生活成本的大范围的市场篮子。但问题是这个市场篮子是如何构建的？不同地方的人消费不同的东西，这往往取决于他们的文化、气候、宗教信仰等因素。因而，构建一个在世界各地都堪称典型的市场篮子是不可能的。购买力平价方法还有很多地方需要继续完善，但就目前而言，不完善的PPP数据至少好于没有任何数据。

购买力平价调整

假设我们将全世界的人均GDP进行比较。我们希望通过这个数据对各国平均生活水平的差异有所了解。当生活成本变化时，人均GDP的名义值在不同国家将会有非常不同的含义。

购买力平价调整（PPP-adjustment）就是在考虑不同地区的差异性后对经济数据进行重新计算。我们可以将这一过程称为在计算**经购买力平价调整**（PPP-adjusted）的变量。利用一个价格指数进行购买力调整，这与利用CPI这一价格指数来调整生活成本的上升是十分相似的。

对购买力进行国际比较并不是一件简单的事情。特别是当我们试图用美元价值去度量世界上最穷困居民的生活水平时，这一观点尤其正确。常被引用的"每天1美元"国际贫困标准指标来自世界银行，它试图计算出穷人的实际购买力。

总　结

1美元能购买什么呢？对于这一问题，今天的答案或许会和明年不一样，纽约和艾奥瓦两个城市给出的答案也可能不一样。因而，某一特定时间或地区的名义美元价值只是答案的一部分。我们真正关心的是美元的购买力。也正是它决定了你能在商场中购买多少商品。

在这一章中，我们构建了一些帮助我们追踪整体价格水平变化的工具。这些工具能帮助我们了解1美元的购买力如何随时间和地域的变化而变化。利用某一固定市场篮子的成本，我们构建了一个能展现不同时间相对价格水平的价格指标，如CPI。同样，我们也构建了能表现不同地区间相对购买力的指标，如世界银行的国际比较项目（ICP）指数。

利用价格指数，我们能对工资、收入、GDP和利率等经济变量进行调整，以观察其名义值与实际值之间的差异。这使我们能够回答"今天的工资收入在我们祖父母的时代能买到什么"或"其他国家的人与美国人相比有多富裕"等诸如此类的问题。同样地，当我们面临资金投资、合约撰写或政策制定等决策时，考虑通货膨胀的影响将有助于我们做出更好的选择。

1. 解释价格指数如何衡量我们生活成本随时间的变化

我们可以构建一个价格指数来总结价格水平的变化。这一价格指数衡量的是某一市场篮子成本相对于某一基年或某一基准地区的上升或下降情况。在美国，最常用的衡量生活成本的工具是消费者价格指数，即CPI。它追踪的是美国家庭消费的一篮子物品与服务的费用变化。给定年份的价格指数等于市场篮子在当年的费用除以市场篮子在基年的费用，再乘以100。在基年，CPI总是等于100。而在之后的年份，当市场篮子的价格上升时，这一指数值将大于100。反之，当市场篮子的价格下降并低于基年时，这一指数将会低于100。当指数值为120时，这意味着相对于基年，价格上升了20%。

2. 认识通货膨胀，并了解其作用

通货膨胀率衡量的是总体价格水平逐年的变化幅度，可以通过衡量价格指数逐年变动的百分比计算出来。以CPI为基础估计的通货膨胀考虑了进口商品的价格变动。以PPI为基础的估计则衡量的是企业购买的物品与服务价格变化，并能为未来的消费价格提供预测。而以GDP平减指数为基础的通货膨胀估计剔除了进口商品，但它包括了一些在典型个人购买篮子以外的商品。实际上，以CPI、PPI和GDP平减指数为基础计算的通货膨胀率是相当接近的。

这些价格指数最重要的应用之一是：我们可以利用它们来确定不同时期内的货币购买力。如此一来，我们可以确定过去某一时期内的一定收入在今天能购买到哪些物品与服务，或者确定当下一定数额的美元在过去的价值。当我们需要将名义价值转化为实际购买力时，指数化方法则是价格指数的另一个重要应用。要注意到，货币的购买力会随时间而变化，工资与账单都能与通货膨胀挂钩，因而即使价格变化，购买力也会保持不变。

3. 阐述购买力平价理论

购买力平价（PPP）理论是指：当用一种共同货币来表示价格时，不同国家的价格水平将是相同的。但由于一些因素（如交易成本、非贸易品和贸易限制等）的影响，购买力平价并不总成立。1美元的实际购买力在不同地区也是各有差异的。

4. 理解和比较不同国家或地区的生活成本

当我们在计算经济变量时，考虑了不同国家购买力的差异，我们可以称之为购买力调整后的变量。为了衡量这种购买力的不同，我们可以通过比较市场篮子在不同国家的购买成本，计算一个价格指数。如果在该国的生活成本低于基准国，购买力调整后的GDP将高于其名义值。反之，当该国的生活成本高于基准国时，购买力平价调整的GDP将小于GDP的名义值。

批判性思考

1. 假设中国的工资上涨，并导致中国出口的玩具价格上升。这一变化将对美国的CPI、PPI和GDP平减指数有什么样的不同影响呢？
2. 当收入增长快于通货膨胀率（用CPI或GDP平减指数衡量）的上升时，收入的实际价值是否上升？
3. 当你决定向员工支付经生活成本调整后的工资时，PPI和CPI，哪一个是更好的通货膨胀衡量指标呢？为什么？

07
第七部分

失业与劳动力

第七部分将介绍失业与劳动力需求。讨论失业问题时,我们会问为什么并非每个想要工作的人都会找到工作。

第 18 章探讨失业。失业率不仅反映个人寻找工作时面临的竞争,还被看作经济健康的晴雨表。一个强大的经济有很多好处:工商业创造新的工作岗位,人们发现找工作相对容易了,同时失业率通常较低。但当经济摇摇欲坠时,工厂解雇工人并降低产量,失业率较高。由于失业率可视为反映经济状况的信号,每个月的失业率受到密切的关注,在政策和政治辩论中具有一定的影响力。

ECONOMICS

第 18 章

失业与劳动需求

认知目标

1. 理解经济学家如何衡量就业与失业。
2. 说明高于均衡水平的工资率如何导致失业。
3. 解释为什么经济中存在自然失业率。
4. 描述政策制定者在设计失业保险时面临的挑战。

引例　失业意味着什么

里克·亚历山大（Rick Alexander）是一个建筑师，他在美国康涅狄格州做了30年家房屋维修的生意。2008年，他年迈的父母生病，他放弃了生意，搬到佛罗里达州以方便照顾双亲。他认为找工作很容易，毕竟他在这一行业内得到了专业的认证并有多年的工作经验。一开始，他想在建筑工地上找一份管理者的工作，但是没有找到。在降低了要求后，他接着在批发和伐木等行业寻找工作，随后又向五金店申请任何可能的工作。然而，他接连被拒。他试图自己做生意，但在佛罗里达州惨淡的住房市场，他的销量不足以获取利润。在这些疲于奔命的努力之后，里克·亚历山大放弃了找工作。

令人沮丧的是，亚历山大的故事是常见的，特别是在经济衰退时期。在困难时期，人们很难找到工作。2009年10月，在近期的衰退正式结束四个月之后，美国的失业率激增至近10%。一些特定群体的失业率更高，如高中学历以下的年轻男子的失业率接近30%，甚至很多大学毕业生也为找不到工作发愁，最终回家和他们的父母一起生活。

当然，即使在经济并未衰退的时期，失业现象依然存在。劳动力市场的自然调整是正常经济生活的一部分，当人们在不同工作间转换时，会造成短期失业现象。即使没有衰退，当工厂倒闭，本地雇主需求变化时，地区性失业现象也会产生。当失业工人发现他们的技能无法与可以找到的工作相匹配时，这样的失业更加严重。讽刺的是，旨在保护工人的政策，如《最低工资法》和工会，同样也会导致失业；尽管它们有利于保护已有工作的工人，但也经常使失业者更难找到工作。

一些失业也许是无法避免的，但无论是对整个经济而言还是对个人而言，太多失业将会造成严重后果。失业的后果之一是经济体中的一些生产潜力（失业者的时间和技能）没有得到利用。另一个后果则更加个人化。里克·亚历山大的故事告诉我们，长期失业是一个人可能经历的最大困难之一。它造成了未来的不确定性，给失业者带来绝望的感觉，尤其对于试图养活自己和家庭的人来说。研究表明，失业会导致患抑郁症比率上升，自我价值评估下降。失业是一个经济问题，伴随着潜在的严重的社会后果和心理后果。

失业是一种精神折磨，而事实上寻找工作的难度很大程度上取决于个人无法掌控的宏观经济因素。这些影响因素是什么呢？为什么会出现失业呢？这些问题使经济学家感到困惑。

我们首先假设经济处于均衡状态，即在现行价格水平上，供给与需求相等。失业的存在表明：在现有工资水平下，人们想要提供的劳动要多于工厂的需求。为什么工资不下降至消除失业的水平呢？在这一章，我们会研究工资不能下降到均衡水平的原因。我们也会研究为什么市场均衡时失业仍然存在。我们区别失业的不同来源时，会看到解决根本问题的不同方法的逻辑。

定义和衡量失业

衡量失业并非简单统计没有工作的人的数量，而是要复杂得多。一方面，我们会将里克·亚历山大这样积极寻找工作的人统计为失业者。另一方面，亚历山大已经退休的父母并没有工作，但他们也不想有工作。我们如何区分这两种失业者呢？我们又如何表示像亚历山大这样太沮丧以至于放弃寻找工作的情况呢？用清晰、固定的方法定义失业是解决这些潜在问题的重要一步。

当人们想要工作但没找到工作时，失业（unemployment）就产生了。人们失业的原因有很多。例如，求职者也许缺少相关技能，或者他们想要寻求更高的工资待遇；有时他们有合适的技能和意愿，但是仍然不能在当前市场中找到工作。政府对失业的定义试图囊括所有的情况。美国劳工统计局是负责收集就业数据的政府机构，它对失业的定义如下：

> 是在参照周内没有工作的 16 岁及以上人口（除非临时生病，他们是有工作能力的），并且在参照周后的四个星期内，特别努力地寻找工作。

这个定义意味着在美国，只有符合下列三个标准时，才能被统计为失业者。

- 他们在进行统计的之前一周完全不工作。
- 如果给予他们工作，那么他们能够工作。

- 他们在努力寻找工作。

衡量失业

在这一部分中，我们将全面介绍你经常在新闻或美国劳工统计局的官方报告中看到的失业数据。这些报告对商业和政治极具影响力；每个人都想知道失业反映的经济健康状况的最新信息。

首先，我们需要定义一些关键群体。**劳动年龄人口**（working-age population）是指 16 岁及以上的非机构人口。这个定义包含了除武装部队（例如士兵）或者被公共机构收容的人（例如监狱或者精神病院）之外的所有成年人。

然而，不是所有超过 16 岁的人都想要工作。在失业的官方定义中，我们只想统计"有工作能力"和"特别努力地寻找工作"的人。这意味着我们不把全日制学生和在家照顾孩子的父母列为失业。同样的处理也适用于因残疾而不能工作的人，或者因继承财产并选择依靠财产而不是工作生活的人。在美国，我们也不把退休的人员列为失业。（一些国家将"劳动年龄人口"定义为 16~64 岁的人口，但是美国劳工统计局没有设定年龄上限。）

如果我们讨论的是退休人员、全职父母等之外的劳动年龄人口，那么我们讨论的便是**劳动力**（labor force）。劳动力包括就业及失业的劳动年龄人口。换句话说，它包括所有正在工作、想要工作和积极寻找工作的人。

到此时，我们已经有了定义**失业率**（unemployment rate）所需要的指标。失业率，即失业人数除以劳动力：

$$失业率 = \frac{失业人数}{劳动力} \times 100\% = \frac{失业人数}{(就业人数 + 失业人数)} \times 100\% \quad (18\text{-}1)$$

失业率描述了国民经济的整体情况，但它并没有告诉我们是谁受到了影响。一般而言，失业率因教育状况、性别、年龄、种族的不同而不同。平均来看，年轻人比年龄较大者的失业率更高，受教育少的人比受教育多的人更容易失业。

我们也可以通过观察**劳动力参与率**（labor-force participation rate）来了解一些有关经济状况的有意义的事：

$$劳动力参与率 = \frac{劳动力}{劳动年龄人口} \times 100\% \quad (18\text{-}2)$$

在经济衰退期，我们经常看到劳动力参与率下降。一些失业者最终放弃寻找工作,就像我们在本章开始介绍的里克·亚历山大。一旦这些人放弃积极寻找工作,他们不再是劳动力群体的一部分。也有些人会因为回到学校、提前退休或者成为家庭主妇而不再寻找工作,从劳动力中退出。

表 18-1 总结了美国劳动力市场上两种不同的情况。

表 18-1 美国 2006 年与 2011 年的就业率

	失业率(%)	劳动力参与率(%)
2006 年 12 月	4.4	66.4
2011 年 12 月	8.5	64.0
变动	+4.1	-2.4

注:经济衰退期间,劳动力参与率下降,失业率上升。
资料来源:美国劳工统计局(2012 年 6 月 17 日),http://www.bls.gov/cps/tables.htm。

数据来自何处

家庭调查是美国失业信息的主要来源。该调查会询问人们是否工作及工作收入情况。这项调查由美国劳工局实施,被称作当期人口调查(current population survey)。每个月劳工局的工作人员会调查大约 60 000 个家庭。这样得出的结论并不精确,而每月都调查美国每个家庭的成本是很昂贵的,但是这个样本容量足够大,已经可以对整体经济做出可信的估计。

这项调查的进行会贯穿整整一年,使得劳工局能分析并调整失业的季节性变化。例如,如果你是一个训练有素的滑雪教练,你在 1 月比在 8 月更容易找到工作。农民和建筑工人也受季节变化的影响。劳工局发布经过季节性调整的统计数据,以帮助区分可预期的季节模式和经济状况的大幅变化。这里,我们在表中显示的数据都是经过季节性调整的。

劳动市场的均衡

任何数量的失业存在都会有点让人费解。劳动在市场上买卖,就像其他物品与服务一样。在市场上,存在劳动需求(企业想要雇用工人)、劳动供给(个体寻找工作)与价格(被称作工资)。在大多数市场,我们预期价格会进行调整,直到市场达到均衡为止。在这一均衡点上,供给等于需求。失业的存在表明这种简化模型并不能充分解释劳动市场上的实际情况。在这一部分,我们研究简单模型的预测。

在下一部分，我们将加入细微的差别以说明在工资水平高于均衡水平时，失业会增加；或者当现实世界中的摩擦阻止劳动供给或劳动需求根据经济变化进行完全调整时，失业也会增加。

像任何其他市场一样，劳动市场也有供给曲线和需求曲线。劳动需求来自企业，它们需要劳动力来生产产品。**劳动需求曲线**（labor demand curve），显示了经济中所有企业总劳动力需求量和工资水平的关系。在正常状态下，工资降低时，企业也会雇用更多劳动力；工资增加时，企业会减少其劳动需求。

劳动供给来自能够工作并选择加入劳动市场的人。正如我们所看到的，不是每个能够工作的人都想要工作。在其他条件不变的情况下，我们认为，工资上升时，经济整体的劳动供给会增加；反之，工资水平降低时，经济整体的劳动供给也会减少。**劳动供给曲线**（labor supply curve）显示了经济中总劳动供给量和工资水平的关系。

综合而言，劳动需求曲线和劳动供给曲线共同描述了一国的劳动市场，正如图 18-1 显示的那样。与其他市场一样，均衡发生在供给曲线与需求曲线的交点。在均衡工资水平上，需求量等于供给量，这意味着，在现行工资水平下，每一个愿意工作和有所需技能的人都能够找到工作。

我们对于失业的定义（人们想要工作，但是不能在现行工资水平下找到工作）是很容易用供给和需求的语言来表述的：现行工资水平下，劳动供给（这一工资水平下愿意工作的人们）大于劳动需求（企业在这一工资水平下提供的工作机会），即存在劳动剩余。

当现行价格高于均衡价格时，市场剩余增加（如果你想要确认这一陈述，请回顾第 6 章"政府干预"的内容）。图 18-2 显示了当工资水平是 W_1 时（即高于均衡工资水平 W^* 时）失业是如何发生的。在这个非常简单的模型中，失业是现行工资水平下想要工作的人数（劳动供给）与提供的工作数量（劳动需求）的差额。（然而，之后会看到，当我们将一个细微差别加入这个模型时，即使工资没有高于均衡水平，失业也会发生。）

这就形成了一个谜题：为什么工资会保持高于均衡水平？我们知道当价格太高时市场**应该**会发生什么：价格会下降到市场达到均衡。因此，为什么企业不提供更低的工资，或者为什么未被雇用的人不提出愿意在更低的工资水平下工作，直到下降至均衡工资水平为止呢？在下一部分中，我们会看到上述情况的原因以及均衡工资水平下仍然存在失业的原因。

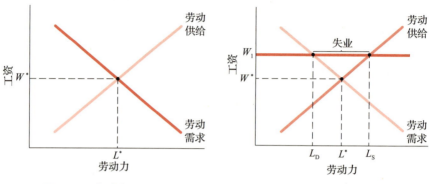

图 18-1 劳动市场均衡

图 18-2 存在失业的劳动市场

失业的类型

为了理解导致失业的原因，将失业分为两类是非常有帮助的。首先是用自然失业率来解释失业。这是经济中长期存在的正常水平的失业率。二是周期性失业，描述了围绕长期趋势的短期波动。我们将看到，一些失业是动态经济中不可避免的一部分。此外，公共政策也会影响失业率。

自然失业率

劳动力市场的简化模型如图 18-1 所示，它表明，我们可能会合理地预期在长期市场均衡下的失业率为零。然而，本章上半部分的数据表明这是永远不可能发生的情况（即使是在经济状况良好时，如 2005 年）。相反，所有经济体都存在一定程度的失业，不管经济在短期内是好是坏。我们称这种经济中长期存在的正常水平的失业率为**自然失业率**（natural rate of unemployment），有时也称之为均衡失业率。

三个因素会导致自然失业率。第一个是**摩擦性失业**（frictional unemployment），即由于工人改变居住地、工作或职业造成的失业。当人们寻找新的工作，他们需要时间来寻找机会，提交申请，面试，搬到一个新的城市，诸如此类。工作转换需要耗费多长时间取决于很多因素，包括工人关于职位空缺的消息有多灵通，他们对找到最好的匹配工作有多么挑剔，以及当他们寻找工作时可以依赖的资源。一定程度的摩擦性失业是不可避免的，它是健康的、自然的动态经济生活中的一部分。当一个公司开放工作机会，而其他的公司关闭时，有雄心大志的工人也会离开他们的工作去寻找更好的位置。

第二个导致自然失业率的因素是**结构性失业**（structural unemployment），即由于工人可提供的技能和所要求的技能之间不匹配引致的失业。消费者偏好不断变化，新技术随之持续开发。因此，今天所要求的技能可能并不符合明年的需求。如果人们可以毫不费力地从一个衰落的行业（如汽车制造业）转换到一个蒸蒸日上的行业（如在线服务）中去工作，那么结构性失业将不存在。然而，事实却是人们受学历、工作经验、家庭与社会关系等的牵绊，在短期内很难做出这些改变。这些限制性条件和社会关系使人们往往更适合在某些部门与地区工作。经济的变化会导致企业提供的工作类型与人们适合的工作类型间的不匹配。

例如，我们考虑一下旅游代理商的工作。现在，如果你想要预订机票，那么你可能只需要上网搜索合适报价的网站，对吗？但在20年前，你需要去旅行社，它会根据一个特殊的、包含了路线和价格的数据库来制订旅程计划。Travelocity、Kayak、Priceline与Expedia等网站的出现允许客户自己很容易并迅速地做完上述由旅行社完成的工作。因此，随着对旅行社服务需求的急剧下降，经过专业训练的旅游代理将会失业，并且，如果仅凭其相同的知识与技能，他们将找不到新工作。

在不断变化的经济中，一定程度的结构性失业是不可避免的，但政府可以采取措施来减少它。一种方法是为失业者提供劳动需求上升的职业信息。另一种方法是资助失业工人参加再培训项目以学习新技能，进而提高他们找到工作的机会。这些计划有一定益处，但改变可能需要花费数年的时间。如果你是一个中年的、失业的汽车工人，你能想象搬到国家的另一个地方从头开始新的职业生涯吗？

第三个导致自然失业率的因素是**实际工资或古典失业**（real-wage or classical unemployment）。这一理论说明了工资持续高于市场出清水平的影响。这就是我们在图18-2中看到的：在劳动力市场中，任何类似于价格下限的行为都将产生剩余劳动力，也就是我们所谓的失业。对此的解释包括最低工资法、工会的讨价还价、雇主支付高于均衡水平的工资的战略选择。稍后，我们将探讨每一种可能的解释。

引起自然失业率的这些原因反映了经济的基本特征，这是这些不同原因背后的共同主线。正如你所猜想的，随着时间的推移，经济的这些基本特征也不断改变，并会提高或降低自然失业率。例如，一项新政策大幅提高最低工资（每小时增加10美元）肯定会提高自然失业率。教育系统通过对下岗工人进行再培训可以降低自然失业率。然而，自然失业率并不随着经济的繁荣与萧条上下波动。对于失业率的短期波动，有一个不同的解释，我们将在后面进行讨论。

周期性失业

经济总是不断波动的，这反映在 GDP 增长的变化中。经济学家称这种波动为商业周期，这也是我们将在第 19 章中进一步讨论的主题。商业周期会影响失业问题，因为它会影响对劳动的需求。当经济逐渐繁荣时，随着企业扩大经营，其对工人的需求增长。当经济放缓、企业规模缩减时，其对工人的需求将减少。这些**周期性失业**（cyclical unemployment）是短期经济波动造成的。由于 GDP 增长会呈周期性地、有规律地加速或减速，我们把与之相关的失业波动称为周期性失业。

想象经济放缓对劳动市场的影响，它会减少任何工资水平下的总劳动需求。换句话说，劳动需求曲线向左移动。在简单的劳动市场模型中，这种变化会导致均衡沿着供给曲线向下移动，在较低的劳动数量和更低的工资水平上达到新均衡。为什么工资不在经济周期性放缓时下降，进而使市场出清且周期性失业是零呢？经典的解释是在实际生活中工资是"黏性"的，这意味着它对经济变化反应迟钝。

工资黏性的原因有许多。一些工人可能是由于处于合同期而很难改变；或者是雇主可能会选择一直不提高和降低工资，因为这将扰乱人心，使工人们不愿努力工作。现实世界中的工资黏性程度是一个有争议的话题，即使是在经济学家之间也充满争议。工资黏性的结果使实际工资暂时高于均衡水平，而这会导致周期性失业。当经济波动进入商业周期的繁荣阶段时，劳动力需求将恢复，周期性失业率将下降。

经济变动转化为就业变动需要一定的时间。雇主做出裁员的艰难决定之前，一般会先看看经济衰退得多么糟糕，也会在雇用新员工之前先看看经济复苏有多稳固。在观望时，公司可能会先减少或增加现有员工的工作时间。

关于失业的公共政策和其他影响因素

解决有关失业的问题是非常困难的。失业是显示经济整体健康的一个重要指标。这也是失业者经历的非常个人的问题。因此，对失业原因的讨论（尤其是那些会影响公共政策的）变得很热门。

在本节中，我们将分解影响失业率的一些经济政策和经济体中的其他影响因素。在我们讨论细节之前，考虑一个与有关失业的有争议的讨论，移民挤占工作机会会引起本地居民的失业吗？专栏换个视角详细说明了经济学家反对这一观点的原因。

换个视角　移民对劳动市场的影响

想象有一个美国工人，我们可以叫他约翰。约翰住在北卡罗来纳州的夏洛特。他35岁，是一名公交车司机。现在，再想象一下，有一个想要成为移民的人，我们可以叫他约瑟。约瑟是一个35岁的司机，住在秘鲁的智利，其收入仅是约翰的收入的1/4。约瑟决定搬到夏洛特，并敲开了当地公交公司的门。他愿意开约翰的公交车，但只要约翰收入的一半。对公司而言，这是一个很好的交易，因为它将节省工资。对约瑟而言这也是一个不错的交易，他的薪水将翻倍。不幸的是，这对约翰是糟糕的，他将失去他的工作，除非他想要减薪50%。（我们假设约翰的公司没有工会，公司可以随意雇用或解雇司机。）

这是一种看似合理的场景，你经常听到移民会挤占美国人就业机会的言论。它看起来像一个简单的事情，对吧？然而，事实并非如此。应用一些经济学逻辑，我们可以为这个故事增加重要的细节。

首先，现在约瑟住在夏洛特，他的花费也在夏洛特，这增加了对当地企业提供的物品与服务的需求。同时，公交公司从约翰的工资上节省下来的钱可能会最终反映为公交票价的降低，这将节省乘客的花费。有些乘客会将节约下来的钱花在其他地方或其他交易上。消费者需求的增加将导致当地企业雇用更多的劳动。这对现在找工作的约翰是个好消息。

当然，这个简化的示例隐藏了移民对劳动市场的诸多现实影响。转型是痛苦的，企业并不总是有这么多的灵活性。像约翰这样的人被解雇，然后试图找到一份新工作是不容易的。问题的关键是，移民会导致意想不到的事情发生。然而，随着时间的推移，移民可以扩大经济规模，而不仅仅是从目前的工人手中窃取工作。新工人的到来不仅扩大劳动力的规模，它也将通过减少生产成本、增加对物品与服务的需求而有利于经济增长。移民是政治上的烫手山芋的原因有很多。不过，我们的简单例子有助于说明为什么经济学家普遍反对"移民必然会导致失业"这一简单的断言。

这里存在赢家和输家，因为移民比其他人更倾向于争夺某些种类的工作。比方说，新移民的大量涌入，他们中的许多人想找的工作是建筑工人。如果你是一个正寻找建筑工作的美国人，这就是个坏消息，你面临更多的就业竞争与工资降低。但如果你是一个经营着一家建筑公司的美国人，这又是好消息，你现在有更多的候选人可供选择，其中一些人可能愿意接受较低的工资。你可能会获得更高的利润，然后将其投资在其他地区的经济活动中，创造了对劳动的需求。如果你是一个想要购买或装修房子或商店的美国人，这也是好消息，这允许你以较低的成本获得同样的服务。

华丽的辞藻和情感会妨碍我们看到事情的全貌。政治辩论更容易专注于眼前的工作损失，正如约翰所遭受的。通常很难把社会的长期收益用数字表示，因为这往往是分散的。经济学家认为自己的角色是尽可能平衡地评估所有这些权衡取舍。

资料来源：Michael Clemens et al.，"职位保险：美国境内同种工作工人的工资差异"（全球发展中心工作论文，2008）。

阻碍工资率下降的因素

在前面的小节中，我们指出失业会受到一些阻碍工资下降到市场出清水平的力量的影响，不是受到长期经济波动的影响（通过自然失业率），就是受到短期经济波动的影响（通过周期性失业）。为什么工资不会下降而使每个有意愿和技能的人都得到工作呢？在这一节中，我们将着眼于三个可能的解释：

- 政府通过最低工资立法进行阻止。
- 工会通过谈判或支持罢工等威胁进行阻止。
- 公司本身可能阻止，自愿选择支付更高的，而不是必要的工资。

让我们依次考虑三种解释。

最低工资（minimum wage）。最低工资是法律允许公司支付给员工的最低工资。在美国，联邦政府于2013年年初设定的最低工资是每小时7.25美元；一些州要求更高的最低工资。这工资大约是快餐店学徒工人得到的收入。获得联邦最低工资的工人，每周工作40小时的话，每年将获得超过15 000美元的税前收入。这样水平的年度工资虽然不足以支撑一个三口之家的生活，但可以让一个两口人的家庭生活在贫困线以上。

最低工资立法的支持者认为，工人应该得到基本的生活标准。他们认为允许公司支付仅能让工人挣扎在贫困线以上的工资是不公平的。最低工资立法的反对者指出，正如图 18-2 显示的一样，如果最低工资高于均衡工资水平，我们就会看到失业的结果。当然，如果设置的最低工资水平低于均衡工资，它将无效，这就是所谓不具有约束力的最低工资。

最低工资会引起失业吗？这个问题不能仅靠理论分析来解决。我们需要看数据。经济学家们发现了支持和反对最低工资的证据，导致失业的争论更加激烈。来自美国不同州的快餐店的数据表明，提高国家最低工资并没有导致快餐连锁店裁员。这意味着现实的劳动市场并不完全如图 18-2 所示。在其他情况下，经济学家们发现，随着公司用更加熟练年轻的工人替代不熟练的老员工，最低工资会导致少量的失业，或是改变被雇用的人群。

一些经济学家提出另一种可能性：鉴于最低工资仅适用于合法雇用的人，它可以推动"隐秘就业"。也就是说，公司可能会以低于最低工资水平的工资雇用非法移民或支付工人现金工资而不告诉政府，以此应对最低工资法。

人们对最低工资的看法差异很大。如果最低工资确实会导致失业，找不到工作的人将会遭受损失，而足够幸运找到工作的人将会受益。如果它不导致失业，那么所有工人将受益，而公司会由于利润降低而遭受损失。

工会与讨价还价。2007 年，电视和电影编剧罢工。他们聚集在好莱坞电影公司和百老汇剧院外，拒绝工作，直到他们从其负责的电视节目中争取到更大的利润份额。编剧罢工意味着许多电视节目停止制作，这些编剧也遭受了 2.85 亿美元的工资损失。罢工事件得以解决的 100 天后，编剧获得了加薪和更大份额的利润，尤其是通过互联网和移动设备播放的电视节目。

工会的存在使得这样的罢工成为可能。在这种情况下，编剧是作家协会这一联盟中的一部分。**工会**（labor unions）是由雇员组织起来的组织，与其雇主对工资和工作条件进行谈判。在 20 世纪 50 年代，大约 1/3 的美国工人加入工会。这个比例在今天低很多：现在大约有 12% 的工人或略低于 1 500 万的美国人加入了工会；而工会成员中的一半是为政府机构工作的。

工会能够作为一个群体去进行谈判，从而惠及每一位成员：如果仅仅是几个不满的编剧罢工，其他编剧很容易替代他们。但如果工人们集体罢工，他们能带来一个行业的停滞。这种威胁使工人更容易与雇主在工资和工作条件上讨价还价。

工会的存在对劳动力市场和失业意味着什么？如果工会能成功达成一个足够艰难的谈判，工资率会高于均衡水平。那么，工会与最低工资的作用是一样的。在某种程度上，劳动市场像其他市场一样，当工会为其成员争取更高的工资时，理论上，雇主将会相应地减少雇用数量。这意味着工会有利于自己的成员，但并不利于失业者。不过，也有一些证据表明，工会的存在也会提高工会以外的人（如果他们所在的地区有强大的工会）的工资水平。一个原因是，雇主想要让非工会的工人足够满意，以至于让他们觉得并没有成立工会的必要。

在美国，工会的力量正在减弱；而在其他一些国家，独立工会是受到限制或完全被禁止的。除了努力提高工资之外，工会也试图确保工人的工作环境是安全的，保证工人获得健康保险、养老计划和休闲等福利。关于工会对工资的作用的观点取决于你认为劳动市场能否达到公平的工资，也取决于你给予失业人员与就业者的福利权重。

效率工资。倘若支付的工资高于市场出清时的工资水平，这会是企业做出的明智决定吗？企业工资可能高于市场出清水平的另一个原因是，一些企业可能想要给员工支付比现行工资更高的工资。它们为什么要这样做呢？有两个相关的原因：

- 首先，支付更高的工资会减少工人离开的可能性，从而节省广告、面试、培训新人的费用。
- 其次，工人更有可能担心失去工作，而可能更努力工作以保住工作。

因此，公司有时支付工人超过均衡水平的工资是有效率的，尤其是在技能稀缺和工人积极性起重要作用的部门。一个考虑是通过正面激励来实现生产率最大化：因为，从一个工人到另一个工人的工作转换会损害生产率。此外，工人更努力工作以保住工作显然也提高了生产率。故意设置高于市场水平的工资以提高生产率的制度被称作**效率工资**（efficiency wages）。亨利·福特在底特律的福特汽车工厂就实行过效率工资，并因此而闻名于世。1914 年，为了减少昂贵的周转成本和旷工行为，他将工人的工资翻了一番，而事实证明，这一举措是非常有利的。

在衰退期，效率工资制如何阻止工资下降呢？假设你经营一家拥有 10 名员工的公司，经济衰退导致工资率下降了 10%。你愿意怎么做呢：迫使所有员工减薪 10%，还是解雇一个员工？经过计算，你可能会觉得后者更好。当然，它会让你员工数目减少1名，但是剩余9名员工会因为获得更高的工资而积极努力工作，以保住工作。其中，9名员工甚至会为公司带来超过10名雇员的产出。

此外，效率工资制会带来失业的这个事实也强化了这种制度的影响力。当雇主解雇工人（而不是削减支付），上升的失业水平会使失去工作的后果更加糟糕。当工人们担心长期失业（而不仅仅是在低工资水平上工作）时，他们可能会更加努力地工作。

到目前为止，并没有明确证据表明有多少失业可以由效率工资制来解释。一些经济学家认为，这是劳动市场的一个关键特性，另一些人认为简单地提高工资不太可能提高生产率。最近一些经济学家已经建立了效率工资的概念，认为工人的努力也取决于工资是否被看作是"公平"的。保持"公平"工资的需要也可能限制了雇主削减工资的灵活性。这一想法得到了来自实验室的经济学实验的支持，但也正期待现实劳动市场的严格检验。

失业保险

摩擦性和结构性失业是经济正常运行的一部分。多数经济学家相信，一些政府政策可以影响这类失业的水平。一个是失业保险，**失业保险**（unemployment insurance）是由政府支付给失业者的钱。领失业保险的人通常要达到一定的条件，例如积极寻找工作和报告与工作相关的活动。

失业保险并不能直接影响工资率，所以它不能解释为什么工资达不到均衡水平。相反，失业保险可以影响人们找工作的速度。这个因素会影响自然失业率，也就是摩擦性失业和结构性失业。失业保险通过给找工作的人收入，减轻失业时的痛苦。

失业保险对失业率的影响依然不明朗。一方面，如果失业保险比较丰厚，那么人们可能不会那么努力地寻找工作。人们更有可能把自己的时间花在等待一个更好的工作上，而不是接受找到的第一份工作。这表明，失业保险可能会增加失业率的平均水平。

另一方面，如果人们不必急于接受他们的第一份工作，他们更有可能找到合适的工作。雇主和雇员的"匹配"可能意味着更少的人离开他们的工作，这可能会减少摩擦性失业的水平。

究竟哪个效果会更大呢？这存在着争议。同样，平衡两方的"正确的"失业保险水平也存在争论，给予人们足够的空间，他们可以找到一个合适的工作；但又不要给予太多以免他们变成不切实际的完美主义者。

失业保险的金额和持续时间在国家之间也是千差万别的。在美国，失业保险金额是根据一个人在过去一年赚了多少钱来确定的。失业补贴的标准期限是26周。然而在失业率异常高的时期，补贴期限可以延长。例如，在2008~2009年的经济衰退期间，大多数州将期限最大限度地扩展到99周。如果你将失业保险花完，却还没有找到工作，情况又会如何呢？在美国，人们可以向政府其他的福利计划（诸如食品和住房补贴等）寻求帮助。

并非所有国家都提供失业保险。更多关于这些国家如何帮助失业者的信息，见专栏现实生活。

现实生活 失业和发展中国家

一些发展中国家有非常高的失业率。例如，在南非，即使以最狭义的方法衡量，仍有超过25%的劳动力失业。在发展中国家，失业保险不是政府的常规支出，低收入国家通常必须把政府预算分给更迫切的需求。在这种情况下，失业者怎么办？

一些低收入国家政府都已采取措施来帮助那些失业者。例如，在印度，《全国农村就业保障法》保证成人每年工作100天。它提供的通常是最低工资下的低技能工作项目，如修建道路，尽管如此，它也是一份工作。到2012年，该计划为3 800万人提供了工作。

在低收入国家，失业者存在两种比在美国更常见的生存选择。一个是非正式部门。非正式部门提供没有正式合同和法律保护的工作。这些工作包括街道推销、女仆、出租车司机、织布工和小规模工厂工人。"非正规就业女性：全球化与组织"（WIEGO）与国际劳工组织合作收集非正式工作活动的数据。他们估计，在农业之外，有1/2到3/4的工人在低收入经济体非正式就业。如果包括农业工人（其中大多数是农民），这一比例可能高达90%，特别是在南亚和撒哈拉以南的非洲地区。非正式部门倾向于提供更多的兼职、临时工作，使得失业者可以通过其他短期工作补贴收入。

另一种选择是依靠扩大式家庭。如《穷人的投资组合：世界上的穷人如何一天只用2美元生活》中的研究，在孟加拉国和南非，那里没有多少政府的支持，扩大式家庭利用一个复杂的转账网络使得人们可以在困难时期互相扶持。

简而言之，失业是一个全球性的问题。但像许多问题一样，解决方案在很大程度上取决于每个国家用于解决这一问题的可用资源。

资料来源：农村劳动力部门，印度政府，2005 年圣雄甘地全国农村就业保障法：向民众发布的报告，2012，http://nrega.nic.in/circular/Report%20to%20the%20people_english%20web.pdf；Mari Megias，"政策事务：非正式经济，"哈佛肯尼迪学院，2012，http://www.hks.har-vard.edu/news-events/news/articles/policy-matters-the-informal-economy；and Daryl Collins, Jonathan Morduch, Stuart Rutherford, and Orlanda Ruthven，《穷人的投资组合：世界上的穷人如何一天只用 2 美元生活》（普林斯顿，NJ：普林斯顿大学出版社，2009）。

其他因素： 税收与劳动者权利

我们可以预期失业保险这项政策会影响失业率。还有其他什么政策吗？

工资税也是很重要的。在其他一切条件相同的情况下，我们相信减税会减少失业率。理由是人们有更大的动力去找一份工作，因为他们知道自己能更多地保留自己的工资收入。然而，我们无法确定税收对求职的影响有多大。

另一个重要因素是雇主解雇员工的难易程度。在一些国家，雇主可以随意解雇员工，不用给出任何解释。在其他国家，劳动者是受法律保护的，雇主必须证明他们有一个很好的理由才能解雇员工。我们可以预期保护工人的政策将会导致更多的失业。为什么？因为如果雇主知道未来将很难解雇员工，雇主将不愿雇用他们。在如下专栏你怎么认为中讨论了这个争论的一个特殊情形。

📍 你怎么认为 试用期的年轻员工

当你开始寻找你的第一份专业工作时，你通常会面临一个巨大的挑战：没有工作经验，很难找到工作。但你如何在没有工作时获得工作经验？这就是年轻人通常比老员工失业率更高的原因。

这个问题的根源是一个沟通问题：寻找第一份工作的年轻人缺乏可靠的方式向雇主证明他们是优秀员工。当雇主可以聘请已证实的拥有工作技能的员工时，为什么要在一个年轻没有工作经验的人身上冒险？当然，某个没有工作经验的年轻人其实也可能是一位很棒的员工。但在你雇用他之前，你无法知道这一点。一旦你雇了某人，解雇他们往往是昂贵的、耗时的、甚至会涉及法律。

正是由于这个原因，新西兰决定实施一项新的政策，该政策允许雇主在雇用新员工的最初 90 天内解雇该员工，并且员工没有权利将此不公平的解雇行为诉诸法律。这一政策的支持者说，它通过消除雇主的一些风险而有助于年轻人找工作。雇主可以试用新员工 90 天，如果他不好好工作，可以简单地将他解雇。

但不是每个人都喜欢这个主意。一些批评人士认为，公司的试用期是利用年轻人，雇用他们时并不需要为他们提供其他员工享有的福利与保护。有些人担心公司可能会不再雇用任何正式员工，而是不断雇用试用期员工。

你怎么认为？

1. 这一政策是解决这个信息问题的明智之举吗？或者它只是一张允许雇主合法剥削年轻人的通行证？
2. 哪些因素会阻止雇主每隔 90 天就雇用和解雇新工人呢？

资料来源：新西兰经济研究所，Inc. "90-day trial periods appear successful-NZIER Insight 25," http://nzier.org.nz/publications/90-day-trial-periods-appear-successful-nzier-insight-25 (accessed November 28, 2012).

总 结

成年人每天将大部分时间都花在工作上，找到一个好工作是快乐的关键。同时，无法找到合适的工作或无法找到任何工作都会是最艰辛的人生经历之一。

我们已经讨论了如何衡量官方失业率。由于失业率并不总能描述劳动市场的全貌，经济学家和政策制定者经常借助其他指标，比如劳动力参与率。

我们也描述了失业的主要原因。摩擦性和结构性失业是自然发生的，无论政策如何，它们都存在于任何劳动市场。它们是由人们转换工作或从一个部门转换到另一个部门导致的。另一种类型的失业，就是周期性失业，反映了整体经济的健康程度和商业周期情况。繁荣时期会创造就业，周期性失业很少。但是在经济衰退时工作机会减少，周期性失业率上升。

劳动市场在许多方面像任何其他市场一样。它是由供给和需求驱动的，我们可以将劳动供给与劳动需求相等时的价格称为均衡工资率。但也与其他市场有很多区别：最低工资、工会讨价还价与效率工资都会导致工资长时间高于市场出清时的工资水平，进而导致失业。

对于劳动市场的各种规则能在多大程度上影响总体失业率，经济学家还存在争论。我们看到，劳动市场政策往往需要在各方面之间进行权衡。例如，政策制定者必须决定失业补贴是多少，以及是否要让雇主难以解雇工人。从社会的角度来看，为失业者提供更多的支持可能是可取的，但它有时会增加失业率。类似地，提高最低工资标准能帮助劳动市场最底层的工人，但提高最低工资也会使失业工人更难找到工作。经济学家的工作是将经济理论和细致的经验分析结合起来。

1. 理解经济学家如何衡量就业与失业

被认为是失业的人需要满足三个条件：①公民中劳动年龄人口中的一员。②在上周没有工作。③积极寻找工作。经济学家用失业率衡量失业。这是失业者的人数除以劳动力数量。劳动力参与率是已工作或找工作的人在工作年龄人口中所占的比例。没有工作但不积极寻找工作的人，例如，学生、家庭主妇或丧失信心的工人，并不被认为是劳动力的一部分。另一方面，有工作但没有利用他们的技能或知识的人被认为是未充分就业者。

2. 说明高于均衡水平的工资率如何导致失业

劳动市场像其他市场一样，有需求曲线和供给曲线。经济中所有企业总的劳动需求由劳动需求曲线表示。总的来说，工资较低时公司想要雇用更多的劳动，工资高时想要雇用的劳动则少，这就意味着劳动需求曲线向下倾斜。总劳动供给是由劳动供给曲线表示。我们认为工资率较高时人们愿意提供更多劳动，工资较低时愿意提供的劳动更少。这种关系使劳动供给曲线斜率为正。劳动供给和劳动需求曲线相交时，达到均衡工资（劳动力价格）。当市场工资率保持在高于市场均衡的水平时，会出现失业；这实际上是较高工资率下的劳动过剩。

3. 解释为什么经济中存在自然失业率

我们认为经济在长期中存在一个自然失业率。自然失业率是动态经济中不可避免的失业率。当其他一切正常时，经济中仍然存在失业的原因有两个：一些失业来自摩擦性的原因，比如人们更换工作或地区。一些失业来自结构性的原因，如政府政策会影响工资率可以调整的难易程度。结构性失业还包括由于经济技术发展、企业要求的技能和劳动力的技能之间的不匹配所导致的失业。

4. 描述政策制定者在设计失业保险时面临的挑战

失业保险计划的设计其实是一个权衡各方面因素后的平衡结果。当福利不够慷慨时，失业将成为一场毁灭性的经济灾难；但福利定得太高，会削弱工人找工作的积极性。

批判性思考

1. 创新常常需要"创造性破坏"，新产品或技术会使先前的产品或技术过时。例如，当个人电脑发明，打字机就变得无用了，因此，个人电脑"摧毁"了打字机。这个创造性破坏的过程往往导致结构性失业，因为知道如何生产和维护老产品的工人拥有的技能将不再被需要。你认为政府是有义务去限制创造新产品的频率，还是有义务帮助那些因为新产品的产生而流离失所的工人？
2. 政府的传统目标是最大化其公民的福利。鉴于这一目标，你会建议取消失业保险吗？如果政府的目标是最大化就业，你的答案会如何变化？

08

第八部分

处于短期和长期中的经济

前面介绍了用来衡量经济健康程度和随着时间变化经济会如何变化的几个关键的经济概念。现在,我们把知识碎片整合在一起。

第 19 章引入了一个模型来描述整体国民经济的状态。经济体中的所有交易,包括你去上课的路上买的零食到你在亚马逊上购买的新电脑服务器在内,可以用一条需求曲线来表示,称为总需求。另一方面,企业生产的一切商品由一条供给曲线来表示,称为总供给。二者结合在一起,可以用来考察整个经济在繁荣与萧条间的交替变化。

使用总需求和总供给模型,我们可以开始分析政策选择如何影响国民经济。第 20 章的讨论重点是政府税收和支出的决定是如何形成财政政策的。在这一章中,我们将比较税收和政府支出对经济的影响。结果证明,1 美元的政府支出不只是增加 1 美元的 GDP。由于乘数的影响,当政府花钱或改变税收时,这 1 美元的影响在整个经济中被放大。如果你理解乘数的作用,这对你理解政策能做什么和不能做什么大有帮助。

总需求和总供给是宏观经济学中经常使用到的重要概念,能帮我们深入洞悉更广泛的经济变化。

ECONOMICS

第 19 章

总需求和总供给

认知目标

1. 解释总需求变化的短期和长期影响。
2. 解释总供给变化的短期和长期影响。
3. 描述政府可以用来抵消供给和需求冲击的政策选择。

引例 "热门!"造就泡沫

美国房价在 2000~2007 年上涨了一倍多。看到房价上涨，银行开始更多地发放按揭贷款，甚至给没有足够收入、不能按时偿付定期贷款的人放贷。银行实际上是指望在这些"次级"客户陷入困境时，贷款可以从出售房屋的利润中得到偿还。

当房屋所有者看到房屋在增值时，他们变得很兴奋，开始把钱花在其他地方，例如新车、新厨房或在假日购物挥霍。经济在短期内开始升温。

不幸的是，房地产繁荣变成了一个所谓的资产价格泡沫的例子。当人们购买房产资产只是因为他们认为价格将会继续上升时，泡沫就发生了。当然，购房者也有很多理由为房子花那么多钱。例如，你愿意花钱在你中意的地段买自己喜欢的房子。然而，在房地产繁荣时期，很多人愿意支付高价，只是因为他们认为价格会持续上升，届时他们就能够通过出售来获利。

但是，不可避免的是价格会停止上升。在 2007 年年底到 2009 年年中，房价下降了 25%。银行发现许多客户无法偿还他们的购房贷款。突然间，银行曾急切放的"次级贷款"成了一个巨大的负担。更糟的是，在很多情况下，房子现在的价值甚至低于银行发放的贷款；因此，即使收回或者占有借款者的房子也无法弥补这一缺口。

面对巨额亏损，银行收紧各种信贷。现在，不仅购房者发现贷款变得更稀缺、更昂贵，而且企业也开始发现借款更加困难。房屋所有者曾幸福地在其他东西上大量消费，因为他们相信：自己的房屋会增值，而这能使他们为其他的消费买单。然而他们现在突然胆怯了，并停止了购买。廉价贷款的不复存在和消费支出的大幅减少这样的双重打击严重打击了企业。结果是，GDP 下降、失业率上升，经济进入了所谓的大衰退时期。

我们如何描述动荡时期国民经济发生了什么？房价、消费者支出、商业投资和整体经济的健康度之间有什么关联？在这一章，我们将构建一个框架，称为总需求和总供给模型，了解经济作为一个整体是如何运行的。到目前为止，在本书中我们已经看到了在某一特定物品在服务的单个市场中的供给和需求。然而，作为宏观经济学家，我们需要考虑经济中所有的物品与服务。总需求和总供给模型是一种加总所有的方式，我们可以用这种方式描述国民经济的均衡状态。我们将使用这个模型来理解三个重要的宏观经济变量，产出、价格和就业，它们是如何决定的以及它们是如何互相影响的。

这种鸟瞰式的宏观视角，让我们从政策制定者和商人的角度看待经济，他们需要考虑宏观经济变化，并设计宏观策略来回应。当美国总统贝拉克·奥巴马（Barack Obama）在2009年年初就职时，房价暴跌使得经济陷入困境。他面临的首要挑战之一就是政府该如何应对。在本章和下一章，我们将看到什么政策对总统而言是可用的，以及政策如何影响国民经济的状况。

把所有要素加在一起

在前面章节中，我们已经讨论了衡量宏观经济特征的主要工具——产出（GDP）、价格和失业率。但是，经济的这些方面彼此间并不是孤立存在的。相反，它们是一个庞大的、复杂系统的不同方面。对它们如何共同决定经济的健康状况，你可能有一些直观感受。例如，当我们说经济"非常糟糕"时，大多数人会有产量下降和失业率升高的直观印象。同样，你可能会把重要商品的价格暴跌或飞涨（如房屋或汽油的价格飞涨或暴跌）与经济问题联系在一起。

在这一章，我们将依据上面提及的直觉建立一个经济模型。依据GDP和总体价格水平进行描述，模型将说明什么样的经济状态是一个均衡的结果，即所有物品与服务的总需求和总供给相等。从表面看来，这似乎像一个需求和供给的微观模型。在宏观经济模型中，价格是总体价格水平，由所有物品与服务的价格加权平均得到，数量代表GDP，用以衡量经济中生产的所有物品与服务的价值。然而，当我们开始将不同物品与服务加总（累加）为总需求和供给时，新的力量将开始发挥作用。

总需求和总供给模型显示了产出、价格和就业作为单一经济均衡的一部分是如何被联系在一起的。这让我们看到当出现房地产泡沫或自然灾害冲击经济时会发生什么，以及为什么它可能影响这三个测度指标。使用同样的工具，我们可以看到政府政策变化（旨在消除泡沫或灾难的影响）是如何调控这个系统的。

总需求

本节将描绘宏观经济的需求方面。总需求这一术语指的是，经济中所有物品与服务的总需求。这意味着将所有单个市场上的物品与服务进行加总。照字面上看，将完全不同的东西的数量进行加总似乎很奇怪，如加总苹果和橙子。但是幸运的是，我们已经有了一个工具来处理这一问题。在第16章中，我们介绍了国内生产总值的概念，上述加总常通过将经济中所有的物品与服务转化为一个共同的单位（即市场价值）来实现。因此，总需求是根据经济中物品与服务的市场价值来衡量它们的总量。

总需求曲线

总需求曲线（aggregate demand curve）显示了总体价格水平和经济总需求水平之间的关系。当我们画总需求曲线时，价格水平显示在纵轴，产出（或国内生产总值）显示在横轴上。

总需求曲线向下倾斜，就像电视机、理发和其他任何单个物品与服务的需求曲线一样。但这种相似性的原因不像看起来那么明显。例如，当我们画出电视机向下倾斜的需求曲线时，我们假设所有其他商品的价格是保持不变的。因此，需求曲线显示了只有电视机价格下降时电视需求量的变化。但是，对总需求，我们不能总是只改变一种商品的价格，而保持其他商品的价格不变。根据定义，总需求代表所有商品，所以我们关心的是所有商品价格上涨或下跌的情况，价格用物价指数或通货膨胀率来度量。

那么，为什么总需求曲线向下倾斜呢？在第16章中，我们看到国内生产总值由四部分组成，即消费（C）、投资（I）、政府支出（G）和净出口（NX）：

$$GDP = 产出 = C + I + G + NX = 国民支出$$

这四项描述了人们在经济中的全部支出方式，所以总需求和价格水平之间的关系必须反映基于一个或多个支出类别的更深层次的关系。让我们考察一下每个组成部分对整体价格水平的变化如何做出反应。

- **消费**：一般来说，价格水平的变化会改变人们的财富和收入的实际值。总体物价水平的上升意味着给定数量的美元不再能购买同样多的实际物品与服务。因此，按照实际购买力，提高总体物价水平会减少人们的财富。当人们不太富裕时，他们会减少消费，总体价格水平和消费支出之间的负向关系由此形成。这种关系被称为收入效应，它为我们提供了总需求曲线向下倾斜的一种解释。当价格上升时，人们感到财富更少，便想少花钱，导致更少的物品与服务的总需求量。

  特别值得注意的是，如果工资增加和价格的增加完全一样，工资的购买力将保持不变。许多雇主有一个根据通货膨胀增加工资的标准，在这种情况下，财富效应不会发挥作用。但这并不适用于存储在你钱包里、无息支票账户中的现金和其他以美元计价的资产，它们的价值不一定随着通货膨胀而增加。所以，即使工资与价格水平同步增长时，大多数人的实际财富还是会减少，并导致消费下降。

- **投资**：当价格上涨，利率（粗略地说，即借贷的价格）也会上升。更高的利率使企业贷款更昂贵，这意味着它们将减少对于新工厂和资本的投资。（我们将在第 21 章里回顾这个概念）。借贷成本的增加间接导致了价格水平和投资支出间的负向关系。

- **政府支出**：大部分的政府支出独立于价格水平之外。即使价格上升和下降，政府仍然需要花费大致相同的钱在社会保障和政府员工的工资上。因此，政府支出对总需求曲线向下倾斜的特征没有贡献。

- **净出口**：当美国的价格水平上升，假定其他国家价格水平保持不变，美国的商品将比其他国家的商品更昂贵。所以，我们预计美国进口将增加、出口将减少。这意味着，当价格水平提高时，净出口（出口减去进口）会减少。这意味着价格水平和净出口负相关。

我们了解到了什么？价格水平与国民支出四个组成部分中的三个（C、I 和 NX）负相关，并和第四个组成部分（G）没有关系。当我们整合这些信息，我们得到总体价格水平和国内生产总值总体支出负相关的结论。换句话说，总需求曲线向下倾斜，如图 19-1 所示。

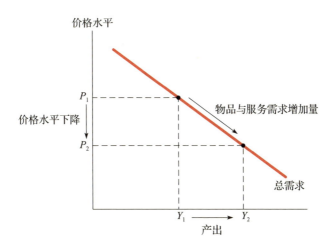

图 19-1　总需求曲线

总需求曲线的移动

价格变化导致沿着总需求曲线的移动。例如，当我们看到价格水平上升时，收入效应驱使人们减少消费，整体产出下降。然而，整个总需求曲线也会移动以应对总需求四个组成部分（消费、投资、政府支出和净出口）任何的非价格变化。这些非价格变化促使曲线向左或向右移动，使得任何给定的价格水平的总需求减少或增加。

国民经济较大的变化有时被描述为总需求曲线的移动。考虑一下房地产泡沫的故事。在 2007 年年底之前，人们对房价的稳步上升充满信心。房屋所有者可以看到他们房屋的价值在增加，这使他们明显感觉自己更加富裕和更乐观。他们开始消费更多，这使得经济中各类企业对它们的前景也有更好的预期。他们开始投资更多。消费者和企业信心提高的总效应使得总需求曲线向右移动。因为更有信心，居民和企业倾向于更多地消费和投资，从而提高了任意价格水平下的总需求，如图 19-2a 所示。

不幸的是，住房价格上涨是一个泡沫，在 2007 年年底破灭了。房价开始下跌，人们开始担心他们不再像自己所认为的那样富有。这种担忧降低了消费者的信心，人们的购买减少。反过来，企业管理者开始担心他们在未来不能售出同样多的物品与服务，所以他们变得不那么愿意投资。综合这两个方面，整个经济的信心下降使得总需求曲线向左移动，如图 19-2b 所示。

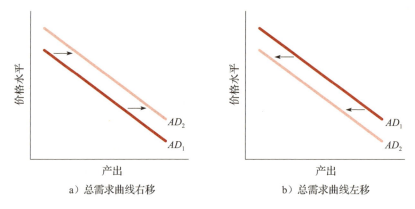

图 19-2 总需求曲线的移动

信心是一个模糊的概念,但房地产泡沫的例子显示,它对消费和投资至关重要。当人们对未来的收入状况预期乐观时,他们可能消费更多。另一方面,当人们担心未来失业或需要支付更高的价格时,他们可能会开始减少消费,增加储蓄以备不时之需。同样的推理还适用于企业:如果企业对经济发展持乐观态度,它们希望更多地投资于新工厂、仓库、机械。但如果经济前景开始暗淡,管理者对扩大和增加产能的兴趣变弱,投资就会减少。增加消费者和企业信心将使总需求曲线向右移动;反之,信心减少会使得曲线向左移动。

政府的一些政策,如税收和政府开支,也可以推动总需求曲线移动。减少消费税可能会增加消费,因为人们能保有收入中的更大份额,因而实际上更富有。消费支出增加使得总需求曲线向右移动。根据同样的逻辑,增税通过给消费者留下更少的钱而抑制消费。高税收将使得总需求曲线向左移动。

政府也会通过自己的支出影响总需求。政府支出通过需求方程中的"G"直接增加总需求。但正如我们将在第 20 章看到的那样,它也会通过鼓励消费者更多地消费而对需求产生间接影响。面对经济衰退,政府可以增加支出以使总需求向右移动。例如,这个策略可能意味着联邦高速公路的建设、更多的军事支出或教育支出增加。相反,如果政府在经济衰退期间大幅削减财政支出,它将面临总需求减少的风险,在这种情况下,总需求曲线会向左移动。

表 19-1 列举了几个会导致总需求曲线移动的例子。中间一列对应着会增加总需求的因素,它们使得总需求曲线向右移动。右边一列表示的是降低总需求的因素,它们将使得总需求曲线向左移动。

表 19-1 什么使得总需求曲线移动

类别	增加（向右移动）	降低（向左移动）
消费	• 对未来收入的高期望使消费支出增加 • 减税使消费支出增加	• 对未来收入低期望使储蓄增加，消费支出减少 • 高利率抑制借贷
投资	• 对未来经济的信心使企业扩大经营 • 对小企业的税收抵免鼓励企业购买新的公司汽车	• 企业减少支出以应对衰退 • 资本税增加，投资资本减少
政府支出	• 政府支出增加刺激了衰退之后的支出	• 为应对与债务增加相关问题减少政府支出，导致支出减少
净出口	• 与欧洲的新自由贸易协定减少了大多数关税和其他对美国商品的限制条件 • 中国经济增长增加了对美国物品与服务的需求	• 其他国家提高对美国商品的关税，使得这些商品价格更高 • 美元走强，使得美国物品与服务对国际消费者而言更昂贵，需求减少

当经济因消费者信心下降而大幅下滑时，政治家经常试图通过鼓励人们花更多的钱来使经济恢复运转。但是，在经济较好的时期，他们会给出完全不同的建议，正如下面换个视角专栏所述。

换个视角　存钱……不，花钱

当奥巴马在 2009 年 1 月开始他的第一个总统任期时，美国家庭都感到了压力。由于担心未来，他们削减支出并开始存更多的钱。从个体层面上看，在经济困难时期储蓄是一个好主意。但不幸的是，经济的整体健康程度与人们的支出水平紧密相连。事实上，美国超过 70% 的 GDP 来自消费支出。正因为如此，奥巴马在 2009 年大衰退中期向国会发表演讲时指出，复苏的最佳路径是每个人都多花一点：

这就是所谓的"刺激"。这不是帮助银行，而是帮助人民。因为当可以获得贷款时，年轻的家庭将可以买一个新房子。随后一些公司将雇用工人建造它。然后这些工人就有钱可以消费，如果他们能获得贷款，也许他们会买辆车或开办自己的公司。投资者也将重返市场，美国家庭将再一次看到他们的退休有所保障。虽然缓慢，但毫无疑问，信心将重新树立，我们的经济也将恢复。

而在这 5 年前，美国消费者听到的却是截然不同的声音。在 2004 年的一次演讲中，联邦储备委员会副主席罗杰·弗格森呼吁家庭停止消费，开始更多地储蓄。他解释说，这种储蓄意味着银行有更多的资金贷款给美国公司：

对美国的长期福利而言，没有什么比确保高水平的生产率增长更重要了。生产率增长需要足够的投资。目前外国储蓄是可用的投资资金的来源，长远来看，如果我们能增加家庭和政府储蓄的数量，消除国内投资与国民储蓄之间的差距，这在经济上将更加有利。

为什么决策者相隔五年后给出了完全不同的建议？在这两次演讲之间的数年，美国经济大幅变动。2004年，经济状况很好。美国公司急于投资，这意味着借钱，但因为美国家庭储蓄太少，国内投资资源是稀缺的。当年建议的逻辑在于：如果家庭储蓄更多，银行会有更多的钱用于贷款，公司将会有更多的投资扩大它们的业务。

不过，到2009年，美国经济处在一个艰难的时期。消费者消费萎靡。这种支出的缺乏意味着公司不再对借款投资感兴趣。如果能说服家庭更多地花费而不是储蓄，总需求曲线会向右移动。现在的逻辑是：当公司发现需求增加时，它们就会雇用更多的人再次投资，消费者支出将使得经济复苏。

在这两种情况下，这些建议的目的都是改善经济的状况。当光景好的时候，储蓄是有意义的，它帮助企业进行必要的投资以确保安全的未来。当不景气的时候，额外支出可以帮助经济突破常规，走向复苏。

资料来源：http//www.federalreserve.gov/boarddocs/speeches/2004/20041006/default.htm; http://www.whitehouse.gov/the_press_office/Remarks-of-President-Barack-Obama-Address-to-Joint-Session-of-Congress/.

总供给

既然我们已经描述了经济的需求方面，现在我们将转向另一面。总供给（aggregate supply）是经济中所有公司产出的总和。当技术、资本、劳动力这些投入要素组合在一起生产时，产品就被生产出来。

总供给曲线（aggregate supply curve）显示的是经济中总体价格水平和企业总产量（产出）之间的关系。总供给曲线类似于单个市场上的供给曲线，但二者存在两个关键的区别：

(1) 总供给曲线代表经济中的总体产量而不仅仅是一个物品或服务。

(2) 在宏观经济层面，经济在短期和长期内的运行是有区别的。

由于短期和长期的区别，实际上存在两个不同的总供给曲线：一个是描述长期总供给的，它被称为长期总供给曲线（LRAS）。另一个是描述企业在短期内如何决定生产多少的，它被称为短期总供给曲线（SRAS）。总供给曲线是显示经济中总体价格水平和企业总产量（产出）之间关系的曲线。

长期总供给和短期总供给的区别

为了理解这两条总供给曲线，我们需要探索经济在短期和长期的区别。

短期总供给。短期是指公司每小时、每天、每周必须做出的决定。如果你经营一家快餐汉堡店，短期决策包括选择这一周你想要订购多少牛肉和生菜，你想让每个员工在这一周工作多少小时。选择这些投入，实际上是在决定想生产多少食物。

在短期内，总供给曲线向上倾斜，如图19-3所示。这意味着随着总体价格水平的上升，公司愿意生产更多。为什么如此呢？因为最终物品或服务的价格（比如汉堡）比投入要素的价格增加地更迅速。所以，汉堡连锁店收入增加的速度超过成本，因而想要生产更多。其中的关键思想是：当价格水平增加，投入价格并不会全部立即增加。相反，某些价格是"黏性"

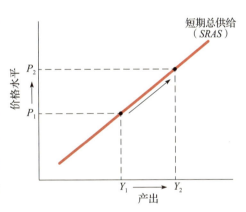

图 19-3　短期总供给曲线

的，即它们会慢慢地调整以应对经济的变化。工资就是一个典型的例子。要理解为什么黏性工资会导致短期总供给曲线向上倾斜，我们考虑一下价格水平的突然增加。由于产品价格更高，公司将获得更多的收益。然而，工资不会马上调整。在短期内，汉堡店可以获得更高的利润，因为收入增加了而劳动力成本没有增加。由于工资黏性，公司将准备雇用新工人，并生产更多。

当最终产品的价格迅速改变时，为什么投入价格是黏性的？合同或非正式约定使工资和其他投入的价格具有黏性。例如，许多公司每年重新评估一次工资；有工会组织的公司通常有正式的劳动合同，工资的调整往往数年一次。如果一个员工想要更高的工资，或者雇主想要实现减薪，他们将不得不等到下一个时期或合同到期时。通常情况下，原材料供应也是同一道理。例如，一个快餐连锁店与牛肉供应商签订的合同可能约定了未来一年的牛肉价格。

尽管要素投入价格通常是由合同确定的，最终商品的价格却很少由合同确定。例如，一个快餐店不可能要求客户签订一个长期合同，以确定其一年内购买指定汉堡和薯条的数量。相反，只要客户饿了，他们就会点一个汉堡，并按当前的菜单价格付费。为了改变价格，快餐店只需简单地改变菜单。尽管最终产品的价格并不总是那么容易改变，但是一般来说，我们假设改变最终产品的价格远比改变投入要素的价格要容易。

长期总供给。现在让我们看看长期。首先要知道的是，长期并不是一个设定的时间，如一年、两年，甚至 10 年。相反，它是投入要素的价格，如工资、租金和原材料等，进行调整以完全适应经济环境变化的影响所需的时间。在长期，一个汉堡店可以协商店铺租金、雇用新员工、谈判新工资。

宏观经济学中短期和长期之间的调整过程不同于我们在微观经济学中所学到的。在微观经济学中，我们关注个人市场，其中的关键是数量调整问题。一些成本是固定的，因为投入的数量在短期内不能调整；其他是可变成本，因为其投入量在短期可以很容易地调整。依据汉堡店的例子，油炸锅和热灯等基本设备在短期内是固定成本，但从长期来看，可以购买并安装新设备。与此形成鲜明对比的是，牛肉的用量更可能是一个可变成本，会随每周汉堡的销量增加或减少。

在宏观经济学中，重点是总体经济价格的调整时间，而不是一个公司调整数量的灵活性。长期供给曲线的形状如何呢？让我们回到汉堡店的例子。在短期内，汉堡店的所有者由于收入上升、成本不变而赚取到额外的利润。但这种情况不可能永远持续下去。鉴于商品现在更加昂贵，厨师和收银员会要求更高的工资。根据合同确定的要素投入价格在合同重新谈判时将会增加。

一旦这些要素投入价格调整，汉堡店将不再有更高的利润。它的收入可能更高，但成本同样变高，利润将回到价格上涨之前的水平。这个过程发生在整个经济中。一旦工资和投入成本根据新的价格水平调整，经济将会回到开始的地方。

从长期来看，当投入价格可以调整时，我们的模型显示由消费者支付的物品与服务的价格变化不会影响总供给。长期总供给曲线是一条垂直线，表明在任何价格水平下产出数量相同。

从长期来看，如果不是价格，那会是什么决定产出的供给量呢？长期总供给曲线代表了经济的潜在产出水平，即当经济产能得到充分利用时的可能产出。将长期总供给曲线看作一个生产函数可能有助于我们理解。生产函数显示了社会的自然资源、劳动力和资本组合可以生产的最大产出。一些社会资源产出方式的变化，会导致长期总供给曲线的变化。也许是有新技术发明或发现新的资源，例如一个新的石油矿藏。这个稳步推进长期总供给曲线向右移动的过程（也就是增加潜在产出）是经济增长的主要推动力。

经济并不总是处在潜在产出水平上。有时生产更少，有时更多。这些围绕潜在产出水平的波动我们称为商业周期。当产出高于潜在产出，说明经济处于繁荣时期，当产出低于潜在产出，说明经济正经历衰退。

你可能想知道，我们如何才能产生繁荣呢？在总需求和总供给模型中，短期供给怎样才能超过经济的潜在产出水平？事实证明，在短期内，通过将生产要素的利用超过其常规产能，我们可以得到超过长期潜在水平的产出。例如，如果公司要求工人加班或夜以继日地运行他们的工厂，产出可以暂时超过潜在产出水平。

要理解这是如何起作用的，我们可以想想在学校考试期间会发生的情况。你可以把很多额外的时间用来补习一个测试。通过这样做，你学习的产出将超出你的长期产能。你也可以在期中考试之前的几个星期每天学习 18 个小时，但在整个学期这个安排可能是不可持续的。填鸭式的备考超过了正常时间表是有成本的，这些包括来自担心最终成绩的压力或吃太多垃圾食品，没有得到足够的锻炼、没有足够休闲时间引致的健康成本。一旦考试结束，这些成本将推动你在下学期开始返回一个正常的工作负荷。换句话说，你会回到你的潜在产出水平。

你在考试期间超出能力地学习并因此承担成本。同样，在总供给与总需求模型中，企业也会因超出潜在生产能力而承担成本。当经济产出低于产能，加大生产是很容易的。企业可以雇用失业工人、租用空仓库。在这种情况下，经济产能并没有得到充分利用。由于短期内工资和投入价格是固定的，企业不得不经常支付员工加班费以使他们工作更长时间，或者雇用可能并不能完全胜任这项工作的工人。

最终，当经济超出潜在产能运行时，紧张的劳动力和资本需求将推动价格上涨。被压迫的工人会要求加薪，或离职转向愿意支付更高工资的企业。因此，要素投入价格会上升，利润将会收缩并回到原来的水平，供给也会下降，回到长期水平。短期产出增加，最终将导致长期价格的上升。

短期供给曲线的移动

短期总供给曲线可以移动，例如，当生产成本改变时。考虑一下油价突然上涨的情形。此时公司会感到手头拮据。当石油价格上涨，许多公司会发现生产变得更加昂贵。农民收获和运输他们庄稼时的开销变得更高，运输成本也会拉高购买生产所需的要素投入的价格。由于公司在任何给定的价格水平下都提供更少的商品，这些变化将使得短期总供给曲线（SRAS）向左移动。图 19-4 显示了这种移动。

短期总供给曲线（SRAS）也会随着其他直接影响生产的重大事件（常常被称为供给冲击）发生移动。一个例子就

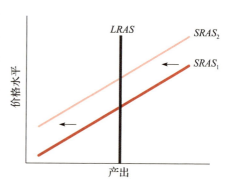

图 19-4　短期总供给曲线的移动

是摧毁电网和农作物的大洪水。对投入品未来价格的预期也将推动 SRAS 移动。例如，如果企业预计石油价格可能会上涨，供应商就会预期未来的投入成本更高。这种预期本身将减少产品的供给量，使得总供给曲线向左移动。

长期总供给曲线的移动

在长期，企业产量取决于可用的投入，无论总体价格水平如何。但这并不意味着长期总供给曲线永远不会移动，它就像一个生产函数：土地、技术、资本和劳动的组合会产生一定数量的产出。对于需要使用这些要素的生产而言，任何可能影响生产的因素都将促使 LRAS 曲线移动，它们包括新技术、交通系统的改善、管理创新等。如果经济的潜在产出扩张，LRAS 曲线将向右移动。反之，如果经济生产能力受损，LRAS 将左移。

表 19-2 给出了一些使得长期总供给曲线移动和变化的例子。

表 19-2　什么使得长期总供给曲线移动

因素	增加（向右移动）	减少（向左移动）
技术	技术变革使采用相同数量投入的产量更大	剥夺知识产权的新法律减少了创新的动机
资本	对工厂和机器的外国投资增加了可用资本	折旧和耗损降低资本
劳动力	移民增加了可用劳动力	人口老龄化使得工人不再是劳动力
教育	普遍的义务教育给了每个人上学的机会	联邦大学资助的减少
自然资源	新能源使得企业采用相同数量的投入而产量更大	持续的气候变化减少了可耕种的土地数量

注：通过改变经济中的潜在产出水平，多种因素会导致长期总供给曲线移动。

长期总供给曲线和短期总供给曲线总是一起移动吗

长期总供给曲线和短期总供给曲线总是一起移动吗？答案是否定的。一方面，所有使得 LRAS 曲线移动的因素也将引致 SRAS 曲线移动。其原因是决定 LRAS 位置的可用生产要素和技术也将影响短期供给。例如，在过去的 20 年中，互联网的传播使 LRAS 和 SRAS 都发生了移动。

然而，反之则不成立。不是所有使 SRAS 曲线移动的因素都将推动 LRAS 曲线移动。具体来说，对未来价格水平变化的预期只影响 SRAS 曲线。在我们讨论为什么会如此之前，下述提醒将会有所帮助：尽管这种情况也包括价格水平，但是它却促使总供给曲线移动（总供给的变化），而不是沿着曲线移动（总供给数量的变化）。为什么？因为我们关注的是预期价格的变化，而不是实际价格的变化。无论是在短期还是长期，引致沿曲线移动的因素一定是实际价格的变化。

另一方面，对价格的预期只是对未来的猜测。这些预期会影响企业的生产计划。企业并不希望因为成本的变化而措手不及。当它们预期价格在未来某个时刻上涨时，同时也会想到工人们会要求更高的工资以适应生活成本的上升。因此，企业将减少任何一个价格水平下的产出，SRAS 曲线将会向左移动。

为什么预期价格的变化不会引致 LRAS 曲线的移动呢？我们可以通过两种方式来分析这一问题。第一种方式来自我们对 LRAS 的定义，它表示为生产函数，位于经济的潜在产出水平上。唯一可以使长期总供给曲线移动的是那些影响我们如何生产的因素，如劳动的数量、资本、土地等自然资源和技术。预期价格并不包括在生产函数中，因而它不能导致长期供给曲线的移动。第二种方式是考虑我们对长期和短期的定义。从长期来看，预期已完全被纳入诸如价格水平这样的经济变量中。鉴于已经充分考虑到了我们的预期，就不会发生移动。

当我们提及会促使 LRAS 和 SRAS 移动的各类因素以相同的方式作用时，不管我们如何看待它，预期价格的变化都只会引起 SRAS 的移动。只有在短期，价格的预期上涨会使得 SRAS 向左移动；在长期，这些预期已经完全纳入考虑之中，所以 LRAS 曲线根本不会改变。如果这些变化不能影响经济中工人的数量、资本的规模、土地的面积和技术，它们也不会影响 LRAS 曲线。从长期来看，价格将会完全适应政策或预期的任何变化。

经济波动

现在我们有了一个完整的国民经济模型的所有构成部分——总需求、短期总供给、长期总供给，此时可以把它们组合在一起了。

在总需求等于总供给的点上，国民经济达到均衡。短期均衡在总需求和短期总供给曲线的交点实现。然而，长期均衡时，总需求曲线与长期总供给曲线和短期总供给曲线相交于同一点。这意味着，当前的价格为预期价格，此时的短期产出水平和长期潜在产出是一样的。图 19-5 显示了宏观经济均衡：AD、LRAS 与 SRAS 的交点给出了相应的均衡价格和均衡产出。

各种冲击会推动经济偏离长期均衡。这些冲击可以改变总需求曲线或短期总供给曲线，导致经济在短期内偏离潜在产出水平。

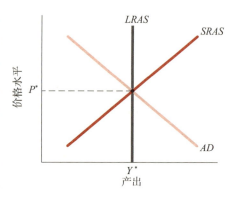

图 19-5　宏观经济模型

在长期，价格将会调整，经济将会回归到长期均衡状态。实际上，我们并不能立即断定某一特定冲击是否会引起总需求曲线或总供给曲线的移动。在本节中，我们将展示供给冲击和需求冲击对产出和价格产生的不同影响，这可以帮助我们区分它们。

总需求改变的影响

让我们回到房地产泡沫的例子。2000~2007 年，房价上涨，拥有房屋的人觉得他们的财富越来越多。消费者对整体经济的信心倍增，消费增加。在本章前面的内容中，我们看到，消费增加使得总需求曲线向右移动。这在短期和长期内将如何影响经济呢？

图 19-6a 展示了在房地产泡沫期间，消费的增加在短期内如何影响经济。当总需求曲线向右移动，短期均衡点就由 E_1（AD、$LRAS$、$SRAS$ 曲线的交点）变为 E_2（新的 AD 曲线和 $SRAS$ 曲线的交点）。点 E_2 显示了房地产繁荣的影响：产出高于长期潜在水平，价格也会上涨。

点 E_2 是一个均衡点，但这只是一个短期的均衡。我们是怎么知道的呢？长期均衡是由经济中的生产要素决定的，但消费的增加并没有引起用于生产的土地、劳动、资本的任何变化。因此，我们知道 $LRAS$ 曲线没有移动。

经济又是如何回到长期均衡的呢？$SRAS$ 曲线必须再次移动，以使经济恢复到长期均衡状态。正如我们将看到的，这是我们的模型偏离房地产繁荣时期的现实的地方。如果经济自然下行，工资和其他资源的价格会因通货膨胀而逐渐增加，并导致企业的投入成本增加，从而改变总供给。随着合同的谈判和工资的增加，$SRAS$ 曲线会逐渐向左移动直到恢复均衡，如图 19-6b 所示。

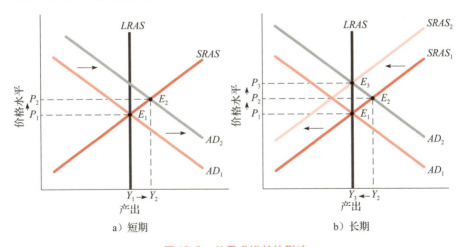

图 19-6　总需求增长的影响

如果比较图 19-6b 中的 E_1 点和 E_3 点（从最初的长期均衡到新的长期均衡），你会发现产出没有改变，但价格水平上升。在短期内，当其他条件均保持不变，由消费者信心的增强引起的总需求曲线移动会提高价格，增加产出。而在长期，产出将回到初始水平，唯一的变化是价格的上涨。

当遭受使总需求向左移动的负面冲击时，经济情况正好相反，如图 19-7 所示。例如，假设经济一直处于均衡状态。然后，房价突然崩溃。消费者信心坍塌、消费锐减，并导致总需求曲线向左移动。在短期内，如图 19-7a 所示，产出将低于潜在产出水平。然而，这种变化对价格形成下行压力。随着价格调整和投入变得便宜，企业将增加它们的产出，使 SRAS 曲线向右移动，如图 19-7b 所示，新的长期均衡将在原来的产出水平上，但价格更低（E_3 点）。

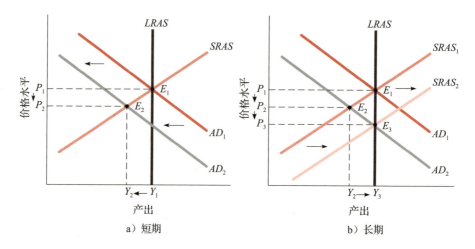

图 19-7 总需求减少的影响

表 19-3 总结了总需求变化的短期和长期影响。关键要点是在长期，需求变动只会引起价格水平的变化，产出最终会回到长期潜在水平。

表 19-3 总需求的长期和短期变化

移动	举例	短期	长期
总需求增加	政府支出增加：G 增加	产出增加，价格上升	产出不变，价格上升
总需求减少	消费者信心下降：减少 C	产出减少，价格下降	产出不变，价格下降

2007 年房产泡沫的破裂对美国经济产生了深远的影响。这一冲击也迅速波及全球。连锁反应之一是美国人民寄往国外的钱减少了，就如专栏现实生活里阐述的一样。

现实生活　经济衰退和侨汇

下次你去医院，看看是谁在那里工作。你可能会看到一位来自菲律宾的护士、从俄罗斯来的医生或来自印度的 X 射线技师。当人们搬来美国工作，他们经常寄钱回家以养活他们的家庭。这样的资金流动被称为侨汇，而且它们通常是大额的。例如，在菲律宾，大约 10% 的 GDP 来自汇款。家庭利用这些汇款来消费更多的物品与服务、投资创业。

移民工人会像国内的工人一样受到经济的影响。当衰退来临，他们可能会失去工作而不能寄钱回家。侨汇的减少会导致移民者母国的消费和投资下降，这将通过总需求曲线的左移影响其国内生产总值。

这就是 2008~2009 年经济衰退期间发生的情况。在欧洲和美国这两个大量雇用移民的地方，失业大幅增加。和当地工人一样，移民工人受到了经济低迷的影响。2008 年，来自拉丁美洲和加勒比地区的移民工人向家庭汇款近 690 亿美元。这个数字在 2009 年下降到了 640 亿美元，下降接近 8%。在菲律宾，2006 年的侨汇在本国 GDP 中的占比超过 13%，而到 2007 年和 2008 年，这一占比降为 11%。在今天这个经济全球化时代，一个国家的冲击可以轻易地波及全世界。

资料来源：http://blogs.worldbank.org/eastasiapacific/remittances-and-the-philippines-economy-the-elephant-in-theroom；www.oecd.org/dataoecd/48/8/42753222.pdf.

总供给变化的影响

经济中其他类型的冲击可能来自供给方面。供给方面的冲击可以是临时的或永久的。当这种变化是暂时性的，只有 SRAS 曲线会发生变化。当变化是永久性的时，LRAS 曲线和 SRAS 曲线都会发生变化。

让我们首先考虑暂时性冲击的情形。假设中西部有一个长达一年的干旱，大量的玉米受害。这种冲击将使得 SRAS 曲线向左移动，如图 19-8a 所示。经济将从长期均衡点 E_1 移动到新的短期均衡点 E_2。价格会更高，而产出将会降低。此时，经济将如何调整呢？

产出减少而价格增加的情况通常被称为滞胀（stagflation），即经济停滞加上高通货膨胀。这个短期均衡的调整并不容易。工资的下降会有帮助，但员工通常不愿意接受较低的工资。我们说工资通常具有"向下黏性"，这意味着工资下降需要耗费很长的时间。黏性的投入价格使经济停留在这一不良均衡状态下。

当经济在低于潜在产出的水平上生产且工资下降缓慢时，公司将减少雇用，失业率因此会高于自然失业率。如果失业率居高不下，工资最终将开始下降。随着劳动变得便宜,公司的生产成本将减少。短期内总供给曲线又会向右移动,如图 19-8b 所示。最终,成本将下降到能够使 SRAS 回到初始水平的点,经济会回到原来的长期均衡(E_1 点)。从长期来看,价格和产出都回到它们初始的水平。

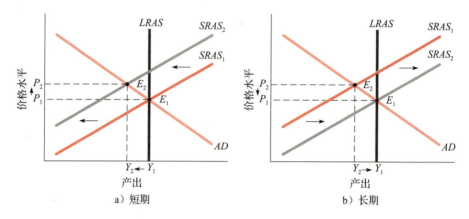

图 19-8　短期总供给减少的影响:中西部干旱

现在,我们考虑持久的供给冲击。假设发生的不仅仅是短期干旱,而是灾难性的气候变化,使得美国中西部农民收获的玉米和其他作物远不及当前。由于中西部是美国的粮食主产区,其他土地不可能弥补这一损失。由于损失了一种生产要素(本例中即土地),LRAS 线将向左移动,如图 19-9a 所示。

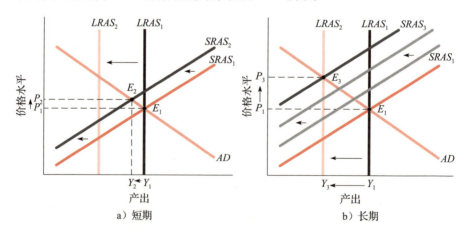

图 19-9　长期总供给减少的影响:气候变化

这一变化在短期内也有影响。中西部的玉米种植对整个经济的商品生产非常重要。从你早餐吃的谷物到汽车所加的汽油,都可能包含一些玉米或由玉米加工而成的产品。食物和其他商品价格的上涨意味着生产成本将上升，从而 SRAS 曲线向左移动。

SRAS 曲线可能不会立即移动到新的长期均衡点；在短期内，均衡点只会移动到 E_2。然而，只要价格超出长期均衡价格水平，SRAS 曲线将继续向左移动，如图 19-9b 所示。这一过程将持续进行，直到经济达到一个新的长期均衡点（E_3 点）。在新的均衡点上，价格更高且潜在产出水平更低。

比较需求冲击和供给冲击

总需求/总供给（AS/AD）模型是理解整体经济状况和制定政策以应对冲击的一种强有力的工具。然而，成功的经济政策关键在于能够区分需求和供给冲击。如果应用的政策旨在对抗某一冲击，但事实上发生的是另一种冲击，这就可能使情况变得更糟。

使用总需求/总供给模型来分析经济事件时常面临两个主要挑战，本节就来分析这两个主要挑战。第一，如果你发现一个特定的冲击，你能说出它将会影响经济的哪些方面吗？第二，如果你观察到经济变化，你能找出是什么类型的冲击造成的吗？

首先，考虑冲击会通过哪些途径影响经济，以及它们在经济中扮演什么角色。例如，油价上涨会影响使用石油生产商品的企业。这意味着油价的变化将是形成对经济供给方面的冲击。因为冲击与价格相关，而不是与真正的生产要素本身相关，它只会影响短期总供给曲线，而不影响长期总供给曲线。相比之下，如果你看到一种冲击会影响消费者和政府支出，它很可能会影响消费，因此表现为需求方面的冲击。

表 19-4 显示了需求和供给冲击的一些示例。对于每一个冲击，思考哪些人群会受到冲击的影响，是需求冲击还是供给冲击，是长期冲击还是短期冲击。

当从另一个方向进行思考时，从对经济的影响找出原因，那么就可以对不同类型的冲击是如何影响价格和产出这一问题进行明确预测；这能为主要冲击是什么这一问题提供线索。例如，在短期内，产量下降可能是由于总需求减少

表 19-4　比较需求冲击和供给冲击

事件	何种冲击
暂时性的油价上涨	短期供给冲击
技术创新	长期供给冲击
消费者信心下降	需求冲击
移民突然增加	长期供给冲击

或短期总供给减少：回顾并比较显示短期总供给减少的图 19-8a，以及显示总需求减少的图 19-7a。因此，为了区分需求冲击和供给冲击，我们需要清楚价格发生了什么变化。需求方面的冲击将降低价格水平；供给冲击将提高价格水平。所以，经济产出下降和价格降低表明需求减少。而另一方面，一个经济体的产出减少和价格增加可能是供给冲击。

有时，可能还需要理清叠加的复杂的冲击组合。例如，2007 年美国房地产泡沫破裂时，银行和其他金融机构面临由于不良贷款带来的巨额亏损。它们需要弥补这些损失，再加上对经济的悲观情绪的加剧使它们不愿意贷款给企业。对企业而言，借款变得越来越难也越来越昂贵。经营成本的增加是一个短期供给冲击，它使得短期总供给曲线向左移动。房地产泡沫破灭后，消费者减少了开支，这是最重大的需求冲击。需求冲击导致经济的产出水平进一步缩减。

需求和供给方面的冲击在长期的影响并不同。从长期来看，需求冲击会导致价格水平的变化，因为短期内供给曲线将移动以恢复长期均衡产出水平。一个供给方面的冲击，并不会引起长期价格水平的变化。例如，如果短期内供给曲线向左移动，价格将调整并重回长期的均衡。

在表 19-5 中，我们总结了供给和需求冲击的区别。

表 19-5　需求冲击与供给冲击

供给还是需求	积极冲击	消极冲击
需求方	**短期**：产出增加，价格上升	**短期**：产出下降，价格下降
需求方	**长期**：产出不变，价格上升	**长期**：产出不变，价格下降
暂时性冲击：供给方	**短期**：产出增加，价格下降	**短期**：产出下降，价格上升
暂时性冲击：供给方	**长期**：产出不变，价格不变	**长期**：产出不变，价格不变
永久性冲击：供给方	**长期**：产出增加，价格下降	**长期**：产出下降，价格上升

阅读现实生活专栏，通过一个经济探索研究的例子。梳理所观察到的经济影响是供给还是需求的移动引起的。

现实生活　神户地震和总供给

1995 年 1 月，一次大地震撼动了日本的港口城市神户，许多人失去了生命，建筑和基础设施被摧毁。日本股票市场的价值大幅跌落。这是世界经历的最昂贵的自然灾害之一，最终日本遭受的损害相当于其 GDP 的 2.5%。

然而，令人惊讶的是，灾后只用了 15 个月，日本制造业就恢复到地震前水平的 96%。那么，总供给和总需求模型能在多大程度上解释日本经济的复苏呢？

普渡大学的一位经济学家乔治·霍里奇研究了这个问题。地震摧毁了大量的资本，所以我们预计短期总供给曲线左移。这种移动将推高价格水平，减少产量，增加失业。然而，当霍里奇看到数据时，他惊讶地发现，价格水平相对稳定，就业保持不变。

我们如何用总供给和总需求模型的预测来匹配现实数据？在神户有两种可能：要么是总供给曲线在地震后的几个月里迅速移回，要么总需求曲线向外移动。我们有一个方法可以找出到底发生了什么。如果发生了总需求的增加，价格水平将会增加。但数据显示，价格水平保持不变，甚至下降。这表明，总需求并未变化。

相反，霍里奇认为，总供给曲线向外移动。

虽然神户的损失是严重的，但是通过重新安排可以使用的资源，日本经济似乎能够适应这种非常大的冲击。在这个调整的过程中，总供给曲线向外移动，经济回到原来的位置。日本针对神户地震的反应向我们讲述了这样的事实：宏观经济有时会以令人惊讶的速度迅速调整，即使是遇到大的供给冲击时，也是如此。

资料来源：George Horwich, "Economic lessons of the Kobe earthquake," *Economic Development and Cultural Change* 48, no. 3 (April 2000), pp. 521-542.

公共政策的作用

经济完全适应需求和供给冲击需要花很长时间，对经历价格调整和失业的人们而言，等待调整往往是很不舒服的。当经济经历衰退时，选民经常会呼吁政客们做些什么。在以后的章节中，我们将通过财政政策和货币政策更详细地分析政府在经济中的作用。现在，我们考虑政府为了使经济走出衰退可以采用的一种手段——政府支出。

政府支出以应对消极的需求冲击

想象一下，经济变得更糟糕了：报纸充满了关于房价下跌、大规模裁员和工厂倒闭的报道。随着坏消息持续的袭来，消费者信心下降，消费减少。这些变化使得总需求曲线左移，产出和价格水平下降。

政府可以通过提高政府支出应对这些消极的需求冲击。正如我们所见，增加政府支出的影响使得总需求曲线向右移动。对决策者而言，目标是利用积极的总需求抵消负面冲击，并使需求曲线恢复到初始位置。

然而，这并不容易做到。在实践中，很难衡量政府支出在总需求中的总体效果。更糟糕的是，支出恰好能使总需求恢复到原来水平的完美政府政策是罕见的。

长期会怎么样呢？我们知道，任何需求冲击都不能影响长期产出。根据我们的模型，如果政府什么都不做，最终价格将向下调整直到产出上升到原来的水平。这将通过供给方面的改变得以实现，由于更低的价格降低了生产成本，导致总供给曲线向右移动。

当政府增加支出来刺激经济时，最终的结果会略有不同。在本例中，因为政府政策只获得部分成功，经济在达到长期均衡之前还会再调整。调整过程与以前一样，除此之外，现在，SRAS 不会像政府没有采取行动时移动得那么多。最后，政府增加开支的长期影响是使产出水平恢复到之前的水平，但价格水平略高于政府没有行动时的价格水平，其他一切不变。结果是给定收入或财富，人们可以购买的少了。为应对经济衰退而制定政策时，政府需要在加快调整速度和导致更高价格之间进行权衡，这是一个巨大的挑战。

政府支出以应对消极的供给冲击

现在想象一个短期供给冲击：一场可怕的干旱使玉米收成减少了80%。短期总供给曲线已经向左移动，如图 19-10a 所示。现在经济位于 E_2 点：产出水平下降，价格上涨。在这种情况下，决策者陷入了困境。如果他们选择什么也不做，经济将会陷入一段时间的高价格和低产出（滞胀）状态。现在，想象一个价格上涨但有着大量失业和低产出的时期。这是一个非常难以摆脱的状况。记住，价格可能是"黏性"十足的，特别是当它不得不向下调整时。

政府可以不等待总供给曲线移回右边，而是选择增加政府开支以使总需求曲线移动。这一行动和效果可以在图 19-10b 中看到。随着总需求的移动，经济移动到一个新的短期均衡 E_3 点。这种移动在解决低产出和失业率问题的同时，也使实际价格变得更高。

在这两个例子中，政府干预的长期结果是更高的价格和相同数量的产出。那么，为什么政府还会选择干预呢？一个原因是担心经济复苏的速度。没有政府支出的增加，调整可能是一个漫长而痛苦的过程。此外，较低的价格并不总是一件好事。价格下跌，称为通货紧缩，也会带来了另一个经济上的挑战。

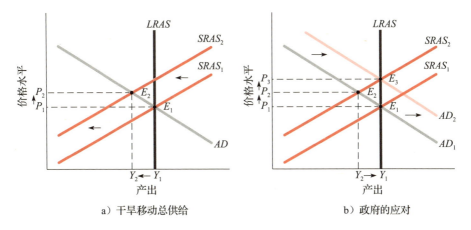

a）干旱移动总供给　　b）政府的应对

图19-10　政府应对消极的供给冲击：中西部严重的干旱

底线就在于政府支出是一个用于解决短期需求冲击的短期的政策行为。在应对负向供给冲击方面，政府支出就没么有效了，但政治压力有时会驱使政府在没有好的方案时，也要行动。

总　结

在这一章中，我们创建了一个整体经济的模型。该模型相当简单，然而意义重大；它能够帮助我们理解是什么导致宏观经济的重要结果，例如价格、失业和GDP等。

总需求和总供给模型将经济分为两个方面。需求方面由经济中的所有支出构成：消费、投资、政府支出和净出口。总需求曲线描述总体价格水平和经济总需求之间的关系。在经济供给方面，总供给曲线描述总体价格水平和经济生产总量之间的关系。

从长期来看，产出由生产可用的投入和将投入转化为产出的技术所决定。从长期看，价格水平和产出水平没有关系。在短期内，经济通过增加或减少产出水平以应对价格的变化，所以短期总供给曲线是向上倾斜的。长期均衡位于总需求曲线和长期总供给曲线的交点处。

如果使用总需求和总供给模型来理解2007年房地产泡沫破裂后席卷美国的经济衰退，会看到总需求曲线向左移动。我们用它来理解政府的反应，一揽子刺激计划的目的是使总需求曲线向外移动，最终刺激产出和就业。在第20章，我们将更深入地讨论应对经济冲击的政策，探讨支出与税收的不同影响。

1. 解释总需求变化的短期和长期影响

当总需求面临积极的冲击，在短期内价格和产出增加。最终，投入品价格和工资赶上增加的价格水平。SRAS曲线慢慢向右调整；最后，在减少产出的同时进一步抬高价格。最终结果是，产出回落到初始水平，价格高于初始水平。消极的冲击使得总需求向左移动。价格和产出下降。SRAS曲线向右调整使得产出回到初始水平，但价格将会进一步下跌。

2. 解释总供给变化的短期和长期影响

总供给曲线描述经济的总供给和价格水平之间的关系。任何影响生产要素或技术水平的因素都会影响长期总供给曲线与短期总供给曲线；这种移动是一个永久性的供给冲击。任何影响投入品价格和经营成本的都将影响短期总供给曲线，但不影响长期总供给曲线，这种移动是暂时性的供给冲击。当有一个暂时性的供给冲击，价格水平和产出在短期内改变，但从长期来看不变。对于永久性的供给冲击，价格水平和产出在长期也将改变。

3. 描述政府可以用来抵消供给和需求冲击的政策选择

根据冲击的类型，政府可以选择增加或减少政府开支作为回应。政府经常选择主动出击，而不是等待经济被冲击后进行自我调整。总需求不足可以通过增加支出来纠正。对于总供给也一样，但是在这种情况下政府应该格外谨慎。即使没有冲击，从长期来看增加政府开支也会抬高的价格。

批判性思考

1. 假设一个国家正处于经济繁荣且有着巨额预算盈余的时期。政府宣布由于经济状况较好，大型减税的时机已经成熟。赞成和反对这个提议的理由是什么？
2. 假设一个国家处于严重的经济衰退、高失业率和巨额政府赤字时期。政府宣布在这样的状况下政府有义务"勒紧腰带"，削减开支，这样全国各地的许多家庭都会做同样的事情。你和总统的意见一致吗？为什么或者为什么不呢？

3. 假设股市崩盘使人们的财富减少了。
   a. 说明在短期内价格水平和产出会如何?
   b. 假设政府不采取任何行动帮助经济。从长期来看价格水平和产出会如何?
   c. 相反,假设政府决定采取行动来帮助经济。你会建议采取什么行动?为什么?
   d. 如果政府使用适当的应对政策,从长期来看价格水平和产出会如何?
4. 假设中西部地区夏季天气极好导致玉米、小麦和大豆收成创纪录。
   a. 说明在短期内的价格水平和产出会如何变化?
   b. 假设政府不采取任何行动帮助经济。说明从长期来看价格水平和产出会如何。
   c. 如果政府对收成创纪录的回应是增加税收或减少支出,从长期来看,价格水平和产出会如何?
   d. 政府增加税收或减少支出回应收成创纪录的问题是什么?

ECONOMICS

第 20 章

财政政策

认知目标

1. 阐述紧缩性财政政策与扩张性财政政策的区别。
2. 解释财政政策如何消除短期经济波动。
3. 讨论政府面临的主要财政政策挑战,以及自动稳定器如何随经济变化自动调整财政政策。
4. 计算由支出和税收形成的财政乘数,并解释二者不同的原因。

引例　从房产泡沫到大衰退

2008年，警报四起：失业率在攀升；企业信心指数下降；经济进入衰退期。如果美国政府能有所作为，该如何行动以提振经济呢？

民主党认为，增加政府支出能快速激活经济。为了实现这一目标，民主党提倡建设工程和其他公共投资计划，意图以此来创造美国社会急需的就业机会。而共和党认为，就像面临资金困难的个人所采取的行动一样，处于困难时期的政府应当紧缩开支。共和党偏好降低税收的解决方案。税收减少，人们便能保留更大份额的收入。共和党希望通过这种方法鼓励人们更多地去消费，从而扩大需求。

最终，两个党派的主张都得到一定程度的实现。新当选的总统奥巴马签署的第一批法案中就有2009年的《美国复苏与再投资法案》，这一法案更多地被称为"刺激计划"。在这一轮经济刺激计划中，同时包含了减税与政府支出的大幅增加。这一计划总共花费了近8 000亿美元，高于美国GDP的5%。

截至2012年年底，即计划通过4年后，美国经济仍未完全恢复。同时，成千上万的人失去了他们的工作与家园，许多企业倒闭停业。2009年，美国的失业率达到了10%的峰值，而后在2013年降至8%以下。但这仍比衰退前的失业率水平高出3个百分点。支出的增加和税收收入的下降，进一步加重了美国的债务负担。到2012年，以美元计算的美国负债值超过了GDP的100%。因此，这一轮刺激计划是成功还是失败呢？我们不能仅根据法律签署前后的经济状况来做出判断。相反，我们需要这样问自己：如果刺激计划没有实施，又会出现什么样的状况呢？或者，如果政府采用了减税与增加政府支出平衡策略外的方案，又会发生什么呢？失业率与经济运行的状况是会变得更好、更糟，还是保持不变呢？

为了回答这些问题，我们将根据前面章节中阐述的总需求－总供给模型，构建一个分析税收与政府支出如何影响国民经济的框架。在本章的最后，你应该能根据不同政策对短期经济波动与国债等长期经济问题的影响来讨论不同政策的利弊。自

2007年来，在政策制定者试图引导经济走出大衰退阴影的努力中，这些问题引起了激烈的讨论，它们对国民经济有着决定性的影响。

财政政策

每年2月，美国总统和国会就会开始决定联邦政府所担负的各种不同职能上的开支：桥梁建设、军队支持与医疗研究投资各应花费多少呢？诸如此类。与此同时，国会也会决定应收取多少税收以支付上述费用。政府关于税负与公共支出水平的决策，被称为**财政政策**（fiscal policy）。

扩张或紧缩

财政政策不仅仅是简单的预算编制，支出多少、如何花费，以及如何筹集必要的资金才能对经济产生重大影响。回顾第16章，我们知道政府支出是GDP的一个组成部分。在前面章节的学习中，我们也认识到在总需求-总供给模型中，政府支出也是我们计算的经济需求的一部分：

$$总需求 = C + I + G + NX$$

财政政策通过增加或减少总需求来影响经济。正如我们在前述章节中所看到的一样，总需求曲线的移动会造成整个经济的产出和价格水平的上升或下降。

具体来看，财政政策可以通过两种途径来影响总需求。第一种途径是政府支出，这会直接影响上述总需求等式中的"G"。它也会间接影响总需求中的"C"（消费）和"I"（投资）。这些影响通过乘数效应和挤出效应这两个机制来实现。在本章的后续部分，我们会对这两种机制进行详细的讨论。在这里，政府支出的增加通常会导致总需求曲线向外（向右）移动，而政府支出的减少将会导致总需求曲线向内（向左）移动。

第二种通过财政政策影响总需求的途径是税收政策。尽管税收政策能直接通过消费，即总需求等式中的C，来影响总需求，然而它也能间接影响总需求的其他组成部分，如投资。个体消费的多少与他们的收入水平息息相关。但在每个人获得薪水前，政府以税收的形式提取了一部分。因此，消费水平并不取决于总收入，而是取决于可支配收入，即收入的税后剩余部分。当税率提高时，工人们获得的可支配收入变少，我们由此也可预见他们的消费会减少。结果是，总需求曲线将会向内

（向左）移动。另一方面，当税率下降时，工人们获得的收入增多，从而消费更多。因此，税率的降低推动总需求曲线向外（向右）移动。

从两大方面来区分不同类型的财政政策：

- 税收与支出决策对经济的总体影响是增加总需求时，我们称之为**扩张性财政政策**（expansionary fiscal policy）。增加政府支出与减税都会产生扩张性影响：它们会推动总需求曲线向外（向右）移动。
- 与此相反，我们将整体效果是降低总需求的税收与支出决策称为**紧缩性财政政策**（contractionary fiscal policy）。减少政府支出和增税都有紧缩效应，它们会推动总需求曲线向内（向左）移动。

经济波动的应对政策

政策制定者使用财政政策所要解决的最重要问题之一就是平滑经济波动，因为经济波动可能会对消费者和企业造成损害。在这一节中，我们将利用总供给-总需求模型，展示财政政策如何被用来消除经济冲击的影响。

在第20章中，我们了解到类似美国2007年年末房地产市场崩溃的冲击是如何影响国民经济的。房屋价格急剧下跌的最直接后果是房产拥有者感觉自己更加贫穷。这会导致总需求曲线向左移动。图20-1a显示的即是总需求曲线从AD_1左移至AD_2。总需求的下降会导致经济社会的产出水平低于其潜在产出。进而导致GDP（产出）的减少和失业率的上升。在图20-1a中，表现为产出从Y_1下降至Y_2。

根据$AD-AS$模型，如果其他条件不变，经济最终能实现自我修复。由于失业率的上升，工资水平将降低。生产成本的降低进而会拉动其他价格的下降。这一系列反应会推动短期总供给曲线向右移动，直到经济恢复到其初始潜在产出水平Y_1为止。在长期，产出将会恢复到之前的水平，经济社会的整体价格水平将会下降。

为什么立法者不只是等待上述自我修复过程的发生呢？因为这将是一个非常痛苦与缓慢的过程。工资率需要和其他价格一同下降，在第18章中，我们也已经了解到这种下降不会迅速或轻易进行的原因。当企业倒闭和人们失业时，他们会期待政府能有所作为。"只要等待的时间足够长，经济就会自动解决这些问题"，他们不想只是听到类似这样的言论。就像经济学家约翰·梅纳德·凯恩斯曾说："从长远的角度来看，我们都会死去。"

在本章中，我们将会看到：即使是在短期，财政政策也会对经济产生实际影响。理想的状况是，政府能够抵消类似房地产市场崩溃的冲击，在不需要长期等待经济自动恢复的条件下，最小化对消费者和企业的损害。然而，我们也会看到：政府并不是总能改善经济状况，有时它可能会使情况变得更糟。在约翰·梅纳德·凯恩斯的理论框架中，这种扩张性政策通常被称作"凯恩斯主义"，他在20世纪30年代的大萧条后便拥护这类政策。

难题在于如何确定财政政策的使用程度，以使总需求恢复到衰退前的水平。如图20-1b所示，一个完全有效的刺激计划能将AD曲线从AD_2直接推回至初始位置，即AD_1。如果刺激计划只是部分有效，AD曲线的退回程度将会有限，如从AD_2移到AD_3。但即使是部分有效的刺激计划，也会好过无所作为。与不采取任何刺激措施的情形相比，充分调整花费的时间更短，这将会降低初始冲击带来的痛苦程度。

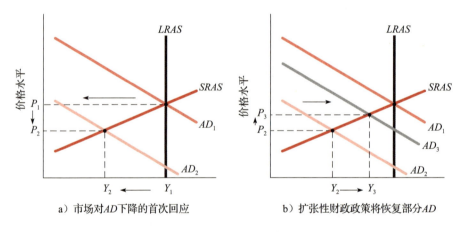

a）市场对AD下降的首次回应　　b）扩张性财政政策将恢复部分AD

图20-1　扩张性财政政策的影响

当经济遭受与上述问题相反的冲击，即经济增长过快时，政府又该如何行动呢？在经济繁荣时期，人们的乐观程度通常更高。但政府政策制定者担心大繁荣会超出控制范围。实施紧缩性财政政策以减缓经济增速很像结束一场狂热的聚会，因为你担心客人们会在隔天清晨后悔自己参加聚会的选择。这可能是明智之举，即使会招致不少的抱怨。

总需求的激增（例如由2000年至2005年房地产市场繁荣引致的）会推动产出和价格水平上升，如图20-2a所示。紧缩性财政政策通过减少政府支出或增税来减缓经济增速，会导致总需求曲线向左移动，如图20-2b所示。

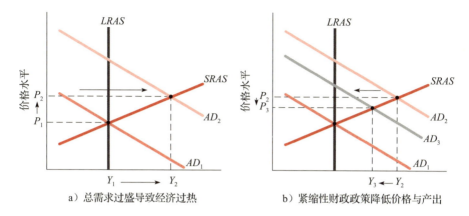

图 20-2 紧缩性财政政策的影响

时滞

财政政策看起来是一个完美的解决方案:当可以通过采取措施以更快地恢复经济时,政府为何要等待经济以一种更缓慢、更痛苦的方式去实现自我恢复呢?不幸的是,问题并非如此简单。财政政策的选择往往以经验推测为依据,其制定并未涵盖所有的相关信息。此外,政策决定与政策执行之间的时滞也会使得政策难以产生好的效果。

为了理解财政政策实施方面的一些困难,我们将经济想象成一辆公交车。假设你是这辆公交车的司机,你的职责是:当处于上坡路时,你要防止它熄火不前;而在下坡路段时,你要防止它失去控制。你可以踩油门加速行进(对于经济而言,即采用扩张性财政政策),或者你也可以及时刹车(实施紧缩性财政政策)。这听起来十分简单,不是吗?

现在,我们假设将公交车的挡风玻璃从外侧涂黑,所以你并不能看清前路,并且里程表中显示的是你在 3 个街区前的速度而不是你当前的行车速度。更糟糕的是,我们可以想象这辆公交车像一个政体那样运作,因而在选择刹车或踩油门前,你都需要获得大多数乘客的同意,而他们讨论这些问题耗费的时间至少够公交车穿过 4 个街区。最后,当你选定好是刹车或踩油门后,你仍将需要足够穿过 6~12 个街区的时间来等待这一决策生效。

这就是政策制定者在决定财政政策时的感受。政策制定过程中的时滞主要来自三个方面:

- 了解当前的经济状况（你看不到公交车前方的状况，里程表显示的速度也滞后了 3 个街区）。
- 法案的决议与通过程序（假设总统是这辆公交车的驾驶员，国会中的立法者就是这些争论不休的乘客）。
- 所采用的政策对经济产生影响所耗费的时间（一旦你踩下油门或刹车，这一行动仍然要等公交车再经过几个街区才会生效）。

第一个问题中涉及**信息时滞**（information lag）。我们或许能清楚地看到经济正经历衰退或处于繁荣期，就像我们能从公交车的后窗清楚地看到我们已经爬坡或下坡一样。但是政策制定者收集有关 GDP、失业和通货膨胀等的信息则需要很长的时间。以 GDP 数据为例，它们通常是三个月公布一次，并且公布的数据说明的是发生在三四周之前的经济活动情况。这些早期的数据并不总是准确的，我们要获得真实的数据，通常需要等待 6 个月甚至更长的时间。

想要记录整体经济的趋势，3～6 个月的时间太过仓促。你肯定不想成为这样的人：发出"公交车前面有高山矗立"的警告，而最终发现那实际上不过是一个小山丘。2008 年，美国国家经济研究局利用了一整年的数据，才发表了美国经济处于衰退期的公告。而在那时，美国经济已经失去了超过 100 万个工作岗位。

与我们需要时间去了解情况的糟糕程度一样，确定经济的衰退期是否已经结束同样需要耗费一定的时日。我们会看到关于企业增加雇用的新闻报道，但这是否能转化成实际的经济效益则有待时间的检验。在这两种情况中，政策制定者需要为将来做出重要决策，但他们仅了解几个月之前的经济状况。

第二个问题是**构想时滞**（formulation lag），即决议和通过立法所耗费的时间。首先，一项政策需要经过草拟并在国会上通过提议，才能成为一项法案。这项法案须先经过众议院的讨论，如果有一半以上的代表赞成，它就可以送交参议院。当参议院 100 位议员中的绝大多数支持这项法案时，总统就能签署这项法案并将之变成法律或加以否决。如果遭到否决整个程序需要重新再来。在这一过程中，国会的 535 名成员需要一定的时间做出决策：在 2008 年 9 月，随着投资银行雷曼兄弟的倒闭，经济面临困境的事实显而易见，但刺激计划一直到奥巴马总统和新一届的国会正式就职后的 2009 年 1 月才得以通过。

财政政策的最后一个障碍是**执行时滞**（implementation lag）。即使政策经提议并通过，它真正生效仍然需要一定的时间。资金支付、工人雇用及原料采购都需要时间。甚至减税都需要一定的时间才能生效。2008年，作为对经济衰退首次回应的一项举措，美国政府给予了纳税人一定的退税，但打印和邮寄1.3亿份支票就耗费了3个月的时间。即使是人们在收到支票后，他们也需要一定的时间去花费这笔（退税）收入。

由于政策过程中的这三种时滞，即信息时滞、构想时滞与执行时滞，好的财政政策的施行并非易事。事实上，时滞有可能非常长，以至于当政策生效时，经济已经实现了自我修复，从而使得政策变得没有必要。更糟糕的情况是，政策生效时，经济已经开始面临与之前相反的问题，造成政策对经济十分不利的局面，就像在公车开始爬坡时猛踩刹车，或者像在公车下坡时踩油门。要想了解2009年的刺激计划涵盖的所有时滞的时间轴，可以阅读下面的现实生活专栏。

现实生活　2009年刺激计划的时间表

美国经济在2007年进入衰退期，这促使政府批准了一项刺激计划。截至2011年，刺激资金仍有很大一部分没有落实出去。为什么这会耗费这么长的时间呢？

让我们从信息时滞开始思考。尽管现在专家们一致认为美国经济在2007年12月进入衰退期，但这一经济状态直到一年后，即2008年12月，才为官方所确认。此后，政府对经济困境的重大回应最早是2008年2月乔治W. 布什政府通过的《经济刺激法案》，该法案给予纳税人一笔一次性退税。

然而，一直到2008年9月投资银行雷曼兄弟破产时，很多人才开始相信经济已经出现严重的问题。这次破产促使政府在2008年10月出台了一项紧急法案，即《不良资产救助计划》（TARP），以稳定金融系统。随后国会开始了对另一项更为广泛的经济刺激法案的前期研究工作。他们意图通过减税与增加能马上启动经济的工程支出两种方式来帮助"缅因街"。

与政客们就某一法律达成一致意见所耗费的时间相比，构想时滞实际上是相当短的。第一个版本的刺激法案，也即是《美国救济与恢复法案》（ARRA），在2009年1月进入国会审议程序。这项议案在2月初通过了参众两院的审议。在奥巴马总统正式就职一个月后，即2月17日，他在总统办公室签署了这一议案，将之升级为法律。这也是奥巴马总统最先采取的行动之一。

政策制定后，执行时滞就开始起作用。该项刺激法案为刺激支出拨款5 240亿美元，同时为减税拨款2 880亿美元。减税政策相对能更快地得到实施，但桥梁建造等公共工程项目的设立需要耗费一定的时日：首先，需要决定桥梁建造的地点，随后需要建筑师进行设计，以及诸如此类的工作。在2011年2月，即ARRA签署后的第二年，用于"合同、补贴与贷款"的刺激资金中得到利用和落实的部分不足划拨额的2/3。有些刺激性支出预计会一直持续到2016年。

尽管存在上述延迟，这些刺激措施有效吗？我们无从得知，如果这些刺激计划没有通过会如何。芝加哥大学商学院曾对著名经济学家进行了一次调研，他们发现，80%的调研对象认为刺激计划对减少失业是有帮助的（但有4%的调研对象反对这一观点）。美国国会预算办公室（CBO）则给出了一个相对乐观的评价。以它的估算，2010年的GDP比不实施刺激计划情况下要高出1.5%~4.2%。同样地，它估计在这期间，由于刺激计划的作用，失业率下降了0.7%~1.8%。这些短期的收益值得我们花费数以亿计的美元吗？关于这一点，在芝加哥大学的调研结果中，只有46%的经济学家持肯定态度。

资料来源：http://money.cnn.com/2011/02/17/news/economy/stimulus_bill/index.htm; http://money.cnn.com/2009/08/04/news/economy/stimulus_spending/index.htm; http://www.cbo.gov/ftpdocs/121xx/doc12185/05-25-ARRA.pdf; http://articles.washingtonpost.com/2012-06-06/business/35462388_1_stimulus-work-packageof-temporary-tax-tea-party-caucus.

政策工具：相机抉择与自动稳定器

2009年的刺激法案是有针对性的或相机抉择的财政政策的实例。这是政府主动选择与采用的政策。即使没有任何刺激法案，由于已经存在的税收与支出政策，财政政策仍会对经济产生一定的影响。这些税收与政府支出被称为**自动稳定器**（automatic stabilizers），它们会对财政政策产生影响，而不需政策制定者采取特定的措施。

作为自动稳定器的税收。 税收能作为自动稳定器，是因为所得税制度的设置：随着收入增加，人们所应支付的税率也越来越高。依据所得税税法的规定，在各收入范围内，你都需要将税收的一定比例用作税收支付。例如，在2012年，当收入在0~8 700美元时，一个美国人需要将收入的10%作为税收支付；当收入在

8 700 ~ 35 350 美元时，其所面对的税率为 15%；当收入在 35 350 ~ 85 650 美元时，税率则变成 25%，以此类推。当经济繁荣时，人们赚取的收入也越多，随着人们面对的税率的自动上升，他们所支付的税收也更多。在这一过程中，并不需要任何政府介入。当上述情况发生时，增加的税收会促使人们开始审视他们的整体支出，就像政策制定者主动实施增税等紧缩性财政政策时一样。在与此相反的情况中，即当经济处于衰退期时，人们的收入减少，所支付的税率降低。收入降低导致的支出减少会造成总需求的轻微下降，就如同政府主动减税以实施扩张性财政政策时一样。

大多数情况下，调节税收的**相机抉择**（discretionary）财政政策（与作为自动稳定器的财政政策相反）需要政策制定者变动**税率**（tax rates）。换句话说，他们需要根据收入水平来调整税收比率。调整税率的相机抉择财政政策能实现对经济的积极管理，但是信息、构想和执行等方面的时滞会削弱这些政策的效力，甚至会适得其反。当相机抉择财政政策耗费的时间太长或对经济现状的认识错误时，自动稳定器是有效的。

利用税收作为自动稳定器是通过影响**税收收入**（tax revenues）——政府以征税方式获得的货币量，来起作用的。由于自动稳定器并不要求采取特定的政策行动，时滞的问题便不那么严重。另外，起自动稳定器作用的财政政策对经济产生的影响与适时的、正确制定的相机抉择政策一致。

- 当经济面临衰退的危险时，调节税收的相机抉择政策需要通过降低税率（扩张性财政政策）来鼓励支出。但由于人们在衰退期的收入更低，无论是从绝对的货币数值还是从收入比率的角度看，他们承担的税负都更少。
- 当人们更多地担忧通货膨胀率过高时，调节税收的相机抉择政策会要求提高税率（紧缩性财政政策）以抑制消费。然而，繁荣时期的收入增加也意味着税负的加重，从而增加税收收入，并通过征收部分本会花费出去的收入，从而降低总需求水平。

诚然，我们的收入在衰退或繁荣时期的变化会使我们进入不同的税级（如上面描述的收入区间），进而影响我们支付税收的收入比例。然而，只要政府没有积极主动地调整税率，换句话说，只要税率的变化只取决于不同经济状况中的收入变化，自动稳定器就是有效的主要政策。当我们在讨论相机抉择政策的税率变化和自动稳定器中的税收收入变化时，关注这两者之间的差异是非常有意义的。

作为自动稳定器的政府支出。政府支出方式同样可以起到自动稳定器作用。诸如食物救济和医疗补贴计划这样的福利项目，根据低收入或失业率状况制定了申领标准。在经济繁荣时期，更少的人符合这些项目的条件，因而政府在这些项目上的支出减少。这与主动采取的、用来减少政府支出的紧缩性财政政策的效果是一致的，并会降低总需求的水平。而在衰退期间，更多的人具备了享受失业救济和食物救济的资格，政府在这些项目上的支出也会自动增加。由于政府支出更高，总需求曲线会向右移动。

总而言之，当美国经济遭受衰退的冲击时，由于平均税率的降低和社会福利项目支出的增加，财政政策会自动变成扩张性的。同样，在经济繁荣时期，随着税率的上升和福利支出的下降，财政政策又会自动变成紧缩性的。2009年批准的扩张性刺激法案则紧随这些自动效应之后。

财政政策的局限性：这些资金必须有其出处

政客们常在经济衰退时减税。这背后的理由是：当人们手中持有更多现金时，往往会花费更多。反过来，这些支出也会提高企业利润，创造就业机会并有助于经济恢复。

但是情况并不总是如此简单。减税并不是免费的。政府最终需要找到弥补这些税收损失的方法。这意味着未来可能会削减同等额度的政府支出，或者更通常的情形是，提升同等额度的税收。如果人们认为今天的减税即意味着将来税负的加重，情况又会如何呢？在这种情况下，人们并不会把因减税而结余的收入全部花费出去，所以刺激政策的效果将是有限的。

这一概念被称为**李嘉图等价**（Richardian equivalence）。它预言，如果政府减税但不削减支出，人们将不会改变他们的行为。为什么呢？因为人们意识到，政府将不得不借款以弥补由减税造成的财政缺口。在未来的某一时点，税收将会回升以偿还额外的政府债务。换句话说，纳税人意识到维持政府支出的资金必须有其来源。

纳税人能从减税政策中获得一笔可观的收入，但他们最终也会意识到，他们或他们的子孙未来将不得不通过税负加重的方式来偿还。因此，这项减税在他们看来，更像是一笔贷款，而不是一笔实际的意外之财。根据这一理论，理性的人会把他们今天获得的收入存储起来，而不是花费出去，以应对未来由税收增加带来的财务压力。然而，如果人们存储资金而不是花费，消费并不会增加，减税对增加总需求而言是无效的。

当然，在现实中，人们并不会如此理性或有远见。当他们获得减税待遇时，他们可能直接将这部分额外所得用于消费。在这种情况下，李嘉图等价不再成立，相应的财政政策也将会产生扩张性效应。尽管如此，李嘉图等价定理也是一个不错的提醒，它提醒我们：人们将会调整自己的行为，以对政府政策的变化做出反应，好的政策需要将这些反应及由此产生的意外后果纳入考虑之中。在有些情况下，个人的理性反应可能足够强，导致意愿良好的政策失效。然而，在实践中，当人们打开含有退税单的信封时，大多数人并不会考虑未来税负的加重，就像下面的现实生活专栏所描述的一样。

现实生活　花掉你的刺激性支票

在 2008 年早期，经济状况的恶化显而易见。布什政府利用《经济刺激法案》作为解决这一问题的举措。这一法案给纳税人提供了一张"刺激性支票"：一张邮寄给个人的没有任何附加条件的支票，家庭可以按约定的方式将它用于消费。全国约有 1.3 亿个家庭获得了这种支票，总计 1 000 亿美元。个人获得 300～600 美元，夫妻将能获得双倍的数额，每一个孩子还可额外获得 300 美元。

政府希望家庭能消费这些支票，从而增加需求，推动总需求向右移动。但这并没有对人们消费或存储这一支票做出要求。事实上，李嘉图等价定理预言理性的家庭将存储这笔退税。这是政府派发刺激性支票时可能出现的情况。

实际情形又是什么样的呢？事实是，家庭将他们意外所得的大部分用于消费。他们购买汽车和卡车，去商场购物。平均而言，退税额的 50%～90% 被他们消费出去。总体家庭支出的这一增加推动总需求曲线向右移动，并推动自己向它之前的更高的产出水平恢复。简而言之，人们并没有像李嘉图等价定理预言的那样行动，虽然他们并不是将所得退税全部用于消费，但也花费了其中的一大部分。尽管经济并未脱离险境，但作为一项对衰退紧缩效应的早期应对措施，退税实现了自身的预期目标。

乘数模型

想象一下，你是刚就职的总统。由于经济正经历衰退，你正思索刺激经济和创造就业机会的办法。而你的经济顾问团在最佳路径的选择上是有分歧的。其中一些成员建议你减税，这些成员认为在这种政策下，雇用工人能为家庭赚取更多的收入，并且额外收入中的一定比例会被用于消费，这进而会扩大需求。同时，另一些成员建议你增加政府支出。在存在数百万失业的情况下，他们主张政府应通过基础设施项目的支出来创造就业机会。由此，向新雇用工人支付的收入，会随着工人将收入在食物、衣服、能源和其他商品上的分配而迅速流向经济。这两种方案都能刺激经济，但是你希望能尽可能有效地利用政府资源。

相对于政府承担的成本而言，哪一项政策能给你带来更高的效率呢？经济学家利用被称为**乘数**（multiplier）的指标来回答这一问题。乘数指标衡量了政府支出或减税对国民收入的影响。

乘数推导

考虑一下当你进行如下购买时，将会发生的情况：我们假设你聘请了一位建筑工人为你在自家后院修建一个新的露天平台。为此，你的总预算金额为 5 000 美元。这一决策为 GDP 增加了 5 000 美元，不是吗？是的，但故事并未就此结束。我们再假设这位建筑工人打算带家人去度一个长达两星期的海滩假期，而在你雇用他修建露天平台之前，他并未获得足够的资金。他们这次度假的花费中包括了 3 000 美元的酒店住宿费用，这部分也应计入 GDP。因而，你修建露天平台的决定为 GDP 增加了 8 000 美元，而不是 5 000 美元。

但故事到这儿，仍未结束。由于建筑工人一家的入住，酒店所有者能为大堂购买一幅价值 1 500 美元的油画。此时，你修建新露天平台的决定对 GDP 的贡献已达到 9 500 美元。倘若出售画作的画家为庆祝这次交易，购买了一台价值 700 美元的数码相机，将使你对 GDP 的贡献增加至 10 200 美元，以此类推。如果你没有曾修建露天平台，上述一切都不会发生。你的决策通过经济活动波及其他方面，对 GDP 的贡献远高于你付给建筑工人的 5 000 美元。经济学家将这种消费支出的传播过程称为**乘数效应**（multiplier effect）。当一个人的支出引致其他人消费更多时，乘数效应就产生了，它会增强初始支出对经济的影响。

乘数效应表明，支出 1 美元将会增加高于 1 美元的 GDP。会高出多少呢？为了计算出这一数值，我们需要知道人们收入中用于消费的比例。广义上来说，当收入增加时，消费也会增加。但是消费随收入具体增加多少是十分重要的。首先，消费取决于人们的税后结余。换句话说，我们需要关注人们的税后收入，而不是税前收入。其次，人们通常只会将收入中的一部分用于消费，并储蓄剩余部分。当他们获得额外收入时，例如当他们获得退税时，他们只会消费额外金额（因退税而增加的收入）中的一部分。在税后收入增加 1 美元时消费增加的额度被称为**边际消费倾向**（marginal propensity to consume，MPC）。MPC 的取值介于 0 和 1 之间，表明额外 1 美元中的支出比例。例如，当 MPC 为 0.8 时，这意味着人们将新增 1 美元的 80% 用于消费，其余 20% 则用于储蓄。

政府支出的乘数效应

当政府尝试用额外支出来提振经济时，其效果取决于乘数效应。例如，假设刺激计划的一部分是政府机构购买新电脑。政府向电脑生产商支付了 5 亿美元。由于政府支出是整体 GDP 的贡献因素之一，这一支出会立即为 GDP 带来 5 亿美元的增量。随后，电脑公司用这笔资金来支付员工工资，进行诸如新建厂房等新资本投资。紧接着，被雇用来建造厂房的工人会将取得的收入花费在食物和经济社会中的其他活动上，如此类推。

这 5 亿美元的电脑购买究竟会增加多少 GDP 呢？我们可以利用边际消费倾向这一概念来计算**政府支出乘数**（government-spending multiplier），它将告诉我们当政府支出增加 1 美元时，GDP 增加的额度。

我们假定整个经济中，平均而言，人们的 MPC 为 0.8。因此，个人或企业因政府支出政策而获得的每一美元将使得他们的消费增加 80 美分（80 美分 = 1 美元 × 0.8）。这 80 美分又将为其他人或企业获得，反过来又会带来 64 美分的额外消费（64 美分 = 80 美分 × 0.8 = 1 美元 × 0.8 × 0.8），以此类推。要确定政府支出的初始增加对经济的总效应，我们需要加总所有的额外支出：$1 + MPC + MPC^2 + MPC^3 + MPC^4 + \cdots$，直到无穷。经过一系列计算，我们会发现消费增加的总额是 5 美元。幸运的是，我们可以通过更为简便的方法来求得这一结果，即利用下面的方程：

$$\text{政府支出乘数} = \frac{1}{1 - MPC} \qquad (20\text{-}1)$$

换言之，当 MPC 为 0.8 时，政府支出增加 1 美元，GDP 便增加 5 美元。在我们上面的例子中，政府机构为购买新电脑而支付的 5 亿美元将会带来 25 亿美元的额外 GDP。

当然，边际消费倾向越小，政府支出的乘数效应也就越小。

政府转移支付与税收的乘数效应

现在，我们假定：政府不是在新电脑上增加 5 亿美元的支出，而是决定削减 5 亿美元的税收收入。这一减税措施增加了人们实际获得的收入，并且他们可以将这部分收入用于消费。在这一政策下，乘数效应同样有效。

同样，为了确定这一减税政策对 GDP 的影响程度，我们可以计算**税收乘数**（taxation multiplier）。这一乘数会告诉我们税收增加 1 美元时 GDP 减少的额度。

税收乘数与政府支出乘数有着类似的作用机制。减税能增加人们的税后收入，从而增加消费。而这些消费支出又会为其他人获得，并给他们带来收入的增加，由此他们也会消费更多，并且这样的循环会继续下去。

与政府支出相比，减税的乘数效应更小一些。为了弄清楚背后的原因，我们再来看上述在电脑上花费的 5 亿美元。这笔支出会通过 GDP 等式（$Y = C + I + G + NX$）中的"G"而直接进入 GDP。紧接着，当人们随着"G"的增加而增加支出时，它会对"C"产生直接的影响。与此不同，5 亿美元的减税并不直接影响 GDP。相反，它只通过间接影响"C"（当人们更多地外出，并消费其口袋中的额外收入时）来影响 GDP。换句话说，政府支出增加 5 亿美元，这在一开始就会为 GDP 带来同等额度的增量，并带来 4 亿美元（= 5 亿美元 × 0.8）的消费增加额。然而，减税则会跳过直接效应，直接从 4 亿美元这一环节开始。正因为如此，与同等额度政府支出增加对 GDP 的总效应相比，减税政策的效应要小一些：

支出：5 亿美元 × ($1 + MPC + MPC^2 + \cdots$) = 5 亿美元 + 4 亿美元 + 3.2 亿美元 + ⋯

减税：5 亿美元 × ($0 + MPC + MPC^2 + \cdots$) = 4 亿美元 + 3.2 亿美元 + ⋯

我们可以推广上述计算过程以找出税收乘数的计算公式。如上面的例子所示，由于减税对 GDP 的影响会跳过直接影响，我们需要从政府支出乘数中减去 1。再经过一些代数运算，我们能得到方程：

$$\text{税收乘数} = \frac{-MPC}{1 - MPC} \tag{20-2}$$

当 MPC 为 0.8，减税 1 美元将会带来的收入增量如下：

$$\text{税收乘数} = \frac{-0.8}{1 - 0.8} = \frac{-0.8}{0.2} = -4$$

这一减税政策会造成税收的实际下降，因此，我们从数学意义上将它作为负数处理；在这一例子中，即为 -5 亿美元。当我们将税收乘数应用到这一减税政策，我们会发现：

$$-4 \times (-5 \text{ 亿美元}) = 20 \text{ 亿美元}$$

因而，5 亿美元的减税将对经济产生的提振额度为 20 亿美元，而 5 亿美元政府支出的提振额度为 25 亿美元。

当 MPC 为 0.6 而非 0.8 时，税收乘数为 -1.5，意味着减税 5 亿美元将会增加 7.5 亿美元的 GDP：

$$\frac{-0.6}{1-0.6} = \frac{-0.6}{0.4} = -1.5, \quad -1.5 \times (-5 \text{ 亿美元}) = 7.5 \text{ 亿美元}$$

这一额度要小于 12.5 亿美元，即小于同等额度的政府支出增加对 GDP 的预期效应。无论 MPC 取什么值，税收乘数将小于政府支出乘数。当边际消费倾向相同时，政府支出的乘数将高于税收乘数，二者间的差异随 MPC 的减小而增大。

单看数字的话，用政府支出而非减税来应对经济衰退似乎是一项有力的主张。然而，我们在这一过程中提出了很大的简化假设。换句话说，实际情况要复杂得多；同时，政府支出也会产生副作用。例如，我们已经假定政府支出不会对私人部门产生挤出效应（通过政府购买），否则挤出效应就会对私人部门支出产生影响。

试图说明乘数效应对现实世界的影响是十分复杂的，2008 年的经济衰退便是一个明证。加利福尼亚大学的克里斯蒂娜·罗默当时是总统经济顾问团中的一员，她主张大幅增加政府支出；而以哈佛大学的罗伯特·巴罗为代表的其他经济学家则主张减税。他们争论的焦点就是政府支出乘数的大小。如果想了解这场辩论是如何结束的，可以阅读下面的现实生活专栏。

现实生活 2009 年的乘数大辩论

如果你向不同的经济学家询问政府支出及税收的乘数大小，你将得到不同的答案。经济专家们对乘数大小的不同观点导致了他们在最佳财政政策设计上的分歧。乐观点的话，美国国会预算局预计 2009 年刺激议案中诸如修建道路或学校等"准备就绪"项目的政府支出乘数将为 1.5。而哈佛大学的罗伯特·巴罗的观点则要悲观的多，他认为政府支出乘数将不足 1，即他认为，政府支出每增加 1 美元，GDP 的增加不会高于 80 美分。

长远来看，1.5 听起来与 0.8 并没有什么区别。然而，你对二者中谁更为准确的看法将会使应对经济衰退的财政政策的预期经济效应产生重大差异。对于 2009 年刺激计划而言，乘数取值为 1.5 与 0.8 的区别在于：在乘数为 1.5 时，计划带来的 GDP 增量将高出 4 400 亿美元，创造的就业机会也会多出 400 万个。

为什么不同的乘数估计会产生这么大的差异呢？这主要有两大类原因。第一个原因在于乘数是由整体的经济环境决定的。假设政府在经济表现良好时雇用了 100 名工人来建造桥梁，且这些工人可以很容易地找到其他工作。在最糟糕的情况下，这 100 名工人被迫从其他更优的工作转向桥梁修建。此时，政府支出增加对 GDP 的影响将劣于这 100 名工人在家等待就业时的情形。

第二，经济学家们对政府支出对私人部门投资产生的影响是积极的还是消极的进行了激烈的辩论。他们中的一些认为刺激性支出能增强经济的信心，并鼓励企业进行更多的投资。这将会带来 GDP 的增加。另一些经济学家则反驳称政府借贷会推动利率的上升。具体来看，为了给支出增加提供财政支持，政府对资金的需求增加，在其他条件不变的情况下，借贷成本（即利率）也会随之上升。当利率变高时，企业会减少投资，从而造成 GDP 的下降。这一现象被称为挤出效应。

考虑到这些以及其他一些复杂的影响因素，经济学家们认为不同类型的财政支出与减税政策将会有不同的乘数。政府是应该投资"准备就绪"的公共工程，还是将资金用于扩大食物券计划呢？降低工资税或企业税会更好吗？这些问题的答案取决于哪一个项目具有更高的乘数。

资料来源：http://cboblog.cbo.gov/?p=1326；http://online.wsj.com/article/SB123258618204-604599.html。

财政政策是一项强有力的工具。通过运用增加政府支出或减税的财政政策，政府能够抵消经济的短期波动。然而，值得注意的是，政府，进而纳税人，在将来的某一时刻终将支付这些道路、桥梁与退税的费用。这些资金来自何处呢？如果政府支出增加而税收没有同等幅度的增加，又或者是减税的同时，相应的政府支出没有下降，政府都会背负债务。这也将是我们下一节要关注的主题。

政府预算

在上面的学习中，我们已经了解到了政府希望通过支出或税收的调整来影响经济的原因。在实际操作中，这些可能都要求政府借入资金。如果政府支出高于其收入，政府将陷入负债状态，而这也是当前美国及其他大多数国家所面临的状况。在本章接下来的部分，我们将讨论政府预算及公债可能对经济产生的影响。

收益与支出

政府预算与个人预算是相似的。在政府预算中，资金以税收收入的形式流入，以政府购买与**转移支付**（transfer payments，是政府账户向个人的支付，并集中在诸如社会保障等项目上，不包括物品与服务的购买；正因为如此，这些支出并不体现在 GDP 中）的方式流出。在 2011 年，政府总支出为 3.46 万亿美元。同时，政府以税收的形式取得了约为 2.16 万亿美元的收入。政府收入与支出的差额（即预算赤字）达 1.3 万亿美元，这是一个令人难以置信的数字。上一次美国政府赤字占 GDP 的百分比如此之高是在第二次世界大战期间，当时迫于战争需要，政府在坦克与飞机上的支出飞涨。

或许，弄明白 1.3 万亿美元这一数值的真实含义是困难的。因而，我们在数值的末尾先去掉几个零，将数值缩小。想象一下，你一年花费了 34 600 美元，而同期你只获得了 21 600 美元的年收入。为了弥补这一缺口，你不得不借款 13 000 美元。对于这笔数额为 13 000 美元的借贷，你会觉得开心吗？你会寻找各种方法以赚取更多的收入，还是会努力调整你的花费呢？又或者你会同时采取这两种方式？这同样是美国政府所需要进行的决策。

预算赤字

美国政府预算 1.3 万亿美元的缺口被称为**预算赤字**（budget deficit），即政府支出超过其收入的数额。换句话说，当年度支出大于收入时，赤字就会发生。当然，政府也能实现扭亏为盈，将预算赤字转变为预算盈余，但这样的情形鲜有发生。**预算盈余**（budget surplus）即政府收入高出政府支出的部分。

图 20-3 展现了美国近 70 年的财政预算赤字情况。经济学家通常用 GDP 的某一

百分比来描述预算赤字，以强调赤字与经济规模间的关系。在战争时代，随着政府军事开销的增大，赤字通常也尤为巨大。如在二战期间，美国的财政预算赤字达到 GDP 的 30%。在 1990~1991 年和 2011 年 9 月 11 日后那段时间，也出现过一些相对更小的峰值，它们分别与海湾战争、伊朗与阿富汗战争紧密相关。

图 20-3　美国 1940~2010 年的预算赤字

赤字常随支出的增加或税收的减少而增大。你可能会注意到，20 世纪 80 年代经济增长，社会稳定，而该时期的赤字是相对较高的，平均而言，约为 GDP 的 4%。这主要是由政府预算中收入的变化引起的。当时，罗纳德·里根总统降低了税率，从而政府获得的收入减少。此外，从 2007 年后赤字的急剧上涨可以看出，经济衰退也会使赤字增加。在经济衰退期间，作为扩张性财政政策的一部分，政府支出常常会增加；与此同时，由于人们收入与消费的减少，政府的收入也会下降。

公债

纽约时代广场满是浮华的广告牌和令人眼花缭乱的表演，距离它只有几个街区的地方，有一台不起眼的数字计数器，它密切关注着美国联邦政府的债务情况。当政府出现财政赤字时，其显示的负债总额就会增加。只有在很少的年份里，政府财政预算出现了盈余，其负债总额减少。20 世纪 90 年代末，当这一情况发生时，这一时钟的拥有者不得不暂时关闭了国债钟，因为他没有为该时钟设置倒着计数的程序。

随后，政府负债的上升趋势又迅速恢复了。后来国债钟的又一次临时关闭是由于需要添加新的数值，因为政府债务已经超过了 9 999 999 999 999 美元。2013 年，国债钟显示的数值超过了 16 万亿美元，并且没有表现出增速趋缓的迹象。这 16 万亿美元相当于每个市民负债超过51 500美元。斯莫尔·德尔斯特是美国负债时钟的创立者，他说："只要债务或纽约城存在，这一债务数值就会持续增加。"随后，他补充说："只要它给人们的生活带来困扰，就说明它是有作用的。"然而，我们该为什么规模的负债感到困扰呢？

债务规模

1792 年，亚历山大·汉密尔顿说服了国内仅有的两家银行向新成立的美利坚合众国提供 19 608.61 美元的贷款。这是已知的美国政府**公债**（public debt）总账上的最早记录，这一账簿记录的是政府负债总额。债务与赤字间的差异是十分重要的。赤字说明的是：每一年度，政府收入少于当年支出的额度。而债务是一国政府欠债的总额。换句话说，债务就是所有财政赤字与盈余的总和。

图 20-4 用实际美元值和在 GDP 中的比重这两种方式显示了美国自 1940 年以来的公债情况。图 20-4 展示了图 20-3 中呈现的各年财政赤字的累计效应。

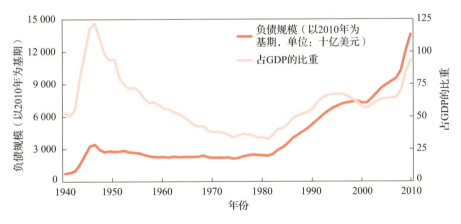

图 20-4　美国 1940~2010 年的政府债务

要弄清楚从 GDP 比重这一角度衡量公债的有效性，我们可以从个人财务入手。你会选择每年赚取 20 000 美元并借款 10 000 美元，还是赚取 100 000 美元并负债 30 000美元？在第二种情形中，你的负债规模是前者的三倍，但仅占你全年收入的 30%。而在第一种情形中，你的负债规模小，但在你全年收入中占比 50%。尽管你在第二种情况下所欠债务更多，但是你并不会过于担心你自己的偿还能力。类似的逻辑可用于解释 GDP 百分比形式的公债的变化。1950～1980 年，尽管负债的美元值不断增大，其在 GDP 中所占的比重实际上是不断收缩的。这意味着：在这一期间，经济快速增长，其增速要远快于公债的增长。

世界上几乎每一个国家都有债务，从其债务在 GDP 中所占的比重来看，有一些国家的负债甚至远高于美国的负债水平。（一个细节：根据国际货币基金组织的统计，只有文莱这个国家是没有负债的。）图 20-5 显示了世界上一些国家的公债规模。它们中的意大利、希腊和日本所负公债超过 GDP 的 100%。

图 20-5　世界经合组织一些成员 2010 年的公债规模

政府支出是如何真的引致负债的呢？这一过程，远比用信用卡购物消费或向银行获取借款要复杂。它涉及国库券的发售。国库券是一项复杂的债务融资安排，并最终由国家在不同的期限内，按不同的利率来偿还这些所借的资金。关于这一点，我们在政府借贷附录（www.mhhe.com/karlanmorduch）中做了更加充分的解释与说明。

政府债务是好还是坏呢

2011 年夏季在雅典超过 100 000 人上街游行。他们抗议政府欲推行的紧缩政策，因为这些政策希望通过缩减政府开支来减轻政府所承受的天文数字般的债务负担。希腊公债规模相当于 GDP 的 1.5 倍，这严重阻碍了希腊经济的发展。然而，大多数经济学家认为这些债务对于政府的顺利运转是必不可少的。那么这些公债的成本与收益各是什么呢？

政府债务的收益。政府负债主要有两类益处。第一是它能在意料之外的状况发生时给予政府更多的弹性。2005年，卡特里娜飓风席卷墨西哥湾岸区时，政府支出了1 050亿美元，占全年政府支出的将近4%。如果要在举债以应对紧急灾害与无动于衷间做选择的话，很多人肯定会说还是借款更好一些。

第二项好处是它能为投资筹措资金，而长远来看，这些投资能促进经济的增长与繁荣（也可能带来更高的税收收入）。就像你预期未来将有更好的工作机会，并获得更高的薪水而为大学教育借款一样，政府举债以投资教育或修建道路及其他基础设施，同样会对拉动经济更快成长大有裨益。

政府债务的成本。另一方面，政府公债也会产生直接和间接的成本。直接成本是政府应向贷方支付的借款利息。公债的利息支付数额很大。在过去，它曾是预算支出中的第四大支出，排在转移支付（包括社会保障和诸如联邦医疗保险等的救济类转移支付，二者分别为第一大、第三大预算类别）与国防支出（第二大预算类别）之后。

直接成本取决于利率水平。当利率上升时，政府所要偿还的债务增加。反过来，利率又取决于投资者对政府偿债能力的信心程度。这会形成一个恶性循环：当投资者怀疑政府不能偿还债务时，他们在将资金借给政府前会要求更高的利率。当然，无论政府是否有能力偿还这笔负债，这都会加重政府的债务负担。

在过去，投资者的质疑与高利率间的自我强化螺旋曾使政府在无法偿还债务时，不得不采取违约措施。尽管很少有人认为美国会发生这种严重的风险，但在2011年，主要的评级机构标准普尔将美国公债由AAA降为AA+。这意味着，对于美国政客们能否有效地收缩像气球般膨胀起来的政府公债规模，外界是持质疑态度的。

政府公债同样存在间接成本。在一些情形中，政府债务会扭曲信用市场，减缓经济增速。我们已经注意到政府借贷挤出私人部门投资的可能性。当政府举债时，它增加了借贷需求，从而推动更大范围经济活动中的借贷价格（即利率）的上涨。上升的利率会增加想投资企业或想购买新房、新汽车的居民的借款成本。

最后，问题在于谁为这些政府债务负担买单。当政府借入资金以支持增加支出或减税措施时，当下的人们是获益的，但未来的人们将要偿还这些贷款。这些成本会不断累积并成为我们子孙后代的负担。

总 结

在本章的开篇，我们讨论了政府希望通过调整财政政策以抵消经济波动的原因。当经济处于衰退期时，扩张性财政政策（减税，增加政府支出或者二者结合使用，就像2009年的刺激计划）能够增加总需求，加速经济恢复进程。在实施刺激计划后，失业率仍然很高。但是我们并不能明确知道，失业率在不采取刺激计划的情形中是否会更高。

我们也考察了政府如何借款以及赤字如何导致政府债务。负债能增强政府的灵活性，但它同时也是有成本的，并会减缓经济增速。此外，由子孙后代承担偿债负担，这也引致了公平性问题。

除去财政政策之外，当政府希望影响经济时，还有另一种替代性选择——货币政策。我们将在下一章详细讨论这一主题。

1. 阐述紧缩性财政政策与扩张性财政政策的区别

   税收与政府支出的水平统称为财政政策。这里所说的财政政策可以是扩张性的，也可以是紧缩性的。

   扩张性的财政政策包括所有会推动总需求曲线上升（向外、向右移动）的财政政策调整。之所以称之为扩张性的，就是因为它能扩张需求。扩张性财政政策作为对经济衰退的一种应对措施，可以采用增加政府支出或减税手段。

   另一方面，紧缩性财政政策包括所有会导致总需求曲线降低（向内、向左移动）的财政政策变化。它通常有政府支出减少和增税两种表现形式，适用于经济过热并伴随有过高通货膨胀威胁的情形。

2. 解释财政政策如何消除短期经济波动

   政府可以利用财政政策来抵消经济周期性波动。一方面，当经济停滞疲弱时，政府可以实施扩张性的财政政策以刺激需求。相较于财政政策缺位的情形，这将实现经济更快地复苏。另一方面，如果经济过热，政府可以采用紧缩性财政政策以削减总需求。这一举措也会使经济恢复到更加接近长期均衡的水平。

3. 讨论政府面临的主要财政政策挑战，以及自动稳定器如何随经济变化自动调整财政政策

   当实施财政政策时，政府将面临两大主要难题：时滞和李嘉图等价。时滞的形式有多种，有信息时滞（获得关于整个经济健康程度的正确信息所耗费的时间）、

构想时滞（所有人就适时的政策达成一致意见耗费的时间）和执行时滞（财政政策对经济产生效果所耗费的时间）。要避免这些时滞，财政政策的某些方面要能自动刺激经济或为经济降温。例如，收入所得税会在经济疲弱时减少，并在经济繁荣时增加。

第二个潜在的难题便是为大家所熟知的李嘉图等价定理。这一理论预测：当政府采取减税而非政府支出措施时，人们将继续储蓄而不是消费。消费并不会增加，造成减税政策在调整总需求上的失效。此时，政府不得不借钱以弥补已产生的资金缺口。并且，在未来的某一时刻，政府必将通过征税的方式来偿还其因减税而承担的债务。

4. 计算由支出和税收形成的财政乘数，并解释二者不同的原因

政府支出乘数衡量的是产出随政府支出增加1美元而增加的数额。政府的税收乘数衡量的则是产出随税收下降1美元而增加的数额。政府支出与税收二者的乘数效应的产生源于收入与消费间的反馈效应：高收入（无论来自政府支出增加还是来自税负降低）将增加消费，而消费的增加又会增加收入，收入的增加会继续增加消费，如此，这一反馈机制便会循环下去。不同于税收通过消费间接影响收入的机制，政府支出会直接影响收入，因而政府支出乘数大于税收乘数。

批判性思考

1. 阐述税率与税收之间的不同。并说明它们各自是如何与经济衰退及其应对政策相关的。在经济衰退期间，你会期待税率升高还是下降？你又期待税收收入如何变动呢？说明你的理由。
2. 我们假定：政府估计家庭平均会将额外1美元中的50美分用于消费。同时，政府将利用这一估计确定使经济增加一定额度而应该增加的政府支出数额。然而，在实际中，家庭部门会将每额外1美元收入中的40美分用于消费。这将如何通过政府支出来影响扩张性财政政策呢？用50美分这一数值计算的政府支出数额是过高、过低还是刚好正确呢？这在短期又会对产出和就业产生什么样的影响呢？
3. 经济不景气时，在其他条件不变的情况下，在政府减税1亿美元或增加1亿美元的政府支出这两个选择中，哪一种对社会总需求和GDP的影响更大？在实际中，其他条件会保持一样吗？为什么？

09

第九部分

金融体系和金融机构

第九部分介绍金融、货币体系以及使它们顺利运行的制度。在第九部分，我们的讨论将包含华尔街的交易商到你钱包中一张微不足道的美元账单的每个细节。

第21章介绍金融市场的基础以及个体和机构在金融市场中的作用，包括从购买第一套房子的家庭到华尔街操控百万美元交易的交易员在内的所有人。金融市场连接储户和借款人并使货币在任一给定时刻流动到它们最有价值的经济部分，而且它允许人们在管理资金的同时最小化所面临的风险。

第22章是关于货币的。货币可以帮助经济顺利运转。作为一种交易媒介，它可以让你买一包口香糖，买一辆车或买下一整座小岛。但是货币不仅仅是指钞票或硬币。在美国，美联储是创造和管理总货币供给的主要机构。这给予美联储调节经济的独一无二的权力。

ECONOMICS

第21章

金融学基础

认知目标

1. 列举金融市场的三个主要功能。
2. 描述借贷市场,并举例说明影响可贷资金供给与需求的因素。
3. 区分负债和股东权益,并定义每一类别中的主要资产类型。
4. 介绍金融市场的主要机构,并描述每个机构的作用。
5. 解释金融资产风险和收益的权衡,并描述怎样分析风险。

> 引例　亨利·雷曼和他的兄弟们

　　1844年,亨利·雷曼在亚拉巴马州蒙哥马利市开了一家干货店。最初,他卖一些食品和基本生活物资给当地的农民。很快,他的兄弟们也加入经营,生意逐渐扩大。雷曼兄弟开始担任当地农民的中间人,买下农民们的棉花然后卖到更远的市场。由于生意兴隆,他们随后在纽约设立了工作室,并且将生意扩大到咖啡和其他领域的商品。由于货物源于南方,公司在内战时受到了严重的打击。战争结束后,雷曼公司迅速重组并与亚拉巴马州的政府取得了联系,公司帮助州政府管理财政和债务偿还。到19世纪末,雷曼兄弟经纪公司已经发展成为华尔街上最大和最有影响力的金融机构之一。

　　雷曼兄弟经历了内战、经济大萧条、第二次世界大战、与竞争对手命途多舛的合并、2001年9月11日总部差点被袭击(其总部就坐落在世贸中心对面)等危机,并且幸存下来。但是,在2008年9月15日,雷曼兄弟宣告破产,一个如此大规模、历史悠久、声誉良好的公司就这样倒下了,这出乎很多人的意料。雷曼公司的倒闭引发了全球金融市场的恐慌。这样一个看似坚固的组织此前不到一年还创造利润,怎么会突然倒闭呢?

　　关于由房地产市场的崩溃而引发的雷曼破产、金融体系的向内破裂以及随之而来的大衰退的故事是现在最引人注目的经济事件。我们要弄懂这些事件,首先就必须了解金融体系本身。

　　为什么有金融体系?传统的物品与服务市场是相对直接的,它帮助联系准买者和准卖者。与之相比,金融市场似乎是抽象和远程市场。它们在做些什么?华尔街的公司究竟销售什么以及它们代表谁来销售?像雷曼兄弟这样老式的棉花经纪商是如何在华尔街上灭亡的?实际上,金融市场的基本目标和其他市场是相似的,它匹配了想要把钱马上消费的人(买者)和想要把钱存起来供以后用的人(卖者),在这样做的时候,它们也帮助人们在一段时间内管理他们的资金和保护自己免受风险。金融体系将储户和借款人聚在一系列相互联系的市场中，在这些市场中，人们能够交易各种金融产品。

金融市场的基本前提十分简单，但是它实际的交易可能非常复杂，针对不同投资和储蓄需求的人们设立品种繁多的金融产品。就像在农户和饥渴的客户间协调的批发商和杂货店一样，在金融市场中也有很多不同的公司和机构在储户和借款人之间协调。

企业、政府、非政府机构和个体依靠金融体系来实现它们的目标。金融体系帮助人们在恰好的时机以尽可能小的不确定性获得他们恰好需要的资金数量。如果你有储蓄账户、支票账户、信用卡、助学贷款、住房贷款或汽车贷款，你就会从金融市场中受益。人们非常容易把这些服务当作是理所当然的。雷曼破产及紧随其后的全球金融危机显示了一个完善的金融体系多么有价值。

在这一章中，我们先探讨金融体系的作用及其对于储户和借款人的价值。我们建立一个简单的市场模型，在这个市场中只有储蓄者和借款人参与其中。然后我们从三个角度探讨金融体系，即它的功能、其中的参与者以及其中交易的资产。最后，我们将探讨金融产品的一般特点，如风险和收益。

金融市场的作用

与华尔街相联系的高技术、高复杂度的交易是相对现代的现象，而基本金融市场的存在至少可以追溯到古希腊。基于寺庙形成的放债机构吸收存款，为旅行者兑换货币和放贷（正如它的名字）。个人的财富体现在以重量计价的贵金属和以数量计价的国家铸造硬币上。我们今天所说的股票市场最初出现于 17 世纪。为什么在整个人类历史的不同社会，金融市场都是这样一个自然形成并且十分有用的机构？它有什么作用？

什么是金融市场

在**金融市场**（financial market）中，人们可以交易对现金或商品的未来权利主张。这种"权利主张"有很多不同的形式。例如，当你获得一笔贷款，银行在当期付给你资金，同时你要同意未来返还银行本金和利息。当你购买了一个公司的股票，你就有了分享公司未来所赚取的任何利润的权利。当你购买了一份保险，你需要定期支付保费，当你未来发生一些不好的事情的时候，保险公司就要按规定向你赔偿。在本章接下来的部分，我们将介绍这些以及其他金融资产类型及其细节。现在需要注意的是，金融市场通过协议允许人们在不同时间、地点和情形下转移资金。

金融市场背后的核心观念是，在任何给定时间，有闲置资金的人未必是可以按最有价值的途径利用这些资金的人。金融市场使资金流动到收益最高的地方。一个完善的金融市场能让每一个参与者的处境更好，它能够匹配买者和卖者并使他们都在交易中获利。在金融市场中，买者是想要投资一些有价值的东西但是缺少资金的人，卖者是手里有富余资金并且愿意以一个合适的价格将资金借给他人使用的人。买者由买新房子的家庭、需要付学费的学生、建立新工厂的公司、开始新项目的企业家以及经常为公共开支筹集资金的政府等构成。卖者由愿意放弃一些当期的花销以在未来获得一些收益的个体、企业或者政府机构构成。

银行的一段旋风般的历史

如今，金融市场是十分复杂的，复杂到在 2008 年雷曼兄弟破产后，基本没有人能够完全说清楚究竟是什么原因导致了这样的结果。但是最开始的金融市场并没有这么复杂。在初期，系统内只有银行、储蓄者和借款人。

想象一下世界上如果没有银行会如何。人们面临着这样的问题：你需要用钱的时刻和你挣到钱的时刻总是不能完美匹配。这个问题可以以很多不同的方式出现。一些时间差与你的整个生命周期有关。例如，你可能想在工作的年份里挣更多的钱并且在退休之后靠储蓄生存。你可能想在年轻的时候去读一个更高的学位、买房或买车，但那时你还没有挣很多钱的机会。其他类型的时间差发生在短期内：你可能一个月领一次工资，而在一个月内你很多时候都有消费的动机。或者，你可能经营农场生意，你的收益出现在一个季节（如收割庄稼），而大部分的开支在另一个季节（如播种）。

银行能够帮助解决这类问题，它们能够从当期收入比花销多的人那里吸收存款，并且向那些消费大于收入的人发放贷款。我们为什么需要银行来做这些？为什么不把挣到的所有钱放在家里并把富余的钱借给确实有需要的亲属和邻居？实际上，这是一种老式的理财方式。即使在今天，世界上仍有很多人没法将钱放到现代的银行中，他们仍然依靠那些简单的方法。

银行具有很多有用的功能。首先，它们充当储户和借款人的中介。如果没有银行，每当你需要贷款的时候你就必须四处奔走，向认识的人借来零碎的资金拼凑成自己需要的资金。如果恰巧他们也没有富余的资金，那你的运气就非常不好了。如果你认识的人和你在某种程度上是相似的，那么这种不幸并不是偶然的。如果你们年龄差不多，工作差不多，或者种植同样种类的农产品，你们极有可能同时有资金需求。银行能将你和范围更广的人联系起来，他们极可能在你需要资金的时候有存款。银行能够节省人们在管理许多小的、人与人之间的交易上花的时间和精力。对每个人来说，无论你何时需要存款或贷款，银行都是一个便捷的、一站式的交易所。

其次，银行使现金的获得变得更容易。在过去，人们手里必须持有现金来购买商品。人们必须带着非常重的金币或银币到很多地方，并且担心这些金银币被偷或者丢失。更严重的是，让别人借用或者用你的铸币投资是有风险的（这个风险甚至超过没有偿还的风险），这是因为当你急用资金的时候，你手里并没有可用资金。例如，当你把资金借给你的邻居但是不久后你的孩子病了需要看医生，你可能很难让邻居马上把这笔钱还给你来支付医药费。即使没有什么用途，把一些钱留在身边以防万一也是更安全的。

银行让人们在没有以上风险的情况下享受流动性带来的好处，它能够使你在需要资金的时候更容易拿到可用的现金。有些好处是运筹方面的，通过银行及其提供的一些工具，如 ATM 机、支票簿、借记卡和信用卡，在你需要资金的时候可以简单和廉价地获得，并且当你不需要现金时也不需要担心。银行存在的实际价值就是，当把钱存在银行，不需要担心突然需要时却取不出来。这是因为很多人都把钱存在银行，而且所有存款人同时有提现需要的情况几乎不可能发生。因此，银行只需要将一小部分存款保留在手中，而把大部分存款资金贷出或进行更有效率的投资。随后借款人向银行支付利息，银行向储蓄者支付存款的利息，这对个体储户来说并未失去流动性的好处。

最后，银行帮助储户和借款人分散风险。假设在没有银行的时候，你把一大笔钱借给你的亲戚，他用这笔钱开了一个商店。如果商店经营得好，你能够收回投资，那么一切都没有问题。但是如果商店倒闭了，正如小生意经常发生的情况，你可能会陷入财务困境。当你的存贷停留在个人对个人的层面时，即使这其中的每个人都是善意和可信的，它的风险也和把鸡蛋放在一个篮子里没有差别。银行就相当于把你的鸡蛋分散到不同的篮子里，因为银行有很多借款人，所有借款人同时违约的风险是非常小的。少数借款人可能会违约，但大多数人会如期偿还，所以个体储蓄者不必承担投资失败的全部后果。

实际上，不仅银行会提供这些好处。由银行、保险公司、投资人、股票交易市场、政府机构等多种机构组成的整个金融体系，都在储户和借款人之间起到中介、提供流动性和分散风险的作用。在本章中我们将多次强调金融体系的这三种作用。在下一节，我们看看这些买者和卖者怎样聚集到这样一个简化的金融市场中，我们称这个市场为"借贷市场（或可贷资金市场）"。

借贷市场：一个简化的金融市场

考虑一国之内所有人的收入和消费：在任意时间点，都有人想借钱，有人想存钱。但是有多少人想借钱又有多少人想存钱呢？如果人们想要借得资金的总量高于想要存入资金的总量，那么什么决定了哪些贷款获得批准呢？金融市场通过调节价格使资金达到储蓄总量等于投资总量，以此调节供求的力量。

现实生活中的金融市场针对不同种类的买者和卖者设计了很多不同价格的产品。你只需要浏览报纸的商业板块或者任一银行提供的账目（accounts）和贷款种类就能够得到多样的金融产品信息。在本章的后面，我们会深入挖掘这些产品的差别。现在，我们将金融市场简化为仅有储户和借款人，我们称这个简化的市场为借贷市场。

借贷市场：储蓄和投资

在**借贷市场**（market for loanable funds）中，有富余资金可借出的储蓄者向有投资需求的借款人提供资金。可贷资金是一笔放在桌子上的资金，在它的两侧一面是借出，一面是借入。

当提到储蓄和投资时，我们必须小心使用术语。当人们购买股票或者把钱存入410(k)退休账户时，他们也说这是进行了投资。但是在经济学中，这些都是储蓄而不是投资。**储蓄**（savings）是指没有立即用于物品与服务的消费的那部分收入。经济学中的**投资**（investment），更准确地说是投资支出，是指厂商在厂房、设备及存货等生产性投入上的支出。

使用这些定义，我们可以建立一个简单的借贷市场模型。借贷资金的供给来自储蓄，借贷资金的需求来自于投资。和其他任何市场一样，当可贷资金价格使供给数量等于需求数量的时候，储蓄和投资达到均衡。

可贷资金的价格

储蓄可以看作卖出一段时间内所拥有资金的使用权，借贷可以看作买入他人资金的使用权。人们愿意提供的储蓄资金量是由他们得到的价格决定的，这一价格也决定了人们愿意投资的资金量。

贷款的价格称为**利率**（interest rate）。利率是贷款人向借款人提供资金的价格。它通常表示为单位时间内单位货币的百分数，直到贷款被还清。贷款利率决定了在借款时除本金外还需偿付的数额。例如，如果你以 10% 的利率贷款 1 000 美元，期限为一年，期末你需要还 1 000 美元的本金和 100 美元（1 000 美元 × 0.10）的利息。

和其他任何市场一样，向下倾斜的需求曲线（投资）和向上倾斜的供给曲线（储蓄）的交点，决定了均衡时的利率和贷款总量，如图 21-1 所示。

供给曲线为什么会向上倾斜？这意味着大多数人愿意在利率上升时储蓄更多的钱。在物品与服务市场，价格越高，

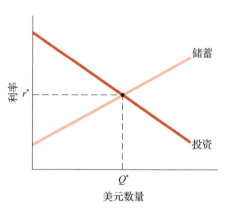

图 21-1　借贷市场

就会有越多的人发现它有利可图进而增加供给。借贷市场上价格和资金供给量之间的关系基本上和物品与服务市场上的是相同的。关键是要意识到储蓄是有机会成本的：储蓄意味着现在你不能消费全部收入。人们理性地在储蓄和消费之间权衡。如果你储蓄 100 美元，这意味着你放弃了价值 100 美元的当期消费以换得未来价值多于本金这一承诺。如果利率是 0，你期末只会得到 100 美元。但即使是零利率，也有人愿意进行储蓄，他们更愿意在退休后消费这 100 美元而不是现在。但是大多数人的情况是，存款利率越高，越愿意推迟他们的消费计划来提高他们未来的收入。如果你在 1% 的利率下没有储蓄，那么在 10% 的利率下可能是非常愿意储蓄的。如果被承诺借出 100 美元一年后返还 200 美元，那么更多的人会愿意储蓄这 100 美

元，利率更高时更是如此。

借贷市场的另一方面，需求曲线是向下倾斜的。这是由于贷款利率的降低导致借贷成本降低，这使得更多的投资机会值得被投资。当决定是否借款的时候，企业和家庭被视为投资者（如企业建立厂房，家庭购买住房），他们最先做的就是估计投资收益。收益率描述了为该项目所投资的每一美元预期回报。

如果收益率（借款的好处）低于贷款利率，那么投资者是亏损的。在这种情况下，投资是不值得的。如果收益率高于利率，投资将是盈利的，那么借钱投资是有意义的。在实际生活中，种类繁多的投资所提供的收益率是不同的。随着贷款利率上升，收益率高于借贷成本的投资机会越来越少，因此借贷需求量也会下降。所以就表现为向下倾斜的需求曲线。

借贷市场需求和供给的变化

有多少人想储蓄和投资的潜在决定因素是随时间发生变化的，且不同国家表现不同。这些因素能够使借贷市场上的供给和需求曲线移动，即在给定的利率水平下，资金供给和需求的数量发生改变。因此，均衡利率和均衡数量将会随之改变。在本部分，我们将讨论一些储蓄和投资的重要决定因素。

储蓄的决定因素。储蓄决策反映了人们将收入在当期消费和储蓄以用于未来消费二者之间的权衡。向上倾斜的供给曲线反映了随着利率的提高，储蓄相对消费的价值增加，人们会提供更多储蓄的事实。但是，利率以外的其他因素也会影响这个选择。总体上看，这些因素都是或多或少让人对推迟消费感兴趣的事情，例如对未来经济的预期，甚至人们对于简单和节约的文化偏好。

储蓄的决定因素的变化会使借贷市场的供给曲线移动。想象有一种使人们在利率水平不变时储蓄量减少的变化，例如人们预期经济在未来十年内会飞速发展。由于他们认为自己在将来会有更好的工作并赚更多的钱，他们就不会愿意在当前储蓄。人们预期的变化使供给曲线向左移动，正如图 21-2 所示。借贷

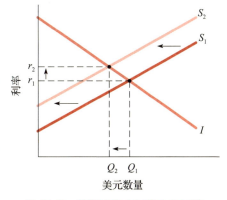

图 21-2 储蓄的决定因素变化导致可贷资金供给的变化

市场上的均衡沿着需求曲线移动，到达一个新的均衡点，结果就是利率升高，均衡资金量降低。与之相反，当决定因素的变化使人们在利率水平不变时储蓄量增加，供给曲线向右移动，在新的均衡点上，利率降低而均衡资金量升高。

能够决定人们在给定利率下储蓄多少的因素都有哪些呢？当然，有很多的因素影响个人的储蓄选择。然而在这一部分，我们关心宏观层面上的影响因素，即影响国民总体水平上储蓄变化的因素。虽然在同一国家内这些因素的作用会随着时间的推移而发生变化，但它们仍有助于解释不同国家的差异。例如近年来美国家庭仅储蓄他们收入中的一小部分，而中国家庭的储蓄率超过40%。这种差异极有可能由文化因素和经济状况引起。

不管是随着时间变化还是在不同国家之间，以下都是影响储蓄供给的重要因素：

- **文化**。不同的文化和传统使得人们在很多问题上看法不一致，如对节俭的重视程度、通过物质展示的财富、留给下一代的财产等很多方面。这些文化难以量化，但几乎可以肯定的是：文化会造成各国储蓄率差异。例如，美国的文化更偏向消费者导向，而中国自古就更注重节俭。因此，在相同的利率下中国的平均储蓄水平高于美国，中国借贷市场的供给曲线在美国的右侧。

- **社会福利政策**。在利率水平不变的条件下对储蓄的激励受到公共政策的影响，这些公共政策决定了当人们失业、生病、残疾、陷入贫困或变老时他们能得到什么福利。例如，中国人选择储蓄更多是因为他们期望能够在未来负担得起更多医疗保健和退休成本。与之相对的是，美国公民更多期望社会保障和医疗保险的退休福利（当然，纳税对社会保障事业的贡献可以被看作退休的强制储蓄，但是，这种类型的"储蓄"是不计算在储蓄率里面的）。

- **财富**。有研究表明，富人的储蓄倾向大于穷人，但是财富和储蓄的关系并不完全一致。也有证据表明，穷人家庭由于税收减免而储蓄得比富人更多。无论如何，这两种证据都显示了财富的重要性。

- **当前的经济状况**。当我们考虑人们的储蓄决策如何受经济状况影响时，区别*当前*的经济状况和当前的经济状况如何使未来预期发生改变是重要的。

如果人们对未来的预期一点不变，那么经济的下行将会减少相同利率水平下的储蓄量，也就是说供给曲线将向左移动。当经济状况不好导致人们失业或收入降低时，他们将不愿意储蓄甚至花费过去的储蓄来支付日常费用。然而在近期的衰退中，储蓄率是上升的。为了解释这个谜题，我们必须转向……

- **对未来经济状况的预期**。人们通常把经济衰退作为一个关于经济未来走向如何以及经济现在如何的坏迹象。这种对未来的预期影响储蓄率：当人们预期他们的收入会降低时，他们更愿意储蓄来为未来的经济下滑做好准备。

当前的经济状况和未来的经济预期之间的关系有助于解释，为什么在19世纪80年代、90年代和20世纪初美国经济发展状况非常好的情况下，美国家庭的平均储蓄率急剧下降。储蓄率变化如图21-3所示。到2005年，美国家庭平均储蓄率不到1%，这意味着美国家庭基本不储蓄。虽然我们可能认为良好的当前经济状况会使人们愿意储蓄更多，但这也让他们对未来感到乐观，这使人们的储蓄倾向降低。当经济状况变坏的时候，人们的储蓄率又会上升，正如2008年经济危机开始蔓延的时候。这表明人们把经济衰退作为未来的一个消极信号，为此他们将减少贷款增加储蓄。

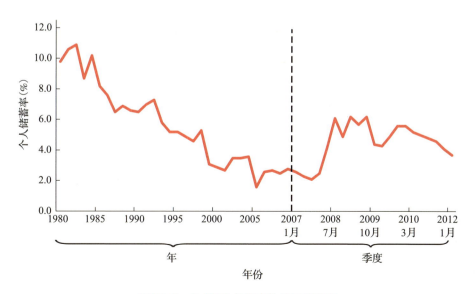

图21-3　自1980年以来的美国储蓄率

投资的决定因素。投资决策是基于投资能够产生的潜在利润和对金融市场上借贷成本的权衡。借贷市场向下倾斜的需求曲线反映了这样一个事实：当贷款利率上升时，潜在利润将会降低，随着利率的不断升高，可能会出现投资收益无法弥补借款成本的现象。

和市场的供给方一样，非价格的因素也会影响可贷资金的需求。这些因素通常会改变经济中的投资机会，增加或减少在任何给定的利率下值得投资的数量。整个经济中，潜在投资价值的增加将使任一给定利率水平下可贷资金的需求数量增加，使需求曲线向右移动，正如图 21-4 所示。均衡将沿着供给曲线向上移动，到达一个新的均衡点，在新均衡点上利率升高，资金量增加。

影响需求的最重要的非价格因素就是人们对于投资收益的未来预期。未来盈利能力的预期通常和整体经济状况的预期紧密相连。2006 年，经济繁荣，消费需求很高，部分原因是房地产市场的繁荣。经济的繁荣会使投资者更渴望借入资金，这是因为他们预期建立新公司、从事生产、开商店、房地产业务的发展会带来非常可观的利润。这种预期使得企业想要在相同的利率水平下借得更多资金，需求曲线右移。

相反的情况出现在 2007 年年末房地产市场恶化时。因为在整个经济中，消费需求疲软，企业几乎没有动力贷款来扩大生产或开展新业务。贷款欲望的缺乏使需求曲线左移，正如图 21-5 所示。

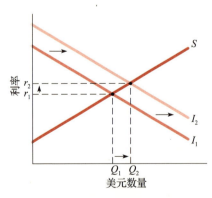

图 21-4 投资机会的盈利状况的变化使需求曲线移动

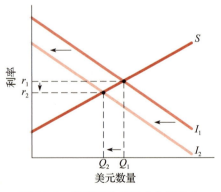

图 21-5 借贷下降使需求曲线移动

关于一个疲软的经济中可贷资金的需求，还有最后一点需要指出。有人认为，政府借款增加可以挤出私人投资。**挤出**（crowding out）是由政府借债的增加引起的私人借债减少。正如图 21-4 所示，政府的借贷需求增加使需求曲线向右移动，迫使利率上升。需求曲线的移动反过来增加借贷成本，减少私人投资。这种私人投资的挤出是政府干预市场时时常担忧的。虽然，大衰退时期的证据显示了挤出是微弱的，但它仍然是政策制定者需要谨慎对待的问题。

对于每个借款人的价格：利率的一个更现实的视角

借贷市场的简化模型说明了金融市场的供给和需求之间的基本关系。然而在现实中，所有潜在的借款人并不支付同样的利率。不同借款人的贷款利率是不同的。例如，个体的贷款利率通常高于正规公司的利率，美国政府的贷款利率几乎是最低的。相同的借款人的利率也会由于交易类型而不同。例如，抵押贷款的利率低于信用卡贷款利率。每一种特定类型贷款的利率是如何决定的呢？

利率差异源于两个基本因素。首先是借款人偿还贷款的期限。其中的理由并不明显。在相对较长的借贷期限内获得利息的期限也较长，贷款人不是已经得到补偿了吗？答案是只得到了部分补偿。我们应该这样想：贷款人在贷款过程中要得到对其不能将他们贷出的钱马上收回的机会成本的补偿。当他们贷出一笔期限为 20 年、利率固定的资金时，贷出的钱相当于被占用了，所以他们必须放弃在这 20 年内可能出现的所有更好的投资机会和更高的利率。由于在较长的时间内，未来潜在投资机会的不确定性更大，当贷款人的贷款期限较长时，贷款人总是想要一个更高的贷款利率来补偿附加的机会成本。

其次是交易风险。为了明白这是为什么，问自己一个简单的问题：你更愿意借钱给一个在街上遇到的陌生人还是当地的银行？不管你的答案如何，你可能都有一个简单的标准来做决定：谁更有可能还钱给你？

当金融市场中的贷款人考虑到借款人拖欠贷款的可能性时，他们会做出相同的估算。**贷款违约（default）**发生在借款人未能按照约定的条款偿还贷款的时候。如果贷款人认为借款人可能违约时，他们将会要求一个更高的利率来补偿其所面临的高风险。

有时，贷款是用资产来进行担保的，例如一套房子。如果借款人对抵押贷款违约，作为损失的补偿，贷款人将获得房屋的所有权。这解释了为什么抵押贷款的利率总是低于信用卡贷款的利率；如果一个抵押贷款的借款人违约，那么贷款人可以将房子卖掉来收回一些资金（虽然通常不是贷款的全部价值）。与之形成对比的是，信用卡贷款并没有有价资产做支撑，因此，如果发生违约，借款人面临的损失更大。

借款人违约的风险被称为信用风险。它是相对于无风险利率来说的，**无风险利率**（risk-free rate）是指当没有违约风险时，人们愿意出借资金的利率，通常用美国的国债利率近似衡量，因为美国政府的违约概率被认为几乎为0。其他所有借款人必须支付更高的利率来补偿贷款人，因为他们有更高的违约概率。

无风险利率和投资者需要支付的贷款利率之间的差别称为信贷差价或风险溢价。不同的投资者和不同的时间，这种差别可能非常大。例如，2007年的经济危机和衰退使信贷差价骤然上升，所有类型的借款人都突然变得更有可能违约。掌握了贷款期限和借款人违约可能的粗略估计，我们可以了解某一借款人在借贷市场进行某一类型交易时可能面临的价格。总之，贷款期限越长、违约概率越高，信贷差价越大。

现代金融体系

到现在为止，我们已经介绍了金融市场的基本理论，接下来我们把目光移到现代金融体系的一些关键现实。我们已经认识到一个单一的借贷市场过于简化。在现实中，个人和企业由于贷款期限和风险不同因而面对不同的利率。构成**金融体系**（financial system）的一系列机构将储蓄者、借贷者、投资人及保险机构组成相互联系的金融产品交易市场。本部分将以更微观的角度来考量金融体系在帮助人们管理资金和风险中的作用。同时本部分也定义了几种金融体系中交易的非常重要的产品类型，并且探讨交易它们的个人和机构。

金融体系的功能

金融市场通过匹配有资金的人和需要资金的人实现储蓄、贷款、投资和保险。为什么我们需要像银行、保险公司和证券交易所这样的机构来帮助我们做这些事呢？在本章的开始，我们阐述了银行在经济中的三个基本功能：贷款人与借款人的中介，提供流动性，帮助分散风险。在这一部分，我们将详述这些功能并且在金融机构整体层面上展示如何实现这些功能。

匹配买者与卖者：中介。中介是将买者和卖者放入一个市场的过程。想象你想借钱来做一点小生意。你怎样得到足够的钱？你可能想去拜访每一个认识的人，并向他们借到他们能够承受的任意金额的钱款。除非你正好认识很多有闲置资金的人，否则这条路走不通。即使你成功做到了，安排和持续跟踪所有这些贷款的过程也将非常耗时且复杂。银行的存在降低了这一过程的交易成本。当银行存在的时候，你只需向银行信贷员一个人借款即可。这节省了你以及有同样烦恼的朋友和家人的时间和成本。它用一个大的专业化的交易取代的很多小的非正式的交易。

各种各样的机构承担着**金融中介**（financial intermediaries）职能，它是疏导资金以使其从拥有者流向需求者的机构。银行是金融中介的一种形式。另一种类型的金融中介是证券交易机构，它将匹配想要买入公司所有权份额的交易者和想要卖出公司份额的交易者。这种中介通过集中有关股票价格的信息和提供交易场所的方式减少了交易成本。

提供流动性。金融体系的第二个重要功能就是提供流动性。在这章的前面，我们粗略地讨论过人们为什么认为流动性重要。正式地说，**流动性**（liquidity）是在没有价值损失的前提下，某一特定资产快速变现的难易程度。我们通常说一种资产**有流动性**是指其能够快速且不付出很多价值损失地变现，而缺乏流动性则相反。

考虑大多数人都拥有的两种资产——汽车和住房。如果你急需一笔资金，你会卖哪个？汽车能够相对快速地卖出。你可以很简单地将车开到一个汽车经销商那里，并且要求经销商付给你现金。当然，你很可能对交易价格并不满意，但是你将很快得到相当于汽车大部分价值的现金。而房子是相对难以卖出的。大多数情况下你走入一个房地产公司是不能马上获得现金的。房地产代理商可能会帮助你找到买者，但这十分耗时，并且即使找到买者，仍然有很多容易出错的书面工作要做。

换句话说，汽车是比住房更具流动性的资产。为什么它们之间的流动性有这么大的差别？因为住房的价值更难以衡量并且购买住房的法律程序复杂。在你决定出多少钱买房子之前，你应该对它的每一部分都做细致的检查，以确保它的房顶不漏或确保没有在它的附近建立一处废物处理设施的规划。而汽车更容易估值。一位有经验的经销商可以很容易就精确地摸清车况。这就是为什么汽车经销商能够充当流动性提供者的角色，而房地产市场却不能实现。一个流动性提供者是指通过随时卖出或买入资产，使市场更具流动性的人。

金融体系中多种类的参与者确保了金融市场具有流动性。金融资产中非常重要的部分，例如股票和债券（我们将在下面给出定义并进行讨论），也可用来提高流动性。如果你想卖出一些公司股票或政府债券，在金融市场中总有人愿意来购买。通常的购买者是银行或经纪商，它们也可以被看作共同基金或被简单地看作金融投资者。实际上，我们有时候称它们为做市商，因为它们像汽车经纪商那样时刻准备好卖出或购买资产，以这样的方式"创造市场"。

流动性是重要的，因为它影响了人们的储蓄意愿。一般来说，当储户需要用钱的时候，他们想要确定存款是否可以随时提取。如果市场缺乏流动性，你不能指望能够快速地卖出资产收回资金，因此你在借出资金进行投资的第一步就非常谨慎。这会减少可贷资金的供给，引起利率升高，投资总量减少，经济增长速度变缓。

分散风险。金融市场的第三个重要功能就是分散风险。设想你是一个储户，你可以把钱直接借给其他个体或公司。如果借款人违约，你可能会损失全部。但是如果你把钱借给银行，你知道银行会把你的钱和其他储蓄者的钱一起放在一个池子里并且将它打包成许多个贷款借给不同的借款人。这其中的有些借款人可能会违约，但是银行和储户不会一下子损失所有。银行因此分散了风险。**多样化**（diversification）是使风险在不同资产或人之间进行分散的过程，它降低了特定风险对单一个体的影响。

多样化对经济的运行非常重要。如果我们不必为全盘皆输的风险操心，人们将更愿意储蓄，企业将更愿意投资新项目。

主要的金融资产

金融体系怎样实现它的中介、提供流动性、分散风险的功能呢？它通过创造能够在金融市场上买卖的金融资产来实现以上功能。金融资产的种类非常多，在书中我们不能一一详细地列出，因而我们重点介绍几种主要的金融资产。

股权。当你拥有一个公司的部分所有权并且分享该公司的收益的时候，我们称你有这家公司的股权。代表对一个公司拥有部分所有权的金融资产被称为股权资产。"股票"可能是你听到最多的金融资产，它是股权资产的一般称呼。新闻媒体每晚都报道股票市场的相关数据，例如道琼斯工业平均指数和标准普尔500指数。甚至有的电视网络致力于追踪这些指数的每一步变化。

股票究竟是什么？**股票**（stock）是一种代表一个公司的部分所有权的金融资产。如果一个公司发行了100 000股股票，每一股股票的持有人（称为股东）就拥有该公司所有权的1/100 000。

股东通常有权表决公司在某些方面如何运行，例如他们可以选举董事会。股东也有权以股息的形式获得公司的利润的一部分，获得多少股息取决于他们拥有的股票数。**股息**（dividend）是定期向公司全体股东进行的分红，通常按季度或按年度分发。

公司为什么发行股票呢？原因之一是发行股票使公司能够不以借款的方式筹集到资本。设想一个商店的店主想要再开一家店来扩大经营规模，做这些是需要资金的。他可以从银行借款，但是他必须付利息并且即使新的商店倒闭了他也必须还款给银行。另一个选择是，店主可以选择卖出他商店的一部分股份。买这些股份的人拥有了他商店的部分所有权，他们承担赔钱的风险同时分享赚钱的收益。

股票也是一种把缺乏流动性的资产（公司所有权）转换为有流动性的资产（能够在市场上出售的股票）的途径。整个公司的所有权难以卖出。就像买房子，买者要事先了解很多复杂的事情。但是股票非常容易以小的标准化的单位在股票市场上买卖。一个私人控股公司拥有的是缺乏流动性的资产，然而一个上市公司拥有的是含有流动性的资产。

债权。股权的主要替代品是债权。最基础和最常见的债权种类是贷款。贷款（loan）是贷款人基于借款人还本付息的承诺同意借钱的协议。

一般来说，贷款比股票的风险低，同时潜在的收益低。借款人可能贷款违约。但是借钱给公司的贷款人在公司破产的时候能够优先得到这家公司资产的合法索赔，并将会在股东之前尽可能多地得到赔付。股票伴随着失去一切的更高风险，但同时股票也可能获得更多收益。如果公司运行很好并且利润十分可观，股东通常有权享有利润分红。而对于贷款，不论公司经营多么好，贷款人也从不会得到比最初协议规定的更高的收益。

和其他金融资产一样，贷款能够买卖。设想银行将资金贷给你购买住房。你们签订一个合同，你有法律义务在规定的日期以规定的利率还款。接着银行可以将这个义务卖给其他人。买者为了获得从你那里按照贷款合同条款收账的权利必须向银行付款。

为了使贷款更具流动性，它们可以被标准化成交易性更强的资产叫债券。**债券**（bond）代表发行者在约定到期日偿还票面价值并按约定利率付息的债务证明。因为利率固定，债券通常被当作固定收益证券。债券持有人享有合法地得到预定利息支付（称为息票支付）的权利。这种息票支付通常每 3～6 个月支付一次。债券持有人通常在到期日得到本金的归还（本金有时也称为债券的票面价值）。债券的发行期限类型很多。公司债券的期限一般为 10~30 年，政府债券（由美国财政部、政府机构、州和市发行）的期限一般 1~10 年。政府和大公司通常以发行债券的方式筹集大额资金，通常贷款人的数量也很多。因为债券是标准化的，它对债券持有人来说是更容易被卖出的，因而债券比普通贷款更具流动性。

因为债券本质上是贷款，因此适用于贷款的风险回报权衡也适用于债券：它通常比股票安全同时收益更低。历史上政府债券的年平均实际（通胀调整后）回报率为 2%，而同时期股票指数大致表明股票年平均回报率在 7% 左右。为什么储蓄者更愿意购买收益率更低的政府债券而不是股票呢？因为股票的风险更高。它们的价格非常容易下滑而政府通常不会发生债券违约。

如果有一种方式可以将非标准的贷款如购房贷款转化成像债券那样容易交易的标准化形式不是非常有用吗？证券化就是这样的一个过程。证券化将许多贷款汇集在一起形成一个更大的资产，因此减少了任意一个借款人贷款违约给贷款人带来的风险。证券化在 21 世纪初开始流行。所有类型的金融资产，从助学贷款到抵押贷款，都能够证券化来形成流动资产并且吸引更多的贷款人。在第 23 章中，我们将阐述证券化如何在金融危机中扮演一个主要角色，以及其如何引发了大萧条和雷曼兄弟的倒闭。

尽管它引起了金融危机，但如果操控得当，它还是不错的。正如我们已经提到的，债务融资使许多我们认为理应如此的事成为可能。当你能够买一辆新车或者企业能够建一个新工厂，借债使它们变成现实。

衍生品。股票、贷款和债券是代表性的融资合约，个人或公司同意在某一情况下支付一定数额款项。如果你有创意，你可以基于同样的基本思想做出更复杂的安排。例如，你可以基于特定资产或商品的未来价值创建一个合同，这些资产和商品可以是抵押贷款、股票或石油价格。

以其他资产价值为基础的融资合约代表金融资产的特殊类别，叫衍生品。**衍生品**（derivate）是一种价值以其他资产的价值为基础的资产，如购房贷款、股票、贷款或桶装油。

这类资产最好的例子是期货合约。买方同意基于一些资产的未来价格来向卖方付款。例如，根据期货合约，卖方能够按照约定的价格和数量出售全部或部分的农作物。如果最后农作物的价格高于合约价格，合约的买方能够卖出农作物得到收益。反之，合约买方亏本，但是卖方仍然能得到约定价格。卖方能够将农作物未来价格或好或坏的风险转移给其合约伙伴，以这一方式来管理自己的风险。总之，衍生品意味着将风险转移给那些愿意承受的人。

金融体系的主要参与者

到现在为止，我们已经理解了全球金融体系的功能，在金融市场中交易的金融资产的主要种类。接下来我们将介绍四种主要的市场参与者，没有它们不能称之为一个功能完善的金融体系，它们分别是：银行和其他中介机构、储蓄者及其代理人、企业家和企业、投机者。

银行和其他金融中介机构。我们已经提到银行起着非常重要的中介作用。更深入地分析，我们可以把银行分成两类：商业银行和投资银行。

当人们提到"银行"的时候，大多情况下指的是商业银行。当你要到银行存款或者从银行获得抵押贷款或助学贷款时，你都是与商业银行打交道。作为储户和借款人的中间人，商业银行帮助创造了流动性。它提供的贷款是相对缺乏流动性的，通常需要多年来偿还。

然而，很多储蓄者不想让他们的钱被占用很多年。银行如何做到"借短贷长"（发放长期贷款，吸收存款发放贷款并且允许它们能在短时间内满足存款人的资金需求）的呢？关键的是，银行假定所有的存款人不会一起有取款需要，因此，他们只需将一部分存款留在银行里。一旦很多存款人同时有取款需要，银行将会没钱可以取，这一潜在灾难性事件被称为银行挤兑。

投资银行是大家一般认为的"华尔街"的一部分，像高盛和破产的雷曼兄弟这样的银行。这些银行不吸收存款并且它们不像传统商业银行那样发放贷款。它们通过充当做市商为市场本身提供流动性，它们帮助公司发行股票和债券，保证购买任何没有卖出去的部分（这个过程被称作证券包销）。

大多数银行是商业银行或投资银行，而不会既是商业银行又是投资银行。这是因为20世纪30年代颁布的《格拉斯－斯蒂格尔法案》，它禁止银行同时扮演这两种角色。然而，该法案在1999年就被废除了，几个最大的银行，如摩根大通和美国银行，同时承担这两种角色。

储蓄者及其代理人。大多数储蓄者并不直接接触金融市场。他们通过代理人进行操作。他们把钱交给他人来管理并且由这个人决定借款给谁。这些代理人包括银行、共同基金、养老基金和人寿保险公司。根据美联储的数据，2011 年美国家庭持有 5 万亿美元的共同基金，养老基金和人寿保险加在一起接近 15 万亿美元（注意在经济术语中，买股票和债券是一种储蓄方式而不是"投资"）。

共同基金（mutual fund）是由专业人士基于委托人的利益进行决策和管理的由股票和其他资产组成的投资组合。储蓄者将他们的钱委托给共同基金以省去关注成千上万的股票和债券的麻烦；作为替代的是，他们让专业人士来做决定。

共同基金有很多种类型。最受欢迎的类型之一就是指数基金。这种基金购买广阔市场上具有代表性的（如标准普尔 500 涵盖的）所有股票，目标是获得该市场上的平均收益。与之形成对比的是，专项基金的管理人寻找合适的公司、挑选股票以争取获得高于市场平均数的收益。共同基金对它们提供的服务收取费用，费用可能是管理资产总额的千分之一（例如普通的指数基金），也可能是资产的 3% ~ 4%（通常这类基金在搜寻股票上花费很多）。

养老基金也是个人储蓄的主要渠道。通常它与雇主相联系，**养老基金**（pension fund）是一种为了给退休人员提供收入而专业管理的资产组合。养老基金的两个主要类别如下：

- 确定给付计划保证了那些满足准入条件的雇员的固定收益，条件包括在公司中工作了一定的年限。
- 确定缴费计划中退休人员的养老金水平并不确定。雇员每年缴纳固定数量的养老金并且雇主可能也会帮其缴纳一部分。根据雇主和雇员的供款总额以及供款上所赚的投资回报提供收益的退休计划。这类基金提供的养老金的数额依赖于股票市场的表现。最常见的确定缴费计划是 401(k) 退休计划，它的好处是可以推迟缴税直到退休以后。

在过去，确定给付计划占主导，但是现在像 401(k) 这样的确定缴费计划更常见。

人寿保险单也是储蓄的重要类型。人们储蓄在保单中的钱叫保费，与共同基金和养老基金一样，由专业人士来决定如何在金融市场上运用这些资金。与它们不同的是，你能随时从共同基金中赎回资金，能够在退休后得到养老基金，但是人寿保险费只有等你去世以后才能赎回。

这三种代理形式绝不是个人将他们的贷款委托给第三方管理的所有途径。其他的选择包括对冲基金、私募股权公司和风险投资基金，这仅是几例而已。非常令人吃惊的是，最简单的方法也许是最好的，正如现实生活专栏中描述的那样。

现实生活　难以置信的指数基金

整个电视网络致力于报道资产价格的上升和下降，从股票的价格到黄金的价格。书店中随处可见关于股票市场建议的书籍。如果你非常幸运地有钱放进股票市场中，你如何理解这些杂乱的信息并且找到一个超过市场平均盈利的盈利方式？

可能你根本就什么都不应该做。很多储蓄者选择指数基金，例如首创的先锋指数基金。现在有很多公司都提供指数基金产品，指数基金试图精确地复制给定股票市场指数的每一个变动，例如由500家龙头公司股票构成的标准普尔500指数。

指数基金和传统的、主动管理型的共同基金相比优点突出：指数基金维持成本更低。成本更低的一个原因是指数基金不需要付高薪给资产管理人来让他们搜寻哪只股票能够超过市场的平均收益，它只需简单的模拟市场均值。指数基金的第二个好处是因为构成指数的股票不会变化太大，所以买卖股票的次数更少。结果就是，指数基金最小化了股票交易过程需要支付的资本利得税。

专业的基金管理人指出，因为指数基金试图精确地复制市场平均表现的变化，它错过了由市场特定指数基金赚得的大部分收益。例如，在20世纪90年代的互联网繁荣时期，一些专注于有前途的科技公司的共同基金的收益远超过指数基金的收益。

谁是对的呢？在先锋指数基金被创造出来的五年内，它打败了超过90%的主动管理型的共同基金的收益。

资料来源：John C. Bogle, "All about Index Funds: The easy way to get started," http://www.fool.com/mutualfunds/indexfunds/indexfunds01.htm.

企业家和企业。企业家和企业也是金融市场的主要参与者，因为他们经常想借钱资助他们最新的项目。严格地讲，这些从事经济投资的人经常向专业投资银行进行咨询，这些银行会把储蓄者的资金输送给他们。没有这些借款者，金融体系的大部分简直不复存在。

投机者。金融市场的主要参与者的最后一部分是投机者，他们在金融体系中的作用是独特且有争议的。投机者是纯粹为了获利而买卖金融资产的人。你可能会问为什么有争议？其他三种主要参与人（中介、储蓄者、企业家）不也是为了获利吗？是的，但是与他们不同的是，投机者既不是自然形成的买者也不是自然形成的卖者，但是他们愿意扮演任何一种角色以求获取利润。

投机者是否有利于金融市场的健康发展引起了激烈的争论，正如专栏你怎么认为中的总结。

你怎么认为　投机者对市场有正向影响吗

2006~2008年，很多主要商品的价格都翻倍了，如小麦和玉米的价格。在某种程度上，粮食价格的快速上涨是因为歉收引起了供给减少以及因人们需要更多的食物而引起的需求上升。然而，一些人认为这不能很好地解释粮食价格上涨的原因。他们认为是投机者看中买入粮食然后高价卖出过程中的利润，是因为投机需求的增加推升了粮食价格。前天主教教皇教宗本笃十六世代表了很多批评者的想法。他责问道："当投机者把粮食作为投机标的物，并且在相关联的金融市场上缺乏确定的准则和道德原则，只把利益作为唯一目标的时候，我们怎么能沉默？"

投机者会如何反击这样的批评呢？支持投机的主要论点是投机者在价格发现上起到的作用，这是指帮助市场找到资产最合适的价格，且该价格反映了一切可用信息。6个月后小麦的价格会是什么样的呢？因为投机者想要赚取利润，他们会花费大量的精力来理解有关小麦价格的每一个细小变动。他们的目标是判断他们是否应该以当下的价格在6个月后买入或卖出小麦。很多人认为种小麦的农民、面包店和杂货店就不用自己做类似的研究了，因而投机是一个有价值的服务。而且他们可以相信市场价格已经反映了最好的可用信息。

然而另一些人认为投机者实际上起的是反作用。他们认为投机者的行为会使价格更大程度地偏离"正确"的水平，放大市场的小波动，创造潜在的不稳定泡沫和衰退。考虑2000~2007年房地产市场的繁荣，在某种程度上，该繁荣是由投机者预测房价会持续上升而引起大量买房推动的。批评者认为相似的事情也发生在小麦和玉米市场的价格变动上：投机者抬高了价格，因为他们预测价格将会持续上升，这创造了一个自我实现的预言。

这听起来像是个谜。如果投机者彻底地研究了市场，他们不会意识到小麦的价格已经过高了进而想要卖出小麦，使其价格回到合适的水平上吗？有人说事实就是如此。另一些人认为如果投机者相信小麦的价格在未来还会上升，那么他们仍然想要在当期购买定价过高的小麦，并且不可避免的价格暴跌到来之前将其卖出。最后将会发现"正确的"价格，但是可能会经历一段时间的经济衰退萧条并且将会给消费者和储蓄者带来很大的损害。

你怎么认为？

1. 投机者参与到金融市场中将会给市场带来什么好处？
2. 你认为投机者发现商品"正确的"价格的动机与那些"自然"的储蓄者和借款人（如农民和消费者）的动机一样吗？为什么他们的动机和金融市场中的其他参与者不同？
3. 前教皇认为投机者在粮食价格投机的过程中涉及超越经济学的道德问题，你是否同意教皇的观点？

资料来源：http://www.nytimes.com/2008/04/10/opinion/10thu1.html.

资产评估

我们已经数次提及了这个问题：金融市场上的卖者和买者怎样在正确的价格上达成协议？我们已经阐述了如何使预期收益率和借款的投资成本达到均衡。资金的供给方，如储户，怎样决定把钱存在银行还是买股票或债券呢？如果他们选择买股票或债券，他们如何决定买什么呢？在这一部分，我们将探索资产估值的一些基本原理，这些原理将可以帮助储蓄者来做出决定。

风险和收益之间的权衡

在评估任何资产时，基本的权衡是在风险和收益之间：如果你面对赔钱的高风险，那么你也希望能够得到值得高风险的高回报。图21-6展示了几种主要金融资产的风险和收益情况。正如你看到的，现金和债券投资（都是固定收入和通胀调整后的）的风险低，收益也在频谱（图）的最低端。股票的收益在频谱的最高端，承担高风险的同时通常也会获得更高的收益。不同个体有不同的风险偏好：有些储蓄者可能愿意把他们的钱放在低风险的债券中,而偏好高水平的收益的投机者同时失去一切的风险也更大。

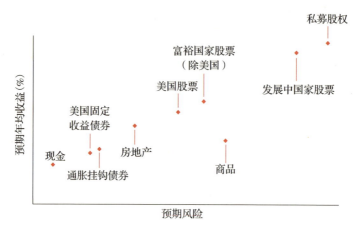

图 21-6　各种金融资产的风险和回报

资料来源:http://www.nepc.com/writable/research_articles/file/2010_03_risk_parity.pdf/.

多样化、市场风险和个别风险。在购买金融资产时,管理风险的另一种方式就是多样化。如果你把所有的钱都买了同一公司的股票,那家公司恰好倒闭了,你将损失掉所有。如果你买了很多公司的股票,特别是不同行业的公司,这些公司一起倒闭的可能性非常小。投资组合指一组不同资产,在相同的风险水平上,它的收益通常高于任何一种资产的收益。

为了更好地理解多样化如何起作用,我们来看看存在于金融资产中的两种风险类型。首先是**市场风险**(market, systemic risk),又称系统风险,它是指整个市场或经济普遍承受的任何风险。预期外的通货膨胀是市场风险的一个例子。当然,一些交易受预期外的通货膨胀影响更大,但是所有交易都要面对价格升高的后果。

由于这个原因,市场风险很难通过多样化投资消除。在存在预期外通货膨胀的情况下,消除一些风险的策略是购买美国财政部发行的与通胀挂钩债券。该债券的收益随通胀变化而变化,因此即使价格无预兆地上升也能够实现保值。

与之相反,**个别风险**(idiosyncratic risk)是个别公司或资产所特有的风险。例如,公司有做出错误的战略选择引起股价下跌的风险。通过多样化投资,个体风险更容易被降低甚至消除。如果你买了不同公司的股票,它们一起倒闭的可能性非常小。

由很多种股票构成的投资组合成功地分散了特定风险。组合内包含的股票种类越多，特定风险越低，同时投资组合的预期收益不会降低。指数基金是以多样化投资消除个别风险的自然机制：通过投资市场上的所有股票，指数基金实现了高水平的多样化投资并且几乎没有特定风险。自金融市场存在以来，确定数量的市场风险就存在于所有的投资组合中，并且不能被分散。

度量风险。怎样衡量风险呢？在金融市场中最常见的衡量风险的方式来源于统计学：标准差。**标准差**（standard deviation）是对一组数值的分散性进行测量的指标。

在金融市场中，衡量风险最简单的方式是关注一定时间内资产收益的标准差。这意味着我们持续追踪该资产一天、一月或一年赚多少钱，然后测量这些数值偏离平均水平的程度。例如，去除通胀后股票市场的平均收益率是7%，在特定年份的实际收益范围是 -80% ~ 120%。在任意年份中20% ~ 30%的增长或下降并不很令人吃惊。而政府债券在去除通胀后每年的平均收益率通常为2% ~ 3%，它很少出现超过10%的收益或损失。换句话说，政府债券的标准差更小，这意味着它的风险低于股票市场。这些历史数据并不能很好地预测股票价格的未来平均水平，但是它们确实显示了非常重要的一点：高平均收益率通常伴随着高风险。

预期回报：有效市场假说

设想一下你被要求选出下一年最有可能升值的股票。你会怎样做？有三个基本方法你可以参考。

第一种方法是试图推测公司未来可能的盈利，并用它作为基础计算公司现在的价值。我们可以用利率来进行现值和未来值的转换。如果你能估计公司未来的收益，你可以将它转换成公司的净现值（缩写为NPV）。**净现值**（net present value，NPV）指预期的一系列未来现金流的当前价值的一个测量。这能告诉我们"正确"的公司股票价格。

当然，这就引出了一个新问题：怎样推测公司的未来收益呢？传统上这通过资产评估的基本面分析实现。资产评估的基本面分析成本较高，因为这需要对一个公司进行大量的研究。研究包括研读财务报表，了解该公司是如何运行的，了解公司所在行业及其竞争对手等。专业投资基金通常雇数百个分析师来做这些工作。

第二种方法是技术分析。技术分析不关心预期未来收益或计算净现值，也不在乎关于股票的任何事情。它只分析股票过去的价格变动并借此预测股票价格的未来变动，从数据中寻找未来将会发生的走势。这种方法通常借助高度复杂的计算机软件。

以上方法实行起来都有难度。有什么更简单的办法吗？有的。第三种方法是列一个所有股票的清单，把它贴在墙上，向上面扔飞镖。飞镖落在哪儿，就买哪只股票。这听起来不是一个很好的办法，但是在金融世界中，如果很多理论研究都是对的，这种方法就和以上两种方法一样好，并且更便宜、更快捷、更简单。

支撑第三种方法的观点就是**有效市场假说**（efficient-market hypothesis，EMH）。它主张市场价格已经包含了一切可用信息，并且该价格非常准确地代表了真实价值。资产评估的基本面分析和资产评估技术分析都是试图战胜市场的方法。只有当你找到一种当前价格高于或低于市场决定的"正确"价格的时候这两种方法才会有效。有效市场假说意味着找到价格不正确的股票是不可能的。如果价格已经包含关于股票真实价值的所有可用信息，所有股票就都在正确的价格上了，因此没有更多的信息可以用来预测哪种股票将会赚钱。

这种假说背后的直觉很简明。设想细心观察股市的人得到消息称一家公司明天将宣布它赚取了高额利润。这样的消息一般会使明天的股价上升，因此人们很可能今天买入股票，明天以更高的价格卖出。这一影响会抬高今天的股价，直到价格升到明天的预期价格。明天的公告预期今天已经在价格中得到反映。

所以明天的股价会如何变化呢？根据有效市场假说，股票的预期走势可能是任何方向，即被描述成是随机游走的。任何预测明天股价的尝试都是愚蠢的：如果有任何暗示股票价格上升或下降的可靠信息，那么当下股票的价格就会发生变化。这使我们回到了扔飞镖的方法：如果你不能预测股票的收益，你也可以在墙上贴一张股票的清单然后向上面扔飞镖。

一点也不意外，有效市场假说在投入大量精力寻找优质股票的华尔街经纪人和分析师中并不受欢迎。他们认为有些人比其他人更容易获得优质信息，或至少他们整合信息的能力更强。然而，几乎没有人能够一直战胜市场。

反对有效市场假说的一个论据是，相同的金融产品在不同的市场上交易价格有时候不同。这为市场并不总是有效利用所有的信息提供了证据。如果你能够在一个市场买进同时在另一个市场上卖出，你能够赚取一个无风险的利润。这种利用市场无效性获利的过程叫**套利**（arbitrage）。有些基金管理人专门在不同的市场上寻找套利机会。然而，寻找这样的机会需要做大量的工作，如果你时机出了一点点差错，你可能就会赔光所有的钱。但是考虑到风险和回报，只要你的时机是对的，你能够获得非常可观的收益。

金融的国民核算方法

在本章的初始部分，我们展示了当借贷市场均衡的时候，储蓄（供给）等于投资（需求）。这适用于金融体系的微观市场均衡逻辑，但是我们也可以从更宏观的角度来分析。通过第7章中介绍的国民收入核算方法的视角来看储蓄和投资，我们能够在国家层面追踪资金流量并且分离出不同的储蓄来源。

储蓄－投资的恒等式

我们从一个没有政府和国际交易的简化经济模型开始。所有的交易都发生在一国之内的居民之间。在我们的简化模型中，居民将会怎么使用他们赚来的钱呢？他们只有两种途径使用：他们可以消费（当期花掉）或者储蓄（存下来以后用）。换句话说，收入等于消费和储蓄之和。

$$收入 = 消费 + 储蓄 \tag{21-1}$$

在这个简化经济模型中，由于没有政府和国际交易，所以所有的储蓄都是**私人储蓄**（private savings）——一国之内个人和企业的储蓄。

现在，我们想一想人们如何赚钱呢？因为没有与政府和国外的往来，因此只有当国内的其他人从他们那里购买物品与服务的时候，人们才能有收入。所有这些购买都能算作消费（像肉、衣服和车这类商品）或者投资（像工厂和机器这样的生产投入）。收入等于总花费，在封闭的模型中等于消费加投资：

$$消费 + 投资 = 收入 \tag{21-2}$$

这个结果接近我们在第16章介绍的国民收入核算框架。

接下来，为了得到储蓄和投资的关系，我们可以将式（21-1）和式（21-2）放在一起。式（21-1）表示消费加储蓄等于收入。式（21-2）说明收入也等于消费加投资。将它们放在一起，我们可以得到：

$$消费 + 储蓄 = 收入 = 消费 + 投资$$

因为消费出现在等式的两端，我们可以消掉它，我们直接得到了**储蓄和投资的**

恒等式：

$$储蓄 = 投资 \tag{21-3}$$

经常被写作：

$$S = I$$

储蓄和投资的恒等式告诉了我们在没有政府和国际交易的经济中储蓄总是等于投资。

私人储蓄、公共储蓄和资本流动

我们的简化经济舍去了现实中的一个重要部分：政府。如果政府的税收收入大于其政府支出，就会产生预算盈余。政府的预算盈余是另一种形式的储蓄：政府以税收的形式获得收入并且将它储蓄起来而不是直接花掉。如果政府存在预算赤字（政府支出超过税收收入），产生负储蓄。在这种情况下，政府必须从经济的其他部分借钱来保证支出大于税收。

如果我们知道政府的税收收入，然后减去政府支出，我们就能得到**公共储蓄**（public savings）：

$$公共储蓄 = 税收 - 政府支出 \tag{21-4}$$

把私人储蓄和公共储蓄相加之后我们得到**国民储蓄**（national savings）是家庭和企业的私人储蓄与政府的公共储蓄的总和。当政府财政出现赤字时，国民储蓄低于私人储蓄；当政府财政盈余时，国民储蓄高于私人储蓄。

现在，在我们简单经济中的居民有三个渠道来使用他们的收入：他们可以消费、私人储蓄和向政府缴税。我们在式（21-1）中加入税收：

$$收入 = 消费 + 私人储蓄 + 税收 \tag{21-5}$$

居民也有另一个方式来获得收入：他们可以把物品与服务卖给政府并且得到收益。我们在式（21-2）中加入这种新收入：

$$消费 + 投资 + 政府购买 = 收入 \tag{21-6}$$

就像前文那样处理，式（21-5）和式（21-6）中的收入相等：

$$收入 = 消费 + 私人储蓄 + 税收 = 消费 + 投资 + 政府购买$$

消掉两边的消费可以得到：

$$私人储蓄 + 税收 = 投资 + 政府购买$$

我们重新调整等式，使投资单独在等式的一边：

$$投资 = 私人储蓄 + 税收 - 政府购买 \qquad (21\text{-}7)$$

因此，由式（21-4）可得：

$$投资 = 私人储蓄 + 公共储蓄$$

换句话说，国民储蓄等于经济中的总投资。

注意，我们仍然假定没有国际交易。国民储蓄-投资的恒等式只在**封闭经济**（closed economy）——一种与其他国家的经济无相互影响的经济体中成立。我们需要加入模型中的真实经济的最终部分是开放的国际往来，这被称作**开放经济**（open economy）。

当资金被允许自由地跨境移动时，可能发生两种类型的国际金融交易。当储蓄在国内（在本国）的资金投资于其他国家的时候，我们称资本流出。与之相对的，当其他国家的储蓄资金投资于国内的时候，则称资本流入。资本流入与资本流出之差叫**净资本流入**（net capital flow）。净资本流入发生在投资高于国民储蓄的国家。与之相反，净资本流出发生在国内储蓄高于投资的时候。

对于一个开放的经济，国民储蓄一般不会正好等于投资。但是，当把全球经济作为一个整体的时候，储蓄一定等于投资。这意味着一国的任何额外储蓄一定会被其他国家的投资吸收。在换个视角专栏中，我们对实际例子进行了评价。

换个视角　储蓄更多总是好事吗

当我们是孩子的时候，我们总是被教育储蓄的好处。我们中的很多人都虔诚地将我们的钱放入存钱罐中，期盼着一段时间以后能够用这笔钱买一个更大更好的玩具。

然而在过去10年里，美国人已经不怎么储蓄了，政府面临巨大的财政赤字。家庭平均只储蓄他们收入中的一小部分，很多人实际上花的比挣的多，他们用贷款和信用卡支撑超额支出。除此之外，政府长期存在巨大的经常项目赤字，这表示进口远大于出口。所有这些都表明美国居民开销过度了。

但是其他国家储蓄过量是问题所在吗？全球储蓄过量假说把最近美国经济中的弊病归结为亚洲和拉丁美洲国家的高储蓄率。

当经济开放时，资本能够跨境流动，在一国中，储蓄不再必须等于投资。这使一国的储蓄超过个人和企业想要投资的数量成为可能。当这种可能发生的时候，超额的储蓄可以在世界范围内寻找收益最好的投资机会。这类资金中的大多数最后流到美国,因为投资于美国看起来更安全。经济学家肯尼斯·罗格夫曾估计,在 2007 年,世界 2/3 的超额储蓄最后会投资于美国。

这是一笔很大的资金。在 2007 年金融危机之前的几年,美国的资本净流入大约占其 GDP 的 6%。美联储主席本·伯南克认为,大规模的资金流入保证了低水平的利率,这就使美国人能够借到便宜的钱。低息借款推动了 21 世纪前 10 年中房地产市场的繁荣,但是借很多钱来买房的人却不能承受一个更高的贷款利率。在某种程度上,美国的房地产泡沫真的是由拉丁美洲和亚洲的超额储蓄造成的吗?这好像很难让人相信,但是它们极有可能在其中起了作用。

资料来源:http://www.federalreserve.gov/newsevents/speech/bernanke20110218a.htm; Kenneth Rogoff, "Betting with the house's money," *The Guardian*, February 7, 2007, http://www.guardian.co.uk/commentisfree/2007/feb/07/bettingwiththehousesmoney.

总 结

在这一章我们探讨了金融体系的基本框架:买者如何找到卖者,利率如何决定借款的成本和贷款的收益,以及不同参与者是如何相互作用的。我们也了解了几种主要的金融资产种类并且探讨了投资者尝试评估他们投资的潜在风险和收益的几种方式。

我们已经知道金融市场的运作和其他市场相似。但是,金融市场有时是神秘且不透明的。

接下来我们需更清楚地理解金融体系是如何融入整体经济的。在第 22 章,我们将介绍货币的起源和现代金融体系是如何创造和毁灭货币的。我们也将介绍大部分金融体系的监管者,包括他们对货币供给的影响,以及他们的行动是如何以宏观和微观手段影响经济增长的。

1. 列举金融市场的三个主要功能

金融市场是人们可以交易对现金或商品的未来权利主张的市场。金融市场保证了世界上的财富总是被使用,并引导个人和机构更有效地利用它。一个功能齐全的金融市场能够有效且高效的匹配买者和卖者。在金融市场中,买者是想要把钱马上用在一些有价值的事物上但是手中没有资金的人。卖者是手中有钱并且愿意以某种价格把钱借给其他人使用的人。

金融市场像是储蓄者和借款人的中介。它提供流动性以使钱在你想用的时候更容易变现。并且它通过为一个大资金池（a big pool）的借款人提供资金的方式为储户和借款人分散风险。

2. 描述借贷市场，并举例说明影响可贷资金供给与需求的因素

你可以把借贷市场作为一个假想市场，它把想要贷出资金的人（储户）和想要借得资金的人（任何有投资需求的人）汇集到一起。借贷市场在供给和需求相等的价格上出清。这个价格被称为利率。可贷资金供给曲线的决定因素是人们决定储蓄的数量。很多因素影响可贷资金需求曲线，包括一国之内的资本流动的力量和经济的整体实力。

3. 区分负债和股东权益，并定义每一类别中的主要资产类型

金融资产的主要类型是债权和股权。股权是公司的所有权，这种所有权最常见的形式是股票。作为公司所有权的部分拥有者，股东享有得到一部分公司利润的权利，即股息，且利润多少由拥有的所有权的数量决定。

最基本的债权形式是贷款。贷款是贷款人和借款人之间达成的协议，在协议中贷款人把钱借给借款人，作为交换贷款人得到借款人到期还清所借款项（本金）加上双方共同议定的利息的承诺。债券是一种贷款，它被标准化为更具交易性和更具流动性的资产。债券是一种典型的债权，由公司或政府发行，通常用于大额筹款。股票和债券是在金融市场中更容易买卖的流动性资产。

以某些其他资产价值为基础的融资合约代表了一类特殊的金融资产，叫衍生品。衍生品的最好例子是期货交易合同。

4. 介绍金融市场的主要机构，并描述每个机构的作用

金融市场中参与者的种类非常多。其中，银行可分为两类，即商业银行和投资银行。当你存款、得到抵押贷款或助学贷款的时候，你是在和商业银行打交道。投资银行业务重点在于为金融市场提供流动性，这通过成为做市商实现，帮助公司发行股票和债券（即证券包销）。

个人在金融市场中必须通过代理人操作，代理人帮助把个人的钱给别人投资。代理人包括共同基金（专业地管理股票和其他资产组合），养老金（专业地管理为退休人员提供收入而设立的资产组合）和人寿保险（投保人缴纳保费并且只有在其去世后才能由其家属取回已交的保费）。企业家和商人，还有投机者也是金融市场的主要参与者。

5. 解释金融资产风险和收益的权衡，并描述怎样分析风险

　　金融市场的风险和收益通常是直接相关的。投资的风险越高，收益也就越高。典型的低风险低收益的投资是政府债券。股票是风险相当大的投资，但是也具有更高的收益。金融资产中存在两种类型的风险——市场风险（整个市场广泛共享的风险）和个别风险（针对特定公司或特定资产的风险）。资产组合可以有利于分散特定风险；某些市场风险存在于所有的资产组合中。

　　金融市场中最常见的衡量风险的方法来源于统计学：标准差。标准差是对一组数值的分散性进行测量的指标。

批判性思考

1. 解释金融市场发展落后的国家可能难以维持经济增长是怎么回事？
2. 柯林斯公司发行债券以用于购买新生产线所需的机器设备，是投资还是储蓄？如果黛西购买了柯林斯公司的债券，她的购买是投资还是储蓄？
3. 为什么政府鼓励人们储蓄？如果政府颁布了一项鼓励人们储蓄的法令并达到目的，对利率和投资总额都会有什么影响？

ECONOMICS

第 22 章

货币和货币体系

认知目标

1. 描述货币的三大职能。
2. 描述 M1 与 M2。
3. 理解中央银行的作用。
4. 理解货币政策如何影响即期利率和货币供给量。
5. 解释扩张性或紧缩性的货币政策会如何影响宏观经济。

引例　香烟货币

在第二次世界大战期间，数以百万计的士兵被俘虏并送到战俘集中营。由于没有正式的货币加之缺乏与外部经济的联系，营地最初的运作好比一个内部交易系统：如果某个士兵有一块额外的肥皂并且真的很想要鲑鱼罐头，那么他将不得不找到另一个拥有额外一盒鲑鱼罐头且想要一块肥皂的士兵。寻找诸如此类的交易机会有时会有用，但是它不仅费时而且效率低下。

随着时间的推移，一个解决方案演变出来了：一些士兵开始用香烟作为一种共同的货币。一个使用标准化价格交换的简单系统被逐步开发：成罐的食物可以通过交换一组数量的香烟得到，同时肥皂可以通过交换另一组数量的香烟得到。

为什么士兵开始用香烟作为货币？首先，它们相较于肥皂和鲑鱼罐头更易于携带；不同于食品，香烟不易变质；并且香烟的供应具有相当的稳定性。部分香烟随食物装运进入营地，其余由红十字会的人道主义机构供应并分配给士兵。

但是有时会有香烟的突然涌入，比如说，如果红十字会在某一个星期增派发货。士兵拥有大量的香烟，就会去狂热地消费。士兵们将互相竞价以得到他们想要的东西，这将导致物品价格暴涨。以至于士兵们将需要更多的香烟来购买一块肥皂。

如果红十字会的出货量有所下降，那么因为士兵们仍照常吸烟，所以流通中的香烟数量将稳步下降。由于交易放缓乃至停滞，价格会直线下降，整体经济活动下滑。为什么会出现这种情况？如果仔细思考，原因是显而易见的：随着流通中的香烟越来越少，并且下一批货何时到来并不确定，香烟逐渐变得越来越稀有和珍贵。这给了士兵更大的动力去囤积而非花费自己的香烟。

这种独特的货币及交易系统是由一个名为 R. A. 拉德福的英国军官总结的，他曾被纳粹俘虏并送到了战俘营地，在那里一直待到被盟军营救。1945 年回到英国后，拉德福写了一篇当时非常著名的论文《战俘营中的经济组织》。他的论文表明无论采取何种形式，货币都是任何经济体系的内在组成部分。

这种选择货币的挑战（比如二战战俘采用香烟作为他们的货币）是任何经济体均会面临的问题。货币是什么？它具有何种职能？解决什么问题？是什么决定某种特定物品（比如香烟）可以作为货币的好选择？货币供给如何影响宏观经济，由谁来控制货币供给政策呢？

在本章中，我们将看到货币如何以及为何在经济体中运用。我们将展示如何运用经济学工具以确保你口袋中的美元保持其价值。

何为货币

我们对什么是货币都有一个直观的认识，我们每天都使用它。但究竟是什么将现金与我们手中持有的其他有价值的东西区别开来？经济通常以这样的制度形式运作：一个人可以用他的母鸡下的蛋来换取邻居的奶牛产的奶。为什么文明社会很早就放弃了以小件贵重金属交换为基础的制度呢？印刷的纸张又是如何代替了闪亮的金属，并最终让位于储存在银行电脑里的记录呢？要回答这些问题，我们需要对货币的概念及其在社会中所发挥的职能有更为正式的认识。

货币的职能

你拥有多少钱？当被问及这个问题时，你可能只是通过计算钱包中的现金或是银行账户余额来回答。你可能还会算上所有股票、债券、房地产，或你可能有幸拥有的任何其他资产的总价值。根据大多数的定义，货币由你通常用来买东西的那部分组成，包括你钱包里的现金以及行账户中的余额，但并不包括股票、债券、房地产或者任何其他资产。更确切地说，货币（money）是指经常用来直接购买物品和服务的一系列资产。

货币有三个主要的职能：价值储藏、交易媒介和计价单位。

价值储藏。 我们说，货币是储藏价值的地方（store of value），因为它代表了货币在随时间推移过程中所保持的一定量的购买力。拥有100美元、1 000美元或100万美元相当于拥有获得同等数量的货物的能力。货币储藏价值的意义在这个层面上显现，即如果你把100美元的钞票放在保险箱内，当你把钞票拿出来时，预期可以得到价值100美元的商品，无论何种商品。当然，价值不会绝对相同。虽然我们很快会了解到价格变化如何影响货币价值变化，但持有货币几乎总是随时间推移而守住财富的最便捷方式（与之相反的是，如果你以香蕉的形式保存你的财富，随着水果的腐烂，你将很快会失去大量的财富）。

交易媒介。当然，货币之外的其他物品通常也能很好地储藏价值，如股票和土地。因此，我们需要在货币职能的列表上增加一项，即作为**交易媒介**（medium of exchange）。也就是说，这体现出你可以用它来购买物品与服务这一事实。即你可以用货币交换任何你所需的物品与服务。

计价单位。货币的最终职能也很重要，虽然它很容易被忽视：货币提供了一个共同的**计价单位**（unit of account），即一个可比较的标准单位。试想一下，你生活在一个没有货币的经济体中，并且有两个竞争性的工作机会供你选择：一个农场主每周付给你 12 箱鸡蛋，另一个鞋匠提供一双精致的皮鞋作为周薪。哪一个是更好的选择？这很难说。但是在工作量相同的情况下，如果一个人每周给你 300 美元，另一个人给你 400 美元，你就可以轻松地比较这两种待遇。通过提供一个可比较的标准单位，货币可以让我们做出更明智的决策。

什么是好的货币

现在我们明白了货币所发挥的功能，我们可以问一个相关的问题：什么才是好的货币？经济学家有不同的答案，但有两个基本思想提供了一个很好的分析起点：能够成为好的货币的东西一定要具有价值稳定性和便利性。

价值稳定性。我们在本章开篇的例子中，即战俘使用香烟作为货币，能够看到稳定的重要性。只要红十字会派发的货物可预期，香烟的价值即可保持稳定。如果有香烟的突然涌入或持续的短缺，营地的经济体系运作将被打乱。

就像战俘营中的香烟一样，货币最初主要是由于其初始形式带来的价值稳定性而脱颖而出的。这些货币的最初形式一般采取具有耐用性和内在价值的物质材料，或者与它作为货币使用无关的价值。具有内在价值的物品将保证一个更为稳定的价值；即使它们作为货币的价值下跌，该物品仍有为人所用的其他价值。

黄金是一个经常被用来作为货币的物品的传统例子，因为其具有内在价值及价值的稳定性。它的供应是相对固定的。当然，新的黄金供应源源不断地从地下挖掘出来，但相对于总存在量通常是相当小批量的。它同样是具有耐久性的。数千年前制造的金币至今仍完好无损。此外黄金除作为货币外仍具有多种用途。在早期社会（以及今天）黄金具有内在价值，因为人们喜欢将它作为闪亮的首饰穿戴。本章开篇例子中的香烟同样具有内在价值。毕竟，香烟被运到战俘营的首要原因是，许多士兵要抽烟。

然而并没有理由说明，为什么货币需要有内在的价值。美元钞票几乎没有内在价值：人们通常不会吃它或抽它，抑或将它作为项链。我们接受美元钞票是因为我们知道每个人都会认为其有价值。美元被广泛接受很大程度上来自一个事实，即美元有稳定的价值。然而事情并不总是这样，在美国建国之初，没有普遍采用美元；各个州的银行发行自己的货币。1792年，美国开始逐步以标准形式的国家货币来取代相互竞争的各州货币，这是美国经济发展历史上一个重要的决定。

便利性。为什么货币会从金币转变为美元纸钞？因为纸币更加方便。相比于纸币，金币较重并且难以用于少量采购。在写作该书时，一枚坚实的金币仅重1盎司，价值却超过1 500美元，所以很难用它支付一包口香糖或一瓶苏打水。

银行与货币创造过程

前文中，我们讨论了金币最终是如何被由黄金支持的纸币取代的。我们思考了它的一个明显优势：携带一张价值"10个金币"的纸币远比携带10个金币要方便。还有另一个不太明显的优势，即通过一个被称作部分存款准备金制度的过程，纸币使银行能够进行货币创造。这是在现代金融系统中最为重要的一点，尽管在直觉上具有挑战性。为确保你能够理解它，花费一些时间也是值得的。

"创造"货币

要了解银行如何创造货币的，最简单的方法是描述一个经济体是如何从使用金币过渡到使用纸币的。首先，想象你生活在远古时代，所有交易都通过金币来进行。这个经济体中存在多少货币？这是一个很容易回答的问题：它就是黄金的数量。

接下来，假设银行业出现了，现在你有机会将金币存起来而无须随身携带它。当你在银行中存入一枚金币时，银行将给你一张纸（即钞票），它价值"一枚金币"。你可以在任何时候去银行，并将这张纸与银行交换然后得到一枚金币；在任何时点，你都可以去银行以纸币换金币。而且人们发现使用纸币比走到哪里都挑着沉重的金币更为方便。

现在,请你站在银行的角度想一想。作为一个银行家,你观察到,在任何一天,在存储了1 000枚金币的银行金库中,人们只来提取100枚。因此其余的900枚只是放在那里什么也不能做,为什么不将它们借出并收取这些贷款的利息从而获利呢?所以你决定将这900枚金币借给那些需要用它们购买东西的人,比如支付给建筑商让他们盖房子。当工人们以金币形式获得他们的工资时,他们都决定将它们存放在银行。他们存储的每一枚金币,银行都将给他们一张价值"一枚金币"的纸币。

现在经济体中有多少货币呢?如图22-1所示,该行仍有1 000枚金币(仍然是在银行中储备的100枚金币加上以贷款形式发放给借款者的900枚金币),但是现在银行已经发行了1 900张,每张价值"一枚金币"的纸币,由于人们对使用纸币或金币进行交易是无差异的,于是我们可以理所当然地将纸币认定为是货币,我们可以说,银行在通过贷款来创造货币。准确地说,它创造出了价值900枚金币的货币。

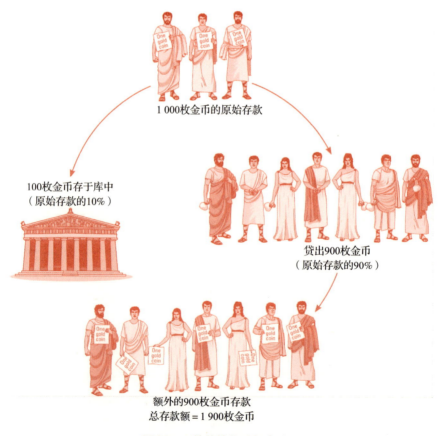

图22-1 简单的货币创造过程

在当今的经济体中，货币创造过程是如何运作的呢？让我们通过另一个简单的例子，并借助一些基本的会计工具来分析。

当下经济体中的货币创造。比方说，你带着 1 000 美元走进一家银行并进行存款。银行拿走你的现金并将它存入保险柜中，同时在你的账户余额上增加 1 000 美元。

现在银行有 1 000 美元的现金。这 1 000 美元是一笔资产（一笔归银行使用的资源）。但银行同时也承担负债（即它所欠下的一定金额）：它欠你 1 000 美元，并承诺你能够随时取回这 1 000 美元。你可以在任何需要的时间取回这 1 000 美元，而这一事实也正是为什么诸如此类的存款被称作**活期存款**（demand deposits），即银行账户中可以被存款者随时提走并无须提前通知的资金。

银行赚钱的主要方式是通过贷出资金收取贷款利息。因此银行希望在安全的前提下尽可能多地将这 1 000 美元贷出。正如我们在金币银行一例中所见，将全部活期存款都保留在手中并没有必要。相反，银行决定将一部分活期存款留在手里，并将其余部分贷出。

我们将银行保留在其保险柜中的那部分现金叫**准备金**（reserves）。在现实中，现代银行以现金形式持有准备金或将准备金存储在美联储，即美国的中央银行。和以前一样，贷款的资金使银行能够"创造"货币。美联储要求银行保持一定比例的存款作为准备金。银行作为现金准备金保留的数额与其活期存款总额之比被称为**准备金率**（reserve ratio）。我们在之后的讨论中都将假定准备金率为 10%。法律所要求的（由美联储规定的）银行应保留的存款称作**法定准备金**（required reserves）。银行作为准备金保留的超出法定准备金的部分，被称作**超额准备金**（excess reserves）。之前的金币的例子与之相比，银行是通过在不保留准备金的情况下贷出资金来创造货币。

透视银行的交易流程的最简便的方法是借助一个简单的会计工具，即 T 形账户。我们可以使用 T 形账户来记录银行资产及负债是怎样随交易发生变化的。图 22-2a 显示当你存入 1 000 美元时，T 形账户中银行的资产与负债将会发生何种变化。银行 T 形账户的左侧显示了银行的资产，在这种情况下，有 1 000 美元的现金流入。账户的右侧显示银行的负债，在这种情况下，有 1 000 美元的活期存款。

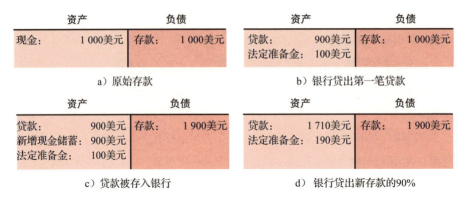

图 22-2 银行如何创造货币

现在,让我们看看当一个新的客户进入银行希望借出 900 美元时将会发生什么,比如说,他要买一个新的冰箱。银行家从库存中提取出 900 美元的现金并将其作为贷款交到借款者手中。图 22-2b 显示了该银行的新处境:由于贷款是银行的资产,银行仍拥有 1 000 美元的资产:100 美元的法定准备金加上 900 美元的贷款。资产与负债的总额仍是 1 000 美元,然而资产的内在构成发生了变化。

到这里事情就变得有趣了:家电卖场销售冰箱并得到 900 美元的现金报酬。店主去银行将这一金额存入商店的账户。图 22-2c 显示出银行现在的境况。银行目前拥有如下资产:一笔 900 美元的贷款,一笔新增的 900 美元的存款,以及 100 美元的法定准备金,总共是 1 900 美元。

银行手头实际握有的现金(900 美元加上 100 美元)小于其总存款数额(1 900 美元)。这对银行而言是鲁莽的行径吗?如果你仍记得我们古老的金币银行的例子的话,那就并非如此:通过观察得知,每天只有少数客户想将纸币转换成金币,因此银行只在金库中保存 10% 并将其余部分借出是一个很好的选择。同理,现代银行所依据的事实就是所有客户不会在同一时间提现。

我们假定银行将客户存储金额的 10% 作为法定准备金。经验表明,这一数额将足以满足储户日常一天的取款需求。银行拥有 1 900 美元的负债(1 000 美元来自原始存款,其余 900 美元来源于店主的存款),银行现在应保留 190 美元的现金作为法定准备金(即 1 900 美元的 10%)。这意味着它愿意将金额高达 1 710 美元的现金贷出(1 900 美元的 90%)。

银行已经发行了 900 美元的贷款,现在借给另一个客户 810 美元,使总贷款额为 1 710 美元。这一新的情况由图 22-2d 显示。

这个过程会持续多久？该银行将继续放贷，并收取存款。随着时间的推移，银行最终可从新贷款中创造出高达 9 000 美元的货币。为什么是 9 000 美元？因为你最初存入 1 000 美元，银行需将它的 10%（100 美元）最为法定准备金，然后将其余部分贷出，并最终以存款形式收回贷款。

这些存款反过来，创造准备金需求。当银行借出了总额为 9 000 美元的贷款时，它预期能收到 9 000 美元的存款，将总额的 10%（900 美元）作为法定准备金保留。于是总的法定准备金数额就是 100 美元加上 900 美元。由于你最初 1 000 美元的存款，银行现在有足够的现金支付它。但这是银行拥有的全部现金，所以它无法再继续贷出了。银行有 9 000 美元的贷款和 1 000 美元的准备金，并且没有额外的钱用于新的贷款。不过，你原来的 1 000 美元已经发挥了相当大的作用：银行利用它创造了 9 000 美元的新货币，有效地将 1 000 美元变成了 10 000 美元。

从一家银行到整个经济体系。到目前为止，我们假设经济体中只有一家银行，所以每个人都要用它来进行借贷与储蓄。在现实中，当然会有许多银行。其中最大的几家是美国银行、大通银行、花旗集团以及富国银行。

如果我们将例子中的这家银行当成整个银行体系的代表的话，那么本例的逻辑就是站得住脚的。比如说，第一笔存款可能被存入美国银行，然后进入大通银行。再下一笔可能被存入花旗银行。关键点在于，所有被贷出的货币最终将回流到银行体系中的某一家银行。

让我们用一些专业术语来对我们的讨论进行加工。我们把银行体系的贷款活动所创造的货币与政府的央行所创造的货币之比称作**货币乘数**（money multiplier）。在我们的例子中，银行将存款的 10% 作为准备金。

如果存款准备金率为 100%（这种情况称为完全存款准备金制度），我们的例子中将不会发生任何借贷。你最初的 1 000 美元将完整地保留在银行金库中。如果银行不贷款，人们想要获得买房或买车的钱将变得十分困难。整个金融体系就会陷入停顿。

我们很少观察到完全存款准备金制度。相反，我们用的是**部分存款准备金制度**（fractional-reserve banking），那是银行保留的准备金数额低于存款总额的 100% 的制度。也就是说，存款准备金率小于 100%。部分准备金制度允许银行贷出其存款的一部分。准备金的数额决定了货币乘数的大小：作为一个简单的近似，我们可以将货币乘数记为 1/R，其中 R 是准备金率。

货币乘数：

$$货币乘数 = \frac{1}{存款准备金率} = \frac{1}{R} \qquad (22\text{-}1)$$

这样一来，10%（或等价于 0.1）的准备金率就意味着货币乘数为 10：

$$货币乘数 = \frac{1}{0.10} = 10$$

有 1 900 美元的负债（1 000 美元的原始存款 + 商店老板的存款 900 美元）的银行现在想要在保险柜中保留 190 美元（1 900 美元的 10%），这意味着它愿意将金额高达 1 710 美元的现金贷出（1 900 美元的 90%）。

银行已经发行了 900 美元的贷款，现在借给另一个客户 810 美元，使总贷款额为 1 710 美元。式（22-1）所描述的近似情况将精确地运转，只要人们在银行之外不持有现金，同时银行尽可能地将法定准备金之外的货币贷出。如果其中任何一个假定不成立，货币乘数都将小于近似值。

最终，部分存款准备金制度使银行成了我们现在所熟知的状况。然而，你可能会思考这其中是否蕴含着巨大的风险。这将会是一场灾难吗？万一大量的客户在同一时间到银行要求提现将会怎样？一场银行挤兑将随之而来，这种情况是由于客户担心银行面临资金耗尽而产生的。阅读专栏现实生活来了解一些现实生活中的例子。

📍 现实生活　银行挤兑与银行假日

2007 年，数百名惊慌失措的客户在英国北岩银行外排起长队，试图将钱从银行账户中提出。为什么人们开始对持有他们货币的银行失去信心？简而言之，因为媒体刚刚报道了北岩银行大量投资于由美国房地产泡沫引致的几乎毫无价值的贷款及金融产品。随着这些投资损失惨重，银行濒临破产。

英国银行业规章对储户提供了一些保护：如果北岩银行破产，政府将归还他们的大部分积蓄，上限为 35 000 英镑（约为 55 000 美元）。但是大多数客户仍决定以英镑的形式将储蓄带回家，而不愿意冒风险。据报道，两天之内已有 20 亿英镑的现金被提走。

银行挤兑是个问题,因为在部分存款准备金制度之下,银行并没有足够的货币来支付一定比例的储蓄存款额之外的现金需求。讽刺的是,银行挤兑恰恰导致了客户所担心的事情——银行倒闭,即使他们本来的担忧或许是多余的。如果有足够多的客户同时将他们的存款提现,一家银行将不可避免地走向破产,无论其初始状态如何。

出现银行挤兑后最重要的反应措施应该是尽量安抚储户并留出时间等待恐慌消退。在大萧条时期,1933年3月,密歇根州州长担心该州最大的银行之一(底特律监护人信托公司)正处在关张的边缘。为了不让银行倒闭,州长采取了釜底抽薪的策略,停止该州所有800家银行的交易,让人们只靠他们口袋中的现金过日子。然而与平息恐慌背道而驰,这一举动只是引发了更大的关注。很多人指出,如果银行只能通过禁止交易才能保全的话,整个系统必将面临崩溃的危险。

关于银行陷入困境的言论传遍全国,银行挤兑螺旋性失控,损毁了人们的储蓄并削弱了经济。作为回应,国会迅速下达了后来被称为"银行假日"的政策,将所有银行关闭四天(后来被延长至一个星期)。就在银行即将重新开放之前,罗斯福总统通过广播跟美国人进行了"炉边谈话",并简单地解释了事情的原委。此外,美联储承诺将为重新开业的银行提供无限量的货币供应,由此储户的存款基本上百分百保险了。

神奇的是,这竟然生效了。当银行重新开张时,恐慌已经消退,美国人又将他们在银行挤兑中取出的资金的2/3存入银行。这个"银行假日"的产物是通过《格拉斯-斯蒂格尔法案》建立了联邦存款保险公司(FDIC),它向储户保证,一旦银行倒闭,政府将会对任何100 000美元(之后又改为250 000美元)以下的存款提供保护。

北岩银行究竟发生了什么?在分支银行排长队后的第二天,英国政府介入并宣布如果银行破产,政府将退还客户账户的全部储蓄。恐慌情绪减弱,北岩银行等待着新气象的到来。然而,由于它在美国房地产崩溃中损失了太多资金,英国政府不得不将其接手过来以保证其今后的运行。这些经历提醒我们,银行挤兑这种目前普遍被认为已经载入历史书的现象,在今天的经济体系中仍会发生。

资料来源:http://www.nber.org/papers/w12717;http://www.bos.frb.org/about/pubs/closed.pdf。

衡量货币

既然我们已经知道货币是如何通过银行体系创造的，那么现在我们重新审视之前提出的一个问题：经济体中有多少货币？如果你正在考虑："这取决于你问的是什么类型的货币。"那么恭喜你，你想的很对。管理**货币供给**（money supply）是美联储的职责。美联储根据流动性，即一项资产在不损失价值的情况下转化为现金的难易程度，将货币分类。

货币的最狭义的定义包括在交易中可以立即使用的部分，它只包含两部分：现金和保存在美联储的准备金（美联储对这些准备金拥有完全的控制权，并且可以保证它们能够在必要时被迅速转化为现金）。货币的这种定义有时被称为硬通货。在我们对货币乘数的讨论中，银行系统就是在硬通货基础上进行"倍增"，就像我们最初例子中的金币一样。

美联储经常使用其他两种更为广义的货币定义，它们被称为 M1 和 M2：

- **M1** 包括现金（硬通货）加上支票账户余额（活期存款，它不完全是现金，但它是大多数人都可以存取的）。
- **M2** 更为广泛。M2 包括 M1 中的全部内容加上储蓄账户和其他可以将货币锁定一定时期的金融工具。由于这些形式的储蓄无法在不贬值的情况下迅速转换为现金，它们相比于其他形式的货币流动性较差（定期存单就是一种流动性较弱的货币形式的例子）。

这两个类别都是货币供给的合法测度指标。我们使用哪一个取决于我们的目标。如果我们想着眼于支出（流动性），可用 M1。如果我们想要着眼于储蓄，我们将使用 M2。你可以将 M2 看作经过"货币乘数"放大之后的对货币量的一种测度，将其与硬通货相比可以让你了解在某一给定时点上货币乘数究竟是什么。图 22-3 显示出货币乘数随着时间的推移保持相对稳定，直到 2008 年金融危机引发的巨大变化。在这一时间点，硬通货由于美联储为抵抗金融危机而增加银行存款准备金的措施而飞速飙升，但是银行由于面临危机有所害怕并且不愿意贷款。其结果就是，尽管准备金数量有较大的扩张，然而广义的货币供给并没有相应增加。

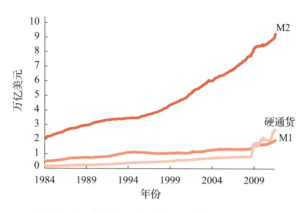

图 22-3 硬通货、M1 及 M2 随着时间的变化

资料来源：Federal Reserve Economic Data, http://research.stlouisfed.org/fred2/（accessed October 31, 2012, 2013）。

到了现在，你可能想知道是谁来决定应有多少货币存在。显然，银行在货币供应量 M1 和 M2 中起了很大的作用，但是由谁来决定第一步需要有多少硬通货来进入乘数过程？法定存款准备金率又由谁来设定？我们将在下一节讨论这些问题。

管理货币供给：美联储

1907 年 10 月 24 日，美国正处于史上最严重的金融危机当中。数以万计的储户从全国各地涌向银行，大部分银行陷入挤兑困境，几乎没有哪家银行是安全的。就连几家规模最大的银行也在水深火热之中艰难度日。在这一疯狂激烈的动荡期间，一个人肩负起了激活美国金融系统的重任：约翰·皮尔庞特·摩根，他是当时 J. P. 摩根公司的总裁和最具权势的银行家。在许多银行已经濒临倒闭的情况下，在 10 月 24 日下午 1:30，摩根得到消息称纽约证券交易所的资金即将耗尽。有人甚至愿意支付 100% 的贷款利息却无法找到贷款人。股票价格直线下降。若不采取任何措施，交易中的所有股票将面临更糟糕的境遇。

由于只有短短几个小时的时间来做出行动，摩根几乎召集了当时美国金融领域所有的重要人物、所有领头的银行家及各产业领导者。就连财政部长乔治·科特柳（George Cortelyou）也赶来看看全国最有能力的银行家是否能拯救濒临崩溃的美国经济。当时整个美国金融系统需要大量的现金。面对灾难，美国政府投入了 2 500 万美元；约翰 D. 洛克菲勒直接提供了 1 000 万美元，在需要额外资金时又进一步增至 4 000 万美元；到了下午 2:30，摩根已经集齐了足够的钱来拯救金融系统。

拯救一个国家于危难之中所依靠的仅仅是一个产业巨人的力量，这警示人们：在危机面前，国家是缺少准备的。6 年之后的 1913 年，美联储创建。从此以后，美联储成为负责协调美国金融系统运行的核心机构。

中央银行的角色

几乎世界上所有的主要国家都有自己的中央银行。**中央银行**（central bank）是负责管理国家的货币供给并协调银行系统以确保经济健康运行的最终机构。在美国，其中央银行就是美联储。像其他所有央行一样，美联储有两个主要职能：管控货币供给；充当最后贷款人角色。

在我们详细介绍上述两个职能之前，有必要首先介绍一下中央银行不负责什么。它不是政府的金融部门。在美国，政府的金融活动（收缴税负、支付账款、发行债务以及对国家金融进行宏观调控）是由财政部来执行的。美联储负责决定应当印制多少实体货币，但是印刷本身是由财政部的铸币局来完成的。简短而言，财政部负责执行财政政策，而美联储负责货币政策的执行。正式来说，**货币政策**（monetary policy）由通过中央银行管理货币供给以追求特定的宏观经济目标的一系列对策组成。

因此，央行最重要的职能就是管控货币供给。稍后，我们将更多地了解美联储是如何运作的。然而，首先，由一个中央银行来管理货币供给是否有必要？这一问题实际上是值得我们思考的。为什么不让私人市场来发行货币并对货币实施管控？至少从原理上看，并没有理由认为私人发行的货币无法得到广泛认同。想要了解更多关于创造新货币的尝试，请看换个视角专栏。

> **换个视角** 比特币会是未来的货币吗？
>
> 一些网络社区有他们自己的货币：开心农场有"农场货币"；"第二人生"有"林登币"。虚拟货币有一天会取代像美元这样的传统货币吗？原则上说，可能性是存在的。实际上，这却是难以想象的。
>
> 回顾我们之前关于什么造就了好的货币的讨论。其中一个重要的特征就是价值的稳定性。为什么数年前人们愿意以黄金形式储存他们的财富？正是由于他们认为

突然发现一批数量巨大的黄金的可能性是微乎其微的，而这样的一种发现会使他们所拥有的黄金贬值。为什么现在的人们喜欢以美元形式储存他们的财富？因为他们理所当然地认为美联储不会突然决定印制数百万的新钞票，这会使每个人手中持有的美元几乎丧失全部价值。

在虚拟世界中谁有权力来"印刷"货币？基本上，是由那些运营者来负责。你真的愿意以虚拟货币的形式来储存你毕生的积蓄，并相信那些负责人永远不会决定增加大量的新货币吗？我们大多数人都没有如此大的勇气。

2009年，一个神秘的程序员用中本聪（Satoshi Nakamoto）这个伪造的名字发明了一种新的虚拟货币——比特币，为这个问题提供了一个解决方案：没有人来负责比特币的供给量，相反，货币供给量按一个预先由数学运算程序决定的比率增长。

在它出现的前期，比特币的使用者是一小批计算机爱好者，比特币的价值远不足1美分。第一笔现实世界的购买发生了，并且是出于娱乐，由一个叫拉斯洛·豪涅茨的佛罗里达程序员完成，他支付了10 000个比特币，点了两份Papa John的比萨（他将比特币转交给另一个爱好者，此人以美元支付了比萨）。但在此之后，比特币引起了媒体的关注，一些关注者开始购买它们。比特币的价值有了飞跃，到了2011年6月，一枚比特币的价值已经飙升至27美元。就在几个月之前拉斯洛·豪涅茨为购买比萨所花的10 000比特币在价格上已超过270 000美元的价值。"我并未对此感到遗憾"，他说，"比萨的味道真的不错。"

随着比特币变得更加值钱，黑客们开始寻找方法从用户的账户中窃取它们。2011年7月，一个掌控着90%比特币交易的名为Mt. Gox的网站，被黑客入侵了。其他关于安全性的恐慌随之而来，一个用户说他的价值500 000美元的比特币被盗了。对这一设计的可信度的破坏使得比特币的价值当即下降到3美元左右。随着时间推移，比特币经历了较大的价格波动。同时，美国的管理者最近向实体用户发出警告，在交换比特币的同时要警戒利用这类货币进行洗钱活动的可能性。

虽然比特币的创始人中本聪悄无痕迹地消失了，仍有大量比特币设计的追随者努力将这项技术引向主流。比特币的故事是否最终将被视为新式货币使中央银行走向废弃的序幕？或者它也只是那些被大肆宣传的网络观点之一而已？比特币的故事向我们展示了，就算在数字化时代，我们仍然需要密切关注这个古老的问题，即如何维持货币的稳定性及其价值。

资料来源：http://www.wired.com/magazine/2011/11/mf_bitcoin/all/1；http://www.dailytech.com/Digital+Black+Friday+First+Bitcoin+Depression+Hits/article21877.htm；http://www.economist.com/blogs/babbage/2011/06/virtual-currency.

央行的另一个角色严格意义上来说并不必要，但这的确是一个好主意：央行可扮演最后贷款人的角色。这意味着什么？回想一下 J. P. 摩根的例子，他在 1907 年几乎只手拯救了银行系统。当没有人愿意出资给银行以帮助它们解决银行挤兑问题时，J. P. 摩根以最后贷款人的身份出现了，他与其他人坐在一起商榷协作。他们成了迫在眉睫的金融崩溃的最后一道防线。现如今，这些就是美联储的工作。我们在第 23 章中将会看到，美联储在 2008 年金融危机期间的确扮演着这个角色。

美联储是如何运作的

现在我们知道了央行在扮演何种角色，接下来让我们更仔细地考察美联储作为美国的中央银行实际上是怎样工作的。我们将着眼于研究两个主题：美联储的组织结构；指导美联储制定政策的关键原则。

美联储是如何组织的。这个被我们称作**美国联邦储备委员会**（Federal Reserve）或简称美联储的机构，实际上并不是一个组织，而是一个完整的系统。联邦储备系统由 12 个地区银行和一个 7 人组成的管理委员会构成，是美国的中央银行。总部设在华盛顿特区的由 7 人组成的联邦储备管理委员会以及其他职员，负责整个联邦储备系统的治理。

支持联邦储备管理委员会工作的是分散在美国各主要大城市的 12 家美联储地区分行。这 12 家地区分行传递和执行中央银行每天的事务。下辖的是下属成员银行，这些下属成员银行涵盖了美国的大部分银行，是美联储系统的成员并遵守美联储的相关规定。

联邦储备管理委员会由金融界、银行界及货币政策等方面的专家组成，他们由美国总统任命并通过参议院确认，任期 14 年。另外，美国总统任命联邦储备管理委员会中的一人担任任期 4 年的美联储主席。美联储主席也许算不上全世界最重要的经济岗位之一，但确实是美国最重要的经济岗位之一。美联储主席对央行货币政策的执行具有重要的直接控制权。

各地的美联储分行，按其所属地区都分别有一个行长。各地的行长通常是从当地银行或商业领域中选举出来的。他们负责监察所在地区下属成员银行的日常交易活动，同时包括监管并执行货币政策。

除此之外，12家联储地区分行行长中的5个供职于美联储公开市场委员会（FOMC）。这些地区行长中的4人轮流任职，而联储纽约地区分行的行长一直是美联储公开市场委员会的成员，这种安排强调了纽约都市圈的金融产业对全国货币及金融政策的重要意义。5名联储地方分行行长加上7名联邦储备管理委员会的委员构成了美联储公开市场委员会（加起来总共是12名成员）。

联储公开市场委员会是美联储系统中进行政策决策的最重要主体。它对设定货币政策的整体方向及引导货币供给负全部责任。

你会发现作为一个政府代理机构，美联储与政府其他部分的联系极少。虽然是由政府任命，但联邦储备管理委员会的委员有任期较长的保障，这样有助于他们的政治独立性。赋予美联储较大的政治独立性意味着，美联储的管理者不会受到政治压力的胁迫。举例来说，美联储的独立性降低了它仅仅是为了减轻政府的还债压力而扩大货币供给的可能性。另外，当人们知道美联储管理者是技术专家而非政客的时候，他们将对美元的稳定性更加有信心。

美联储怎样制定政策。调控货币政策以使其有利于整个国家，确切来讲这究竟意味着什么？美联储具有双重职责，也就是通常所说的双重目标。**双重目标**（dual mandate）的第一层是确保价格稳定，第二层是要保证充分就业。

大部分人在提到货币政策时想到的都是第一重使命。它包括维持一个满足经济体需求的稳定货币供给，与此同时保持价格的相对稳定。对很多中央银行而言，这就是其货币政策使命的全部。举例而言，保证物价水平的稳定性就是欧洲中央银行的唯一使命，欧洲中央银行管理着欧洲绝大部分地区的货币政策。然而在美国，除此之外美联储还被赋予了保障充分就业的目标。

货币政策会对经济体系产生重大影响，第二重使命要求美联储通过行使权力以确保美国经济体系强健运行。在接下来的几个部分中，我们将展示美联储是如何工作以履行其使命的。

在第23章中，我们将看到这两重使命将会如何从根本上产生冲突，而美联储又将如何调节这两重使命之间的紧张关系。

货币政策的工具

为了完成其双重目标，美联储需要管控货币供给。美联储在调控货币供给的时候有好几种不同的方法和选择。在这部分中，我们将了解美联储用以传导货币政策的三种传统方法。这些工具从最不常见的到最普遍的分别是准备金要求、贴现窗口以及公开市场操作。公开市场操作是货币政策中的主要政策工具；其余二者是备用工具，很少被使用。

准备金要求。美联储最有力的政策工具是调控**准备金要求**（reserve requirement），对银行吸收的存款中应作为准备金留存的最小比例的规定。这项工具能起到深远的作用，所以政策制定者会小心翼翼地使用它。你也许会意识到银行的存款准备金比率会影响经济体中可用的货币量，以及在一定程度上决定经济体中会发生多少借贷。如果美联储愿意，它甚至可以同时取消所有银行的部分存款准备金制度，并代之以要求银行保留100%的存款作为准备金，但通常来说这并不是个好主意。

虽然调整法定存款准备金是一个有力的政策工具，但在某些情况下却容易力度过大。借助法定存款准备金来调控货币供给将引起银行法定持有货币数额的巨大变化，这一行动几乎肯定会产生重大而且难以预料后果的行动。银行经理们在做决定时会考虑到一定的准备金要求，因此存款准备金要求的急剧变化将加大他们管理货币的难度。急剧的变化同时会在整体经济中引起连锁反应，影响信贷的可得性以及人们对整个银行体系的信心。尽管如此，一些国家，尤其是中国，还是将调节法定准备金比率作为一项主要的货币政策工具（并且取得了多方面成功）。在美国，改变法定存款准备金则极少被使用，除非有危机出现。将调节法定存款准备金比率视为对货币政策的一个强劲的推力；而在大多数时候，货币政策在一个相对温和的助推下就能调整到位。

贴现窗口。美联储的第二个工具是贴现窗口。**贴现窗口**（discount window）是一个允许任何一家银行向联储借用准备金的借款工具。这类贷款的利率被称为**贴现率**（discount rate）。贴现窗口是美联储用来提供市场流动性以及扮演最后贷款人角色的一个主要工具之一。当银行陷入困境的时候（比如说发生了银行挤兑），贴现窗口能够成为应急资金的可靠来源。

从历史角度看，虽然贴现窗口是美联储作为最后贷款人的关键，然而这类贷款极少被用于货币政策中。其原因在于贴现率普遍高于市场中的利率水平，所以银行将转向别处寻求贷款。正因为如此，任何利用了贴现窗口的银行的财务状况都会公之于众，受到严格的审查。如果银行需要在困难时期借助贷款以继续营业，那么人们通常会认为，银行陷入了困境。诸如此类的污点令银行不愿使用贴现窗口。

然而有时候，银行别无选择。上述污点在2008年金融危机期间已微不足道了：走投无路的银行被迫放下对声誉的担忧而向唯一愿意借钱给他们的地方寻求贷款。2008年10月，仅在一个星期内，银行就从贴现窗口借到了1 170亿美元的应急资金。

公开市场操作。最后在美联储的传统工具中，最常用也是最重要的就是公开市场操作。**公开市场操作**（open-market operations）是美联储向公开（公共的）市场中的商业银行销售政府债券或从其手中购买政府债券（实际操作过程比我们在这里展示的更为间接，但最终结果是相同的，美联储出售债券给银行或从银行购买债券）。这些交易直接导致货币供应量的增加或减少。

当联储想要增加货币供给时，它可以从与其进行交易的一个大银行手中购买债券。美联储用其储备支付这些购买，它还可以进行更多的贷款或购买更多债券，从而创造货币。另一方面，如果美联储想要减少货币供应量，它将售出债券，接受储备支付。通过这种操作，美联储有效地收回了它所接收的货币，从而降低了整个经济体系中基础货币的存量。

公开市场操作相对于其他货币政策工具而言具有一定的优越性。首先，这类交易（即债券的买卖）在日常基础上发生。由于美联储通常要进行政策的微调而不是进行大刀阔斧的变革，公开市场操作较高的交易频率增加了该工具的灵活性。在日常基础上采取行动的能力有助于保持美联储关于政策稳定可信的声誉。

公开市场操作究竟如何对经济产生更为广泛的影响？该工具以两种方式发挥作用。首先，当美联储向银行出售债券时，该交易通常由银行储蓄在美联储的存款支付。于是这一销售行为减少了银行的准备金。这又反过来降低了银行的放贷能力。通过乘数效应，该银行贷款的减少将对其他银行的贷款产生连锁影响并降低货币供给增长率。这是实行**紧缩性货币政策**（contractionary monetary policy）的重要途径——为了减少货币供给以降低总需求而采取的措施。

或者，美联储可以改为购买政府债券，以追求**扩张性货币政策**（expansionary

monetary policy）——为了增加货币供给以提高总需求而采取的措施。当美联储从银行购买债券时，它向银行支付从而增加银行在美联储的存款，同时增加了银行的准备金。该银行可以借出更多的钱并引起连锁效应，进而导致其他银行的放贷增多。如此一来，美联储就可以提高货币供给增长率并实现扩张性货币政策。

公开市场操作发挥作用的第二个途径是影响联邦基金利率，该利率是一家银行在极短的时期内（通常是隔夜）向另一家银行寻求贷款所要支付的利率。美联储将这一利率作为公开市场操作的一个目标，通过出售与买进债券来推动其上升或下降。

联邦基金利率与货币供给。美联储几乎不从改变货币供给的角度描述其政策。相反，它着重于利率。从技术上讲，美联储为**联邦基金利率**（federal funds rate）设定一个"目标"，银行选择将其存储在联储的准备金贷出给另一银行的贷款利率，通常只是隔夜的。

银行必须保有一定的准备金水平。当银行发现在一天结束时它正处于短缺状况，它会向其他拥有超额准备金的银行寻求贷款。由于两家银行都在美联储设有账户，因而以这种方式进行借贷是安全的。

美联储如何影响联邦基金利率？在紧缩的货币政策中，正如我们所见，美联储售出债券，从银行收取准备金作为支付。于是准备金的减少将推动联邦基金利率上行。为什么呢？通过减少准备金，借用准备金的成本上升了，这正如同在商品市场对供求的标准分析一样。其他利率与联邦基金利率同向变动，因此利率普遍上涨，抑制了在房子、汽车、新机器及其他物品上的支出。由此，联邦基金利率的提高帮助实现了紧缩性货币政策，它减缓了经济增长。类似的逻辑过程适用于扩张性货币政策，其目标是降低利率并刺激经济。

货币政策的经济效应

要理解为什么美联储对货币供给的控制如此强大，我们需更好地理解货币政策影响经济的内在机制。一些经济学家被称为货币主义者，他们认为从长远来看，货币政策是无关紧要的，因为价格将随货币供给的升降进行调整，不会引起总体经济产出的任何变化（因此货币主义者说，"货币是中性的"）。然而，大多数经济学家认为，至少在短期内，美联储对货币政策的控制能够抑制经济衰退并缓解经济过热。但它的运行机制是怎样的呢?

货币政策主要通过改变利率来影响经济。利率的变化进而会影响借贷的吸引力,并对经济产生重要影响。在本节中,我们将梳理这一过程的各个连接点以及实施货币政策的一系列挑战。

利率与货币政策:流动性偏好模型

当中央银行增加或减少货币供应量时,它改变了货币供求的平衡。如果"供给"与"需求"这两个字眼让你想起我们之前经常使用的供求曲线所描述的货币市场,那么,你就步入正轨了。

要理解这之间的关系是如何起作用的,我们首先用约翰·梅纳德·凯恩斯在1936年首先提出的被称为**流动性偏好模型**(liquidity-preference model)的观点来描述供求的特点。

货币需求。经济学家用流动性这一术语来描述将资产转化为现金的难易程度。根据定义,现金是流动性最高的,支票账户的流动性近似于现金。我们需要用现金以及便于访问的银行账户来满足日常的消费需求。换句话说,我们有一个流动性偏好。

政府债券,相对而言,流动性则不太强。它们需要被出售以转换为用于消费的现金。当然,政府债券相比现金有一个重要优势:它们能赚取利息。增加的利息弥补了流动性的不足。

因此,当政府债券的利率水平较高时,大多数人都会尝试持有更多的债券和更少的现金。而当债券利率下降时,债券的优势随之下降,这将使现金更具吸引力。如果你不能通过持有债券赚得较多的利息,那么你不如将货币以现金或其他更具流动性的方式来保存。这种关系是流动性偏好模型的中心思想,它解释了人们所愿意持有的货币量是利率的函数。在这个模型中,货币需求曲线向下倾斜,呈现了利率水平与货币需求之间的负相关关系。为什么呢?将这里所说的"货币"看作是现金,尤其是相对于其他如生息债券的资产一类的现金(不管利率多高,你仍然必须持有现金来完成日常的交易)。

整体而言,这意味着在利率很高时人们并不需要太多货币,但随着利率的下降,货币需求将越来越大。由利率变化引起的货币需求量变化可表示为沿货币需求曲线的移动。当利率上升时,货币需求下降,沿曲线向左移动;当利率下降时,货币需求上升，沿曲线右移。

并非所有因素的变化都会引起沿着需求曲线的移动。有些因素引起需求曲线本身的移动，经济中的价格水平就是一个这样的因素。今天美国的货币需求要比 50 年以前高得多，原因很简单，几乎所有的东西都比从前贵得多。较高的价格意味着满足日常生活所需的货币需求更高，也就意味着每个利率水平所对应的货币需求更大。货币需求量的上升由货币需求曲线的右移来呈现。

实际 GDP 的增长对货币需求产生类似的结果：售出更多的物品与服务意味着购买它们所需的货币也就更多。当然，实际 GDP 的下降将产生相反的效果：随着经济总体中的活动减少，对货币的需求也减少。除了这些经济因素，技术进步也会起到一定的作用。举例来说，信用卡的使用越发简单、ATM 机的可用性更高都将减少货币需求。有了这些工具，在任何时候人们需要随身携带以满足其日常购买的现金都会变得更少。

货币供给。在简单版本的流动性偏好模型中，货币供给被认为是由美联储设定的：不考虑利率，联储会确保经济体中总货币供应量恒定。如图 22-4 所示，这意味着在流动性偏好模型中货币供给曲线是一条垂线。这同样表明，改变货币供给的唯一方法是美联储出于政策原因需要这样做。

虽然这个简单的模型假定美联储可以完全控制供给曲线，然而在现实中一个经济体的货币供给具有多种来源。根据模型目前所设定的，美联储决定硬通货的供应量，银行通过货币乘数决定最终将在基础货币基础上创造出多少货币。正如我们之后将看到的，联储设定货币供给与利率的能力并非如模型所示的那样精准。尽管如此，假定由美联储控制的货币供给是固定的有助于对模型的介绍。

在前文中，我们讨论了美联储调节货币供应量的方式，它可以表示为货币供给曲线的移动。任何增加货币供给的举动将使货币供给曲线向右移动。这些行动包括降低存款准备金，降低贴现率，或在公开市场购买政府债券。与此相对，任何减少货币供给的举动将导致曲线左移。你在图 22-5 中能够看到，货币供给的变化会提高或降低利率。

流动性偏好模型显示了货币供给与货币需求之间的基本关系。在该模型中我们假定货币供给完全由美联储设定。货币需求曲线向下倾斜，表明货币需求是关于利率的函数。当利率水平较高时，人们的货币需求量较小，但随着利率的下降，人们的需求将会增加。

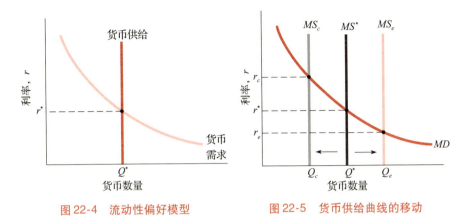

图 22-4 流动性偏好模型　　图 22-5 货币供给曲线的移动

了解货币需求曲线的斜率非常重要：需求曲线的斜率决定了货币供给的变化将在多大程度上改变利率。如果货币需求量真的对利率的改变反应敏感（一条平坦的、具有弹性的需求曲线），那么如果敏感度较小的话（越陡峭就越缺乏弹性），货币供给的改变对利率的影响也就越小。

利率与经济

流动性偏好模型解释了美联储的行动将如何改变利率。美联储可以通过增加货币供给来使利率下降，或者通过减少货币供给来使利率上升。但是美联储为什么要关心利率？答案就是利率在经济中具有重要影响。我们进行的许多大型采购（买房子、汽车或昂贵的设备）都是通过我们借来的贷款购买的。同样，企业借款进行投资也必须支付由利率决定的价格。

扩张性货币政策。利率变化会影响经济中的总需求与总供给。当越来越多的人在利率下降后购买大件商品时，消费将增加。较低的利率使借钱的成本降低，存钱的回报降低。于是人们会以消费取代存款，进一步增加总需求中的消费部分。

货币政策从而成为决策者对经济健康状况的变化做出反应的重要手段。举例来说，假设经济正处于衰退之中。总需求低迷，经济处于以产出衰退与价格低廉为标志的短期均衡中。美联储知道较低的利率将刺激借贷与消费的增加，使需求曲线右移。美联储主席宣布，美联储将降低联邦基金利率。因此，美联储进行公开市场操作，增加经济中的货币供给。这一措施被称为扩张性货币政策，一个更低的利率是采取该行动的结果。

如上所述，低利率刺激借贷和消费，并抑制储蓄。随着消费支出与投资的增加，总需求上涨，总需求曲线右移。最终的效果与我们在第 21 章中讨论的扩张性财政政策的效果是相同的：价格与产出均增加，以助于走出经济衰退。

紧缩性货币政策。相反，当经济过热时，如 2006 年的房地产泡沫时期，美联储应该怎样做呢？由于经济体现金充裕，总需求曲线有右移的趋势，价格水平较高，同时产出水平同样很高，这使得在该情况下做出合理的决定稍显困难。

一方面，强劲的经济活动显然是一件好事。另一方面，这可能意味着经济体的过度运行。当短期产出超出长期均衡时，价格水平将不可避免地上升。这样的价格上涨与央行维持稳定价格水平的使命是相矛盾的。美联储会担心这些价格水平的上涨对经济产生消极影响。

美联储认为经济有些过于活跃，即经济学家通常所说的"过热"时，通常倾向于提高利率，房地产泡沫期间的确产生了这种后果。利率水平的上升使总需求曲线左移，导致一个更低的价格和短期内的均衡产出。这一结果是紧缩性货币政策产生的影响。

你会注意到，我们都是在短期内来讨论这两个例子的。在长期，经济体会调整以适应货币供给的变化，这只会导致整体价格水平的上升。这一事实引出美联储所面临的挑战之一：如何在保证充分就业的同时维持稳定的价格水平。而这两个目标在根本上经常是冲突的。

货币政策的挑战与优势。上述这些关于使用货币政策的例子展示了政策如何在理想情况下起作用，但是世界的运行并非如此简单。当我们讨论财政政策时，我们指出决策者在制定政策时面临的实际挑战，例如时滞以及信息不完全。当美联储试图利用货币政策来引导经济时，会面临同样的问题。

虽然货币政策通常不像财政政策那样要很长时间去落实，但美联储的行动开始产生预期影响可能也要几个月的时间。在这期间，经济的状况可能已经改变了。例如，货币供应量的提升能够推动经济超出长期均衡产出水平，并导致经济过热。更糟的是，美联储可能会在经济开始衰退时不经意地缩减货币供给。这样的政策时间差将会使随之而来的经济衰退更为糟糕。

即便如此，相比传统的财政政策，货币政策确实更有优势。美联储不必等到各执己见的政客们在何为帮助经济的最优政策这一点上达成共识。相反地，政府的联邦理事会与公开市场委员会通常六周一聚，这样他们可以在必要时当即改变货币政策。此外，美联储是由那些以充分了解整体经济细微差别为主要工作的杰出经济政策制定者组成的，以便于在正确的时间采取正确的政策。诸如此类的优势使货币政策成了应对低就业与过度通胀的一个极为重要的武器。

总　结

在本章，我们探究了现代经济中一个最基本的概念：货币。我们分析了货币在经济中所扮演的角色，并探讨了过去曾出现的一些不同的货币形式。我们同样考察了中央银行及私人银行系统是如何相互影响并决定货币供给的。最后，我们了解了央行管理货币供给的几个工具以及它们将如何对宏观经济产生重大影响。

这一独特的权力让美联储及其他央行肩负了对经济的重大责任。你将在下面几章中看到，这一责任通常归结于两个主要任务：维持物价稳定与充当最后借款人。当金融危机对经济造成威胁时，美联储将成为最后一道防线。

1. 描述货币的三大职能

货币的三大职能分别是价值储藏、交易媒介和计价单位。货币基于其交易媒介的角色，即你能够用它来购买商品并满足你的需求，衍生出极大的重要性。货币同样是记录交易价值的重要手段。

2. 描述 M1 与 M2

美联储依据不同种货币的流动性，即一项资产在保有其价值的情况下迅速转化为现金的难易程度，将其分类。现金和准备金组成银行的硬通货，能够无须延缓地用于交易。M1 包括硬通货与活期存款（准确而言，它不是现金，但对大多数人而言是极易获取的）。M2 包含 M1 中的全部以及储蓄账户和 CDs（定期存单）它们变现难度较大，因此其他货币形式流动性差。

3. 理解中央银行的作用

在任何国家中，中央银行的职责一般包括维持货币供给和协调银行系统。在美国，央行即美联储，包含理事会以及 12 家地区银行的系统。它具有双重目标：利用货币政策维持物价稳定及充分就业。物价稳定意味着保持一个满足经济需要的稳定的货币供给，同时，通过阻止破坏稳定物价水平的变化来保持一美元的购买力长期恒定。通过货币政策刺激或抑制总需求来影响充分就业。

4. 理解货币政策如何影响即期利率和货币供给量

　　流动性偏好模型解释了人们所愿意持有的货币量（即货币需求）是关于利率的函数，利率则由美联储控制。随着货币供给的变化，由利率所反映出的一笔钱的价格同样也发生变化。扩大货币供给（例如在公开市场上购买政府债券）会降低利率水平。缩减货币供给（例如出售政府债券）则会提升利率。

5. 解释扩张性或紧缩性的货币政策会如何影响宏观经济

　　美联储将根据情况实行扩张性或紧缩性货币政策。扩张性货币政策涉及降低利率；更低的利率将提高总需求，有助于刺激经济。这一措施通常用来对抗衰退倾向。紧缩性货币政策涉及提高利率，这将缩减总需求并使经济减速；这一措施通常被用来对抗膨胀倾向。

◉ 批判性思考

1. 描述货币如何有助于经济活动，并且比实物交易更能适合一个更为复杂的社会。
2. 解释二战战俘营中的香烟如何履行了货币的三大职能。
3. 在各个时期，诸如黄金这样的金属成为不同社会对货币的惯用选择。利用我们所说的衡量好的货币的标准，解释这是为什么。
4. 在太平洋中部的雅浦岛上，像小汽车一样重的重型石轮被用作货币。这种货币可能会出现什么问题？

10
第十部分

国际经济

第十部分介绍国际金融体系和发展政策。如果你曾经出过国,并且将美元同其他货币兑换过,那么你已经参与了国际金融体系的某一部分。然而现今情形已远非如此。国际货币的交易使得国际上生产的任何商品都能够进口到美国。在本章中,我们将介绍促使这一交易得以达成的市场。与国内金融体系类似,国际金融体系对经济的平稳运转至关重要。我们将会描述这个体系是如何运作的,以及在什么情况下会产生问题。

通过阅读本书,我们已经看到经济学是如何揭示问题、决策和政策措施的。有些政策措施(比如税收政策)是明显与经济相关的,有些则不那么明显。我们希望在阅读过程中,你能学到如何运用经济学知识来帮助你解决日常生活中的问题以及探索周围世界的其他问题。

ECONOMICS

第 23 章

开放市场下的宏观经济学

认知目标

1. 给出贸易差额的定义,并描述美国贸易的基本趋势。
2. 给出间接投资以及外国直接投资的定义。
3. 解释贸易差额与净资本流出之间的关系。
4. 通过国际市场上可贷资金的供求关系解释影响国际资本流动的决定性因素。
5. 利用国际市场上的可贷资金解释国际金融体系中的事件。
6. 描述汇率及其决定因素,并解释汇率是如何影响贸易的。
7. 解释固定汇率和浮动汇率,以及货币政策如何影响这两种汇率制度下的货币价值。

引例　从工厂到数字

苹果手机取得了巨大的成功。自2007年6月发行以来，苹果在全球已经售出超过1.29亿部手机。由于苹果是一家美国公司，你可能会将iPhone视为一个完全的美国企业成功的故事。然而从技术上来说，iPhone应该被视为一种进口产品。这是因为与许多其他消费品一样，iPhone的零部件在中国的一家工厂进行组装，然后成品被运往美国。

iPhone被视为进口品的事实意味着，在美国每销售一台iPhone都对美国与中国贸易逆差做出了贡献。在2010年，美国消费者从中国购买了价值3 650亿美元的商品，而美国企业只成功向中国出售920亿美元的产品——美国从中国购买和在中国销售所产生的贸易逆差达2 730亿美元，这是一个天文数字。当两位经济学家计算这些数据的时候，他们发现仅iPhone就为美国对中国的贸易逆差做出了19亿美元的贡献。

为了了解贸易逆差真正意味着什么，想象一下当中国从美国购买的商品价值与其在美国出售的商品价值相等时，会发生什么。美国人会把3 650亿美元兑换成中国的货币，即人民币，并使用它来购买中国产品。反过来，中国人也会用这3 650亿美元来购买美国产品。最终所有都会相抵。但实际上是，中国人只用了920亿美元来购买美国产品。所以这样就必然会有2 730亿美元存在于中国经济中。中国人大概并不会把钱压在床垫下，那这些钱最终会去哪里呢？

一部分会被花掉或进行国内外的投资以获得最优回报。大部分最终会被投资于美国的政府债务，这就意味着货币将用来向美国政府放贷。总体来说，美国政府通过出售国库券直接向中国投资者借了超过16亿美元的借款。当你下次见到iPhone的时候，你应该想到国际金融网络。

什么解释了贸易流量？美国如何增加对中国的负债以及为什么会增加？为什么中国会借款给美国？什么决定了美元兑换人民币的汇率呢？本章将通过探究国际经

济来回答这些问题。我们先测算商品与货币在世界中的流动，然后再谈论与之相关的一国货币价值的变化。

本章通过说明如何理解国际环境下的宏观经济，来重点阐释有关汇率、贸易差额和国家间资本流动的重要政策争论。

商品与资本的国际流动

国际贸易不是一件新鲜事。早在3 000年以前，中国就通过丝绸之路向地中海地区和波斯帝国输出织物，香料也会通过香料之路从印度输向罗马帝国。克里斯托弗·哥伦布（Christopher Columbus）远航也是渴望寻找一条更快速地到达印度以追逐财富的路线。但是今天，现代化的通信技术和便利的交通已经使国际商品与资本的流量达到了一个前所未有的水平：欧洲的消费者可以买到肯尼亚新采摘的花卉，美国人可以享用泰国的小虾，中国公共事业公司的轮船可以使用哥伦比亚产出的煤炭。

接下来，我们可以看到当今全球经济中商品和资本的多种流通方式。

进口与出口

首先，我们将会描述美国的一些贸易模式。图23-1显示了美国近50年的贸易流量。你可以看到，在这段时间里，随着经济的增长，进出口量显著提升。2010年，物品与服务的出口额是1.8万亿美元，大约占GDP的13%。同年进口额为2.4万亿美元，大约是GDP的16%。

关注流量的进出是十分有意思的，但是经济学家最关注的是这些流量的净值，即所谓的贸易差额。**贸易差额**（balance of trade）是出口值减去进口值。自1970年以来，美国的进口额几乎每年都比出口额多。经济学家称负的贸易差额为**贸易逆差**（trade deficit）。2010年，美国的贸易差额是-5 160亿美元，接近GDP的4%。如果一个国家的出口多于进口，那么贸易差额为正，或者说是存在**贸易顺差**（trade surplus）。例如，日本、中国和德国这些国家就有大量的贸易顺差，德国的贸易顺差额大概是其GDP的5.6%。

图23-2显示了美国与世界上其他所有国家的总贸易差额。在你看来哪个国家会是美国的主要贸易伙伴？因为贸易需要货物运输，会产生相应的成本，因而各国都会倾向于选择与其邻近的国家进行交易，美国亦是如此，其最大的两个贸易伙伴

即为邻国：北边的加拿大和南边的墨西哥。除了相邻的因素以外，北美自由贸易协定（NAFTA）的达成，也消除了这些邻国之间的贸易和投资壁垒，使得贸易范围大大拓宽。

图 23-1　1960 年以来美国的进出口量及贸易差额

资料来源：U. S. Census Bureau，June 2011.

当然，正如图 23-2 所示，并非所有的贸易伙伴都是邻国。实际上美国从中国进口的东西比其他国家都要多，包括其邻国加拿大和墨西哥。正如我们所提到的，美国对中国的进口额远大于其出口额。这其中的差异就产生了与中国的负贸易差额，该差额占美国总贸易逆差的40%以上。通过阅读本章，我们将会研究美国与中国产生贸易逆差的原因。其中一个因素就是中国产品往往价格较低。我们还将关注一些不那么明显的因素，例如中国的储蓄额及其汇率政策。

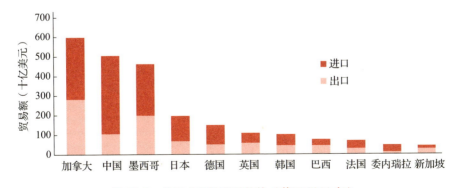

图 23-2　美国主要的贸易伙伴（截至 2011 年）

资料来源：U. S. Census Bureau（accessed February 12，2013）.

我们已经了解到美国的贸易额以及贸易对象，但交易什么商品呢？正如我们在第2章中所描述的那样，当国家专门生产某种特定商品，然后与其他国家进行贸易以满足自身的某种需求时，就会产生贸易收益。通过贸易统计数据，可以确切显示美国的贸易收益都来自哪里。图23-3表明了美国主要进出口商品的类别，以及各个类别商品对美国贸易差额的贡献。

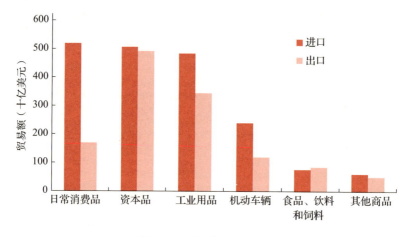

图23-3 美国都交易什么

资料来源：U. S. Census Bureau（accessed June 27，2011）.

美国出口最多的商品类别是资本品，比如半导体和工业机械。在2010年，美国在生产资料方面出口了4 930亿美元。同时，它也进口了价值5 080亿美元的资本品，大部分是电脑和电信设备。资本品方面的贸易差额是-150亿美元。

然而，进口中占主导的是日常消费品，例如服装、药物和玩具。日常消费品的贸易差额也是负的，但是比生产资料方面的贸易差额更大，其进口额是5 200亿美元，出口额是1 710亿美元，贸易差额为-3 500亿美元。实际上，美国在六大商品类别中只有一项贸易差额为正，即食品、饲料和饮料。高价值的美国大豆和玉米的出口，由政府进行部分补贴，因而其出口尤为强劲。

国外投资

进出口是国际经济中最直观的方面。国家之间也通过其他的方式进行交流互动，包括投资。厂商在国外经营业务或向国外企业出资时进行的投资，称为**外商直接投资**（foreign direct investment，FDI）。外商直接投资对企业是有经济意义的，例如，它可以帮助企业拓宽市场，还可以降低工资成本。有些人对鼓励在国外建立"血汗工厂"的投资是持反对意见的，血汗工厂意味着工人要在比美国法定工作环境更恶劣的条件下进行长时间的工作。有关对外投资相关问题的讨论，请看专栏你怎么认为。

你怎么认为　血汗工厂是好是坏

在 2001 年，一位名叫乔纳·佩雷蒂（Jonah Peretti）的 MIT 毕业生在 NIKE iD 上订购了一双运动鞋，NIKE iD 允许消费者对他们鞋子上的文字进行个性化的设计。佩雷蒂要求在他的鞋上写上"sweatshop"（血汗工厂）字样。NIKE 拒绝了他的要求，声明这个词违背了 NIKE iD 的相关条款和规定，因为这是一个"不合适的俚语"。

佩雷蒂装傻地回复道：

查阅了韦氏词典以后，我发现"血汗工厂"实际上是标准英语的一部分，并非俚语。这个词语的意思是："一家商店或者工厂的工人长期在不健康的环境下工作，并且仅赚取低廉的工资。"这个词的起源时间是 1892 年。您网站上的广告语表明 NIKE iD 的是"自由地选择与自由的自己"。我已经自由地表达了我对 NIKE 的喜爱以及个人的情感。我希望您会尊重我的言论自由并且重新考虑您驳回我要求的决定。

NIKE 又一次拒绝了，它不想有人穿着一双上面带有"血汗工厂"字样的 NIKE 鞋，毫无疑问，这会带来负面的宣传效果。但是不管怎么样，当 NIKE 与佩雷蒂的邮件受到病毒攻击的时候，引起了全球媒体的报道，这已经给 NIKE 带来了负面的宣传。佩雷蒂有一个明确的目标，让 NIKE 为自己用血汗工厂的劳动力来生产运动鞋的行为感到羞耻（当然就 NIKE 本身而言，已经采取了相应的措施来提高劳工标准以及监管工作环境）。但具有讽刺意味的是，尽管血汗工厂对品牌宣传是不利的，但是并没有明确表明其存在是一件坏事。

经济学家们，包括哥伦比亚大学的杰弗里·萨克斯（Jeffrey Sachs）证明了一定程度上的血汗工厂对经济是有利的。毕竟人们选择在血汗工厂工作的事实暗示着这些工作相比其他工作来说好多了。很多血汗工厂的工人都是女性，她们另外的唯一选择就是去从事十分辛苦的农业活动，这会使她们获得比在血汗工厂更低的报酬。通过使人们从农业生产中解脱出来，血汗工厂为其提供了有保障的资金来源并且对经济增长做出了贡献。

对于那些赞同佩雷蒂与 NIKE 进行电子邮件交流的人来说，萨克斯的观点是令人不舒服的。血汗工厂的批评者认为，工人每周辛勤工作 80 个小时，却只拿到大多数美国人所认为的极少量的工资，这是不对的。通常，血汗工厂不仅仅意味着按美国标准来说是低工资，还意味着工人们可能在不知情的情况下接触到了有害的化学物质及危险的机械。这些问题的发生是由信息不对称导致的市场失灵产生的，雇员完全不知道他们行为的危险性。即使有安全规范的存在，工人还是难以做到不顾及惩罚而向地方政府上报工厂违反条例的行为。

你怎么认为？

1. 为什么富裕的国家会比贫穷的国家有更严格的劳工标准？你认为这些劳工标准是怎样形成的呢？
2. 如果消费者对购买国外血汗工厂的产品感到不适，他们应该支持在全球范围内设定最低工资标准以及职工安全立法吗？为什么？

资料来源："Making Nike Sweat," February 13, 2001, Village Voice. Used with permission of Voice Media Group, Inc.

当然，对外投资的对象并不一定是有形资产，例如工厂。通常，投资者也想要购买外国的金融资产，例如股票、政府债券。我们称这一类型的投资为**外国间接投资**（foreign portfolio investment）。外国间接投资由外国资本投资，在本国进行资本运营。间接投资使投资者持有的金融资产可赚取更高利润并且相对本国的金融投资来说整体风险更小。

最大的间接投资的例子之一就是中国购买美国政府债券。其发生的部分原因是，中国投资者拥有大量的美元储备，所以他们想要购买以美元计价的资产。为什么他们拥有大量的美元储备呢？正如前文所说，因为每次我们购买中国产品的时候，就会有人需要卖出美元以兑换人民币来购买这些产品。而这些美元的一个用途就是用来购买美国的国库券。

通过计算直接投资和间接投资，可以得到一个国家的净投资水平。**净资本流出**（net capital outflow）是指投资其他国家的资金的净流量。拥有贸易顺差的国家有正的净资本流出，贸易逆差的国家有净资本流入。

间接投资可以迅速地实现跨国境流动，因为这主要涉及了银行账户之间的资金转移。外国直接投资不会流动这么快。你不能轻而易举地将一个工厂越过国境移到另一国家。由于这些原因，间接投资有时会被称为"热钱"，因为它可以迅速从某个国家撤离。对于小国来说，跨境资金的快速流动会轻易使一个国家的金融市场崩溃。

全球商品、服务和资本的贸易由上万亿美元构成。记录贸易差额与资本流入会有助于组织管理这些交易。通常而言，商品、资本的贸易账户被称为国际收支账户。

收支平衡

像美国这样的国家是怎样在贸易中维持如此大量的赤字的呢？事实表明，有形商品贸易与不同类型的资本流量必须相互抵消，以平衡贸易逆差与资本盈余。我们通过**国际收支恒等式**（balance-of-payments identity）来表示这一关系，这个等式说明了净出口价值等于净资本流出，即净资本流出等于净出口（$NCO = NX$），也正好回答了本章开始所提出的问题。如果一个国家的商品出口额大于进口额，比如中国，也必然要求其资本流出大于资本流入。因为中国高额的净出口需要一个高额的净资本流出来加以平衡。资本外流可以允许一个国家维持长期的贸易失衡。这个观点或许有些复杂，所以我们继续通过一个简单的例子来进行探讨。

我们假设中国和美国最开始都是封闭经济，所以其储蓄等于投资。之后，有一天，一家美国的企业打算购买一些中国制造的专业电池。中国企业将电池运往美国，然后这家美国企业向中国企业支付了100美元。

这家中国企业会用这100美元来做什么呢？它可以做两件事：将这些钱留存在美国（例如，把资金存入美国的一家银行账户，或者购买美国的债券、股票或其他金融证券），或者可以用这些钱购买美国的商品，例如一些经济学书籍，并将它们运至中国。

如果中国企业决定将这100美元留存在美国，那么它们必然是对美国的经济进行了投资。换言之，从中国到美国的净资本流出是100美元。从中国到美国的出口价值（电池）是100美元。净出口值等于净资本流出值。

从美国的角度来看，会怎么样呢？中国持有100美元的美国货币，所以其净资本流出是-100美元（或者可以说是美国的净资本流入）。因为美国企业从中国购买了电池，美国有-100美元的净出口值。对于美国而言，其净出口值与净资本流出也相等。

如果中国决定用这些钱来购买书籍并进口到中国，而非在美国投资 100 美元，会发生什么呢？中国的净出口值为 0，中国企业出口 100 美元的电池，进口 100 美元的书籍。中国的净资本出口也为 0，因为出售电池所挣的钱用来购买书籍了，而不是在美国进行投资。因此，并没有钱留在美国。所以，对中国而言，$NX = NCO$。

现在，从美国的视角看。最初，美国进口专业电池，其净出口为 -100 美元。然而，其后出口了价值 100 美元的书籍，因而，净出口变为 0。也不存在对中国或来自中国的投资，因而净资本流出也为 0。所以，对美国来说，也存在 $NX = NCO$。

国际资本流动

近 30 年来，为了寻求有利可图的投资机会，大量资本从国外涌入美国经济。为什么资本会从一个国家流出并流入另外一个国家呢？在本节中，我们将会建立一个模型来讨论国际资本的流动问题。

国际资本流动的决定因素

可贷资金（投资）需求有两种来源，即国内投资与国际投资。当经济处于封闭状态时，国内投资与国内市场的可贷资金是相等的。国际投资有两种形式，即资本流入（国外资本投资本国）以及资本流出（本国资本对外投资）。为了研究这个模型，我们将假设所有交易都通过可贷资金进行。我们用资本流出减去资本流入时，可以得到净资本流出 NCO。NCO 加上国内投资等于开放经济中对可贷资金的需求量。

我们已经知道国内投资与利率有负相关关系（更低的利率使公司贷款购买设备、配置厂房的成本降低）。我们可以借此思考美国利率影响资本流入和资本流出背后的机制。假设国内利率下降，美国民众会在国际市场寻求利息回报更为丰厚的投资机会，最终会导致更高的资本流出量。同时，因为投资回报率低，国外的投资者将更不愿意在美国投资，所以会有更低的资本流入量。更高的资本流出和更低的资本流入，二者共同把净资本流出推向更高的水平。

现在假设利率升高。在这一情况下，相反的事情发生了。美国人民将会更愿意把他们的存款留在美国；流出量会下降。同时，国外的投资者也会将资金投向美国以期获得高回报;流入量会上涨。更低的资本流出量和更高的资本流入量,二者共同把净资本流出推向更低的水平。

当我们将这些结果与国内投资放在一起时,正如图 23-4 所示,我们将得到一个 I(投资)+ NCO 的组合曲线,这条曲线就是开放经济条件下可贷资金的需求量。在开放经济下,国际储蓄与 $I + NCO$ 的组合曲线的交点即均衡利率。

在专栏现实生活中,我们可以看到一个关于国内投资与资本流入量影响力的鲜活例子。在 2007 年,冰岛所有银行的账户上共有 900 亿美元的资金,远远超过整个国家的 GDP。当这些银行遇上麻烦的时候,整个国家都陷入了危机。

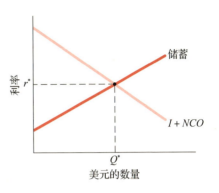

图 23-4 扩大的可贷资金市场

现实生活　冰岛银行危机

冰岛是北冰洋的一个火山岛,位于格陵兰岛和英国之间,有超过 30 万的人口,之前它以诡异妖姬碧玉(Björk)的故乡而闻名。在 2010 年,事情发生了转变,当这个安静岛国的银行业发生崩溃时,几乎使整个世界的经济都陷入危机。

直到 21 世纪早期,冰岛银行仍是小银行,并且主要的业务是满足当地居民的金融需求。这之后,冰岛解除了其对银行业的管制,使该国银行的业务范围迅速扩展至整个欧洲。冰岛中央银行保持高利率以控制通货膨胀这一决定,又推动了这一进程的发展。我们已经看到高利率会导致负的 NCO(即净资本流入)。

可以肯定的是,整个欧洲的存款者都急着将货币存入冰岛银行,这使得货币大量流入冰岛。银行规模逐渐扩大,最终聚集了超过 900 亿美元的外债,这是冰岛整个国家 GDP 的六倍之多(人们存入银行的所有货币都构成了外债)。

随着金融危机以及 2008 年大萧条的袭击,冰岛三家主要的银行都倒闭了。存款者就这样看着他们的存款消失了。冰岛政府是否应该对银行施以援助以确保整个经济不偏离轨道呢?理论上,答案是肯定的,但不幸的是,冰岛银行的规模过大以至于整个国家都无法负担援助的费用。结果是一团糟。冰岛必须向 IMF(国际货币基金组织）这一帮助维持国际金融稳定性的全球性组织寻求帮助，IMF 通过注入 60 亿美元的应急资金以保证冰岛金融体系的运作。由于冰岛经济仅在 2009 年一年中就萎缩了超过 6%，英国和荷兰政府决定采取法律行动来试图补偿其公民损失的数十亿美元的银行存款。冰岛人民对于他们的税收必须用于补偿英国和荷兰存款者的这一举措表示反对，这毫不令人惊讶。毕竟，普通冰岛市民并不需要对他们国家银行的风险投机行为负责。

冰岛人民通过将选票投给一名荒诞剧演员，让他成为首都的新市长，来表达他们对造成这一混乱局面的政客们的失望。他的政策纲领是什么？"我们应该在海港处修建一个碧玉的大雕像，就像自由女神像一样。"可悲的是，这个新市长至今还没有找到资金来落实这一计划。

资料来源：http://www.nytimes.com/2010/06/26/world/europe/26iceland.html；debt statistics from the Central Bank of Iceland.

国外投资是如何运作的

运用国际资本流量模型，我们可以开始探讨国外投资的影响，并理解为什么这通常对经济而言是有利的。简言之，国外投资的好处包括：

- 通过提供获取资源的另一途径从而增加东道国的 GDP。
- 通过提供能赚取更高资金回报的多种途径来提高投资国的 GDP。
- 通过将资金从低回报率国家转移到高回报率国家来使整个世界变得更有效率。

为了了解这是如何运作的，想象一下人们对美国经济信心倍增并想在美国进行投资。从图 23-5 可以看出发生了什么。投资偏好转向美国意味着在开放经济下的可贷资金需求曲线将会左移。这个变动暗示了净资本流出下降了。经济中出现了更低的利率均衡点。在一个更低的利率水平，可贷资金的需求量变少了。

这似乎有些令人费解。在可贷资金的国内市场，对当地经济的信心增长会使可贷资金的需求曲线右移。这种情况依然存在，但是这个作用会被开放经济下的资金流动抵消掉。在开放经济条件下，如果国内有更好的投资机会，意味着国内投资者会将其资金留在国内。因为可贷资金的需求由 $I + NCO$ 构成，NCO 的减少直接导致了可贷资金需求量的减少。随着净资本流出的下降，需求也会下降。

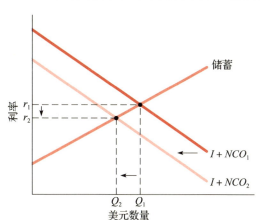

图 23-5 信心增加对美国经济的影响

投资是 GDP 的关键组成部分，所以当国外投资增加时，对美国经济而言是有利的。国外投资者也在美国更好的投资机会中获利，这也会使他们国家的 GDP 增加。

我们也可以探究国外投资与公共储蓄之间的关系。这样有利于我们更进一步理解中美之间的贸易不平衡。

正如前文所述，中国购买美国的国库券为美国政府的赤字财政提供了大量的资金。但是这些资金来自何处？普林斯顿大学的经济学家，同时也是美联储主席的本·伯南克认为中国只是储蓄太多了。

一个国家能过多地储蓄吗

中国 2014 年的储蓄额超过了其 GDP 的 50%，相比之下，美国的储蓄仅为其总收入的 10%。高储蓄会导致对当地产品需求的不足，因为它意味着人们消费很少。储蓄太多同样也会造成贸易失衡。

我们在第 21 章中对此有所提及，现在我们有工具来评估"全球储蓄过剩"的影响了。日益增长的储蓄倾向推动储蓄曲线外移，降低了均衡利率。相对于其他国家而言，中国的利率较低，这导致了资金外流，提高了净资本流出量，这解释了为什么中国在美国的投资量如此之大。投资的另一个影响就是中美之间巨大的贸易不平衡。

如果对贸易失衡的这个解释是正确的，那么怎样才能调整贸易失衡呢？中国降低自身的储蓄水平，增加消费量是解决措施之一。这会带来进口的上涨和出口的下降。另一个解决措施就是，美国增加自身的储蓄水平，降低消费量。美国经济的总储蓄为10%，但是家庭储蓄率很低（通常低于5%），并且政府的储蓄率实际上是负的，政府处于预算赤字状态。如果家庭或是政府储蓄增加，进而使美国总储蓄提高，那么从美国流出的资本量将会增加，贸易失衡将会减少。

然而，还存在另一种观点。其他人，尤其是政客们，则认为中美之间的贸易差额源于中国的固定汇率，这个问题正是我们接下来将要讨论的。

汇率

如果你身处国外并且持有的是美元，那么你在当地商店和餐馆用美元是行不通的。他们会要求你用当地的货币，你可以在银行或者一个专门的外汇经纪人处兑换货币。兑换时的价格即为汇率。有时汇率可以使你能够用美元兑换到更多的货币。而另一些时候，汇率则会令你用更多的美元来兑换与之前相同量的当地货币。货币市场是怎么运作的呢？

外汇市场

买卖外币的市场通常被称为"外汇"市场，是国际汇兑的简称。每个工作日，人们都夜以继日地进行着上万亿美元的交易，例如将美元兑换成欧元，将欧元兑换成墨西哥比索。与其他市场一样，这里也有供给、需求、价格与交易量。与其他市场相似的是，'每种不同的货币都有自己的价格，这被称为汇率。

汇率（exchange rate）是由另一种货币所表示的某一种货币的价值。例如，在2011年6月，1美元（缩写为USD）可以兑换0.7欧元、6.47人民币元或11.84墨西哥比索。

汇率有两种表达方式，用本国货币表示或用外币表示。当我们考察两种货币之间的汇率时，对于两国而言其汇率互为倒数。

此后，我们将从美国的角度来表示汇率，将美元视为本国货币。这意味着汇率会由一美元兑换多少外币来表示。当然，我们也可以从其他国家的视角出发，例如从日本角度。在这种情况下，日元会被视为本国货币，汇率会被表示为1日元可以兑换多少美元、元、欧元等。本章讨论的概念适用于从任何国家角度出发定义的汇率。

你可能会想，外汇市场是否会因为其遍布各地而出现汇率的差异。例如，一个交易者在墨西哥外汇市场将美元兑换成了墨西哥比索，在中国外汇市场将比索兑换成了元，在欧洲外汇市场将元兑换成了欧元，然后再回到美国外汇市场将欧元兑换成美元，最后这个交易者有可能会持有更多的美元吗？这种可能性被称为套利，在这种情况下，通过利用不同汇率之间的差异来获益。因为这些交易是可以赚钱的，外汇交易者用复杂的软件持续地更新来自全球各地的信息，以查看是否存在任何的汇率差别。如果他们发现有差别，他们会在差别消失之前便立即进行货币交易。结果就是，任何套利的机会都是转瞬即逝的。

另一些投机者可能会采取的赚钱方式是，预测在未来一段时间内汇率的走势。当一种货币相比于另一种货币价值上升时，我们称该货币在经历**汇率升值**（exchange-rate appreciation）。当货币升值时，它可以购买更多的外币。例如，如果美元对欧元升值，从 0.7 欧元升至 0.8 欧元，那么结果是 1 美元可以比之前多购买 0.1 欧元。

当美元对欧元升值时，谁会从中获利呢？美元可以购买更多用欧元计价的商品，所以持有美元并且想从欧洲购买商品的人会获利。例如，在巴黎旅游的美国人将会发现，当美元对欧元升值以后，商品变得更便宜了。又例如，每晚 70 欧元的法国酒店在汇率为 1 美元兑换 0.7 欧元的情况下会花费 100 美元［€70 × ($1/€0.7) = $100］。然而，当 1 美元能兑换 0.8 欧元的时候，花费将会只有 87.5 美元［70€ × ($1/€0.8) = $87.5］。另外一方面，当美元兑欧元升值后，在法国销售 DVD 的美国公司会发现其顾客减少了：当 1 美元兑换 0.7 欧元时，一个价值 15 美元的 DVD 的售价是 10.5 欧元［$15 × (€0.7/$1) = €10.50］。当 1 美元兑换 0.8 欧元时，其售价则变为 12 欧元［$15 × (€0.8/$1) = €12］。

当一种货币相比于另一种货币价值下降时，我们称之为货币正在经历**汇率贬值**（exchange-rate depreciation）。例如，当美元对欧元升值，逻辑上可以得出，欧元对美元是贬值的。或者，我们想象一下 1 美元所兑换的人民币从 6.5 元下降至 6 元。我们称美元贬值了，现在购买的人民币比之前要少了。如果这种情况发生了，那么谁会高兴呢？美国消费者购买中国商品时需要支付更多的美元，但是美国的出口商将产品卖给中国消费者变得更容易了。

汇率和净出口。 国际经济中的所有方面几乎都受到汇率的影响。例如货物的流动：

- 当美元对外币升值时，美国商品对国外消费者而言更贵了，而外国商品对美国消费者而言更便宜了。结果是，我们预期净出口会下降。
- 当美元对外币贬值了，外国商品对美国消费者而言更贵了，而美国商品对外国消费者而言更便宜了。结果是，我们预期净出口会增加。

这个预期是基于经验吗？图 23-6 显示了美国的净出口与其汇率指数（美元对美国的主要贸易伙伴货币的平均价值）。正如我们预期的那样，当美元对外币价值上涨时，净出口将很快随之呈下降趋势。当净出口下降时，贸易逆差增加了。类似地，当美元贬值时，出口增加，贸易逆差减少。这就是为什么当我们看见汇率上涨时，贸易逆差会随之增加；当汇率下降时，贸易逆差也会随之减少。

图 23-6　美国的贸易逆差及其汇率

数据来源：The World Bank, *World Development Indicators* 2011 *Data Set*, data.worldbank.org (accessed July 6, 2011).

一个外汇市场的模型

外汇市场与其他市场一样：有货币的需求、供给、均衡的价格以及均衡的数量（由供给与需求曲线的交点决定）。在外汇市场上，货币的供求又是由什么决定的呢？

首先我们开始讨论需求。为什么外商需要美元呢？对美元的需求来自海外消费者、企业和政府，他们想要购买美国的物品与服务。例如，一个在佛罗里达州度假的家庭会需要美元。一间日本的商铺在进口美国制造的DVD以销售给日本消费者的时候会需要美元。中国政府在购买金融资产（例如美国国库券）时会需要美元。

美元需求同样也受利率的影响，不管是在美国还是国外。美国相对于其他国家的高利率将会吸引外国资金。这些资产需要用美元支付，所以美元的需求将会上涨。另一方面，如果外国利率比美国利率高，那么美元需求就会下降，因为投资者都会购买外币进行投资。

影响一国货币需求的最后一个关键因素是，在不同国家投资的可感知风险的对比。如果投资者对在新兴经济体（例如俄罗斯、巴西或者南非）投资有信心的话，那他们会增加其投资，对于其他国家也是如此。如果投资者认为相对于美国在这些地方投资有风险的话，那么更多人会选择在美国投资，这会使美元需求增加。

个人必须持有恰当的货币才能进行投资。任何激励投资者在一个国家投资的因素都会使对该国货币的需求上涨。

那么影响外汇市场上供给的因素是什么呢？利率和风险感知对供给同样也很重要。如果美国利率相对于其他国家较低，持有美国资产的金融投资者会将美国资产抛出，并购买其他国家资产。与此类似，如果投资者对于外国经济信心增强，投资者将廉价出清美国资产，这会导致美元供给增加。最后，消费者的偏好同样也起到很重要的作用。如果美国消费者偏爱外国产品，他们将会出售美元以换取外币，使得外汇市场的美元供给增加。

图23-7表示在给定其他货币时，美元的供给和需求如何决定均衡汇率（见图23-7a）。它同样显示了均衡汇率反过来是如何决定净出口水平的（见图23-7b）。当美元价格高昂时，外商将会从美国购买更少的产品，而美国人会购买更多的外国商品。结果净出口值很低，甚至为负。当美元价格较低时，相反的事情发生了：外商购买美国产品变得更便宜了，而美国消费者购买外国产品变得更贵了，所以净出口值会增加。

我们通过一个例子来看这一模型是如何应用在现实生活中的。2003年，当丰田普锐斯（Toyota Prius）在美国市场发售时，很多人想要拥有这款首批批量生产的混合动力汽车。因为普锐斯由日本丰田制造，美国经销商必须将美元兑换成日元来购买和进口普锐斯。这导致了美元的供给曲线右移。结果是美元对日元的汇率下跌。新的均衡点如图23-8a所示。

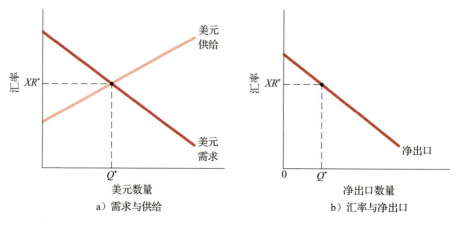

图 23-7 外汇市场上的均衡点

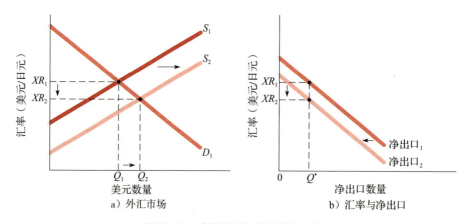

图 23-8 对普锐斯汽车需求的上涨

这对美国的净出口会有什么影响呢？正如我们所见，净出口曲线即为需求曲线，它表示了不同价格即汇率水平下对净出口的需求。正如标准的需求曲线一样，偏好的改变引起了净出口曲线的移动。当美国消费者决定购买普锐斯而非其他美国生产的汽车时，偏好的改变会使净出口曲线向左移动（因为更多的进口意味着更少的净出口）。

然而，与此同时也存在一些其他情形。因为美元贬值，美国出口变得更便宜，这增加了美国的净出口数量。图 23-8b 表示了两种变化的组合效应：对日本汽车偏好所带来的效应被汇率的下跌自动抵消。净出口数量较普锐斯引进之前是增加还是减少，这取决于哪种效应的影响更大。在这种情况下，图 23-7 中描绘的是两者正好相互抵消。

现在想象另外一种情况:美联储决定通过提高利率实行紧缩货币政策。这次利率的升高会影响美元的需求与供给。因为美国的资金回报率较高,外国投资者想要购买美国资产,所以对美元的需求增加了。与此同时,美国投资者也会选择在本国投资而不是购买海外金融资产,这使美元的供给下降。如图23-9a所示,这些变化会导致汇率上升。这个故事中没有可以影响净出口曲线移动的因素,然而,图23-9b表示了更高的汇率会直接导致净出口的减少。

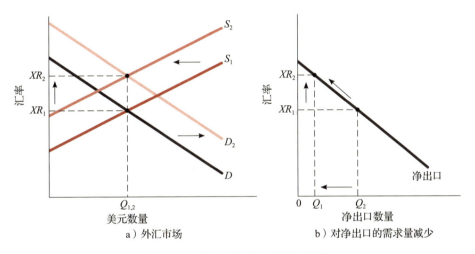

图23-9 美国采取紧缩的货币政策

我们还可以看到货币政策带来的另一项改变。我们知道 $NX = NCO$,所以更高的汇率也会造成 NCO 的下降(换言之,这导致了更多的资本流入)。我们知道,当利率上涨时,会有更多的资本流入美国,因为外国储户会利用这次机会来赚取更高的回报。

这个外汇市场的模型向我们展示了货币政策以两种方式作用于总需求。记住,美联储通过提高利率来给经济降温,做到这点的一种途径便是,提高借款成本来降低投资。我们现在可以看到利率的上涨会导致汇率上升,同时还降低了净出口。因为净出口也是总需求的一部分,这更进一步地降低了总需求。

然而,只有在开放经济中,利率由市场决定的情况下,才会出现这一现象。正如我们现在所了解到的,有些政府不允许其汇率由市场决定。

汇率制度

现在一共有19个欧洲国家使用欧元,但是它们之前都使用自己的货币。因为很多欧洲国家都是小国，这给它们生活带来了很多不便。从德国杜塞尔多夫到比利时的布鲁塞尔，中间在荷兰的马斯特里赫特停留，这段 150 英里的旅程就需要三种不同的货币——德国马克、荷兰盾和比利时法郎。现在，游客每次在跨越边境时不再受兑换货币（而且需付佣金去兑换）的困扰了。很多与其邻国交易的企业也无须担忧汇率变动对投入品和产出品价格的影响了。

然而，这也存在弊端。欧元区的成员为了与其他经济体紧密相连，放弃了其自身制定宏观经济政策的能力。我们假设德国的失业率较低：工资在上涨，同时面临着通货膨胀的危机。我们知道，为了应对通货膨胀，央行将会采取紧缩性的货币政策，这就意味着提高利率。再假设与此同时意大利正经历着高失业率。意大利的中央银行会采取扩张性的货币政策，即更低的利率。当德国人使用马克，意大利人使用里拉时，不同的货币政策会导致其汇率发生变化：在我们所说的例子中，里拉会贬值，马克会升值。结果是什么呢？其他国家购买意大利的产品更便宜了，这使得意大利的总需求增加进而解决了它的失业问题。同时，正如在图 23-9 所示的美国的例子中所显示的规律那样，马克的升值会使德国的净出口下降，因此影响总需求，从而抑制价格上涨的趋势。然而，一旦欧元区国家放弃使用本国的货币而加入欧元区，它们将不能再使用自己的货币政策来解决其特殊的宏观经济问题。

你可能会想为什么这对美国各州之间没有影响呢？如果威斯康星州面临较高的劳动需求量、上涨的工资与价格，而内布拉斯加州面临着高失业率，会发生什么？这些问题会自行得到解决，而不需借助独立的货币和汇率政策的变动。我们可以预期内布拉斯加州的失业人群会移向威斯康星州以寻求更高的工资。威斯康星州的企业会迁至内布拉斯加州以寻求更廉价的劳动力。与欧元区不同的是，不像内布拉斯加州与威斯康星州那样，德国与意大利有不同的语言，不同的文化。理论上来说，意大利的劳动力可以在德国找工作，德国的企业也可以迁至意大利，但是实际上这并不简单，当然也不会像在美国各州之内迁移一样简单。

并不是所有使用相同货币的国家都是邻国。实际上，厄瓜多尔这个南美洲的小国家唯一的货币是美元。这个障碍似乎比德国与意大利之间的障碍更大：厄瓜多尔与美国在地理上相距甚远，厄瓜多尔的失业人群并没有在美国找工作的法定权利，正如意大利人没有权利在德国找工作一样。尽管如此，这并没有阻止厄瓜多尔用美元作为其流通货币，正如现实生活专栏所讨论的那样。

现实生活 美元化：当没有处在美国时……

1998 年和 1999 年，厄瓜多尔经历了一次痛苦的金融危机，导致了厄瓜多尔货币苏克雷在两个月之内下跌了 50%。在两年内，厄瓜多尔 70% 的金融机构歇业了，给整个经济造成了巨大冲击。当危机结束时，厄瓜多尔的 GDP 为 100 亿美元，是两年前的一半。

政府选择了"美元化"（用美元替换了所有苏克雷）而非重新发行苏克雷。这一举措立即稳定了厄瓜多尔的经济。仅仅 3 年的时间，厄瓜多尔的年通胀率从 20% 降至 2.7%。

然而，美元化也有弊端：无论结果如何，这将厄瓜多尔的经济与美国经济捆绑在一起。为了稳定的货币和低通胀率，政府必须放弃控制货币政策的权力。当厄瓜多尔的经济处于衰退期时，其政府是无法印发美元的。如果想给经济降温，减少流通中的货币也是不可能的。只有美联储可以做这些事情，但是美联储在做决定时并不会过多地考虑厄瓜多尔宏观经济的需求。如果美国经济形势大好，而厄瓜多尔的经济处于不良状态时，相反的货币供给会给厄瓜多尔的经济造成更大的伤害。

厄瓜多尔是决定实行美元化的十个国家之一，这些国家放弃了本国货币，并与美国的货币政策和汇率捆绑在一起。大多数美元化的国家都散落在整个太平洋地区（例如帕劳群岛、密克罗尼西亚）或是拉丁美洲（巴拿马、萨尔瓦多以及厄瓜多尔）。即使这是一项非常戏剧化的举措，但对于那些长期处于通货膨胀与金融不稳定状态的国家来说，放弃控制本国货币政策的权利以换取经济稳定是值得的。

资料来源：http://www.imf.org/external/pubs/ft/issues/issues24/'；http://www.utoronto.ca/plac/pdf/Conf_5_financial/Delatorre-web.pdf。

固定汇率和浮动汇率。美元、欧元、比索和日元都是**浮动汇率**（floating exchange rate）的例子。它们可以进行自由交易并且其货币价值是由市场决定的，其汇率由外汇的供给曲线和需求曲线的交点得到。

然而有些货币却是**固定汇率**（fixed exchange rate），是由政府而非由市场决定。通常是以美元或者其他一些全球主要货币的复合指标为参考。固定汇率可以使价格固定在市场汇率均衡点以上或以下。

为什么政府要实施固定汇率呢？这个想法与厄瓜多尔采取美元化措施是一致

的。理论依据是固定汇率可以带来较高的可预测性和稳定性。较高的稳定性有助于吸引外国投资，增强依靠海外贸易的企业的投资信心。固定汇率是如何保持在市场汇率之上或之下的呢？

为了维持固定汇率，政府需要做好干预外汇市场的准备，比如买卖外币。例如，我们假设消费者突然增加了对进口商品的喜好。如果汇率是浮动的，本币供给量的增加会推动汇率下跌。当汇率是固定的时候，汇率是不允许下跌的。政府会介入外汇市场，大量买进本币以与增长的本币供给保持平衡。政府通常会利用外汇储备来购买本币，以逐渐增加对本国货币的需求。

当处于固定汇率时，经济学家会采用稍有不同的词语来描述汇率的变动。如果政府降低了所设定的固定汇率水平，我们称之为汇率低估而不说是货币贬值。同样地，如果政府将固定汇率设置得更高，我们也不说是货币升值，而称之为汇率高估。

保持固定汇率是一件十分困难的事。特别是当投资者开始怀疑整体经济是否健康时。这时，投资者会出售他们的投资，这增加了本币的供给。为了扭转这一形式，政府将被迫花费大量的外汇储备以支撑增加的外汇需求。

有些投资者被称为投机者，他们寻找这样的契机。当他们开始怀疑一个国家保持其固定汇率的能力或解决方式时，他们将会出售该国货币，将其兑换成不同的货币，比如美元。如果他们迅速倾销了大量的货币，这会导致政府的美元储备或其他货币储备枯竭。如果这种情况发生了，政府必须放弃继续使用固定汇率，结果就使该国货币迅速贬值。此时，投机者又会回归，并且购买大量贬值货币，以高价卖出、低价买回该货币，并从中获益。当这一行为发生时，我们说该国货币正经历着投机冲击。

例如，1997年，泰铢就处于这种投机冲击的危机之下。泰国政府奉行的是固定汇率政策，所以当冲击发生时，政府需要动用外汇储备来购买泰铢。政府动用了330亿美元（几乎是全国外汇储备的90%），试图保护其货币。政府也采取了提高本国利率的方法来鼓励投资者将货币留在泰国。然而，冲击仍在继续，政府最终不能继续保护泰铢了。唯一的办法就是将货币从固定汇率系统上解套，让泰铢自由浮动。更确切地说，让其沉没：当汇率自由浮动时，泰铢贬值将近50%。

宏观经济政策与汇率

在对浮动汇率与固定汇率之间的差别进行概述后,我们将继续探讨两种不同的汇率体制下货币政策的差异。货币政策在浮动汇率下比在固定汇率下更有效,因为有弹性的汇率可以影响两个关键变量:投资与净出口。如果汇率是固定的,那么货币政策只能影响投资。

想象在经济衰退后,美联储想要通过增加货币供给来刺激总需求。这项举措带来了更低的利率,使美国的投资吸引力下降。因为投资回报率下降,美元需求量也会减少。同时,美元的供给会增加,因为投资者会抛出手中的美国金融资产,去购买国外的资产。在浮动汇率制下,汇率下降,净出口将增加。

如果汇率固定时会发生什么?货币供给的增加会导致美元价值下跌。然而,政府必须保持汇率固定,于是政府便会采取在外汇市场购买本币的措施。为了维持固定汇率,政府购买的美元量必须与增加的美元供给量持平。最终的结果是整体的货币供给并没有改变,这就引出了关于固定汇率的一个要点:制定和实施货币政策以及保持固定汇率是不可能同时实现的。

中国货币是否被低估了? 对货币政策和汇率的讨论,可以作为前文所述的中美之间巨大贸易逆差的第二个解释。在经济扩张期,中国坚持固定汇率,将货币盯住在1美元兑6.5人民币元左右。这个汇率低于市场条件下的汇率。为什么要采取这种汇率政策呢?因为在这种汇率政策下,中国商品在以其他货币计价时会变得更便宜,有利于增加中国商品的出口需求量。

采取浮动汇率制是否会消除中美之间的贸易逆差呢?如果人民币升值了,中国出口将会变得更贵,进口变得更便宜,所以中国的贸易差额会下降。然而,对美国整体贸易差额的影响是间接的。美国从中国进口将减少,但是对于美国消费者而言,他们可能会选择从其他国家进口的东西。

假设美国的观点是正确的,中国为了推动出口而人为压低其货币价值。如果低汇率对出口是有利的,我们应该问:"为什么不是每个人都打算这样做?"有的时候,每个人都会这么做。这种情况被称为竞争性贬值,或者说是一场货币战争,当许多国家想通过降低汇率来促进经济增长时便会爆发。当然,由于一国的货币价值是以其他货币作为测量基准的,逻辑上来说全球所有的货币是不可能同时贬值的。

不过,政府不想低估本国货币价值可能有以下几种原因。首先,这意味着储蓄者倾向于将其存款投资于国外而非国内,就像中国很多的储蓄最终流到了美国一样。这也许并不是发展本国经济的最佳方式。对中国消费者而言,第二个成本就是低价值的人民币使其购买进口商品相对更贵了。

实际汇率

在第 17 章中我们已经提及,汇率并非不同国家之间商品价格差异的唯一决定因素。甚至在折算汇率之后,相同的巨无霸汉堡,在美国会比在瑞士便宜,在中国会比在美国便宜。

到现在为止,我们已经探讨过**名义汇率**(nominal exchange rate),即一国货币兑换为别国货币的比率。为了真正理解国际贸易的含义,我们还需要通过考虑实际汇率来探究两个不同国家的商品价格。**实际汇率**(real exchange rate)表示的是相对其他国家相同产品而言的本国产品的价值。

举一个简单的例子,考虑只有一件商品,此处为一个苹果。假设你可以在美国用 1 美元购买 1 个苹果,然而在中国需要花 3 元,二者间的名义汇率是 1 美元兑换 6 元,那么实际汇率为 2。我们随后将会提供一个计算实际汇率的标准公式,但是现在我们把关注点放在这个答案背后更直观的现象上。因为 1 美元可以兑换 6 元,6 元可以购买 2 个苹果(6 元/(3 元/个)= 2 个苹果),1 美元在美国只可以购买一个苹果,而在中国却可以购买两个苹果。注意,美元在中国实际可购买到的东西比在美国更多——美元在中国可以购买的苹果是在美国购买的两倍。

当然,人们想要买卖更多的苹果。为了更恰当地计算实际汇率,我们需要考虑美国所有商品的价格,然后与中国所有商品的价格进行比较。这样一来,我们需要查看两个国家的物价指数(衡量家庭所购买的特定的一篮子商品)。实际汇率用各个国家的物价水平将汇率转换成实物的价值。正如我们在苹果例子中所做的那样,为了计算实际汇率,用本国物价水平除以外国物价水平,然后乘上名义汇率。数学方程如下:

$$\text{实际汇率} = \text{名义汇率} \times (\text{国内物价水平} \div \text{国外物价水平}) \qquad (23\text{-}1)$$

注意,在上式中的名义汇率是由 1 美元兑换多少单位外币来表示,这是在本章中所通用的方式。所以,假设特定的一篮子商品在美国的价格为 100 美元,在中国是 300 元。此外,我们假设名义汇率下,1 美元能兑换的人民币为 6 元,换言之,1 美元可以兑换 6 元,在这种情况下,我们可以通过计算得出实际汇率是 2:

$$实际汇率 = 名义汇率 \times (国内物价水平 \div 国外物价水平)$$
$$= 6¥/\$ \times (\$100/¥300) = 2$$

影响购买力平价计算的复杂因素同样也使实际汇率的计算变得非常复杂。中国消费者和美国消费者购买的商品是不同的。例如，中国消费者会购买更多的大米、更少的汉堡，所以利用特定的一篮子商品来比较价格并非易事。尽管如此，实际汇率仍然是衡量本国货币在其他国家能够购买多少商品的一种有效的方式。

金融危机

在这一部分，我们将运用前几章学过的金融学和宏观经济学的概念，继续探索金融危机的本源和各国政府使用的非常规的货币政策和财政政策。我们将目光集中于美国，因为美国从许多方面来看都是金融危机的中心，但是全球经济的崩溃不单单是因为美国的危机蔓延到世界的其他地方，西班牙、爱尔兰和英国的经济本身也面临着巨大的挑战，这些都对全球金融危机的发生起着推波助澜的作用。

次级贷款

为了解 2008 年震动整个美国的金融危机，我们必须从房地产市场的分析开始。从第二次世界大战到金融危机爆发的超过 60 年的时间里，美国的房价没有降低过。即使经济在其他领域陷入衰退，房价总体上也依然保持稳定。买房被认为是任何人都可以做的最安全的投资，它是通向稳定、富有和美国梦的捷径。甚至联邦政府也出台政策推动购房热潮，例如为房屋抵押贷款利息减税，建立政府主导的公司如房利美和房地美，扩大抵押贷款的途径。

一些人由于信用不良、收入低、工作不稳定等因素无法获得传统的抵押贷款，但是他们可以通过逐渐兴起的次级抵押贷款来实现买房梦。次级抵押贷款是为信用评分较低的借款人，即为那些有逾期还款或其他债务违约记录的人设立的抵押贷款。（次级是与优级对应的，优级是指借款人的信用评分高。）最初，这种次级房贷被视为一种成功，它让更多没有房子的美国人实现了购房的梦想。

为什么银行愿意贷款给次级借款人呢？毕竟，这类贷款风险高，并且银行过去一直警惕贷款给次级借款人。证券化的出现改变了这一切。**证券化**（securitization）是将个人债务（如抵押贷款或信用卡债务）打包成单独的标准化资产的业务。在

20世纪90年代末期,投资银行开始从发放贷款的当地银行购买抵押贷款。然后它们创建了抵押贷款证券,它是由个人抵押贷款打包组成的可交易的资产,其价值和这些贷款的收益直接挂钩。

抵押贷款证券化通过将抵押贷款债务卖给投资者从而有效降低了当地银行的风险。投资者从贷款的偿付中获取收益以补偿他们承担的贷款违约风险。证券化将所有的特定风险放入同一项资产中,从而使总风险下降。这与第21章中介绍过的银行或保险公司分担风险的原理相同。如果个人发放一笔贷款且借款人违约,你会损失全部。但是,如果你将贷款分成100份,所有借款人同时违约的概率几乎为0。银行能够发放1 000份贷款,假设平均250个借款人违约,银行仍能预设贷款利率以使其获利。

当然,一个投资者可以买1 000个人的抵押贷款来达到同样的目的,但是这样做需要时间仔细调查并计算每个房主违约的可能性。抵押贷款证券被认为是合并了风险并且容易卖出和买进的统一形式的单一资产。它允许当地银行将持有抵押贷款的风险转移给有更高风险承受能力的投资者。

一些银行更进一步,它们将债务分成许多层,每一级分层都有不同的风险和回报率特征,这个做法叫作分层。可靠的低风险的抵押贷款可以拿来卖给风险规避的投资者,而高风险的次级抵押贷款可以拿来卖给风险偏好的投资者。

这个金融"魔术"的关键是什么?它允许当地银行和抵押贷款公司通过贷款给那些曾经由于风险太高而被拒绝贷款的人来获得更高的利润。现在,它们可以将这类贷款卖给投资银行,投资银行可以将其证券化后出售获得利润。投资者对抵押贷款证券的欲望如此强烈,以至于当地银行发放贷款的速度都显得落后了。房地产经纪商开始推动着把这类抵押贷款推荐给那些传统上不能够贷款的客户,并且一些抵押贷款经纪商简化文书以发放更多的贷款。到2006年,20%的抵押贷款是次级抵押贷款,此时次级贷款仅仅推出了10年。次级抵押贷款的爆发式增长如图23-10所示。

房地产泡沫

廉价且容易获得的抵押贷款的突然爆发鼓励人们购买更大更好的房子。抵押贷款是一种杠杆融资,当购买资产时,你的预付金只是资产价值(如你买的房子)的一小部分,其余的资金全靠借贷。首付款要求变得越来越少,贷款变得越来越便宜的时候，房主的杠杆率变得越来越高。伴随着房价的大幅上涨，房屋贷款的高杠杆需求变得越来越狂热。

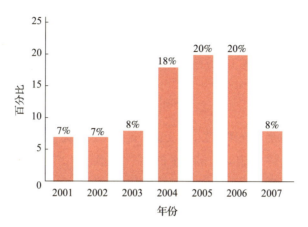

图 23-10　次级贷款市场的增长

资料来源：*The State of the Nation's Housing*, Harvard University Joint Center for Housing Studies, 2008.

房地产价格的飞涨是一个典型的泡沫。人们之所以买房是因为预期房价将继续上涨。银行开始发放特殊类型的抵押贷款，该类型抵押贷款允许借款人在开始的几年推迟偿付。或者，他们提供"引诱性"利率的贷款，这种贷款开始时利率很低但是将会在几年以后上涨很多。只要房价不断上升，借款人就可以在收到贷款账单时"再融资"。也就是说，他们可以用新的、更高的房屋价值作为抵押品，然后以非常优惠的条款申请一个新的抵押贷款。但是当房价停止上涨时，数百万房主发现自己不可能从高杠杆融资的住房中再得到可用于支付的资金。

为什么这些贷款会被发放？经济学家继续争论这个问题，但是从许多方面看，房地产泡沫与其他任何泡沫并无不同。银行和借款人都卷入其中，他们都相信房价不会下降，基于这个假设，他们同意了风险极高的贷款。证券化将大部分的风险从原始抵押贷款银行转移出去而这一方式鼓励了以上过程的发展。

来自原始贷款人的风险转移也可能助长了风险评估偏离正确轨道的动机。华尔街的投资银行依赖当地银行来评估每个借款人，但当地银行有动力从每笔贷款中收取费用，从而尽可能多地发放贷款。华尔街的银行家不是通过确保当地银行发放优级贷款的方式赚钱，他们通过尽可能多地购买贷款，然后将其打包成住房抵押贷款证券，然后卖给投资者赚钱。在这一链条上的某一点，人们在创造和购买这种偏离原始抵押贷款的复杂资产时，可能也不知道他们到底买了什么。

投资者依赖信用评级机构给出的令人安心的 AAA 评级。然而，评级机构吸引业务的一种方法是使华尔街满意。评级都过于乐观，政客更看重房地产市场的繁荣，因而并未给予经济足够的关注。那些为了更有效分配资金和分散风险的工具使得人们难以掌握完全信息，并且冲淡了人们进行研究并对高风险说不的激励。

以信用为基础的购买

人们从拥有的房屋价格上涨中感受到了财产增加的甜头，消费者开始减少储蓄，增加支出。许多人利用他们房屋的价值获得贷款和更高的信用卡额度。在之前介绍的 AD – AS 模型中，这种新的支出代表总需求的急剧增加，消费者会承担更多的债务来支持他们的消费习惯。

事实上，美国总体负债水平在大萧条之后就一直在不断上升。然而，随着住房市场的繁荣和消费者借贷的增多，家庭债务加速增长，包括各类债务：家庭、企业、金融和政府债务。

消费者可以负担所有这些债务，是因为贷款利率很低。在 20 世纪 90 年代和 21 世纪头十年的大部分时间里，利率呈现大幅下降的趋势。利率下降使借款（从而欠债）更便宜。为了解消费者债务，经济学家着眼于债务清偿这一概念。**债务清偿**（debt service）是消费者必须清偿的债务支出，通常用它占可支配收入的比重表示。在 2008 年金融危机前的 20 年里，利率下降意味着消费者可以承担更多的债务，同时他们必须偿付的债务没有显著增加。不幸的是，只有保持低利率和高房价，债务水平才是可持续的。如果任何意外发生，消费者都将会面临严重的问题。

一个简明的危机时间表

危机开始于次级房贷市场。当房价上涨时，消费者已经习惯用抵押贷款再融资，偿付现有的抵押贷款并且用价值增加的房产做抵押继续申请新贷款。通常新的抵押贷款被结构化为只需较低的偿付（至少早期一段时间内），并且通常房屋价值的增值使房主能够通过再融资借到一些钱。但随着房价不再上涨，甚至在内华达州、亚利桑那州、加利福尼亚州和佛罗里达州已经开始下降，消费者发现自己不能进行再融资了。

面对与他们的收入相比过高的偿付，一个巨大的违约浪潮出现了。数以百万计的人们发现自己被取消了抵押品赎回权,这意味着当他们拖欠抵押贷款的时候,他们的房子将成为银行的财产。通常情况下,银行将强行收回住房并出售房子。

被取消赎回权的财产浪潮席卷市场,导致住房供应大幅增加。住房供给的增加使房价进一步下降,导致另一波的违约浪潮。已经进行了两到三轮贷款融资或以别的方式从他们的房子上榨取财富的消费者突然发现自己"资不抵债",因为他们的抵押贷款高于房子的价值。违约和价格下降的恶性循环开始,最终导致在受灾最严重的地区房价下降超过50%。

许多大型银行持有大量的抵押贷款证券。当危机来袭,高风险的房地产投资变得一文不值,甚至被认为"安全"的 AAA 级投资也受到严重影响。银行损失了数万亿美元。

抵押贷款证券的不透明和复杂性本质上意味着难以分辨哪些银行受危机影响最严重。因此,整个经济的借贷引擎减速后停止。没有人想把资金借给任何人,以防贷款违约的风险。即使最老牌的银行也已经在崩溃的边缘。在华尔街的银行中有大量存款的大型机构和企业开始撤回他们的存款,这导致银行资产缩水。两个最大并最受尊敬的银行(贝尔斯登和雷曼兄弟)破产了,其他银行也被认为处于风险之中。图 23-11 显示了大银行股票价格的戏剧性崩溃。

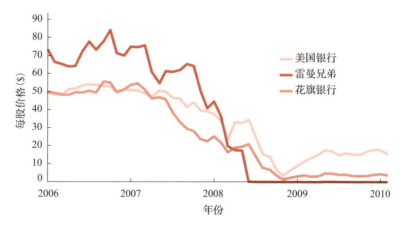

图 23-11 主要银行的股票价格

资料来源:*Yahoo! Finance*, October 4, 2011.

因为银行不愿意放贷,突然之间许多企业无法获得贷款来满足它们的日常需求。甚至像购买存货或支付装满进口货物集装箱这样简单的交易都变得几乎不可能。整个世界的生产能力几乎在一夜之间削弱了。最常规的生产活动都几乎没有信贷可用，世界经济步伐停滞。

贷款利率的上升和对未来经济的悲观预期减少了消费和投资支出。商业无法得到信用贷款进行投资，而且由于经济的跳水大部分人也不想投资。住房所有者发现他们为偿付贷款而挣扎，同时他们也面临着收入的减少和惨淡的就业前景，从而减少消费。消费和投资支出的减少使总需求曲线向左移动。

需求的低迷使企业不得不进一步削减业务。一些员工下岗，并且其他员工的工资或工时也缩短。低收入导致低支出，进一步导致了总需求降低和失业增加。图 23-12 显示了这些力量的共同影响：由于房地产市场的崩溃，总需求和总供给向左移动。这两者的移动使经济到达一个新平衡，在新平衡点产出极大地降低。因为总需求曲线向左移动的影响强于总供给曲线向左移动的影响，因而平衡时价格水平下降。价格和产出变化的叠加效应让经济摇摇欲坠。

从房地产泡沫破裂到全球经济陷入 75 年来最严重的衰退的过程花了将近两年的时间。一旦房地产价格暴跌并且金融体系的不良贷款显示了它的真面目，华尔街的动荡导致失业和实体经济的痛苦只是时间问题。

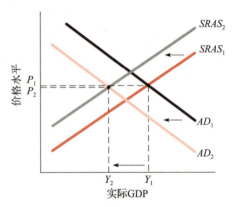

图 23-12　金融危机中的总需求和总供给

危机的直接应对

私人部门因为受到总需求和总供给曲线向左移动的不利影响，很多经营者要求政府维持稳定并保证情况不会变得更糟。我们已经谈到政府可以使用货币和财政政策来影响经济。在金融危机期间，决策者使用这些工具来避免灾难性的经济崩溃。

因为每天都有更多的银行倒闭，2008 年财政和货币政策的目标是"激活"冻结的信贷市场。经济学家担心任何忽视供给不足问题而刺激总需求的尝试都将是无效和危险的。它可能导致滞胀（stagflation），一种高通胀伴随着低增速和高失业率的状态。

金融体系所面临的挑战源于两个基本问题：流动性和偿付能力。最紧迫的是流动性。如此多的银行面临损失的不确定性，极有可能导致银行破产，所以银行不愿意放贷。流动性缺乏意味着系统中没有足够的钱维持交易。对市场流动性总量的关注反映在利率上。在金融危机最严重的时候，即使最安全的贷款利率也会飙升。

对流动性问题的关注始于世界各国央行，美联储成立的首要作用是作为"最后贷款人"的角色。20世纪前十年，一场类似的金融危机严重打击了美国经济，约翰·皮尔庞特·摩根介入市场并作为最后贷款人避免了一场全美国性的金融崩溃。2008年，美联储的存在意味着处境已今非昔比。雷曼兄弟破产不久之后，美联储采取了行动，它向资金短缺的银行提供几乎无限的短期融资。欧洲央行和英格兰银行也迅速采取行动，试图帮助金融体系解决问题。

图23-13展示了货币政策的效果。在2008年9月，为了弥补在金融市场上损失的资本，美联储的资产负债表的规模出现一个戏剧性的飙升。为了应对危机，美联储大大增持了金融产品，在一个月内规模增加了一倍。通过购买各种资产，美联储向美国经济中增发了近1.5万亿美元的货币。尽管你可能不认识资产负债表上的所有资产，但是你也能注意到抵押贷款证券在2009年年初的增加，这种购买是美联储用来支持房地产市场的方式。

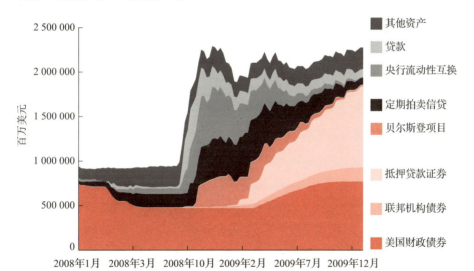

图23-13　美联储资产负债表

资料来源：Board of Governors of the Federal Reserve System, http://www.federalreserve.gov/releases/h41/current/, updated July 5, 2012.

与此同时，美国财政部开始了处理银行偿付能力问题的艰难历程，"偿付能力问题"是适用于损失过大而不可避免地将要破产的银行的温和方式。在此期间，数以百计的银行被允许倒闭。然而，有些银行被认为是"**大而不倒**"（too big to fail），即由于银行具有巨大的资产或客户群，或有重要的历史价值，即使已经破产但监管者仍然允许银行保持运营。这种大型银行的破产在高度集成的金融系统中会带来多米诺骨牌效应，造成了大范围的损失和信贷市场的失灵。

被大家认为是"大而不倒"的银行最终在财政政策（也就是说通过增加政府开支）的帮助下摆脱了困境。它主要是通过不良资产救助计划（通常称为 TARP）实现的。这代表了第一波用于应对危机的联邦政府的财政政策，该计划对即将破产的机构投资超过 7000 亿美元。接受者包括像花旗这样的大型银行和美国国际集团（AIG）这样的保险公司。两个在疲软的经济中苦苦挣扎的汽车制造商，通用汽车和克莱斯勒公司，也从财政部那里接受了紧急援助。

虽然许多官员认为这些紧急援助对拯救经济来说是绝对必要的，但是激烈争论依然围绕着不良资产救助计划（TARP）展开，因为有些机构在这个过程中从政府那里赚取了利润。这些观点主要担心全面的紧急援助会使一类银行知道它们被认为"大而不倒"，因此它们将继续承担不必要的风险。这场争论将在专栏现实生活中介绍。

🔴 现实生活　　大而不倒

1984 年，芝加哥大陆伊利诺伊银行走向破产。政府和金融监管机构有一个选择：要么让这个国家的第七大银行破产，同时其风险将影响整个金融部门，要么介入并提供给它维持经营所需的资金。最后，政府决定介入并挽救大陆伊利诺伊银行，因为政府担忧让这样一个大型银行倒闭的后果。

银行"大而不倒"有什么问题吗？像其他公司一样，银行想赚钱但通常受制于这一事实，即如果它们所做的决定风险太大，那么银行会有破产的可能。然而，如果银行知道政府将保证它们不会破产，那么银行对风险行为的规避就降低了。如果风险获得了回报，银行获得收益，但如果风险升高，银行也不承担所有的损失。这就等于鼓励银行承担更多的风险。设想一下，你去赌场并且了解到如果你失去一切，你的父母将会保护你。难道这时候你不愿意下更大的赌注吗？

这种"赢了归我，输了归你"的问题使政府陷入进退两难的境地。一方面，政府不想让银行倒闭对经济产生消极的影响。另一方面，政府也不想通过在任何银行有困难时都充当它们的保护伞的方式，鼓励银行的风险行为。

2008年，美国第四大投资银行雷曼兄弟面临破产的时候，这种进退两难引起广泛关注。经过多次紧急会议，政府最终决定不救助雷曼兄弟。这个决定给金融部门造成了不小的冲击。许多分析师都将雷曼兄弟视为"大而不倒"的银行。虽然担心雷曼兄弟破产的后果，但是政府认为向银行发送信号是重要的，它传递了政府不会帮助每一个由于承担太多风险而使自身陷入麻烦的银行的信号。

就在第二天，保险业巨头美国国际集团（AIG）即将破产。这一次政府向它提供了共计850亿美元的救助。美国国际集团是全美最大的商业和工业设备的保险公司，政策制定者估算AIG的破产会对整个金融体系造成广泛的损害。

仅仅几周之后，美联储和美国财政部进行了很多不良资产救助计划（TARP），这基本上承认了更多的银行是"大而不倒"的。同时这也表明形势已经变得十分严峻，美联储主席本·伯南克告诉政客们不良资产救助计划是必要的，因为如果没有它，"经济可能撑不到周一"（We might not have an economy on Monday）。

今天应该如何看待银行呢？一些人认为针对"大而不倒"的困境的解决方法是将"太大"的银行拆分成小块，这样它们就可以在不给金融系统造成大范围破坏的情况下破产。其他人认为它们应该被更明确地定义，且其活动应该受到更密切的监管，这样可以体现纳税人的风险。目前，困境仍然存在：任何面临破产的银行都在焦急地等待政府认为它的情况更像雷曼兄弟还是美国国际集团的结论。

资料来源：http://www.nytimes.com/2008/10/02/business/02crisis.html；http://widerimage.reuters.com/timesofcrisis/。

连环出击的货币政策和财政政策避免了系统性崩溃并且给全球金融体系带来了稳定。通过支撑受到严重损害的银行资产并为体系注入大量流动性，财政部和美联储联手恢复了经济中的信贷底线。

你可能会想问为什么这些资金不能刺激总需求呢？简要的答案是这些措施和传统的通过联邦基金利率调控的货币政策的目标不同。大部分的措施仅仅满足了银行正常运行所需的资金，这是在特殊情况下的紧急计划。因此，即使金融部门稳定，美国也面临大多数经济衰退的典型问题：总需求过低。

达到零利率下限时的刺激

应对总需求过低的政策措施是相对直接的。美联储可以采取扩张性的货币政策、降低利率来鼓励借贷和投资支出，这些都能推动总需求曲线向右移动。或者，政府可以通过财政政策刺激总需求，通过减税或增加政府支出的方式增加总需求。

事实上，这两类措施是同时使用的。国会和奥巴马总统通过旨在支持需求的财政刺激法案。美联储大幅降低联邦基金利率，从危机前的稍高于 5% 降到 2%。因为，即使在刺激之后，需求仍然疲弱，所以，美联储继续降低联邦基金利率。到 2009 年，经济处在一个非常不正常的情况下。利率接近于 0，但是，经济仍然没有恢复。家庭正在努力偿还债务，所以，即使在借款成本几乎为 0 的时候，他们也没有消费的欲望。由于消费疲软，企业没有动力进行扩大生产能力的投资。在利率已经接近于 0 的情况下，货币政策似乎不起作用。毕竟，美联储不能把利息降低到 0 以下，那么我们要怎么做呢？

打破这个僵局的处方是非常规的货币政策：量化宽松政策。**量化宽松**（quantitative easing）是按计划直接定量增加货币供应量的政策。直接定量增加货币供应量的政策与常规的通过利率调整货币供给的间接方式截然不同。美联储通过购买长期政府债券来完成量化宽松。目的是向经济中投放更多货币。美联储用新印出来的美元购买了价值超过 1 万亿美元的长期政府债券，这意味着增加了 1 万亿美元的货币供给。美联储希望美国能避免 20 世纪 80 年代日本房地产泡沫膨胀和破裂后发生的事。多年来，日本经济的疲软和通货紧缩是一个反复出现的问题。现实生活专栏讲述了这个故事。

📍 现实生活　日本失去的十年

20 世纪 80 年代，日本是世界主要经济体之一。1989 年，房地产泡沫对经济造成威胁，日本央行试图通过加息的方式温和地抑制房价。但是作用是戏剧性的：房价较峰值水平下跌了 87%。这冲击了整个经济和股票市场。在房地产市场和股市双重崩盘的情况下，日本的损失相当于三年的 GDP，这是在和平时期人类历史上最大的财富损失。

为了应对危机，政府和中央银行采用了很多用来对抗金融危机和经济衰退的传统工具。救助处于破产边缘的银行，使银行得到足够的资本以维系生存，但是这并不足以维持正常的日常贷款。这些银行被称为"僵尸银行"，虽然由于政府的持续救助，这些银行名义上是活着的，但不能在经济中扮演一个有用的角色。

政府还实施了一项雄心勃勃的财政刺激计划，主要是加大在农村地区桥梁和道路建设上的支出。这种刺激依然未能改善经济状况。一些人认为项目是考虑不周的，而另一些人说资金注入停止过早以至于还没有产生真正的影响。

通过一个特别极端的措施，中央银行将利率从8%一路降到0%。但是仍然不起作用，央行说已经没有什么可用的办法了，利率已经到了"零下限"。

日本经济陷入了恶性循环。在高房价时贷款购买房子的房主此时要通过削减开支来偿还贷款。因此，经济变得非常疲弱，引起价格下降。由此产生的通货紧缩是极其有害的。消费者攥紧他们的口袋，因为他们知道由于货币的升值他们能够在未来购买更多的产品，而这将促使价格进一步下行。

这些不利因素使日本经济20年来停滞不前。最初被称为"失去的十年"最终成了"失去的岁月"。但是，一位对日本有深入研究的经济学家认为这种停滞是可以避免的。政府可以使一些僵尸银行破产、继续刺激支出和尝试其他的货币政策措施，如量化宽松来刺激经济。

提议这些措施的经济学家是谁呢？他是美国次贷危机时期的美联储主席本·伯南克。

资料来源：http://www.nytimes.com/2010/05/21/opinion/21krugman.html；http://www.time.com/time/magazine/article/0,9171,1884815,00.html。

在美联储的第一阶段量化宽松结束后，经济中的货币供给保持稳定。然而，经济继续低迷，此时美联储进行第二轮量化宽松。第二轮量化宽松大幅度地提高了货币供给量。到2011年中期，货币供应量达到3万亿美元，是进入危机时的供应水平的3倍多。

这种货币供应量的急剧增加是空前的。评论家认为这会引起非常严重的通货膨胀。然而，经济停滞时，货币供应量的增加只会给借贷带来微小的增长。为什么会这样？由于银行不愿意借出资金导致货币乘数的崩溃，而且消费者和企业家并不感兴趣或者不能获批借贷。量化宽松是否增加了需求，目前仍没有定论。但是，大家一致同意的是美联储的努力至少阻止了借贷的完全停滞，如果那样，将会对已经脆弱的经济造成进一步的伤害。

总 结

在本章中，我们通过开放的国际经济视角来理解国家之间的贸易与投资是如何进行的。当将净出口加入 GDP 等式中时，我们得出了一个有意思的结果：一个国家的进出口差额与外国投资水平相等。实际上，如果一个国家购买的比出售的多，就需要从国外借钱来支付进口商品。这个重要的等式被称为国际收支恒等式，贸易差额与资本流量之间的紧密联系是理解中美贸易逆差与美国对华债务的关键。

我们提出了中美贸易逆差的两个解释，正如一枚硬币的正反面。第一个解释是美国储蓄不如中国多，所以美国需依赖其他国家的投资。根据国际收支恒等式我们知道，如果外国投资水平较高，那么一定存在贸易不平衡。

第二个解释就是从中国进口的商品价格被人为地压低了，因为中国货币价格是被设定在市场均衡点之下的，即低于市场价格。廉价的中国出口品意味着贸易差额为负，美国需要为其支出举债。

1. 给出贸易差额的定义，并描述美国贸易的基本趋势

   贸易差额是出口价值减去进口价值，亦被称为净出口。汇率的变化对净出口有影响：当汇率较高时，国内商品价格昂贵，外国商品较为廉价，于是净出口低；当汇率较低时，净出口高。

2. 给出间接投资以及外国直接投资的定义

   有两种外国投资类型。直接投资是指当一家企业对海外投资表现出积极的兴趣，例如，修建并管理工厂。间接投资是指投资其金融证券，例如股票、债券，但是企业继续由当地居民运营。直接投资和间接投资一起构成了一个国家的净资本流出，是一国在国外投资量的度量。

3. 解释贸易差额与净资本流出之间的关系

   贸易差额与资本净流出在国际收支恒等式中是相关的，等式中表明：$NX = NCO$。这一恒等式是一个会计恒等式：如果一个国家出现贸易失衡（正的净出口），就意味着该国将钱借给了其他国家（正的资本流出）来支付购买商品的价款。

4. 通过国际市场上可贷资金的供求关系解释影响国际资本流动的决定性因素

   净资本流出是由其供求决定的。净资本流出的供给即为国民储蓄减去国内投资。净资本流出的需求由本国利率以及外国利率决定。当本国利率很高时，净资本流出低，因为外国资本会涌入国内市场。当外国利率很高的时候，净资本流出也很

高，因为资本会外流以寻求高回报。

5. 利用国际市场上的可贷资金解释国际金融体系中的事件

很多事件都会对国际市场上可贷资金的供求造成影响。对经济的信心增强会减少资本流出量，也会降低利率。由于政府赤字增加而导致的储蓄减少会使可贷资金的供给曲线左移，利率升高，净资本流出减少。

6. 描述汇率及其决定因素，并解释汇率是如何影响贸易的

汇率是用外币来表示本国货币的价值。汇率有两种表示方式，用本国货币表示或用外币表示。汇率会随着一国货币相对其他货币走强或走弱而升值或贬值。

汇率是由本国货币的供求决定。而供求又受以下其他几种因素的影响：对国内国外物品与服务的偏好、国内利率、国外利率以及国内外投资的可感知风险。

7. 解释固定汇率和浮动汇率，以及货币政策如何影响这两种汇率制度下的货币价值

固定汇率是一种由政府规定而非由市场决定的汇率。通常而言，固定汇率的设定是与其他稳定货币挂钩的。另一方面，浮动汇率是由市场决定的。就货币政策而言，固定汇率意味着货币政策的无效，任何货币供给的变化都会被政府在外汇市场上的行动所抵消。而在浮动汇率下，货币政策才是有效的。

批判性思考

1. 石油价格上涨，对美国的贸易差额有何影响？
2. 假设一个总统候选人批评他的竞争对手，说其所提出的经济政策会使得美元走弱并导致美国工人丢失工作。你会怎么看呢？
3. 为什么一家企业会选择在货币购买力高的国家进行直接投资呢？

术语表

A

absolute advantage 绝对优势 利用既定的资源，相比他人能够生产更多物品或服务的能力。

absolute poverty line 绝对贫困线 在给定的时间点上，将贫困定义为收入低于某一特定金额的度量方法。

accounting profit 会计利润 总收益减去显性成本。

administrative burden 行政负担 与募集税收相关的运筹成本。

adverse selection 逆向选择 发生在买卖双方对商品的质量或者环境的风险掌握的信息不对称的时候，结果导致在信息对称的情况下可能发生的交易无法完成。

agent 代理人 代表他人的意愿执行任务的人。

aggregate demand curve 总需求曲线 表明经济总体价格水平与总需求二者关系的曲线。

aggregate price level 总价格水平 对平均价格水平的测度，实践中，往往采用 CPI 或 GDP 平减指数。

aggregate supply curve 总供给曲线 表明经济总体价格水平与企业总产出二者关系的曲线。

altruism 利他主义 一个人的效用仅因他人的效用增加而增加的行为动机。

arbitrage 套利 利用市场无效性获利的做法。

Arrow's impossibility theorem 阿罗不可能性定理 表明了没有投票制度在汇总选民对三种或者更多选择的偏好时，能够满足一个完美投票制度的所有特征的定理。

autarky 封闭经济 自给自足的、不与外界进行交易的经济体。

automatic stabilizers 自动稳定器政策 制定者无须进行蓄意变动就可以对财政政策产生影响的政策，如税收和政府支出。

average fixed cost 平均固定成本 固定成本除以产量。

average revenue 平均收益 总收益除以销售量。

average total cost 平均总成本 总成本除以产量。

average variable cost 平均可变成本 可变成本除以产量。

B

backward induction 逆向归纳法 反向分析问题的程序，从最后一个选择开始，然后是倒数第二个选择，依此类推，直至确定最优策略。

balance of trade 贸易差额 出口减去进口的差值。

balance-of-payments identity 国际收支恒等式 表明净出口等于净资本流出的等式。

barter 以物易物 直接利用商品或劳务交换得到自己想要的某一商品或劳务。

behaving strategically 策略行为 通过预测自己与他人决策之间的相互作用采取行动以达到目标。

behavioral economics 行为经济学 利用心理学的深刻见解拓展个体决策模型的经济学领域。

bond 债券 代表发行者在约定到期日偿还票面价值并按约定利率付息的债务证明。

budget constraint 预算约束 由消费者用他的收入能够购买的物品和服务的所有可能组合所组成的直线。

budget deficit 预算赤字 政府花费的超过所募集的税收收入的金额。

budget surplus 预算盈余 政府募集的税收收入超过支出的金额。

bundle 消费束 人们可以消费的独特的商品组合。

business cycle 经济周期 GDP 相比于潜在 GDP, 时高时低的波动。

C

capability 可行能力 一个人能够成为或做到的某事物, 如在生活中全力以赴, 包括拥有经济和政治自由。

capital gains tax 资本利得税 对购买投资品并以更高价格出售赚得的收入征收的税收。

capital 资本 用于生产新商品的产成品。

cartels 卡特尔 一些企业勾结串谋对价格或数量做出集体决策。

causation 因果关系 当一个事件引起了另一个事件时, 两个事件之间的关系。

central bank 中央银行 是对管理国家的货币供给并协调银行系统以确保经济健康运行负责的最终机构。

choice architecture 选择架构 人们进行决策的背景和程序的组织。

circular flow model 循环流量模型 对经济交易是如何共同运行的简化表述。

closed economy 封闭经济 一个与其他国家经济互不影响的经济体。

clusters 集群集中生产 某一特定类型产品的企业、大学和商业之间形成的相互依存的网络。

Coase theorem 科斯定理 假设交易成本为零, 即使存在外部性, 个人仍然可以通过私人交易达到有效均衡的观点。

collective-action problems 集体行动问题 一个群体中的任何成员单独采取某一行动并不理性, 但全体成员能从这一行动中获益的情形。

collusion 共谋 对价格和数量共同做出决策的行为。

commitment device 承诺机制 个人为了有效执行未来的计划而设置的一种安排, 否则计划的执行就会十分困难。

commitment strategy 承诺策略 协议规定如果有人背叛了给定的策略, 在未来可以对其施加惩罚。

commodity-backed money 基于商品的货币 能够合法兑换为确定数量的基础商品的任何货币形式。

common resources 公共资源 不具有排他性, 但具有竞争性的商品。

comparative advantage 比较优势 生产某一物品或服务的机会成本低于其他人的能力。

competitive market 竞争市场 在该市场中, 拥有完全信息的作为价格接受者的买者和卖者可以很容易地交易标准化的物品或服务。

complements 互补品 往往被搭配在一起消费的两种商品，消费者在购买其中一种商品时往往会同时购买另外一种。

complete information 完全信息 完全了解自己和其他相关经济参与者面临的选择的状态。

compounding 复利 之前的利息产生额外利息的积累过程。

conditional cash transfer 有条件的现金转移 只向做出特定行为的人提供财务补贴的项目。

Condorcet paradox 康多塞悖论 群体中每个个体成员的偏好具有传递性，但群体的集体偏好没有传递性的情形。

constant returns to scale 规模收益不变 平均总成本不随产量的改变而改变时发生的收益。

consumer price index，CPI 消费者价格指数 衡量典型美国家庭购买的一篮子物品与服务的花费变动的指标，由美国政府机构劳工统计局（BLS）负责计算。

consumer surplus 消费者剩余 消费者购买物品或服务时获得的净收益，由支付意愿与实际价格之间的差额度量。

consumption 消费 私人和家庭购买物品与服务的支出。

contractionary fiscal policy 紧缩性财政政策 对总需求具有缩减效果的财政政策。

contractionary monetary policy 紧缩性货币政策 旨在缩减总需求的减少货币供给的举措。

convergence theory 趋同理论 描述初始时贫穷国家的经济增长速度较之富裕国家更快，但最终增长率会趋于相同的经济理论。

core inflation 核心通货膨胀 衡量通货膨胀时排除了历史价格易变的商品。

correlation 相关性 两个事件或两个变量之间可观测的一致关系。

credit constraint 信贷约束 尽管一个人预期能够偿还本息，但仍无法获得贷款。

cross-price elasticity of demand 需求的交叉价格弹性 当一种商品的价格变化时，另一种商品的需求量变动。

crowding out 挤出 政府借债增加引起的私人借债减少。

cyclical unemployment 周期性失业 GDP 波动导致的失业。

D

deadweight loss 无谓损失 某种商品的买卖数量低于市场均衡数量而造成的总量过剩损失。

debt service 债务清偿 消费者必须清偿的债务支出，通常用其占可支配收入的比重表示。

default rule 默认规则 定义了如果决策者没有做出其他的主动选择，将会自动发生什么结果的规则。

default 违约 借款人未能按约定期限偿还贷款。

deflation 通货紧缩 价格总水平的下降。

demand curve 需求曲线 表示在不同价格下消费者对特定物品与服务的需求量的图形。

demand deposits 活期存款 存入银行账户，存款人无须提前通知即可随时提取（或称"需求"）的资金。

demand schedule 需求表 表示在不同价格下消费者对特定物品与服务的需求量的表格。

depression 萧条 非常严重的或长期的衰退。

derivative 金融衍生品 其价值基于另

一种资产价值的一种资产。

diminishing marginal product　边际产量递减　边际产量随着投入品的增加而减少的规律。

diminishing marginal utility　边际效用递减　持续消费一单位物品或服务获得的额外效用小于来自之前单位消费获得的效用的原理。

discount rate　贴现率　美联储通过贴现窗口向银行贷出准备金时收取的利率。

discount window　贴现窗口　由美联储设置的准许商业银行借入准备金的借贷机制。

discouraged workers　丧失信心的工人　一直在找工作但由于就业市场不景气放弃继续寻找的工人。

discretionary spending　可自由支配的开支　每年必须由国会批准的公共支出。

discrimination　歧视　利用由种族、性别或年龄等可观察到的一般性结论得出的概括做出选择。

diseconomies of scale　规模不经济　平均总成本随产量增加而上升时发生的收益。

disinflation　反通货膨胀　通货膨胀率持续下降，但依然为正的时期。

diversification　多样化　使风险在不同资产或人之间进行分散的过程，降低了特定风险对单一个体的影响。

dividend　股息　通常按季度或按年度定期向公司全体股东进行的分红。

domestic savings　国内储蓄　一个国家由于资本投资的储蓄，等于国内总收入减去消费支出的差额。

dominant strategy　占优策略　无论其他参与者选择什么策略，对于自己都是最佳的策略。

dual mandate　双重目标　美联储在制定货币政策时，具有保障价格稳定和充分就业的双重目标。

E

economics　经济学　从个体和整体角度研究人们如何管理资源的学问。

efficiency wage　效率工资　企业为了提高工人的生产率而故意设置的高于市场水平的工资。

efficiency　效率　用最有效的方式利用资源生产物品与服务，对社会产生最大的经济价值。

efficient market　有效市场　在不使他人景况更坏的前提下，任何人不可能使自己的景况好转的一种布局。

efficient points　有效点　利用所有可用资源获取最大可能产出的生产可能性的组合。

efficient-market hypothesis　有效市场假说　有关市场价格总是包含了所有可利用的信息，因此已尽可能准确地反映了真实价值的概念。

elasticity　弹性　当市场条件变化时，消费者或厂商反应程度的衡量指标。

elastic　富于弹性　需求弹性的绝对值大于1。

equilibrium price　均衡价格　供给量等于需求量时的价格。

equilibrium quantity　均衡数量　供和需求在均衡价格下的数量。

equilibrium　均衡　市场中供给量等于需求量的情况；从图形上看，这一情况发生在需求曲线与供给曲线的交点处。

excess reserves　超额准备金　商业银行储备的超出法定准备金规定数量的准备金。

exchange rate　汇率　由另一种货币所

表示的某一种货币的价值。

exchange-rate appreciation 汇率升值 一种货币相比于另一种货币价值上升。

exchange-rate depreciation 汇率贬值 一种货币相比于另一种货币价值下降。

expansionary fiscal policy 扩张性财政政策 刺激总需求增加的财政政策。

expansionary monetary policy 扩张性货币政策 旨在刺激总需求的增加货币供给的政策。

exports 出口品 在本国生产而由其他国家消费的物品和服务

external benefit 外部收益 决策人在没有获得补偿的情况下，施加给他人承担的成本。

external cost 外部成本 由决策人引起的，未给与补偿的情况下，强加给他人承担的成本。

externalities 外部性 在没有补偿的情况下，施加给决策人之外的其他人的成本收益。

F

factors of production 生产要素 用于生产物品和服务的原料。

federal funds rate 联邦基金利率 银行相互拆借存放在美联储的存款准备金的利率。

Federal Reserve, the Fed 联邦储备委员会 美联储是一个由7人理事会和充当美国中央银行的12个地区性银行构成的系统。

fiat money 法定货币 由法律创造出来的货币，没有任何商品支持它。

financial intermediaries 金融中介 疏导资金从拥有者流向需求者的机构。

financial market 金融市场 人们可以交易对现金或商品的未来权利主张的市场。

financial system 金融体系 通过一系列制度将储蓄者、借贷者、投资人及保险机构组成相互联系的金融产品交易市场。

financing gap 融资缺口 经济中储蓄率与维持稳定增长所需投资量二者之间的差距。

first-mover advantage 先发优势率 先行动的参与者得到的收益，以及因此获得的相比跟随者更高的回报。

fiscal policy 财政政策 政府关于税收和政府支出的决策

fixed costs 固定成本 与产量无关的成本。

fixed exchange rate 固定汇率 由政府而非市场决定的汇率水平。

floating exchange rate 浮动汇率 由市场决定的汇率水平。

foreign direct investment, FDI 外国直接投资 即外商直接投资，是厂商在国外经营业务或向国外企业出资时进行的投资。

foreign portfolio investment 外国间接投资 来源于国外但投资于国内的资金。

fractional-reserve banking 部分准备金制度 银行体系将部分存款作为准备金的制度。

free-rider problem 搭便车问题 由非排他性所导致的公共物品供给不足问题。

frictional unemployment 摩擦性失业 由于工人改变居住地点、工作岗位或职业类型而产生的失业。

fungible 可替代的 可以被轻易交换或取代。

G

gains from trade 贸易获利 厂商实行

生产专业化并且相互交易物品与服务时带来的产出增加。

game theory　博弈论　研究在不同的情况下，参与者如何采取策略行为的理论。

GDP deflator　GDP 平减指数　实际 GDP 与名义 GDP 的比值，是对经济的总体价格增长的一个度量。

GDP per capita　人均 GDP　一国 GDP 按人口计算的平均值。

Gini coefficient　基尼系数　度量收入不平等的单一数字；范围从 0 到 1，数字越大意味着不平等程度越高。

government purchases　政府购买　各级政府购买的物品与服务。

government-spending multiplier　政府支出乘数　政府支出增加一美元引起的 GDP 增加量。

green GDP　绿色 GDP　一种替代性 GDP 衡量方法，从产出衡量的 GDP 中扣除生产的环境损耗。

gross domestic product　GDP 国内生产总值　一段时期内，一国生产的所有最终物品与服务的市场总值。

gross national product　GNP 国民生产总值　一段时期内，一国的永久居民生产的物品与服务以及持有的资本的市场总值。

H

headline inflation　标题通货膨胀　包括所有一般消费者购买的商品的通货膨胀的测度标准。

heuristic　直觉推断　一种进行决策的心理捷径。

human capital　人力资本　工人的技能、知识、经历及天赋等一系列决定生产率的因素。

hyperinflation　恶性通货膨胀　价格水平持续长时间、大幅度上升。

I

idiosyncratic risk　个别风险　个别公司或资产所特有的风险。

impact investing　影响力投资　既注重财务回报也注重社会回报的在公司中的货币投资。

implicit costs　隐性成本　企业所放弃的机会的价值。

imports　进口品　在其他国家生产而在本国出售的物品或服务。

incentives　激励　通过改变人们面临的权衡取舍从而使人们按特定的方式行动。

incidence　（税收）归宿　对谁承担了税收负担的描述。

income effect　收入效应　由于价格下降使人们的实际财富增加，由此带来的消费量变化。

income elasticity of demand　需求的收入弹性　衡量消费者收入变动引起的需求量变化幅度的指标。

income mobility　收入流动性　某人的经济状况随时间改进的能力。

income tax　所得税　对个人和公司的所得征收的税收。

indexing　指数化　按生活成本的增加自动调整各项支出的做法。

indifference curve　无差异曲线　一条能够带给消费者相同效用水平的所有不同消费来组成的曲线。

industrial policy　产业政策　政府扶持某些产业的努力。

inelastic　缺乏弹性的　弹性的绝对值小于 1 的需求。

inferior goods　低档商品　收入增加时需求数量反而减少的商品。

inflation rate　通货膨胀率　总体价格水平上升的幅度。

inflation 通货膨胀 经济中总体价格水平的上升。

information asymmetry 信息不对称 某个人掌握的信息比其他人更多的状态。

in-kind transfer 实物转移 直接向有需要的接受者提供物品或服务而非现金的项目。

institutions 制度 人为设计的限定人们相互交往的限制。

interest rate 利率 借入特定时长的货币的价格,表示为每单位时间内每1美元的百分比。

inventory 存货 厂商生产出来但没有立即卖掉的库存商品。

investment trade-off 投资权衡 是作为当前的消费品,还是作为投资品以实物资本形式生产未来产品,在之间进行的权衡。

investment 投资 厂商在厂房、设备和存货等生产性投入上的支出。

L

labor demand curve 劳动需求曲线 反映工资水平和经济中所有企业对劳动的总需求量之间关系的图形。

labor force 劳动力 属于工作年龄人口中的人们,不论他们是就业的还是失业的。也就是,当前正在工作的或者正在积极寻找工作的人们。

labor supply curve 劳动供给曲线 反映工资水平和经济中劳动的总供给量之间关系的图形。

labor unions 工会 联合起来与雇主就工资和工作环境进行讨价还价的雇员组织。

labor-force participation rate 劳动力参与率 劳动力数量除以劳动年龄人口数。

law of demand 需求定理 需求的基本特征,当其他所有条件都保持不变时,需求数量会随着价格的下降而上升。

law of supply 供给定理 描述供给的基本特征,当所有其他条件不变时,随着价格上涨,供给数量会增加。

leverage 杠杆融资 借钱进行投资的行为。

liquidity-preference model 流动性偏好模型 描述人们愿意持有的货币量是利率的函数的模型。

liquidity 流动性 在没有价值损失的前提下,某一特定资产快速变现的难易程度。

loan 贷款 贷款人基于借款人还本付息的承诺同意借钱的协议。

Lorenz curve 洛伦兹曲线 收入分配的图形表示,描述了人口的百分比所对应的收入的累计百分比。

loss aversion 损失规避 相较于获得收益,人们会投入更多的努力去防止损失的倾向。

lump-sum tax(head tax) 定额税(人头税) 向每位纳税人征收相同金额的税收,无论他们的经济行为和环境情况如何。

M

M1 是包含现金和支票账户余额的货币的定义。

M2 是包含M1以及储蓄账户和其他能锁定货币一段特定期限的金融工具的货币的定义,其流动性不及M1。

macroeconomics 宏观经济学 对一个地区、国家或国际范围的经济进行的研究。

marginal cost(MC) 边际成本 企业每增加一单位产品而增加的额外成本。

marginal decision making 边际决策 决策时只比较当前选择的边际收益和边

际成本，不考虑过去的收益和成本。

marginal product　边际产量　由额外的一单位投入品产生的产出增加。

marginal propensity to consume　MPC　边际消费倾向　税后收入增加1美元时，消费的增加量。

marginal rate of substitution（MRS）边际替代率　消费者愿意在两种商品间进行交易或替代的比率。

marginal revenue　边际收益　出售额外一单位商品所产生的收益。

marginal tax rate　边际税率　对纳税人赚得的最后1美元征收的税率。

marginal utility　边际效用　消费额外一单位物品或服务所引起的总效用的变化。

market basket　市场篮子　数量确定的一系列特定物品与服务。

market economy　市场经济　由个人做决策，而不是由集权的规划当局做决策的经济体。

market failures　市场失灵　有关市场有效、竞争的假定失效的情况。

market for loanable funds　借贷市场储蓄者　向借款人供应资金的市场，也称可贷资金市场。

market power　市场力量　显著地影响市场价格的能力。

market risk, systemic risk　市场（系统）风险　整个市场或经济中都广泛存在的风险。

market　市场　交易特定产品或服务的买者和卖者。

means-tested　经过收入调查　根据申请者的收入确定能够获得补贴资格的项目特征。

median-voter theorem　中值选民定理　表明在特定条件下，政治家通过坚持中值选民偏好的政治立场，能够最大化自己所获得的选票的理论。

medium of exchange　交易媒介　货币能够用来购买物品与服务的职能。

menu cost　菜单成本　为了保持与通货膨胀速度同步而不断调整价格所导致的成本，如货币、时间和机会等。

microeconomics　微观经济学　研究个人和企业如何管理资源的学问。

mid-point method　中点法　度量一条曲线上的需求（或供给）相对于两点之间的中点变动的百分比的方法，被用来估计弹性。

model　模型　对复杂局面中的重要部分进行的简化表示。

monetary policy　货币政策　是通过中央银行管理货币供给以追求特定的宏观经济目标的一系列对策。

money multiplier　货币乘数　由银行体系的贷款活动创造出来的货币与中央银行创造的货币二者的比值。

money supply　货币供给　经济中可用的货币数量。

money　货币　经常用来直接购买物品与服务的一系列资产。

monopolistic competition　垄断竞争　厂商出售的物品或服务相似但略有不同的市场。

monopoly　垄断厂商　提供没有相近替代品的物品或服务的单一生产商。

monopsony　买方垄断　只有一个购买者但有很多销售者的市场。

moral hazard　道德风险　当无须完全承担行为的后果时，人们具有采取更冒险的方式或者违反合约的倾向。

multiplier effect　乘数效应　当一个人的支出引起其他人支出上升时，会增加最初支出对经济的影响。

mutual fund　共同基金　由专业人士基于委托人的利益进行决策和管理的由

股票和其他资产组成的投资组合。

N

Nash equilibrium 纳什均衡 当其他参与者的选择既定，每位参与者都选择了最佳策略时所达到的均衡。

national savings 国民储蓄 家庭和企业的私人储蓄与政府的公共储蓄之和。

natural monopoly 自然垄断 单一厂商相比于多个厂商能够以更低的成本生产所有产品的一类市场。

natural rate of unemployment 自然失业率 在动态经济中不可避免的最低水平的失业率。

net capital flow 净资本流入 资本流入（利用别国储蓄在本国进行的投资）与资本流出（本国储蓄在国外进行的投资）的差额。

net capital outflow 净资本流出 投向国外的净资金流。

net exports 净出口 出口（由国内生产国外消费的物品与服务的价值）减进口（由国外生产国内消费的物品与服务的价值）。

net present value, NPV 净现值 预期的一系列未来现金流的当前价值。

network externality 网络外部性 一种商品的新增消费者，或一个活动的新参与者，会使这种商品或活动对其他消费者和参与者的价值产生影响。

neutrality of money 货币中性 整体价格水平不会影响实际经济变量的观点。

nominal exchange rate 名义汇率 一国货币兑换为别国货币的比率。

nominal GDP 名义 GDP 以当前价格计算物品与服务的价值核算得到的 GDP。

nominal interest rate 名义利率 未经通货膨胀调整的利率。

non-accelerating inflation rate of unemployment, NAIRU 非加速通货膨胀失业率 不会引起通货膨胀率上升的可能的最低失业率。

normal goods 正常品 求量收入增加而上升的商品。

normative statement 规范表述 关于世界应该是什么样的表述。

Nudge 助推 选择架构的一种应用，不过度改变经济激励，以一种审慎的、可预测的方式改变人们的行为。

O

oligopoly 寡头垄断 在市场上只有几个厂商出售的相似物品或服务。

open economy 开放经济 与别国经济相互联系的经济体。

open-market operations 公开市场操作 美联储在公开市场上与商业银行进行的买卖政府债券的行为。

opportunity cost 机会成本 为了得到某些东西而放弃的次优选择的价值。

output gap 产出缺口 经济中实际产出与潜在产出的差值。

P

payroll tax 工资税 对向员工支付的工资征收的税收。

pension fund 养老基金 为了给退休人员提供收入而专业化管理的资产组合。

perfectly elastic demand 完全弹性需求 具有水平需求曲线的一类需求，即在给定价格下需求量可能是任何数量，但是价格一旦变动需求量会骤变为零。

perfectly inelastic demand 完全无弹性需求 具有垂直需求曲线的一类需求，即无论价格多高需求量都相同。

Phillips curve　菲利普斯曲线　说明短期内通货膨胀率与失业率之间联系的模型。

physical capital　物质资本　用来生产物品与服务的机器和厂房。

Pigovian tax　庇古税　旨在消除负外部性而征收的税。

positive statement　实证表述　关于世界实际上是什么样子的事实陈述。

potential output　潜在产出　一国的全部资源被完全利用时的产出总量。

poverty rate　贫困率　低于绝对贫困线的人口比例。

poverty trap　贫困陷阱　导致贫困人口持续贫困的自我强化机制。

povertyline　贫困线　见"绝对贫困线"和"相对贫困线"。

PPP-adjustment　购买力平价　调整根据不同国家的价格水平差异对统计量进行调整重算。

present value　现值　未来将获得的一笔钱在今天的价值。

price ceilings　价格上限　商品可以出售的最高合法价格。

price control　价格管制　对于一种特定商品设定最高或者最低的合法价格的管制。

price discrimination　价格歧视　就相同的商品对不同的消费者收取不同价格的做法。

price elasticity of demand　需求的价格弹性　价格变化时物品或服务需求数量的变化。

price elasticity of supply　供给的价格弹性　价格变化时物品或服务供给数量的变化。

price floor　价格下限　规定商品销售的最低合法价格。

price index　价格指数　衡量市场篮子的花费相比于基期上升或下降的幅度。

price taker　价格接受者　不能影响市场价格的买者和卖者。

principal　委托人　本金将任务委托给他人的人；或者在金融领域，初始借入或者投资的数量。

prisoners' dilemma　囚徒困境　双方都进行理性的决策，但对双方而言结果并不理想的一种博弈。

private benefit　私人收益　决策者直接获得的收益。

private cost　私人成本　经济决策者直接承担的成本。

private goods　私人物品　既具有排他性也具有消费上的竞争性的物品。

private savings　私人储蓄　一国中个人或企业的储蓄。

producer surplus　生产者剩余　厂商出售物品或服务时获得的净收益，由厂商愿意出售的价格与实际价格之差衡量。

product differentiation　产品差异化　产品相近但并非完全替代品的情况。

production function　生产函数　投入与产出二者之间的数量关系。

production possibilities frontier（PPF）生产可能性边界　展示了利用所有可用资源生产的两种产出的所有可能组合的直线或曲线。

productivity　生产率　人均产出量。

profit　利润　总收益与总成本之间的差额。

progressive tax　累进税　相比高收入者，对低收入者征收其收入的较小比例的税收。

property tax　财产税　对住房或其他财产的估值征收的税收。

proportional/flat tax　比例税/统一税　对所有纳税人征收其收入的相同比例

的税收。

protectionism 保护主义 通过政策限制贸易的倾向。

public debt 公债 某个时点上政府的欠债总额。

public goods 公共物品 既不具有排他性，也不具有竞争性的物品。

public savings 公共储蓄 政府税收收入与支出的差额。

purchase price 购买价格 生产商为得到生产要素的永久所有权所支付的费用。

purchasing power parity index，PPP Index 购买力平价指数 描述国家间商品价格整体差异的指数。

Q

quantitative easing 量化宽松 按计划直接定量增加货币供应量的政策。

quantity demanded 需求量 特定时间内，给定价格下买者愿意购买的特定物品或服务的数量。

quantity equation 货币数量公式 M×V＝P×Y 公式，认为货币供应量和流通速度与实际产出的名义值相关。

quantity supplied 供给量 特定时间内，给定价格下生产者愿意供给的特定物品或服务的数量。

quantity theory of money 货币数量论 认为货币的价值是由现实中的货币总量（即货币供给）决定的理论。

quota (imports) 进口配额 对能够进口的特定商品的数量限制。

quota rents 配额租金 实行配额时，拥有进口权利的国外厂商或政府的利润。

R

randomized controlled trial，RCT 随机对照试验 将研究对象随机分配为控制组和试验组，以评估来自对特定结果干预的因果关系的方法。

rational behavior 理性行为 采用最有效的可能方法为实现目标做出的选择。

rational ignorance 理性的无知 当收集信息的机会成本超过收益时选择维持无知的状态。

real exchange rate 实际汇率 用别国的相同产品为单位表示一国商品的价值。

real GDP 实际GDP 将物品与服务的价值用固定价格计算得到的GDP。

real interest rate 实际利率 利用通货膨胀率调整后的利率水平。

real-wage or classical unemployment 实际工资（古典）失业 工资高于市场出清水平时的失业。

recession 衰退 经济显著下行的时期。

reciprocity 互惠 对他人的行为采取相似的行为。

regressive tax 累退税 相比高收入者，对低收入者征收其收入的较大比例的税收。

relative poverty line 相对贫困线 根据其余人口的收入定义贫困的度量标准。

rental price 租赁价格（租金）生产者为一段时间或一项作业而使用生产要素所支付的费用。

rent-seeking 寻租 为了增加个人或者某个群体的剩余而追求特权的行为，并且这一行为并不会增加总剩余。

repeated games 重复博弈 进行不止一次的博弈。

required reserves 法定准备金 美联储法定要求的银行持有的存款数额。

reserve ratio 准备金率 银行储备的现金数量占存款总量的比例。

reserve requirement 准备金要求 对银行吸收的存款中应作为准备金留存

的最小比例的规定。

reserves 准备金 银行以现金或美联储存款的形式持有的货币。

revealed preference 显示性偏好 通过观察人们的决策和行为可以判断他们的偏好的观点。

rise 高垂直距离 用 y 轴的变化衡量。

risk pooling 风险共担 将人们组织成一个团体以共同承担个人所面临的风险造成的损失。

risk-averse 风险规避 通常不愿冒险。

risk-free rate 无风险利率 当没有违约风险时，人们愿意出借资金的利率，通常用美国的国债利率近似衡量。

risk-seeking 风险偏好 愿意冒更高风险。

risk 风险 存在于选择或者事件的成本或收益不确定的时候。

rival in consumption 消费上有竞争性 物品的一种特性，一个人的消费会阻止或者减少其他人消费该物品的能力。

run 宽水平距离 由 x 轴的变化衡量。

S

sales tax 销售税 对购买的物品或服务的价值征收的税金。

savings 储蓄收入 中没有立即用于物品与服务消费的比例。

scarcity 稀缺性 比我们利用可用资源能获得的需求更多的需求状况。

screening 筛选 采取措施透露其他人的私人信息。

securitization 证券化 将个人债务打包成单一的标准化资产的业务。

shoe-leather cost 皮鞋成本 为了应对通货膨胀而进行现金管理的成本，以时间、金钱和努力来度量。

shortage（excess demand）短缺（超额需求） 某商品的需求数量高于供给数量时的情况。

Signaling 发送信号 采取措施透露自己的私人信息。

slope 斜率垂直距离 （y 的变化）对水平距离（x 的变化）的比率。

social benefit 社会收益 私人收益和外部收益加总的结果。

social cost 社会成本 一项决策的总成本，包括私人成本和外部成本。

social insurance 社会保险 人们将钱存入一个公共资金池中，在特定情况下有资格享受福利的政府项目。

specialization 专业化 将所有的时间都投入生产一种特定的商品。

stagflation 滞胀 高通胀伴随着低增速和高失业率。

standard deviation 标准差 对一组数值的分散性进行测量的指标。

standardized goods 标准化产品 任何两个单位具有相同的特征，可以相互替代的产品。

statistical discrimination 统计歧视 一般化地基于可观察的特征对缺失的信息进行弥补，从而对不同选择进行区分。

status-quo bias 维持现状的偏见 即使转变的成本很低，也趋向于维持现状而不是其他选择的倾向。

stock 股票 代表对一个公司拥有部分所有权的金融资产。

store of value 价值储藏 随着时间推移，货币仍能保持一定数量的购买能力。

structural unemployment 结构性失业 因工人具备的技能与市场需求不匹配而导致的失业。

subsidy 补贴 政府向一种商品的生产者或消费者支付额外的金额的需求。

substitutes 替代品 用途非常相似的商品，消费者可以购买其中一个去代替另一个。

substitution effect 替代效应 商品间的相对价格的变化所引起的消费量变化。

sunk cost 沉没成本 已经发生的无法收回或退还的成本。

supply curve 供给曲线 表明在不同价格下，生产者愿意供给特定物品与服务的数量的曲线。

supply schedule 供给表 表明在不同价格下，生产者愿意供给特定物品与服务的数量的表格。

supply shock 供给冲击 短期内直接影响生产和总供给曲线的重大事件。

surplus（efficiency） 剩余（效率） 一种度量谁在交易中收益，以及收益多少的方法。

surplus（excess supply） 过剩（超额供给） 某商品的供给数量高于需求数量时的情况。

T

tariff 关税 针对进口商品征收的税种。

tax incidence 税收归宿 买者和卖者承担的相对税收负担。

tax wedge 税收楔子 由税收导致的购买者支付的价格和销售者获得的价格之间的差异。

taxation multiplier 税收乘数 当政府税收增加一美元时，GDP下降的数量。

time inconsistency 时间不一致性 仅仅由于决策的时机不同，我们就会做出不同的选择。

tit-for-tat 一报还一报 在重复博弈中，参与者会在当前回合中采取对手在上一回合中采取的行为。

too big to fail 大而不倒 由于银行具有巨大的资产或客户群，或有重要的历史价值，即使已经破产监管者却仍然允许银行保持运营。

total cost 总成本 一家企业为了生产物品和服务而花在所有投入品上的支出。

total revenue 总收益 厂商通过出售物品与服务得到的收益，由出售的数量乘以每单位的价格计算得到。

total surplus 总剩余 对参与交易的所有人在物品或服务交易时获得的共同收益的度量。

tradable allowance 交易限额 可以买卖的生产或消费配额。

trade deficit 贸易逆差 贸易存在负结余，即进口数量高于出口。

trade liberalization 贸易自由化 旨在减少贸易限制并促进自由贸易的政策和行动。

trade surplus 贸易顺差 贸易存在正结余，即出口数量高于进口。

tragedy of the commons 公地悲剧 由于个体理性但集体无效率的过度消费导致的公共资源枯竭。

transaction costs 交易费用 买者和卖者就物品或服务买卖进行协商和执行时付出的各项费用。

transaction cost 交易成本 买者和卖者在商讨和进行物品或服务的买卖时产生的费用。

transfer payments 转移支付 政府向个人转移的诸如社会保险等支付，并不涉及物品或劳务的购买。

Treasury securities 国债 由美国政府发起的债务融资。

U

underemployed 非充分就业 工人所处的工作岗位要么比其愿意的工作强度小，要么不能充分发挥其技能。

unemployment insurance 失业保险 政府对失业者进行的支付。

unemployment rate 失业率 劳动力中

失业人口所占的比例。

unemployment 失业 有人愿意工作但找不到工作的情况。

unit of account 计价单位 比较的标准单位。

United Nations Development Program, UNDP 联合国开发计划署 向发展中国家提供知识和资源的全球性国家联合组织。

unit-elastic 单位弹性 弹性的绝对值正好等于1的需求。

utility function 效用函数 衡量某人在消费一组物品和服务时所得到的总效用的函数。

utility 效用 对一个人从某些事物中获得了多少满足感的测度。

V

value of the marginal product 边际产量价值 由额外一单位投入产生的边际产量乘以产出的价格所得到的数值。

variable costs 可变成本 根据产量的变化而变化的成本。

velocity of money 货币流通速度 特定时间内整个货币供给转手的次数。

W

willingness to pay, reservation price 支付意愿,保留价格 买者为某一物品或服务愿意支付的最高价格。

willingness to sell 销售意愿 卖者销售物品或服务时愿意接受的最低价格。

World Bank 世界银行 致力于向发展中国家提供资金和技术支持的跨国组织。

World Trade Organization (WTO) 世界贸易组织 旨在监督并执行贸易协定,同时致力于促进自由贸易的国际组织。

Z

zero-sum game 零和博弈 一个人获益时,另一个人必定损失相同数额的情况,因此任何交易的净价值为零。

斯蒂格利茨作品

书号	书名	定价	作者
978-7-111-42617-2	不平等的代价	49.00	约瑟夫 E. 斯蒂格利茨
978-7-111-57909-0	巨大的鸿沟	59.00	约瑟夫 E. 斯蒂格利茨
978-7-111-57923-6	欧元危机：共同货币阴影下的欧洲	59.00	约瑟夫 E. 斯蒂格利茨
978-7-111-53917-9	自由市场的坠落（珍藏版）	69.00	约瑟夫 E. 斯蒂格利茨
978-7-111-55141-6	重构美国经济规则	49.00	约瑟夫 E. 斯蒂格利茨